本书由上海市教育委员会和
上海市教育发展基金会"曙光计划"资助

正史纂修与重建史观
辽金元的视角

陈晓伟 著

北京大学出版社
PEKING UNIVERSITY PRESS

图书在版编目(CIP)数据

正史纂修与重建史观：辽金元的视角/陈晓伟著. －－北京：北京大学出版社，2025.8. －－(博雅史学论丛). －－ISBN 978-7-301-36102-3

Ⅰ. K240.7

中国国家版本馆CIP数据核字第2025F79D59号

书　　　名	正史纂修与重建史观——辽金元的视角
	ZHENGSHI ZUANXIU YU CHONGJIAN SHIGUAN
	——LIAO JIN YUAN DE SHIJIAO
著作责任者	陈晓伟　著
责 任 编 辑	刘书广　邴文彬
标 准 书 号	ISBN 978-7-301-36102-3
出 版 发 行	北京大学出版社
地　　　址	北京市海淀区成府路205号　100871
网　　　址	http://www.pup.cn　新浪微博：@北京大学出版社
电 子 邮 箱	编辑部 wsz@pup.cn　总编室 zpup@pup.cn
电　　　话	邮购部 010-62752015　发行部 010-62750672
	编辑部 010-62767315
印 　刷 　者	大厂回族自治县彩虹印刷有限公司
经 　销 　者	新华书店
	650毫米×980毫米　16开本　33.75印张　528千字
	2025年8月第1版　2025年8月第1次印刷
定　　　价	119.00元

未经许可，不得以任何方式复制或抄袭本书之部分或全部内容。
版权所有，侵权必究
举报电话：010-62752024　电子邮箱：fd@pup.cn
图书如有印装质量问题，请与出版部联系，电话：010-62756370

谨以此书献给我的老师

刘浦江教授（1961.8—2015.1）

目 录

导　言　/ 1
　　一、从最基础的文献读起　/ 1
　　二、充分重视正史背后潜藏的编纂主旨　/ 7
　　三、始终追求的问题意识　/ 10
　　四、作为方法的史源学　/ 14

上编　正史探源

一　再论王鹗《金史稿》为《金史》底本说　/ 21
　　一、黄溍"金史宣宗本纪"非王鹗《金史稿》　/ 21
　　二、揭橥元修《金史》列传抄撮实录之现象　/ 31
　　三、以《宣宗实录》为蓝本的元修《金史》编纂模式　/ 56
　　四、《金史》引称《宣宗实录》钩沉　/ 67

二　所谓金修纪传体《国史》问题　/ 79
　　一、苏天爵《三史质疑》再检讨　/ 79
　　二、金修纪传体《国史》说商兑　/ 84
　　三、元修《金史·太宗纪》《熙宗纪》的取材与编纂　/ 90

三　《金史·地理志》文献系统与金源政区地理再认识　/ 103
　　一、问题之缘起　/ 103
　　二、路制与政区框架年代问题再检讨　/ 106

三、《金史·地理志》杂采诸书考 / 111

四、金代州县沿革内容抄自《大元大一统志》系统说 / 125

五、《金史·地理志》所引起的金代地志问题发覆 / 160

六、正史地理志探源的意义 / 169

四 《金史》列传的编纂——附论元好问《中州集》人物小传 / 178

一、问题之缘起 / 178

二、"三品"的意义：金代国史"史传"的最初编纂 / 179

三、元人编纂《金史》人物本传及取材的特定模式 / 188

四、《中州集》与《金史》的本末源流 / 198

五 《元史·太祖纪》与"金史"关系初探 / 211

一、金、元二史的史料关系 / 211

二、《元史·太祖纪》所见"金实录"内容 / 216

三、耶律铸及其修史活动 / 223

中编　编纂者的历史认识

六 辽代"南北面官制"与南北二元模式重建问题 / 235

一、《辽史》所记"汉人枢密院" / 236

二、《辽史·百官志》南、北面官编纂之根据 / 239

三、"南北面官制"观念重审 / 247

四、"南北面臣僚"与礼制语境下的"蕃""汉" / 254

五、"行国政治"背景下的统治模式 / 259

七 试析辽朝二重佛庆体制说 / 265

一、辽朝文献所载佛诞时间之歧异与二重体制说的形成 / 265

二、从石刻文献中考索辽朝佛诞日 / 268

三、《辽史》所载"二月八日为悉达太子生辰"探源 / 271

八 契丹"二税户"问题发覆 / 288
  一、问题的提出 / 288
  二、元好问所言头下户"输租为官,且纳课给其主"献疑 / 289
  三、从《金史·食货志》的编纂模式论证寺院"二税户"问题 / 294
  四、头下户非"二税户"辨说 / 305

九 《辽史》复文再探——以《杨皙传》和《杨绩传》为例 / 309
  一、问题的提出 / 309
  二、杨氏之名辨析 / 310
  三、"杨皙""杨绩"二名歧异之蠡测 / 315

十 《金史·宗室表》与元代人的完颜宗室观 / 323
  一、被奉为"经典"的《金史·宗室表》 / 323
  二、元修《金史·宗室表》史源索隐 / 324
  三、检讨《金史·宗室表》编纂诸问题 / 341
  四、元朝史官对金源宗室的认识与编造 / 346

下编　国史叙事与北族意识

十一 横帐制度与耶律氏皇族结构 / 355
  一、横帐问题之争论 / 355
  二、《辽史·百官志》北面皇族帐官条抉原 / 357
  三、释"横" / 359
  四、二院皇族隶属横帐说献疑 / 364
  五、契丹文石刻所见"横帐"与皇族集团 / 375

十二 契丹国舅帐与审密氏集团 / 386
  一、"国舅别部"杜撰说 / 386
  二、契丹小字 释疑及其特殊意义 / 390
  三、辽代国舅帐体系的构建 / 397
  四、从"审密氏"概念看萧氏后族的整合历程 / 400

十三 《祖宗实录》编纂与完颜家族谱系建构 / 405

一、《祖宗实录》之初貌 / 405
二、从"祖宗遗事"到"实录":十帝谱系的生成史 / 417
三、祖先传说与统治权力的核心起源 / 426

十四 金修《太祖实录》及开国史知识的传播 / 430

一、宣和四年女真建号"大金"说辨析 / 431
二、杨朴及其献策事实出自《太祖实录》 / 433
三、《太祖实录》关于金代开国史之原貌和真实态度 / 437
四、金源纪年谱系在宋元时代的认知与传播 / 447

十五 国号"金源"说——女真政治文化观之演变 / 459

一、从《金史·地理志》上京路条谈起 / 460
二、金世宗对会宁故地的塑造与政治宣传 / 465
三、"奔至阿触胡":完颜家族起源记忆及其改造 / 475

十六 塑造天命:《元太祖实录》纂修所见元初史观 / 483

一、从金末元初文献中发现的初步线索 / 483
二、《太祖实录》与宋朝国史中"鞑靼"史料 / 491
三、耶律铸与五朝实录的编纂 / 498
四、1206年以后成吉思汗历史叙述中的天命主题 / 504

本书各章节相关论文初次发表情况 / 513

参考文献 / 515

导　言

考寻史源,有二句金言:毋信人之言,人实诳汝。

——陈垣

史源学方法的意义是什么?在这一思考之下,本书将 16 篇专题论文按照"正史探源""编纂者的历史认识""国史叙事与北族意识"分作三编,以《辽史》《金史》《元史》为对象,总结正史编纂模式和历史观支配下的史料线索,在史学问题意识的带动下,重新检讨传统议题。

一、从最基础的文献读起

《金史》纂修问题是本书关注的一大焦点。此缘起于长期的规划:近十年来,我们围绕《金史》做了一些较为系统的工作,点校整理施国祁《金史详校》(中华书局,2021 年),同时循着施国祁提供的线索,深入剖析《金史》编纂、版本、校勘等系列问题;在此基础上撰写《〈金史〉丛考》(中华书局,2022 年),通盘逐条清理中华书局点校本、修订本《金史》校勘记,新发现不少纰漏。以上两项工作,总体立足于史文考辨。理想目标是,仿效陈述《辽史补注》(中华书局,2018 年),摸清《金史》的"家底"及金史史料的总体面目。这是一个颇为枯燥的摸索过程,经过逐字逐句到整篇乃至全书的对比分析,从细节中钩沉《金史》史文间的彼此关系,并且在宋元类书(如《事林广记》)中找到大量与《金史》相仿的金代史料。这为探讨史书编纂问题创造了条件。通过个案研究,渐渐对

《金史》纂修模式有了初步的认识。①

根据这些积累,重审以往的《金史》探源成果。关于《金史》之取材,学界多有论述,一般主张《金史》主体内容改编自王鹗《金史稿》。②该说根据的是,王恽《玉堂嘉话》所存王鹗《金史大略》和元初王鹗的修史倡议。除此之外,学者提供了两例新证据:

第一条,黄溍《马氏世谱》叙马庆祥履历云:"事见金史宣宗本纪,新史本纪虽不载,而详见于忠义传。"③"新史"指至正初修成的《金史》,据此推测《金史·宣宗本纪》系王鹗《金史》稿本。④

此处《金史·宣宗本纪》未必是王鹗的纪传体《金史稿》。金元时代,人们指称官修史书的用词较为宽泛,如"本纪""实录""辽史""金史"等,或者统称某朝"国史"。例如,元好问《续夷坚志·刘政纯孝》记洺州刘政笃孝事,"守臣以闻,世宗嘉之,授太子掌饮丞。以事附史院本纪"。⑤ 该"本纪"实即《世宗实录》。⑥ 欧阳玄《进金史表》又谓"于时张柔归金史于其先"。⑦ "金史"一词还多见于元朝史官所撰《金史》序文,

---

① 除本书涉及相关议题外,其他已发表成果如下:陈晓伟:《〈金史〉源流、纂修及校勘问题的检讨与反思》,《中国历史研究院集刊》总第 4 辑(2021 年第 2 辑),社会科学文献出版社,2022 年,第 50—104 页。陈晓伟:《金末纂集〈卫王事迹〉考》,《史学史研究》2022 年第 1 期。王岩:《〈金史·哀宗纪〉探源》,余太山、李锦绣主编:《欧亚学刊》新 12 辑,商务印书馆,2023 年,第 163—214 页。杨瑞:《〈金史·五行志〉探源——兼论中古以降正史〈五行志〉书写传统之转变》,包伟民、刘后滨主编:《唐宋历史评论》第 12 辑,社会科学文献出版社,2023 年,第 153—174 页。李昊林:《〈金史·地理志〉州府政区信息的资料来源与年代断限》,姜锡东主编:《宋史研究论丛》第 32 辑,科学出版社,2023 年,第 373—382 页。陈晓伟:《〈金史·食货志〉修纂考》,《黑龙江社会科学》2022 年第 4 期。陈晓伟:《〈金史·百官志〉三等国号制及其渊源》,包伟民、刘后滨主编:《唐宋历史评论》第 12 辑,第 175—196 页。

② 参见 Chan Hok-Lam(陈学霖), The Compilation and Sources of the Chin-Shih, Journal of Oriental Studies, VOL. VI, 1961-1964, Numbers, 1 and 2。王继光:《有关〈金史〉成书的几个问题》,《社会科学》(今名《甘肃社会科学》)1981 年第 2 期。王明荪:《金修国史及金史源流》,《书目季刊》第 22 卷 1 期,1988 年 6 月。赵梅春:《王鹗与元代金史撰述》,《史学集刊》2011 年 6 期。

③ 黄溍:《金华黄先生文集》卷四三《马氏世谱》,《中华再造善本》,影印至正十五年(1355)刻本,北京图书馆出版社,2005 年,第 3 页 a。

④ 邱靖嘉:《王鹗修金史及其〈金史稿〉探赜》,《史学史研究》2016 年第 4 期。邱靖嘉:《〈金史〉纂修考》,中华书局,2017 年,第 106—107 页。

⑤ 元好问:《续夷坚志》卷二,姚奠中主编、李正民增订:《元好问全集(增订本)》,山西古籍出版社,2004 年,下册,第 1178 页。

⑥ 邱靖嘉:《〈金史〉纂修考》,第 219 页。

⑦ 《金史》附录,中华书局,1975 年,第 8 册,第 2900 页。

有时具体指"金实录"。黄溍所言"本纪"亦可指编年体《宣宗实录》。

第二条,《金史·世纪补赞》载"旧史称睿宗宽恕好施惠"①云云。学者指出:"这段有关金朝诸帝的评论乃出自所谓'旧史'。而这部'旧史'应不是指金实录,因为实录皆为编年纪事,似无此类直接评述皇帝生平、甚至予以褒贬的内容",故而"旧史"可能指王鹗《金史稿》。②

此说失检《金史》他处记载。该书《海陵纪》正隆六年(1161)十一月乙未条附有一段"海陵在位十余年"至"遂至于败"300余字的内容,历数海陵诸种罪行,③近似评价性的赞语,但肯定不是元人新撰的。元初,耶律铸《琼林园赋》小注引"《海陵实录》'宫殿之饰多偏用金傅,然后间以五采,金屑飞空如落雪。凡一殿之费,以巨万计。往往成而复毁,务极华丽。国力困弊,曾不少恤'",④《金史·海陵纪》与此契合,可知这是金世宗大定年间所修《海陵实录》的原文。这表明,"金实录"中是有褒贬评论的。

值得注意的是,《世纪补·睿宗》开篇记睿宗宗辅"性宽恕,好施惠,尚诚实",⑤与末尾赞文出自"旧史"的这段文字相同。对于具体史料来源,我们将《世纪补·睿宗》整篇史文和《太宗纪》所载"宗辅"事逐条比对,见两者相仿,推知《世纪补·睿宗》主要是拼凑、增补《太宗实录》各条而成。《熙宗纪》天会十三年(1135)五月甲申又载"左副元帅宗辅薨",⑥结合《世纪补·睿宗》天会十三年宗辅"行次妫州薨"⑦的记载,并根据《金史》列传编纂模式,可确认《熙宗实录》附录宗辅小传,⑧《世纪补·睿宗》所言"旧史"之文应源于此,恐非王鹗书。

诸多案例表明,元修《金史》与"金实录"关系较为直接,而不像是中间经历一道王鹗《金史稿》的二次辗转改编。很有说服力的一个例子

---

① 《金史》卷一九《世纪补》,第2册,第416页。
② 邱靖嘉:《王鹗修金史及其〈金史稿〉探赜》,《史学史研究》2016年第4期。邱靖嘉:《〈金史〉纂修考》,第160页。
③ 《金史》卷五《海陵纪》,第1册,第117页。
④ 耶律铸:《双溪醉隐集》卷一《琼林园赋》,影印文渊阁《四库全书》,台北:台湾商务印书馆,1986年,集部第1199册,第368页下栏。
⑤ 《金史》卷一九《世纪补》,第2册,第408页。
⑥ 《金史》卷四《熙宗纪》,第1册,第70页。
⑦ 《金史》卷一九《世纪补》,第2册,第410页。
⑧ 陈晓伟:《〈金史〉源流、纂修及校勘问题的检讨与反思》,《中国历史研究院集刊》总第4辑(2021年第2辑)。

是，元末纂修《金史》的《天文志》《世宗纪》时留下的阙文记录。第一，《天文志》大定二十一年（1181）"七月乙亥朔，荧惑顺入斗魁中，五日"小注作"以下史阙"（图一），下文为大定二十二年五月甲申"太白昼见"。①《世宗纪》与此相合，大定二十一年的纪文结束于八月乙丑，接续大定二十二年三月辛未朔，其间缺少大定二十一年九月、十月、十一月、十二月及次年一月、二月事。② 第二，《世宗纪》大定十五年正月条小注云"此下阙"（图二），其下共有六个月内容失载，直至七月丙午条才有完整史文。③《天文志》同样如此：大定十四年十月丙寅"岁星昼见，六日"，往下接的是大定十五年十一月甲子"太白昼见，八十有六日伏"，④这个中间时段内不见天象记录。根据《金史》的《天文志》"以下史阙"和《世宗纪》"此下阙"两条注文，恰在《世宗纪》《天文志》中出现同步一致的史文阙失现象，是因纪、志本诸共同的文献，此即《世宗实录》。⑤

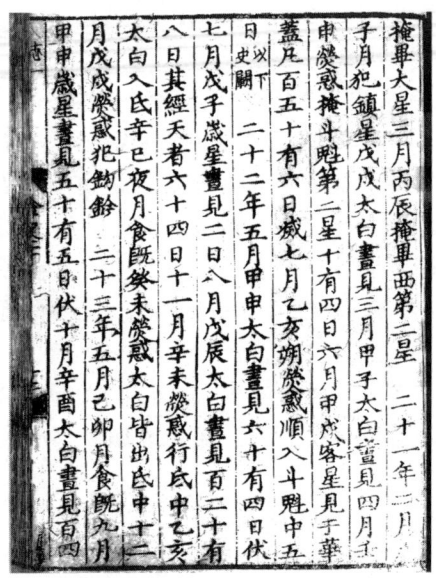

图一　洪武覆刻本《金史》（国家图书馆藏，A00804）

---

① 《金史》卷二〇《天文志·月五星凌犯及星变》，第2册，第429—430页。
② 《金史》卷八《世宗纪下》，第1册，第181页。
③ 《金史》卷七《世宗纪中》，第1册，第162页。
④ 《金史》卷二〇《天文志·月五星凌犯及星变》，第2册，第429页。
⑤ 陈晓伟：《〈金史〉源流、纂修及校勘问题的检讨与反思》，《中国历史研究院集刊》2021年第2辑。

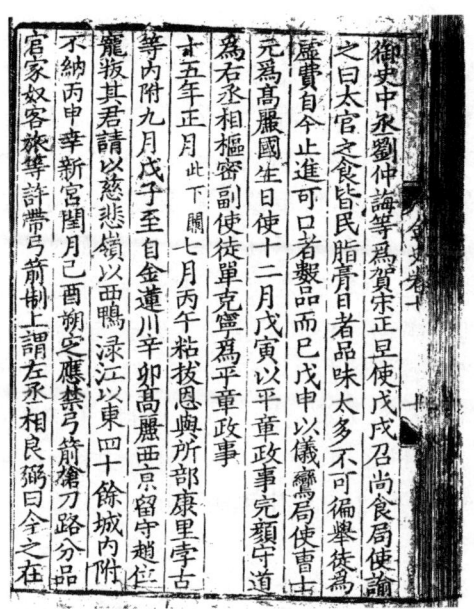

图二　洪武覆刻本《金史》（国家图书馆藏，03391）

我们应在元初修史的时代背景中考察王鹗等人的核心意图及真正实践。① 通检王恽《中堂事记》、苏天爵编《国朝名臣事略·内翰王文康公》引王鹗墓碑、"言行录"及《元史·王鹗传》所载王鹗"建议史事"等内容，此乃王氏上章奏言。各项提议具体落实者，中统二年（1261）七月二十七日，"有诏：照会立翰林国史院道与翰林承旨王鹗，据保奏翰林官修国史事，准奏"，其中王鹗为"翰林学士承旨兼修国史"。② 《元史·世祖纪》记作此时"初立翰林国史院"。③ 虽有职名，尚未设立官署，至元元年（1264）始置机构。④ 事实上，元初设翰林国史院，主要的工作是，纂修元太祖等先朝实录，倡议附修《金史》，总体以纪成吉思汗创业功绩

---

① 〔日〕古松崇志著、李京泽译：《元代〈辽史〉、〈金史〉、〈宋史〉三史的编纂过程——以脩端〈辩辽宋金正统〉为中心》，余太山、李锦绣主编：《欧亚译丛》第6辑，商务印书馆，2022年，第299—312页。该文译自《脩端〈辩遼宋金正統〉をめぐって——元代における〈遼史〉〈金史〉〈宋史〉三史編纂の過程》，《東方學報》（京都）第75册，2003年3月。

② 王恽：《中堂事记》，顾宏义、李文整理标校：《金元日记丛编》，上海书店出版社，2013年，第135页。

③ 《元史》卷四《世祖纪一》，中华书局，1976年，第1册，第71页。

④ 《元史》卷八七《百官志三》翰林兼国史院条，第7册，第2189页。

为首要目的。将《金史》《元史》对比可知,《元太祖实录》抄录金源诸帝实录,耶律铸《双溪醉隐集》详细记录纂修工作。《元史》提及修史的工作进度:中统四年四月,"王鹗请延访太祖事迹付史馆",①提交初步成果。至元二十三年十二月戊午,翰林承旨撒里蛮言:"国史院纂修太祖累朝实录,请以畏吾字翻译,俟奏读然后纂定。"②大德七年(1301)正式进呈太祖、太宗、定宗、睿宗、宪宗五朝实录。然而对于《金史》的编修情况,除王鹗提议得到忽必烈的认可外,其他就再无下文了。至正修史时,史官两次提到王鹗:欧阳玄《进金史表》云"于时张柔归金史于其先,王鹗辑金事于其后";③《金史·卫绍王纪》赞曰"皇朝中统三年,翰林学士承旨王鹗有志论著,求大安、崇庆事不可得,采摭当时诏令"云云。④王鹗确有搜访金代史料之功,但很难肯定《金史稿》被用作《金史》的底本。现存《金史大略》不过是发凡起例而已,王鹗纂史工作是否付诸实践仍悬而未决。⑤

尽管这一问题还有可能争论下去,有一点是肯定的,王鹗《金史稿》为元修《金史》底本说并不是一个自然前提,而应视为有待验证的假说,需要过硬的证据。

在"正史探源"的主题下,本书上编《再论王鹗〈金史稿〉为〈金史〉底本说》《所谓金修纪传体〈国史〉问题》《〈金史·地理志〉文献系统与金源政区地理再认识》及《〈金史〉列传的编纂》诸篇,共同探讨《金史》的编纂模式及史料来源,总体判断是,诸帝本纪、《世纪补》《天文志》《五行志》《河渠志》《兵志》《刑志》《食货志》《宗室表》《交聘表》及大部分列传等均以实录为基础修成,其余《地理志》《礼志》《选举志》《百官志》等也大量摘编实录条文。这些研究从具体案例出发,爬梳整体文献脉络,以建立对《金史》的总体认知。《〈元史·太祖纪〉与"金史"关系初探》勾勒"金实录"的传播轨迹:金亡后,官藏实录辗转经张柔之手

---

① 《元史》卷五《世祖纪二》,第1册,第92页。
② 《元史》卷一四《世祖纪十一》,第2册,第294页。
③ 《金史》附录,第8册,第2900页。
④ 《金史》卷一三《卫绍王纪》,第1册,第298页。
⑤ 虞集《送墨庄刘叔熙远游序》载:"世祖皇帝时,既取江南,大臣有奏言'国可灭,其史不可灭',上甚善之,命史官修辽、宋、金史,时未遑也。"(虞集:《道园学古录》卷三二,《四部丛刊》本,第5页a-b)

入藏元朝翰林国史院,成为元儒编写治国理政的课读教材和"五朝实录"的重要材料来源,至正时期被用于改编纪传体《金史》。洪武初,明军攻占元大都,随着内府图籍整批南迁,①"金实录"从此湮没。

二、充分重视正史背后潜藏的编纂主旨

探索元人关于辽、金二史的叙述模式,以及修撰者历史认知支配下的史料编排工作,从文献细节及史料脉络中整合出较有突破性的议题,是本书的价值取向。

元修《辽史》的编纂问题,冯家昇指出:"今考耶律俨《实录》,陈大任《辽史》二书,至正中尚存,其为脱脱《辽史》之底本无疑。更有宋人所撰之《契丹国志》,亦为脱脱《辽史》所据。则当日成书之易,盖有各家底本以资编排也。"②在整编三家史料的过程中,史官制造出不少麻烦。

例一,《辽史》向来以疏漏著称,但同时又多见重出之文。③卷八九《杨晳传》和卷九七《杨绩传》就属于这种情况。据考证,杨晳、杨绩同为一人无疑,仍有问题值得我们进一步追问:《辽史》为何出现两人别名,乃至重复立传的现象?《〈辽史〉复文再探》指出,《辽史》中"杨晳""杨绩"这些不同的记载应当是出自不同的史书,分别为耶律俨《皇朝实录》和陈大任《辽史》,一者皆作"杨绩",另一者皆作"杨晳",且分别立有《杨绩传》和《杨晳传》。元朝史官不察,遂依据以上两史为杨绩、杨晳各立一传。

例二,篡改史料。辽代佛诞日有两种记载:《辽史·礼志·岁时杂仪》为"二月八日",④而《契丹国志·岁时杂记》作"四月八日"。⑤两书

---

① 吴伯宗《译天文书序》云:"爰自洪武初,大将军平元都,收其图籍,经、传、子、史凡若干万卷,悉上进京师,藏之书府。"海达儿等口授:《天文书》卷首,洪武十六年(1383)内府刻本,第1页a。
② 冯家昇:《〈辽史〉源流考》,《冯家昇论著辑粹》,中华书局,1987年,第117—118页。
③ 参见傅乐焕:《辽史复文举例》,氏著《辽史丛考》,中华书局,1984年,第286—313页。
④ 《辽史》卷五三《礼志六·岁时杂仪》,点校本二十四史修订本,中华书局,2017年,第3册,第974页。
⑤ 题叶隆礼:《契丹国志》卷二七《岁时杂记》,贾敬颜、林荣贵点校,中华书局,2014年,第282页。

记述的佛诞活动内容相同,日期却歧异,由此引发孰是孰非的争议。① 令人遗憾的是,各家的解释并未彻底揭示问题真相。症结在于,这是出自同一文献系统的"史料"而经元人改动造成的矛盾。《试析辽朝二重佛庆体制说》指出,《辽史》"岁时杂仪"全部改编自《契丹国志》"岁时杂记",后者又抄自武珪《燕北杂记》。武珪原始记载的佛诞日是四月八日,且有多种辽代石刻文献为证。具体结合纂修《辽史》的至正初年社会环境看,时下元大都惯例以二月八日迎佛,是官方指定的佛教节庆,受此影响,史官改编《契丹国志》入《辽史》时,可能将佛诞日的日期改成二月八日。

相比以上两种情况,《辽史·百官志》的编纂以及据此形成的历史叙述框架更值得深思。根据元人撰写的《百官志》序文和书中分设"北面"和"南面"两大官僚体系,自然会产生这样一个历史认识:辽朝设有南、北两面官制度,"北面治宫帐、部族、属国之政,南面治汉人州县、租赋、军马之事",这种"官分南、北"的统治方式始创于太宗时期。② 近代以来学者凡谈及辽制多信之。近些年关于《百官志》的史料批判取得显著成绩,全面揭示此系元人杂抄成篇,可惜尚未充分发掘史官纂修志书的文献系统及其理论根据,以致最终目标仍试图复原"北面官""南面官"两大系统。③

《辽代"南北面官制"与南北二元模式重建问题》通过破解《辽史·百官志》北面"契丹南枢密院"、南面"汉人枢密院"两条目重出之谜,指出《百官志》的主体骨架和核心条目抄撮辽末史愿《亡辽录》,得以揭示元人构建南北二元模式的文献根据。在"行国"主题之下,辽朝兼有"城国",官制同样是蕃汉杂用,统治结构呈多元化,部族、州县各有统属,全国统一设立财赋路和军事路,乃自成体系,从"中央"到"地方"

---

① 钱大昕:《廿二史考异》卷八三《辽史·礼志》,方诗铭、周殿杰校点,上海古籍出版社,2004年,第1140页。冯家昇:《辽史证误三种》,中华书局,1959年,第223页。〔韩〕李龙范:《辽金佛教之二重体制与汉族文化》,张曼涛主编:《中国佛教史专集》第五《宋辽金元篇(下)》,台北:大乘文化出版社,1977年,第121—139页。陈述:《辽史补注》卷五三《礼志六》,中华书局,2017年,第2357—2358页。

② 《辽史》卷四五《百官志一》,第3册,第773页。

③ 参见林鹄:《绪论——〈百官志〉之史源、编纂及史料价值》,《辽史百官志考订》,中华书局,2015年,第1—30页。林鹄:《北面官总说》《南面官总说》,《辽史百官志考订》,第315—329页。

的行政系统及官僚架构并非南北二元模式那么简单。

在历代正史中,诸志占据着相当大的分量,因事关一代典章制度和国家统治体系,为研究者所重视。正史志书尽管纰漏不少,历来不乏考证订补之作,但作为一个权威标准的官方叙述,仍不失经典地位。《金史·百官志》"封国制"条的编纂问题则对传统观念有所触动。日本学者三上次男曾论断《百官志》属金章宗明昌之制,①有学者提出"封国制"系"明昌格"。②《百官志》"封国制"条详载大、次、小三等封国之号和晋升次序,参酌《大金集礼·亲王》封国条例,总结编纂模式:元朝史官以大定制度为基础,根据"金实录"的不同时期记载进行改动,最终杂糅整合而成。所谓经过"明昌格"统一整饬的封国制度并不存在,《百官志》其实已将不同年代的制度、不同系统的文献搅乱。③

把握史料源流,可以避免走弯路。"二税户"既是辽金史经济研究中的焦点议题,也牵涉契丹独具特色的头下制度。元好问《中州集·李承旨晏》载"初,辽人掠中原人,及得奚、渤海诸国生口,分赐贵近或有功者,大至一二州,少亦数百,皆为奴婢,输租为官,且纳课给其主,谓之二税户",④此谓头下军州"二税户"。一直以来,学者将其作为孤立一条"史料"使用,却从未追问整个传文之来源。《契丹"二税户"问题发覆》考证,《中州集》多数人物小传抄自"金实录"的附传。对比《金史·李晏传》和许安仁撰《李晏神道碑》可知,元好问将原始史文"二税户"根据个人理解加以释义。《辽史·食货志》又载"凡市井之赋,各归头下,惟酒税赴纳上京,此分头下军州赋为二等也",⑤此非"二税户",而是指头下制度的征集商税方式。那么,元好问关于"二税户"的命题则成悬疑。

这些提示我们,不该把编纂者的"史观"当作"史料"运用,应对两者有所辨析,严格区分,更应警惕正史序文的局限及其带来的困扰。

---

① 〔日〕三上次男:《金代政治制度の研究》,《金史研究(二)》,東京:中央公論美術出版,1970年,第64—66页。
② 孙红梅:《金代封国之号与国号王爵类型》,《史学月刊》2015年第5期。
③ 参见陈晓伟:《〈金史·百官志〉三等国号制及其渊源》,包伟民、刘后滨主编:《唐宋历史评论》第12辑,第175—196页。
④ 元好问编:《中州集》卷二《李承旨晏》,萧和陶点校,华东师范大学出版社,2014年,上册,第123页。
⑤ 《辽史》卷五九《食货志上》,第3册,第1028页。

《辽史》有"国舅五帐"说,①《外戚表序》谓之"拔里二房,曰大父、少父""乙室已亦二房,曰大翁、小翁"和"国舅别部"。《辽史》全书凡涉及"国舅别部"者,根本源自《萧塔剌葛传》"世宗即位,以舅氏故,出其籍,补国舅别部敞史"这条记载。② 然细绎原始史文,其表述非常明确,是辽世宗授官给萧塔剌葛,并非为该家族新立一个"国舅帐"。所谓"国舅别部",乃出自元末史官对辽代后族帐房的理解,有杜撰之嫌。元人的概念,将有关国舅族帐的研究引向歧途。

又如,《金史·宗室表》一向被视为研究金朝统治家族及其世系问题的核心文献,传统做法无不是广泛搜集史料补苴此表,实乃根源于学者对《宗室表》性质及其学术价值的判断。该序文写道:"贞祐以后,谱牒散失,大概仅存,不可殚悉,今掇其可次第者著于篇。其上无所系、下无所承者,不能尽录也。"③这句话颇具迷惑性,似乎暗示元末史官根据残存谱牒编成《宗室表》。《〈金史·宗室表〉与元代人的完颜宗室观》针对传统观点进行反思:论证《宗室表》文献价值成立与否的一大前提,须做好探源工作,尤其对表文内容的独立性和史料价值持审慎态度。通过分析编纂过程中的诸项细节,证明《宗室表》并无独立的金人谱牒来源。在既定历史认知的前提下,元朝史官通过摘录、编织、整合"金实录"新制成《宗室表》。该表恐怕不能反映金朝宗室集团的原本面貌。

中编"编纂者的历史认识"的五篇论文以探源为手段解决诸多悬而未决的问题,通过具体实践诠释史源学方法能够推动传统议题继续深化,甚至在破除旧说方面,亦有所贡献。

三、始终追求的问题意识

厘清正史编撰问题并为之探源,最终目的是,破除后世史家的叙述框架的束缚,将"史料"置于本朝政治的时代背景中,尽力在当时统治话语系统中呈现历史发展脉络。下编"国史叙事与北族意识"主题下的六篇文章,共同特点体现如下:从《辽史》《金史》《元史》的文本解读具体

---

① 《辽史》卷四五《百官志一》,第 3 册,第 778 页。
② 《辽史》卷九〇《萧塔剌葛传》,第 5 册,第 1496 页。
③ 《金史》卷五九《宗室表》,第 5 册,第 1359 页。

切入，并不局限在辽史、金史、元史各自王朝史范围之内，而置于宋元时代的史料传播和知识体系演进之下，以展现北族王朝的政治文化特征。

第一，契丹耶律宗室的地位最尊贵者称"横帐"，然学界对其词义和所指范围争议很大。自1910年代日本学者津田左右吉初步探讨，①迄今为止的论著不下十余种。这当中有四个方面值得反思：一是，凡讨论横帐问题，均围绕《辽史·百官志》"北面皇族帐官"这条核心材料展开，然与其他记载有冲突之处，故有研究者怀疑其准确性。试问，这段文字是如何形成的？此条与《辽史》诸史文及辽代石刻所述龃龉不合的原因是什么？尚未有人解答。二是，除"北面皇族帐官"条外，《辽史》缺载横帐系统制度，学者多以辽朝中后期石刻资料为依据加以论证，其实这种思路是将横帐视为一成不变的有辽一代规制，却忽略了史料形成的年代性。三是，近年来研究者注意从制度演变的思路来考察横帐范围的变化，对于具体时间节点及背后原因虽有一些解释，可惜说服力不强。四是，作为与横帐密切相关的"皇族"，在辽朝如何定义，两者具体关系怎么样？

《横帐制度与耶律氏皇族结构》尝试从《辽史》文本形成与契丹谱系构建的动态形成中解决"横帐"问题，勾勒契丹统治者先祖帝系建构的线条，以及皇族范围与横帐变化之轨迹。辽初或以阿保机为中心的"御帐"横向单列，遥辇九帐与皇族帐左右辅翼，到辽圣宗时期，孟、仲、季三房已经编入横帐序列。整个迭剌部，辽初被划分为"五院""六院"，称"二院皇族"，是否隶属横帐尚难以坐实。根据制度的演变，结合契丹文石刻所见 ꖦꖧ ꖨꖩ（义为"可汗的族帐"），探知契丹统治者对祖先历史的改造历程：最初从太祖帝系扩及祖父玄祖及三父房，最后将二院皇族整合其中，进而塑造出以迭剌部为核心的统治家族。

第二，契丹萧氏后族与耶律氏皇族构成辽朝两大政治群体，世代联姻，后族姓氏全部冠以"萧"姓，内部结构实则纷繁复杂。后族族帐分野、家族世系以及由此引发的政治斗争等，一直以来都是焦点问题，但由于《辽史·外戚表》造成的误解，使得后族国舅帐的构成情况变得异常混乱。

---

① 〔日〕津田左右吉：《遼の制度の二重體系》，氏著《津田左右吉全集》第12卷，東京：岩波書店，1964年，第365—370頁。

《契丹国舅帐与审密氏集团》指出,所谓后族"国舅五帐"实为元朝史官对辽代国舅帐体系的重建,其中的"国舅别部"未必成立,惟有"拔里""乙室己"真实可信。这为解决整个国舅帐分支问题清除了一道障碍。综合契丹小字、汉文石刻,我们探明表示后族身份的 外签 力妻 义同"大国舅",指太祖淳钦皇后述律氏的异父兄忽没里和同父弟阿古只两大支系。有辽一代,国舅帐发展的主线是:忽没里、阿古只同母异父,他们的父系先祖属不同血缘部落,辽初将两帐族合并为拔里氏,世宗即位新立剌只撒古鲁家族为"国舅帐";亦见乙室己氏,开泰三年(1014)又将拔里和乙室己整合为一体,最终称作"审密氏"。通过多番政治改造,最后形成了以萧氏为外衣的后族集团。

第三,根据《祖宗实录》改编的《金史·世纪》,记载始祖、德帝、安帝、献祖、昭祖、景祖、世祖、肃宗、穆宗、康宗十位完颜部首领的创业事迹。20世纪20年代,日本学者池内宏发表《金史世纪の研究》,提出始祖函普至昭祖石鲁的五代世系完全是捏造的,景祖以后当为信史。[1] 三上次男等学者补证此说。[2]《金史·世纪》内容最明显的特征是,昭祖到景祖的叙事突然由虚变实,这个关节点前后文本的整合、改编的过程,以及历史叙述背后潜藏的政治因素需要探索,据此总结以三代为基点向上延伸世系的统治集团塑造模式与权力起源。

《〈祖宗实录〉编纂与完颜家族谱系建构》以《金史·世纪》为主线,对比《后妃传》《始祖以下诸子传》及石显诸传的记载,指出它们均以《祖宗实录》的十帝本纪为蓝本修成。在厘清《祖宗实录》总体面貌的基础上,通过对女真祖先传说及谱牒构造展开分析,从《金史·世纪》《神麓记》《松漠记闻》《高丽史》所载女真祖先传说文本罅隙与矛盾中,考索谱系叠加生成的脉络。原始版本以景祖—世祖—太祖为起点追述始祖函普,随着金初政治军事形势的变化,出于家族认同以及笼络功臣的现实需要,统治家族范围随之扩大,金熙宗时,遂把世系向上扩展编成八代十帝谱牒,据此定义金朝的宗室集团。更大范围内,女真社会流传着三兄弟传说,到金初则成为统治家族完颜部与耶懒水、曷苏馆两部

---

[1] 〔日〕池内宏:《金史世纪の研究》,《满鲜地理历史研究报告》第11册,东京帝国大学文学部,1926年9月,第177—313页。

[2] 〔日〕三上次男:《金室完颜家の始祖说话について》,氏著《金代政治社会の研究》,《金史研究(三)》,东京:中央公论美术出版,1973年,第17—42页。

联盟的"历史根据",用以凝聚一个新的女真民族共同体。

第四,金代建元及辽金历史关系重塑问题。《金史·太祖纪》载阿骨打于1115年建元"收国",国号"大金",1117年改元"天辅"。刘浦江《关于金朝开国史的真实性质疑》提出:《太祖纪》所据的《金太祖实录》伪造开国史,隐讳阿骨打创业之初曾在杨朴建议下请求契丹册封的经历;金代实起元"天辅","收国"疑为杜撰。① 此文发表以后,便引起热烈讨论。有学者发挥此说,在论证细节和文献考辨方面有很大推进。② 而更多学者坚持《金史》上述记载确凿无疑,反驳刘文,然而尚未从根本上破解其漏洞。

《金修〈太祖实录〉及开国史知识的传播》以《金史·耨盌温敦思忠传》所载"杨朴"为突破口,考证出此人事迹及《耨盌温敦思忠传》全部改编自"金实录"。通过钩沉《金太祖实录》阿骨打创业史之原貌和真实立场,发现金初纂修国史时不仅没有隐讳杨朴其人其事,而且直书契丹册立阿骨打之史事。天辅起元说,最初源自史愿《亡辽录》,很长时间内代表着南宋知识界对于金代开国史的了解程度。入元以后,"金史"形成多条传播链,人们的知识体系逐渐发生变化,开始接受收国建元和金代权威的纪年谱系。

第五,金朝国号问题历来备受关注。据记载,"大金"国号取义有金源说、大金优胜镔铁说、金德尚白说。学界通行的观点是,"大金"源于女真完颜部世代生息的按出虎水(今黑龙江省阿什河),故以"金源氏"指称女真政权。以往学界讨论金代国号问题,一般着眼于哪种说法更具有合理性,遂采取非此即彼的选择性论证模式。现在更应该关注承载诸说文献的材料来源及流传过程,分析金朝政治家对于大金国号释义与理解的时代变化,挖掘背后所体现的政治文化特征。

《金史·地理志》上京路条"国言'金'曰'按出虎',以按出虎水源于此,故名金源,建国之号盖取诸此",③被视作金朝国号权威而系统的记载。《国号"金源"说——女真政治文化观之演变》结合金代政治史

---

① 刘浦江:《辽金史论》,辽宁大学出版社,1999年,第1—22页。
② 李秀莲:《阿骨打称都勃极烈与金朝开国史之真伪研究》,《史学月刊》2008年第6期。苗润博:《〈辽史〉探源》,中华书局,2020年,第67—106页。邱靖嘉:《改写与重塑:再论金朝开国年代及其相关问题》,《文史哲》2022年第2期。
③ 《金史》卷二四《地理志上》,第2册,第550页。

分析"金源"名号在整个时代中的产生、运用和阐释,指出《地理志》整条叙述金上京路地理沿革和山川的内容系元朝史官拼凑成篇,国号"金源"说亦是杂糅而来。较为复杂的是,金朝统治者尽管对"大金"涵义的理解存在变化,始终不采"本土名阿禄阻(按出虎)为国号"说,然而"金源"一词及政治文化概念真实存在于主流话语体系之中。"金源"作为完颜家族的郡望,金初并无此观念,始祖"初从高丽来"代表着统治者的祖先记忆和历史起源。金世宗在文化复兴运动中极力构建女真本位观,将昔日上京会宁府作为宣传噱头,建造各种政治景观,大肆包装,亦使祖先传说的迁徙经历随之发生微妙的变化,试图从根本上证明以完颜始祖为起源的女真政权最初就发源于按出虎。通过一系列政治举措,以"金源"为典型象征符号的女真王朝起源概念逐渐确立起来。"金源"不是一个天然概念,"金源"即会宁府地更不是纯粹的地理称谓。

第六,成吉思汗史事及其编纂,是一道讨论长达百余年的经典问题。20世纪以来,学界以《元朝秘史》为对象,探讨它与《史集》《圣武亲征录》及《元史·太祖纪》的史料渊源,不过关注焦点集中在早期蒙古史,对丙寅年(1206)以后征服金、宋的研究相对薄弱。

《塑造天命:〈元太祖实录〉纂修所见元初史观》立足于13世纪蒙古史料的整体传承脉络,探讨《元太祖实录》的编纂及取材问题,表明有关1206年成吉思汗即位后征服金、宋的史事记载存在多个文献源头,包括"金实录"所载有关金蒙交往的信息、木华黎等征金名将传记,以及南宋国史系统中的"鞑靼"史料。此部分与之前的草原创业史相衔接,展现成吉思汗建业的完整历程。太祖、太宗、定宗、睿宗、宪宗五朝实录编纂者耶律铸,在修国史过程中,继承其父耶律楚材的政治思想,突出蒙古统一战争具有"天命"意义,反映了其背后华夏政治文化叙事思维的影响。

四、作为方法的史源学

本书将史料来源、编纂过程及撰史者思想、历史观念等一系列线索贯穿起来,利用史源学方法重审辽金元史问题,最后需要从个案中进一步归纳阐释研究思路和学术取向,以求方法论的进步。

近年来,史源学研究逐渐成为热点,尤其是在数据库检索的便利条件下,分秒之间便能轻松获得可供比勘的史料,相关成果倍增。遗憾的是,不少论著仅仅就史料谈史料,就来源谈来源,陷入对概念的狭义理解中,以致有学者认为这不过是替古人作"核校史料出处"的表面文章罢了。传统治学方法如何破除偏见,实现突破和创新,是贯穿中国古代史领域的共同话题。谨以本书为中心,结合相关讨论,这里总结为三个诠释层次:解决史料来源的基础性问题;探讨史书编纂过程;发掘作者的历史认识和政治意图。① 若要在此基础之上进行突破,尚有诸多值得注意之处。

首先,确立文献源流意识。传统治史强调穷尽史料,但并不是盲目堆砌或简单分门别类,而要对材料的来源渠道、文本层次、形成年代及文献系统一一甄别,在有限条件下尽最大可能厘清史料脉络。

以往的印象是,《元史·太祖纪》所见《元太祖实录》似是纯然一体的草原系统文献,而通过逐条考索史文,则可发现其有多条来源路径。与此类似,《金史·地理志》也糅合了多个文献系统,不同年代的制度、不同系统的文献被整合为一,致使金代路制研究中长期存在一大争议:"路下有路"问题。据《金史·地理志》载,上京路条附蒲与路、合懒路、恤品路、曷苏馆路、胡里改路,东京路条有婆速府路,从而给人一种错觉:这六路皆归上京、东京两路统辖。学者多信从此记载。通过探源则发现,《金史·地理志》主体文献与宋元时期类书所载《江北郡县》有共同祖本,据该书"长城外直北诸部族"条,知金代蒲与路等六路属部族管理体制,本是一套独立系统。然而元人在编修《金史·地理志》时却将这套体系多番拆解,根据地域就近糅合,将六路割裂到中原路制系统中,"路下有路"的误解就是这样造成的。史官按照传统史学方式编排民族史史料,恰恰打破了自身的文献体系。在摸清文献系统关系后,才发现所谓的历史问题未必真是"问题",而是编纂者制造出的技术陷阱。是故抉原匡谬理应成为我们的自觉意识,从而把握不同文献系统的叙事脉络,扫除史官编纂造成的一道道障蔽。

其次,注重史源调查方法的历史学意义。我们对《元太祖实录》探

---

① 参见孙正军:《通往史料批判研究之途》,《中国史研究动态》2016 年第 4 期。陈爽:《漫说史源调查》,《文献》2020 年第 3 期。聂溦萌整理:《历史是如何写成的》,连载于《澎湃新闻》2019 年 12 月 24、25、26 日。苗润博:《〈辽史〉探源》,第 361—375 页。

源并不止步于离析文献系统,而是循此线索深入考察五朝实录编纂问题,通过《双溪醉隐集》考证耶律铸主持国史纂修工作的关键环节。关于辽代佛诞日的分歧同样利用此方法解决,指出《辽史》"岁时杂仪"全部改编自《契丹国志》"岁时杂记"的同时,还注意到至正初年社会风俗习惯对《辽史》成书的深刻影响。又如,关于阿骨打起元的记载,《金太祖实录》作"收国",而《亡辽录》作"天辅",追究产生分歧的原因,还应充分考虑到,作为官修文献、民间私撰两套不同的记史体系,编者的政治立场、社会环境、信息获取渠道、史学修养、撰史意图等方面存在的差异。从知识史的角度,得以离析金代开国史的文献层次:一是本朝史之纂修及官方立场,二是南宋他者的历史叙事,三是元代正史纂修者的编纂取材方式。宋金时期,以"天辅""收国"为代表的金代开国史分为南、北两种叙述模式,到元代,随着信息的传播、扩散,人们的金史认识水平日渐提高,"收国"建元和金源纪年谱系也就被普遍接受了。要之,金代官修历史走向民间,而元末修史时,原来的民间知识体系又进入正史,形成较为复杂的金代开国史传播链。

  我们不仅主张从史料流传角度探寻答案,更关注文献生成的社会环境,以及知识传递的时空脉络,这才是史源学研究始终追求的问题意识。

  最后,通向政治史的取向,观照时代之历史,以彰显正史探源的意义。历史材料经过古代史家编纂整理,人为意识逐层渗透其中,以致影响今天的学术认知。一方面,要充分重视正史的编纂主旨及历史观念,必须对编纂者的史观及其运用的史料辨析区分,避免陷入误区。最典型的案例,当数《辽史·百官志》重构的历史叙述框架。《辽史·百官志》分设"北面""南面"两大官僚体系,元末以降人们无不相信辽朝实行南北面官体制,著名的二元政治理论正是据此提出,[①]至今仍是学界分析契丹政权国家统治策略及政治制度的惯用模式。然而,《辽史·百官志》全部是元人杂抄成篇。据此,我们对"南北面官制"概念的缘起、立论根基及主体文献进行全面探究,进而指出元人已不谙辽制,所谓辽

---

① 〔日〕津田左右吉:《遼の制度の二重體系》,氏著《津田左右吉全集》第12卷,東京:岩波書店,1964年,第321—391页。〔日〕島田正郎:《辽朝北面中央官制的特色》,原刊《大陆杂志》29卷12期,1964年12月;收入《辽金元史研究论集》,《大陆杂志史学丛书》第2辑第3册,大陆杂志社印行,1970年,第31页。

代官分南、北,极有可能出于编史者的杜撰。另一方面,我们要把具有独立价值的史料从后代史官叙述框架中解放出来,置于时代背景中,在具体政治环境下的历史叙事中呈现其张力。耶律铸的修史活动就是一个鲜活案例。耶律履和耶律楚材积极利用五行历法为政治服务,耶律铸亦深谙此道,从"金实录"中发掘黄河清的记录来阐释庚午受命之说,借用五星聚塑造成吉思汗的仁主形象。在不同史观指导下,相同史料所传递的历史信息也会发生方向性变化。因此,需要总结史书编纂思维和史家观念,考察史料传播背后的历史动因,以动态视角审视文本意义。

当然,要想实现史料取材、史书编纂问题及作者历史观三个层面的突破,显然不能局限于在本断代史领域就事论事,必须打破王朝史体系,放在宋元时代的史料传播体系下,从整体着眼,体现贯通之道。在当代学术背景下,利用史源学方法对传统议题探赜发覆,仍有望开辟新的研究空间。

上编　正史探源

一 再论王鹗《金史稿》为《金史》底本说

关于《金史》纂修及其取材，学界议论颇多，本纪所据底本是核心议题。自赵翼提出元初王鹗修《金史》"旧底固已确凿，宜纂修诸人之易藉手也"[①]之说，迄今赞成者众，似成定论。[②] 有学者最新补证此说，具体指出"太祖、海陵、世宗、章宗、宣宗本纪。此五朝帝纪王鹗《金史大纲》亦有其卷目，则王鹗《金史稿》很可能会有这些本纪的初稿"。[③] 然而笔者对此说持审慎态度，总体判断王恽《玉堂嘉话》虽载王鹗《金史大略》，但并未付诸实践，至正纂修《金史》时直接采据实录，而无中间环节。所谓王鹗《金史稿》说乃《金史》编纂研究中难以绕开的一道屏障，故这里以《金史·宣宗纪》（简称《宣宗纪》）质疑为缘起，检讨纪传表志之史源，最终论证《宣宗实录》作为元修《金史》蓝本的典型意义。

一、黄溍"金史宣宗本纪"非王鹗《金史稿》

《金史》以王鹗《金史稿》为底本的观点，学者大多置而未论。目前看似最直接的一条证据，是黄溍《马氏世谱》所载马庆祥履历"事见金史宣宗本纪，新史本纪虽不载，而详见于忠义传"（图一）。[④] 邱靖嘉据此论述：

---

① 赵翼：《廿二史劄记校证（订补本）》卷二七《金史》，王树民校证，中华书局，2001年，第597页。
② 参见冯家昇：《〈辽史〉源流考》，《冯家昇论著辑粹》，中华书局，1987年，第154—155页。Chan Hok-Lam（陈学霖），The Compilation and Sources of the Chin-Shih, *Journal of Oriental Studies*, VOL. VI, 1961-1964, Numbers, 1 and 2. 王继光：《有关〈金史〉成书的几个问题》，《社会科学》（今名《甘肃社会科学》）1981年第2期。王明荪：《金修国史及金史源流》，《书目季刊》第22卷1期，1988年6月。赵梅春：《王鹗与元代金史撰述》，《史学集刊》2011年6期。
③ 邱靖嘉：《〈金史〉纂修考》，中华书局，2017年，第159页。详参邱靖嘉：《王鹗修金史及其〈金史稿〉探赜》，《史学史研究》2016年第4期。
④ 黄溍：《金华黄先生文集》卷四三《马氏世谱》，《中华再造善本》，影印至正十五年（1355）刻本，北京图书馆出版社，2005年，第3页a。

黄溍所称“新史”指至正四年(1344)新修《金史》,与该书相对而言的“金史宣宗本纪”,是指王鹗《金史稿》之《宣宗本纪》。① 这一说法值得商榷。

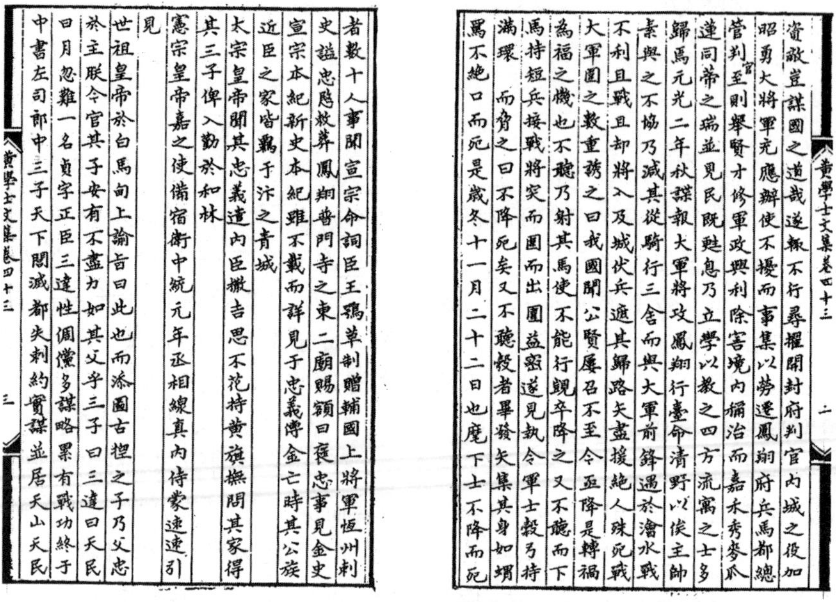

資敵豈謀國之道哉遂輟不行尋擢開封府判官內城之役加昭勇大將軍充應辦使不擾而事集以勞遷鳳翔府兵馬都總管判官至則舉賢才修軍政興利除害境內徧治而嘉禾秀麥瓜蓮同蔕之瑞並見民既甦息乃立學以教之四方流寓之士多歸焉元光二年秋諜報大軍將攻鳳翔行臺命清野以俟主帥素與之不協乃減其從騎行三舍而與大軍前鋒遇於澮水戰不利且戰且卻將入及城伏兵遮其歸路矢盡援絕人殊死戰大軍圍之數重誘之曰我國聞公賢屢召不至今亟降是轉禍為福之機也不聽乃射其馬使不能行覘卒降之又不聽而下馬持短兵接戰將突而圍而出圍益密遂見執令軍士彀弓持滿環 而脅之曰不降死矣又不聽殺者畢發矢集其身如蝟罵不絕口而死是歲冬十一月二十二日也麾下士不降而死

黄學士文集卷四十三 二

者數十人事聞宣宗命詞臣王鶚草制贈輔國上將軍恆州刺史謚忠愍敕葬鳳翔普門寺之東二廟賜額曰褒忠事見金史宣宗本紀新史本紀雖不載而詳見于忠義傳金亡時其公族近臣之家皆羈于汴之青城

太宗皇帝聞其忠義遣內臣撒吉思不花持黃旗撫問其家得其三子俾入勤於和林

憲宗皇帝嘉之使備宿衛中統元年丞相線真內侍蒙速速引見

世祖皇帝於白馬甸上諭旨曰此也而添圖古捏之子乃父忠於主朕令官其子安有不盡力如其父乎三子曰三達曰天民曰月忽難一名貞字正臣三達性倜儻多謀略累有戰功終于中書左司郎中三子天下閭滅都失剌約實謀並居天山天民

黄學士文集卷四十三 三

图一 至正十五年刻本《金华黄先生文集》(采自《中华再造善本》)

为了便于讨论,兹将《马氏世谱》《金史·忠义传·马庆祥》对比如下(见表一):②

表一 《马氏世谱》与《金史》马庆祥事迹对比表

《马氏世谱》	《金史》
马氏之先,出西域聂思脱里贵族。始来中国者和禄罙思,生而英迈有识量,慨然以功业自期,尝纵观山川形势,而乐临洮土壤之丰厚。辽主道宗咸雍间,奉大珠九以进。道宗欲官之,辞不就,但请临洮之地以畜牧,许之,**遂家临洮之狄道。**和禄罙思生帖穆尔越歌,以军功累官马步军指挥	马庆祥字瑞宁,本名习礼吉思。先世自西域入居临洮狄道,以马为氏,后徙家净州天山

① 邱靖嘉:《〈金史〉纂修考》,第106—107页。

② 《金史》卷一二四《忠义传四·马庆祥》,中华书局,1975年,第8册,第2695—2696页。

(续表)

《马氏世谱》	《金史》
使,为政廉平而有威望,人不敢斥其名,**惟称之曰马元帅,因以为氏**。帖穆尔越歌生伯索麻也里束,年十四而辽亡,失□母所在,为金兵所掠,迁之辽东,久乃放还,**居静州之天山**…… **习礼吉思一名庆祥,字瑞宁**。性纯悫,儿时侍亲侧如成人,饮食必后长者。既壮,姿貌魁杰,以志气自负,善骑射而知书,凡诸国语言文字,靡所不通。豪杰之士多乐从之游,食客常数十人。或劝之仕,辄应之曰:"幸有以具甘旨,夫复何求。况昆弟皆蚤世,我出,孰与为养乎?"父有疾,粥药必亲尝,衣不解带。疾不可为而殁,哀恸几绝,庐于墓侧三年。母亡,执丧亦如之。闻者皆曰:"笃孝君子也。"	
金主章宗时,卫绍王在藩邸,召见,礼宾之。所陈备边理民十余事,皆军国之要务,悉奏行焉。**泰和中,以六科中选,试尚书省译史**	泰和中,试补尚书省译史
卫绍王嗣位,始通问于我太祖皇帝,信使之副难其人。卫绍王曰:"习礼吉思忠信而多智,且善于辞令,往必无辱。" 及入见,上爱其谈辩,而观其器宇不凡,称叹久之,因赐名曰也而添图古捏,汉言能士也。暨再使,因留不遣。使人风之曰:"尔国危在旦夕,若属将为虏。留此,则可以长保富贵。"答曰:"国之兴亡,系政善恶,不系势之强弱。我国无乱政,尔何以知之? 贪利则不仁,避害则不义,背君则不忠,出使而不报则不信。诚拘留不返,当以死自誓。反道失身,虽生何益?"留之三旬,知不可夺,乃厚礼而归之。太祖思其贤,遣内臣乙里只持国书征岁币,且招之使来。卫绍王欲遣之,力辞	大安初,卫王始通问大元,选使副,上曰:"习礼吉思智辩通六国语,往必无辱也。"

(续表)

《马氏世谱》	《金史》
贞祐末,挈家从金主宣宗南迁汴,上再遣乙里只谕旨曰:"宁无岁币,必得斯人。"宣宗幸和议之成,强遣之,涕泣而言曰:"臣身犹草芥,不足惜也。苟利于国,虽死不恨。但以人资敌,岂谋国之道哉?"遂辍不行。**寻擢开封府判官,内城之役**,加昭勇大将军,**充应办使,不扰而事集**,以劳迁凤翔府兵马都总管判官。至则举贤才,修军政,兴利除害,境内称治,而嘉禾秀麦、瓜莲同蒂之瑞并见。民既苏息,乃立学以教之,四方流寓之士多归焉	使还,授开封府判官。内城之役充应办使,不扰而事集。<u>未几,大元兵出陕右,朝廷命完颜仲元为凤翔元帅,举庆祥为副,上曰:"此朕志也,且筑城有劳。"</u>即拜凤翔府路兵马都总管判官
元光二年秋,谍报大军将攻凤翔,行台命清野以俟。主帅素与之不协,乃减其从骑。行三舍,**而与大军前锋遇于浍水。战不利,且战且却,将及城,伏兵遮其归路,矢尽援绝,人殊死战。大军围之数重**,诱之曰:"我国闻公贤,屡召不至。今亟降,是转祸为福之机也。"不听,乃射其马,使不能行,觊卒降之。又不听,而下马持短兵接战。将突围而出,围益密,遂见执。令军士彀弓持满,环向而胁之曰:"不降死矣。"又不听,彀者毕发,矢集其身如猬,骂不绝口而死。是岁冬十一月二十二日也。麾下士不降而死者数十人。**事闻,宣宗命**词臣王鹗草制,**赠辅国上将军、恒州刺史,谥忠愍**,敕**葬凤翔普门寺之东**,立庙赐额曰襃忠	元光元年冬十一月,闻大将萌古不花将攻凤翔,行省檄庆祥与治中胥谦分道清野。将行,命画工肖其貌,付其家人。或曰:"君方壮,何乃为此不祥?"庆祥曰:"非汝所知也。"明日遂行。遇先锋于浍水,战不利。且行且战,将及城,会大兵邀其归路,度不能脱,令其骑曰:"吾属荷国厚恩,竭力效死乃其职也。"诸骑皆曰:"诺。"人殊死战,良久矢尽。大兵围数匝,欲降之,军拥以行,语言往复,竟不屈而死,年四十有六。元帅郭仲元舆其尸以归,葬凤翔普门寺之东。事闻,诏赠辅国上将军、恒州刺史,谥忠愍

注:引者对相关文字做了标记,《马氏世谱》字体加黑内容系与《金史》相合者,《金史》下划线内容则为《马氏世谱》所无。

邱靖嘉还认为,《金史·忠义传·马庆祥》当以元好问撰《恒州刺史马君(庆祥)神道碑》为主,兼采《马氏世谱》。① 此说实与其上文所持黄溍曾披阅已修成的《金史》的意见相左。马晓林根据《马氏世谱》所见"史官黄溍"考证,黄氏于至正八年至十年担任总裁官纂修后妃、功臣列传,世谱应写作于此时。② 按《忠义传》系史官新设,至正五年付梓,③《马氏世谱》实乃后出。今检传文,与神道碑不尽一致,尽管与《马氏世谱》主体内容相同,但彼此仍存在参差,再结合成文时间判断,三者难以构成直接的传抄关系。黄溍"事见金史宣宗本纪",则证实《忠义传》与《马氏世谱》采据材料有关,亦即《宣宗本纪》所附马庆祥小传,神道碑内容则自成一体。

《金史·忠义传》叙述马庆祥三百三十余字,捍卫凤翔细节甚详;仕官仅为"凤翔府路兵马都总管判官",品阶不高,《金史》本纪亦不载"庆祥"。黄氏所言"宣宗本纪"若系王鹗书《宣宗纪》,以上两点则与纪传体史书帝纪细事鲜书、要事简约的原则明显不符。笔者指出,元修《金史·忠义传》有从实录中剪辑史文的诸条线索。④ 宣宗时期,金将抵御蒙古进犯,死节者众多,现将卷一二一至卷一二三《忠义传》传主于本纪中可证者如下(见表二):

表二 《金史·忠义传》《宣宗纪》同源表

	《忠义传》	《宣宗纪》
高守约	大定二十八年进士,累官观州刺史。大元兵徇地河朔,郭邦献已归顺,从至城下,呼守约曰:"从简当计全家室。"守约弗顾,至再三,守约厉声曰:"吾不汝识也。"城破被执,使之跪,守约不屈,遂死。诏赠崇义军节度使,谥忠敬	(贞祐元年十一月癸未)大元兵徇观州,刺史高守约死之
宋扆	贞祐二年,改沁南军,正月,大元兵至怀州,城破死焉	(二年正月)乙未,大元兵徇怀州,沁南军节度使宋扆死之

---

① 邱靖嘉:《〈金史〉纂修考》,第 214 页。
② 马晓林:《金元汪古马氏家族先祖史的书写与认同》,《文史》2018 年第 4 辑。
③ 《金史》卷一二一《忠义传一》序文、附录《金史公文》,第 8 册,第 2634、2905 页。
④ 参见陈晓伟:《〈金史〉源流、纂修及校勘问题的检讨与反思》,《中国历史研究院集刊》2021 年第 2 辑。

（续表）

	《忠义传》	《宣宗纪》
乌古论仲温	贞祐初,迁镇西军节度使。……仲温尝治平阳,吏民争留之,仲温曰:"平阳巨镇,易为守御,于私计得矣,于岚州何。"遂还镇。已而,大元兵大至,城破,不屈而死。赠资德大夫、婆速路兵马都总管,谥忠毅,岁时致祭	(二年三月)壬辰,大元兵下岚州,镇西军节度使乌古论仲温死之
王晦	通州围急,晦攻牛栏山以解通州之围。赐赉优渥,迁翰林侍读学士,加劝农使。九月,顺州受兵。……无何,将士缒城出降,晦被执,不肯降,遂就死。……诏赠荣禄大夫、枢密副使,仍命有司立碑,岁时致祭。录其子汝霖为笔砚承奉	(二年十月)丁酉,大元兵徇顺州,劝农使王晦死之
乌古论德升	(兴定)二年,真授左监军,行元帅府事。大元兵复围太原,环之数匝,已破濠垣,德升植栅为拒,出其家银币及马赏战士。北军坏城西北隅以入,德升联车塞之,三却三登,矢石如雨,守陴者不能立。城破,德升至府署,谓其姑及其妻曰:"吾守此数年,不幸力穷。"乃自缢而死	(兴定二年)九月乙亥,下太原府,元帅左监军兼知枢府事乌古论德升死之
伯德窊哥	兴定三年,窊哥特迁三官,遥授同知晋安府事,寻真授东胜军节度使。东胜被围,城中粮尽,援兵绝,窊哥率众溃围,走保长宁寨,诏各进一官,战没者赠三官。九月,复被围,窊哥死之	(三年九月)甲辰,大元兵徇东胜州,节度使伯德窊哥死之
奥屯丑和尚	为代州经略使。贞祐四年八月,大元兵攻代州,和尚御战败绩,身被数创,被执。欲降之,不屈,遂死	(贞祐四年九月)壬辰,大元兵攻代州,经略使奥屯丑和尚战没

（续表）

	《忠义传》	《宣宗纪》
从坦	（兴定二年十月）是月壬子，大元兵至平阳，提控郭用战于城北濠垣，被执不屈而死。癸丑，城破，从坦自杀。赠昌武军节度使	（兴定二年十月）壬子，攻平阳，提控郭用死之。癸丑，下平阳，知府事、权参知政事、行尚书省李革及从坦死之
纳合蒲剌都	未几，改元帅右监军、兼昭义军节度使、行元帅府事。兴定二年，潞州破，力战而死。赠御史大夫	（二年十一月）甲申，大元兵收潞州，元帅右监军纳合蒲剌都、参议官修起居注王良臣死之
移剌阿里合	累迁霍州刺史。兴定四年正月，移霍州治好义堡。大元兵至，阿里合力战不能敌，兵败被执。……于是丛矢射杀之	（四年正月）丁酉，大元兵下好义堡，霍州刺史移剌阿里合等死之
完颜六斤	迁保大军节度使。兴定五年，鄜州破，六斤自投崖下死焉。赠特进、知延安府事	
纥石烈鹤寿	权元帅左都监，行元帅府于鄜州。兴定五年十月，①鄜州破，鹤寿与数骑突出城，追及之，鹤寿据土山力战而死。谥果勇	（五年闰十二月）辛巳，大元兵徇鄜州，保大军节度使完颜六斤、权元帅左都监纥石烈鹤寿、右都监蒲察娄室、遥授金安军节度使女奚烈资禄皆死之
蒲察娄室	遥授孟州防御使，权都监如故。将兵救鄜州，转战而至，城破死之。赠资德大夫、定国军节度使，谥襄勇。敕行省求其尸以葬	
女奚烈资禄	（兴定）五年，遥授陇安军节度使，俄改金安军……闰十二月，鄜州破，被执不肯降，遂死。赠银青荣禄大夫、中京留守	
黄掴九住	改知彰德府事。战殁。赠荣禄大夫、南京留守	（贞祐二年正月）辛未，大元兵徇彰德府，知府事黄掴九住死之

---

① "十月"，点校本校改作"闰十二月"。（第8册，第2676页）

（续表）

	《忠义传》	《宣宗纪》
陀满斜烈	徙知彰德府事。贞祐四年，大元兵复取彰德，斜烈死焉	（三年十一月庚辰）大元兵徇彰德府，知府陀满斜烈死之
尼厐古蒲鲁虎	贞祐四年，急备京西，为陕州宣抚副使兼西安军节度使。是岁，大元兵取潼关，戍卒皆溃，蒲鲁虎御战，兵败死焉	（四年十月己未）大元兵攻潼关，西安军节度使泥厐古蒲鲁虎战没
兀颜畏可	兴定四年，改泰定军。是岁五月，兖州破，死焉。	（兴定四年五月）丙辰，大元兵徇兖州，泰定军节度使兀颜畏可死之
兀颜讹出虎	迁汾阳军节度使、兼经略使。兴定二年九月，城破死焉	（二年九月戊子）大元兵徇汾州，节度使兀颜讹出虎死之
粘割贞	兴定二年，入为工部尚书。由寿州伐宋，攻正阳有功。权元帅左都监，守晋安府。兴定三年十一月，城破，贞与府官十余人皆死之	（三年十一月）戊午，大元兵平晋安府，行元帅府事、工部尚书粘割贞死之

《金史·忠义传》所载以上高守约至粘割贞二十人殁于王事见于今本《金史·宣宗纪》。能够体现传、纪若合符契的文本结构特征，最典型者：

第一，《纪》兴定二年（1218）十月壬子"攻平阳，提控郭用死之"，癸丑"下平阳，知府事、权参知政事、行尚书省李革及从坦死之"。①《传》亦同。②

第二，《纪》兴定四年正月丁酉"霍州刺史移剌阿里合等死之。诏赠官有差"，③此即《传》所载"诏赠阿里合龙虎卫上将军、泰定军节度使"。④

第三，《纪》兴定五年闰十二月辛巳"大元兵徇鄜州，保大军节度使

---

① 《金史》卷一五《宣宗纪中》，第 2 册，第 340 页。
② 《金史》卷一二二《忠义传二·从坦》，第 8 册，第 2663 页。
③ 《金史》卷一六《宣宗纪下》，第 2 册，第 351 页。
④ 《金史》卷一二二《忠义传二·移剌阿里合》，第 8 册，第 2667 页。

完颜六斤、权元帅左都监纥石烈鹤寿、右都监蒲察娄室、遥授金安军节度使女奚烈资禄皆死之",①《传》完颜六斤、纥石烈鹤寿、蒲察娄室、女奚烈资禄小传序次及仕官、死事均与此一致。②

总体而言,《金史·忠义传》与本纪具有同源关系。据考证,《忠义传·曹珪》与《世宗纪》大定四年(1164)正月乙巳条相同,魏全小传与《章宗纪》泰和六年(1206)六月辛亥、壬子、壬戌、戊辰及七年正月乙酉五条吻合,均取资实录。③ 再细检《金史》中《忠义传》以外的证据,《完颜佐传》云:"佐本姓梁氏,初为武清县巡检。完颜斁住本姓李氏,为柳口镇巡检。……宣宗嘉其功,迁佐奉国上将军,遥授德州防御使,斁住镇国上将军,遥授同知河间府事,皆赐姓完颜氏。"④《宣宗纪》贞祐三年(1215)二月丙午条"武清县巡检梁佐、柳口巡检李咬住以诛纥贼张晖、刘永昌等功进官有差,皆赐姓完颜"⑤与之相合。又《刘炳传》"贞祐三年,中进士第,即日上书条便宜十事",详载炳所献十条建言,⑥与《宣宗纪》贞祐三年五月癸酉"刘炳上书言十事"⑦相合。

诸案例所见传、纪史文亦正相合,表明元末《金史》编纂是同步一致的整体过程,并不像是同一部书的本纪改编元初王鹗《金史稿》,而列传于元末节取实录,历经两道如此周折的步骤。也就是说,《金史》的纪、传同时出自同一部原始文献才更为合理。

循这条思路,重审《金史·忠义传·马庆祥》元光元年(1222)十一月"闻大将萌古不花将攻凤翔,行省檄庆祥与治中胥谦分道清野""元帅郭仲元舆其尸以归"的记载。《宣宗纪》虽未提及马庆祥,不过元光元年十一月戊辰云"大元蒙古蒲花攻凤翔府"⑧仍与之吻合。此外,《完颜仲元传》记此事:"元光元年,知凤翔府事。凤翔被围,左监军石盏合喜来

---

① 《金史》卷一六《宣宗纪下》,第 2 册,第 360 页。
② 《金史》卷一二二《忠义传二》,第 8 册,第 2667—2670 页。
③ 参见陈晓伟:《〈金史〉源流、纂修及校勘问题的检讨与反思》,《中国历史研究院集刊》2021 年第 2 辑。
④ 《金史》卷一〇三《完颜佐传》,第 7 册,第 2273 页。
⑤ 《金史》卷一四《宣宗纪上》,第 2 册,第 307 页。
⑥ 《金史》卷一〇六《刘炳传》,第 7 册,第 2337—2339 页。
⑦ 《金史》卷一四《宣宗纪上》,第 2 册,第 309 页。
⑧ 《金史》卷一六《宣宗纪下》,第 2 册,第 364 页。

济军。"①《赤盏合喜传》亦云:"元光元年,大将萌古不花攻凤翔,朝廷以主将完颜仲元孤军不足守御,命合喜将兵援之。"②(关于两传的史料分析详见表六)《忠义传·马庆祥》与此二传亦合。这样看来,上述人物列传叙述萌古不花(蒙古蒲花)攻凤翔皆与《宣宗纪》元光元年十一月戊辰条关系密切,从而揭示出一条同源线索。

那么,"金史宣宗本纪"到底指什么?通常所说的"本纪""国史""实录"是现代史学概念下的划分标准,古时未必那么严格区分。不妨举金代文献中的一条旁证。如元好问记述洺州刘政笃孝:"守臣以闻,世宗嘉之,授太子掌饮丞。以事附史院《本纪》。"③今核《金史·孝友传·刘政》相同,④参酌《世宗纪》大定十三年四月己巳条"以有司言,特授洺州孝子刘政太子掌饮丞",⑤据此知刘政小传当源出《世宗实录》。⑥元好问注明出处"以事附史院本纪",指金代国史院所编《世宗实录》无疑。这里称"实录"为"本纪",而胡翰墓志则谓洪武二年(1369)奉旨纂修《元史》"入局撰英宗、睿宗实录",⑦"实录"实即纪传体的"本纪"。⑧根据具体文本分析和《金史·忠义传》整体比较结果,《马氏世谱》所说的"金史宣宗本纪"系王鹗书的论断并不能令人信服。

问题的解决之道在于,需要逐条分析《金史》史文,从具体细节提升到整体文献脉络,由此建立对《金史》编纂模式与取材渠道的总体认知。基于这种理念,本文拟对宣宗、哀宗之际人物列传全盘梳理,参考这些文本厘清其史料来源,进而解决它们与《宣宗纪》的文献关系,试破王鹗《金史稿》为元修《金史》底本之旧说。

---

① 《金史》卷一〇三《完颜仲元传》,第 7 册,第 2267 页。
② 《金史》卷一一三《赤盏合喜传》,第 7 册,第 2493 页。
③ 元好问:《续夷坚志》卷二,姚奠中主编、李正民增订:《元好问全集(增订本)》,山西古籍出版社,2004 年,下册,第 1178 页。此条史料及相关讨论承蒙闫兴潘惠示,谨致谢忱。
④ 《金史》卷一二七《孝友传》,第 8 册,第 2747 页。
⑤ 《金史》卷七《世宗纪中》,第 1 册,第 159 页。
⑥ 参见邱靖嘉:《〈金史〉纂修考》,第 219 页。
⑦ 吴沉:《长山先生胡公墓铭》,程敏政编:《皇明文衡》卷八四,嘉靖七年(1528)宗文堂刻本,第 12 页 a。
⑧ 参见陈高华:《〈元史〉纂修考》,《历史研究》1990 年第 4 期。

二、揭橥元修《金史》列传抄撮实录之现象

《金史》人物本传之构成颇为复杂,金末宣、哀时期少许本传有传世文献刘祁、元好问书供参考,学界研究相对充分,[①]然而对于这以外的大宗人物传记只能推测大概方向,[②]仍缺乏深入研究。而这恰恰是一条解决《金史》本纪纂修问题的关键线索。

首先有必要摸清《宣宗实录》及其附传的基本轮廓。幸运的是,金元文献中两次提及该实录。王鹗《汝南遗事》天兴二年(1233)十一月二十六日"徐州降敌右丞相赛不死之"条云:

> 正大三年,宣宗庙成,将禘祭,议功臣配享,朝士纷纷,莫有定论。时赛不充大礼使,因奏故丞相福兴死于王事,七斤谨守河南,以迎大驾,余皆不足道也。

小注作"福兴,内族人;七斤,姓仆散氏,《宣宗实录》皆有传矣"。[③] 根据这条注文,今检到《金史》卷一〇一有承晖(福兴)、仆散端(七斤)两传,即取材《宣宗实录》所附臣工传。具体出处可考:《承晖传》叙述,中都破,承晖"则已仰药薨矣""贞祐三年五月二日也"。[④]《仆散端传》,兴定元年,仆散端"薨。讣闻,宣宗震悼,辍朝"。[⑤]《宣宗纪》贞祐三年五月庚申(二日)条,"是日,中都破,尚书右丞相兼都元帅定国公承晖死之"。[⑥] 兴定元年六月乙丑条,"尚书左丞相兼都元帅仆散端薨,辍朝"。[⑦] 两传与此相合。根据实录附载小传之惯例,确知《金史》采自

[①] 参见 Chan Hok-Lam(陈学霖),The Compilation and Sources of the Chin-Shih, *Journal of Oriental Studies*, VOL. VI, 1961-1964, Numbers, 1 and 2。张博泉、程妮娜、武玉环:《〈中州集〉与〈金史〉》,陈述主编:《辽金史论集》第 3 辑,书目文献出版社,1987 年,第 261—278 页。王明荪:《金修国史及金史源流》,《书目季刊》第 22 卷 1 期,1988 年 6 月。程妮娜:《〈遗山文集〉与史学》,《史学集刊》1992 年第 2 期。

[②] 参见邱靖嘉:《〈金史〉列传史源蠡测表》,氏著《〈金史〉纂修考》,第 200—224 页。

[③] 王鹗:《汝南遗事》卷四,《中国野史集成》,影印《畿辅丛书》本,巴蜀书社,1993 年,第 10 册,第 427 页上栏。"将禘祭"原衍"禘"字,今删。

[④] 《金史》卷一〇一《承晖传》,第 7 册,第 2227 页。

[⑤] 《金史》卷一〇一《仆散端传》,第 7 册,第 2233 页。

[⑥] 《金史》卷一四《宣宗纪上》,第 2 册,第 309 页。

[⑦] 《金史》卷一五《宣宗纪中》,第 2 册,第 331 页。

《宣宗实录》的条文信息。

不过仔细分析《金史·仆散端传》与《宣宗纪》全文,若干条史料的来源存疑(见表三)。

表三 《金史·仆散端传》与《宣宗纪》对比表

《仆散端传》	《宣宗纪》
贞祐二年五月,判南京留守,与河南统军使长寿、按察转运使王质表请南迁,凡三奏,宣宗意乃决。百官士庶皆言其不可,太学生赵昉等四百人上书极论利害,宣宗慰遣之,乃下诏迁都	(贞祐二年五月乙亥)上决意南迁,诏告国内。太学生赵昉等上章极论利害,以大计已定,不能中止,皆慰谕而遣之
顷之,为御史大夫,无何,拜尚书左丞相	十一月丁卯,以御史大夫仆散端为尚书左丞相
数月,以左丞相兼都元帅行省陕西,给亲军三十人、骑兵三百为卫,次子宿直将军纳坦出侍行	(三年十月)庚戌,诏尚书左丞相仆散端兼都元帅,行尚书省于陕西
四年,以疾请致仕,不许,遣近侍与太医诊视	(四年二月丁亥)行省左丞相仆散端先亦告老,遣太医往镇护视其疾
是岁,薨。讣闻,宣宗震悼,辍朝	(兴定元年六月乙丑)尚书左丞相兼都元帅仆散端薨,辍朝

表三中贞祐二年五月、十一月、三年十月、四年二月及上引兴定元年六月五条,《仆散端传》与《宣宗纪》内容相合,文字略有雷同。这些史文是否同样也出自《宣宗实录》所附仆散端小传呢?通过耶律铸《双溪醉隐集》可窥端倪。该书《密谷行》"堪怜当日金源氏,谁编良将忠臣传"一文有小注云:"金源氏实录孟参政铸无传,添寿荣禄有传。"① 添寿即《金史》卷一〇三传主奥屯襄。② 传文谓贞祐三年正月"襄为北京

---

① 耶律铸:《双溪醉隐集》卷二《密谷行》,影印文渊阁《四库全书》,台北:台湾商务印书馆,1987年,集部第1199册,第400页下栏。
② 参见邱靖嘉:《〈金史〉纂修考》,第54页。

宣差提控完颜习烈所害",①据《宣宗纪》是年正月乙亥"北京军乱,杀宣抚使奥屯襄"的记载,②可证明《奥屯襄传》当摘录自《宣宗实录》此条。

又,耶律铸检阅实录称"孟参政铸无传",然今本《金史》卷一〇〇却有《孟铸传》,③而且篇幅较大。

表四 《金史·孟铸传》史文检索表

《孟铸传》	参考文本
无何,奏弹知大兴府事纥石烈执中过恶,其文略曰:"京师百郡之首,四方取则。知府执中贪残专恣,不奉法令,自奉圣州罪解以后,怙罪不悛,蒙朝廷恩贷,转生跋扈。雄州诈夺人马,平州冒支己俸,无故破魏廷硕家,发其冢墓。拜表以调鹰不赴,祈雨聚妓戏嬉,殴詈同僚,擅令住职,失师帅之体。乞行黜退,以厌人望。"上以执中东宫旧人,颇右之,谓铸曰:"执中粗人,似有跋扈者。"铸曰:"明天子在上,岂容有跋扈之臣?"上悟,诏尚书省问之	卷一三二《逆臣传·纥石烈执中》:御史中丞孟铸奏弹执中"贪残专恣,不奉法令。释罪之后,累过不悛。既蒙恩贷,转生跋扈。如雄州诈认马,平州冒支俸,破魏廷实家,发其冢墓,拜表不赴,祈雨聚妓,殴詈同僚擅言停职,失师帅之体,不称京尹之任"。上曰:"执中粗人,似有跋扈尔。"铸对曰:"明天子在上,岂容有跋扈之臣。"上意寤,取阅奏章,诏尚书省问之
(泰和)六年正月,宋贺正旦使陈克俊等朝辞,上使铸就馆谕克俊以国家涵容之意,果不详此旨,恐兵未已息也。使以上言达宋主。章宗本无意用兵,故再三谕之	卷一二《章宗纪四》:(泰和六年正月)丁亥,宋使陈克俊等朝辞。遣御史大夫孟铸就馆谕克俊等曰:"……比来群臣屡以尔国渝盟为言,朕惟和好岁久,委曲涵容。恐侄宋皇帝或未详知。若依前不息,臣下或复有云,朕虽兼爱生灵,事亦岂能终已。卿等归国,当以朕意具言之汝主。"

---

① 《金史》卷一〇三《奥屯襄传》,第 7 册,第 2276 页。
② 《金史》卷一四《宣宗纪上》,第 2 册,第 306 页。
③ 《金史》卷一〇〇《孟铸传》,第 7 册,第 2201—2203 页。

(续表)

《孟铸传》	参考文本
铸论提刑司改按察司,差官覆察,权削望轻。下尚书省议。参知政事贾铉奏:"乞差监察时,即别遣官偕往,更不覆察,诸疑狱并令按察司从正与决,庶几可慰人望。"从之	卷一二《章宗纪四》:(泰和六年)二月甲戌,御史中丞孟铸言:"提刑改为按察司,又差官覆察,权削而望轻,非便。"参知政事贾铉曰:"按察司既差监察体访,复遣官覆察之,诚为繁冗。请自今差监察时即遣官与俱,更不覆察。"从之

孟铸于金实录中无附传,从表四可看出《金史》本传的拼合痕迹明显,其中有两条与《章宗纪》同,一条并见《逆臣传·纥石烈执中》,说明两者所据原始文献与《孟铸传》相同。据此推知,《金史·仆散端传》上述五条传文与《宣宗纪》雷同者亦同此理,均呈现同一文献脉络。

《宣宗实录》所设小传有哪些?王鹗《金史目录》(即《金史大略》)"列传"注"旧实录三品已上入传",①苏天爵《三史质疑》也提到"金诸臣三品以上方许立传",②根据这条标准,筛检《金史》卷九八至卷一二〇觅于宣宗时期仕官三品以上的传主,有与《宣宗纪》互证者:卷九九《李革传》谓兴定二年十月平阳被围乃自杀,③《纪》兴定二年十月癸丑记此事;④卷一〇三《完颜阿邻传》叙述皂郊堡之战"阿邻战没",⑤《纪》兴定二年三月癸巳亦载此事;⑥卷一〇四《高霖传》⑦及卷一〇五《任天宠传》谓传主死于中都陷落,⑧与《纪》贞祐三年五月庚申"户部尚书任天宠、知大兴府事高霖皆及于难"亦正相合;⑨卷一二〇《世戚传·徒单

---

① 王恽:《玉堂嘉话》卷八,杨晓春点校,中华书局,2006年,第181页。
② 苏天爵:《滋溪文稿》卷二五《三史质疑》,陈高华、孟繁清点校,中华书局,2012年,第422页。
③ 《金史》卷九九《李革传》,第7册,第2198页。
④ 《金史》卷一五《宣宗纪中》,第2册,第340页。
⑤ 《金史》卷一〇三《完颜阿邻传》,第7册,第2270页。
⑥ 《金史》卷一五《宣宗纪中》,第2册,第335页。
⑦ 《金史》卷一〇四《高霖传》,第7册,第2290页。
⑧ 《金史》卷一〇五《任天宠传》,第7册,第2323页。
⑨ 《金史》卷一四《宣宗纪上》,第2册,第309页。

公弼》"兴定五年薨",①并见于《纪》是年九月乙巳条。② 上述五人殂没皆系于《宣宗纪》,这与上文讨论《忠义传》《承晖传》《仆散端传》《奥屯襄传》与《宣宗纪》所示同源关系一致,区别在于《忠义传》金将大多官阶较低不及三品,旨在强调死节事,仕履仅为片段式事迹,③而此处列传共同特征是履历中的籍贯、登第、迁转、赏罚连贯,并且篇幅简要,④这比较契合实录附传的特征。

以上这组诸臣本传一大特点是,传主鲜见于《金史》他处记载,与本纪呈两条文献脉络,表明底本分别来自私家提供行状而经官方钦定的附传和实录所据"日历"这两套叙事系统。不过仍有三品以上官员本传如同《孟铸传》一样,叙事详明,时间精准,尤其是多条史文系有干支,根本不像传记体例,实则与《宣宗纪》内容高度雷同,这一现象值得关注。

表五 《金史》徒单镒等人列传与《宣宗纪》对比表

卷九九《徒单镒传》	《宣宗纪》
宣宗即位,进拜左丞相,封广平郡王	(贞祐元年九月丙辰)尚书右丞相徒单镒进左丞相,封广平郡王
授中都路迭鲁都世袭猛安蒲鲁吉必剌谋克	(闰九月戊辰)授尚书左丞相徒单镒中都路迭鲁猛安
是岁,薨。诏赙赠从优厚	(二年四月)庚戌,左丞相、监修国史广平郡王徒单镒薨
卷一〇〇《完颜伯嘉传》	《宣宗纪》
(兴定二年)十二月,以御史中丞、权参知政事、元帅左监军,行尚书省、元帅府于河中,控制河东南北路便宜从事	(兴定二年)十二月己亥朔,以御史中丞完颜伯嘉权参知政事、元帅左监军,行河中府尚书省元帅府,控制河东南、北路便宜从事

---

① 《金史》卷一二〇《世戚传·徒单公弼》,第8册,第2628页。
② 《金史》卷一六《宣宗纪下》,第2册,第358页。
③ 参见陈晓伟:《〈金史〉源流、纂修及校勘问题的检讨与反思》,《中国历史研究院集刊》2021年第2辑。
④ 苏天爵《故奉政大夫辽阳行省郎中黄公(肯播)神道碑铭》谓"会史臣请修先朝实录,内外三品以上官在皇庆、延祐时除拜、罢免、赏赉、责罚,悉录送史馆",指《仁宗实录》,此制度可资参考。(《滋溪文稿》卷一五,陈高华、孟繁清点校,第242页)

(续表)

卷一〇〇《完颜伯嘉传》	《宣宗纪》
（元光）二年三月，遥授集庆军节度使，权参知政事，行尚书省于河中	（元光二年三月）甲子，以完颜伯嘉权参知政事，行尚书省于河中府
（兴定二年）十月，诏诛范铎	（兴定二年十月）甲寅，权平定州刺史范铎以弃城，伏诛
卷一〇〇《李复亨传》	《宣宗纪》
（兴定三年）是岁七月，置京东、京西、京南三路行三司，掌劝农催租、军须科差及盐铁酒榷等事，户部侍郎张师鲁摄东路，治归德，户部侍郎完颜麻斤出摄南路，治许州，复亨摄西路，治中京实河南府，三司使侯挚总之	（兴定三年七月）甲辰，置京东、西、南三路行三司
复亨奏："民间销毁农具以供军器，臣窃以为未便。汝州鲁山、宝丰，邓州南阳皆产铁，募工置冶，可以获利，且不厉民。"又奏："阳武设卖盐官以佐军用，乞禁止沧、滨盐勿令过河，河南食阳武、解盐，河北食沧、滨盐，南北俱济。"诏尚书省行之	（八月戊辰）京西行三司李复亨言汝、邓冶铁，河南、北食盐之利
（四年）七月，河南雨水害稼，复亨为宣慰使，御史中丞完颜伯嘉副之，循行郡县，凡官吏贪污不治者，得废罢推治	（四年七月癸丑）参知政事李复亨为宣慰使，御史中丞完颜伯嘉副之，循行郡县劝农
无何，被诏提控军兴粮草	（九月）乙巳，诏参知政事李复亨提控刍粮事
元光元年十一月，城破自杀，年四十六	（元光元年）十一月丁未，大元兵徇同州，定国军节度使李复亨、同知定国军节度使讹可皆自尽
卷一〇一《抹撚尽忠传》	《宣宗纪》
（贞祐）二年五月，自西京入朝，加崇进，封申国公，赐玉带、金鼎、重币	（贞祐二年五月癸酉）尚书左丞抹撚尽忠加崇进，封申国公

一 再论王鹗《金史稿》为《金史》底本说　37

（续表）

卷一〇一《抹撚尽忠传》	《宣宗纪》
（三年）九月，尚书省奏："遥授武宁军节度副使徒单吾典告尽忠谋逆。"上怃然曰："朕何负豪多，彼弃中都，凡祖宗御容及道陵诸妃皆不顾，独与其妾偕来，此固有罪。"乃命有司鞫治，问得与兄吾里也相语事，遂并吾里也诛之	（三年九月）戊辰，遥授武宁军节度副使徒单吾典告平章政事抹撚尽忠逆谋，诏有司鞫之 （十月）庚寅，遂诛尽忠
卷一〇二《仆散安贞传》	《宣宗纪》
（贞祐）二年，中都解严，河北州郡未破者惟真定、大名、东平、清、沃、徐、邳、海州而已。朝廷遣安贞与兵部尚书裴满子仁、刑部尚书武都分道宣抚。于是除安贞山东路统军、安抚等使	（贞祐二年四月戊戌）时山东、河北诸郡失守，惟真定、清、沃、大名、东平、徐、邳、海数城仅存而已，河东州县亦多残毁。兵退，命仆散安贞等为诸路宣抚使，安集遗黎
十一月戊辰，曲赦山东，除杨安儿、耿格及诸故官家作过驱奴不赦外，刘二祖、张汝楫、李思温及应胁诱从贼，并在本路自为寇盗，罪无轻重，并与赦免	（十一月丁卯）曲赦山东路
十二月辛亥，耿格伏诛，妻子皆远徙	（十二月）乙卯，登州刺史耿格伏诛，流其妻孥
三年二月，安贞遣提控纥石烈牙吾塔破巨蒙等四堌，及破马耳山，杀刘二祖贼四千余人，降余党八千，擒伪宣差程宽、招军大使程福，招降胁从百姓三万余人。安贞遣兵会宿州提控夹谷石里哥同攻大沫堌，贼千余逆战。石里哥以骑兵击之，尽殪。提控没烈夺其北门以入，别军取贼水寨，诸军继进，杀贼五千余人。刘二祖被创，获之，及伪参谋官崔天祐，杨安儿伪太师李思温。余众保大小峻角子山，前后追击，杀获以万计，斩刘二祖	（三年三月）壬午，山东宣抚司报大沫堌之捷，夹谷石里哥及没烈擒贼渠刘二祖等斩之，前后殪贼万计

(续表)

卷一〇二《仆散安贞传》	《宣宗纪》
十月,安贞迁枢密副使,行院于徐州	(十月癸巳)诏枢密副使仆散安贞行枢密院于徐州
开封治中吕子羽等以国书议和于宋,宋人不受。以安贞为左副元帅权参知政事行尚书省元帅府,及唐、息、寿、泗行元帅府分道各将兵三万,安贞总之,画定期日,下诏伐宋	(兴定二年十二月)甲寅,以开封府治中吕子羽等使宋讲和 (癸亥)以枢密副使驸马都尉仆散安贞为左副元帅,权参知政事,行尚书省元帅府事,伐宋
三年闰月,安贞至自军中,入见于仁安殿	(三年闰三月)庚戌,行省左副元帅仆散安贞至自军前,入见于仁安殿
(五年)二月,安贞出息州,军于七里镇,宋兵据净居山,遣兵击败之。宋兵保山寺。纵火焚寺,乘胜追至洪门山。宋兵方浚濠立栅,安贞军亟战,夺其栅。宋黄统制团兵五千保黄土关,关绝险,素有备,坚壁不出。安贞遣轻兵分为左右军潜登,别以兵三千直逼关门。翼日,左右军会于山巅,俯瞰关内。宋人守关者望之,骇愕不能立。中军急攻,宋兵溃,遂夺黄土关	(五年二月)辛未,仆散安贞以兵出息州,破宋人于净居山寺,拔黄土关
遂入梅林关,拔麻城县,抵大江,至黄州,克之。进克蕲州,前后杀略不可胜计。获宋宗室男女七十余口,献之,师还	(四月)丙寅,仆散安贞破宋黄、蕲等州。壬申,俘宋宗室男女七十余口献于京师
六月甲寅朔,尚书省奏安贞谋叛。宣宗谓平章政事英王守纯曰:"朕观此奏,皆饰词不实,其令覆案之。"戊寅,并其二子杀之,以祖忠义、父揆有大功,免兄缘坐	六月甲寅朔,尚书省奏驸马都尉安贞反状,上阅奏虑其不实,谓平章政事英王守纯曰:"国家诛一大臣,必合天下后世公议。其令覆按之。"……戊寅,仆散安贞坐谋反,并其三子,皆伏诛

(续表)

卷一〇二《田琢传》	《宣宗纪》
贞祐三年十一月,河北行省侯挚入见,奏:"河北兵食少,请令琢汰遣老弱,就食归德。"琢奏:"此辈岭外失业,父子兄弟合为一军,若离而分之,定生他变,乞以全军南渡,或徙卫州防河。"诏尽徙屯陕	(贞祐三年)十一月丙辰朔,河北行尚书省侯挚入见。诏河北西路宣抚副使田琢自浚徙其兵屯陕
陕西元帅府请益兵,诏以琢众与之	(十二月)戊戌,陕西行元帅府乞益兵,以田琢之众隶之,仍奖谕以诏
(兴定二年)李全据安丘,琢遣总领提控王政、王庭玉讨之。宣差提控、太府少监伯德玩率政兵攻安丘,败焉,提控王显死之。琢奏:"伯德玩本相视山东山堌水寨,未尝遍行,独留密州,辄为此举,乞治其罪。"诏遣官鞫玩,会赦而止	(兴定二年十月)己未,李全据安丘,提控王政屯昌乐俟王庭玉兵同进讨。宣差太府少监伯德玩擅率政兵攻全,为全所败,提控王显死焉。田琢上言乞正玩罪
三年,沂州注子埧王公喜构宋兵据沂州,防御使徒单福定徒跣脱走,百姓溃散。琢奏	(三年闰三月)壬寅,叛贼王公喜构宋人取沂州
卷一〇二《蒙古纲传》	《宣宗纪》
(兴定五年)是岁,燕宁战死。纲奏:"宁所居天胜寨,乃益都险要之地。宁尝招降群盗胡七、胡八,用为牙校,委以腹心,群盗皆有归志。及宁死,复怀顾望,胡七、胡八亦反侧不安。臣以提控孙邦佐世居泰安,众心所属,遂署招抚使。以提控黄掴兀也充总领,副之。此当先奏可,顾事势危迫,故辄授之。"	(兴定五年)四月己未,山东行省蒙古纲言:"东莒公燕宁战败而死。宁所居天胜寨据险,宁亡,众无所归,变在朝夕。权署其提控孙邦佐为招抚使,黄掴兀也为总领,以抚其众。"遣使请命,敕有司议之
枢密院颇采阿虎德议,许纲内徙,率所部女直、契丹、汉军五千人,行省邳州。元帅左监军王庭玉将余军屯黄陵冈,行元帅府事。于是,纲改兼静难军节度使,行省邳州	(五月)癸丑,东平内徙,命蒙古纲行省于邳州,王庭玉行帅府于黄陵堈

(续表)

卷一〇二《蒙古纲传》	《宣宗纪》
无何,砀山贼夜袭永城县,行军副总领高琬、万户麻吉击走之,杀伤及溺死者甚众,夺其所俘掠而还。诏纲并力讨之	(七月)己酉,砀山贼夜袭永城县,行军副总领高琬败之,命蒙古纲并力讨捕
(元光二年)八月辛未朔,邳州从宜经略使纳合六哥、都统金山颜俊率沂州军士百余人晨入行省,杀纲及僚属于省署,遂据州反	(元光二年)八月辛未朔,邳州从宜经略使纳合六哥等都统金山颜俊以沂州百余人,晨入省署,杀行尚书省蒙古纲,据州反
卷一〇三《完颜阿里不孙传》	《宣宗纪》
兴定元年,真拜参知政事,权右副元帅,行尚书省、元帅府于婆速路,承制除拜刺史以下。不协	(兴定元年四月)己未,以权参知政事辽东路行省完颜阿里不孙为参知政事,行尚书省、元帅府于婆速路。以权辽东路宣抚使蒲察五斤权参知政事,行尚书省、元帅府于上京
既而胡土率众伐高丽,乃以兵戕杀阿里不孙	(九月癸巳)辽东行省完颜阿里不孙为叛人伯德胡土所杀
卷一〇四《移剌福僧传》	《宣宗纪》
兴定二年十一月庚辰,宣宗御登贤门,召致仕官,兵部尚书完颜蒲剌都、户部尚书萧贡、刑部尚书仆散伟、工部尚书奥屯扎里吉、翰林学士完颜孛迭、转运使福僧、河东北路转运使赵重福、沁南军节度使猪奋、镇南军节度使石抹仲温、泰定军节度使李元辅、中卫尉完颜奴婢、原州刺史纥石烈孛吉赐食,访问时政得失	(兴定二年十一月)庚辰,御登贤门召致政旧臣赐食,访以时政得失
福僧乃上书曰:……书奏,朝廷略施用焉	(十二月)壬寅,前山东西路转运使致仕移剌福僧上章言时事

（续表）

卷一〇四《完颜寓传》	《宣宗纪》
兴定元年四月,诏寓以本官权元帅左都监,行元帅府事,和辑苗道润、移剌铁哥军事,语在《道润传》	(兴定元年四月)癸丑,以安化军节度使完颜寓权元帅左都监,行元帅府事,督经略使苗道润进复都城,且令和辑河间招抚使移剌铁哥等军。铁哥与道润不协,互言其有异志,故命重臣临镇之
十二月,密州破,寓为乱军所杀	(十二月)辛酉,下密州,节度使完颜寓死之
卷一〇六《张行简传》	《宣宗纪》
(贞祐)三年七月,朝廷备防秋兵械,令内外职官不以丁忧致仕,皆纳弓箭	(贞祐三年七月)己未,征弓箭于内外品官,三品以上三副,四品、五品二副,余以等级征之
卷一〇六《贾益谦传》	《宣宗纪》
兴定五年正月,尚书省奏:"《章宗实录》已进呈,卫王事迹亦宜依《海陵庶人实录》,纂集成书,以示后世。"制可	(兴定五年正月甲午)撰故卫王事迹,如海陵庶人例
卷一〇六《术虎高琪传》	《宣宗纪》
(贞祐元年)十月辛亥,高琪自军中入,遂以兵围执中第,杀执中,持其首诣阙待罪。宣宗赦之,以为左副元帅,一行将士迁赏有差	(贞祐元年十月)辛亥,元帅右监军术虎高琪战于城北,凡两败绩而归,就以兵杀胡沙虎于其第,持其首诣阙待罪。赦之,仍授左副元帅
(四年)高琪请修南京里城,宣宗曰:"此役一兴,民滋病矣。城虽完固,能独安乎?"	(十二月)乙亥,高琪请修南京里城。上曰:"民力已困,此役一兴,病滋甚矣。城虽完固,朕亦何能独安此乎。"
初,陈言人王世安献攻取盱眙、楚州策,枢密院奏乞以世安为招抚使,选谋勇二三人同往淮南,招红袄贼及淮南宋官。宣宗可其奏,诏泗州元帅府遣人同往	(贞祐三年十一月)戊午,枢密院进王世安取盱眙、楚州之策,遂以世安为招抚使,与泗州元帅府所遣人同往淮南计度其事
兴定元年正月癸未,宋贺正旦使朝辞,宣宗曰:"闻息州透漏宋人,此乃彼界饥民沿淮为乱,宋人何敢犯我?"高琪请伐之以广疆土。上曰:"朕但能守祖宗所付足矣,安事外讨。"	(兴定元年正月)癸未,宋使朝辞。上谓宰臣曰:"闻息州南境有盗,此乃彼界饥民沿淮为乱耳。宋人何故攻我。"高琪请伐之,以广疆土。上曰:"朕意不然,但能守祖宗所付足矣,安事外讨。"

（续表）

卷一〇六《术虎高琪传》	《宣宗纪》
四月,遣元帅左都监乌古论庆寿、签枢密院事完颜赛不经略南边	四月丁未朔,以宋岁币不至,命乌古论庆寿、完颜赛不等经略南边
兴定元年十月,右司谏许古劝宣宗与宋议和	（十月）壬戌,右司谏兼侍御史许古上疏,请先遣使与宋议和
十二月,胥鼎谏伐宋,语在《鼎传》	（十二月）辛亥,陕西行省胥鼎谏伐宋,不报
是时,筑汴京城里城	（三年四月庚午）筑京师里城,命侯挚董役,高琪总监之
宣宗久闻高琪奸恶,遂因此事诛之,时兴定三年十二月也	十二月,诛高琪
卷一〇六《移剌塔不也传》	《宣宗纪》
贞祐三年十一月,破夏兵于熟羊寨	（贞祐三年十一月）甲戌,移剌塔不也以军万人破夏人数万于熟羊寨
卷一〇七《高汝砺传》	《宣宗纪》
（贞祐三年）十月,汝砺言:"今河北军户徙河南者几百万口,人日给米一升,岁率三百六十万石,半给其直犹支粟三百万石。河南租地计二十四万顷,岁征粟才一百五十六万有奇,更乞于经费之外倍征以给,仍以系官闲田及牧马地可耕者畀之。"奏可。乃遣右司谏冯开等分诣诸郡就给之,人三十亩,以汝砺总之	（贞祐三年十月）丁亥,尚书右丞汝砺言:"河北军户之徙河南者,宜以系官闲田及牧马草地之可耕者赐之,使自耕以食,而罢其月粮。"上从其请。命右司谏冯开随处按视,人给三十亩
既而,括地官还,皆曰:"顷亩之数甚少,且瘠恶不可耕。计其可耕者均以与之,人得无几,又僻远处不免徙就之,军人皆以为不便。"汝砺遂言于上,诏有司罢之,但给军粮之半,而半折以实直焉	（十一月）庚午,上与尚书右丞汝砺商略遣官括田赐军之利害,汝砺言不便者数端。乃诏有司罢其令,仍给军粮之半,其半给诣实之价
四年正月,拜尚书左丞,连上表乞致仕,皆优诏不许	（四年正月）己巳,尚书右丞高汝砺进左丞

（续表）

卷一〇七《高汝砺传》	《宣宗纪》
兴定元年十月，上疏曰："言者请姑与宋人议和以息边民，切以为非计。……今宋弃信背盟，侵我边鄙，是曲在彼也。彼若请和，于理为顺，岂当先发此议而自示弱耶？恐非徒无益，反招谤侮而已。"	（兴定元年十月丙寅）高汝砺上疏言，和议先发于我，恐自示弱，非便
三年，河南颇丰稔，民间多积粟，汝砺乃奏曰："国家之务莫重于食，今所在屯兵益众，而修筑新城其费亦广，若不及此丰年多方营办，防秋之际或乏军兴。乞于河南州府验其物价低昂，权宜立式，凡内外四品以下杂正班散官及承荫人，免当僝使监官功酬，或僧道官师德号度牒、寺观院额等，并听买之。司县官有能劝诱输粟至三千石者，将来注授升本榜首，五千石以上迁官一阶，万石以上升职一等，并注见阙。庶几人知劝慕，多所收获。"上从之。同提举権货司王三锡建议権油，高琪以用度方急，劝上行之。汝砺上言曰："……而更议権油，岁收银数十万两。"……上是之，然重违高琪意，乃诏集百官议于尚书省。……上曰："古所不行者而今行之，是又生一事也，其罢之。"	（三年四月庚寅）高汝砺请备防秋之粮，宜及年丰于河南州郡验直立式，募民入粟。上与议定其法而行之。同提举権货司王三锡请権油，岁可入银数万两，高琪主之，众以为不便，遂止
十月，赐金鼎一、重币三	十月癸未，赐右丞相琪、左丞汝砺、参知政事思忠金鼎各一，重币三
四年三月，拜平章政事，俄而进拜尚书右丞相，监修国史，封寿国公	（四年三月）辛亥，进平章政事高汝砺为尚书右丞相，监修国史，封寿国公
是月，复乞致仕，上谕之曰："丞相之礼尽矣，然今廷臣谁如丞相者，而必欲求去乎，姑留辅朕可也。"	（五年九月庚戌）右丞相高汝砺表乞致仕，诏温留之
十月，躐迁荣禄大夫，仍谕曰……	十月癸丑，进汝砺官荣禄大夫

（续表）

卷一〇七《高汝砺传》	《宣宗纪》
（元光）二年正月，复乞致政，上面谕曰："今若从卿，始终之道俱尽，于卿甚安，在朕亦为美事。但时方多故，而朕复不德，正赖旧人辅佐，故未能遂卿高志耳。"	（元光二年正月）乙巳右丞相汝砺乞致政，上面谕使留
二月，上以汝砺年高，免朝拜，侍立久则憩于殿下，仍敕有司设榻焉	（二月）己卯，丞相汝砺朝会，免拜，设榻殿下，久立赐休
三月，又乞致仕，复优诏不许。上谓群臣曰："人有才堪任事，而处心不正者，终不足贵。"汝砺对曰："其心不正而济之以才，所谓虎而翼者也，虽古圣人亦未易知。"上以为然	（三月）甲寅，上谓宰臣："人有才堪任事，其心不正者，终不足贵。"丞相汝砺对曰："其心不正而济之以才，所谓虎而翼者也，虽古圣人亦未易知。"上以为然

表中徒单镒等十五位人物本传篇幅较大，内容扎实，所列传文与《宣宗纪》相发明者中，《仆散安贞传》《蒙古纲传》《术虎高琪传》《高汝砺传》是最典型的案例。这些传主仕官三品及以上，死于宣宗时期，即便《宣宗实录》中附有小传，应该比较简短，表中大量的与《宣宗纪》相同史文也不可能取资于附传。

更能说明问题的是，《金史》还有活动于宣宗至哀宗时期致仕的人物本传，传文与《宣宗纪》同样相合，对比如下（见表六）：

表六 《金史》完颜仲元等人列传与《宣宗纪》对比表

卷一〇三《完颜仲元传》	《宣宗纪》
（兴定三年）诏屯宿州，与右都监纥石烈德同行帅府事	（兴定三年）九月甲午，诏单州经略使完颜仲元屯宿州，与右都监纥石烈德同行帅府事
围解，奏请擅除拜之罪。宣宗嘉其功，皆许之。迁元帅右监军，授河北东路洮委必剌猛安，赐金五十两、重币十五端、通犀带，优诏褒谕	（元光二年二月）己亥，凤翔围解。……完颜仲元加光禄大夫，升右监军，特授河北东路洮委必剌猛安，各赐金鞶带有差

（续表）

卷一〇七《张行信传》	《宣宗纪》
（贞祐元年）行信以皇嗣未立，无以系天下之望，上疏曰："自古人君即位，必立太子以为储副，必下诏以告中外。"……上嘉纳之	（贞祐元年闰九月）己卯，左谏议大夫张行信上疏请立皇太子
胡沙虎诛，上封事言正刑赏，辞载《胡沙虎传》。又言："自兵兴以来，将帅甚难其人，愿陛下令重臣各举所知，如果可用，即赐召见，褒显奖谕，令其自效，必有奋命报国者。"……上善其言	（十月甲寅）张行信上封事，言正刑赏、择将帅，及鄯阳、石古乃之冤
三年二月，改安武军节度使，兼冀州管内观察使。始至，即上书言四事……朝廷多用其议	（三年三月）丁卯，安武军节度使张行信上书言急务四事
（四年）八月，上将祔享太庙，诏依世宗十六拜之礼。行信与礼官参定仪注，上言宜从四十四拜之礼，上嘉纳焉，语在《礼志》。祭毕，赐行信宝券二万贯、重币十端	（四年）八月甲寅，太子少保兼礼部尚书张行信定祔享亲祀之仪以进。上嘉纳之。……壬戌，赐张行信宝券二万贯、重币十端，旌其议礼之当
（兴定）二年二月，出为彰化军节度使，兼泾州管内观察使，谕之曰……	（兴定二年二月）辛亥，张行信出为彰化军节度使兼泾州管内观察使
卷一〇八《胥鼎传》	《宣宗纪》
（贞祐）三年四月，建言利害十三事，若积军储、备黄河、选官谳狱、简将练卒、钞法、版籍之类，上颇采用焉	（贞祐三年）四月癸巳，河东宣抚使胥鼎言利害十三事
又言："平阳岁再被兵，人户散亡，楼橹修缮未完，衣甲器械极少，庾廪无两月食。夏田已为兵蹂，复不雨，秋种未下。虽有复业残民，皆老幼，莫能耕种，岂足征求。比闻北方刘伯林聚兵野狐岭，将深入平阳、绛、解、河中，遂抵河南。战御有期，储积未备，不速措置，实关社稷生灵大计。乞降空名宣敕一千、紫衣师德号度牒三千，以补军储。"上曰："鼎言是也，有司其如数亟给之。"	（五月）壬戌，降空名宣敕、紫衣师德号度牒，以补军储

（续表）

卷一〇八《胥鼎传》	《宣宗纪》
（四年）二月，拜枢密副使，权尚书左丞，行省于平阳。时鼎方抗表求退，上不许，因进拜焉，且遣近侍谕曰……	（四年二月）丁亥，以河东南路宣抚使胥鼎为枢密副使，权尚书左丞，行省于平阳。鼎方抗表求退，诏勉谕就职，因有是命
又言："臣已奉诏，先遣潞州元帅左监军必兰阿鲁带领军一万，孟州经略使徒单百家领兵五千，由便道济河以趋关、陕，臣将亲率平阳精兵直抵京师，与王师相合。"又奏曰："京师去平阳千五百余里，倪俟朝廷之命方图入援，须三旬而后能至，得无失其机耶。臣以身先士卒倍道兼行矣。"上嘉其意，诏枢府督军应之	（十月庚午）河东行省胥鼎，遣潞州元帅左监军必兰阿鲁带以军一万，孟州经略使徒单百家以军五千，由便道济河趣关、陕，自将平阳精兵援京师。命枢府督军应之
初，鼎以将率兵赴援京师，奏乞委知平阳府事王质权元帅左监军，同知府事完颜僧家奴权右监军，以镇守河东，从之。至是，鼎拜尚书左丞，兼枢密副使	（十一月）壬午，河东行省胥鼎入援京师，用其言以知平阳府王质权元帅左监军，同知完颜僧家奴权右监军，代镇河东。拜鼎为尚书左丞兼枢密副使
上从其计，遣监察御史陈规等充安抚捕盗官，巡行郡邑	（庚子）遣御史陈规等充河南宣差安抚捕盗官
（兴定元年正月）是月，进拜平章政事，封莘国公	（兴定元年正月丙申）尚书左丞胥鼎进平章政事，封莘国公
既而元帅承裔等取宋大散关，上谕鼎曰："所得大散关，可保则保，不可则焚毁而还。"	（二年二月甲辰）谕胥鼎，克宋散关，可保则保，不可保则焚毁而还
三年正月，上言："沿边州府官既有减定资历月日之格，至于掌兵及守御边隘者，征行暴露，备历艰险，宜一体减免，以示激劝。"从之	（三年正月戊寅）定镇戍征行军官减资历月日格

（续表）

卷一〇八《胥鼎传》	《宣宗纪》
二月，上言："近制，军前立功犯罪之人，行省、行院、帅府不得辄行诛赏。夫赏由中出则恩有所归，兹固至当。至于部分犯罪，主将不得施行，则下无所畏而令莫得行矣。"宰臣难之，上以问枢密院官，对如鼎言，乃下诏，自今四品以下皆得裁决	（二月）甲辰，胥鼎言："军中诛赏，近制须闻朝廷。赏由中出，示恩有归，可。部分失律，主将不得即治其罪，不可。"诏尚书枢密杂议。宰臣请城守野战将校有罪，从七品以下许便宜决罚，余悉奏裁。上曰："七品以下财令治之，将权太轻，或至误事。自今四品以下听决。"
俄以伐宋有功，迁官一阶	（闰三月）甲子，胥鼎等各迁官，赏南伐之功
四年，进封温国公，致仕，诏谕曰……	（四年三月辛亥）平章政事、陕西行尚书省胥鼎进封温国公，致仕
元光元年五月，上敕宰相曰："前平章胥鼎、左丞贾益谦、工部尚书札里吉、翰林学士宇迭，皆致政老臣，经练国事，当邀赴省与议利害。"仍遣侍官分诣四人者谕意焉	（元光元年五月）丁卯，召致政胥鼎等赴省议利害

卷一〇八《侯挚传》	《宣宗纪》
（贞祐三年）挚遂上章言九事……上略施行焉	（贞祐三年四月乙巳）侯挚言九事
八月，权参知政事。俄拜参知政事，行尚书省于河北。先是，挚言："河北东、西两路最为要地，而真定守帅胡论出辄弃城南奔，州县危惧。今防秋在迩，甚为可忧，臣愿募兵与旧部西山忠义军往安抚之。"制可，故有是命	（八月庚子）以太常卿侯挚为参知政事，行尚书省于河北东、西两路
十一月，入见。壬申，遣祭河神于宜村	十一月丙辰朔，河北行尚书省侯挚入见。……壬申，遣参知政事侯挚祭河神于宜村

(续表)

卷一〇八《侯挚传》	《宣宗纪》
十二月,复行省于河北	(十二月)己丑,侯挚复行尚书省于河北
(四年)时红袄贼数万人入临沂、费县之境,官军败之,生擒伪宣徽使李寿甫。讯之,则云其众皆杨安儿、刘二祖散亡之余,今复聚及六万,贼首郝定者兖州泗水人,署置百官,僭称大汉皇帝,已攻泰安、滕、兖、单诸州,及莱芜、新泰等十余县,又破邳州碙子埧,得船数百艘,近遣人北构南连皆成约,行将跨河为乱。挚以其言闻于上,且曰:"今邳、滕之路不通,恐实有此谋。"遂诏挚行省事于东平,权本路兵马都总管,以招诱之,若不从即率兵捕讨	(四年四月)辛丑,侯挚言:"红袄贼掠临沂、费县之境,官军败之。获其党讯之,知其渠贼郝定僭号署官,已陷滕、兖、单诸州,莱芜、新泰等十余县。"时道路不通,宰臣请谕挚为备。仍诏枢密院招捕。蔡、息行元帅府兵拔木陉关,斩首千级 (五月)辛酉,以尚书右丞侯挚行省事于东平
兴定元年四月,济南、泰安、滕、兖等州土贼并起,肆行剽掠,挚遣提控遥授棣州防御使完颜霆率兵讨之,前后斩首千余,招降伪元帅石花五、夏全余党壮士二万人,老幼五万口	(兴定元年四月)乙丑,济南、泰安、滕、兖等州贼并起,侯挚遣棣州防御使完颜霆讨平之,降其壮士二万人、老幼五万人
是年冬,升资德大夫,兼三司使	(十二月)壬戌,侯挚兼三司使
(二年二月)诏遣挚行省于河北,兼行三司安抚事	(二年二月)己巳,以侯挚行省河北,兼行三司安抚司事
四月,招抚副使黄掴阿鲁荅破李全于密州	(四月)壬子,行省侯挚督兵复密州

（续表）

卷一〇八《侯挚传》	《宣宗纪》
（九月）是时，枢密院以海州军食不足，艰于转输，奏乞迁于内地。诏问挚，挚奏曰："海州连山阻海，与沂、莒、邳、密皆边隅冲要之地，比年以来为贼渊薮者，宋人资给之故。若弃而他徙，则直抵东平无非敌境，地大气增，后难图矣，臣未见其可。且朝廷所以欲迁者，止虑粮储不给耳。臣请尽力规画，劝喻农民趋时耕种，且令煮盐易粮，或置场宿迁，以通商旅，可不劳民力而办。仍择沭阳之地可以为营屯者，分兵护逻，虽不迁无患也。"上是其言，乃止	（九月戊子）议迁海州，侯挚言不便，止
十月，先是，邳州副提控王汝霖以州虞将乏，扇其军为□。山东东路转运副使兼同知沂州防御使程戬惧祸及己，遂与同谋，因结宋兵以为外应。挚闻，即遣兵捕之，讯竟具伏，汝霖及戬并其党弹压崔荣、副统韩松、万户戚谊等皆就诛，至是以闻	（十月甲寅）山东路转运副使兼同知沂州防御使程戬及邳州副提控王汝霖等通宋人为变，伏诛
三年七月，设汴京东、西、南三路行三司，诏挚居中总其事焉	（三年七月甲辰）置京东、西、南三路行三司
十月，以里城毕工，迁官一阶	（十月）癸未，里城毕工，百官称贺。宴宰臣便殿。迁右丞挚官一阶

卷一〇八《把胡鲁传》	《宣宗纪》
（兴定二年）三月，上言："国家取人，惟进士之选为重，不求备数，务在得贤。窃见今场会试，考官取人泛滥，非求贤之道也。宜革其弊，依大定旧制。"诏付尚书省集文资官杂议，卒依泰和例行之	（兴定二年）三月庚辰，尚书集文资官杂议进士之选，诏依泰和例行之
是月，拜参知政事	（戊子）以御史中丞把胡鲁为参知政事

(续表)

卷一〇八《把胡鲁传》	《宣宗纪》
六月,诏权左副元帅,与平章胥鼎同事防秋	(六月)丁未,以参知政事把胡鲁权左副元帅,与平章政事胥鼎协力防秋
三年六月,平凉等处地震,胡鲁因上言:"皇天不言,以象告人,灾害之生必有其故,乞明谕有司,敬畏天戒。"上嘉纳之,遣右司谏郭著往阅其迹,抚谕军民焉	(三年六月戊子)平凉等处地震,诏右司谏郭著抚谕其军民
四年四月,权尚书右丞、左副元帅,行尚书省、元帅府于京兆	(四年四月)戊辰,以参知政事把胡鲁权尚书右丞、左副元帅,元帅左都监承立为右监军权参知政事,同行尚书省元帅府于京兆
(元光元年)八月,复拜参知政事	(元光元年八月甲申)以大司农把胡鲁为参知政事

卷一〇八《师安石传》	《宣宗纪》
元光二年,累迁御史中丞。其七月,上章言备御二事……上嘉纳之	(元光二年七月丁巳)御史中丞师安石言制敌二事
九月,坐劾英王守纯附奏不实,决杖追官	(九月)丁卯,权御史中丞师安石等劾英王守纯不实,付有司鞫治,寻诏免罪,而犹责谕之

卷一〇九《完颜素兰传》	《宣宗纪》
(贞祐二年)七月,车驾至汴,素兰上书言事,略曰……	(贞祐二年)七月,车驾至南京 (八月甲寅)应奉翰林文字完颜素兰上书言事
兴定二年四月,以蒲鲜万奴叛,遣素兰与近侍局副使内族讹可同赴辽东,诏谕之曰……	(兴定二年四月)壬子,遣侍御史完颜素兰、近侍局副使讹可同赴辽东,察访叛贼万奴事体
素兰将行,上言曰:"臣近请宣谕高丽复开互市事,闻以诏书付行省必兰出。"……上是其言,于是遣典客署书表刘丙从行	癸丑,完颜素兰请宣谕高丽复开互市,从之

(续表)

卷一〇九《陈规传》	《宣宗纪》
贞祐三年十一月,上章言:"参政侯挚初以都西立功,获不次之用,遂自请镇抚河北。陛下遽授以执政,盖欲责其报效也。……伏愿陛下特赐省察,量其才分别加任使,无令负天下之谤。"不报	(贞祐三年十一月)丁丑,监察御史陈规劾参知政事侯挚,上不允所言,而慰答之
(四年)七月,上章言:一曰"责大臣以身任安危";二曰"任台谏以广耳目";三曰"崇节俭以答天意";四曰"选守令以结民心";五曰"博谋群臣以定大计";六曰"重官赏以劝有功";七曰"选将帅以明军法";八曰"练士卒以振兵威"。上览书不悦,诏付尚书省诘之	(四年七月)辛酉,监察御史陈规上章条陈八事
卷一〇九《许古传》	《宣宗纪》
时宣宗迁汴,信任丞相高琪,无恢复之谋,古上章曰:……诏付尚书省,略施行焉	(贞祐三年八月)己酉,监察御史许古献恢复中都之策
(贞祐四年)时大兵越潼关而东,诏尚书省集百官议,古上言曰:……上以示尚书省,高琪沮其议,遂不行	(四年十月己未)大元兵攻潼关
是月,始置招贤所,令古等领其事	辛未,置官领招贤所事
(兴定元年)古以朝廷欲举兵伐宋,上疏谏曰:……上是其言,即命古草议和牒文,既成以示宰臣,宰臣言其有哀祈之意,自示微弱,遂不用	(兴定元年十月壬戌)右司谏兼侍御史许古上疏,请先遣使与宋议和
	戊辰,上命许古草通宋议和牒,既进以示宰臣,宰臣以其言有祈哀之意,徒示微弱,无足取者,议遂寝
(三年)八月,削官四阶,解职	(三年)八月丙寅,补阙许古等削官解职
卷一一一《古里甲石伦塔传》	《宣宗纪》
奏请招集义军,设置长校,各立等差	(贞祐三年九月乙亥)募随处主帅及官军、义军将校

(续表)

卷一一一《古里甲石伦塔传》	《宣宗纪》
(兴定三年)闰三月,石伦驻兵太原之西,俟诸道兵至进战,闻胁从人颇有革心,上言于朝,乞降空名宣敕、金银符,许便宜迁注,以招诱之。上从其请,并给付之,仍听注五品以下官职	(兴定三年闰三月)丙午,给空名宣敕及金银符,付岚州帅古里甲石伦,许便宜迁注,以招胁从
六月,迁金安军节度使,行帅府事于葭州。时鄜州元帅内族承立虑夏人入寇,遣纳合买住以兵驻葭州,石伦辄分留买住兵千八百人,令以余兵屯绥德,而后奏之。有司论罪当绞,既而遇赦,乃止除名	(四年正月)丙申,金安军节度使行元帅府事古里甲石伦除名
元光元年,起为郑州同知防御使,与防御使裴满羊哥部内酤酒不偿直,皆除名	(元光元年正月甲寅)郑州防御使裴满羊哥,同知防御使古里甲石伦除名

卷一一一《纥石烈牙吾塔传》	《宣宗纪》
(兴定二年)将救盱眙。牙吾塔移兵赴之,宋兵步骑七千人突出,兵少却,旋以轻骑扼其后,初逗遛不与战,纵之走东南,薄诸河,斩首千余,溺死者无算,获马牛数百,甲仗以千计。师还,遇宋兵三千于连塘村,斩首千余级,俘五十人,获马三十五匹。宣宗以其有功,赐金带一	(兴定二年二月丙寅)纥石烈牙吾塔破宋人于盱眙军,上俘获之数
三年正月,败宋人于濠州之香山村	(三年正月)丙戌,纥石烈牙吾塔上濠州香山村之捷
二月,又败之于滁州,斩首千级。拔小江寨,杀统制王大篷等,斩三万,俘万余人	(二月庚子)纥石烈牙吾塔败宋人于滁
	戊申,拔宋小江寨,杀其统制王大篷
又拔辅嘉平山寨,斩首数千,俘五百余人,获马牛数百,粮万斛	(己未)右副元帅完颜赛不、左都监牙吾塔,白石关、平山寨之捷俱至

（续表）

卷一一一《纥石烈牙吾塔传》	《宣宗纪》
三月，提控奥敦敦里不大败宋人于上津县，兵还至濠州，宋人以军八千拒战，牙吾塔迎击败之，获马百余匹	（三月）己卯，提控奥屯吾里不败宋人于上津县，军还至濠州，宋人来拒，牙吾塔击走之
（元光二年）既而红袄监军徐福、统制王喜等亦遣其总领孙成、总押徐琦纳款。刘斌等遂率军民出降，牙吾塔入城，抚慰其众，各使安集，又招获红袄统制十有五人，将官训练百三十有九人。十一月，遣人来报，仍函六哥首以献。宣宗大喜，进牙吾塔官一阶，赐金三百两、内府重币十端，将士迁赏有差	（元光二年）十一月己亥，红袄贼伪监军徐福等来降。诏进牙吾塔官一阶，赐金币有差

卷一一二《完颜合达传》	《宣宗纪》
（贞祐）四年十一月，合达果率所部及州民并海西南归国。诏进官三阶，升镇南军节度使，驻益都	（贞祐四年十一月）丙戌，前临潢府推官权元帅右监军完颜合达率官军老幼自北归国，升镇南军节度使，进官三阶
（兴定三年）三月，破宋兵于梅林关，擒统领张时。又败宋兵于马岭堡，获马百匹。又拔麻城县，获其令张侗、幹办官郭守纪	（兴定三年三月）戊寅，蔡州行元帅府右都监完颜合达破宋人于梅林关，擒统制张时
	（乙酉）完颜合达败宋人于马岭堡
	庚寅，攻宋麻城县，拔之，获其令张侗等
四月，夏人犯通秦寨，合达出兵安塞堡，抵隆州，夏人自城中出步骑二千逆战，进兵击之，斩首数十级，俘十人，遂攻隆州，陷其西南隅，会日暮乃还	（四月）辛卯，夏人犯通秦寨，元帅完颜合达出兵安塞堡以捣其巢
六月，行元帅府事于唐、邓，上遣谕曰："以卿才干故委卿，无使敌人侵轶，第固吾圉可也。"	（六月甲子）遣谕元帅合达曰："以卿干局，故有唐、邓之委。或有侵轶，战退不宜远追，第固吾圉。"
（四年）十月，夏人攻绥德州，驻兵于挂天山，合达将兵击之	（四年十月）己卯，陕西东路行省报绥德州之捷

(续表)

卷一一二《完颜合达传》	《宣宗纪》
(五年)十一月,夏人攻安塞堡,其军先至,合达与征行元帅纳合买住御之	(五年)十一月癸未,陕西东路行省报安塞堡败夏人之捷
十二月,以保延安功赐金带一、玉吐鹘一、重币十端	(十二月)癸酉,元帅合达、买住及其将士以延安功特赏赉之,仍下诏奖谕
卷一一三《完颜赛不传》	《宣宗纪》
(贞祐四年)五月,夏人于来羌城界河修折桥,以兵守护,赛不遣兵焚之	(贞祐四年五月丙子)夏人修来羌城界河桥。元帅右都监完颜赛不遣兵焚之,俘馘甚多
八月,夏人寇结耶觜川,遣兵击走之,寻又破其众于车儿堡	(八月)己卯,夏人入结耶觜川,官军击走之
兴定元年二月,转签枢密院事	(兴定元年二月)辛亥,以崇进、元帅右都监完颜赛不签枢密院事
三年二月,夺宋白石关,杀其守者千余人,获铠仗千计	(三年二月己未)右副元帅完颜赛不、左都监牙吾塔,白石关、平山寨之捷俱至
(三月)是月,复败宋兵三千于石鹳崖	(三月)壬辰,赛不败宋兵于老口镇,又败宋人于石鹳崖
五年五月,奉诏引兵救河东,战屡捷,复晋安、平阳二城。监察御史言其不能检束士众,纵之房略,请正其罪。上以有功,诏勿问	(五年五月)壬寅,陕西元帅完颜赛不遣使来献晋安、平阳之捷,方议其赏,御史乌古论胡鲁劾其纵将士卤掠,不副主上除乱救民之意,乞正其罪
卷一一三《赤盏合喜传》	《宣宗纪》
贞祐四年十一月,夏人四万余骑围定西,辇致攻具,将取其城。合喜及杨斡烈等率兵鏖战走之,斩首二千级,俘数十人,获马八百余匹,器械称是,余悉遁去	(贞祐四年十一月)乙酉,元帅右都监完颜赛不来献其提控石盏合喜、杨斡烈等大败夏人于定西之捷,命行省视其功赏之
(兴定)三年四月,迁元帅左都监,行元帅府事于巩州	(兴定三年四月)甲戌,以知临洮府事石盏合喜为元帅左都监,行元帅府事于巩州

(续表)

卷一一三《赤盏合喜传》	《宣宗纪》
四年四月,夏人犯边,合喜讨之,师次鹿儿原,遇夏兵千人,遣提控乌古论世鲜率偏师败之,都统王定亦破其众一千五百于新泉城	(四年四月)癸亥,夏人犯边,元帅石盏合喜破之
九月,夏人攻巩州,合喜遣兵击之	(九月)丙辰,巩州行元帅府事石盏合喜报定西州之捷
卷一一三《石盏女鲁欢传》	《宣宗纪》
兴定三年,以河南路统军使为元帅右都监,行平凉元帅府事。先是,陕西行省胥鼎言:"平凉控制西垂,实为要地。都监女奚烈古里间材识凡庸,不闲军务,且以入粟补官,遂得升用,握重兵,当方面,岂能服众。防秋在迩,宜选才谋、有宿望、善将兵者代之。"故以命女鲁欢	(兴定三年六月甲子)以骠骑上将军、河南路统军使石盏女鲁欢为元帅右都监,行平凉元帅府事
卷一一七《时青传》	《宣宗纪》
(兴定四年)十月,诏加青银青荣禄大夫,封滕阳公,仍为本处兵马总领元帅、兼宣抚使。青潜表陈谢	(兴定四年十月)辛巳,授红袄贼时青滕阳公、本处兵马总领、元帅兼宣抚
兴定五年正月二十五日夜,青袭破泗州西城,提控王禄遇害	(五年正月)戊戌,宋人袭泗州西城,提控王禄死之
元光元年二月,全与元帅左监军讹可,节制三路军马伐宋。诏曰……	(元光元年二月)己酉,遣元帅左监军讹可行元帅府事,节制三路军马伐宋,同签枢密院事时全行院事,副之

表六共列《完颜仲元传》等十六种,所有传文的特点是重在细节描述,如对君臣对答、奏议、诏谕记叙甚详,与《宣宗纪》文字对比,均相当契合。

综上,表五卒于宣宗时期的徒单镒等十五人和表六中宣宗、哀宗朝的完颜仲元等十六人的传记,与《宣宗纪》重合内容具有共同的文本特征:一是纪、传史料系年一一相合,并且《仆散安贞传》兴定五年"六月甲寅朔"、《蒙古纲传》元光二年"八月辛未朔"、《移剌福僧传》兴定二年"十一月庚辰"、《术虎高琪传》贞祐元年"十月辛亥"、兴定元年"正月癸未"、《侯挚传》贞祐三年"十一月壬申"六条像本纪一样仍遗留干支。

二是同一时间主题下的史料,文字或语义雷同。三是仅详略有别,列传叙述事件原委及备载政令文书,一般远详于本纪。这些足可证纪、传的史料源自同一个文献体系。它们所据文献是什么,下文将逐步揭晓答案。

三、以《宣宗实录》为蓝本的元修《金史》编纂模式

坐实《金史》列传与《宣宗纪》同源,最过硬的证据无疑是表五、表六所列互相印证的文本,不过要考证出其所据原始文献,我们必须借助中间文本。通过《金史》志书和《外国传》能够建立起整体史源结构脉络,今将相关线索胪列如下。

第一,卷二七《河渠志》。①

表七 《金史·河渠志》《宣宗纪》与列传对比表

《河渠志》	《宣宗纪》	列传
黄河条:宣宗贞祐三年十一月壬申,上遣参知政事侯挚祭河神于宜村	(贞祐三年十一月)壬申,遣参知政事侯挚祭河神于宜村	《侯挚传》:(贞祐三年)十一月,入见。壬申,遣祭河神于宜村
漕渠条:贞祐三年,既迁于汴,以陈、颍二州濒水,欲借民船以漕,不便。遂依观州漕运司设提举官,募船户而籍之,命户部勾当官往来巡督	(七月)庚申,置陈、颍漕运提举官,以户部勾当官往来督察	
漕渠条:四年,从右丞侯挚言,开沁水以便馈运		《侯挚传》:四年正月,进拜尚书右丞。尝上言,宜开沁水以便馈运,至是,诏有司开之
漕渠条:(兴定四年)陕西行省把胡鲁言:"陕西岁运粮以助关东,民力浸困,若以舟自渭入河,顺流而下,可以纾民力。"遂命严其侦候,如有警,则皆维于南岸		《把胡鲁传》:(兴定四年四月)时陕西岁运粮以助关东,民力浸困,胡鲁上言:"若以舟楫自渭入河,顺流而下,庶可少纾民力。"从之。时以为便

---

① 《金史》卷二七《河渠志》,第 3 册,第 681、685 页。

邱靖嘉指出,《金史·河渠志》所载史事皆截至宣宗年间,当主要采录自金实录、《国史》。① 其实,该志全部取资实录,而无《国史》内容。表七《河渠志》四则史料,与《宣宗纪》吻合者两条;另与《侯挚传》《把胡鲁传》相同者三条。其中,贞祐三年十一月壬申条纪、志、传均同,文字丝毫不差。

第二,卷五八《百官志四》、②卷四四《兵志》。③

表八 《金史》志书、《宣宗纪》《张行信传》对比表

志书	《宣宗纪》	《张行信传》
《百官志·百官俸给》:(兴定二年正月)彰化军节度使张行信言:"送宣之使,其视五品而上各有定数,后竟停罢。今军官以上奉待使者有所馈献,至六品以下亦不免如例,而莫能办,则敛所部以与之,至有获罪者。保举县尹,特增其俸,然法行至今,而关以西尚有未到任者,岂所举少而不敷耶?宜广选举,以补其阙。且丞簿亦亲民者也,而独不增,安能禁其侵牟哉。"	(兴定二年二月)辛亥,张行信出为彰化军节度使兼泾州管内观察使	(兴定)二年二月,出为彰化军节度使,兼泾州管内观察使。……行信始至泾,即上书曰:"……近闻保举县令,特增其俸,此朝廷为民之善意也。然自关以西,尚未有到任者,远方之民不能无望,岂举者犹寡,而有所不敷耶。乞诏内外职事官,益广选举,以补其阙,使天下均受其赐。且丞、簿、尉亦皆亲民,而独不增俸,彼既不足以自给,安能禁其侵牟乎。或谓国用方阙,不宜虚费,是大不然。夫重吏禄者,固使之不扰民也,民安则国定,岂为虚费。诚能裁减冗食,不养无用之人,亦何患乎不足。今一军充役,举家廪给,军既物故,给其子弟,感悦士心,为国尽力耳。至于无男丁而其妻女犹给之,此何谓耶? 自大驾南巡,存赡者已数年,张颐待哺,以困农民。国家粮储常患不及,顾乃久养此老幼数千万口,冗食虚费,正在是耳。如即罢之,恐其失所,宜限以岁月,使自为计,至期而罢,复将何辞。"上多采纳焉
《兵志·养兵之法》:兴定二年,彰化军节度使张行信言:"一军充役,举家廪给,盖欲感悦士心,使为国尽力耳。至于无军之家,复无丁男,而其妻女犹受给,何谓耶。"		

---

① 邱靖嘉:《〈金史〉纂修考》,第168页。
② 《金史》卷五八《百官志四》,第4册,第1354页。
③ 《金史》卷四四《兵志》,第3册,第1009页。

《金史·张行信传》载行信到泾州任后所上三书,《百官志·百官俸给》《兵志·养兵之法》均出自第二书。但志书并不是从本传中节取,而是两者有着共同的史源。根据《金史·宣宗纪》兴定二年二月辛亥条"张行信出为彰化军节度使兼泾州管内观察使"①与《张行信传》相同的证据,②可推知其所据底本的此条即为原始出处。

第三,卷四七《食货志二·田制》。③

表九 《金史·食货志二·田制》《宣宗纪》与《高汝砺传》对比表

《田制》	《宣宗纪》	《高汝砺传》
(贞祐)三年十月,高汝砺言:"河北军户徙居河南者几百万口,人日给米一升,岁费三百六十万石,半以给直,犹支粟三百万石。河南租地计二十四万顷,岁租才一百五十六万,乞于经费之外倍征以给之。"遂命右司谏冯开等五人分诣诸郡,就授以荒官田及牧地可耕者,人三十亩	(贞祐三年十月)丁亥,尚书右丞汝砺言:"河北军户之徙河南者,宜以系官闲田及牧马草地之可耕者赐之,使自耕以食,而罢其月粮。"上从其请。命右司谏冯开随处按视,人给三十亩	(贞祐三年)十月,汝砺言:"今河北军户徙河南者几百万口,人日给米一升,岁率三百六十万石,半给其直犹支粟三百万石。河南租地计二十四万顷,岁征粟才一百五十六万有奇,更乞于经费之外倍征以给,仍以系官闲田及牧马地可耕者畀之。"奏可。乃遣右司谏冯开等分诣诸郡就给之,人三十亩,以汝砺总之
十一月,又议以括荒田及牧马地给军,命尚书右丞高汝砺总之。汝砺还奏:"今顷亩之数较之旧籍甚少,复瘠恶不可耕,均以可耕者与之,人得无几。又僻远之处必徙居以就之,彼皆不能自耕,必以与人,又当取租于数百里之外。况今农田且不能尽	(十一月)庚午,上与尚书右丞汝砺商略遣官括田赐军之利害,汝砺言不便者数端。乃诏有司罢其令,仍给军粮之半,其半给诣实之价	既而,括地官还,皆曰:"顷亩之数甚少,且瘠恶不可耕。计其可耕者均以与之,人得无几,又僻远处不免徙就之,军人皆以为不便。"汝砺遂言于上,诏有司罢之,但给军粮之半,而半折以实直焉

---

① 《金史》卷一五《宣宗纪中》,第 2 册,第 334 页。
② 《金史》卷一〇七《张行信传》,第 7 册,第 2370 页。
③ 《金史》卷四七《食货志二》,第 4 册,第 1052—1053 页。

(续表)

《田制》	《宣宗纪》	《高汝砺传》
辟,岂有余力以耕丛薄交固、草根纠结之荒地哉。军不可仰此得食也,审矣。今询诸军户,皆曰:'得半粮犹足自养,得田不能耕,复罢其廪,将何所赖。'臣知初籍地之时,未尝按阅其实,所以不如其数,不得其处也。若复考计州县,必各妄承风旨,追呼究结以应命。不足其数,则妄指民田以充之,则所在骚然矣。今民之赋役三倍平时,飞挽转输,日不暇给,而复为此举,何以堪之。且军户暂迁,行有还期,何为以此病民哉。病民而军获利,犹不可为,况无所利乎。惟陛下加察。"遂诏罢给田,但半给粮、半给实直焉		

贞祐三年十月河北军户自耕河南田,《金史·食货志二·田制》《高汝砺传》《宣宗纪》内容相同,仅详略不同而已。又十一月商议括荒田及牧马地给军事,《宣宗纪》"汝砺言不便者数端",[①]全文二百五十余字详见于《食货志二·田制》,《高汝砺传》稍略,三者均记述结果——半给军粮、半给实直。

第四,卷四七《食货志二·租赋》。[②]

---

① 《金史》卷一四《宣宗纪上》,第2册,第315页。
② 《金史》卷四七《食货志二》,第4册,第1061页。

表十　《金史·食货志二·租赋》《宣宗记》与列传对比表

《租赋》	《宣宗纪》	列传
（兴定）四年，御史中丞完颜伯嘉奏，亳州大水，计当免租三十万石，而三司官不以实报，止免十万而已。诏命治三司官虚妄之罪		《完颜伯嘉传》：（兴定）四年秋，河南大水，充宣慰副使，按行京东。奏曰："亳州灾最甚，合免三十余万石。三司止奏除十万石，民将重困，惟陛下怜之！"诏治三司奏灾不以实罪
七月，以河南大水，下诏免租劝种，且命参知政事李复亨为宣慰使，中丞完颜伯嘉副之	（兴定四年七月癸丑）参知政事李复亨为宣慰使，御史中丞完颜伯嘉副之，循行郡县劝农	《李复亨传》：（兴定）四年七月，河南雨水害稼，复亨为宣慰使，御史中丞完颜伯嘉副之，循行郡县，凡官吏贪污不治者，得废罢推治

表十《金史》的《食货志二·租赋》与《完颜伯嘉传》《李复亨传》互相印证，《宣宗纪》系于兴定四年七月癸丑条，说明三者同出一源。

第五，卷四八《食货志三·钱币》。①

表十一　《金史·食货志二·钱币》《宣宗纪》与《胥鼎传》对比表

《钱币》	《宣宗纪》	《胥鼎传》
（贞祐）三年四月，河东宣抚使胥鼎上言曰："今之物重，其弊在于钞窒，有出而无入也。虽院务税增收数倍，而所纳皆十贯例大钞，此何益哉。今十贯例者民间甚多，以无所归，故市易多用见钱，而钞每贯仅直一钱，曾不及工墨之费。臣愚谓，宜权禁见钱，且令计司以军须为名，量民力征敛，则泉货流通，而物价平矣。"	（贞祐三年）四月癸巳，河东宣抚使胥鼎言利害十三事	（贞祐）三年四月，建言利害十三事，若积军储、备黄河、选官谳狱、简将练卒、钞法、版籍之类，上颇采用焉

① 《金史》卷四八《食货志三》，第 4 册，第 1083 页。

《宣宗纪》贞祐三年四月癸巳记述"河东宣抚使胥鼎言利害十三事",不载具体内容;①《胥鼎传》举证其中六条事目,亦无细节。《食货志三·钱币》所载贞祐三年四月"河东宣抚使胥鼎上言"云云,其下具有丰富的内容,即十三事之"钞法"详细内容。

第六,卷五一《选举志一》。②

表十二　《金史·选举志一》《宣宗纪》与《把胡鲁传》对比表

《选举志一》	《宣宗纪》	《把胡鲁传》
兴定二年,御史中丞把胡鲁言:"国家数路取人,惟进士之选最为崇重,不求备数,惟务得贤。今场会试,策论进士不及二人取一人,词赋、经义二人取一。前虽有圣训,当依大定之制,中选即收,无问多寡。然大定间赴试者或至三千,取不过五百。泰和中,策论进士三人取一,词赋、经义四人取一。向者贞祐初,诏免府试,赴会试者几九千人,而取八百有奇,则是十之一而已。时已有依大定之制,亦何尝二人取一哉。今考官泛滥如此,非所以为求贤也。宜于会试之前,奏请所取之数,使恩出于上可也。"诏集文资官议,卒从泰和之例	(兴定二年)三月庚辰,尚书集文资官杂议进士之选,诏依泰和例行之	(兴定二年)三月上言:"国家取人,惟进士之选为重,不求备数,务在得贤。窃见今场会试,考官取人泛滥,非求贤之道也。宜革其弊,依大定旧制。"诏付尚书省集文资官杂议,卒依泰和例行之

---

① 《金史》卷一四《宣宗纪上》,第 2 册,第 308 页。
② 《金史》卷五一《选举志一》,第 4 册,第 1139—1140 页。

《宣宗纪》兴定二年三月庚辰"尚书集文资官杂议进士之选",①缘起于御史中丞把胡鲁上言,《金史·选举志一》载此事最详,《把胡鲁传》与之契合,可证三者同源。

第七,卷一三四《外国传·西夏》。②

表十三 《金史·外国传·西夏》《宣宗纪》与列传对比表

《外国传·西夏》	《宣宗纪》	列传
(贞祐三年)十一月,夏兵败于克戎寨,复败于熟羊寨,宰相入贺,宣宗曰:"此忠贤之力也。"	(贞祐三年十一月)戊辰,夏人犯绥德之克戎寨,官军败之,犯绥平,又败之。赏有功将士及来告捷者。……甲戌,移剌塔不也以军万人破夏人数万于熟羊寨	《移剌塔不也传》:贞祐三年十一月,破夏兵于熟羊寨。平章高琪率宰臣入贺曰:"塔不也以少败众,盖陛下威德所致。"宣宗曰:"自古兴国皆赖忠贤,今兹立功,皆将率诸贤之力也。"
(四年)夏于来羌城界河起折桥,元帅右都监完颜赛不焚之,斩馘甚众	(四年五月丙子)夏人修来羌城界河桥。元帅右都监完颜赛不遣兵焚之,俘馘甚多	《完颜赛不传》:(贞祐四年)五月,夏人于来羌城界河修折桥,以兵守护,赛不遣兵焚之
八月,左监军乌古论庆寿败夏兵于安塞堡	(八月甲寅)夏人入安塞堡,元帅左监军乌古论庆寿遣军败之	《乌古论庆寿传》:(贞祐)四年,迁元帅左监军兼陕西统军使。驻兵延安,败夏人于安塞堡
右都监赛不击走夏兵于结耶觜川,复破之于车儿堡	己卯,夏人入结耶觜川,官军击走之	《完颜赛不传》:(贞祐四年)八月,夏人寇结耶觜川,遣兵击走之,寻又破其众于车儿堡

---

① 《金史》卷一五《宣宗纪中》,第2册,第335页。
② 《金史》卷一三四《外国传上·西夏》,第8册,第2872—2873页。

（续表）

《外国传·西夏》	《宣宗纪》	列传
十一月，提控石盏合喜、杨斡烈解定西之围	（十一月）乙酉，元帅右都监完颜赛不来献其提控石盏合喜、杨斡烈等大败夏人于定西之捷，命行省视其功赏之	《赤盏合喜传》：贞祐四年十一月，夏人四万余骑围定西，辇致攻具，将取其城。合喜及杨斡烈等率兵鏖战走之，斩首二千级，俘数十人，获马八百余匹，器械称是，余悉遁去
		《忠义传·杨沃衍》：（贞祐四年）是冬，西夏四万余骑围定西州，元帅右都监完颜赛不以沃衍提控军事，率兵与夏人战，斩首几二千，生擒数十人，获马八百余匹，器械称是，余悉遁去。诏陕西行省视功官赏之
（兴定二年）五月，夏人入葭州，庆山奴破之于马吉峰	（兴定二年五月）丙子，夏人自葭州入鄜延，元帅承立遣兵败之马吉峰，是日捷至	《承立（庆山奴）传》：（兴定）二年五月，夏人率步骑三千由葭州入寇，庆山奴以兵逆之，战于马吉峰，杀百余人，斩酋首二级，生擒数十人，获马三十余匹

有学者指出，《金史》的《外国传·西夏、高丽》与卷六〇至六二《交聘表》、帝纪同出实录。① 表十三《外国传·西夏》《宣宗纪》所载贞祐、兴定金夏交兵事，《移剌塔不也传》《完颜赛不传》《乌古论庆寿传》《赤盏合喜传》《忠义传·杨沃衍》《承立（庆山奴）传》亦能互证。

今全盘统计《金史》的《河渠志》《兵志》《食货志》《选举志》《百官志》《外国传》，择要列举上述表七至表十三与《宣宗纪》及人物本

---

① 参见曾震宇：《〈大金国志〉研究》，香港大学硕士学位论文，2002年7月，第791页。

传均能相合者。更多的案例则是，志书与本纪、列传与本纪各有相同的史文。兹举例说明：

第一，《宣宗纪》兴定二年四月癸丑"完颜素兰请宣谕高丽复开互市，从之"，①《交聘表》高丽栏载是年四月癸丑以诏付辽东行省夹谷必兰，"出谕高丽贷粮、开市二事，遣典客署书表刘丙从行"，②两者同源，《纪》省书"贷粮"事。《完颜素兰传》详载全本说："兴定二年四月，以蒲鲜万奴叛，遣素兰与近侍局副使内族讹可同赴辽东，诏谕之曰：'万奴事竟不知果何如，卿等到彼当得其详，然宜止居铁山，若复远去，则朕难得其耗也。'又曰：'朕以讹可性颇率易，故特命卿偕行，每事当详议之。'素兰将行，上言曰：'臣近请宣谕高丽复开互市事，闻以诏书付行省必兰出。若令行省就遣谕之，不过邻境领受，恐中间有所不通，使圣恩不达于高丽，高丽亦无由知朝廷本意也。况彼世为藩辅，未尝阙臣子礼，如遣信使明持恩诏谕之，贷粮、开市二者必有一济。苟俱不从，则其曲在彼，然后别议图之可也。'上是其言，于是遣典客署书表刘丙从行。及还，授翰林待制。"③

第二，《宣宗纪》兴定四年十二月乙酉"镇南军节度使温迪罕思敬上书言钱币、税赋二事"，④具体上书内容分别详载《食货志·租赋》"不若止输本郡"⑤和该志《钱币》"臣谓宜令民铸钱"，⑥这说明纪、志均取资相同文献。

第三，《宣宗纪》兴定五年五月癸卯写作："唐州守将讹论为元帅赛不犹子，与宋人战唐州境上，为宋人所败，死者七百余人，匿之而以捷闻。御史纳兰发其事。上以赛不故，亦不之罪，而以是意谕之。"⑦此事不见于《金史》正文，《金史》卷一一二列传赞语"唐州之役丧师七百，主将讹论匿之，而以捷闻。御史纳兰纠之，宣宗奖御史，而不罪讹论"⑧乃与此同源。

---

① 《金史》卷一五《宣宗纪中》，第2册，第336页。
② 《金史》卷六二《交聘表下》，第5册，第1485页。
③ 《金史》卷一〇九《完颜素兰传》，第7册，第2401页。
④ 《金史》卷一六《宣宗纪下》，第2册，第355页。
⑤ 《金史》卷四七《食货志二》，第4册，第1062页。
⑥ 《金史》卷四八《食货志三》，第4册，第1089页。
⑦ 《金史》卷一六《宣宗纪下》，第2册，第357页。
⑧ 《金史》卷一一二，第7册，第2474—2475页。

第四,《宣宗纪》元光二年七月丁巳"御史中丞师安石言制敌二事",①《师安石传》细书此"备御二事"。②

综上,将《金史》宣宗时段人物传文与志、表、纪进行综合,诸传不仅与本纪契合,而且传与志,乃至传与传之间均相互证明,内容高度雷同,少数史文还会有"语在某传""语在某志"的明确提示,这意味着它们同出一种文献而于《金史》中互相参考。要之,诸文献并非某条史文偶合或文字相同这么简单,而是能够证实整体史源结构一致。

《金史》诸列传(尤其宣、哀之际人物)多拼凑史文,以《把胡鲁传》为例子,全文共十八条纪事根本不似列传叙事体例,传主最初仕官直接从贞祐二年五月宣宗南迁"由左谏议大夫擢为御前经历官"及"上面谕之曰"写起,③《李英传》也有相同史料;④兴定二年三月因上言而诏集文官议进士之选,⑤《选举志》《宣宗纪》皆载此事;三年六月"平凉等处地震",⑥则与《宣宗纪》⑦《五行志》合;⑧四年四月"时陕西岁运粮以助关东",⑨乃与《河渠志》漕渠条同;其余兴定四年四月、元光元年八月两条与《宣宗纪》载把胡鲁履历亦同。⑩ 把胡鲁薨于哀宗正大元年(1224)五月,据本传"不详其初起"⑪云云,我估计元朝史官无本人传记资料可资参考,通过拼凑实录中的个人事迹而成列传。又如,《术虎高琪传》兴定元年四月"遣元帅左都监乌古论庆寿、签枢密院事完颜赛不经略南边",⑫《宣宗纪》⑬《交聘表》⑭宋栏是年四月丁未均同,当数《乌古论庆寿》兴定元年"与签枢密院事完颜赛不经略伐宋,败宋兵于泥河湾石壕

---

① 《金史》卷一六《宣宗纪下》,第 2 册,第 367 页。
② 《金史》卷一〇八《师安石传》,第 7 册,第 2393 页。
③ 《金史》卷一〇八《把胡鲁传》,第 7 册,第 2390 页。
④ 《金史》卷一〇一《李英传》,第 7 册,第 2235 页。
⑤ 《金史》卷一〇八《把胡鲁传》,第 7 册,第 2390 页。
⑥ 《金史》卷一〇八《把胡鲁传》,第 7 册,第 2390 页。
⑦ 《金史》卷一五《宣宗纪中》,第 2 册,第 346 页。
⑧ 《金史》卷二三《五行志》,第 2 册,第 543 页。
⑨ 《金史》卷一〇八《把胡鲁传》,第 7 册,第 2390、2392 页。
⑩ 《金史》卷一六《宣宗纪下》,第 2 册,第 352、363 页。
⑪ 《金史》卷一〇八《把胡鲁传》,第 7 册,第 2390 页。
⑫ 《金史》卷一〇六《术虎高琪传》,第 7 册,第 2344 页。
⑬ 《金史》卷一五《宣宗纪中》,第 2 册,第 328 页。
⑭ 《金史》卷六二《交聘表下》,第 5 册,第 1485 页。

村,斩首三千级,获马四百匹、牛三百头,器械称是。复破宋兵七千于樊城县"①最详。

最后,总结史料来源和编纂模式:元修《金史》诸志及《交聘表》《外国传·西夏》乃摘录实录相关条文而成,上表所见列传与其重复者,则出自《宣宗实录》无疑。据此断定,《宣宗纪》与之相同的史料亦同出一源。正是由于将实录所涉人物史料逐条拼接,故上述列传内容纪年多有重复。能说明问题的是元朝史官在编书过程中因裁剪史料不当留下的各种罅隙。

第一,《金史·纥石烈桓端传》兴定二年"改武卫军都指挥使,仍权右都监,行元帅府于息州",②参酌《宣宗纪》兴定二年十一月辛巳"以行元帅府不制纥石烈桓端权签枢密院事,行院于徐州,权右都监讹可行元帅府事于息州",③确认史文原载桓端行枢密院于徐州,本传则节取后半句"行元帅府事于息州"而误为桓端仕历。

第二,《金史·完颜阿里不孙传》谓兴定元年"真拜参知政事,权右副元帅,行尚书省、元帅府于婆速路,承制除拜刺史以下。不协"。④ 此句"不协"一语明显突兀。《宣宗纪》是年四月己未条载"以权参知政事辽东路行省完颜阿里不孙为参知政事,行尚书省、元帅府于婆速路"⑤云云,可见本传此条来自实录,由于节钞不当而造成原文信息阙失。

第三,根据《金史·仆散安贞传》贞祐二年"十一月戊辰,曲赦山东"⑥云云,检到《宣宗纪》是年十一月作"丁卯,以御史大夫仆散端为尚书左丞相。曲赦山东路",⑦丁卯次日即戊辰,可见纪文"曲赦山东路"脱该干支。

第四,《金史·胥鼎传》贞祐三年知平阳府事鼎言:"平阳岁再被兵,人户散亡,楼橹修缮未完,衣甲器械极少,庾廪无两月食。夏田已为兵蹂,复不雨,秋种未下。虽有复业残民,皆老幼,莫能耕种,岂足征求。比

---

① 《金史》卷一〇一《乌古论庆寿传》,第7册,第2239页。
② 《金史》卷一〇三《纥石烈桓端传》,第7册,第2280页。
③ 《金史》卷一五《宣宗纪中》,第2册,第340页。
④ 《金史》卷一〇三《完颜阿里不孙传》,第7册,第2281页。
⑤ 《金史》卷一五《宣宗纪中》,第2册,第329页。
⑥ 《金史》卷一〇二《仆散安贞传》,第7册,第2245页。
⑦ 《金史》卷一四《宣宗纪上》,第2册,第305页。

闻北方刘伯林聚兵野狐岭,将深入平阳、绛、解、河中,遂抵河南。战御有期,储积未备,不速错置,实关社稷生灵大计。乞降空名宣敕一千、紫衣师德号度牒三千,以补军储。"上曰:"鼎言是也,有司其如数亟给之。"①意谓需补军储者实乃平阳府。然《宣宗纪》贞祐三年五月壬戌仅作"降空名宣敕、紫衣师德号度牒,以补军储",②不明所指。以上《金史》纪、传裁取失当的诸例正好说明,元朝史官处理的无疑是同一种文献。

各种文本对比结果证明,《金史》诸纪、表、志、传并不是一个孤立的个体,根据诸条线索能够钩稽出文献传承脉络,将元修《金史》纪传表志所见相同史文初步推测为均取资《宣宗实录》较为合理。

四、《金史》引称《宣宗实录》钩沉

当然,关于王鹗《金史稿》与《金史》的史料关系,有学者解释说:"因这五朝实录(太祖、海陵、世宗、章宗、宣宗)皆存,故归根结底,它们的最初史源当是以上诸帝之实录。"③认为元修《金史》本纪与实录是一种间接转抄关系。上文诸表所涉列传,在编纂过程中大量抄撮《宣宗实录》,元修《金史》的《宣宗纪》与传文之所以相同,正是抄取实录的结果,既而否定这种可能性之存在。下文再从《金史》及元代文献所引《宣宗实录》详加证明。

(一) 以《金史·卫绍王纪》为钥匙可解开《宣宗纪》底本之悬疑

王鹗《金史目录》"帝纪九"列太祖、太宗、熙宗、海陵庶人、世宗、章宗、卫绍王、宣宗、哀宗,其中称卫绍王、哀宗无实录。④《金史·卫绍王纪赞》据实交代:"中统三年,翰林学士承旨王鹗有志论著,求大安、崇庆事不可得。"言明《卫绍王纪》并非王鹗编成,乃成于至正时期的史官之手,所采史料有谓"《章宗实录》详其前事,《宣宗实录》详其后事"。⑤ 这条线索较为关键。

---

① 《金史》卷一〇八《胥鼎传》,第 7 册,第 2374 页。
② 《金史》卷一四《宣宗纪上》,第 2 册,第 309 页。
③ 邱靖嘉:《〈金史〉纂修考》,第 159 页。
④ 王恽:《玉堂嘉话》卷八,杨晓春点校,第 180—181 页。
⑤ 《金史》卷一三《卫绍王纪》,第 1 册,第 298 页。

表十四　《金史·卫绍王纪》史文来源分析表

《卫绍王纪》	《逆臣传·纥石烈执中》	《宣宗纪》
（至宁元年）九月甲辰，宣宗即位	九月甲辰，宣宗即位，拜执中太师、尚书令、都元帅、监修国史，封泽王，授中都路和鲁忽土世袭猛安	（至宁元年九月甲辰）即皇帝位于大安殿。以纥石烈胡沙虎为太师、尚书令兼都元帅，封泽王
丁未，诣邸临奠，伏哭尽哀。敕以礼改葬		（丁未）临奠于卫绍王第。有司奏，旧礼当设坐哭。上命撤坐，伏哭尽哀。敕有司，以礼改葬
	戊申，执中侍朝，宣宗赐之坐，执中就坐不辞	戊申，御仁政殿视朝。赐胡沙虎坐，胡沙虎不辞
胡沙虎请废为庶人，诏百官议于朝堂，议者二百余人。太子少傅奥屯忠孝、侍读学士蒲察思忠请从废黜，户部尚书武都、拾遗田庭芳等三十人请降为王侯，太子太保张行简请用汉昌邑王、晋海西公故事，侍御史完颜讹出等十人请降复王封	无何，执中奏请降卫绍王为庶人，奏再上，诏百官议于朝堂。太子少傅奥屯忠孝、侍读学士蒲察思忠附执中议，众相视莫敢言，独文学田廷芳奋然曰："先朝素无失德，尊号在礼不当削。"于是从之者礼部张敬甫、谏议张信甫、户部武文伯、庞才卿、石抹晋卿等二十四人。宣宗曰："譬诸问途，百人曰东行是，十人曰西行是，行道之人果适东乎、适西乎。岂以百人、十人为是非哉？"既而曰："朕徐思之。"	庚申，泽王胡沙虎等议废故卫王为庶人，上曰："朕徐思之，以谕卿等。"
胡沙虎固执前议，宣宗不得已，乃降封东海郡侯	数日，诏降为东海郡侯	（闰九月）丙戌，诏降故卫王为东海郡侯

(续表)

《卫绍王纪》	《逆臣传·纥石烈执中》	《宣宗纪》
十月辛亥,元帅右监军术虎高琪杀胡沙虎于其第。胡沙虎者,纥石烈执中也。宣宗乃下诏削其官爵	十月辛亥,高琪遂率所将纥军入中都,围执中第。执中闻变,弯弓注矢外射,不胜,登后垣欲走,衣袿堕而伤股,军士就斩之	(十月)辛亥,元帅右监军术虎高琪战于城北,凡两败绩而归,就以兵杀胡沙虎于其第,持其首诣阙待罪。赦之,仍授左副元帅

据赞语和史文对比可知,表十四所列《金史》的至宁元年(1213)九月甲辰、丁未、庚申、闰九月丙戌、十月辛亥五条,《卫绍王纪》皆出自《宣宗实录》;《逆臣传·纥石烈执中》不仅有与《卫绍王纪》相合者,其他传文亦见于《章宗纪》泰和六年四月丙寅、十月庚戌、十一月丁亥、十二月壬申,①兼采章宗、宣宗两朝实录。据《宣宗纪》与《卫绍王纪》《逆臣传·纥石烈执中》雷同内容及后两者已明确的史料出处,可知其取资《宣宗实录》。

《金史·卫绍王纪》至宁元年十月辛亥"宣宗乃下诏削其官爵。赠石古乃顺州刺史,鄯阳顺天军节度副使"也是一例重要证据。②《忠义传·鄯阳》叙述至宁元年八月执中作乱,鄯阳、石古乃赴难,谓"执中死,诏削官爵"。载诏书曰:

> 宣武将军、护卫十人长完颜石古乃,修武校尉、符宝祗候鄯阳,忠孝勇果,没于王事。石古乃赠镇国上将军、顺州刺史,鄯阳赠宣武将军、顺天军节度副使。尝从拒战猛安赏钱五百贯、谋克三百贯、蒲辇散军二百贯,各迁两阶。战没者,赠赏付其家。石古乃子尚幼,以八贯石俸给之,俟年十五以闻。③

《卫绍王纪》同于上文。今检到《宣宗纪》贞祐元年十一月癸未"诏赠死事裴满福兴及鄯阳、石古乃官",④此条显然与《卫绍王纪》及《忠义传》

---

① 《金史》卷一三二《逆臣传·纥石烈执中》,第 8 册,第 2834—2839 页。卷一二《章宗纪四》,第 1 册,第 275、278、279 页。
② 《金史》卷一三《卫绍王纪》,第 1 册,第 297 页。
③ 《金史》卷一二一《忠义传一·鄯阳》,第 8 册,第 2641—2642 页。
④ 《金史》卷一四《宣宗纪上》,第 2 册,第 303 页。

同源,均取材于《宣宗实录》。

(二)从《金史·九公传》《忠义传·毕资伦》探寻《宣宗纪》本诸实录的痕迹

《金史·九公传赞》曰"大凡九公封建,《宣宗实录》所载如此",①已明确交代所据史料。该传最直接的一条是:兴定四年二月"封沧州经略使王福为沧海公"等"九公皆兼宣抚使",王福、移剌众家奴、武仙、张甫、靖安民、郭文振、胡天作、张开、燕宁九人小传所记封公之名号及具体势力范围则是从《宣宗实录》中分解出来的内容。此事缘起于"兴定三年,以太原不守,河北州县不能自立,诏百官议所以为长久之利者",《金史·九公传》附载徒单镐、奥屯胡撒合、乌林荅与、移剌光祖、石抹穆、完颜伯嘉等众人集议内容。其中,宣徽使移剌光祖等三人曰:

度太原之势,虽暂失之,顷亦可复。当募土人威望服众者,假以方面重权。能克复一道,即以本道总管授之。能捍州郡,即以长佐授之。必能各保一方,使百姓复业。②

《金史·移剌光祖附传》"兴定二年十一月,诏集百官议所以为长久之利者,光祖等三人议曰'募土人假以方面权任,俾人自劝,各保一方。'由是公府封建之论兴焉,语在《九公传》"③的记载相同。光祖议论内容及"语在《九公传》"这两条证据,说明这段史料摘录自《宣宗实录》。细检《宣宗纪》兴定三年正月壬辰有云"以大元兵已定太原,河北事势非复向日,集百官议备御长久之计",④通过《九公传》《移剌光祖附传》证明本纪史料源于《宣宗实录》此条纪事。

据《金史·忠义传·毕资伦》所载"《宣宗实录》载资伦为乱兵所杀,当时传闻不得其实云",⑤颜庆余指出该传来源有二:一是《宣宗实录》,二是元好问自述。兴定五年以后事出自元好问的著述。⑥ 出自《宣宗实录》的传文如下:

---

① 《金史》卷一一八,第 7 册,第 2591 页。
② 《金史》卷一一八,第 7 册,第 2574 页。
③ 《金史》卷八八《移剌光祖附传》,第 6 册,第 1969 页。
④ 《金史》卷一五《宣宗纪中》,第 2 册,第 342 页。
⑤ 《金史》卷一二四《忠义传四·毕资伦》,第 8 册,第 2708 页。
⑥ 颜庆余:《元好问佚著三种考论》,《图书馆理论与实践》2014 年 6 期。

既而,枢密院以资伦、思忠不相能,恐败事,以资伦统本军屯泗州。兴定五年正月戊戌,提控王禄汤饼会军中宴饮,宋龟山统制时青乘隙袭破泗州西城。资伦知失计,堕南城求死,为宋军所执,以见时青。青说之曰:"毕宣差,我知尔好男子,亦宜相时达变。金国势已衰弱,尔肯降我,宋亦不负尔。若不从,见刘大帅即死矣。"资伦极口骂曰:"时青逆贼听我言。我出身至贫贱,结柳器为生,自征南始得一官,今职居三品。不幸失国家城池,甘分一死尚不能报,肯从汝反贼求生耶。"青知无降意,下盱眙狱。①

叛乱事件主角时青,其本传有与《宣宗纪》兴定四年十月辛巳、元光元年二月己酉两条相同的内容:"兴定五年正月二十五日夜,青袭破泗州西城,提控王禄遇害。"②《忠义传·毕资伦》"兴定五年正月戊戌,提控王禄汤饼会军中宴饮,宋龟山统制时青乘隙袭破泗州西城"③所记与之吻合。《宣宗纪》兴定五年正月戊戌"宋人袭泗州西城,提控王禄死之"④与《忠义传·毕资伦》相关内容完全相同,那么根据后者来源为《宣宗实录》,这就很容易判断《宣宗纪》史料之所据。

(三) 利用《金史·天文志》《五行志》论证《宣宗纪》与《宣宗实录》的直接相关

《天文志》《五行志》序文并未透露元朝史官所据文献。王鹗曾提到:"太史张中顺,金一代天变皆有纪录。就此公未老,可亟与论定,亦是志书中一件难措手者。切念。"王鹗所撰《金史目录》细目另有"天文(五行附)"。⑤ 学者据此推测,王鹗很可能从张居中处得到了较为完整的天变灾异资料,并存留至元末,从而为史臣修《金史》所利用。⑥ 经系统检讨《金史·天文志》《五行志》诸条天象灾异记录,可证明此说同样难以成立,其实两志天象记录是摘录历朝实录相关主题的条文成篇,既

---

① 《金史》卷一二四《忠义传四·毕资伦》,第 8 册,第 2707 页。
② 《金史》卷一一七《时青传》,第 8 册,第 2566 页。《宣宗纪》中相同内容见《金史》卷一六《宣宗纪下》,第 2 册,第 354、361 页。
③ 《金史》卷一二四《忠义传四·毕资伦》,第 8 册,第 2707 页。
④ 《金史》卷一六《宣宗纪下》,第 2 册,第 355 页。
⑤ 王恽:《玉堂嘉话》卷一,杨晓春点校,第 41 页;卷八,第 181 页。
⑥ 邱靖嘉:《〈金史〉纂修考》,第 163—165 页。

而与今本本纪相互关照。①

按《天文志》整卷分为"日薄食辉珥云气""月五星凌犯及星变"两篇,以后者为例,将《天文志》与《宣宗纪》对比如下:②

表十五 《金史·天文志》与《宣宗纪》史文对照表

《天文志·月五星凌犯及星变》	《宣宗纪》
贞祐元年十一月丙子,荧惑入垒壁阵	
二年二月庚戌,月食	
八月丁未,月食	
九月丁亥,太白昼见于轸	(贞祐二年九月丁亥)太白昼见于轸
十一月庚辰,镇星犯太微东垣上相	
辛巳,荧惑犯房、钩铃	(十一月)辛巳,荧惑犯房宿钩铃星
三年七月庚申,有流星如太白,其色青白,有尾出紫微垣北极之旁,入贯索中	(三年七月庚申)有星如太白,色青白,有尾,出紫微垣北极傍,入贯索中
己卯,月入毕,至戊夜犯毕大星	戊寅,月入毕宿中,戊夜犯毕大星
八月辛丑,月食,既	
十二月庚寅,太白昼见于危,八十有五日伏	(十二月)庚寅,太白昼见
四年正月乙卯夜,中天有流星大如斗,③色赤长丈余,坠于西南,其声如雷	
二月己亥,月食	
四月丁酉,太白昼见于奎,百九十有六日乃伏	(四年四月)丁酉,太白昼见于奎
六月丙申,岁星昼见于奎,百有一日乃伏	(六月)丙申,木星昼见于奎,百有一日乃伏
闰七月乙未,月食;辛丑,犯毕	

---

① 参见曾震宇:《〈大金国志〉研究》,第784—785页。陈晓伟:《〈金史〉源流、纂修及校勘问题的检讨与反思》,《中国历史研究院集刊》2021年第2辑。
② 《金史》卷二〇《天文志》,第2册,第433—435页。
③ "斗",原点校本作"十",今据洪武覆刻本《金史》改。

（续表）

《天文志·月五星凌犯及星变》	《宣宗纪》
十一月丙戌,月晕岁星,岁在奎,月在壁	（十一月丙戌）是夕,月晕木星,木在奎,月在壁
己丑,犯毕大星	
十二月戊午,复犯毕大星	
兴定元年正月乙酉,月犯毕左股第二星	
四月戊辰,太白昼见于井,百六十有二日乃伏	（兴定元年四月）戊辰,太白昼见于井
八月戊申,岁星昼见于昴,六十有七日伏	（八月戊申）木星昼见于昴,六十有七日乃伏
九月癸巳,月犯东井西扇第二星	（九月癸巳）月犯东井西扇北第二星
十月癸丑,夜有流星大如杯,尾长丈余,自轩辕起贯太微,没于角宿之上	
十一月癸未,月晕岁星、荧惑二星,木在胃,火在昴	（十一月）癸未,月晕木、火二星,木在胃,火在昴
丙戌,太白昼见	丙戌,太白昼见,遣翰林侍讲学士杨云翼禜之
十二月戊午,月食	
二年六月乙卯,月食	
八月壬戌,有流星大如杯,尾长丈余,其光烛地,起建星没尾中。一云自东北至西北而坠,其光如塔状,先有声如风,后若雷者三,窗纸皆震	
十月庚申,月犯轩辕左角之少民星	（二年十月）癸亥,月犯轩辕左角之少民星
十二月壬子,月食,既	
三年五月庚戌,月食,既	
壬子,太白昼见于参,三十有六日经天,又百八十四日乃伏	（三年五月）壬子,太白昼见于参

（续表）

《天文志·月五星凌犯及星变》	《宣宗纪》
七月壬寅初昏，有星自西南来，其光烛地，状如月而稍不圆，色青白，有小星千百环之，若迸火然，坠于东北，少顷有声如鼓	
八月丁卯，岁星犯舆鬼东南星	（八月）丁卯，木星犯舆鬼东南星
己巳，岁星昼见于柳，百有九日乃伏	（戊辰）木星昼见于柳，百有九日乃灭
十一月乙巳，月食。癸丑，白虹二，夹月，寻复贯之	
四年正月庚子，月犯东井	
三月甲寅，岁星犯鬼、积尸气	（四年三月）甲寅，木星犯鬼宿积尸气
五月甲辰，月食	
六月戊辰，犯镇星。己巳，太白昼见于张，百八十有四日乃伏	（六月戊辰）月犯土星。己巳，太白昼见于张，百八十有四日乃伏
十一月壬辰，岁星昼见于翼，六十有七日，夜又犯灵台北第一星	（十一月）壬辰，木星昼见于翼，积六十有七日伏，夜又犯灵台北第一星
五年正月辛丑，太白昼见于牛，二百三十有二日乃伏。司天夹谷德玉等奏以为臣强之象，请致祭以禳之。宣宗曰："斗、牛吴分，盖宋境也。他国有灾，吾禳之可乎。"	（五年正月）辛丑，太白昼见于牛，二百三十有二日伏
九月庚戌，岁星犯左执法	（九月）庚戌，岁星犯左执法
闰十二月戊子，荧惑犯轩辕。甲午，月犯荧惑。戊戌，镇星昼见于轸。己亥，太白昼见于室	（闰十二月）戊子，荧惑犯轩辕。甲午，月犯荧惑。戊戌，镇星昼见于轸。……（己亥）太白昼见于室
六年正月辛酉，月犯荧惑；壬戌，犯轩辕	
三月壬子，月食太白。癸亥，月食	
丙寅，岁星犯太微左执法	（元光元年三月）丙寅，岁星犯太微左执法
七月乙亥，太白经天，与日争光	（七月）乙亥，太白昼见经天，与日争光

（续表）

《天文志·月五星凌犯及星变》	《宣宗纪》
八月己卯,彗星出于亢宿、右摄提、周鼎之间,指大角。太史奏:"除旧布新之象,宜改元修政以消天变。"于是,改是年为元光元年	(八月)己卯,彗星见西方。……以彗星见,改元,大赦
九月丁未,灭。壬申,月食岁星	
元光二年八月乙亥,荧惑入舆鬼,掩积尸气	(二年八月)乙亥,火星入鬼宿中,掩积尸气
十月壬午,犯灵台	(十月)壬午,火星犯灵台
十一月,又犯心大星	

宣宗时期的天象记录,《天文志》计六十一条,《宣宗纪》载三十二条,相合条目仅文字详略不同。《天文志》兴定五年正月辛丑条司天夹谷德玉等与宣宗对答、元光元年八月己卯太史奏"除旧布新之象,宜改元修政以消天变",①以及《宣宗纪》兴定元年十一月丙戌"太白昼见,遣翰林侍讲学士杨云翼禜之",②均记述因天文异象而引发的活动,较好地保留了《宣宗实录》原文。

通过《宣宗纪》兴定五年闰十二月条还能看出《天文志》抄撮之痕迹,《宣宗纪》曰:

(闰月辛巳朔)**戊子,荧惑犯轩辕**。己丑,孙瑀及捕盗官吾古出招降泰和县贼二千人,诏斩其首恶,余皆释之。同知保静军节度使郭澍以征粮失期,诬杀平民,坐诛。辛卯,官军复葭州。癸巳,通远军节度使孛术鲁合住削官。**甲午,月犯荧惑**。丙申,红袄贼夜入蒙城县,县官失其符印,军民死者甚众,贼大掠而去。**戊戌,镇星昼见于轸。己亥**,发兵捕京东盗。**太白昼见于室**。③

以此内容为参考,元朝史官当从原始文献中摘录戊子、甲午、戊戌、己亥四条以成《天文志》。又如,《宣宗纪》兴定三年十月乙丑"平凉府先以

---

① 《金史》卷二〇《天文志》,第2册,第434页。
② 《金史》卷一五《宣宗纪中》,第2册,第333页。
③ 《金史》卷一六《宣宗纪下》,第2册,第360页。

地震被命醮祭,方行事,庆云见,以图来上。遣官覆验得实,是日,百官奉表称贺";癸酉"以庆云遣官告太庙";甲戌"以庆云诏国内"。①《天文志·日薄食辉珥云气》是年十月乙丑写作"平凉府庆云见,遣官验实,以告太庙,诏国中",②可见编者为叙事连贯,将三条合并为一,省书干支。

《金史》志、纪的干支歧异也很能反映问题。如兴定三年八月"木星昼见于柳"事,《天文志》《宣宗纪》所记内容相同,然干却存在"己巳""戊辰"的分歧。《宣宗纪》此条云:

> 八月丙寅,补阙许古等削官解职。丁卯,木星犯舆鬼东南星。戊辰,遣礼部尚书杨云翼祭社稷,翰林侍读学士赵秉文祭后土于河中府。京西行三司李复亨言汝、邓冶铁,河南、北食盐之利。木星昼见于柳,百有九日乃灭。壬申,上敕台臣。③

《宣宗纪》将此事系于戊辰。"戊辰"次日为"己巳"。从《天文志》"己巳"可知此条记录本有干支,《宣宗纪》直接抄录史文而造成脱文。又如,表十五贞祐三年七月"月入毕"、兴定二年十月两条记载,《天文志》干支作"己卯""庚申",而《宣宗纪》则为"戊寅""癸亥",显然都是摘抄实录不当导致的差异。

《金史·五行志》由于抄撮不慎引起的时间歧异更多,总体纂修质量较差。④据统计,《五行志》宣宗朝纪事共计四十九条,有二十四条与《宣宗纪》合。该志兴定元年五月乙丑:"河南大风,吹府门署以去。延州原武县雹伤稼。"⑤《宣宗纪》是年五月纪事:"己丑,贼宋子玉余党家属悉放归农。尚书右丞蒲察移剌都弃官擅赴京师,降知河南府事,行枢密院兼行六部事。壬辰,延州原武县雨雹伤稼,诏官贷民种改莳。"⑥可见《五行志》乙丑条与《宣宗纪》壬辰条内容同,系日则不同。按五月丁丑朔,该月内并无乙丑日。据此判断,《五行志》应是从《宣宗实录》壬

---

① 《金史》卷一五《宣宗纪中》,第 2 册,第 333 页。
② 《金史》卷二〇《天文志》,第 2 册,第 423 页。
③ 《金史》卷一五《宣宗纪中》,第 2 册,第 346 页。
④ 参见杨瑞:《〈金史·五行志〉探源——兼论中古以降正史〈五行志〉书写传统之转变》,包伟民、刘后滨主编:《唐宋历史评论》第 12 辑,社会科学文献出版社,2023 年,第 153—174 页。
⑤ 《金史》卷二三《五行志》,第 2 册,第 543 页。
⑥ 《金史》卷一五《宣宗纪中》,第 2 册,第 329—330 页。

辰条上的"己丑"抄起,不过却因字形相近,此干支误作"乙丑"。这种疏漏,还见于《五行志》皇统三年(1143)七月"丙寅,太原进獬豸及瑞麦"。① 参考《熙宗纪》皇统三年"七月丙寅,上致祭太皇太后。庚辰,太原路进獬豸并瑞麦"②可知,《五行志》直接截取"七月丙寅"和"太原路进獬豸并瑞麦",而漏掉了"庚辰"这个干支。

综上,《金史》的《天文志》《五行志》与《宣宗纪》内容基本吻合,从干支分歧中可证明它们均取材于实录,可推证《宣宗纪》应该直接抄自《宣宗实录》。

(四)元初《太乙统宗宝鉴》所抄"金实录"提供的新证据

《太乙统宗宝鉴》是一部编纂于大德七年(1303)的数术文献。邱靖嘉最先发掘其文献价值并考证书中所见金朝史料主要抄自"金实录"。与本文相关的宣宗时期内容如下:③

表十六 《太乙统宗宝鉴》与《宣宗纪》相合内容对照表

《太乙统宗宝鉴》	《宣宗纪》
(贞祐)二年三月,遣内族都元帅承晖讲和,以卫王公主下嫁	(贞祐二年)三月辛未,遣承晖诣大元请和。庚寅,奉卫绍王公主归于大元太祖皇帝,是为公主皇后
四月,山东、河北诸郡悉陷,唯真定、大名、东平、徐、邳数城未下。民遭屠戮,俘虏者不可胜数	(四月)戊戌,时山东、河北诸郡失守,惟真定、清、沃、大名、东平、徐、邳、海数城仅存而已,河东州县亦多残毁
乙卯,尚书省奏外方州郡皆望车驾至幸南京,乞顺人心。诏宜从所请	乙卯,尚书省奏巡幸南京,诏从之
七月,至南京,赦南京属县	七月,车驾至南京
癸未岁十二月庚寅,上崩于宁德殿,寿六十一,庙号宣宗皇帝	(元光二年十二月)庚寅,上崩于宁德殿,寿六十有一。……明年正月戊戌朔,改元正大,谥大行曰继天兴统述道勤仁英武圣孝皇帝,庙号宣宗

---

① 《金史》卷二三《五行志》,第 2 册,第 536 页。
② 《金史》卷四《熙宗纪》,第 1 册,第 79 页。
③ 题晓山老人:《太乙统宗宝鉴》卷一六,国家图书馆藏明钞本(典藏号11075)。此据邱靖嘉录文。

《太乙统宗宝鉴》贞祐二年三月、四月、四月乙卯、七月、元光二年十二月庚寅五条,《宣宗纪》与之相合。前者"民遭屠戮,俘虏者不可胜数""尚书省奏外方州郡皆望车驾至幸南京""南京属县"多出于《金史》,而后者系日更为具体。① 两书所本实录原文大抵如此,通过这个例证,我们清楚地看到《宣宗纪》与实录之间文本差距并不大,反之,若中间经历一道王鹗《金史稿》二次改编,则很难解释这种高度雷同的现象。

综上,《金史》主体内容改编自实录,作为一种纂修惯例,全书虽极少提及,但《天文志》《五行志》与本纪相合或相异的史文均可证明这一判断。上文考证元修《金史·卫绍王纪》《九公传》《忠义传·毕资伦》等引称《宣宗实录》的蛛丝马迹,相关史文与《宣宗纪》质证发明。大德七年《太乙统宗宝鉴》是取材于"金实录",将宣宗时期内容与《金史》本纪作为样本对比,这样文本内证与其他外证均揭示《宣宗纪》与实录具备直接传抄关系。

学界历来主张《金史》根据王鹗《金史稿》改编而成,除王恽《玉堂嘉话》所载王鹗《金史大略》和元初王鹗修史活动外,目前提出的证据中,《马氏世谱》一条最为直接。通过梳理,可知宣宗时期臣工列传保留下《宣宗实录》的大宗原始史文,与《宣宗纪》整体史源特征相一致。据此,以《金史》诸流互证探知,《宣宗实录》确为元修《宣宗纪》之蓝本。现可复原《金史》的纂修过程:元朝史官最初以金源实录为工作底本,经过加工整合,分门别类,将编年体改编为纪传体,由此分化出不同的支流。《金史》所见"同源文本"完全可解释以上各种交错并相互契合的文献关系。据元好问"以事附史院本纪"指《世宗实录》,知黄溍《马氏世谱》所称"金史宣宗本纪"亦应为《宣宗实录》。

总之,所谓王鹗《金史稿》为元修《金史》底本说在具体文本证据下破绽很多,谨以《宣宗纪》为例初步探讨,希望引起对这一传统议题的反思。

---

① 邱靖嘉:《晓山老人〈太乙统宗宝鉴〉所见金朝史料辑考》,原刊《文史》2016年第2辑;收入氏著《〈金史〉纂修考》,第225—263页。

二　所谓金修纪传体《国史》问题

苏天爵《三史质疑》是探讨《辽史》《宋史》《金史》纂修问题的重要文献,①其所言"金亦尝为国史,今史馆有太祖、太宗、熙宗、海陵本纪"乃一大关键,学者据此断定金朝曾编纂过纪传体《国史》,②大概从章宗开始至宣宗时期。③ 此条记载直接关系到元修《金史》本纪的取材对象,因为《三史质疑》同时提到"金亡,元帅张侯柔收拾金史北归,中统初送史院,当时已阙太宗、熙宗实录",这条则是推测元修《金史》的《熙宗纪》《太宗纪》未取"金实录"而改编自《国史》本纪的核心证据。④ 因苏天爵于至顺、元统两次供职国史馆纂修武宗、文宗实录,其撰《三史质疑》的记载备受学者重视,⑤实际上,他的各种说法未经任何检验,成立与否尚有疑问。这里以《金史》具体史文为实践结合相关文献重审《三史质疑》,进而对元末纂修《金史》的底本问题进行探讨。

一、苏天爵《三史质疑》再检讨

苏天爵《三史质疑》论述金代官修文献流传之文如下:

> 金亡,元帅张侯柔收拾金史北归,中统初送史院,当时已阙太

---

① 苏天爵:《滋溪文稿》卷二五《三史质疑》,陈高华、孟繁清点校,中华书局,2012年,第421—427页。
② 曾震宇:《〈大金国志〉研究》,香港大学硕士学位论文,2002年7月,第774—796页。
③ 赵葆寓、赵光远:《〈海陵庶人实录〉的得失及其对〈金史〉的影响》,《北方文物》1985年第2期。刘浦江:《关于金朝开国史的真实性质疑》,原刊《历史研究》1998年第6期;收入氏著《辽金史论》,辽宁大学出版社,1999年,第1—22页。邱靖嘉:《〈金史〉纂修考》,中华书局,2017年,第55—60页。
④ 参见张博泉等:《金史论稿》第1卷,吉林文史出版社,1986年,第9页。邱靖嘉:《〈金史〉纂修考》,第160—161页。
⑤ 参见吴凤霞:《苏天爵与辽宋金元史编纂》,《内蒙古民族大学学报》2019年第6期。吴凤霞:《辽金元史学研究》,中国社会科学出版社,2009年,第73—74页。

宗、熙宗实录。岂南迁时并《章宗实录》同见遗乎？而《海陵实录》何故复存？当正大末，义宗东幸，元好问为史官，言于宰相，请以九朝小本实录驮以一马随驾。岂以太祖、太宗、睿宗（原注：世宗父，实录十卷）、熙宗、海陵、世宗、显宗（原注：章宗父，实录十八卷）、章宗、宣宗为九朝乎？不知张侯收图籍时，太宗、熙宗之史何以独见遗也。

金诸臣三品以上方许立传，然多无事业，所书不过历官岁月而已。四品以下当载者多，而史却不载。当访求书之。若夫将相大臣卒于太宗、熙宗、卫王之时者，虽历官岁月，今亦无所考矣。金亦尝为国史，今史馆有太祖、太宗、熙宗、海陵本纪。章宗尝命翰林应奉韩玉修功臣列传，曰："是家何幸得斯人作传耶！"惜乎其书不存……

太史齐公履谦尝言："金大定中，翰林应奉耶律履撰《庚午元历》，最为精密。国家修《授时历》时，推算前代历书，惟《庚午历》及唐《宣明历》不差。"又言："太史院旧有宋前后修改历书因革数百卷，可备修律历志用。"其书后归秘书监。

以上史文存在诸多疑点。首先，"岂南迁时并《章宗实录》同见遗乎"肯定不成立，理由是：《金史·卫绍王纪赞》提到"《章宗实录》详其前事，《宣宗实录》详其后事"，①元修《卫绍王纪》正文登位前后内容即钞撮《章宗实录》，②《金史·章宗纪》也是据此实录改编。其次，苏天爵转述太史院齐履谦之语疏漏十分明显。耶律履造《乙未元历》，元初耶律楚材编撰《庚午元历》，此处混淆父子之历书。再次，所谓"九朝小本实录"，是综合元好问履历写成的。按元好问《南冠录引》云：正大末，"京城之围，予为东曹都事。知舟师将有东狩之役，言于诸相，请小字书国史一本，随车驾所在，以一马负之。时相虽以为然，而不及行也。崔子之变，历朝实录，皆满城帅所取"。③ 又元好问撰《漆水郡侯耶律公墓志

---

① 《金史》卷一三《卫绍王纪》，中华书局，1975年，第1册，第298页。
② 参见陈晓伟：《金末纂集〈卫王事迹〉考》，《史学史研究》2022年第1期。
③ 元好问：《遗山先生文集》卷三七《南冠录引》，姚奠中主编、李正民增订：《元好问全集（增订本）》，山西古籍出版社，2004年，上册，第775页。

铭》谓:"正大初,予为史院编修官。当时九朝实录已具,正书藏秘阁,副在史院。"①不过元好问未必实指,金诸帝中卫绍王、哀宗实录并未修成,苏天爵在认定太宗、熙宗实录亡佚的前提下遂作如此猜测。

其中,《三史质疑》所载睿宗、显宗两部实录特别注明卷数,可谓言之凿凿。元末编修《金史》时,循卷首《世纪》之例将追谥者景宣皇帝(宗峻)、睿宗(宗辅)、显宗(允恭)事迹合编作《世纪补》,有学者认为睿、显两篇帝纪改编自苏天爵所称《睿宗实录》《显宗实录》。② 笔者通过逐条核查《金史·世纪补》,确证《显宗纪》通篇总体以事系日,史料按条类编年,当改编自实录;然而《睿宗纪》却成疑问,其编纂体例及具体内容丝毫看不出脱胎于十卷本《睿宗实录》的痕迹。③

经过全面比对,《睿宗纪》天辅六年(1122)黄龙府叛"帝与乌古乃讨平之""南路军帅鹘实答以赃败",天会五年"帝为右副元帅,驻兵燕京",十一月"帝发自河间,徇地淄、青",六年正月击破宋将马扩、二月移剌古破宋军、"宋主奉表请和"、攻克大名府、经略陕西、败宋张浚军于富平、"熙州降",十三年"行次妳州薨"诸条内容,④全部与《金史·太祖纪》天辅六年十二月甲午、⑤《金史·太宗纪》天会三年(1125)十月戊申、五年六月庚辰、十二月丙寅、六年正月甲寅、二月己巳、庚午、七月乙巳、十月庚辰、十二月丙辰、丁卯、七年五月乙卯、九月庚午、十二月丙戌至壬寅、八年七月辛亥、九月癸亥、乙丑、十一月甲辰至癸亥、十二月乙酉、九年正月癸丑、九年十月戊寅、十年四月丁卯、庚午、⑥《金史·熙宗纪》天会十三年五月甲申⑦各条"宗辅"纪事相合,乃至文字雷同,从而说明它们取资相同的史料,源头无疑为《太祖纪》《太宗纪》所改编的底本。这么说,《睿宗纪》并无独立来源,所谓元修《金史》采摭《睿宗实录》说尚难成立。

---

① 姚奠中主编、李正民增订:《元好问全集》,上册,第582—583页。
② 邱靖嘉:《〈金史〉纂修考》,第159页。
③ 参见陈晓伟:《〈金史〉源流、纂修及校勘问题的检讨与反思》,《中国历史研究院集刊》2021年第2辑。
④ 《金史》卷一九《世纪补·睿宗》,第2册,第408—410页。
⑤ 《金史》卷二《太祖纪》,第1册,第39页。
⑥ 《金史》卷三《太宗纪》,第1册,第53—64页。
⑦ 《金史》卷四《熙宗纪》,第1册,第70页。

苏天爵言"当时已阙太宗、熙宗实录",意谓元初这两部实录亡佚。然郝经编《续后汉书·文艺传·魏》议曰:"金源氏禽辽主天祚,降封海滨王。学士王介儒尝为天祚黜辱,及作诏,谓'天祚居位二十载,有罪数千条'。"小注作"《金实录》太宗获辽主天祚,降封为海滨王",逐录诏书全文共530余字(图一)。① 据记载,辽天祚帝被金人俘获后,天会三年八月改降海滨王,郝经书所引"金实录"即《太宗实录》。② 根据书前三篇序文记载,《续后汉书》始撰于至元八年(1271),次年成书,后来经苟宗道"具注新书本文下",至延祐五年(1318)付梓。尽管郝经已在中统元年(1260)奉命使宋羁留真州(今江苏仪征),《续后汉书》于此期间写作,而金朝实录入藏翰林国史院时间乃为中统二年,郝经所引《太宗实录》内容之来源仍与张柔藏书有关。据《郝经墓志》记载:"蔡国张公闻其名,延之家塾,教授诸子。蔡国储书万卷,付公管钥,恣其搜览。"③《金实录》盖源于此处。总之,从《续后汉书》引文看,《太宗实录》于元初存世无疑。

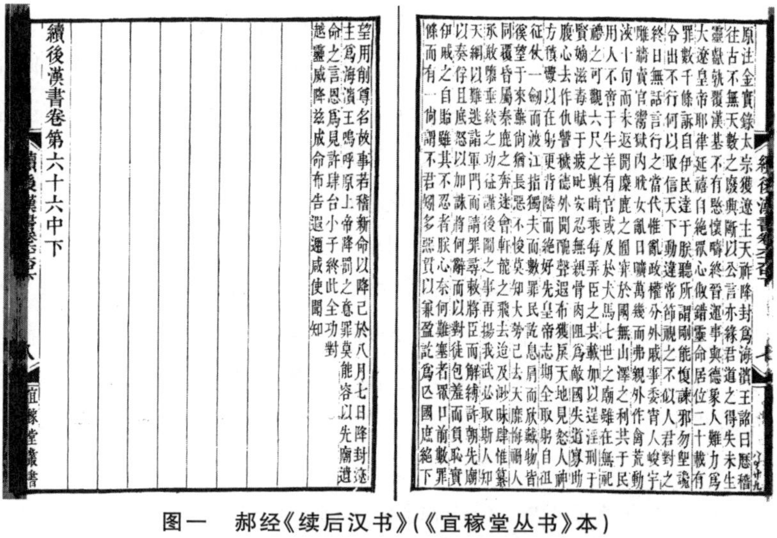

图一　郝经《续后汉书》(《宜稼堂丛书》本)

---

① 郝经:《续后汉书》卷六六中下,黎传纪、易平点校,齐鲁书社,2000年,第8册,第886—887页。
② 参见邱靖嘉:《〈金史〉纂修考》,第34页。
③ 苏天爵辑撰:《元朝名臣事略》卷一五《国信使郝文忠公》,姚景安点校,中华书局,1996年,第294页。

二　所谓金修纪传体《国史》问题　83

　　根据苏天爵"金亡,元帅张侯柔收拾金史北归,中统初送史院"一语,仔细梳理张柔的履历,传世文献的各类碑传凡涉及此事者,如《元史·张柔传》称"(中统)二年,以金实录献诸朝";① 成书于至顺元年(1330)的《经世大典·臣事·张柔传》亦云"初,柔收金实录,自始祖至宣宗共四百七十二帙,至是献于朝",② 并未指明诸帝实录详情。苏天爵本人广泛搜集资料编成的《万户张忠武王事略》最为翔实全面,所引《墓志》只称汴降"公独入史馆,收金实录、秘府图书"云云,③ 也没有提及金实录有所缺失。苏天爵"不知张侯收图籍时,太宗、熙宗之史何以独见遗也"显然为推测之词。《三史质疑》引述"施宜生"和"徒单氏"二事,源自《世宗实录》,④ 据此判断,苏天爵确曾披阅金实录,但并不能据此就断定他全面掌握或核实过国史院金实录的实藏情况,故他谈及"九朝实录"存佚状况时也仅作揣测罢了。关于《睿宗实录》十卷的信息来源有很多种渠道,苏天爵不必目验,其实从所经眼的《世宗实录》记述中即可得知。按《金史·世宗纪》大定十一年(1171)十月丙寅即云"尚书左丞相纥石烈良弼进《睿宗实录》",⑤ 此条所据实录原文或标注卷数,则苏天爵所谓《显宗实录》十八卷亦同此理。

　　《三史质疑》之篇名及末署"余以三史可疑者数事欲就公质",已经明确表达了苏天爵寄书欧阳玄之初衷,旨在从个人昔年阅历中为纂修三史提供若干参考建议。既然作为一种议论或设想,《三史质疑》很有可能与当时国史院所藏金代官修档案甚至修史时利用资料的最终实践具有不小差异。⑥ 这里仅就《三史质疑》和《金史》参差之处择要举例,旨在提醒读者不能盲从苏天爵的"说法",而是要真正落实到正史文本复核之中,切实考察元朝史官的具体"做法"。这样,由《三史质疑》而引发的关于《金史》纂修的两大问题:一是金朝有无纪传体《国史》,二是元修《金史·太宗纪》《熙宗纪》的底本是否为所谓《国史》本纪,需要重新讨论。

---

① 《元史》卷一四七《张柔传》,中华书局,1976年,第11册,第3476页。
② 赵世延、虞集等撰:《经世大典辑校》,周少川、魏训田、谢辉辑校,中华书局,2020年,上册,第70页。
③ 苏天爵辑撰:《元朝名臣事略》卷六,姚景安点校,第98页。
④ 苏天爵:《滋溪文稿》卷二五《三史质疑》,陈高华、孟繁清点校,第424页。
⑤ 《金史》卷六《世宗上》,第1册,第150页。
⑥ 参见张良:《跋苏天爵〈三史质疑〉》,《北京大学中国古文献研究中心集刊》第20辑,北京大学出版社,2020年,第73—93页。

二、金修纪传体《国史》说商兑

元末苏天爵"金亦尝为国史,今史馆有太祖、太宗、熙宗、海陵本纪",是金朝纂修《国史》唯一一条过硬的证据,然而元初刘因"金史只有实录"的记载却与之抵牾。① 学者为论证金修《国史》说成立,又从金代文献中发掘出若干种佐证。然而它们疑点颇多,尚须仔细推敲。

(一)《金史·酷吏传序》"金史多阙逸,据其旧录得二人焉"所见"金史"②

有学者认为:"此处元人将'金史'与'旧录'对举,后者从字面上就容易理解,即谓金朝诸帝实录,那么前者的'金史'显然不是指实录,它既可能是对金朝历史的一种泛称,但也有可能是指金修之《国史》。"③ 笔者通检《金史》,凡涉及"金史"之用例,综合整体语境判断,此语作为前一种泛称的用法可能性更大。

首先,《佞幸传序》云:"金史自萧肄至胥持国得佞臣之尤者七人,皆被宠遇于三君之朝,以亡其身,以蠹其国,其祸皆始于此,可不戒哉。"④ 据考证,该类传萧肄、张仲轲、李通、高怀贞、萧裕小传均与本纪史源密切相关。《萧肄传》主体内容与《金史·熙宗纪》皇统九年(1149)四月壬申、五月戊子⑤及《金史·海陵纪》天德元年(1149)十二月己未⑥三条相同;《张仲轲传》与《金史·海陵纪》天德二年三月丙戌、四年八月癸亥、丙子⑦相合,《李通传》与《金史·海陵纪》正隆四年(1159)二月丁未、六年正月癸巳、二月甲寅、四月丁未、九月庚寅、甲午、十月乙巳、丁未⑧及《金史·世宗纪》大定二年三月甲辰⑨吻合;《马钦传》与《金

---

① 刘因:《刘文靖公文集》卷二四《叙学》,成化十五年(1479)蜀藩刻本,第 11 页 a。
② 《金史》卷一二九《酷吏传》,第 8 册,第 2777 页。
③ 参见邱靖嘉:《〈金史〉纂修考》,第 58 页。
④ 《金史》卷一二九《佞幸传》,第 8 册,第 2779 页。
⑤ 《金史》卷四《熙宗纪》,第 1 册,第 86 页。
⑥ 《金史》卷五《海陵纪》,第 1 册,第 93 页。
⑦ 《金史》卷五《海陵纪》,第 1 册,第 94、99 页。
⑧ 《金史》卷五《海陵纪》,第 1 册,第 110—116 页。
⑨ 《金史》卷六《世宗纪上》,第 1 册,第 127 页。

史·世宗纪》大定二年二月己亥①相同;《萧裕传》纪事并见《金史·海陵纪》即位前的金熙宗皇统四年条、七年十一月条、九年四月条及天德二年正月辛巳、四月戊午、辛酉、七月己丑、贞元元年(1153)三月丙辰、二年正月庚申。② 据此可证,《佞幸传》分条目摘抄实录,其中以《海陵实录》为主体。《佞幸传序》"金史"之义,实际就是史官从实录中梳理出有金一代的七位佞臣。

其次,《宦者传序》叙述缘起说:"惟海陵时有梁珫,章宗时有梁道、李新喜干政,二君为所误多矣。世传梁道劝章宗纳李妃后宫,金史不载梁道始末,弗得而论次之。"③《金史·后妃传·章宗元妃李氏》云:"章宗以建言求得之。宦者梁道誉师儿才美,劝章宗纳之。"④《金史·裴满亨传》也提到:章宗即位,"内侍梁道儿恃恩骄横,朝士侧目,亨劾奏其奸"。⑤ 两者取资《章宗实录》。《宦者传序》"梁道"即据此而来,该"金史"具体指实录。此外,《金国语解》"金史所载本国之语,得诸重译,而可解者何可阙焉"中的"金史"与上述道理相通,即从实录中逐条摘录女真语,然后按门类编成。⑥

最后,《金史》卷一〇四赞曰:"读金史,至张行信论奥屯忠孝事。"⑦此指《金史·张行信传》贞祐二年(1214)四月行信迁山东东路按察使"将行,求入见,上御便殿见之。奏曰:'臣伏见奥屯忠孝饰诈不忠,临事惨刻,与胡沙虎为党。'历数其罪"之文。⑧ 通检《张行信传》,传文与《金史·宣宗纪》贞祐元年闰九月己卯、十月甲寅,三年三月丁卯,四年八月甲寅、壬戌,⑨兴定元年(1217)六月己酉,二年二月辛亥相合,⑩同取《宣宗实录》。贞祐二年四月条亦应如此,则元人所读"金史"乃指《宣宗实录》。

---

① 《金史》卷六《世宗纪上》,第 1 册,第 126 页。
② 《金史》卷五《海陵纪》,第 1 册,第 91、92、94、95、100、102 页。
③ 《金史》卷一三一《宦者传》,第 8 册,第 2807 页。
④ 《金史》卷六四《后妃传下》,第 5 册,第 1527 页。
⑤ 《金史》卷九七《裴满亨传》,第 7 册,第 2144 页。
⑥ 《金史》卷一三五《金国语解》,第 8 册,第 2891 页。
⑦ 《金史》卷一〇四,第 7 册,第 2304 页。
⑧ 《金史》卷一〇七《张行信传》,第 7 册,第 2365 页。
⑨ 《金史》卷一四《宣宗纪上》,第 2 册,第 302、307、319 页。
⑩ 《金史》卷一五《宣宗纪中》,第 2 册,第 330、334 页。

通观《佞幸传》《宦者传》及《金史》卷一〇四赞，结合具体文本，可知元朝史官所谓"金史"有时指实录，或泛称金源文献，或谓有金一代，并非特定的史书概念，显然不是金修纪传体《国史》。若再进一步追查《金史·酷吏传》诸传的史料来源：《高闾山传》谓传主担任懿州宁昌军节度使"贞祐二年，城破死之"，①与《金史·宣宗纪》贞祐二年十二月乙卯"大元兵徇懿州，节度使高闾山死之"相合，②说明《高闾山传》采自《宣宗实录》是条；《蒲察合住传》"为恒州刺史""寻为御史所劾，初议笞赎，宰相以为悖理，斩于开封府门之下"③与《金史·哀宗纪》正大元年十二月乙巳"恒州刺史蒲察合住有罪，伏诛"条吻合，④说明《蒲察合住传》取资哀宗朝官修日历的附传。据此，笔者对《酷吏传序》的解释是：由于金朝文献所见这类人物事迹记载不足，修纂者便从现存实录中抄撮相关条文而编成类传。

（二）《金史·地理志·中都路》安肃州安肃县条引"《太宗纪》载天会七年分河北为东、西路"⑤

有学者指出："今本《金史·太宗纪》未载此事，而苏天爵言元史馆存有金《国史》之太宗本纪，这想必就是《地理志》这条记载的史源。"⑥首先需要指出一点，金元时代指称官修史书的"本纪""实录"，其概念并非泾渭分明，时常混称，或者皆谓之"国史"。兹举三例：

第一，元好问《续夷坚志·刘政纯孝》记述洺州刘政笃孝事迹："守臣以闻，世宗嘉之，授太子掌饮丞。以事附史院《本纪》。"⑦《金史·孝友传·刘政》内容相同。⑧ 参酌《金史·世宗纪》大定十三年四月己巳条"以有司言，特授洺州孝子刘政太子掌饮丞"，⑨可知刘政小传源出

---

① 《金史》卷一二九《酷吏传·高闾山》，第 8 册，第 2778 页。
② 《金史》卷一四《宣宗纪上》，第 2 册，306 页。
③ 《金史》卷一二九《酷吏传·蒲察合住》，第 8 册，第 2778 页。
④ 《金史》卷一七《哀宗纪上》，第 2 册，第 375 页。
⑤ 《金史》卷二四《地理志上》，第 2 册，第 578 页。
⑥ 参见邱靖嘉：《〈金史〉纂修考》，第 58 页。
⑦ 元好问：《续夷坚志》卷二，姚奠中主编、李正民增订：《元好问全集（增订本）》，下册，第 1178 页。
⑧ 《金史》卷一二七《孝友传》，第 8 册，第 2747 页。
⑨ 《金史》卷七《世宗纪中》，第 1 册，第 159 页。

《世宗实录》。① 元好问所言"本纪"指史馆藏《世宗实录》无疑。

第二，黄溍《马氏世谱》载马庆祥履历，注明"事见《金史·宣宗本纪》，新史本纪虽不载，而详见于《忠义传》"。② 据考证，《马氏世谱》写于至正八年（1348）至十年间。③ "新史"指此前至正五年刊印的《金史》，与此对举的《宣宗本纪》实即《宣宗实录》，即史官将实录原来所附马庆祥小传移植到《金史·忠义传》中。

第三，洪武元年（1368）置局纂修《元史》，参与者胡翰，其墓志则谓奉旨编纂"英宗、睿宗实录"，④此"实录"具体指本纪。⑤

参照以上诸例，《金史·地理志》所引《太宗纪》未必是所谓纪传体《国史·太宗纪》。整体综合《地理志》略做分析，则更容易理解此事。按安肃县条小注全文如下：

> 按金初州郡志，雄、霸、保、安、遂、安肃六州皆隶广宁府。《太宗纪》载天会七年分河北为东、西路，则隶河北东路，岂以平州为南京之后，以六州隶广宁也？不然，则郡志误。

此文附注于本卷末尾，是元末史官对六州总体隶属沿革情况的辨析。据《金史·地理志·中都路》记载：雄州"天会七年置永定军节度使。隶河北东路，贞元二年来属"；霸州"隶河北东路，贞元二年来属"；保州"天会七年置顺天军节度使，隶河北东路，贞元二年来属"；安州"天会七年升为安州，隶河北东路"；遂州"天会七年改为遂州，隶河北东路，贞元二年来隶"；安肃州"天会七年升为徐州，军如旧，隶河北东路，贞元二年来属"，⑥知这六州最初于天会七年隶属河北东路。复检《金史·地理志》，河北东路条"天会七年析河北为东、西路"及河北西路条"天会七

---

① 参见邱靖嘉：《〈金史〉纂修考》，第219页。
② 黄溍：《金华黄先生文集》卷四三《马氏世谱》，《中华再造善本》，影印至正十五年（1355）刻本，北京图书馆出版社，2005年，第3页a。
③ 马晓林：《金元汪古马氏家族先祖史的书写与认同》，《文史》2018年第4辑。
④ 吴沉：《长山先生胡公墓铭》，程敏政编：《皇明文衡》卷八四，嘉靖七年（1528）宗文堂刻本，第12页。
⑤ 参见陈高华：《〈元史〉纂修考》，《历史研究》1990年第4期。
⑥ 《金史》卷二四《地理志上》，第2册，第576—578页。

年析为西路",与上述记载相合。① 由此可见,《金史·地理志》叙述天会七年六州隶属与河北分为东、西路情况与所引旧本《太宗纪》内容相合。

值得注意的是,元修《金史·地理志》当时虽有系统文献参考,但同时兼采实录内容。上京路条、临潢府条、中都路条、南京路条追述历史沿革,均有与本纪相同的史文。最典型者:大名府路条谓"贞祐二年十月置行尚书省",②指《金史·宣宗纪》贞祐二年十月乙卯"遣参知政事孛术鲁德裕行尚书省于大名府",③共同取资《宣宗实录》。北京路泰州条附录大定二十一年"边堡"设置详情,④根据《金史·世宗纪》大定二十一年四月戊申"增筑泰州、临潢府等路边堡及屋宇"的记载,⑤证明《金史·地理志》"边堡"乃抄撮《世宗实录》相关条目而成。庆原路条最后附载"边将"和"皇统六年,以德威城、西安州、定边军等沿边地赐夏国,从所请也。正隆元年,命与夏国边界对立烽候,以防侵轶"等,⑥其中一条见于《金史·熙宗纪》皇统六年正月庚寅"以边地赐夏国",⑦表明它们具有共同的文献源头——《熙宗实录》。

结合上文"本纪"指称实录以及《金史·地理志》采纳实录条文的案例,把《地理志》各条与旧本《太宗纪》吻合内容的文献来源归属《太宗实录》更为合理。

(三)《大金德运图说·省判》所称"皆载之国史"

据贞祐二年正月二十二日《大金德运图说·省判》记载:"圣朝太祖圣训,完颜部色尚白,白即金之正色,自今本国可号大金。又尝有纯白鸟兽瑞应,皆载之国史。"⑧邱靖嘉认为,这里的"国史"应当指时已修成

---

① 《金史》卷二五《地理志中》,第 2 册,第 599、602 页。
② 《金史》卷二六《地理志下》,第 2 册,第 627 页。
③ 《金史》卷一四《宣宗纪上》,第 2 册,第 305 页。
④ 《金史》卷二四《地理志上》,第 2 册,第 563—564 页。
⑤ 《金史》卷八《世宗纪下》,第 1 册,第 181 页。
⑥ 《金史》卷二六《地理志下》,第 2 册,第 652—653 页。
⑦ 《金史》卷四《熙宗纪》,第 1 册,第 82 页。
⑧ 佚名编:《大金德运图说》(不分卷),影印文渊阁《四库全书》,台北:台湾商务印书馆,1986 年,史部第 648 册,第 312 页下栏—313 页上栏。

的《国史》太祖本纪。①

不过,《省判》"大金"国号取义缘由和"纯白鸟兽瑞应"乃是两条年代不同的史文,恐非一条整体叙事。同书《右谏议大夫吏部侍郎张行信议》的表述最为明确:

> 太祖开国之始,谓部色尚白。白者,金之正色,乃以大金为号。天辅年间,又多有纯白之瑞。凡此数者,皆暗相符应,运之为金,亦昭昭矣。或谓部色尚白。国号为金。②

《右拾遗田庭芳议》亦载"兼天辅之初,有纯白鸟兽屡尝来见"。③ 从"兼"字透露出,以上两条纪事的年代分别属于收国、天辅时期,前者即《金史·太祖纪》收国元年(1115)正月壬申所载阿骨打语"金之色白,完颜部色尚白",④后一条瑞应可惜不见于《金史》天辅纪事。贞祐二年金儒议论金朝德运屡次援引此二事;⑤贞祐四年二月张行信驳斥王浍"本朝绍高辛,黄帝之后也"之说:"按《始祖实录》止称自高丽而来,未闻出于高辛。……况国初太祖有训,因完颜部多尚白,又取金之不变,乃以大金为国号。"⑥从张行信引述《始祖实录》作为德运论据这一线索可以推断,以上《大金德运图说》两条的源头"皆载之国史",实际上仍引据《太祖实录》,所谓"太祖有训"或"圣训"即《金史·太祖纪》所见阿骨打语,"纯白鸟兽"则是实录所载天辅年间的一条瑞应记录。

(四)赵秉文所撰《祁忠毅公传》

赵秉文所撰《祁忠毅公传》确实与《金史·祁宰传》内容高度雷同。故有学者指出,元修《金史·祁宰传》本自《祁忠毅公传》,赵秉文的这篇传记有可能就是专为金修《国史》而作的。⑦ 将两文仔细对比,其内容仍有龃龉不合之处。

---

① 邱靖嘉:《〈金史〉纂修考》,第58—59页。
② 佚名编:《大金德运图说》(不分卷),史部第648册,第319页上栏。
③ 佚名编:《大金德运图说》(不分卷),史部第648册,第320页下栏。
④ 《金史》卷二《太祖纪》,第1册,第26页。
⑤ 佚名编:《大金德运图说》(不分卷),史部第648册,第316页下栏。
⑥ 《金史》卷一〇七《张行信传》,第7册,第2366—2367页。
⑦ 邱靖嘉:《〈金史〉纂修考》,第59、192页。

首先,《金史·祁宰传》"綦戬,宰婿也,海陵疑奏疏戬为之。辞曰:'实不知也。'海陵犹杖戬。召禁中诸司局官至咸德门,谕以杀宰事"和"章宗即位,诏访其子忠勇校尉、平定州酒监公史,擢尚药局都监"①两段文字所及之事,不见于《祁忠毅公传》。其次,关于祁宰散官和赠官的具体官职,《金史·祁宰传》作"累迁中奉大夫"、大定四年下诏和李秉钧上言"赠资政大夫",②而赵秉文分别写作"通奉大夫""资德"。③ 以上两种系统性歧异透露出,二者之间恐非直接抄袭那么简单。通过此条材料论证章宗时期编纂《国史》显然有些牵强。

综上所述,《金史·酷吏传序》"金史"、《金史·地理志》"太宗纪"、《大金德运图说》"国史"及赵秉文《祁忠毅公传》目前作为支撑苏天爵"金亦尝为国史"说的主要证据,乍一看确有合理之处,实际却存在着诸多破绽。细绎元好问"九朝实录"及《经世大典》"自始祖至宣宗共四百七十二帙"两则史文,元氏所言乃指金实录总体情况,苏天爵所述明显是为凑足"九朝"之数,不仅遗漏《始祖实录》,其提出的《睿宗实录》说亦不成立。从《金史》及相关记载看,始祖、太祖、海陵、世宗、章宗、宣宗、显宗七部实录确实被元人改编成帝纪,《金史·太宗纪》《熙宗纪》同样应根据实录。不过,坐实这一结论,最终破解苏天爵"当时已阙太宗、熙宗实录"及《太宗纪》《熙宗纪》源自《国史》说,需要切实结合《金史》具体文本详细展开。

三、元修《金史·太宗纪》《熙宗纪》的取材与编纂

元修《金史·太宗纪》《熙宗纪》的底本来源是一大疑问。苏天爵判定太宗、熙宗二帝实录已阙,然而元初郝经《续后汉书》却有所提及。《金实录》载"降封为海滨王"诏书谓"八月七日降封辽主为海滨王",今检《金史·太宗纪》天会三年八月癸卯"斡鲁以辽主至京师",丙午"辽

---

① 《金史》卷八三《祁宰传》,第 6 册,第 1874 页。
② 《金史》卷八三《祁宰传》,第 6 册,第 1873—1874 页。
③ 赵秉文:《闲闲老人滏水文集》卷一二《祁忠毅公传》,马振君整理:《赵秉文集》,黑龙江大学出版社,2014 年,第 306—307 页。

主延禧入见,降封海滨王"①以及《辽史·天祚皇帝纪》保大五年(1125)八月"癸卯,至金。丙午,降封海滨王"②几条记载,足见两书同源;该二史的"丙午"即七日,与《金实录》相合。这种相印证的文献关系意味着《金史》《辽史》所据蓝本原本附载降封诏书。当然最有说服力的证据,是从金代文献中发掘《太宗实录》《熙宗实录》,将其文本与《金史》质证发明。惟有探索《金史》的整体编纂模式,才能彻底厘清史料来源、构成的诸条脉络,从而解决史书体例问题。

除《续后汉书》引《太宗实录》外,《大金弔伐录》所载《降封昏德公诏》亦注明"《太宗皇帝实录》内录到"。该书载天会六年八月诏书"及降新封,用遵旧制,可封为昏德公。其供给安置,并如典礼";③《金史·太宗纪》是年八月丁丑"以宋二庶人素服见太祖庙,遂入见于乾元殿。封其父昏德公、子重昏侯"条正与此相合。④综合以上两个《太宗实录》佚文与《金史·太宗纪》互证的案例,可见《太宗实录》最初收录诏书原件,史官以此为蓝本改编成纪传体本纪时加以删削或大幅简化,而为列传、志书所保留。

这种传统的纂修方式在元修《金史》时普遍适用,太宗、熙宗两朝也不难证明。按《金史·西夏传》云:

> 初,以山西九州与宋人,而天德远在一隅,缓急不可及,割以与夏。后破宋都获二帝,乃画陕西分界,自麟府路洛阳沟东距黄河西岸、西历暖泉堡,鄜延路米脂谷至累胜寨,环庆路威边寨过九星原至委布谷口,泾原路威川寨略古萧关至北谷川,秦凤路通怀堡至古会州,自此直距黄河,依见今流行分熙河路尽西边以限封域。复分陕西北鄙以易天德、云内,以河为界。⑤

笔者曾对《金史·西夏传》史源进行整体分析,与诸帝本纪逐条比对的结果是相互吻合的,说明出自同一史源。

---

① 《金史》卷三《太宗纪》,第1册,第53页。
② 《辽史》卷三〇《天祚皇帝纪四》,点校本二十四史修订本,中华书局,2017年,第1册,第398页。
③ 佚名编:《大金弔伐录》卷下《降封昏德公诏》,《四部丛刊三编》本,第67页a—b。
④ 《金史》卷三《太宗纪》,第1册,第59页。
⑤ 《金史》卷一三四《外国传上·西夏》,第8册,第2867页。

值得注意的是，《金史·地理志》鄜延路条末附天会五年"元帅府宗翰、宗望奉诏伐宋，若克宋则割地以赐夏。及宋既克，乃分割楚、夏疆封"事，①所叙文书全部内容与《金史·西夏传》上文完全相同。根据"天会五年"这一时间线索，我们找到《金史·太宗纪》是年三月丁酉条立宋太宰张邦昌为大楚皇帝"割地赐夏国"②的记载，即此事。这说明《金史》内的《西夏传》《地理志》《太宗纪》割地赐夏均源自同一种文献。此外，《大金弔伐录》所载天会五年三月《与楚计会陕西地书》即为《金史》上述内容，其抬头作"大金骨卢你移赍勃极烈、左副元帅皇子元帅谨致书于大楚皇帝阙下"，③此人就是移赍勃极烈兼左副元帅宗翰，亦与《金史》记载相同。

综合天会三年八月降封海滨王、五年三月割地赐夏国以及六年八月封昏德公等，初步表明《太宗纪》纪事虽简略，不过《金史》列传、志书中皆录有原始诏书，且有《大金弔伐录》为证，这显然与《太宗实录》直接相关。

以上对于《太宗实录》于元末尚存之蠡测，我们利用《金史》列传与本纪的同源关系亦可证实。据该书《列女传·韩庆民妻》记载：

> 韩庆民妻者，不知何许人，亦不知其姓氏。庆民事辽为宜州节度使。天会中，攻破宜州，庆民不屈而死，以其妻配将士，其妻誓死不从，遂自杀。世宗读《太宗实录》，见庆民夫妇事，叹曰："如此节操，可谓难矣。"④

元修《金史》设立各专题类传，材料基本抄撮实录。例如，《列女传·雷妇师氏》与《章宗纪》明昌三年（1192）四月戊午"赐同州贞妇师氏谥曰'节'"条吻合，⑤即取资《章宗实录》；上文引《孝友传·刘政》与《世宗纪》大定十三年四月己巳条均源出《世宗实录》。这样，《列女传》"韩庆民妻"与《太宗纪》天会二年十一月癸未"阇母下宜州，拔权杸山，杀节

---

① 《金史》卷二六《地理志下》，第 2 册，第 650 页。
② 《金史》卷三《太宗纪》，第 1 册，第 56 页。
③ 佚名编：《大金弔伐录》卷下《与楚计会陕西地书》，第 46 页 a—48 页 a。
④ 《金史》卷一三〇《列女传》，第 8 册，第 2798 页。
⑤ 《金史》卷九《章宗纪一》，第 1 册，第 221 页。

二 所谓金修纪传体《国史》问题 93

度使韩庆民"条相合,①应采摭相同文献,传文中所言《太宗实录》应为此事的直接源头。

另外一条线索,是《金史·阇母传》"遂下宜州,拔叉牙山,杀其节度使韩庆民,得粮五千石"②的记载也与《列女传》《太宗纪》相关记载相同。现分析《金史·阇母传》史料的构成情况:该传太祖朝史文与《太祖纪》收国二年四月乙丑、天辅二年三月癸未、四年三月辛酉、五月甲寅、六年正月癸酉、乙亥、七年二月癸巳、五月己巳、六月壬午重合;③天会年间全部十七条纪事中的十四条与《太宗纪》若合符契(见表一),其中传文"宗望以阇母属尊,先皇帝任使有功,请以为都统,已监战事",④同书《宗望传》亦载"宗望奏曰:'阇母于臣为叔父,请以阇母为都统,臣监战事。'上从之。以宗望监阇母、刘彦宗两军战事";⑤此外《阇母传》"其后宋童贯、郭药师治兵"至"宗翰、宗望皆请伐宋"这条虽不载于本纪,⑥亦详见《宗望传》。实际上,《金史·宗望传》与《太祖纪》《太宗纪》亦为同源文献,与《阇母传》史料来源情况相似。这其实就是元修《金史》固有的一套编纂模式:本纪与诸列传史料同源,前者系统改编实录,后者则从实录中摘抄与传主有关的史料,一般较本纪内容详赡。具体看,《太宗纪》天会二年五月乙巳"阇母克南京",⑦《阇母传》收录两件安抚诏书及"诏以南路岁饥,许田猎"事主均为太宗,⑧乃与传主阇母无涉,却不见载于《太宗纪》,显然是史官盲目抄书的结果。

综上分析,《阇母传》"杀其节度使韩庆民"与《太宗纪》《列女传》的同源关系,能够证明诸者所据底本附丽小传式的详细记载,这与纪传体《国史》本纪言简意赅的叙事体例迥异。那么,上文取资于《太宗实录》才是最为合理的解释。

---

① 《金史》卷三《太宗纪》,第 1 册,第 51 页。
② 《金史》卷七一《阇母传》,第 5 册,第 1642 页。
③ 《金史》卷二《太祖纪》,第 1 册,第 29—41 页。
④ 《金史》卷七一《阇母传》,第 5 册,第 1642 页。
⑤ 《金史》卷七四《宗望传》,第 5 册,第 1704 页。
⑥ 《金史》卷七一《阇母传》,第 5 册,第 1642 页。
⑦ 《金史》卷三《太宗纪》,第 1 册,第 51 页。
⑧ 《金史》卷七一《阇母传》,第 5 册,第 1642 页。

表一 《阇母传》《太宗纪》史文同源表

《阇母传》	《太宗纪》
九月,阇母破觉将王孝古于新安,败觉军于楼峰口	(天会元年九月戊寅)南路军帅阇母,败张觉于楼峰口
复与觉战于兔耳山,阇母大败	(十月己亥)阇母及张觉战于兔耳山,阇母败绩
太宗使宗望问阇母败军之状,宗望遂以阇母军讨觉	十一月壬子,命宗望问阇母罪,以其兵讨张觉
及宗望破张觉,太宗乃赦阇母,召宗望赴阙	(二年正月)壬子,命赏宗望及将士克南京之功,赦阇母罪。甲寅,以空名宣头五十、银牌十给宗望
阇母连破伪都统张敦固,遂克南京,执敦固杀之。上遣使迎劳之,诏曰:"闻下南京,抚定兵民,甚善。诸军之赏,卿差等以给之。"又诏曰:"南京疆场如旧,屯兵以镇之。命有司运米五万石于广宁,给南京、润州戍卒。"	(五月乙巳)阇母克南京,杀都统张敦固
遂下宜州,拔叉牙山,杀其节度使韩庆民,得粮五千石。诏以南路岁饥,许田猎	十一月癸未,阇母下宜州,拔权枒山,杀节度使韩庆民
其后宋童贯、郭药师治兵,阇母辄因降人知之,即具奏,语在宋事中。而宗翰、宗望皆请伐宋	
于是阇母副宗望伐宋,宗望以阇母属尊,先皇帝任使有功,请以为都统,己监战事。于是阇母为都统,扫喝副之	(三年)十月甲辰,诏诸将伐宋。六部路军帅挞懒为六部路都统,斜也副之,宗望为南京路都统,阇母副之,知枢密院事刘彦宗兼领汉军都统,自南京入燕山。丁巳,以阇母为南京路都统,㖽喝副之,宗望为阇母、刘彦宗两军监战
败郭药师兵于白河,遂降燕山	(十二月)甲辰,宗望诸军及宋郭药师、张企徽、刘舜仁战于白河,大破之。蒲莧败宋兵于古北口。丙午,郭药师降,燕山州县悉平

（续表）

《阇母传》	《太宗纪》
以先锋渡河围汴，宋人请盟	（四年正月）癸酉，诸军围汴
将士分屯于安肃、雄、霸、广信之境，宗望还山西，阇母与刘彦宗留燕京，节制诸军	
八月，复伐宋，大军克汴州，诸军屯于城上。城中诸军溃而西出者十三万人，阇母、挞懒分击，大败之	八月庚子，诏左副元帅宗翰、右副元帅宗望伐宋
师还，阇母为元帅左都监，攻河间，下之，大破敌兵万余于莫州	（五年四月丙戌）南京路都统阇母为元帅左都监。（九月辛亥）阇母取河间，大败宋兵于莫州，雄州降
宗辅为右副元帅，徇地淄、青。阇母与宗弼分兵破山谷诸屯。宋李成兵围淄州，乌林荅泰欲破之	（八月）丙戌，以宗辅为右副元帅。十二月丙寅，右副元帅宗辅伐宋，徇地淄、青。乌林荅泰欲败宋将李成于淄州。赵州降
阇母克潍州。迪古补、术烈速连破赵子昉等兵，至于河上。乌林荅泰欲破敌于灵城镇	（六年正月）癸卯，阇母克潍州。丁未，迪古补败宋将赵子昉兵
及议伐康王，阇母欲先定河北，然后进讨，太宗乃酌取群议之中，使娄室取陕西，宗翰、宗辅南伐	
天会七年，薨，年四十	（七年正月）辛巳，吴国王阇母薨
熙宗时，追封吴国王。天德二年，配享太祖庙廷。正隆，改封谭王。大定二年，徙封鲁王，谥庄襄	

除《太宗实录》得到证实外，我们从《金史》和金代文献中仍可钩沉《熙宗实录》。《金史·礼志·上尊谥》载天会十四年八月追谥九代祖，"仍请以始祖景元皇帝、景祖惠桓皇帝、世祖圣肃皇帝、太祖武元皇帝、太宗文烈皇帝为永永不祧之庙。须庙室告成，涓日备物，奉上宝册，藏

于天府,施之罔极";①《金史·熙宗纪》是年八月丙辰"追尊九代祖以下曰皇帝、皇后,定始祖、景祖、世祖、太祖、太宗庙皆不祧"与之相合。②《金史》所载天会十四年八月追谥并见于《大金集礼·奉上祖宗谥号》,该书"二十一日奉上"注文云"《熙宗实录》云'施之罔极。丙辰,奉上'"。③ 按是月丙申朔,丙辰为二十二日,这与《金史·熙宗纪》亦正相合。据此判断,《金史·熙宗纪》《礼志》理当为一条整体史料,亦即《熙宗实录》天会十四年八月丙辰条。那么,《金史·礼志》则据实录改编。

以上论证《太宗实录》《熙宗实录》与元修《金史》具有直接的史源关系。最过硬的证据,当数《金史》取材颇为详赡的两朝实录体文献。笔者通过对《金史》卒于熙宗皇统且涉及太宗朝的人物列传全面梳理,找到卷六五《蒲家奴传》《谩都本传》《昂传》、卷六九《太祖诸子传》、卷七○《完颜忠传》、卷七一《斡鲁传》《婆卢火传》《阇母传》、卷七二《娄室传》《银术可传》《拔离速传》《习古乃传》、卷七三《完颜希尹传》、卷七四《宗翰传》《宗望传》、卷七六《太宗诸子传》《杲传》《宗幹传》、卷七七《宗弼传》《张邦昌传》《昌传》、卷八○《熙宗诸子传》《阿离补传》、卷一三三《叛臣传·耶律余睹》绝大多数史文与本纪重合,并且诸传内容互见,这些同源材料并不是取资独立的个人附传,而是改编自相同的文献,当即《太宗实录》《熙宗实录》。现举比较典型的两例。

第一,《金史》卷六六《挞懒传》叙述宗室特进挞懒天会五年围汴京,与卷七七《昌传》(昌本名挞懒)大段重复,④此两传的史料构成,均有与《金史》本纪相同的内容,共同抄袭诸实录,由于两人女真名字相同,不同史官从同一种《太宗实录》中摘抄史料,便不加辨析地分别写进本传。

第二,《金史·习古乃传》叙述传主履历从"尝与银术可俱往辽国取阿疎,还言辽人可取之状,太祖始决意伐辽矣"开始,至"为都统,移治东京,镇高丽"结尾,只字未提习古乃个人出身及生卒年,根本不像传记体

---

① 《金史》卷三二《礼志五》,第 3 册,第 775 页。
② 《金史》卷四《熙宗纪》,第 1 册,第 71 页。
③ 佚名编:《大金集礼》卷三《追加谥号上·天会十四年奉上祖宗谥号》,任文彪点校,浙江大学出版社,2019 年,第 46 页。
④ 《金史》卷六六,第 5 册,第 1567 页。卷七七,第 6 册,第 1764 页。参见《金史》卷七七校勘记十六,点校本二十四史修订本,中华书局,2020 年,第 6 册,第 1880 页。

例,其主体内容并见于《金史·太祖纪》《太宗纪》。该传谓"乌虎里部人迪烈、划沙率部族降",叙述朝廷授官:"迪烈加防御使,为本部节度使。划沙加诸司使,为节度副使,知迪烈底部事。挞离答加左金吾卫上将军,节度副使,知突鞠部事。阿枭加观察使,为本部节度使。"①矛盾之处在于,此处迪烈、阿枭同时被授予"本部节度使"。据《金史·太宗纪》记载,天会二年闰三月己丑"乌虎里、迪烈底两部来降",三年二月丁卯"以厖葛城地分授所徙乌虎里、迪烈底二部及契丹民",②由此可见两个部落一并归降,朝廷任命的两部节度使分别为迪烈、阿枭。据此可知,《习古乃传》抄录与《太宗纪》相同源的文献,节抄史文有所遗漏才造成上述结果,所幸内容详实,保留原文较多。

这种纪、传互证的做法,有助于厘清元修《金史》所据太宗、熙宗文献的整体面目,主要体现在四大方面:一是探明君臣对话的原始内容;二是复原诸多叙事细节;三是呈现诏令文书的基本形态,四是钩沉实录之全貌。其中前两点在各个本传摘抄实录的段落中均有不同程度的体现,下文将重点考证后面两个问题。

《金史》保留原始诏书最集中丰富者,要数《西夏传》。该传"宗望至阴山,以便宜与夏国议和"附录"其书曰"计五十余字,③《太宗纪》未载,《交聘表》夏栏天会元年"宗望至阴山,以便宜与夏国议和,许以割地"即指此事。④ 又,《西夏传》天会二年"始奉誓表,以事辽之礼称藩,请受割赐之地""乾顺遣把里公亮等来上誓表""太宗使王阿海、杨天吉往赐誓诏曰""于是,宋人与夏人俱受山西地,宋人侵取之,乾顺遣使表谢赐誓诏,并论宋所侵地"诸条附载各种原始文书,⑤《交聘表》夏栏天会二年正月、三月、闰三月、十月四条皆有相应记载,⑥《太宗纪》天会二年正月甲戌、三月辛未、闰月戊寅、十月甲辰⑦亦与《西夏传》《交聘表》一一印证。

---

① 《金史》卷七二《习古乃传》,第 5 册,第 1666 页。
② 《金史》卷三《太宗纪》,第 1 册,第 50、52 页。
③ 《金史》卷一三四《外国传上·西夏》,第 8 册,第 2865—2866 页。
④ 《金史》卷六〇《交聘表上》,第 5 册,第 1390 页。
⑤ 《金史》卷一三四《外国传上·西夏》,第 8 册,第 2866—2868 页。
⑥ 《金史》卷六〇《交聘表上》,第 5 册,第 1391 页。
⑦ 《金史》卷三《太宗纪》,第 1 册,第 49—52 页。

此外,体例相同的《金史·高丽传》谓"上使高伯淑、乌至忠使高丽"及"乞免索保州亡入边户",①《交聘表》高丽栏天会四年七月、九年二月乙亥"高丽使上表,乞免索保州亡入边户事"与此相合,②《太宗纪》仅有天会四年七月丙寅"遣高伯淑等宣谕高丽",③而缺失后一条记载。根据《金史》编纂体例,本纪和《交聘表》共同记述两国交聘事,前者省书副使,《交聘表》逐条抄撮实录则完整地保留正副使节,如天会五年八月派遣高丽使,《太宗纪》仅作"耶律居谨",④后者高丽栏谓"以耶律居谨、张淮为宣庆高丽使",⑤可见这条与通例相一致。

以上利用《金史》的《西夏传》《高丽传》与《交聘表》《太宗纪》所见同源线索,从中挖掘出原属实录的大量原始交聘文移。

《金史》中关于金宋交往的文书同样很多,《太宗纪》天会四年正月叙述宗望问宋取首谋平山童贯等及金宋修好合议条文比较简略。⑥《宗望传》详细记载云:

> 四年正月己巳,诸军渡河,取滑州。使吴孝民入汴,以诏书问纳平州张觉事,令执送童贯、谭稹、詹度,以黄河为界,纳质奉贡。癸酉,诸军围汴。宋少帝请为伯侄国,效质纳地,增岁币请和。遂割太原、中山、河间三镇,书用伯侄礼,以康王构、太宰张邦昌为质。沈晦以誓书、三镇地图至军中,岁币割地一依定约,语在宋事中。⑦

"语在宋事中"是指《金史·交聘表》宋栏天会四年正月诸条,⑧均与《金史·太宗纪》同源。

循此思路,细检《金史·宗翰传》,天会四年十二月癸亥少帝奏表降:"诏元帅府曰:'将帅士卒立功者,第其功之高下迁赏之。其殒身行阵,没于王事者,厚恤其家,赐赠官爵务从优厚。'使勗就军中劳赐宗翰、宗望,使皆执其手以劳之。"七年"康王以书请存赵氏社稷",附载"康王

---

① 《金史》卷一三五《外国传下·高丽》,第 8 册,第 2885—2886 页。
② 《金史》卷六〇《交聘表上》,第 5 册,第 1393、1397 页。
③ 《金史》卷三《太宗纪》,第 1 册,第 55 页。
④ 《金史》卷三《太宗纪》,第 1 册,第 57 页。
⑤ 《金史》卷六〇《交聘表上》,第 5 册,第 1395 页。
⑥ 《金史》卷三《太宗纪》,第 1 册,第 54 页。
⑦ 《金史》卷七四《宗望传》,第 5 册,第 1705 页。
⑧ 《金史》卷六〇《交聘表上》,第 5 册,第 1392—1395 页。

尝致书元帅府称'大宋皇帝构致书大金元帅帐前',至是乃贬去大号,自称'宋康王赵构谨致书元帅阁下'。其四月、七月两书皆然。元帅府答其书,招之使降"。① 以及《金史·刘豫传》记载天会八年册立刘豫始末兼采金朝官修文献,共有两道太宗诏书,一曰"俟宋平,当援立藩辅,以镇南服,如张邦昌者";二曰"今立豫为子皇帝,既为邻国之君,又为大朝之子,其见大朝使介,惟使者始见躬问起居与面辞有奏则立,其余并行皇帝礼"。② 整个叙述过程中有谓"臣宗翰、臣宗辅议"云云,仍遗留最初奏议的原始状态。

另外,《金史·熙宗纪》皇统二年二月辛卯"宋使曹勋来许岁币银、绢二十五万两、匹,画淮为界,世世子孙,永守誓言"及三月丙辰"遣左宣徽使刘筈以衮冕圭册册宋康王为帝"记述相当简略,③《交聘表》宋栏仅记载"宋端明殿学士何铸、容州观察使曹勋来进誓表"和"遣光禄大夫左宣徽使刘筈册宋康王为宋帝",④而《宗弼传》则将何铸所进誓表"臣构言"云云和"册康王为宋帝"册文全文抄录其中。⑤

除交聘文书外,《金史》还存有涉及太宗、熙宗两朝内政诏书多种。第一,按《太宗纪》天会二年二月庚寅"诏命给宗翰马七百匹、田种千石、米七千石,以赈新附之民"及丙午"宗翰乞济师,诏有司选精兵五千给之",⑥《宗翰传》内容不仅与上述两条相同,而且还一并收录两份诏书。第二,《熙宗纪》谓天眷三年(1140)九月癸亥"杀左丞相完颜希尹、右丞萧庆及希尹子昭武大将军把搭、符宝郎漫带",⑦《完颜希尹传》亦有相同文字,同时记载天眷三年赐希尹诏曰:"师臣密奏,⑧奸状已萌,心在无君,言宣不道。逮燕居而窃议,谓神器以何归,稔于听闻,遂致章败。"⑨第三,《熙宗纪》皇统九年四月壬申夜"大风雨,雷电震坏寝殿鸱尾,有火

---

① 《金史》卷七四《宗翰传》,第 5 册,第 1697、1698 页。
② 《金史》卷七七《刘豫传》,第 6 册,第 1760 页。
③ 《金史》卷四《熙宗纪》,第 1 册,第 78 页。
④ 《金史》卷六〇《交聘表上》,第 5 册,第 1401 页。
⑤ 《金史》卷七七《宗弼传》,第 6 册,第 1755—1756 页。
⑥ 《金史》卷三《太宗纪》,第 1 册,第 49 页。
⑦ 《金史》卷四《熙宗纪》,第 1 册,第 76 页。
⑧ "师",点校本误改作"帅",今回改。
⑨ 《金史》卷七三《完颜希尹传》,第 5 册,第 1686 页。《三朝北盟会编》卷一九七金人杀兀室萧庆条引张棣《金虏节要》有此诏书全文(下册第 1417 页下栏)。

入上寝,烧帏幔,帝趋别殿避之",五月戊子"命翰林学士张钧草诏,参知政事萧肄摘其语以为诽谤,上怒,杀钧",①《五行志》与此雷同,②《佞幸传·萧肄》抄取相同材料,详细叙述"帝徙别殿避之,欲下诏罪己,翰林学士张钧视草"及"以手剑劙其口而醢之,赐肄通天犀带"。③

以上论证《金史·西夏传》《高丽传》《交聘表》、诸列传与《金史》本纪有着共同的源头,其实《五行志》《食货志》《选举志》《地理志》等志书的史料来源也与此相关,据此钩沉出太宗、熙宗实录。

《五行志》记载,太宗、熙宗时期共计二十八条记录,当中有二十二条与本纪相契合;除"天眷元年夏,有龙见于熙州野水,凡三日"抄自《松漠记闻》外,④其余天会二年"曷懒移鹿古水霖雨害稼,且为蝗所食"、九年七月丙申"上御西楼听政,闻咸州所贡白鹊音忽异常,上起视之,见东楼外光明中有像巍然高五丈许,下有红云承之,若世所谓佛者,乃擎跽修虔,久之而没"、十五年七月辛巳"有司进四足雀"、皇统二年秋"燕、西东二京、河东、河北、山东、汴、平州大熟"、三年"陕西旱"这五条不见于他书。⑤

《金史·食货志》诸篇:《户口》天会元年、二年、三年、七年、皇统四年各条内容分别见于《太宗纪》天会元年十一月己巳、十二月甲午、二年正月戊午、四月乙亥、三年七月壬申、七年三月壬寅、《熙宗纪》皇统四年十月甲辰;《田制》天会九年五月、天会十四年与《太宗纪》《熙宗纪》相吻合;《租赋》天会十年条与《太宗纪》是年正月壬子条相同。《食货志》独家史料如下:《租赋》天会元年"敕有司轻徭赋,劝稼穑"、天眷五年十二月"诏免民户残欠租税"以及皇统三年"蠲民税之未足者";⑥《榷场》皇统二年五月"许宋人之请,遂各置于两界",九月"命寿州、邓州、凤翔府等处皆置";⑦《和籴》皇统二年十月"燕、西、东京,河东,河北,山东,汴京等路秋熟,命有司增价和籴";⑧《入粟》皇统三年三月"陕西旱饥,

---

① 《金史》卷四《熙宗纪》,第1册,第86页。
② 《金史》卷二三《五行志》,第2册,第536页。
③ 《金史》卷一二九《佞幸传·萧肄》,第8册,第2780页。
④ 洪皓:《松漠记闻》卷下,阳山顾氏文房本,第1页a—b。
⑤ 《金史》卷二三《五行志》,第2册,第535—536页。
⑥ 《金史》卷四七《食货志二》,第4册,第1056—1057页。
⑦ 《金史》卷五〇《食货志五》,第4册,第1113页。
⑧ 《金史》卷五〇《食货志五》,第4册,第1116—1117页。

诏许富民入粟补官",以上七条本纪未载。①《金史·选举志一·进士诸科》天会五年"以河北、河东初降,职员多阙,以辽、宋之制不同,诏南北各因其素所习之业取士,号为南北选",天眷元年五月"诏南北选各以经义、词赋两科取士",②依据的是《太宗纪》天会五年八月丙戌诏曰"河北、河东郡县职员多阙,宜开贡举取士,以安新民。其南北进士,各以所业试之"③和《熙宗纪》天眷元年五月己亥"诏以经义、词赋两科取士"。④

综上《金史》诸志与本纪比较,结果大多相合,还有诸条逸出内容,恰恰说明取材相同。也就是说,史官根据不同主题从原始档案中抄录史料分门别类,而编成各志。

最后,还可利用人物本传证明太宗、熙宗实录为元修《金史》所取。《三史质疑》云"若夫将相大臣卒于太宗、熙宗、卫王之时者,虽历官岁月,今亦无所考矣",理由当然是"当时已阙太宗、熙宗实录",两朝实录中的小传则随之亡佚,由此意味着编纂两朝人物本传的资料将会有所阙失,实际结果却不是这样。

《金史》列传有两种编纂模式:第一种是传文不仅叙事详明,而且时间精准,尤其是多条史文还系有干支纪日,根本不似传记体例,实则与本纪雷同,同抄自实录,上文列举的蒲家奴等人事迹即如此;第二种是传主叙事与本纪呈两条文献脉络,表明其底本分别来自私家提供行状而经官方钦定的附传和实录所据"日历"这两套记述系统。该书卷七八《刘彦宗传》《时立爱传》《韩企先传》、卷一二五《文艺传·吴激》属后一种类型,具有独立系统的原始列传。《金史》中可考者如下:《太宗纪》天会六年十月癸酉"知枢密院事刘彦宗薨",⑤与《刘彦宗传》"天会六年薨,年五十三,追封郓王"相合;⑥《熙宗纪》皇统六年二月丙寅"右丞相韩企先薨",⑦与《韩企先传》皇统"六年,薨,年六十五"亦同。⑧《熙宗

---

① 《金史》卷五〇《食货志五》,第4册,第1124页。
② 《金史》卷五一《选举志一》,第4册,第1134—1135页。
③ 《金史》卷三《太宗纪》,第1册,第57页。
④ 《金史》卷四《熙宗纪》,第1册,第72页。
⑤ 《金史》卷三《太宗纪》,第1册,第59页。
⑥ 《金史》卷七八《刘彦宗传》,第6册,第1770页。
⑦ 《金史》卷四《熙宗纪》,第1册,第82页。
⑧ 《金史》卷七八《韩企先传》,第6册,第1778页。

纪》皇统六年六月乙巳有"杀宇文虚中及高士谈"记载,①与《宇文虚中传》皇统六年二月"有司承顺风旨并杀士谈,至今冤之"吻合。② 从纪、传比较可知,此三人小传原来附载实录中的相应条目之下,元朝史官理当从中抄录。

中统二年(1261),张柔向朝廷进献金实录。翰林国史院初立时,王鹗倡议纂修辽、金二史,试图编纂《金史》时曾草拟一份提纲及附录说明:"帝纪九",即太祖、太宗、熙宗、海陵庶人、世宗、章宗、卫绍王、宣宗、哀宗,其中惟有卫绍王和哀宗注作"实录阙",③言外之意是,其他本纪可根据现存实录改编。据上文考证,《金史》各表、志、传史料与本纪具有同源关系,据此可厘清太宗、熙宗两朝文献的总体面目,其总量并非现在《金史·太宗纪》《熙宗纪》呈现得那样少,而是具备一定规模,各形式的史料相当丰富,如内外诏令文书、君臣对话内容、叙事细节及人物附传等,这些根本不是《国史》本纪这种体例所能承载的,而是来自两部实录。实实在在的文本证据,加之《续后汉书》引《金实录》、《大金弔伐录》载《降封昏德公诏》、《大金集礼》注文《熙宗实录》的印证,最终结果表明,元修《金史·太宗纪》《熙宗纪》蓝本当为实录。

---

① 《金史》卷四《熙宗纪》,第 1 册,第 82 页。
② 《金史》卷七九《宇文虚中传》,第 6 册,第 1792 页。
③ 见王恽:《玉堂嘉话》卷八,杨晓春点校,中华书局,2006 年,第 180—181 页。

三 《金史·地理志》文献系统与金源政区地理再认识

近年来金代政区地理研究取得了长足进步，[①]然有缺憾的是，作为最基础史料的《金史·地理志》（本节下文简称《金志》）的纂修问题尚未得到圆满解决，仍需要突破几个关节。第一，元修《金志》的底本是什么？具体编纂过程如何？这是需要厘清的根本问题。第二，传统观点认为《金志》断限在泰和八年（1208），有学者据此推测元人修史时根据的是一部泰和末"地志"，但此说破绽很多。第三，关乎金代政区整体格局的路制结构以及府州县等级，是根据什么编制出来的？本文以《金志》探源为目标，借此澄清这些疑惑。

一、问题之缘起

关于元末编写《金志》的材料来源，主要有两种观点：一种认为源自元初王鹗《金史稿》，一种主张它兼采了金陈大任《辽史·地理志》、宋《九域志》及金代地志。下文对此略作辨析。

（一）王鹗《金史稿》说

元世祖中统初年，王鹗倡议编修《金史》，曾草拟一份提纲（《金史大略》），志书体例设"地里"，小注作"边境附"。[②] 邱靖嘉据此推测："王鹗《金史稿》已编就《地里志》，遂成为元末修《金史》地理部分的主

[①] 参见张帆：《金朝路制再探讨——兼论其在元朝的演变》，燕京研究院编：《燕京学报》新12期，北京大学出版社，2002年5月，第99—121页。王颋：《完颜金行政地理》，香港天马出版有限公司，2005年。余蔚：《中国行政区划通史·辽金卷》，复旦大学出版社，2012年。李昌宪：《金代行政区划史》，上海古籍出版社，2015年。

[②] 王恽：《玉堂嘉话》卷八，杨晓春点校，中华书局，2006年，第180—181页。

要依据。”其理由是，《金志》北京路、南京路、鄜延路、庆原路各条后有一段似显突兀的文字，叙述金朝北部边疆的堡戍壕堑防御体系以及金宋、金夏边界的划定情况，又采用低三格书写的独特行文格式（图一），显然是要着意突出这些描述金朝边境的内容，恰好与王鹗大纲“边境附”符合。①

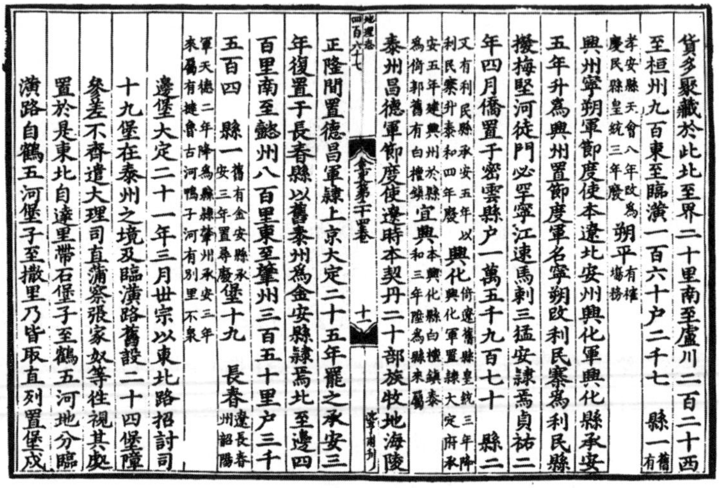
貨多聚藏於此北至界二十里南至盧川二百二十西
至桓州九百東至臨潢一百六十户二千七　縣一（舊有孝安縣天會八年改為慶民縣皇統三年廢）朔平（有榷場務）
興州寧朔軍節度使本遼北安州興化軍興化縣承安
五年升為興州置節度軍名寧朔改利民寨為利民縣
撥梅堅河徒門必罕寧江速馬剌三猛安隸焉貞祐二
年四月僑置于密雲縣户一萬五千九百七十　縣二（又有利民縣承安五年以利民寨升泰和四年廢）興化（倚遼舊縣皇統三年降興化軍置隸大定府承安五年建興州於縣為倚郭舊有白檀鎮）宜興（本興化縣白檀鎮泰和三年陞為縣來屬）
泰州昌德軍節度使遼時本契丹二十部族牧地海陵
地理卷　四百六十七　金史第二十四卷　十二
正隆間置德昌軍隸上京大定二十五年罷之承安三
年復置于長春縣以舊泰州為金安縣隸焉北至邊四
百里南至懿州八百里東至肇州三百五十里户三千
五百四　縣一（舊有金安縣承安三年置尋廢）堡十九　長春（遼長春州韶陽軍天德二年降為縣隸肇州承安三年來屬有撻魯古河鴨子河有別里不泉）
邊堡大定二十一年三月世宗以東北路招討司
十九堡在泰州之境及臨潢路舊設二十四堡障
參差不齊遣大理司直蒲察張家奴等往視其處
置於是東北自達里帶石堡子至鶴五河地分臨
潢路自鶴五河堡子至撒里乃皆取直列置堡戍

图一　至正五年刻本《金史》（采自《中华再造善本》）

至正初年《金史》在编纂体例时，在体例方面或受王鹗《金史大略》影响，但正文内容未必如此。我们重新核实这四条史文：

第一，北京路条附录大定二十一年（1181）“边堡”设置详情，②根据同书《金史·世宗纪》大定二十一年四月戊申“增筑泰州、临潢府等路边堡及屋宇”记载，③确认《金志》“边堡”实与此条有关。

第二，南京路条“边戍”载有皇统元年（1141）十月“都元帅宗弼与宋约，以淮水中流为界”和泰和八年“设沿淮巡检使”两事，④其中前一事详见于《金史·宗弼传》何铸等进誓表，⑤《金史·熙宗纪》皇统元年秋月条也略有记述，⑥乃共同抄自《熙宗实录》。

① 邱靖嘉：《〈金史〉纂修考》，中华书局，2017年，第173—176页。
② 《金史》卷二四《地理志上》，中华书局，1975年，第2册，第563—564页。
③ 《金史》卷八《世宗纪下》，第1册，第181页。
④ 《金史》卷二五《地理志中》，第2册，第599页。
⑤ 《金史》卷七七《宗弼传》，第6册，第1755—1756页。
⑥ 《金史》卷四《熙宗纪》，第1册，第77页。

第三，鄜延路条载天会五年（1127）"分割楚、夏疆封"内容，①与《金史·西夏传》记述"乃画陕西分界"至"以河为界"完全相同。② 经过对《金史·西夏传》史源整体分析，传文与诸帝本纪逐条吻合。据"天会五年"这条时间线索，我们找到《金史·太宗纪》这年三月丁酉条册立张邦昌为大楚皇帝及"割地赐夏国"，③即指此事。

第四，庆原路条附录"皇统六年，以德威城、西安州、定边军等沿边地赐夏国，从所请也。正隆元年，命与夏国边界对立烽候，以防侵轶"，④见于《金史·熙宗纪》皇统六年正月庚寅"以边地赐夏国"。⑤

由此可见，《金志》北京路、南京路、鄜延路、庆原路附载史文得到《金史·太宗纪》《熙宗纪》《世宗纪》及相关列传的印证，表明《金志》这些内容实无独立来源，而是采自这三朝实录，最有可能是元末修史时所为。况且王鹗修《金史》最终落实情况乃至《金史稿》实存与否仍悬而未决，仅根据上述四路条目推测《金志》源于王鹗，恐难令人信服。

（二）南北舆地文献兼采说

陈学霖最初提出，《金志》取材渠道多元，曾利用到《金州郡县志》和《正隆郡志》，《元丰九域志》（简称《九域志》）亦为其史源之一，然置而未论。⑥ 曾震宇亦持此说。⑦ 苗润博注意到，《金志》辽代地理沿革的系统记载与《辽史·地理志》内容多有重合，认为是直接采自金代陈大任《辽史》。⑧ 张良具体指出，《金志》大致以辽、宋旧疆为界，材料来源清晰可分：契丹地面以陈大任《辽史》的《地理志》为底本略加删削，北宋旧境则依据政和重修《九域志》确立规模，又参核宋朝国史略作补

---

① 《金史》卷二六《地理志下》，第 2 册，第 650 页。
② 《金史》卷一三四《外国传上·西夏》，第 8 册，第 2867 页。
③ 《金史》卷三《太宗纪》，第 1 册，第 56 页。
④ 《金史》卷二六《地理志下》，第 2 册，第 653 页。
⑤ 《金史》卷四《熙宗纪》，第 1 册，第 82 页。
⑥ Chan Hok-Lam（陈学霖），The Compilation and Sources of the Chin-Shih, *Journal of Oriental Studies*, VOL. VI, 1961–1964, Numbers, 1 and 2. p. 146.
⑦ 曾震宇：《〈大金国志〉研究》，香港大学硕士学位论文，2002 年 7 月，第 785 页。
⑧ 苗润博：《〈辽史〉探源》，中华书局，2020 年，第 211—217 页。

苴。金代本朝建置沿革则杂抄《正隆郡志》《大定职方志》一类文献而成。①

相比以前研究，新近提出的杂糅说立足于大量史文比对分析，推进很大，但对于史源方向的判断仍有难以自圆其说之处。第一，《金志》北方地理、南方地理体系颇为完整，而且本朝地理沿革很多记载晚于大定时期，贞祐至兴定时期建置尤属重头内容，《大定职方志》等书难以涉及。第二，《金志》旧宋州县建置尽管与《九域志》有重合之文，但若干市镇及山川形胜则系独家记载，实际反映的是金时状态。第三，尚未注意到元泰定时期民间类书所见《江北郡县》《舆地要览》等早在元末纂修《金史》之前已对金代全国地理形成了系统性记载，并且主体内容与《金志》吻合。②

总之，目前这两种《金志》底本来源说都有一定漏洞，仍未揭示其文献系统及编纂问题。

二、路制与政区框架年代问题再检讨

清代学者施国祁提出，《金志》"以泰和末为断"。③ 谭其骧《金代路制考》承袭之，编制出泰和八年十一月以前路制表。④《中国历史地图集》据此绘制泰和八年金朝疆域全图，⑤后来学者皆踵此说。受此影响，邱靖嘉考察《金志》来源，进一步推测说："史臣编修时必有一份系统记载泰和末金朝地理建制的完整资料为据。"⑥这种看法仍有商榷的余地。

---

① 张良：《〈金史·地理志〉抉原》，《历史地理研究》2021年第4期。
② 参见周立志：《〈事林广记·江北郡县〉与金朝行政区划研究》，刘宁、齐伟主编：《辽金史论集》第15辑，科学出版社，2017年，第201—218页。仝建平：《〈新编事文类聚舆地要览〉考析》，《西夏研究》2018年第2期。
③ 施国祁：《金史详校》卷三上《地理志上》，陈晓伟点校，中华书局，2021年，上册，第143页。
④ 谭其骧：《金代路制考》，原刊《中国历史地理论丛》第1辑，陕西人民出版社，1980年，第89—109页；收入氏著《长水集》，人民出版社，1987年，下册，第290—308页。
⑤ 谭其骧主编：《中国历史地图集》第六册《宋辽金时期》，中国地图出版社，1982年，第44—45页。
⑥ 邱靖嘉：《〈金史〉纂修考》，第175页。

《金志》序文总结金代地理云：

> 袭辽制，建五京，置十四总管府，是为十九路。其间散府九，节镇三十六，防御郡二十二，刺史郡七十三，军十有六，县六百三十二。后复尽升军为州，或升城堡寨镇为县，是以金之京府州凡百七十九，县加于旧五十一，城寨堡关百二十二，镇四百八十八。①

《大金国志》（简称《国志》）卷三八《京府州军》末附"总计"云："京府州军一百七十九处，城寨保关一百二十二处，县六百八十三处，镇四百八十八处、添税务一百八十二处。"②钱大昕、施国祁注意到，《金志》与《国志》的最后统计数字密切有关，并作详尽考证，然而尚未揭橥二者的文献关系。③《金志》全国路制划分准《国志》"二十路"无疑，只是根据序文"大定后罢路，并入大定府路"一语，将"临潢府路"及领州县合并到大定府路（北京路），而厘定为十九路。

《国志·京府州军》列"转运司十三处""统军司三处""招讨司三处""提刑司九处"及各司具体机构，经曾震宇比对，确认《国志》这些建置与《金志》亦正相合，只不过被元朝史官打散抄录于各府条目中。④须知，《国志》杂采诸书，并不是最原始的文献，《京府州军》具体抄自张棣《金虏图经》。⑤《金虏图经》原书已佚，《三朝北盟会编》（简称《会编》）卷二四四节引其书，⑥与《国志》内容相互关照（下文统称《金虏图经》系统）。⑦《金志》与《金虏图经》系统因袭关系相当明确（见表一）。

---

① 《金史》卷二四《地理志上》，第 2 册，第 549—550 页。
② 题宇文懋昭：《大金国志》卷三八《京府州军》，国家图书馆藏明钞本（典藏号 14415），第 9 页 b—10 页 a。参崔文印校证：《大金国志校证》卷三八《京府州军》，中华书局，1985 年（2011 年重印），下册，第 543 页。
③ 钱大昕：《廿二史考异》卷八四《金史一·地理志上》，方诗铭、周殿杰点校，上海古籍出版社，2004 年，下册，第 1170—1171 页。施国祁：《金史详校》卷三上《地理志上》，陈晓伟点校，上册，第 142—145 页。
④ 曾震宇：《〈大金国志〉研究》，第 1175—1195 页。
⑤ 〔日〕三上次男：《张棣的〈金图经〉就是金图经——〈大金国志〉与〈金志〉的关系》，曾贻芬译，《史学史研究》1983 年第 1 期。
⑥ 徐梦莘：《三朝北盟会编》卷二四四引《金虏图经》，上海古籍出版社，影印许涵度刻本，2008 年第 2 版，下册，第 1755 页上栏—1756 页上栏。
⑦ 题宇文懋昭：《大金国志》卷三八《京府州军》，国家图书馆藏明钞本（典藏号 14415），第 1 页 a-10 页 a。参崔文印校证：《大金国志校证》卷三八《京府州军》，下册，第 537—543 页。

表一　《金虏图经》系统与《金志》京府等级表

	《国志》本		《会编》本	《金志》
京都六留守司五处	上等二处：中都大兴府、南京开封府	京都五处	上：中都大兴府、南京开封府	大兴府，上；开封府，上，留守司
	中等三处：北京大定府、东京辽阳府、西京大同府		中：北京大定府、东京辽阳府、西京大同府	大定府，中，北京留守司；辽阳府，中，东京留守司；大同府，中，西京留守司
	上京会宁府			
总管府十四处	上等七处：平阳府建雄军、真定府成德军、益都府镇海军、东平府天平军、京兆府永兴军、太原府武勇军、大名府天雄军	总管十五处	平阳府建雄军、真定府成德军、益都府镇海军、东平府天平军、京兆府永兴军、太原府武勇军、大名府天雄军	平阳府，上，总管府，建雄军；真定府，上，总管府，成德军；益都府，上，总管府，镇海军；东平府，上，总管府，天平军；京兆府，上，总管府，永兴军；太原府，上，总管府，武勇军；大名府，上，总管府，天雄军
	中等四处：河间府瀛海军、庆阳府安国军、临洮府镇洮军、凤翔府凤翔军		河间府瀛海军、庆阳府安国军、临洮府镇洮军、凤翔府凤翔军	河间府，中，总管府，瀛海军；庆阳府，中，总管府，安国军；临洮府，中，总管府，镇洮军；凤翔府，中，总管府，凤翔军
	下等三处：延安府彰武军、咸平府安东军、临潢府		延安府彰武军、咸平府安东军、临潢府、会宁府	延安府，下，总管府，彰武军；咸平府，下，总管府，安东军；临潢府，下，总管府；会宁府，下
散府八处	上等二处：河中府护国军、济南府	散府八处	河中府护国军、济南府兴德军	河中府，散，上，护国军；济南府，散，上，兴德军
	中等三处：归德府宣武军、河南府德昌军、平凉府平凉军		归德府宣武军、河南府德昌军、平凉府平凉军	归德府，散，中，宣武军；河南府，散，中，德昌军；平凉府，散，中，平凉军
	下等三处：广宁府、兴中府、彰德府		广宁府、兴中府、彰德府	广宁府，散，下，镇宁军；兴中府，散，下；彰德府，散，下

三 《金史·地理志》文献系统与金源政区地理再认识　109

《金虏图经》同一系统两个版本存在差异,《会编》节录本不及《国志·京府州军》之文详细,后者载京府更加具体,划分为上、中、下三等,综合对照两书与《金志》则能揭示诸多问题。如表一所示,《金志》记述京府性质及其等级与《金虏图经》系统若合符契,唯一争议之处是"会宁府"。《会编》节录本记载京都五处,无上京会宁府,而于下文总管府十五处中有该府。《国志》本留守司"中等三处"却多出"上京会宁府",自相矛盾,显然是编书者把原本总管府下的会宁府调整到"京都"条。《金志》作"会宁府,下"则与《会编》本同。

循着上文线索,再检《国志》本《金虏图经》记载：

> 节镇三十九处：上等十处、中等十处、下等十九处。
>
> 防御二十一处：上等七处、中等七处、下等七处。
>
> 刺史七十五处：上等十四处、中等二十五处、下等三十六处。
>
> 十六军并改作州：上等三州、中等三州、下等十州。

各条下具列各州名称。① 它们同样与《金志》州等次、军号全盘相合,② 惟有《金虏图经》抚州(刺史,下)一条例外。按《金志》抚州作"下,镇宁军节度使""章宗明昌三年复置刺史,为桓州支郡,治柔远""承安二年升为节镇,军名镇宁",③一方面采纳承安二年(1197)镇宁军号和节度性质,另一方面又沿袭《金虏图经》等级作"下"。与《金志》相比,《金虏图经》无全州、兴州、德兴府、昌州、裕州、息州、晋州七条,反而能佐证《金志》州等是根据《金虏图经》编写的。《金志》云：

> 全州,下,盘安军节度使。承安二年置……县一：安丰,承安元年十月改丰州铺为安丰县,隶临潢府,二年置全州盘安军节度使治。
>
> 兴州,宁朔军节度使。……承安五年升为兴州,置节度,军名宁朔。
>
> 德兴府,晋新州,辽奉圣州武定军节度,国初因之。大安元年升为府,名德兴。……德兴倚,旧名永兴县,大安元年更名。

———

① 崔文印校证：《大金国志校证》卷三八《京府州军》,下册,第540—543页。
② 参见曾震宇：《〈大金国志〉研究》,第1182—1195页。
③ 《金史》卷二四《地理志上》,第2册,第566页。

> 昌州，天辅七年降为建昌县，隶桓州。明昌七年以狗泺复置，
> 隶抚州。①
>
> 裕州，本方城县，泰和八年正月升置，以方城县为倚郭，割汝州
> 叶县、许州舞阳隶焉。
>
> 息州，本新息县，泰和八年升为息州，以新息为倚郭，割真阳、
> 襃信、新蔡隶焉。②
>
> 晋州。兴定四年正月以寿阳县西张寨置。③

《金志》中的以上记载恰好从《国志》京府州军资料来源和形成时间中得以解释。据孙建权考证，《国志》这份州府系统记事系年确切在明昌六年（1195），《会编》本《金虏图经》下限在明昌三年。④ 因这六州一府于承安元年以后设置，故《金虏图经》系统不载。除全州外，其余均未标等第性质，体例明显不同，表明《金志》靠零散材料增补。今检《金史》诸篇内容，《章宗纪》承安二年六月甲寅"置全州盘安军节度使，治安丰县"；⑤《郭文振传》兴定四年（1220）诏升"寿阳县西张寨为晋州，从文振之请也"；⑥《大明清类天文分野之书》（简称《分野之书》）卷二三奉圣州沿革云"金大安元年升为德兴府"，⑦似为《金志》编制全州、晋州、德兴府条目的根据。

对比可见，《金志》不可能直接采用《会编》的《金虏图经》。尽管《国志·京府州军》内容较全面，然《金志》亦非抄自这个版本。如《金志》载"邓州武胜军节度使"，⑧《会编》本同，⑨《国志》本则作"邓州

---

① 《金史》卷二四《地理志上》，第 2 册，第 561、562、567 页。
② 《金史》卷二五《地理志中》，第 2 册，第 592、596 页。
③ 《金史》卷二六《地理志下》，第 2 册，第 630 页。
④ 孙建权：《〈大金国志·京府州军〉记事系年辨正》，《东北史地》2014 年第 3 期。孙建权：《关于张棣〈金虏图经〉的几个问题》，《文献》2013 年第 2 期。
⑤ 《金史》卷一〇《章宗纪二》，第 1 册，第 242 页。
⑥ 《金史》卷一一八《郭文振传》，第 8 册，第 2584 页。
⑦ 刘基编：《大明清类天文分野之书》卷二三，《四库全书存目丛书》，子部第 60 册，齐鲁书社，1997 年，第 747 页下栏。《四库全书存目丛书》影印南京图书馆藏洪武刻本，书中少许版页漫漶不清，参考国家图书馆藏（典藏号 16446）、北京大学图书馆藏（典藏号 NC/3020/7）两种洪武刻本。
⑧ 《金史》卷二五《地理志中》，第 2 册，第 592 页。
⑨ 徐梦莘：《三朝北盟会编》卷二四四引《金虏图经》，下册，第 1755 页下栏。

利汝军",①差异很大。据此推测,元修《金史》时应当参考一个与上述两书稍有不同且较为完备的《金房图经》版本。② 我们注意到,《金史·世纪·穆宗》叙女真创业史,云"凡《丛言》、《松漠记》、张棣《金志》等书皆无足取",③此句系元朝史官按语。此《金志》即《金房图经》。《世纪》未取其文字,但从中看到当时纂修《金史》确有张棣书可资参考。

综上,可得出如下结论:《金志》序文、路制、州府等第应照搬《金房图经》,这套明昌间形成的统县府州系统是全书的主体框架,由此构建出金代政区的基本轮廓。

三、《金史·地理志》杂采诸书考

《金志》以《金房图经》为主体骨架编写,不过是提纲挈领,那么金末地理以及州县沿革这两大方面内容又是如何形成的?《金志》序文云:"虽贞祐、兴定危亡之所废置,既归大元,或有因之者,故凡可考必尽著之,其所不载则阙之。"④其中"考"当指志书广征文献,其中最为明确的是大量引据"金实录"。

《金志》中大量内容与《金史》本纪等重合,乃同取实录的结果,这又可归纳为三种类型:第一,抄撮各类宫殿等,尽量整合出一套宫阙制度;第二,凡涉及地理者附录于相应州县条目之下;第三,遇到州县建置变动的条文,亦作增补。

首先,《金志》中都路条的燕京城市宫阙,材料来源较为庞杂,其中"应天门十一楹"至"应天门旧名通天门"二百余字⑤搬引范成大

---

① 崔文印校证:《大金国志校证》卷三八《京府州军》,下册,第541页。该校证本已将"利汝"校改作"武胜"。(参本卷校勘记二八,第584页)

② 同样案例,如《会编》卷一八一引《伪豫传》、《国志》卷三一引《齐国刘豫录》虽同为一书,但具体内容有明显差异。参见陈晓伟:《〈金史〉源流、纂修及校勘问题的检讨与反思》,《中国历史研究院集刊》总第4辑(2021年第2辑),社会科学文献出版社,2022年,第50—104页。

③ 《金史》卷一《世纪》,第1册,第12—13页。

④ 《金史》卷二四《地理志上》,第2册,第550页。

⑤ 《金史》卷二四《地理志上》,第2册,第572页。

《揽辔录》。① 又有与《金史》印证之文:"瑶池殿位,贞元元年建"②与《海陵纪》贞元元年(1153)十一月己丑"瑶池殿成"同;③"皇统元年有元和殿""皇统元年有宣和门"④是指《礼志》受尊号仪条皇统元年正月十日"帝服衮冕御元和殿"、十二日"恭谢祖庙,还御宣和门"事;⑤"京城北离宫有太宁宫,大定十九年建,后更为寿宁,又更为寿安,明昌二年更为万宁宫",⑥与《百官志》万宁宫提举司条小注"旧太宁宫,更名寿安宫,又更今名"⑦吻合。另外,南京路条所载汴京规制,"都城门十四"的名称乃至次序⑧皆与《百官志》京城门收支器物使条相同;⑨下文"宫城门"至"北门曰安贞"七百五十余字⑩出自杨奂《汴故宫记》,同样也是整篇抄录。⑪

与中都路、南京路这两条整段抄引他书的方式有所不同,会宁府、辽阳府、大同府于本路条目下的宫殿制度,多数条文分散在《金史》其他部分中,见表二。

表二 《金志》上京路条会宁府、东京路条辽阳府、西京路条大同府宫阙与《金史》其他部分互见表

编号	《金志》	《金史》其他部分参考条目
1	**会宁府**:其宫室有乾元殿,天会三年建,天眷元年更名皇极殿	卷三《太宗纪》:(天会三年三月)辛巳,建乾元殿
2	庆元宫,天会十三年建,殿曰辰居,门曰景晖,天眷二年安太祖以下御容,为原庙⑫	卷四《熙宗纪》:(天眷二年九月丙申)立太祖原庙于庆元宫

---

① 范成大:《揽辔录》,载孔凡礼点校:《范成大笔记六种》,中华书局,2002年,第15页。参该书《点校说明》,第3—4页。
② 《金史》卷二四《地理志上》,第2册,第573页。
③ 《金史》卷五《海陵纪》,第1册,第101页。
④ 《金史》卷二四《地理志上》,第2册,第573页。
⑤ 《金史》卷三六《礼志九》,第3册,第832页。
⑥ 《金史》卷二四《地理志上》,第2册,第573页。
⑦ 《金史》卷五六《百官志二》,第4册,第1286页。
⑧ 《金史》卷二五《地理志中》,第2册,第587页。
⑨ 《金史》卷五七《百官志三》,第4册,第1306页。
⑩ 《金史》卷二五《地理志中》,第2册,第587—588页。
⑪ 王岩:《邹伸之〈使辄日录〉抉微》,余太山、李锦绣主编:《丝瓷之路Ⅷ——古代中外关系史研究》,商务印书馆,2021年,第87—142页。
⑫ "二年"原作"元年",点校者据《熙宗纪》校改。参见《金史》卷二四《地理志上》,第2册,第579页。

（续表）

编号	《金志》	《金史》其他部分参考条目
3	朝殿，天眷元年建，殿曰敷德，门曰延光，寝殿曰宵衣，书殿曰稽古	
4	又有明德宫、明德殿，熙宗尝享太宗御容于此，太后所居也	卷四《熙宗纪》：（天会）十五年正月癸亥朔，上朝太皇太后于明德宫
5	凉殿，皇统二年构，门曰延福，楼曰五云，殿曰重明。东庑南殿曰东华，次曰广仁。西庑南殿曰西清，次曰明义。重明后，东殿曰龙寿，西殿曰奎文。时令殿及其门曰奉元。有泰和殿，有武德殿，有熏风殿	卷四《熙宗纪》：（皇统二年四月）庚午，五云楼、重明等殿成
6	其行宫有天开殿，爻剌春水之地也。有混同江行宫	卷四《熙宗纪》：（天会十三年十一月）己丑，建天开殿于爻剌
7	太庙、社稷，皇统三年建，正隆二年毁	卷四《熙宗纪》：（皇统三年五月）甲申，初立太庙、社稷
8	原庙，天眷元年以春亭名天元殿，安太祖、太宗、徽宗及诸后御容。春亭者，太祖所尝御之所也	
9	天眷二年作原庙，皇统七年改原庙乾文殿曰世德，正隆二年毁	卷三三《礼志六·原庙》：熙宗天眷二年九月，又以上京庆元宫为太祖皇帝原庙。皇统七年，有司奏"庆元宫门旧曰景晖，殿曰辰居，似非庙中之名，今宜改殿名曰世德"
10	大定五年复建太祖庙	卷三三《礼志六·原庙》：（大定）五年，会宁府太祖庙成，有司言宜以御容安置
11	兴圣宫，德宗所居也，天德元年名之	卷五《海陵纪》：（天德元年十二月）乙亥，追谥皇考太师宪古弘道文昭武烈章孝睿明皇帝，庙号德宗，名其故居曰兴圣宫
12	兴德宫，后更名永祚宫，睿宗所居也	
13	光兴宫，世宗所居也	卷八《世宗纪下》：（大定二十四年）五月己丑，至上京，居于光兴宫

（续表）

编号	《金志》	《金史》其他部分参考条目
14	正隆二年命吏部郎中萧彦良尽毁宫殿、宗庙、诸大族邸第及储庆寺，夷其趾，耕垦之	卷五《海陵纪》：（正隆二年）十月壬寅，命会宁府毁旧宫殿、诸大族第宅及储庆寺，仍夷其址而耕种之
15	大定二十一年复修宫殿，建城隍庙	
16	二十三年以篦束其城	卷一二〇《世戚传·乌古论元忠》：世宗欲甓上京城，元忠曰："此邦遭正隆军兴，百姓凋弊，陛下休养二十余年，尚未完复。况土性疏恶，甓之恐难经久，风雨摧坏，岁岁缮完，民将益困矣。"
17	有皇武殿，击球校射之所也	卷八《世宗纪下》：（大定二十五年四月）癸亥，幸皇武殿击球，许士民纵观
18	有云锦亭，有临漪亭，为笼鹰之所，在按出虎水侧	卷八《世宗纪下》：（大定二十四年）六月辛酉，幸按出虎水临漪亭
19	辽阳府：皇统四年二月，立东京新宫，寝殿曰保宁，宴殿曰嘉惠，前后正门曰天华、曰乾贞	
20	（皇统四年）七月，建宗庙，有孝宁宫	卷四《熙宗纪》：（皇统四年）七月庚午，建原庙于东京
		卷六四《后妃传·睿宗贞懿皇后》：其寝园曰孝宁宫
21	（皇统）七年，建御容殿	卷三三《礼志六·原庙》：（皇统七年）是岁，东京御容殿成
22	大同府：大定五年建宫室，名其殿曰保安，其门南曰奉天，东曰宣仁，西曰阜成	
23	天会三年建太祖原庙	卷三《太宗纪》：（天会三年十月甲辰）诏建太祖庙于西京
		卷三三《礼志六·原庙》：太宗天会二年，立大圣皇帝庙于西京

注：《金志》引文均出自《金史》卷二四《地理志上》

三 《金史·地理志》文献系统与金源政区地理再认识　　115

　　表二中共计23条,第3、8、12、15、19、22条无考,第1、2、4、5、6、7、11、13、14、17、18及20条"建宗庙"见于诸帝本纪,第9、10、21条与《金史·礼志·原庙》同,第23条并见于纪、志,第16条与《金史·世戚传·乌古论元忠》合,第20条的"孝宁宫"详见于《金史·后妃传》。《金志》材料来源迹象特别明显:"兴圣宫,德宗所居也,天德元年名之",①《金史·海陵纪》天德元年(1149)十二月乙亥作"庙号德宗,名其故居曰兴圣宫";②"光兴宫,世宗所居也",③《金史·世宗纪》大定二十四年五月己丑作"(世宗)至上京,居于光兴宫";④"有皇武殿,击球校射之所也",⑤《世宗纪》大定二十五年四月癸亥作"幸皇武殿击球,许士民纵观";⑥"有临漪亭,为笼鹰之所,在按出虎水侧",⑦《世宗纪》大定二十四年六月辛酉作"幸按出虎水临漪亭",⑧以上条文都是根据本纪内容写成的,而本纪改编自实录。参酌第14条志、纪载正隆二年(1157)毁上京城的史文雷同,应出自《海陵实录》,据此可知《礼志》与《金志》相同内容也是共同采据实录。

　　其次,《金志》提取实录条文的方式较为冗杂,实际不拘原则,凡与地理有关者即作为注文附录其下。兹列表三。

表三　《金志》与同书纪、志、传同源史文表

编号	《金志》	《金史》参考条目
1	(卷二四)恤品路:本率宾故地,太宗天会二年,以耶懒路都孛堇所居地瘠,遂迁于此	卷三《太宗纪》:(天会二年)二月丁酉,命徒移懒路都勃堇完颜忠于苏濒水
		卷七〇《完颜忠传》:(天会)二年,以耶懒地薄斥卤,迁其部于苏濒水,仍以术实勒之田益之

---

① 《金史》卷二四《地理志上》,第2册,第551页。
② 《金史》卷五《海陵纪》,第1册,第94页。
③ 《金史》卷二四《地理志上》,第2册,第551页。
④ 《金史》卷八《世宗纪下》,第1册,第187页。
⑤ 《金史》卷二四《地理志上》,第2册,第551页。
⑥ 《金史》卷八《世宗纪下》,第1册,第188页。
⑦ 《金史》卷二四《地理志上》,第2册,第551页。
⑧ 《金史》卷八《世宗纪下》,第1册,第187页。

(续表)

编号	《金志》	《金史》参考条目
2	恤品路：以海陵例罢万户，置节度使，因名速频路节度使。世宗大定十一年，以耶懒、速频相去千里，既居速频，然不可忘本，遂命名【石土门】亲管猛安曰押懒猛安①	卷七〇《习室传》：初，海陵罢诸路万户，置苏滨路节度使。世宗时，近臣奏请改苏滨为耶懒节度使，不忘旧功。上曰："苏滨、耶懒二水相距千里，节度使治苏滨，不必改。石土门亲管猛安子孙袭封者，可改为耶懒猛安，以示不忘其初。"
3	复州：旧贡鹿筋，大定八年罢之	卷六《世宗纪上》：（大定八年）十月辛亥，诏罢复州岁贡鹿筋
4	临潢府：有天平山、好水川，行宫地也，大定二十五年命名	卷八《世宗纪下》：（大定二十五年五月）壬寅，次天平山好水川
5	桓州：曷里浒东川，更名金莲川，世宗曰："莲者连也，取其金枝玉叶相连之义。"	卷六《世宗纪上》：（大定八年五月）庚寅，改旺国崖曰静宁山，曷里浒东川曰金莲川
6	抚州：有旺国崖，大定八年五月更名静宁山	
7	抚州：有麻达葛山，大定二十九年更名胡土白山	卷三五《礼志八》瑞圣公条：即麻达葛山也，章宗生于此。世宗爱此山势衍气清，故命章宗名之。后更名胡土白山，建庙
8	蓟州玉田县：有行宫、偏林，大定二十年改为御林	卷七《世宗纪中》：（大定二十年正月）丁丑，以玉田县行宫之地偏林为御林，大淀泺为长春淀
9	滦州石城县：有长春行宫。长春淀旧名大定淀，大定二十年更	

① 《金史》卷二四《地理志上》，第 2 册，第 553、579 页。"石土门"三字原无，点校本据《习室传》校补。

（续表）

编号	《金志》	《金史》参考条目
10	（卷二五）河南府洛阳县：有北邙山，正隆六年更名太平山，称旧名者以违制论	卷五《海陵纪》：（正隆六年）三月己卯，改河南北邙山为太平山，称旧名者以违制论
11	河南府登封县：少室山，宣宗置御寨其上	卷一一一《撒合辇传》：又拟少室山顶为御营，命移剌粘合筑之
12	汝州梁县：正隆六年，敕环汝州百五十里内州县商贾，赴温汤置市	卷五《海陵纪》：（正隆六年四月）戊申，诏汝州百五十里内州县，量遣商贾赴温汤置市
13	（卷二六）同州：旧贡圆筯茧耳羊，大定十一年罢之	卷六《世宗纪上》：（大定十一年）六月己酉，诏曰："诸路常贡数内，同州沙苑羊非急用，徒劳民尔，自今罢之。"

  以上 13 条内容涉及部族迁徙、土贡、行宫、榷场、山川等。从文献传抄角度分析，第 2 条《金志》节取世宗之语却遗漏"石土门"以致语义不明，《金史·习室传》则保存原义。总结史官拆解实录的通行模式：《金史·世宗纪》大定八年五月庚寅"改旺国崖曰静宁山，曷里浒东川曰金莲川"，①此原系《世宗实录》史文，《金志》据此拆分到抚州条、桓州条；《金史·海陵纪》正隆四年正月辛酉"罢凤翔、唐、邓、颍、蔡、巩、洮、胶西诸榷场，置场泗州"，②《金史·食货志》榷场条有相同记载，③均本自《海陵实录》，④《金志》也利用这条史文，邓州条、唐州条、蔡州条皆谓"尝置榷场"，颍州条"尝置榷场，正隆四年罢榷场"，而泗州条直接把整段抄录其中。⑤

  再次，《金史》纪、志、传所记州县建置内容在《金志》中也有所体现。全部统计如下，见表四：

---

① 《金史》卷六《世宗纪上》，第 1 册，第 142 页。
② 《金史》卷五《海陵纪》，第 1 册，第 109—110 页。
③ 《金史》卷五〇《食货志五》，第 4 册，第 1113 页。
④ 参见陈晓伟：《〈金史·食货志〉修纂考》，《黑龙江社会科学》2022 年第 4 期。
⑤ 《金史》卷二五《地理志中》，第 2 册，第 592、596、597、598 页。

表四 《金志》州县建置与同书纪、志、传同源史文表

编号	《金志》	《金史》参考条目
1	(卷二四)上京路:旧有会平州,天会二年筑,契丹之周特城也,后废	卷三《太宗纪》:(天会二年四月)戊午,以实古乃所筑上京新城名会平州
2	隆州:天眷三年,改为济州,以太祖来攻城时大军径涉,不假舟楫之祥也,置利涉军	卷二《太祖纪》:(收国元年)八月戊戌,上亲征黄龙府。次混同江,无舟,上使一人道前,乘赭白马径涉,曰:"视吾鞭所指而行。"诸军随之,水及马腹。后使舟人测其渡处,深不得其底。熙宗天眷二年,以黄龙府为济州,军曰利涉,盖以太祖涉济故也
3	曷苏馆路:天会七年,徙治宁州	卷三《太宗纪》:(天会七年)十一月庚戌,徙曷苏馆都统司治宁州
4	乌古迪烈统军司,后升为招讨司	卷四四《兵志·大将府治之称号》:(天德二年)又改乌古迪烈路统军司为招讨司,以婆速路统军司为总管府
5	婆速府路,国初置统军司,天德二年置总管府	
6	辽阳府:太宗天会十年,改南京路平州。军帅司为东南路都统司之时,尝治于此,以镇高丽。 小注:后置兵马都部署司,天德二年,改为本路都总管府,后更置留守司	卷四四《兵志·大将府治之称号》:(天会)十年,改南京路都统司为东南路都统司,治东京以镇高丽。……及海陵天德二年八月,改诸京兵马都部署司为本路都总管府
7	全州安丰县:(承安)二年置全州盘安军节度使治	卷一〇《章宗纪二》:(承安二年六月)甲寅,置全州盘安军节度使,治安丰县
8	大同府:皇统元年,以燕京路隶尚书省,西京及山后诸部族隶元帅府	卷七七《宗弼传》:(皇统元年)诏以燕京路隶尚书省,西京及山后诸部族隶元帅府
9	宁边州:贞祐三年隶岚州	卷一四《宣宗纪上》:(贞祐三年二月)乙未,改宁边州隶岚州

（续表）

编号	《金志》	《金史》参考条目
10	平州：天辅七年以燕西地与宋，遂以平州为南京，以钱帛司为三司	卷二《太祖纪》：（天辅七年二月）戊申，诏平州官与宋使同分割所与燕京六州之地。癸丑，大赦。是月，改平州为南京，以张觉为留守
11	霸州信安县：元光元年四月升为镇安府，所以重高阳公张甫也	卷一一八《移剌众家奴传》：元光元年，移屯信安，本张甫境内。张甫因奏："信安本臣北境，地当冲要，乞权改为府以重之。"诏改信安为镇安府
12	（卷二五）开封府：天德二年罢行台尚书省	卷五《海陵纪》：（天德二年十二月）己未，罢行台尚书省
13	单州：兴定五年二月置招抚司，以安集河北遗黎	卷一六《宣宗纪下》：（兴定五年）二月丙辰朔，置招抚司于单州
14	（卷二六）大名府路：贞祐二年十月置行尚书省	卷一四《宣宗纪上》：（贞祐二年十月）乙卯，遣参知政事孛术鲁德裕行尚书省于大名府
15	石州：兴定五年复隶晋阳，从郭文振之请也	卷一一八《郭文振传》：（兴定五年）诏以石州隶晋阳公府
16	平阳府浮山县：兴定四年更名曰忠孝	卷一六《宣宗纪下》：（兴定四年十一月甲午）更浮山县名忠孝
17	隰州仵城县：兴定五年正月升隰川之午城镇置	卷一一八《胡天作传》：诏升蒲县为蒲州，以大宁县隶之，仵城镇为仵城县
18	隰州蒲县：兴定五年正月升为蒲州，以大宁隶焉	
19	绛州翼城县：兴定四年七月升为翼州，以垣曲、绛县隶焉	卷一一八《胡天作传》：（兴定四年）天作请以晋安府之翼城县为翼州，以垣曲、绛县隶焉。置平水县于汾河之西，朝廷皆从之
20	绛州平水县：兴定四年七月徙置汾河之西，从平阳公胡天作之请也	

从《金史》各部分对比看,《金志》关于会平州、隆州、曷苏馆路、安丰县、大同府、宁边州、平州、开封府、单州、大名府路、浮山县建置的记载,全袭本纪之文。这种本纪与志书互证的最典型者,当数《章宗纪》泰和四年六月戊申"罢惠、川、高三州,秀岩、滦阳、徽川、咸宁、全安、利民六县"①这条记载。细检《金志》记载:大定府神山县条记"泰和四年罢(惠)州及滦阳县";兴中府宜民县条云"泰和四年罢(川)州及徽川县来属";大定府三韩县条谓泰和四年高州废;盖州秀岩县"泰和四年废为镇";②京兆府咸宁县"泰和四年废";③兴州条小注:"又有利民县,承安五年以利民寨升,泰和四年废。"④除"全安"无考外,其他州县皆合,可知《金志》这些条目根据《章宗实录》编写。表四第4条乌古迪烈统军司、第5条婆速府路、第6条辽阳府与《兵志》合,《兵志》主要摘抄诸帝实录而成,这三条虽不见于《金史》本纪,但能通过相关佐证判断其来源。《兵志》大将府治之称号条共计天德二年八月、九月、天德三年三则纪事,⑤最后一条见于《海陵纪》天德三年十一月癸亥"诏罢世袭万户官,前后赐姓人各复本姓"。⑥从而判断以上均来自《海陵实录》。表四大同府、信安、石州、仵城、蒲县、翼城、平水七条建置则与本传相同,而传文详细叙述经过,双方的渊源关系相当明显。

元末纂修《金史》时,"金实录"作为主体资料被重复利用,编排成各类篇什,并不仅仅用于改编作本纪。我们将《金志》与同书纪、志、传质证,从中找到若干条同源线索,既而证实史官还把实录中相关主题的史文分条摘录到相应条目之下,以充实金源地理内容。

不过"金实录"虽有一些相关内容,但远不具备一代地志的规模。从《金志》杂抄诸书的背景观察,我们确实看到编纂者以实录拼凑其他文献留下的破绽,如秦州条云:

---

① 《金史》卷一二《章宗纪四》,第1册,第268页。"全安"疑误,点校本改作"金安",即泰州属县。参本卷校勘记三,第286页。
② 《金史》卷二四《地理志上》,第2册,第556、558、561页。
③ 《金史》卷二六《地理志下》,第2册,第641页。
④ 《金史》卷二四《地理志上》,第2册,第563页。
⑤ 《金史》卷四四《兵志》,第3册,第1003页。
⑥ 《金史》卷五《海陵纪》,第1册,第98页。

三 《金史·地理志》文献系统与金源政区地理再认识 121

> 国初置节度,皇统二年置防御使,隶熙秦路,大定二十七年来属。元光二年四月升为节镇,军曰镇远,后罢,贞祐三年复置。

"元光"在"贞祐"后,此处两条纪年倒置。《金史》点校者认为,"疑'元光'当作'贞祐','贞祐'当作'元光'"。① 亦即贞祐二年(1214)升为节镇。然而《宣宗纪》兴定三年四月庚午作"秦州防御使女奚烈古里",② 此时该州仍承皇统二年建置为"防御"。可见,《金志》秦州条绝非简单的史料系年问题。按《分野之书》卷一三秦州沿革云"金初降为防御,后升为镇远军",③《金志》"皇统二年置防御使""元光二年四月升为节镇,军曰镇远"时序与之相合,应同出一个体系,而"贞祐三年复置"明显摘自另外一个系统,诸条史料没有整合为一体才造成上述问题。

再考卫州条云:

> 宋汲郡,天会七年因宋置防御使,明昌三年升为河平军节度,治汲县,以滑州为支郡。大定二十六年八月以避河患,徙于共城。二十八年复旧治。贞祐二年七月城宜村,三年五月徙治于宜村新城,以胙城为倚郭。正大八年以石甃其城。④

《金志》这条建置后载"明昌"事,再叙"大定""贞祐""正大"事,纪年顺序混乱。根据《分野之书》卷九卫辉府条"金大定二十九年改为河平军节度,贞祐二年移治宜村,以胙城县为附郭邑"及汲县条"金贞祐二年迁州治胙城县"记载,⑤ 说明《金志》"贞祐二年七月城宜村"等属于该地理体系,其余条目则另有来源。有迹可循者,《金史·世宗纪》大定二十六年八月戊寅云:"尚书省奏,河决,卫州坏。命户部侍郎王寂、都水少监王汝嘉徙卫州胙城县。"⑥《河渠志·黄河》曰:"初,卫州为河水所坏,乃命增筑苏门,迁其州治。至二十八年,水息,居民稍还,皆不乐迁。"⑦

---

① 《金史》卷二六《地理志下》,第 2 册,第 647 页。参见本卷校勘记五十二,第 663 页。
② 《金史》卷一五《宣宗纪中》,第 2 册,第 344 页。
③ 刘基编:《大明清类天文分野之书》卷一三,《四库全书存目丛书》,子部第 60 册,第 589 页上栏。
④ 《金史》卷二五《地理志中》,第 2 册,第 607—608 页。
⑤ 刘基编:《大明清类天文分野之书》卷九,《四库全书存目丛书》,子部第 60 册,第 505 页下栏。
⑥ 《金史》卷八《世宗纪下》,第 1 册,第 194 页。
⑦ 《金史》卷二七《河渠志》,第 2 册,第 673 页。

《金志》与这两条记载相合,均本自《世宗实录》。通过卫州这条史料系年,可以看出《金志》明显是将不同系统文献进行杂糅,结果导致出现编排不当的问题。

《金志》金代建置内容已排除主要来自"金实录"的可能性,亦非来自《金虏图经》,因《金虏图经》不仅内容有限,且与正史地理志的编纂体例有很大差距。钱大昕、施国祁指出,《金志》总序言散府、节镇、防御郡、刺史郡及辖县与书中各项数目无一相合。① 实缘于序文、正文内容分属不同地理系统。《金志》序及诸府上、中、下等级根据《金虏图经》编定,但条目下叙述沿革的文字则超出范围,如通州等条目下正式标注的等第与其正文叙述并不一致。胪列如下:

> 通州,下,刺史。天德三年升潞县置,以三河隶焉。兴定二年五月升为防御。②
>
> 单州,中,刺史。贞祐四年二月升为防御。
>
> 寿州,下,刺史。贞元元年来属,泰和六年六月升为防御。
>
> 陕州,下,防御。皇统二年降为防御,贞祐二年七月升为节镇。
>
> 汝州,上,刺史。国初为刺郡,贞祐三年八月升为防御。
>
> 亳州,上,防御使。贞祐三年升为节镇,军名集庆。
>
> 蔡州,中,防御使。泰和八年升为节度,军曰镇南。
>
> 宿州,中,防御。国初隶山东西路,大定六年来属。贞祐三年升为节镇,军曰保静。③
>
> 泽州,上,刺史。天会六年以与北京泽州同,加"南"字,天德三年复去"南"字。贞祐四年隶潞州昭义军,后又改隶孟州。元光二年升为节镇,军曰忠昌。
>
> 德顺州,上,刺史。皇统二年升为州,大定二十七年来属。贞祐四年四月升为防御,十月升为节镇,军曰陇安。④

---

① 钱大昕:《廿二史考异》卷八四《金史一·地理志上》,下册,第1170—1171页。施国祁:《金史详校》卷三上《地理志上》,陈晓伟点校,上册,第142—145页。
② 《金史》卷二四《地理志上》,第2册,第574页。
③ 《金史》卷二五《地理志中》,第2册,第591、594、595、596、598页。
④ 《金史》卷二六《地理志下》,第2册,第638、645页。

以上十条引文系有金一代的沿革内容,这些州的等级、性质曾有过变动。元代类书《江北郡县》则是通州"防御使"、单州"防御使"、寿州"防御使"、陕州"节度"、汝州"防御使"、亳州"节度"、蔡州"节度"、宿州"节度"、泽州"节度"、德顺州"节度",①均与《金志》诸州条文相合,知此乃金后期建置。

《金志》标注等级之来源,若单从陕州、汝州两条看,编者有条件从改动前或金前期沿革的史文中总结,但问题是,其余八州并未提及金初以降沿革,而是直接叙述后期已经改置情况。其中通州、单州、蔡州、德顺州有迹象可循,检《分野之书》载金代地理:通州"天德中改黎阳之通州为濬州,以此县升为通州";②单州"皇统元年以地里近归德,故改属归德府。贞祐四年升为防御州";③蔡州"皇统初降为防御州,泰和八年升为镇南军";④德顺州"皇统二年升为州,大定二十二年升隆德、治平二寨、水洛一城各为县,以来属"。⑤《金志》与这些内容一致。

又如《金志》所载咸平府等建置在《分野之书》中有所体现:

咸平府,下,总管府,安东军节度使。天德二年八月,升为咸平府,后为总管府。⑥(《分野之书》卷二四咸平府:金为咸州,天德二年升为咸平府。⑦)

河间府,中,总管府,瀛海军。宋河间郡瀛海军。天会七年置总管府。⑧(《分野之书》卷二三河间府:宋大观元年升为瀛海军节

---

① 《重编群书类要事林广记》乙集卷三中,〔日〕长泽规矩也编:《和刻本类书集成》第 1 辑,上海古籍出版社,1990 年,第 221 页下栏—224 页上栏。
② 刘基编:《大明清类天文分野之书》卷二三,国家图书馆藏洪武刻本(典藏号 16446),第 9 页 a。
③ 刘基编:《大明清类天文分野之书》卷二二,《四库全书存目丛书》,子部第 60 册,第 734 页下栏。
④ 刘基编:《大明清类天文分野之书》卷二一,《四库全书存目丛书》,子部第 60 册,第 725 页上栏。
⑤ 刘基编:《大明清类天文分野之书》卷一三,《四库全书存目丛书》,子部第 60 册,第 589 页下栏。
⑥ 《金史》卷二四《地理志上》,第 2 册,第 553 页。
⑦ 刘基编:《大明清类天文分野之书》卷二四,《四库全书存目丛书》,子部第 60 册,第 757 页下栏。
⑧ 《金史》卷二五《地理志中》,第 2 册,第 599 页。

度,属河北东道。金天会中升为次府,属河北东路。①)

太原府,上,武勇军。宋太原郡河东军节度,国初依旧为次府,复名并州太原郡河东军总管府,置转运司。②(《分野之书》卷一二太原府:金为太原府,兼河东北路兵马都总管府。③)

平阳府,上。宋平阳郡建雄军节度。本晋州,初为次府,置建雄军节度使。天会六年升总管府,置转运司。④(《分野之书》卷一二平阳府:宋为晋州,仍为建雄军节度。金初为平阳府,天会六年于平阳府置河东南路总管。⑤)

河中府,散,上。宋河东郡。旧置护国军节度使,天会六年降为蒲州,置防御使。天德元年升为河中府,仍旧护国军节度使。⑥(《分野之书》卷一二蒲州条:宋太平兴国七年为护国军节度,金天德元年复为河中府。⑦)

京兆府,上。宋京兆郡永兴军节度使。皇统二年置总管府。⑧(《分野之书》卷一三西安府条:(宋)京兆为次府。金改为总管府。⑨)

延安府,下。宋延安郡彰武军节度使,皇统二年置彰武军总管府。⑩(《分野之书》卷一三延安府:金置延安路总管府。⑪)

庆阳府,中。宋安化郡庆阳军节度。本庆州军事,国初改安国

---

① 刘基编:《大明清类天文分野之书》卷二三,《四库全书存目丛书》,子部第60册,第741页下栏。
② 《金史》卷二六《地理志下》,第2册,第629页。
③ 刘基编:《大明清类天文分野之书》卷一二,《四库全书存目丛书》,子部第60册,第543页下栏。
④ 《金史》卷二六《地理志下》,第2册,第634页。
⑤ 刘基编:《大明清类天文分野之书》卷一二,《四库全书存目丛书》,子部第60册,第550页下栏。
⑥ 《金史》卷二六《地理志下》,第2册,第636页。
⑦ 刘基编:《大明清类天文分野之书》卷一二,《四库全书存目丛书》,子部第60册,第554页下栏。
⑧ 《金史》卷二六《地理志下》,第2册,第641页。
⑨ 刘基编:《大明清类天文分野之书》卷一三,《四库全书存目丛书》,子部第60册,第567页上栏。
⑩ 《金史》卷二六《地理志下》,第2册,第648页。
⑪ 刘基编:《大明清类天文分野之书》卷一三,《四库全书存目丛书》,子部第60册,第577页下栏。

军,后置定安军节度使兼总管,皇统二年置总管府。① (《分野之书》卷一三庆阳府环县条:金皇统二年置庆阳府。②)

《金志》各府条目下的等级与《金虏图经》相同。《金志》太原府、平阳府"置转运司",同于《金虏图经》"转运司十三处"的西京路"大同置司"、河东南路"平阳置司",③二者的沿革变化乃与《分野之书》金代内容基本吻合。

《金志》杂抄诸书,肯定不是根据单一地理文献编纂。我们初步揭示,《金志》不仅有"金实录"条文,而且糅合了两套不同的地理文献系统,除了已经明确的《金虏图经》外,还有与《分野之书》密切相关的内容。

四、金代州县沿革内容抄自《大元大一统志》系统说

《金志》记述全国行政地理结构完备,州县沿革、隶属关系颇为清晰,不过它与前后时代的《新唐书》《宋史》《元史》中《地理志》相比较,明显有一大阙失,即整体失载全国诸县等第。唐宋以来,依据"政治地位"和"户口"标准区分各县级别已成为通行制度,④金源亦承袭之。《金史·百官志》记载地方行政制度,"赤县谓大兴、宛平县""次赤县又曰剧县"及"诸县",并且有明确标准,"凡县二万五千户以上为次赤、为剧,二万以上为次剧,在诸京倚郭者曰京县。自京县而下,以万户以上为上,三千户以上为中,不满三千为下"。⑤《金志》平阳府临汾县有条小注"天会六年定临汾为次赤,余并次畿"可以与之印证。⑥

然而吊诡的是,整部《金志》仅有中山府曲阳、沂州临沂、密州诸城、济南府长清、宁海州文登、绛州正平及曲沃七县标注等级曰"剧",⑦其

---

① 《金史》卷二六《地理志下》,第 2 册,第 650 页。
② 刘基编:《大明清类天文分野之书》卷一三,《四库全书存目丛书》,子部第 60 册,第 585 页下栏。
③ 崔文印校证:《大金国志校证》卷三八《京府州军》,下册,第 538 页。
④ 参见齐子通:《宋代县望等级的划分标准探析》,《历史地理研究》2021 年第 2 期。
⑤ 《金史》卷五七《百官志三》,第 4 册,第 1314—1315 页。
⑥ 《金史》卷二六《地理志下》,第 2 册,第 634 页。
⑦ 《金史》卷二六《地理志下》,第 2 册,第 607、610、612、613、637 页。

余七百余县皆无此类记注。要知道,金源历朝多次纂修全国郡志,也不乏成熟的户口统计制度,若元朝史官根据这些档案编修,作为地理志一项重要要素的诸县等第,应不至于阙载严重。① 通观《金志》的整体风格其实详在叙述沿革,经深入探究,我们有幸在《大元大一统志》(简称《元一统志》)中找到了线索。

(一) 从《元一统志》佚文中探求《金史·地理志》的来源方向

《元一统志》始纂于至元二十二年(1285),至元三十一年成书,稍后重修,最终在大德七年(1303)定稿,凡一千三百卷。② 该书早已散佚,今从佚文中可以发现它与《金志》有关的蛛丝马迹。

第一,乾隆《钦定热河志》卷六一引《元一统志》川州条云:

> 金天眷二年川州属懿州。三年废咸康为镇,入宜民。大定初州废,隶咸平府。承安二年复置川州,治宜民县,仍升徽川寨为徽川县以隶之。后割属懿州,惟存宜民县。③

《金志》兴中府宜民县条:"大定六年降为宜民县,隶懿州。承安二年复置川州,改徽川寨为徽川县,为懿州支郡。泰和四年罢州及徽川县来属。"④两者叙述川州废置过程近乎一致。

第二,《永乐大典》卷五二〇〇引《元一统志》代州条云:

> 金天会六年改都督府为代州震武军,本州置西面制置经略使司,又置宣抚司,领宁化、火山二军,雁门、繁峙、五台、崞四县。元置宁化军,立巡检司入管州。火山军立巡检司,入保德州。繁峙升为坚州。崞县升为崞州。五台升为台州。不相统摄,惟存雁门一县。⑤

---

① 《金志》不仅仅阙失县等。据学者考证,金代普遍设立城市行政管理机构警巡院、录事司和司候司。这属于重要的地理建置,理应编入地理志,但同样不载。(参见韩光辉、魏丹、何文林:《〈金史·地理志〉城市行政建制疏漏及补正研究》,《地理学报》2012年第10期)

② 余元盦:《〈大元大一统志〉卷次之推测》,西北民族文化研究室编辑部:《西北民族文化研究丛刊》第1辑,上海永泰祥书店,1949年5月,第145—165页。

③ 孛兰肸等撰、赵万里校辑:《元一统志》卷二,中华书局,1966年,上册,第192页。

④ 《金史》卷二四《地理志上》,第2册,第561页。

⑤ 孛兰肸等撰、赵万里校辑:《元一统志》卷一,上册,第106页。

《永乐大典》同卷引《太原志》代州条叙金元沿革，亦抄袭《元一统志》，较上述佚文详细。① 《金志》代州条"天会六年置震武军节度使"及元领雁门、崞县、五台、繁畤，其中五台"贞祐四年三月升为台州"、繁畤"贞祐三年九月升为坚州"，②均与《元一统志》佚文记载相印证。

以上两例均系他书转引佚文，文字或因节略而有所残缺。下面不妨从《元一统志》残本中择要举例分析，原书卷五四八葭州条云：

（元符二年八月甲午）诏升为军，名曰晋宁，以临泉倚郭，定胡为属邑。金初为夏人所践。皇统二年复立军治，仍隶河东路，而临泉、定胡还属石州。大定元年升为州。二十三年闰十二月改为葭州。……贞元元年隶汾阳军节度。……管八寨：曰通秦、曰神泉、曰乌龙、曰吴堡、曰宁河、曰弥川、曰太和、曰神木。有通安、晋宁二堡，于通秦隶焉。永作、唐安二堡，于乌龙隶焉。漢川、弥川、靖川三堡，于弥川隶焉。通津，于神木隶焉。宁河，则本寨隶焉。正大三年改隶鄜延路。元领吴堡、弥川、通秦、葭芦四县，后又益以太和、建宁。③

《元一统志》这段详于《金志》，且二志相互契合。《金志》"本晋宁军，贞元元年隶汾州，大定二十二年升为晋宁州，二十四年更今名"及所辖八寨、九堡④与《元一统志》同。《元一统志》这条还涉及临泉、定胡两县在宋金时期隶属变动，《金志》石州临泉县"宋隶晋宁军"及孟门县"旧名定胡，明昌六年更。宋隶晋宁军"亦相合。⑤

又一例，《元一统志》卷五八六废西宁县条云：

本秦州甘泉堡。金大定二十二年十二月升为县。有司言延安府已有甘泉县，改为西宁县。贞祐四年十月升为州，以甘谷、鸡川、治平三县隶。治平，本德顺之一寨也。⑥

---

① 解缙等撰：《永乐大典》卷五二〇〇先字韵原字目，中华书局，1986年，第3册，第2254页下栏。
② 《金史》卷二六《地理志下》，第2册，第632—633页。
③ 孛兰肹等撰、赵万里校辑：《元一统志》卷四，下册，第372—373页。
④ 《金史》卷二六《地理志下》河东北路，第2册，第632页。
⑤ 《金史》卷二六《地理志下》河东北路，第2册，第632页。
⑥ 孛兰肹等撰、赵万里校辑：《元一统志》卷四，下册，第477页。

《金志》秦州西宁县"贞祐四年十月升为西宁州,以甘谷、鸡川、治平三县隶焉"与之雷同。志书又载德顺州治平县本治平寨,①与《元一统志》"治平,本德顺之一寨也"契合。

再残本《元一统志》卷五八五兰州条谓元丰四年(1081)九月乙酉李宪收复兰州:"又乞置龛谷寨东关、皋兰二堡。六年又置阿干、西关二堡。""崇宁三年收复兰泉,置县以为之属。"其下又记载金代沿革:

  金置定远、定羌城。大定二十二年升龛谷、阿干、定远为县。正大三年州陷河西,以龛谷为金州治所,定远属焉。②

对比《金志》,兰州三县定远、龛谷(宋旧寨)、阿干(宋旧寨),与《元一统志》大定二十二年条合;"城二宁远、安羌"当指"金置定远、定羌城",后者名称"宁""定"当系文献传抄之歧异;堡三"东关""质孤"及"西关"沿袭宋旧名,③仍与《元一统志》相符。

另外,《元一统志》卷五八六会州条:"金大定二十二年十二月置保川县,而旧县名并废矣。明年陷于河西,侨治州之西南一百里会川城,名新会州。"④《金志》会州条"旧有会川城"即指此地。⑤ 又《元一统志》会州保川县条:

  金大定二十二年置县。明年会州陷于河西,迁州治于会川城而县属如故。金末兵乱地荒。

废保川县条:

  有二乡及会宁镇、会川城。宋元符三年收复会州,筑保川城。至金大定二十二年,户有三千三百五十一,遂升为县。

废通安寨条:

  又有平西寨,皆属会州。金大定二十三年会州及平西寨陷于河西,别于会川城置新会州,惟存通安一寨。

---

① 《金史》卷二六《地理志下》,第 2 册,第 646—647 页。
② 孛兰肹等撰、赵万里校辑:《元一统志》卷四,下册,第 468 页。
③ 《金史》卷二六《地理志下》,第 2 册,第 654 页。
④ 孛兰肹等撰、赵万里校辑:《元一统志》卷四,下册,第 474 页。
⑤ 《金史》卷二六《地理志下》,第 2 册,第 655 页。

会安关条：

  金大定八年十二月改为会安关，嫌与会宁县同名也。①

上文详细记载金时期保川县、通安寨等地沿革建置，《金志》保川县及"寨二：平西、通安。关一：会安，旧作会宁"正与此对应。②

  综上考证，《钦定热河志》川州条、《永乐大典》代州条及《元一统志》残卷葭州条、废西宁县条、兰州条、会州条均与《金志》印证，并且对金源州县记载颇为详细。《金志》与《元一统志》有关金代内容相重合，还有中都路条，详见表五。

表五 《金志》诸书所载燕京制度对照表

《金志》	《元一统志》系统文献
中都路条：辽会同元年为南京，开泰元年号燕京。海陵贞元元年定都，以燕乃列国之名，不当为京师号，遂改为中都	辽会同元年升幽州为南京，幽都府仍名卢龙军。统和二十二年改幽都为析津府，开泰元年复更府名，号燕京。金天辅五年议割燕云旧地遗宋，宋宣和四年改燕山府，升永清军节度，实未受地，五年复归金。天会三年复称燕京，贞元元年遂徙都于燕，改号中都，仍名永安，以析津府为大兴府（《分野之书》卷二三北平府）
大兴府：晋幽州，辽会同元年升为南京，府曰幽都，仍号卢龙军，开泰元年更为永安析津府。天会七年析河北为东、西路时属河北东路，贞元元年更今名	
中都路条：天德三年，始图上燕城宫室制度，三月，命张浩等增广燕城。城门十三，东曰施仁、曰宣曜、曰阳春，南曰景风、曰丰宜、曰端礼，西曰丽泽、曰颢华、曰彰义，北曰会城、曰通玄、曰崇智、曰光泰。浩等取真定府潭园材木，营建宫室及凉位十六（卷二四）	天德三年，海陵意欲徙都于燕。上书者咸言上京临潢府僻在一隅，官艰于转漕，民难于赴诉，不如都燕以应天地之中。言与意合。**乃命左右丞相张浩、张通、左丞蔡松年调诸路民夫筑燕京，制度如汴**。诏曰："燕本列国之名，今立京师不当称燕京，改号中都，以析津府为大兴府。"（《钦定日下旧闻考》卷三七引《元一统志》）

注：黑字体为内容雷同的部分。

---

① 孛兰肹等撰、赵万里校辑：《元一统志》卷四，下册，第 476—477 页。
② 《金史》卷二六《地理志下》，第 2 册，第 655 页。

《钦定日下旧闻考》引《元一统志》详细叙述天德三年营建燕京事,①而《金志》删削迁都诏书等相关内容,约略抄之。此外,志书"城门十三"云云也有迹可循。元末熊梦祥编《析津志》有一段关于燕京制度的记载:

> 辽开泰元年,始号为燕京。海陵贞元元年定都,号为中都。天德三年,始图上燕城宫阙制度。三月,命张浩等增广燕城。城之门制十有二:东曰施仁、宣曜、阳春,南曰景风、丰宜、端礼,西曰丽泽、灏华、彰义,北曰会城、通玄、崇智。改门曰清怡,曰光泰。浩等取真定府潭园材木营造宫室及凉位十六。②

《析津志》明显节抄《元一统志》,所载"城之门制"亦如此。《金志》与这段文字同样雷同,四方各三门名称及顺序完全契合。③ 不过《析津志》作"改门曰清怡,曰光泰","改门"不知何义,④《金志》不取清怡门,又将光泰门列作北面城门,结果改写成十三门。这是《金志》直接改编《元一统志》的又一旁证。

关于金中都建置,《分野之书》同样提及,这与上面《分野之书》与《金志》互证情况一致。研究指出,洪武十七年(1384)官修《分野之书》,洪武以前沿革及建置抄自《元一统志》。⑤ 根据《金志》分别与《分野之书》《元一统志》佚文重合的情况,再结合既有论证,可以认为元末编纂金代地理志很有可能取资《元一统志》系统。

(二)《大明清类天文分野之书》所载金代地理

《分野之书》大量涉及辽金元地理沿革内容,这对于探索《辽史》

---

① 于敏中等编纂:《钦定日下旧闻考》卷三七《京城总纪》引《元一统志》,北京古籍出版社,1981年,第2册,第588页。

② 于敏中等编纂:《钦定日下旧闻考》卷三七《京城总纪》引《析津志》,第2册,第586—587页。

③ 张棣《金虏图经·京邑》云:"都城之门十二,每一面分三门,一正两偏焉。"(徐梦莘:《三朝北盟会编》卷二四四引《金虏图经》,第1750页下栏—1751页上栏)

④ 参见于杰、于光度:《金中都》,北京出版社,1989年,第20—23页。

⑤ 王颋:《〈元史·地理志〉资料探源》,《历史地理》第8辑,上海人民出版社,1990年,第221—229页。韩道英:《〈大明清类天文分野之书〉考释与历代"星野"变迁》,暨南大学硕士学位论文,2008年5月,第10—17页。

《金史》《元史》的《地理志》史源问题具有重要参考意义。① 王颋较早发掘《分野之书》之史料价值,用于补正金代地理,② 可惜没有探讨它与《金志》的文献关系。我们系统整理《分野之书》有关金代地理的内容,将其与《金志》逐条比较,现分为两种情况讨论:一是两书所记金代沿革相同,具有近乎一致的史文;二是两者内容互有参差,《分野之书》还有许多细节逸出《金志》之外。

表六 《金志》《分野之书》所记金代州县沿革对照表

编号	地名	《金志》	《分野之书》
1	咸平府	国初为咸州路,置都统司。天德二年八月,升为咸平府,后为总管府(卷二四)	金为咸州,天德二年升为咸平府(卷二四咸平府)
2	盖州秀岩县	本大宁镇,明昌四年升。泰和四年废为镇,贞祐四年复升置(卷二四)	明昌四年升大宁镇为秀岩来属,后复改盖州,属东京(卷二四盖州卫)
3	大定府	统和二十五年建为中京,国初因称之。海陵贞元元年更为北京(卷二四)	辽统和二十四年即奚王创置城阙,号曰中京大定府。金初因之,海陵贞元元年迁都于燕,遂改此为北京大定府(卷二四大宁路)
4	大定府神山县	章宗承安二年尝置惠州,升孩儿馆为滦阳县,以隶之。泰和四年罢州及滦阳县(卷二四)	天辅五年州罢为惠和县,承安二年复置,治神山县(卷二四大宁路惠河县)
5	大定府金源县	唐青山县,辽开泰二年置,以地有金甸为名(卷二四)	唐属青山县,辽开泰二年徙其部落于涿州范阳县。金置金源县,取金甸子以为名(卷二四大宁路金源县)
6	大定府三韩县	太祖天辅七年以高州置节度使,皇统三年废为县,承安三年复升为高州,置刺史,为全州支郡,分武平、松山、静封三县隶焉。泰和四年废(卷二四)	金天眷中省州存县,承安三年复置州,析武平、松山等县来属(卷二四高州)

---

① 参见苗润博:《〈辽史〉探源》,第 211—237 页。
② 王颋:《完颜金行政地理》,第 3 页。

(续表)

编号	地名	《金志》	《分野之书》
7	利州龙山县	辽故潭州广润军县故名,熙宗皇统三年废州来属(卷二四)	辽开泰二年建为潭州。金皇统间改为龙山县,属利州(卷二四大宁路龙山县)
8	义州	辽宜州,天德三年更州名(卷二四)	金天德三年□□□□□州(卷二四义州)
9	瑞州	本来州,天德三年更为宗州,泰和六年以避睿宗讳,谓本唐瑞州地,故更今名(卷二四)	金天德三年改为宗州,太(泰)和六年复改瑞州(卷二四瑞州)
10	兴中府宜民县(川州)	大定六年降为宜民县,隶懿州。承安二年复置川州,改徽川寨为徽川县,为懿州支郡。泰和四年罢州及徽川县来属(卷二四)	金天眷二年升州为刺史,属懿州。大定初州罢,隶咸平府。承安二年复置川州,仍属懿州(卷二四川州)
11	大同府	怀仁辽析云中置,贞祐二年五月升为云州(卷二四)	辽改为怀仁县。金升为云州(卷一一大同府怀仁县)
12	丰州	皇统九年升为天德总管府,置西北路招讨司,①以天德尹兼领之(卷二四)	金为天德军□度,又置招讨□(卷一二丰州)
13	桓州	军兵隶西北路招讨司。明昌七年改置刺史(卷二四)	(金)于此置桓州,属西京威远军节度使(卷二三桓州)
14	抚州	章宗明昌三年复置刺史,为桓州支郡,治柔远。明昌四年置司候司。承安二年升为节镇,军名镇宁(柔远县)大定十年置于燕子城,隶宣德州,明昌三年来属(卷二四)	金置柔远镇,大定十年升为县,属宣德州。明昌三年升为抚州,属西京。承安三年升州之新城镇为威宁县,其年又升为镇宁军(卷二三隆兴路)

---

① "西北",点校本《金史》改作"西南"(参见卷二四校勘记四十二,第2册第583页)。相关讨论详见第六节。

三 《金史·地理志》文献系统与金源政区地理再认识　133

（续表）

编号	地名	《金志》	《分野之书》
15	抚州威宁县	承安二年以抚州新城镇置（卷二四）	金本新城镇，初属宣德府。大安初与西京平地县同置，承安三年升新城镇为威宁县（卷二三隆兴路威宁县）
16	德兴府	大安元年升为府，名德兴（卷二四）	金大安元年升为德兴府（卷二三奉圣州）
17	德兴府德兴县	旧名永兴县，大安元年更名（卷二四）	金大安元年升为德兴府，县居郭下（卷二三奉圣州永兴县）
18	宣德州	大定七年更为宣化州，八年复更为宣德（卷二四）	金天眷二年改宣德州，隶大同府。大定七年改宣化州，又明年复改为宣德州（卷二三宣德府）
19	宣德州宣平县	承安二年以大新镇置，以北边用兵尝驻此地也（卷二四）	金本宣德县之大新镇，承安二年以大新镇为宣平县（卷二三宣德府宣平县）
20	中都路	海陵贞元元年定都，以燕乃列国之名，不当为京师号，遂改为中都（卷二四）	天会三年复称燕京，贞元元年遂徙都于燕，改号中都，仍名永安，以析津府为大兴府（卷二三北平府）
	大兴府	贞元元年更今名（卷二四）	
21	大兴府宝坻县	本新仓镇，大定十二年置，以香河县近民附之。承安三年升置盈州，为大兴府支郡，以香河、武清隶焉。寻废州（卷二四）	金初为新仓镇，大定十二年始为县，取境内产盐，故名宝坻。承安三年置盈州。泰和四年州罢复县，仍名宝坻（卷二三通州宝坻县）
22	大兴府香河县	辽以武清县之孙村置（卷二四）	辽本武清孙村地，置香河县，属析津府。金初属大兴府，承安三年属盈州（卷二三北平府香河县）
23	通州	天德三年升潞县置，以三河隶焉。兴定二年五月升为防御（卷二四）	金天德中改黎阳之通州为濬州，以此县升为通州（卷二三通州）

(续表)

编号	地名	《金志》	《分野之书》
24	通州潞县	晋县名（卷二四）	金天德中置通州，以县属焉（卷二三通州潞县）
25	蓟州平峪县	大定二十七年，以渔阳县大王镇升（卷二四）	唐为大王镇，亦属渔阳。金大定二十七年立县存汉旧名（卷二三蓟州平峪县）
26	涿州定兴县	大定六年以范阳县黄村置，割涞水、易县近民属之（卷二四）	金大定七年创置城郭，名定兴县，属涿州（卷二三保定府定兴县）
27	涿州奉先县	大定二十九年置万宁县以奉山陵，明昌二年更今名（卷二四）	金明昌元年析良乡、宛平、范阳三县地置邑，名奉先（卷二三涿州房山县）
28	顺州温阳县	旧名怀柔，明昌六年更（卷二四）	金仍为州，置温阳县（卷二三北平府顺义县）
29	平州	天辅七年以燕西地与宋，遂以平州为南京，以钱帛司为三司。天会四年复为平州，尝置军帅司（卷二四）	金天辅七年升为南京，天会四年复为平州，升兴平军节度，仍隶中都路（卷二三永平府）
30	平州抚宁县	本新安镇，大定二十九年置（卷二四）	辽初置新安镇，属平州。金大定二十九年升为抚宁县，仍属平州（卷二三永平府抚宁县）
31	平州迁安县	大定七年更今名（卷二四）	金大定七年改迁安县，属平州（卷二三永平府迁安县）
32	平州昌黎县	皇统二年降州来属，大定二十九年以与广宁府重，故更今名（卷二四）	金皇统二年降广宁县，大定二十九年改昌黎郡，属平州（卷二三永平府昌黎县）
33	雄州	天会七年置永定军节度使。隶河北东路，贞元二年来属（卷二四）	金天会七年升为永定军节度，属河间路。贞元二年隶中都路，属燕京（卷二三保定府雄县）

（续表）

编号	地名	《金志》	《分野之书》
34	雄州容城县	泰和八年割隶安州，贞祐二年隶安肃州（卷二四）	金贞祐二年改属安肃州（卷二三保定府容城县）
35	霸州	隶河北东路，贞元二年来属（卷二四）	金天会七年置信安军，属河间路。贞元二年属中都路（卷二三霸州）
36	霸州益津县	大定二十九年创置，倚郭（卷二四）	金大定二十九年改为益津县（卷二三霸州益津县）
37	保州	顺天军节度使。宋旧军事，天会七年置顺天军节度使，隶河北东路，贞元二年来属（卷二四）	金天会七年改顺天军，属河间路。贞元二年属中都路（卷二三保州府）
38	保州清苑县	宋名保塞，大定十六年更（卷二四）	宋建隆元年改为保塞县……。金大定十六年复置清苑县（卷二三保州府清苑县）
39	保州满城县	大定二十八年以清苑县塔院村置（卷二四）	金大定二十八年析清苑县，复置满城县，属保州（卷二三保州府满城县）
40	安州	天会七年升为安州，隶河北东路，后置高阳军。大定二十八年徙治葛城，因升葛城为县，作倚郭。泰和四年改浑泥城为渥城县，来属，八年移州治于渥城，以葛城为属县（卷二四）	金天会七年改为安州，治高阳县，属中都路。泰和八年迁治渥城县（卷二三安州）
41	安州渥城县	泰和四年置（卷二四）	金本容城县地，泰和元年于浑泥城置新安州，四年置渥城县（卷二三安州新安县）
42	安州高阳县	泰和八年正月改隶莫州，四月复（卷二四）	金初属安州，未几属莫州。泰和八年仍属安州（卷二三安州高阳县）

（续表）

编号	地名	《金志》	《分野之书》
43	遂州	天会七年改为遂州，隶河北东路，贞元二年来隶，号龙山郡。泰和四年废为遂城县，隶保州，贞祐二年复置州（卷二四）	金天会七年改遂州，治遂城县，属中都路。泰和四年州废，以县属保州（卷二三遂州）
44	安肃州	天会七年升为徐州，军如旧，隶河北东路，贞元二年来属。天德三年改为安肃州，军名徐郡军。大定后降为刺郡，废军（卷二四）	金置安肃县，属中都路。天会七年为徐州，天德二年为安肃州（卷二三保定府安肃县）
45	开封府通许县	宋名咸平，大定二十九年以与咸平府重，更（卷二五）	金大定二十九年改为通许县，属开封府（卷二一开封府通许县）
46	开封府杞县	宋雍丘县，杞国也，正隆后更今名（卷二五）	金世宗大定初改雍丘为杞县（卷二二杞县）
47	睢州	国初犹称拱州，天德三年更（卷二五）	金天德三年八月改为睢州，以《水经》睢口故也，属开封府路（卷二二睢州）
47	睢州	国初犹称拱州，天德三年更（卷二五）	金天德三年改拱州为睢州，而县属仍旧。正大末以兵火所毁，遂省入襄城（卷二二睢州柘城县）
48	归德府睢阳县	宋名宋城，承安五年更名（卷二五）	金承安五年改为睢阳（卷二二归德府睢阳县）
49	单州	贞祐四年二月升为防御，兴定五年二月置招抚司，以安集河北遗黎（卷二五）	金皇统元年以地里近归德，故改属归德府。贞祐四年升为防御州（卷二二济宁府单县）
50	陕州	皇统二年降为防御，贞祐二年七月升为节镇（卷二五）	金皇统三年罢保义军节度，止为陕州，贞祐三年改西安军（卷一七陕州）

（续表）

编号	地名	《金志》	《分野之书》
51	河南府	初置德昌军,兴定元年八月升为中京,府曰金昌(卷二五)	金兴定元年间又升为中京金昌府,五年罢(卷一七河南府)
52	嵩州	旧名顺州,天德三年更(卷二五)	金天德三年六月改为嵩州,以州在嵩岳之西也(卷一七河南府嵩县)
53	钧州	旧阳翟县,伪齐升为颍顺军。大定二十二年升为州,仍名颍顺,二十四年更今名(卷二五)	金伪齐为颍顺军,大定二十二年改为顺州,明年改为钧州(卷一七钧州)
53	阳翟	倚(卷二五)	金大定二十三年置顺州,以阳翟为倚郭县(卷一七钧州阳翟县)
54	蔡州	泰和八年升为节度,军曰镇南(卷二五)	金皇统初降为防御州,泰和八年升为镇南军(卷二一汝宁府)
55	泗州睢宁县	兴定二年四月以宿迁县之古城置。又有淮滨,兴定二年四月以桃园置,元光二年四月废(卷二五)	金兴定二年始以邳州宿迁县之古城为睢宁县,古城乃汉睢陵故地也,隶泗州,未几属邳州(卷一〇邳州睢宁县)
55			金本淮阳军,即邳州宿迁县之桃源镇。兴定二年升为淮滨县,属泗州,后罢(卷一〇桃源县)
56	郑州管城县	倚。贞祐四年更名故市(卷二五)	金贞祐二年改县为洧川,又改故市县(卷二一郑州管城)
57	蠡州	宋永宁军,国初因之,天会七年升为宁州博野郡军,天德三年更为蠡州(卷二五)	金初为宁州,天会七年升为博野郡,天德三年仍改蠡州(卷二三保定府蠡县)

(续表)

编号	地名	《金志》	《分野之书》
58	莫州	贞祐二年五月降为鄭亭县县一：任丘（卷二五）	金贞祐二年置莫亭县（卷二三莫州莫亭县）
			金置莫亭、任丘二县，属河北东路（卷二三莫州）
			金置莫亭，任丘并属莫州（卷二三河间府任丘县）
59	献州	本乐寿县，天会七年升为寿州，天德三年更今名（卷二五）	金天会七年改寿州，天德三年复更为献州，以河间献王都故名（卷二三河间府献县）
60	冀州	天会七年仍旧置安武军节度（卷二五）	金天会七年为武安军，属河间路（卷一一冀州）
61	景州	国初升为景州，贞元二年来属。大安间更为观州，避章庙讳也（卷二五）	金天会七年仍升为景州，崇庆（中阙）避章宗嫌名而改为观州焉（卷二三景州）
62	真定府获鹿县	兴定三年三月升为镇宁州，权河北西路，以经略使武仙驻焉（卷二五）	金兴定初改为镇宁州（卷一一真定府获鹿县）
63	真定府阜平县	明昌四年以北镇置（卷二五）	金初改为北镇，明昌四年置阜平县（卷一一真定府阜平县）
64	威州	天会七年以井陉县升，置陉山郡军，后为刺郡（卷二五）	金天会七年始置治于井陉县，曰威州，属真定府（卷一一广平府威县）
			金天会七年置威州，治□□（卷一一真定府井陉县）
65	沃州	天会七年改为赵州，天德三年更为沃州，盖取水沃火之义，军曰赵郡军。后废军（卷二五）	金天会七年仍为赵州，天德三年又改为沃州（卷一一赵州）

（续表）

编号	地名	《金志》	《分野之书》
66	洺州	天会七年以守边置防御使（卷二五）	金属河北西路，天会七年置防御使（卷一一广平府）
67	洺州广平县	本魏县，大定七年更（卷二五）	金大定七年并魏县地，置广□县，属洺州（卷一一广平府广平县）
68	彰德府林虑县	旧林虑镇，贞祐三年十月升为林州，置元帅府（卷二五）	金贞祐□年升为□州（卷九彰德府林县）
69	中山府	天会七年降为定州博陵郡定武军节度使，后复为府（卷二五）	金天会七年复为定州，军名如旧。太和六年改为中山府（卷一一定州）
70	中山府永平县	贞祐二年四月升为完州（卷二五）	金更为永平县，贞祐三年改为完州，属真定路（卷二三保州府完县）
71	濬州	天会七年以边境置防御使。皇统八年，嫌与宗峻音同，更为通州，天德三年复（卷二五）	金皇统八年改为通州。天德三年复为濬州，属河北西路，隶省部（卷九大名府濬县）
72	卫州	宋汲郡，天会七年因宋置防御使，明昌三年升为河平军节度，治汲县，以滑州为支郡。大定二十六年八月以避河患，徙于共城。二十八年复旧治。贞祐二年七月城宜村，三年五月徙治于宜村新城，以胙城为倚郭。正大八年以石甃其城（卷二五）	金大定二十九年改为河平军节度，贞祐二年移治宜村，以胙城县为附郭邑（卷九卫辉府）
73	卫州苏门县	本共城，大定二十九年改为河平，避显宗讳也。明昌三年改为今名。贞祐三年九月升为辉州，兴定四年置山阳县隶焉（卷二五）	金世宗改为河平县，又改为苏门。宣宗升为辉州。因州之百泉有威惠王殿曰清辉，故名（卷九卫辉府辉县）

(续表)

编号	地名	《金志》	《分野之书》
74	卫州胙城县	本隶南京,海陵时割隶滑州,泰和七年复隶南京,八年以限河来属。**贞祐五年五月为卫州倚郭,增置主簿**。兴定四年以修武县重泉村置县,来隶(卷二五)	金属卫州。贞祐中南迁于河岸宜村,复建元帅府,以胙城为倚郭(卷九卫辉府胙城县)
75	滑州	大定六年割隶大名府(卷二五)	金皇统六年属开封府,大定七年属大名府(卷九大名府滑县)
76	莒州	大定二十二年升为城阳州,二十四年更今名(卷二五)	金大定中复为莒州,属益都府(卷一〇莒州)
77	宁海州	本宁海军,大定二十二年升为州。 县二:牟平、文登(卷二五)	金刘豫以牟平县立宁海军。大定二十二年升为宁海州,属山东东路(卷八宁海州)
			金以县立宁海军,后升为宁海州,属山东东路(卷八宁海州牟平县)
			金皇统年间属宁海军,大定间改宁海州,文登县仍属焉(卷八宁海州文登县)
78	东平府汶上县	本名中都,贞元元年更为汶阳,泰和八年更今名(卷二五)	金贞元初改名汶阳县,泰和八年改为汶上县(卷九东平州汶上县)
79	东平府寿张县	大定七年河水坏城,迁于竹口镇,十九年复旧治(卷二五)	金大定六年徙治于竹口镇,二十年复旧治(卷九东平州寿张县)
80	济州	天德二年徙治任城县,分巨野之民隶嘉祥、郓城、金乡三县(卷二五)	金天德二年城为黄水所圮,迁州于任城,析钜野民户入嘉祥、金乡、郓城三县(卷二二济宁府)

（续表）

编号	地名	《金志》	《分野之书》
			金天德年间迁州治于任城，为水患故也，钜野县省，属郓州（卷二二济宁府钜野县）
			金天德二年迁治任城（卷二二济宁府济州）
			金天德三年迁济州治于任城（卷二二济宁府任城县）
81	济州郓城县	大定六年五月徙治盘沟村以避河决（卷二五）	金大定四年徙置盘沟村（卷二二济宁府郓城县）
82	兖州	泰定军节度使。宋袭庆府鲁郡。旧名泰宁军，大定十九年更（卷二五）	金天会五年仍为兖州，复为泰宁军，大定十九年改泰定军（卷一○兖州）
83	泰安州	本泰安军，大定二十二年升（卷二五）	金置泰宁军。大定十九年改为泰安军，二十二年升为州，属泰定军，今兖州是也（卷八泰安州）
84	曹州东明县	初隶南京，后避河患，徙河北冤句故地。后以故县为兰阳、仪封，有旧东明城（卷二五）	金因水徙于济阴县西墟，以立城郭，亦属开封府（卷九开州东明县）
			金析东明六乡为县，取其首乡曰兰阳以名之。又曰东明镇，旧有兰阳废城也（卷二二睢州兰阳县）
85	开州	皇统四年复更今名（卷二六）	金天会初复为澶州，皇统四年改为开州（卷九开州）
86	太原府徐沟县	本清源县之徐沟镇，大定二十九年升（卷二六）	金以清源之徐沟镇为县，又分平晋、榆次县地益之，属太原路（卷一二太原府徐沟县）

（续表）

编号	地名	《金志》	《分野之书》
87	太原府寿阳县	兴定二年九月尝割隶平定州（卷二六） 晋州。兴定四年正月以寿阳县西张寨置（卷二六）	金兴定二年以县之西张寨置晋州，寻移治清源，而此县仍属太原郡（卷一二太原府寿阳县） 金兴定四年置晋州，寻迁治于此。金末复为县，属太原（卷一二太原府清源县）
88	平定州	本宋平定军，大定二年升为州①（卷二六）	金大定二十二年改军为平定州（卷一二平定州）
89	平定州乐平县	兴定四年正月升为皋州（卷二六）	金兴定三年升为皋州，县仍隶焉（卷一二平定州乐平县）
90	汾州	天会六年置汾阳军节度使，后又置河东、南、北路提刑司（卷二六）	金天会六年置汾阳军节度（卷一二汾州）
91	石州宁乡县	旧名平夷，明昌六年更（卷二六）	金明昌六年改为宁乡县（卷一二石州宁乡县）
92	代州	天会六年置震武军节度使。贞祐二年四月侨置西面经略司，八月罢（卷二六）	金天会六年改都督府，为代州震武军（卷一二代州）
93	代州五台县	贞祐四年三月升为台州（卷二六）	金贞祐四年升为台州，属太原路（卷一二代州五台县）
94	代州繁畤县	贞祐三年九月升为坚州（卷二六）	金改名坚州，属太原路（卷一二代州繁畤县）
95	岚州	天会六年置镇西节度使（卷二六）	金升为镇西军节度（卷一二岢岚州岚县）
96	管州	本宋宪州静乐郡，天德三年更。兴定三年升为防御（卷二六）	金改宪州为静乐郡，天德三年复改为管州（卷一二太原府静乐县）

---

① 点校者指出，疑"大定"下脱"二十"二字。（卷二六《地理志》校勘记七，第 2 册第 656—657 页）

三 《金史·地理志》文献系统与金源政区地理再认识　143

（续表）

编号	地名	《金志》	《分野之书》
97	平阳府	本晋州，初为次府，置建雄军节度使。**天会六年升总管府**，置转运司（卷二六）	金初为平阳府，天会六年于平阳府置河东南路总管（卷一二平阳府）
98	平阳府霍邑县	**贞祐三年七月升为霍州**，以赵城、汾西、灵石隶焉。**兴定元年七月升为节镇，军曰镇定**（卷二六）	金贞祐二年升霍州，以霍邑为倚郭县（卷一二霍州霍邑县）
			金贞祐二年改属霍州（卷一二霍州）
99	河中府	天会六年降为蒲州，置防御使。**天德元年升为河中府**，仍旧护国军节度使（卷二六）	金天德元年复为河中府（卷一二蒲州）
100	河中府荣河	**贞祐三年升为荣州**，以河津、万泉隶焉（卷二六）	金贞祐二年改为荣州（卷一二蒲州荣河县）
101	绛州翼城县	兴定四年七月升为翼州，以垣曲、绛县隶焉。元光二年升为节镇，军曰翼安（卷二六）	金兴定三年改为翼州（卷一二平阳府翼城县）
102	解州	**贞祐三年复升为节镇，军名宝昌**。兴定四年徙治平陆县（卷二六）	金贞祐三年升为宝昌军节度（卷一二解州）
103	潞州	天会六年，节度使兼潞南辽沁观察处置使（卷二六）	金天会七年复为潞州昭义军节度（卷一二潞州）
104	潞州涉县	**贞祐三年七月升为崇州**，以黎城县隶焉。四年八月以残破复为县。兴定五年九月复升为州（卷二六）	金贞祐三年升为崇州，后复为县。兴定五年复立崇州（卷一一磁州涉县）
105	孟州	天会六年降河阳府为孟州，置防御，守盟津（卷二六）	金天会六年改置孟州防御使。<u>大定二十七年城为黄河水所害，□城筑今城，徙治焉。土人谓之上孟州，兴定三年复治故城，土人谓之下孟州</u>（卷二一颍州孟县）

(续表)

编号	地名	《金志》	《分野之书》
106	京兆府咸宁县	倚。**本万年，后更名。**泰和四年废，寻复（卷二六）	金大定二十一年改为咸宁（卷一三西安府咸宁县）
107	乾州	宋尝改为醴州，天德三年复（卷二六）	金天德三年改醴州复为乾州（卷一三乾州）
108	乾州武亭县	**本武功，大定二十九年以嫌显宗讳更**（卷二六）	金大定二十九年改为武亭县，□□□□故名（卷一三乾州武功县）
109	同州韩城县	**贞祐三年升为桢州，以合阳县隶焉**（卷二六）	金贞祐三年改为桢州。（合阳县）金割属桢州，后复属同州（卷一三同州）
110	华州	宋华阴郡镇潼军节度，治郑，国初因之，后置节度使，皇统二年降为防御使。**贞祐三年八月升为节镇，军曰金安，以商州为支郡**（卷二六）	金升为金安军节度，以商州来属（卷一三华州）
111	凤翔府凤翔县	**旧名天兴县，大定十九年更**（卷二六）	金大定中改天兴县曰凤翔（卷一三凤翔府凤翔县）
112	凤翔府盩厔县	**贞祐四年升为恒州，以鄠县隶焉**（卷二六）	金贞祐四年升为恒州，以盩厔、终南、鄠县隶焉（卷一三西安府盩厔县）
113	镇戎州	本镇戎军，**大定二十二年为州，二十七年来属**（卷二六）	金大定二十二年升为镇戎州（卷一三平凉府开城县）
114	镇戎州东山县	**本东山寨**（卷二六）	宋本镇戎地，咸平三年置东山寨。金大定二十二年升为县，隶镇戎州防御使（卷一三广安州）
115	庆阳府	国初改安国军，后置定安军节度使兼总管，**皇统二年置总管府**（卷二六）	金皇统二年置庆阳府（卷一三庆阳府环县）

三 《金史·地理志》文献系统与金源政区地理再认识　145

（续表）

编号	地名	《金志》	《分野之书》
116	巩州定西县	**贞祐四年六月升为州，以通西、安西隶焉。镇一盐川**（卷二六）	金大定二十三年改为定西县，<u>隶巩州</u>。贞祐四年升为定西州（卷一三巩昌府安定县）
			金升为盐川镇（卷一三巩昌府鄜县）

注：两书内容相同者，仅《金志》字体加黑；《分野之书》多出的细节内容以下划线标示。

尽管《金志》《分野之书》叙述州县沿革有些条目表现出纪年差异，如《金志》东平府曹州："本隶南京，泰和八年来属。大定八年城为河所没，迁州治于古乘氏县。"①《分野之书》卷二二济宁府曹县条："金罢，复降为曹州。大定二十八年河决，移治于东北七十里故乘氏废县地，今州是也。泰和八年割属东平府。"②但通过文字能明显看出这两条内容高度相似。而表六统计出的116条，更能充分表明两者密切相关，所叙沿革皆可关照。典型条目如下：

第40条：《金志》安州"大定二十八年徙治葛城，因升葛城为县，作倚郭"，其下葛城县即云"大定二十八年置"；安州下文复云"泰和四年改混泥城为渥城县，来属，八年移州治于渥城，以葛城为属县"，渥城县记作"倚。泰和四年置"。③ 此与《分野之书》卷二三安州及新安县、葛城县条均一一相合。④

第55条：《分野之书》卷一〇睢宁县条"金兴定二年始以邳州宿迁县之古城为睢宁县，古城乃汉睢陵故地也，隶泗州，未几属邳州"；桃源县条"金本淮阳军，即邳州宿迁县之桃源镇。兴定二年升为淮滨县，属

---

① 《金史》卷二五《地理志中》，第2册，第617页。
② 刘基编：《大明清类天文分野之书》卷二二，《四库全书存目丛书》，子部第60册，第735页上栏。
③ 《金史》卷二四《地理志上》，第2册，第577—578页。
④ 刘基编：《大明清类天文分野之书》卷二三，《四库全书存目丛书》，子部第60册，第739页下栏—740页上栏。

泗州,后罢"。①《金志》泗州睢宁县注文将此合并为一条云:"兴定二年四月以宿迁县之古城置。又有淮滨,兴定二年四月以桃园置,元光二年四月废。"②但《金志》所载不及《分野之书》详细。

经过与《分野之书》比较可见,《金志》像第55条这样的删削情况非常多见。如第80条:《分野之书》济宁府条内容,并分别见于钜野县条、任城条、济州条,③《金志》济州条文字与此高度雷同,而任城等县条目则删之。④这当然是为求简略,但往往造成地理信息阙失,如第112条《分野之书》卷一三西安府盩厔县条:"金贞祐四年升为恒州,以盩厔、终南、鄠县隶焉。"⑤《金志》盩厔条只称"贞祐四年升为恒州,以鄠县隶焉",凤翔府鄠县、京兆府终南县两条下皆不书改隶恒州事。⑥表六中的116条内容互有详略,但《金志》所记均能从《分野之书》中找到相应的记载。

就内容多寡而言,《金志》的绝对数量当然要多于《分野之书》,但后者不乏独家材料,格外值得关注。仅在表六两书相合条目中,《分野之书》第4条大宁路惠河县条、第10条川州条、第13条桓州条、第15条隆兴路威宁县条、第18条宣德府条、第20条北平府条、第24条通州潞县条、第35条霸州条、第41条安州新安县条、第47条睢州柘城县条、第49条济宁府单县条、第51条河南府条、第53条钧州阳翟县条、第54条汝宁府条、第56条郑州管城条、第69条定州条、第75条大名府滑县条、第77条宁海州牟平县和文登县条、第82条兖州条、第85条开州条、第105条颍州孟县条、第114条广安州条及第116条巩昌府安定县条有关史文,皆为《金志》所不载。除此之外,我们还能从《分野之书》独立于《金史》记载的其他条目中统计出大量的金代地志史料,大体分为三类。

---

① 刘基编:《大明清类天文分野之书》卷一〇,《四库全书存目丛书》,子部第60册,第521页上栏、第522页下栏。
② 《金史》卷二五《地理志中》,第2册,第599页。
③ 刘基编:《大明清类天文分野之书》卷二二,《四库全书存目丛书》,子部第60册,第733页下栏—734页上栏、第736页上下栏。
④ 《金史》卷二五《地理志中》,第2册,第614页。
⑤ 刘基编:《大明清类天文分野之书》卷一三,《四库全书存目丛书》,子部第60册,第569页上条。
⑥ 《金史》卷二六《地理志下》,第2册,第641、645页。

三 《金史·地理志》文献系统与金源政区地理再认识 147

第一类,金代新立州县命名之缘由。表六沿革相合的条目中,《分野之书》通州宝坻县"取境内产盐,故名宝坻"(第 21 条)、睢州"以水经睢口故也"(第 47 条)、嵩州"以州在嵩岳之西也"(第 52 条)、献州"以河间献王都故名"(第 59 条)、辉州"因州之百泉有威惠王殿曰清辉,故名"(第 73 条)等。表六以外的其他条目也有记载:卷一二太原府河曲县"金大定二十四年改为隩州,州距黄河五十二里,置河曲县,取河千里一曲之义";①卷二一开封府洧川县"金崇庆元年改镇为县,因洧水为名";②卷二三莫州会川县"金改为会川县,因州境有会川故名",奉圣州缙山县"金皇统三年罢州为缙山县,取县北山为名",③共计四条。又,卷二三景州吴桥县:"金本吴川地,属将陵县,金以户口繁富置此县。"④交代了改镇为县的缘由。

第二类,记载建置时间更为周密,其中以县制为大宗。兹胪列如下:

卷八:济南府"(金)治历城,属山东东路。贞元二年罢,后以为济南散府,属益都路";济阳县"金析临邑县置济阳县,属济南府。大安元年改为清阳县,后复旧名";齐河县"金始置为县,大定八年筑城,属济南府"。德州安德县"金承安中复为州治"。胶州"金皇统间改为胶西县,属密州"。

卷九:卫州汲县"金贞祐二年迁州治胙城县"。大名府"天会八年以刘豫为齐王,都此,后仍为大名府。贞祐二年改为安武军";清丰县"金皇统间为德清军,带清丰县,后军罢,以县属开州";大名县"金于西南十二里置营,修立城郭"。开州长垣县"金属滑州。泰和四年徙治柳蒙村"。

卷一〇:泗州"金以临淮为泗州,以盱眙为军,后又析临淮县地

---

① 刘基编:《大明清类天文分野之书》卷一二,《四库全书存目丛书》,子部第 60 册,第 546 页上栏。
② 刘基编:《大明清类天文分野之书》卷二一,《四库全书存目丛书》,子部第 60 册,第 720 页下栏。
③ 刘基编:《大明清类天文分野之书》卷二三,《四库全书存目丛书》,子部第 60 册,第 744 页上栏、748 页上栏。
④ 刘基编:《大明清类天文分野之书》卷二三,《四库全书存目丛书》,子部第 60 册,第 743 页上栏。

置淮平县,移州治于此"。虹县"金,县罢,遗民侨寄泗州,由此县属泗州"。

卷一一:冀州枣强县"金徙于刘马村,即今治也"。广平府曲周县"金皇统二年省平恩县为镇,入焉";鸡泽县"金天会中寄治于台头村。大定元年始筑县城,即今治"。德顺府唐山县"金大定二年改为唐山县,属邢州"。祁州"金天会七年复置祁州,十三年置元帅府,后罢。别筑西城,移州置焉,属真定路"。大同府平地县"金立平地袅"。磁州"金天会六年属信德府,明昌二年属彰德府"。

卷一二:太原府阳曲县"金天会中移治郭下";榆次县"金大定中以其地阔远,分入寿阳、太谷、平晋等县,而但领四村,县名不改";交城县"金天会六年罢监(大通监),仍为县,属太原路";临县"金罢军,大定二十九年置临水县,改定北为孟门县,隶石州,以地接西河葭州,置兵马都元帅府,后府废,仍属石州"。忻州"金降为刺史,属太原府,为支郡"。解州夏县"金贞祐三年属解州"。潞州襄垣县"金天会九年以县治隘窄展筑其城"。辽州"金天眷二年移城于近南二里,今治是也"。

卷一三:临洮府金县"金大定间升寨及城为县,以属会州。正大三年以兰州陷于河西,以龛谷为金州治所,以定远为属邑"。秦州秦安县"金正隆间升为县"。

卷一七:河南府宜阳县"金大定二十六年改名宜阳县"。许州"金天德中复为许州,后改为武昌军"。

卷二一:开封府封丘县"金大定六年河溢没其城,迁于西南三十五里,曰新城"。颍州"金皇统初降为防御使,大定二十二年仍为颍州"。

卷二二:济宁府嘉祥县"金大定二十九年始置嘉祥县"。宿州"金熙宗天眷元年降为防御使,皇统元年割虹县,属泗州,复升为节度使"。

卷二三:河间府宁津县"金本保安镇,始置县,属景州"。保定府庆都县"金大定二十一年改为庆都县,泰和六年改武定军为中山府,以县属焉"。

卷二四:盖州"金皇统三年改刺史,省宁州入焉"。旧澄州"金皇统三年改曰海州。天德三年以山东有海州改为澄州"。

以上共计39条，《分野之书》所记相当翔实，而《金志》只存州县名，不书或略记沿革变化。此外，《分野之书》较《金志》优势还体现在它对州县隶属关系记载更加清晰，如《金志》登州条作"宋东牟郡"及领县四：蓬莱、福山、黄、栖霞等，比较粗疏。① 《分野之书》卷八登州府条则更详细："金刘豫析牟平、文登，置宁海州，以登州所属两水、杨疃二镇为福山、栖霞二县。"福山县、栖霞县分别重述登州条上文内容，其余蓬莱县、黄县"宋金元并仍其旧"。②

第三类，独见于《分野之书》的州县记载。如下所示：《分野之书》卷一〇峄县条曰："金初为承县，天眷二年割属邳州，明昌二年改为兰陵县，兴定五年于县置峄州。"③卷一七河南府黾池县条："金正大三年升为韶州，置黾池司候司。"南阳府条云："大定四年复得唐、邓州，正大中升为申州"，南阳县条亦作"金为申州治所"；镇平县条"金正大五年以邓州穰县阳管镇增立此县"。④ 卷二二徐州沛县条："金初属邳州，皇统九年为源州，县省。"⑤卷二二归德府夏邑县条"金正大四年属永州，'下'易为'夏'"。卷二三景州故城县条"金上故城镇，属恩州历亭县"。⑥ 卷二四辽东辽阳县条："金改为金德县，大定中改名辽阳县。"兴中州条："金省州县，改营丘为洪宁县。"建州条："置县曰建平。"广宁路凌川县条"金本新茂州"，辽镇县条"辽为西州，金天会七年废州为辽镇"。⑦

上述峄、申、源、韶、新茂五州，镇平、建平、金德三县及辽镇、下邑改"夏邑"，其中峄州、申州、韶州于《元史》中得到印证：其一，《地理志》峄

---

① 《金史》卷二五《地理志中》，第2册，第613页。
② 刘基编：《大明清类天文分野之书》卷八，《四库全书存目丛书》，子部第60册，第499页上下栏。
③ 刘基编：《大明清类天文分野之书》卷一〇，《四库全书存目丛书》，子部第60册，第517页上栏。
④ 刘基编：《大明清类天文分野之书》卷一七，《四库全书存目丛书》，子部第60册，第657页上栏、659页上下栏。
⑤ 刘基编：《大明清类天文分野之书》卷二二，《四库全书存目丛书》，子部第60册，第738页上栏。
⑥ 刘基编：《大明清类天文分野之书》卷二三，《四库全书存目丛书》，子部第60册，第743页上栏。
⑦ 刘基编：《大明清类天文分野之书》卷二四，《四库全书存目丛书》，子部第60册，第750页下栏、753页下栏、756页下栏。

州条:"金改兰陵县,于县置峄州。"①其二,南阳府条:"金升为申州。"②其三,《世祖纪》至元七年十二月壬寅"降河南韶州为渑池县";③《地理志》陕州渑池条云"金升为韶州,置渑池司候司"。④ 又《世祖纪》至元八年三月辛巳"复立夏邑县"可证金季确曾改名"夏邑"。⑤ 然而这些金初废罢及金末所设新州信息,在《金志》中全无踪迹。

对《金志》探源的过程中,我们同时关注到它与《分野之书》具有雷同史文却存在着纪年歧异。表六第14条抚州升节镇及第15条威宁设县,《金志》作"承安二年",《分野之书》作"承安三年";第27条奉先县更名,《金志》作"明昌二年",《分野之书》作"明昌元年";第50条陕州"降为防御"及"升为节镇",《金志》作"皇统二年""贞祐二年七月",《分野之书》作"皇统三年""贞祐三年";第70条永平县升完州,《金志》作"贞祐二年",《分野之书》作"贞祐三年"等。两书全部相差一年。下表七第15条霫化县更名,《金志》作"明昌六年",《分野之书》作"明昌四年",同一纪年下具体时间差异很大。对于这种现象,似可解释为《金志》《分野之书》分别以不同方式抄录同一系统文献,后来编纂加工以及辗转流传环节造成的差异。

还应注意,《金志》叙述沿革的很多内容超出《分野之书》的范围。第一条,《金志》德兴府缙山县:

皇统元年废州来属,崇庆元年升为镇州。⑥

《分野之书》卷二三奉圣州缙山县"金皇统三年罢州为缙山县",⑦无升为镇州事。

第二条,《金志》应州山阴县:

大定七年以与郑州属县同,故更焉。贞祐二年五月升为忠州。⑧

---

① 《元史》卷五八《地理志一》,中华书局,1976年,第5册,第1372页。
② 《元史》卷五九《地理志二》,第5册,第1404页。
③ 《元史》卷七《世祖纪四》,第1册,第132页。
④ 《元史》卷五九《地理志二》,第5册,第1404页。
⑤ 《元史》卷七《世祖纪四》,中华书局,1976年,第1册,第134页。
⑥ 《金史》卷二四《地理上》,第2册,第567页。
⑦ 刘基编:《大明清类天文分野之书》卷二三,《四库全书存目丛书》,子部第60册,第748页上栏。
⑧ 《金史》卷二四《地理上》,第2册,第568页。

《分野之书》卷一一应州山阴县条亦作"金大定七年改山阴县",①不载"忠州"。

第三条,《金志》平阳府:

> 天会六年升总管府,置转运司。兴定二年十二月以残破降为散府。②

《分野之书》卷一二平阳府条"金初为平阳府,天会六年于平阳府置河东南路总管"③与《金志》同,但不载"降为散府"。

第四条,《金志》绛州:

> 天会六年置绛阳军节度使。兴定二年十二月升为晋安府。④

《分野之书》卷一二绛州条作"金置绛阳军节度,贞祐三年改为晋安府"。⑤ 改为"晋安府"的时间,两书记载不同。

《金志》《分野之书》既有重合内容,也存在歧异之处。这些不见于《分野之书》的建置在《金史》其他部分中则有迹可循:《忠义传·毕资伦》"崇庆元年,改缙山为镇州";⑥《斡勒合打传》记其贞祐初以功迁山阴令,"县升为忠州,合打充刺史";⑦《宣宗纪》兴定二年十二月己亥"升绛州为晋安府,总管河东南路兵,降平阳为散府"。⑧ 将《金史》纪、传与《地理志》对比分析,可推知绛州、平阳府两条乃抄取《宣宗实录》条文。这表明,元修《金志》州县沿革也受到"金实录"的影响。

通过《分野之书》可以看出,《元一统志》对金代历史地理存在一个非常完善的记载系统。而《金志》与《分野之书》两书既有一致的内容,又彼此不同,更关键的是《分野之书》有大量州县建制记载逸出《金志》

---

① 刘基编:《大明清类天文分野之书》卷一一,《四库全书存目丛书》,子部第60册,第538页上栏。
② 《金史》卷二六《地理志下》,第2册,第634页。
③ 刘基编:《大明清类天文分野之书》卷一二,《四库全书存目丛书》,子部第60册,第550页下栏。
④ 《金史》卷二六《地理志下》,第2册,第636页。
⑤ 刘基编:《大明清类天文分野之书》卷一二,《四库全书存目丛书》,子部第60册,第553页上栏。
⑥ 《金史》卷一二四《忠义传四》,第8册,第2706页。
⑦ 《金史》卷一〇四《斡勒合打传》,第7册,第2302页。
⑧ 《金史》卷一五《宣宗纪中》,第2册,第341页。

之文,其意义不仅仅在于补史之阙,且有助于探讨《金志》取材渠道。这两部书的内容并非直接传抄关系,很可能来源于同一个地理文献系统,循着《分野之书》这个极具参考价值的同源文本,可追溯元修《金志》底本来源。

(三)《金史·地理志》节抄《元一统志》沿革系统之可能

《元一统志》千余卷,从现存佚文及本诸此书的《分野之书》足见原书所载金源地志内容之详尽,尤其与《金志》具有重合的条文。置于元人从至正三年(1343)三月开始至次年十一月仓促编纂《金史》的具体工作背景中,《地理志》倘若从中取材,不失为一条便捷的途径。这缘于《元一统志》编纂体例特征。据《秘书监志》记述说:"元贞二年十一月初二日,著作郎呈,黏连到《大一统志》凡例":

一、某路
　　所辖几州　开;本路现管几县　开
一、建置沿革
　　《禹贡》州域;天象分野;历代废置:周、秦、汉、后汉、晋、南北朝、隋、唐、五代、宋、金、大元
一、各州县建置沿革
　　……①

根据这一凡例,《元一统志》详细记载金代州县,甚至涉及县镇改置情况。结合《元一统志》的具体内容看,道光《承德府志》引该书云"金天眷二年废恩州为恩化镇,入大定县";②《永乐大典》卷五二〇四"原"字引《元一统志》旧隩州条作"金大定二十四年改为隩州。州距黄河五十二里,置河曲县,取河千里一曲之义";③残卷卷二八二郑州管城县"金贞祐二年于此囚爱王,改县为洧州",④与《金志》大定府大定县"镇一恩

---

① 王士点、商企翁编:《秘书监志》卷四,高荣盛点校,浙江古籍出版社,1992年,第81页。
② 道光《承德府志》卷四《建置》引《元一统志》,第19页a。
③ 孛兰肹等撰、赵万里校辑:《元一统志》卷一,上册,第124页。
④ 孛兰肹等撰、赵万里校辑:《元一统志》卷三,上册,第226页。

化"、①郑州管城、②陕州河曲县的记载相比,③彰显出《元一统志》"建置沿革"记载之详赡、内容之全面。《金志》从这个系统文献中抄取历代"建置沿革"和"各州县建置沿革"的资料是有可能的。

《金志》钧州条:"旧阳翟县,伪齐升为颍顺军。大定二十二年升为州,仍名颍顺,二十四年更今名。"④通检《金史》全书,称刘豫政权或曰"齐",或曰"齐国",惟有此处称"伪齐",这肯定不是金人采用的称谓,而是元人所为。⑤按《分野之书》卷一七钧州条记载金沿革:"伪齐为颍顺军,大定二十二年改为顺州,明年改为钧州。"⑥推知《元一统志》底本即如此。诸书皆作"伪齐",恐非巧合,乃《金志》纂修者直接从《元一统志》中抄出之故。

下文从《元一统志》系统文献的具体史料中考证《金志》编纂模式。通过《金志》与《分野之书》的对照可见,关于辽宋至金时期诸县地名沿革叙事该贯,其所据文献明显出自一体,整理为表七。

表七 《金志》《分野之书》所载前代至金时期地名沿革对照表

编号	地名	《金志》	《分野之书》
1	广宁府广宁县	旧名山东县,大定二十九年更名。有辽世宗显陵(卷二四)	汉望平地。辽为山东县,因割永丰县西之民为陵户,以其地在闾山之东而名焉。金初因之,置梁鱼务。大定二十九年改为望平县,复汉旧名(卷二四广宁路望平县)
	望平县	大定二十九年升梁渔务置(卷二四)	
2	大同府白登县	本名长清,大定七年更(卷二四)	辽初置长清县。金改为白登县(卷一一大同府白登县)

---

① 《金史》卷二四《地理志上》,第 2 册,第 557 页。
② 《金史》卷二五《地理志中》,第 2 册,第 597 页。
③ 《金史》卷二六《地理志下》,第 2 册,第 633 页。
④ 《金史》卷二五《地理志中》,第 2 册,第 595 页。
⑤ 此条意见承蒙唐寅惠示,谨致谢忱。
⑥ 刘基编:《大明清类天文分野之书》卷一七,《四库全书存目丛书》,子部第 60 册,第 663 页上下栏。

（续表）

编号	地名	《金志》	《分野之书》
3	德兴府德兴县	旧名永兴县，大安元年更名（卷二四）	唐改为永兴县，于县置新州。辽改为奉圣州，县如故。金大安元年升为德兴府，县居郭下（卷二三奉圣州永兴县）
4	应州山阴县	本名河阴，大定七年以与郑州属县同，故更焉（卷二四）	辽置河阴县，属应州。金大定七年改山阴县（卷一一应州山阴县）
5	蓟州平峪县	大定二十七年，以渔阳县大王镇升（卷二四）	汉本旧平峪县，属渔阳郡，后罢。唐为大王镇，亦属渔阳。金大定二十七年立县存汉旧名（卷二三蓟州平峪县）
6	平州抚宁县	本新安镇，大定二十九年置（卷二四）	辽初置新安镇，属平州。金大定二十九年升为抚宁县，仍属平州（卷二三永平府抚宁县）
7	平州迁安县	本汉令支县故城，辽以所俘安喜县民置，因名安喜，大定七年更今名（卷二四）	西汉古令支县地，属辽西郡。……辽乾亨四年于令支废城置安喜县。金大定七年改迁安县，属平州（卷二三永平府迁安县）
8	保州清苑县	宋名保塞，大定十六年更（卷二四）	宋建隆元年改为保塞县，太平兴国六年升保州。金大定十六年复置清苑县（卷二三保州府清苑县）
9	开封府通许县	宋名咸平，大定二十九年以与咸平府重，更（卷二五）	（宋建隆）五年升为咸平县。金大定二十九年改为通许县，属开封府（卷二一开封府通许县）
10	开封府杞县	宋雍丘县，杞国也，正隆后更名（卷二五）	五代晋改为杞县，汉复其故（雍丘），宋因之。金世宗大定初改雍丘为杞县（卷二二睢州杞县）
11	归德府睢阳县	宋名宋城，承安五年更名（卷二五）	五代唐庄宗改宣武军为归德军，治宋城县，宋因之。金承安五年改为睢阳（卷二二归德州睢阳县）

（续表）

编号	地名	《金志》	《分野之书》
12	钧州	旧阳翟县，伪齐升为颍顺军。大定二十二年升为州，仍名颍顺，二十四年更今名（卷二五）	晋迁颍川郡治于此，罢故郡为阳翟县，改隶河南郡。东晋复于故郡地建阳翟郡。隋开皇初郡罢，唐宋皆不置此郡。金伪齐为颍顺军，大定二十二年改为顺州，明年改为钧州（卷一七钧州）
13	陈州商水县	本溵水，宋避宣祖讳改（卷二五）	（隋开皇）十六年改为溵水县。唐属陈州。宋建隆元年改商水县。金因之（卷二一陈州商水县）
14	洺州广平县	本魏县，大定七年更（卷二五）	金大定七年并魏县地置广平县，属洺州（卷一一广平府广平县）
15	滨州䨻化县	本名招安，明昌六年更（卷二五）	宋庆历三年析渤海县地置招安县，熙宁六年省为镇，元丰二年复为县。金明昌四年改为䨻化县（卷八滨州䨻化县）
16	东平府汶上县	本名中都，贞元元年更为汶阳，泰和八年更今名（卷二五）	（唐）天宝初更为中都县，后割入郓州。五代、宋并因之。金贞元初改名汶阳县，泰和八年改为汶上县（卷九东平州汶上县）
17	兖州曲阜县	宋名仙源（卷二五）	宋祥符间改仙源县。金皇统间复旧名（卷一〇兖州曲阜县）
18	兖州宁阳	旧名龚县，大定二十九年以避显宗讳改（卷二五）	（宋）大观四年改为龚县。金为宁阳县，属兖州（卷一〇兖州宁阳县）
19	曹州定陶	本宋广济军，熙宁间废为定陶县（卷二五）	（宋）太平兴国二年升定陶镇为广济军，四年析曹、单、濮、济四州之地置定陶县，以隶军。熙宁四年军罢，属曹州，元祐元年复之。金罢军，仍为定陶县，属曹州（卷二二济宁府定陶县）

(续表)

编号	地名	《金志》	《分野之书》
20	石州宁乡县	旧名平夷,明昌六年更(卷二六)	后周大象元年割离石县西五十一里置平夷县,属石州。隋属离石郡,唐属石州,宋因之。金明昌六年改为宁乡县(卷一二石州宁乡县)
21	吉州	旧名慈州,天德三年改为耿州(卷二六)	(宋)元祐元年复置慈州。金天德三年改耿州(卷一二吉州)
22	京兆府咸宁县	本万年,后更名。泰和四年废,寻复(卷二六)	唐初复为万年,天宝七年改万年为咸宁,至德三年复旧。五代梁改为大年县,唐复旧名。宋宣和二年改为樊川县。金大定二十一年改为咸宁(卷一三西安府咸宁县)
23	德顺州隆德县	本隆德寨(卷二六)	宋天禧元年置羊牧隆城寨,庆历三年改隆德寨。金升为县(卷一三静宁州隆德县)
24	镇戎州东山县	本东山寨(卷二六)	宋本镇戎地,咸平三年置东山寨。金大定二十二年升为县,隶镇戎州防御使(卷一三广安州)

从表七可见:一、《金志》与《分野之书》所载金代地名沿革内容相仿;二、《金志》追述前代建置曰"本""本名""旧名""宋名"等的内容,大多能从《分野之书》找到相应记载。如《分野之书》卷二四广宁路条谓金代广宁府"领广宁、望平、闾阳、钟秀四县":

(闾阳县)辽大圣会同二年建显州奉先军,又于州西南七里置乾州广德军节度,立奉陵县,后改曰闾阳。金大定七年徙闾阳,治南州,后隶广宁府。

(望平县)汉望平地,辽为山东县,因割永丰县西之民为陵户,以其地在闾山之东而名焉。金初因之,置梁鱼务。大定二十九年改为望平县,复汉旧名。

（广宁）汉无虑县地。辽于医巫闾山之东南建乾州奉先军，仍置奉先县，以为附庸邑。金天会七年改曰广宁县，隶广宁府。

（钟秀）辽奉先县地。金天会□年置钟秀□，□□广宁府。①

《金志》广宁府条小注对此云"旧有奉玄县，天会八年改为钟秀县"，与《分野之书》钟秀县条合，"旧"当指辽代建置。广宁府领"县三"：广宁"旧名山东县，大定二十九年更名"；望平"大定二十九年升梁渔务置"；闾阳"辽乾州广德军，以奉乾陵故名奉陵县。天会八年废州更名来属"。② 大体而言，《金志》略而《分野之书》详。

《金志》"旧有奉玄县""旧名山东县"等显露抄撮《元一统志》前代沿革之痕迹。这种编纂方式容易因节录不当造成疏漏。例如，《金志》滕州："本宋滕阳军，大定二十二年升为滕阳州，二十四年更今名。"③宋时置滕县，并无滕阳军。《分野之书》卷一〇滕县条："唐为滕县，属徐州。五代宋并因之。金升为滕阳军，大定二十三年改为滕州，亦置滕县。"④据此可知滕阳军实为金初设置。⑤《金志》抄录该州沿革不慎误为"宋"。

我们注意到，《金志》追溯沿革的起始年代标准不一，诸条目所依时段并无定制。如华州"宋华阴郡，镇潼军节度"，⑥据《分野之书》卷一三华州条"宋初升为镇国军，皇祐五年改镇潼军"，⑦知此以后来的"镇潼"为准；潞州"宋隆德府上党郡昭德军节度使"，⑧《分野之书》卷一二潞州

---

① 刘基编：《大明清类天文分野之书》卷二四，《四库全书存目丛书》，子部第60册，第755页下栏—756页上栏。
② 《金史》卷二四《地理志上》，第2册，第559—560页。
③ 《金史》卷二五《地理志中》，第2册，第615页。
④ 刘基编：《大明清类天文分野之书》卷一〇，《四库全书存目丛书》，子部第60册，第517页上栏。
⑤ 据《金史》卷八一《高彪传》云："齐国既废，摄滕阳军以东诸路兵马都统，抚谕徐、宿、曹、单、滕阳及其属邑皆按堵如故。"（第6册第1824页）天会十五年十一月废齐国，此时已改"滕阳军"。
⑥ 《金史》卷二六《地理志下》，第2册，第644页。
⑦ 刘基编：《大明清类天文分野之书》卷一三，《四库全书存目丛书》，子部第60册，第570页下栏。
⑧ 《金史》卷二六《地理志下》，第2册，第638页。

条"宋太平兴国初改为昭德军,建中靖国元年改为隆德军,崇宁三年升府",①此作"昭德军"则取最初"太平兴国初"的建置。元修《金志》循地理志体例需要体现历史建置,以上混乱不一的现象说明,编纂者有可能是在《元一统志》这个系统的"历代废置"中搜讨资料。上述各条还体现了《金志》所据为蓝本的地理志文献具有从宋到金沿革建置整体连贯的特点,恐非元末史官将诸史糅合拼接的产物。

据此重新检讨所谓《金志》兼采辽、金、宋三朝舆地文献说。张良认为,《金志》州县叙"北宋旧境则依据政和重修《九域志》确立规模,又参核宋朝国史略作补苴"。② 实际上,《金志》这些内容与《九域志》等宋代地理系统有明显区别:表七第 13 条商水改县名,《九域志》陈州条仅书"建隆元年改溵水县为商水",③而《金志》多出宋人避讳改名的记载;第 18 条宁阳的宋代沿革,《九域志》记作"龚丘",④不载大观四年(1110)改为龚县;第 22 条咸宁县,《九域志》只列"万年",⑤《金志》则载有"后更名"事。

结合《分野之书》相关条目推知,《金志》以上内容可能属于《元一统志》"各州县建置沿革"原文。因此,笔者认为《金志》与《九域志》即便有重合条文,也不是直接抄录,乃是《金志》从《元一统志》系统中所得,而《元一统志》原本又征引过《九域志》。元初纂修《元一统志》,广采文献,《九域志》即为其中之一。⑥ 仅从现存佚文中就能找到不少条目。

第一条,残本《元一统志》卷五四二临真废县条引《九域志》云:"在府东南一百一十里。二乡。"⑦此条见于《九域志》。⑧《元一统志》下文接续宋代云"金正大属丹州"。⑨ 可见原书中宋金沿革相贯通。

---

① 刘基编:《大明清类天文分野之书》卷一二,《四库全书存目丛书》,子部第 60 册,第 561 页下栏—562 页上栏。
② 张良:《〈金史·地理志〉抉原》,《历史地理研究》2021 年第 4 期。
③ 王存:《元丰九域志》卷一《京东路》,王文楚、魏嵩山点校,中华书局,1984 年,上册,第 35 页。
④ 王存:《元丰九域志》卷一《京东路》,王文楚、魏嵩山点校,上册,第 17 页。
⑤ 王存:《元丰九域志》卷三《陕西路》,王文楚、魏嵩山点校,上册,第 104 页。
⑥ 参考庞蔚:《〈大元大一统志〉存文研究》,暨南大学硕士学位论文,2006 年 5 月,第 40—44 页。
⑦ 孛兰肹等撰、赵万里校辑:《元一统志》卷四,下册,第 389 页。
⑧ 王存:《元丰九域志》卷三《陕西路》延州临真条,王文楚、魏嵩山点校,第 108 页。
⑨ 孛兰肹等撰、赵万里校辑:《元一统志》卷四,下册,第 389 页。

第二条，残本《元一统志》卷五四九葭州故银城县条称《宋九域志》载："在州南八十里，管银城、神木、建宁三寨，肃定、神木、通津、阑干四堡。"①其与《九域志》河东路麟州银城条同。② 下文接着叙述"金时半陷于西夏，惟存神木一寨，通津一堡。贞元间拨隶汾阳军"的沿革。③《金志》葭州条记载"贞元元年隶汾州"及神木寨、通津堡。④ 残本《元一统志》卷五四九葭州葭芦废县条亦引《九域志》，其下同样叙及至金代情况。⑤

除《九域志》外，残本《元一统志》卷五八六会州会安关条更直接地反映了这种文献层次，其先引《太平寰宇记》，然后接着叙述金代建置。该文云："本唐武德会宁镇，后废镇置关。《寰宇记》云'关，东西去州一百八十里。宋元符三年复会州，而关亦来归'。金大定八年十二月改为会安关，嫌与会宁县同名也。"⑥检《太平寰宇记》会州会宁县条原文，作"会宁关，东南去州一百八十里"，⑦整段相合，惟有《元一统志》"西"误字歧异。《金志》会州保川县条"关一：会安，旧作会宁"，⑧恰与《元一统志》上文相合。也就是说，《元一统志》叙述宋代地理沿革，参考、改编乃至直接引用《九域志》《寰宇记》等宋朝地志文献。《金志》若是直接抄取《元一统志》业已编定的沿革条文，便与《九域志》史文近似。

《元一统志》于至正六年颁诏刊行，至正九年江浙行省承诏刻成。⑨元人编修《金志》很有可能从《元一统志》稿本系统中抄取了现成资料。从而解答了我们最初提出的一大疑问，《金志》虽成体系但诸县等第整体阙失，乃缘于《元一统志》这部分内容旨在叙历代沿革和州县隶属"变"的过程，而非重点关注金源县等的一朝特定制度。《金志》曲阳七

---

① 孛兰盼等撰、赵万里校辑：《元一统志》卷四，下册，第400页。"阑"原误作"关"，今改。
② 王存：《元丰九域志》卷四，王文楚、魏嵩山点校，上册，第166页。
③ 孛兰盼等撰、赵万里校辑：《元一统志》卷四，下册，第400页。
④ 《金史》卷二六《地理志下》，第2册，第632页。
⑤ 孛兰盼等撰、赵万里校辑：《元一统志》卷四，下册，第401页。
⑥ 孛兰盼等撰、赵万里校辑：《元一统志》卷四，下册，第477页。
⑦ 乐史：《太平寰宇记》卷三七《关西道十三》，王文楚等点校，中华书局，2007年，第781页。
⑧ 《金史》卷二六《地理志下》，第2册，第655页。
⑨ 危素：《危太朴文集》卷九《送徐时之还句吴序》，《元人文集珍本丛刊》，第7册，台北：新文丰出版公司，1985年，第459页上栏。

县所存"剧"字缘何而来？通检《分野之书》，计三条：卷二四大宁路大宁县"辽建中京，置大定，赤县"，①卷二一开封府祥符县"宋大中祥符二年改名祥符，为赤县。金因之"及开封县"宋置赤县，金为中县"。② 由此看来，《元一统志》只是偶尔顺带记录金时期县等，而非整体记述，《金志》这些"剧"县或许就是抄取《元一统志》时顺带而来的。

五、《金史·地理志》所引起的金代地志问题发覆

我们将《金志》与《金史》纪、志、传逐条质证，从中找到同源线索，证实史官除了依托《元一统志》金代沿革这条主线，还把"金实录"史文分条摘录到相应条目之下。既而表明《金志》具体条文乃杂抄多种文献而成。如此则需要追问，元修《金志》采撷金朝官修文献的说法能否成立？《金志》与《正隆郡志》《大定职方志》及类书《士民须知》到底是什么关系？下文尝试解答这些疑问。

（一）注文所见《士民须知》等书献疑

《金志》中都路条末附考证引"金初州郡志"及旧本《太宗纪》、③河南府条云"《正隆郡志》有寿安县，纪录皆无"、磁州邯郸县条引"《士民须知》惟有邯山镇"，④向来为学者所关注，成为探讨《金志》史源的"目标"文献，很多学者认为《金志》所记州县沿革及其小注中叙述金代各个时期的内容应来自上述诸书以及《大定职方志》等。⑤ 这种种推测，并未经过论证。

---

① 刘基编：《大明清类天文分野之书》卷二四，《四库全书存目丛书》，子部第 60 册，第 752 页上栏。

② 刘基编：《大明清类天文分野之书》卷二一，《四库全书存目丛书》，子部第 60 册，第 720 页上栏、722 页上栏。

③ 《金史》卷二四《地理志上》，第 2 册，第 578 页。

④ 《金史》卷二五《地理志中》，第 2 册，第 593、606 页。

⑤ Chan Hok-Lam（陈学霖），The Compilation and Sources of the Chin-Shih, *Journal of Oriental Studies*, VOL. VI, 1961-1964, Numbers, 1 and 2. p. 146. 王明荪：《金修国史及金史源流》，《书目季刊》第 22 卷 1 期，1988 年，第 47—60 页。曾震宇：《〈大金国志〉研究》，第 785 页。邱靖嘉：《〈金史〉纂修考》，第 173—176 页。

据笔者考证,所谓旧本《太宗纪》实即《太宗实录》。① 上文已剥离出《金志》引实录的诸条内容,可知其仅作为补充资料,不具备系统性。而"金初州郡志"盖指金初张汇《金房节要》所载宋地入金建置。《正隆郡志》仅此一见,在金元时期全无流传踪迹,惟有《土民须知》留下若干条记载。按《金史·百官志》封王国号条、御史台条、②殿前都点检司武器署条、典卫司条、③诸孔条凡五见。④ 赵与峕《宾退录》辨析《南迁录》真伪问题时亦引此书。⑤ 其中一条线索是,于钦《齐乘》卷三叙述河间路齐东县沿革注文引《金须知》:

> 齐东县,旧赵岩口。金为齐东镇(小注:见《金须知》),刘豫置夹河巡检司(小注:以濒大清河,故名夹河)。金乱,天兵南下,城之。壬子年因置齐东县,属河间路;癸丑年割属济南;至元二年,还属河间。⑥

《元史·地理志》河间路齐东县云"宪宗三年,隶济南路。至元二年,还属河间路"。⑦ 宪宗三年即癸丑年(1253),《齐乘》与此处元代沿革相仿。《分野之书》卷八济南府齐东县条亦云:

> 宋旧为赵岩口,属济南路邹平县,后为齐东镇。金刘豫设立夹河巡检司。元置齐东县,属河间路,后改隶济南路,至元二年还属河间路。⑧

此与《齐乘》亦正相合,惟阙小注所引《金须知》。这表明,三书有关齐东县条内容相同。

---

① 陈晓伟:《〈金史〉本纪与〈国史〉关系再探——苏天爵"金亦尝为国史"辨说》,《内蒙古师范大学学报(哲学社会科学版)》2021 年第 4 期。
② 《金史》卷五五《百官志一》,第 4 册,第 1229、1241 页。
③ 《金史》卷五六《百官志二》,第 4 册,第 1257、1266—1267 页。
④ 《金史》卷五七《百官志三》,第 4 册,第 1229—1330 页。
⑤ 赵与峕:《宾退录》卷三,齐治平校点,中华书局,2021 年,第 55 页。
⑥ 于钦撰、刘敦厚等校释:《齐乘校释(修订本)》卷三《齐邑外属》,中华书局,2018 年,上册,第 260 页。
⑦ 《元史》卷五八《地理志一》,第 5 册,第 1364 页。
⑧ 刘基编:《大明清类天文分野之书》卷八,《四库全书存目丛书》,子部第 60 册,第 489 页下栏。

将《齐乘》卷三郡邑与《元史·地理志》《分野之书》整体对比,可知益都路、般阳府路、济南路所领州县等次、建置、历史沿革与《元史》《分野之书》一一相合,金代情况同样如此(见表八)。

表八 《齐乘》卷三所记州县金代沿革与《元史·地理志》《分野之书》相关内容对照表

地名	《齐乘》	《元史·地理志》	《分野之书》
胶州	金亦为胶西县,属密州	金仍改为胶西县,属密州(卷五八)	金皇统间改为胶西县,属密州(卷八)
峄州	金改曰兰陵,属邳州	金改兰陵县,于县置峄州(卷五八)	金初为承县。天眷二年割属邳州,明昌二年改为兰陵县,兴定五年于县置峄州(卷一〇)
莱州	金升州为定海军节度,属山东东路	金升定海军,属山东东路(卷五八)	金置招远县,升州为定海军,属山东东路(卷八)
登州	金初析牟平、文登两县置宁海军;以两水镇为福山县、杨疃镇为栖霞县,还登州		金刘豫析牟平、文登,置宁海州,以登州所属两水、杨疃二镇为福山、栖霞二县(卷八)
宁海州	金初,伪齐刘豫以两县置宁海军;大定廿二年,升为州,属山东东路	伪齐刘豫以登州之文登、牟平二县立宁海军。金升宁海州(卷五八)	金刘豫以牟平县立宁海军。大定二十二年升为宁海州,属山东东路(卷八)
滨州	金复置蒲台县,大定十三年于此立盐使司,后又析置利津县,改招安曰霑化		金复置蒲台县,为益都口郡,后又置霑化、利津二县(卷八)
滨州利津县	本渤海县之永利镇,金明昌三年置为县		金明昌三年改滨州永利镇为利津县,盖以鱼盐之利而得名焉(卷八)
滨州霑化县	金明昌四年,改曰霑化,取龚遂为渤海太守,海滨之民复沾圣化立名		金明昌四年改为霑化县(卷八)

《分野之书》源出《元一统志》;《元史·地理志》改编自至顺二年(1331)《经世大典》相关篇目,后者根据《元一统志》稿本修成。故《分野之书》《元史·地理志》所引上述州县金代沿革相同,①而《齐乘》相关部分又与此二书同,则表明同样抄自《元一统志》系统。

根据这一论证结果,再探究《齐乘》与《金志》的关系。表八所列八条,《齐乘》与《分野之书》无一不合,《元史·地理志》除登州、滨州及其利津县、需化县不载金代沿革外,其他四条亦相同。以上内容在《金志》中确有所印证:邳州兰陵"本承县,明昌六年更名";登州有福山、栖霞二县;宁海州"本宁海军,大定二十二年升为州",县二即牟平、文登;滨州利津"明昌三年十二月以永和镇升置"及需化"本名招安,明昌六年更",②惟"兰陵""需化"改县名时间稍有参差。

这种契合,显然都是出自《元一统志》文献系统的结果。据此便可以对《齐乘》引《金须知》作出合理解释:此条最初源自《元一统志》系统,然而《分野之书》已删注文,《金志》淄州邹平县齐东镇条更为简略,连沿革之文都削落殆尽了。③ 根据这种传抄模式,可知元修《金史》时虽有独立的《士民须知》可资参考,④不过《金志》磁州邯郸县这条引《士民须知》有可能是将底本中的小注一并抄录下来。

我们可以根据《元一统志》引述金代地志而到元修《金志》删削改编的具体案例加以证明。《元一统志》叙述金代沿革,《士民须知》类文献仅为其中一种。《分野之书》卷二三河间府交河县条云:

> 金旧名石家落,大定七年始置县。按《地理志》为中水县,其城南枕滹沱水,北背高河,二水交,故以名县。⑤

据《太平寰宇记》深州故中水城条记载:"汉县也,在今县西北三十里。高祖封功臣吕马童为中水侯,即此地。居两河之间,故曰中水。又《郡

---

① 王颋:《〈元史·地理志〉资料探源》,《历史地理》第8辑,第221—229页。
② 《金史》卷二五《地理志中》,第2册,第610、613、615页。
③ 《金史》卷二五《地理志中》,第2册,第612页。
④ 《士民须知》内容颇为丰富,宋元时期在民间广为流行。《金房承安须知》一卷,"金房名讳及增修朝官、职事、俸给、格式、服制、地里图之类也"(赵希弁:《读书附志》卷上地理类,晁公武:《郡斋读书志校证》,孙猛校证,上海古籍出版社,1990年,第1132—1133页)。
⑤ 刘基编:《大明清类天文分野之书》卷二三,《四库全书存目丛书》,子部第60册,第742页下栏。

国县道记》云:'其城南枕滹沱,北背高河。高齐天保七年省'。"①《地理志》即贾耽《郡国县道记》。而到《金志》献州交河条止云"大定七年以石家圈置",②元末史官不取《元一统志》中的引用文献及地名释义。

学者关注的另一部金代志书是《大定职方志》。《元一统志》曾征引此书,今存四条佚文。③ 与金代州县沿革有关者共两条:第一葭州条"大定元年升为州。二十三年闰十二月改为葭州"小注引"《金集礼·地志》云:'晋宁州旧葭芦寨,以葭芦水为名。宋为晋宁军。金拟为葭州。'《图册》:'在大定八年。'""贞元元年隶汾阳军节度"注文云"金《大定职方志》'汾州为汾阳军'"。第二吴堡县条:"宋《九域志》、金《大定职方志》并云本石州定胡县寨地,属西河郡。"④上文推测《金志》葭州、石州孟门县两条抄自《元一统志》系统,对比两书史文可知,元末史官删削原书引述的《金集礼》《大定职方志》及《图册》等注文。

我们以《士民须知》为线索钩沉《元一统志》征引金代地理志书情况,可窥见元修《金志》抄书多求简略,通常将底本中的繁杂注文删掉,行文匆忙间不免偶留遗文。《金志》注文中出现的这些文献仍同样有可能源自《元一统志》系统,而不像是元末史官重新考订增补的。

(二)《金人疆域图》钩沉

《金志》恐非取资《正隆郡志》《大定职方志》等本朝文献,若是与这些金代地志无关,那么棘手的问题则随之而来:全国诸县小注所辖镇及河川形胜这种最为细节的基层资料从何而来? 其中旧宋领地这部分,有学者推测《九域志》是《金志》北宋辖县注文的主要史料来源。⑤ 但事实证明,《金志》《九域志》有大量龃龉不合之处,乃至系统性差异。

值得注意的是,《江北郡县》记载金末地理,各州标注镇数,路下还注明镇、务总数及改置情况,虽未列出具体名称,却揭示元代文献流传着一套金代基层地理系统。此外,探讨《金史》纂修者尚未关注到《金人

---

① 乐史:《太平寰宇记》卷六三《河北道十二》,王文楚等点校,第1295页。
② 《金史》卷二五《地理志中》,第2册,第600页。
③ 参见张良:《〈金史·地理志〉抉原》,《历史地理研究》2021年第4期。
④ 孛兰肹等撰、赵万里校辑:《元一统志》卷四,下册,第372—373、374页。
⑤ 张良:《〈金史·地理志〉抉原》,《历史地理研究》2021年第4期。

三 《金史·地理志》文献系统与金源政区地理再认识

疆域图》,通过此图可为《金志》诸县注文来源问题提供一个方向。

《金人疆域图》未见文献著录,胡三省《资治通鉴音注》(简称《胡注》)①和顾祖禹《读史方舆纪要》(简称《纪要》)略有引用,说明元明时期曾一度流传。今从两书中梳理出十条佚文,在此与《金志》《九域志》比较如下。

第一条:《通鉴》开平二年(908)八月戊子"岐王所署延州节度使胡敬璋寇上平关",《胡注》引《金人疆域图》云"隰州石楼县有上平关"。②《金志》隰州石楼县"关二永宁、上平关"③与之相合。

第二条:《通鉴》天福五年(940)六月丁未"帝复遣之归,使者将自桐墟济淮",《胡注》引《金人疆域图》云"桐墟在宿州临涣县"。④《金志》宿州临涣县"镇三柳子、蕲泽、桐墟"⑤与之相吻合,而《九域志》临涣县"柳子、蕲泽二镇",蕲县"静安、荆山、西故、桐墟四镇",此处桐墟则属蕲县。⑥又《金志》蕲县"镇一静安"。⑦可见金代建置与《九域志》差异甚大。

第三条:《通鉴》乾祐二年(949)十二月丁酉"密州刺史王万敢击唐海州荻水镇,残之",《胡注》引《金人疆域图》曰"荻水镇在海州赣榆县"。⑧《金志》海州赣榆县:"镇二荻水、临洪。"《疆域图》与此相合。两书作"赣榆","本怀仁,大定七年更"。⑨《九域志》则谓怀仁"临洪一镇",⑩全书不载荻水镇。

第四条:《纪要》枣强县广川城条引《金人疆域图》云"枣强县有广

---

① 潘晟:《宋代地理学的观念、体系与知识兴趣》,商务印书馆,2014年,第342—343页。
② 司马光著、胡三省音注:《资治通鉴》卷二六七,后梁太祖开平二年八月戊子,中华书局,1956年,第8704页。
③ 《金史》卷二六《地理志下》,第2册,第635页。
④ 司马光著、胡三省音注:《资治通鉴》卷二八二,后晋高祖天福五年六月丁未,第9215页。
⑤ 《金史》卷二五《地理志中》,第2册,第598页。
⑥ 王存:《元丰九域志》卷五《淮南路》,王文楚、魏嵩山点校,上册,第194页。
⑦ 《金史》卷二五《地理志中》,第2册,第598页。
⑧ 司马光著、胡三省音注:《资治通鉴》卷二八八,后汉隐皇帝乾祐二年十二月丁酉,第9417页。
⑨ 《金史》卷二五《地理志中》,第2册,第611页。
⑩ 王存:《元丰九域志》卷五《淮南路》,王文楚、魏嵩山点校,上册,第195页。

川镇"。① 《金志》冀州枣强县"镇一广川,后废"②的记载与之相合,《九域志》枣强县书作"杨家一镇"。此镇于政和二年(1112)改名"广川",③《金志》所记为后来名。

第五条:《纪要》武邑县观津城条引《金人疆域图》云"武邑县有观津镇"。④《金志》冀州武邑县"镇一观津,后废"⑤与之相合。

第六条:《纪要》亳州义门镇条引《金人疆域图》云"谯县有双沟镇"。⑥《金志》亳州谯县"镇一双沟",⑦与《金人疆域图》相合。

第七条:《纪要》东阿县杨刘城条引《金人疆域图》云"东阿县有杨刘镇"。⑧《金志》东平府东阿县"镇五景德、木仁、关山、铜城、阳刘",⑨"阳刘"即"杨刘",可见志、图相合。《九域志》东阿县:"景德、杨刘、关山、铜城、北新桥五镇。"⑩两书"木仁""北新桥"两镇名字互歧,隶属各有不同。

第八条:《纪要》恩县东阳城引《金人疆域图》云"历亭县有漳南镇"。⑪《金志》恩州历亭县:"有永济渠,置河仓。镇四漳南、新安乐、旧安乐、王杲。"⑫《九域志》历亭县:"安乐、杨村、礼固、漳南四镇。有永济渠。"⑬两书除漳南镇相同外,其余三镇建置皆不同。此外,《金志》云"置河仓",永济渠途经的南皮、东光、将陵亦有设置,⑭实乃金制。

第九条:《纪要》环县马领城条引《金人疆域图》云"通远县有马岭

---

① 顾祖禹:《读史方舆纪要》卷一四《北直五·冀州》,贺次君、施和金点校,中华书局,2005年,第631页。
② 《金史》卷二五《地理志中》,第2册,第601页。
③ 王存:《元丰九域志》卷二《河北路》,王文楚、魏嵩山点校,上册,第66、91页。
④ 顾祖禹:《读史方舆纪要》卷一四《北直五·冀州》,贺次君、施和金点校,第633页。
⑤ 《金史》卷二五《地理志中》,第2册,第600页。
⑥ 顾祖禹:《读史方舆纪要》卷二一《南直三·亳州》,贺次君、施和金点校,第1067页。
⑦ 《金史》卷二五《地理志中》,第2册,第595页。
⑧ 顾祖禹:《读史方舆纪要》卷三三《山东四·东阿县》,贺次君、施和金点校,第1563页。
⑨ 《金史》卷二五《地理志中》,第2册,第614页。
⑩ 王存:《元丰九域志》卷一《京东路》,王文楚、魏嵩山点校,上册,第20页。
⑪ 顾祖禹:《读史方舆纪要》卷三四《山东五·高唐州》,贺次君、施和金点校,第1608页。
⑫ 《金史》卷二六《地理志下》,第2册,第628页。
⑬ 王存:《元丰九域志》卷二《河北路》,王文楚、魏嵩山点校,上册,第73页。
⑭ 《金史》卷二五《地理志中》,第2册,第602页。

镇"。①《金志》环州通远县："镇三合道、马岭、木波。"②《九域志》通远县四镇："木波、马岭、石昌、合道。"③此处金代无石昌镇。

第十条:《纪要》镇原县善和镇条引《金人疆域图》云"原州有新城、柳泉二镇"。④《金志》原州彭阳县"镇三萧镇、柳泉、新城"⑤与之相合。

《胡注》《纪要》仅考证与史文有关的地名,故每条征引《金人疆域图》只列该镇,并不提及《金志》所载同县治下的其他诸镇。此外,《胡注》还引《金人疆域图》曰:"马嵬驿在京兆兴平县"、⑥"孟津县有横水店"、⑦"洛阳县有彭婆镇"、⑧"涿州管下固安县有独流村"⑨及《纪要》引该图云"永年县有黄龙镇",⑩这比《金志》多出五条地名,侧面反映出《金人疆域图》内容更为丰富。

从诸条佚文中可见,《金志》与《金人疆域图》相合者多,而与《九域志》则是分歧较大,第二、三、四、七、八、九条就说明这一问题。也就是说,《金志》与《九域志》内容相重合不过是金承宋制相沿不废而已,如《纪要》内丘县石门塞条云:"《寰宇记》邢台县有石门山,《金人疆域图》因之。"⑪检《九域志》,邢州龙冈县记"石门山"。⑫龙冈于宣和二年(1120)改名邢台,《金志》邢台条注文同作"石门山"。⑬通过以上比较可见,《金志》与《九域志》即便有重合,但仍不构成传抄关系。

《金志》具有独立的文献来源,而与《金人疆域图》关系更密切。又

---

① 顾祖禹:《读史方舆纪要》卷五七《陕西六·庆阳府》,贺次君、施和金点校,第 2764 页。
② 《金史》卷二六《地理志下》,第 2 册,第 651 页。
③ 王存:《元丰九域志》卷三《陕西路》,王文楚、魏嵩山点校,上册,第 120 页。
④ 顾祖禹:《读史方舆纪要》卷五八《陕西七·平凉府》,贺次君、施和金点校,第 2791 页。
⑤ 《金史》卷二六《地理志下》,第 2 册,第 652 页。
⑥ 司马光著、胡三省音注:《资治通鉴》卷二一八,唐肃宗至德元载(756)六月丙申,第 6973 页。
⑦ 司马光著、胡三省音注:《资治通鉴》卷二二二,唐代宗宝应元年(762)十月戊辰,第 7134 页。
⑧ 司马光著、胡三省音注:《资治通鉴》卷二二八,唐德宗建中四年(783)正月庚寅,第 7339 页。
⑨ 司马光著、胡三省音注:《资治通鉴》卷二九四,后周世宗显德六年(959)四月己亥,第 9596 页。
⑩ 顾祖禹:《读史方舆纪要》卷一五《北直六·广平府》,贺次君、施和金点校,第 677 页。
⑪ 顾祖禹:《读史方舆纪要》卷一五《北直六·顺德府》,贺次君、施和金点校,第 666 页。
⑫ 王存:《元丰九域志》卷二《河北路》,王文楚、魏嵩山点校,上册,第 80 页。
⑬ 《金史》卷二五《地理志中》,第 2 册,第 604 页。

一大旁证是,该图所载诸州四至及其到达都城里程的内容。《胡注》引作"顺州至燕京一百十五里"、①蠡州"北至燕京四百九十里"、②"锦州南至燕京一千四百一十五里"、③"建州南至燕京一千二百四十五里。辽阳府治辽阳县,至燕京二千二百一十里"、④"雄州西北至燕京三百二十里""霸州至燕京三百五十五里"⑤六条佚文,虽不见于《金志》记载,不过仍留有蛛丝马迹。志书会宁府、蒲与路、合懒路、恤品路、胡里改路、庆州、泰州、净州、桓州、抚州集宁、凤翔府盩厔、积石州怀羌、洮州、河州十四条均有详略不一的四至记载。其中,叙及至京城里程的条目如下:

> (会宁府)东至胡里改六百三十里,西至肇州五百五十里,北至蒲与路七百里,东南至恤品路一千六百里,至曷懒路一千八百里。
>
> (蒲与路)南至上京六百七十里,东南至胡里改一千四百里,北至北边界火鲁火疃谋克三千里。
>
> (合懒路)西北至上京一千八百里,东南至高丽界五百里。
>
> (恤品路)西北至上京一千五百七十里,东北至胡里改一千一百,西南至合懒一千二百,北至边界斡可阿怜千户二千里。
>
> (胡里改路)西至上京六百三十里,北至边界合里宾忒千户一千五百里。⑥

诸路叙述本州至会宁府里程,与会宁府条相互印证。河州条又云"至都四千七百一十里",⑦"都"当指燕京。以上这些里程叙述模式与《金人疆域图》非常相似。

尤其是《金志》蒲与路条"至北边界"、合懒路条"东南至高丽界"、

---

① 司马光著、胡三省音注:《资治通鉴》卷二六八,后梁太祖乾化三年正月丁巳,第8765页。
② 司马光著、胡三省音注:《资治通鉴》卷二八二,后晋高祖天福六年六月戊午,第9222页。
③ 司马光著、胡三省音注:《资治通鉴》卷二八六,后晋高祖天福十二年二月甲戌,第9342页。
④ 司马光著、胡三省音注:《资治通鉴》卷二八八,后汉隐皇帝乾祐二年二月辛未,第9407页。
⑤ 司马光著、胡三省音注:《资治通鉴》卷二九四,后周显德六年五月己酉,第9598页。
⑥ 《金史》卷二四《地理志上》,第2册,第551—553页。
⑦ 《金史》卷二六《地理志下》,第2册,第655页。

恤品路条及胡里改条"北至边界",以及庆州条"北至界二十里"、泰州条"北至边四百里"、净州条"至界八十里"、桓州条"北至旧界一里半"、集宁"北至界二百七十里"、①怀羌"西至生羌界"②云云,与序言"金之壤地封疆,东极吉里迷兀的改诸野人之境",③共同勾勒金境四方范围。综合佚文判断,《金人疆域图》精细至村镇、山川,并载有诸州四至,当属全国性"图册"性质,④比较符合元末编修《金志》之需。

综上,我们现将元修《金志》关于沿革建置主要参考资料总结如下:最基础的沿革部分属于《元一统志》系统,从目前我们掌握的这些证据看,《金志》《元一统志》至少共同源于一套地理文献系统无疑。再通过"金实录"补充若干条目,而最为细节的县、镇及山川形胜内容,与宋方文献无涉,很可能采用《金人疆域图》这类文献。据此判断,《金志》系统直接改编自金源本朝舆地文献以及兼采宋《九域志》的可能性不大。

六、正史地理志探源的意义

我们通过探索《金志》的史料来源及构成特征,对其编纂模式有了更深入的认识,从中发掘出两大地理文献体系:一是《金房图经》的路制及整个府州系统;二是《元一统志》系统所载州县沿革,同时兼糅"金实录",杂抄多类文献而编成金源一代地志。解析《金志》,借此厘清文本叠加形成的过程,其意义在于,把握不同文献系统叙事脉络,扫除由于史官编纂造成的一道道障蔽,从根本上揭示金代政区地理的真实面貌。下文以招讨司治所和"路下有路"这两桩公案为例进行诠释。

(一) 招讨司治所

金承辽制,于北部边境设西北路、西南路、东北路三个招讨司统辖

---

① 《金史》卷二四《地理志上》,第 2 册,第 562、563、566 页。
② 《金史》卷二六《地理志下》,第 2 册,第 654 页。
③ 《金史》卷二四《地理志上》,第 2 册,第 549 页。
④ 据《金史·百官志》记载,兵部掌"郡邑图志"(卷五五,第 4 册第 1235 页),说明金代官家曾编纂过这类资料。如金李俊民《泽州图记》引《晋城图经》,记述泽州四至及"大定年前里堠"。(李俊民:《庄靖先生遗集》卷八,《九金人集》,台北:成文出版社,1967 年,第 2 册,第 633 页下栏—635 页上栏)

各个部族,然《金史》中记载前两者的置司地异常混乱。据《金史·兵志》记载:"西北路者置于应州,西南路者置于桓州。"①《金志》所记则全然不同:

> 丰州,下,天德军节度使。辽尝更军名应天,寻复,金因之。皇统九年升为天德总管府,置西北路招讨司,以天德尹兼领之。大定元年降为天德军节度使,兼丰州管内观察使,以元管部族直撒、军马公事,并隶西南路招讨司。
>
> 桓州,下,威远军节度使。军兵隶西北路招讨司。

丰州同一条目的"置西北路招讨司"与下文"并隶西南路招讨司"龃龉不合,施国祁主张"北"当改作"南",②点校本《金史》据此意见直接修改正文。③ 根据《金志》西京路丰州条、桓州条,施国祁还认为,《兵志》"置于应州","应"当作"桓";"置于桓州","桓"当作"丰"。④ 点校本亦从之。⑤ 这两处校勘对相关研究影响甚大。⑥ 这种修剪成标准划一文本的做法,无不以《金志》为准则,视其为一个绝对权威、静态的文本,却忽略了史源系统的复杂性以及政治制度调适的动态过程。

这一问题症结在于,《金志》丰州条、桓州条是拼合而成的。上文指出,《金志》路制、府州根据《金虏图经》系统编写,志书"丰州,下,天德军节度使"和"桓州,下,威远军节度使"乃根据《金虏图经》节镇"下等十九处"条桓州(威远军)、丰州(天德军),其地所置二招讨司亦如此。据《国志·京府州军》"招讨司三处"条记载:

> 西南路(丰州置司),西北路(桓州置司),东北路(泰州置司)。⑦

---

① 《金史》卷四四《兵志·大将府治之称号》,第3册,第1003页。
② 施国祁:《金史详校》卷三上《地理志》,陈晓伟点校,上册,第157页。
③ 《金史》卷二四《地理志上》,第2册,第565—566页。参本卷校勘记四十二,第583—584页。
④ 施国祁:《金史详校》卷三下《兵志》,陈晓伟点校,上册,第248页。
⑤ 《金史》卷四四《兵志》校勘记十七,第3册,第1012页。
⑥ 《中国历史地图集》绘制金代西京图,以《金志》为准,西南路招讨司治丰州,西北路招讨司治桓州。(谭其骧主编:《中国历史地图集》第六册《宋辽金时期》,第51页)
⑦ 崔文印校证:《大金国志校证》卷三八《京府州军》,下册,第538页。

三 《金史·地理志》文献系统与金源政区地理再认识　171

东北路"泰州置司"即《金志》"乌古迪烈统军司,后升为招讨司",①"丰州置司"即丰州条"并隶西南路招讨司","桓州置司"对应桓州条"军兵隶西北路招讨司"。《国志》断限在明昌时期,《金史·完颜安国传》谓明昌六年以功迁西北路招讨使兼威远军节度使,②《完颜思敬传》"大定二年,授西南路招讨使,封济国公,兼天德军节度使"③符合这一制度,此二人以节度使兼招讨使就是西北路置司桓州,西南路置司丰州的缘故。

不过《金志》仅在结构框架上因袭《国志》,而桓州、丰州条的具体史文则杂采他书。来源可考者,桓州条注文"曷里浒东川"抄自《世宗实录》大定八年五月庚寅条(表三第 5 条);丰州条"皇统九年升为天德总管府,置西北路招讨司,以天德尹兼领之"与《分野之书》卷一二丰州"金为天德军□度,又置招讨□"恰好吻合,④结合上文对《金志》沿革的整体判断,这条应该本自《元一统志》所载金代沿革系统。意谓此丰州条下"置西北路招讨司""并隶西南路招讨司"分属《元一统志》《金虏图经》两个文献系统,乃代表了金初、中期不同时期的建置,其实这并不矛盾。

再检《金史·兵志》原文:

> 东北路者,初置乌古迪烈部,后置于泰州。泰和间,以去边尚三百里,宗浩乃命分司于金山。西北路者置于应州,西南路者置于桓州,以重臣知兵者为使,列城堡濠墙,戍守为永制。⑤

《金史·宗浩传》也有相关记载:

> 初,朝廷置东北路招讨司泰州,去境三百里,每敌入,比出兵追袭,敌已遁去。至是,宗浩奏徙之金山,以据要害,设副招讨二员,分置左右,由是敌不敢犯。⑥

《兵志》与《宗浩传》相合,而该志书主要抄撮实录。根据《宗浩传》细检

---

① 《金史》卷二四《地理志上》,第 2 册,第 553 页。
② 《金史》卷九四《完颜安国传》,第 6 册,第 2094 页。
③ 《金史》卷七〇《完颜思敬传》,第 5 册,第 1625 页。
④ 刘基编:《大明清类天文分野之书》卷一二,《四库全书存目丛书》,子部第 60 册,第 565 页上栏。
⑤ 《金史》卷四四《兵志》,第 3 册,第 1003 页。
⑥ 《金史》卷九三《宗浩传》,第 6 册,第 2074 页。

《金史·章宗纪》,泰和八年四月甲寅条云"以北边无事,敕尚书省,命东北路招讨司还治泰州,就兼节度使,其副招讨仍置于边"。① 可知《兵志》此条取资《章宗实录》,仍保存原书中关于西北路、西南路置司的记载。从宗浩奏议中看出,泰和八年显然是重新调整三路招讨司的布局,泰州金山县设立东北路招讨司分支,桓州由西北路改成西南路的治所,西北路置司地则新迁到应州。这很符合金朝的实际情况,因为随着北疆部族形势变化,三路招讨司辖区一直不断调整,故置司地屡有变化。如"国初于西北招讨司之燕子城、北羊城之间尝置之,以易北方牧畜",②此地属抚州辖境。也就是说,西北招讨司治所最初游动不定,《金志》丰州条皇统九年"置西北路招讨司"同样契合这一特点。兹将三路招讨置司地及文献来源系统整理为表九。

表九 三路招讨置司地变更一览表

时间	西北路	西南路	东北路(乌古迪烈)
皇统九年(《元一统志》系统)	丰州	?	?
明昌间(《金房图经》系统)	桓州	丰州	泰州
泰和八年("金实录"系统)	应州	桓州	泰州(金山分司)

(二) 所谓"路下有路"问题

"路下有路"是金代路制研究中一个争议很大的问题。据《金志》记载,上京路条有蒲与路、合懒路、恤品路、曷苏馆路、胡里改路(图二),东京路条有婆速府路,从而造成一种错觉:以上六路分别归上京路、东京路统辖,此谓"路下有路"。大多数学者信从上述记载③,但余蔚对此强烈质疑,④周立志根据《江北郡县》指出金代政区分路府州县体制和部族制,元修《金志》时将两种制度夹杂,"路下有路"一说难以成立,但

---

① 《金史》卷一二《章宗纪四》,第 1 册,第 283 页。
② 《金史》卷五〇《食货志五·榷场》,第 4 册,第 1113 页。
③ 参见朱希祖:《金曷苏馆路考》,《地学杂志》1932 年第 1 期。都兴智:《辽金史研究》,人民出版社,2004 年,第 216—217 页。程妮娜:《古代中国东北民族地区建置史》,中华书局,2011 年,第 298—304 页。
④ 余蔚:《中国行政区划通史·辽金卷》,第 508—509 页。

三　《金史·地理志》文献系统与金源政区地理再认识　173

未有论证。① 我们已大致摸清《金志》纂修模式，据此视角审视，可以较为圆满地解决以上争论。

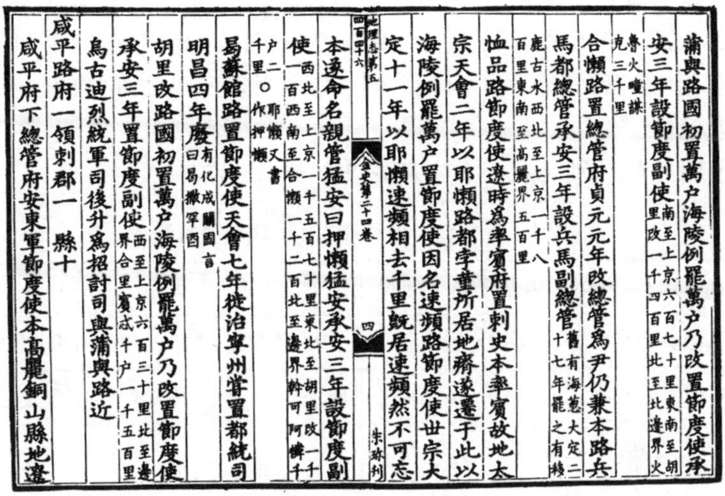

图二　至正五年刻本《金史》(采自《中华再造善本》)

《江北郡县》是一份简明记述金代政区体系的资料，很有价值，可惜前人对此关注不够。该书收在《重编群书类要事林广记》乙集卷三，现存日本元禄十二年(1699)翻刻泰定乙丑(1325)增补本。《江北郡县》具备金朝政区整体框架特征，州县隶属详细，旧金领土划分如下：中都路、南京路、中京路、西京路、山东东路、山东西路、河东南路、河东北路、河北东路、陕西西路、陕西东路、益都府路、大名府路、辽阳府路、咸平府路、大定府路、临潢府路、熙河路、鄜延路、上京路共二十路，与《金志》所载十九路制差异在于，多出所谓"中京路"。据《江北郡县》记载，中京路"金昌府"。此原为河南府，兴定元年升中京改府名，五年旋罢，其所辖嵩州等十三州一府在《金志》中均属南京路。不过，这中间还夹杂着元代建置因素。最明显的一条是，所谓"上都路共十州"及开平府、昌州、隆兴府等均为元初始立。②

---

① 周立志：《〈事林广记·江北郡县〉与金朝行政区划研究》，刘宁、齐伟主编：《辽金史论集》第 15 辑，第 216 页。

② 《重编群书类要事林广记》乙集卷三中，见〔日〕长泽规矩也编：《和刻本类书集成》第 1 辑，第 221 页下栏—226 页上栏。

周立志详细考订《江北郡县》,指出该书与《金志》整体建置重合内容占八成以上,推测出自同一个系统。① 而两书其余龃龉不合者,恰恰反映了作者编纂时侧重有别:《江北郡县》易州"易水公"、真定府"恒山公"、晋安府"晋阳公"、潞州"上党公"、河间府"河间公"、沧州"沧海公"、莒州"东莒公"及平阳府"行省",是指兴定四年二月"九公封建"及其势力范围。②

最明显的区别是关于金末新置州的记载,见表十。

表十 《金史·地理志》所见金末建置表

开封府延津县:贞祐三年七月升为延州	大同府怀仁县:贞祐二年五月升为云州
朔州马邑县:贞祐二年五月升为固州	应州山阴县:贞祐二年五月升为忠州
应州浑源县:贞祐二年五月升为浑源州	蔚州定安县:贞祐二年四月升为定安州
真定府获鹿县:兴定三年三月升为镇宁州	彰德府林虑县:贞祐三年十月升为林州
中山府永平县:贞祐二年四月升为完州	卫州苏门县:贞祐三年九月升为辉州
平阳府霍邑县:贞祐三年七月升为霍州	隰州蒲县:兴定五年正月升为蒲州
河中府荣河县:贞祐三年升为荣州	绛州翼城县:兴定四年七月升为翼州
潞州涉县:贞祐三年七月升为崇州	平定州乐平县:兴定四年正月升为皋州
代州繁畤县:贞祐三年九月升为坚州	代州五台县:贞祐四年三月升为台州
蔚州灵丘县:贞祐二年四月升为成州	凤翔府盩厔县:贞祐四年升为恒州
秦州西宁县:贞祐四年十月升为西宁州	同州韩城县:贞祐三年升为桢州
巩州定西县:贞祐四年六月升为州	

表十中所列贞祐以后二十三个县升为州,《金志》均将其作为注文附录县下。而《江北郡县》正式列出并及其领县,且标注州的性质,除林州为"节度"外,其他皆为"刺史"。这说明,《江北郡县》更多以金末最终制

---

① 周立志:《〈事林广记·江北郡县〉与金朝行政区划研究》,刘宁、齐伟主编:《辽金史论集》第15辑,第201—218页。

② 参见余蔚:《中国行政区划通史·辽金卷》,第608—609页。

三　《金史·地理志》文献系统与金源政区地理再认识　175

度为准,《金志》重新编纂时有所整理,但州县沿革未必能做到整齐划一。如晋州,兴定四年"以寿阳县西张寨置",《江北郡县》载其为"刺史",领祁县、太谷,《金志》虽将其独立出来,然无领县,此二县仍旧系于太原府。① 说到底,两书所载金代政区面目的差异,是由于编者采据同类底本而编排材料方式不同造成的。

我们尚无证据坐实《江北郡县》的具体来源,不过从该书与《金志》具有共同内容的迹象推测,元人编修《金史》地志时手头应该掌握一份这样的统县政区资料,方可有条件将《金房图经》《元一统志》系统和"金实录"等多个文献体系整合起来。

《金志》路制划分参据《金房图经》系统,志书序言"置十四总管府,是为十九路。其间散府九",是指汉制政区,并不包括蒲与路等六路及其管理机构,后者别成一体系。《江北郡县》单独归类为"长城外直北诸部族",记载如下:

　　招讨司三处:西南路、西北路、东北路。
　　部族节度八处:迭刺部、唐古部、石叠部、助鲁部、计鲁部、孛特本部、讹里部、萌古部。
　　路分节度四处:葛苏馆路、胡里改路、蒲与路、速频路。
　　路分总管二处:曷懒路、婆速路。
　　群牧十处:耶鲁椀、蒲速斡、乌古里、乣斡、殷里本、讹都椀、乌展、牧满、驼驼部、讹鲁部。
　　详稳九处:咩乣、朱典乣、骨典乣、唐古乣、耶刺都乣、移典乣、苏谟典乣、胡都乣、霞马乣。
　　吾昆神鲁部族节度使,军兵事属西北路招讨司。②

《金史·百官志》"招讨司三处置,西北路、西南路、东北路""诸部族节度使""诸乣""诸群牧所",③ 与《江北郡县》一一相合。不过整个内容却散见于《金志》各处。

第一,"部族节度使"条乌昆神鲁、石垒、助鲁、孛特本、计鲁、唐古、

---

① 《金史》卷二六《地理志下》,第2册,第630页。
② 《重编群书类要事林广记》乙集卷三中,〔日〕长泽规矩也编:《和刻本类书集成》第1辑,第226页上栏。
③ 《金史》卷五七《百官志三》,第4册,第1328—1330页。

迪烈（迭剌）七部相同，多出"乌古里"，①《江北郡县》此部属"群牧"。《金史》中合称"乌古里石垒部"或"乌古十垒部"，两部共设一节度使，此盖系史官误拆分为二；较之《金志》，《江北郡县》还多出讹里部、萌古部节度使。《金志》"群牧十二处"比《江北郡县》"群牧十处"多出承安四年创置的"忒恩""蒲鲜"，而"讹里都""乌古里"互异，其余九处相同。② 以上"部族节度使""群牧"及"详稳"共同附于西京路条下。

第二，《江北郡县》"路分节度四处"，此即《金志》"曷苏馆路，置节度使"；"胡里改路，国初置万户，海陵例罢万户，乃改置节度使"；"蒲与路，国初置万户，海陵例罢万户，乃改置节度使"；"恤品路，节度使。……以海陵例罢万户，置节度使，因名速频路节度使"，可知此系海陵时期建置。《江北郡县》"路分总管二处"，《金志》谓"合懒路，置总管府"及"婆速府路，国初置统军司"，分别置于上京路、东京路条下。③

这些机构与三路招讨司共同构成一个相对独立的部族统辖体系。据《金史·兵志》记载，东北路部族乣军曰迭剌部，曰唐古部，以及助鲁、乌鲁古、石垒、萌骨、计鲁、孛特本；西北、西南二路之乣军，④指《江北郡县》"详稳九处"。然而元末史官在编修《金志》时却将这套原本独立的"长城外直北诸部族"系统多番拆解，根据地域远近，就近糅合、割裂到汉式路制系统中，尤其是东北路、西北路、西南路招讨司更是分隶于置司地条下，所谓"路下有路"误解就是这么造成的。

我们以"招讨司治所"杂糅诸史和"路下有路"拆分文献而造成混乱的金代政区争议案例为示范，匡谬抉原，将文献逐层剥离，厘清底本来源系统，重新根据具体条文缕析金源政区地理之变化，得以发现一些所谓的历史问题未必真是"问题"，而是因纂史者编排史料不当而造成的陷阱。本文通过史料溯源，旨在提醒：《金志》其实存在很多隐患，元末史官编写地志，整合不同文献系统，构建金代政区地理的过程需要高度重视。

---

① 《金史》卷二四《地理志上》，第 2 册，第 570 页。
② 《金史》卷二四《地理志上》，第 2 册，第 571—572 页。
③ 《金史》卷二四《地理志上》，第 2 册，第 552—557 页。
④ 《金史》卷四四《兵志》，第 3 册，第 996—997 页。

【附识】

李昊林《〈金史·地理志〉州府政区信息的资料来源与年代断限》(《宋史研究论丛》第 32 辑,科学出版社,2023 年,第 373—382 页)认为,《金史·地理志》系拼凑不同年代的史料而成,州府政区名目断限在大安年间,州府政区等第信息则以一份承安五年至泰和六年六月的州府等第资料为主,同时由《大金国志·京府州军》所载等第作补充。《金史·地理志》序文提到的两个不同时期政区统计数字,前者来自一份天德三年至贞元元年间的政区资料,后者源于《大金国志·京府州军》。拙文提出新说,但诸多疑问尚未解决,仍需要探索。希望共同进一步推动《金史·地理志》研究。

四 《金史》列传的编纂
——附论元好问《中州集》人物小传

一、问题之缘起

元修《金史》列传的编纂过程及其史料来源是一个颇为繁复的问题。元初，王鹗试图纂修纪传体《金史》，从现存提纲可见，设有"帝纪九""志书七""列传"。① 根据这份资料和王鹗修史活动，学者们近乎一致地认为元末所修《金史》即以王鹗书稿为底本。② 目前讨论《金史》编修问题，均将此说当作既定前提，但在论证具体各卷来源时，诸观点却无法圆融自洽。有学者指出，本纪部分"太祖、海陵、世宗、章宗、宣宗本纪。此五朝帝纪王鹗《金史大纲》亦有其卷目，则王鹗《金史稿》很可能会有这些本纪的初稿"，③《金史》的《天文志》《食货志》《百官志》《地理志》等志书亦当如此；而列传却杂采诸书，并不取王鹗书，主体部分则与实录附传有关。④ 若如此，元朝史官编纂《金史》列传时放弃所谓王鹗《金史稿》现成的本传不用反而从诸朝实录中重新辑录，其过程必颇费周折。

另外一大疑点是，《金史·文艺传·元好问》谓"今所传者有《中州

---

① 王恽：《玉堂嘉话》卷八，杨晓春点校，中华书局，2006年，第180—181页。
② 赵翼：《廿二史札记校证（订补本）》卷二七《金史》，王树民校证，中华书局，2001年，第597页。Chan Hok-Lam（陈学霖），The Compilation and Sources of the Chin-Shih, *Journal of Oriental Studies*, VOL. VI, 1961-1964, Numbers, 1 and 2. 王继光：《有关〈金史〉成书的几个问题》，《社会科学》（今名《甘肃社会科学》）1981年第2期。王明荪：《金修国史及金史源流》，《书目季刊》第22卷1期，1988年6月。赵梅春：《王鹗与金代金史撰述》，《史学集刊》2011年6期。邱靖嘉：《王鹗修金史及其〈金史稿〉探赜》，《史学史研究》2016年第4期。
③ 邱靖嘉：《〈金史〉纂修考》，中华书局，2017年，第159页。
④ 邱靖嘉：《〈金史〉纂修考》，第149—224页。

集》及《壬辰杂编》若干卷。……纂修《金史》，多本其所著云"，①学者以此为主线讨论《金史》与元好问《中州集》《遗山先生文集》之关系，一般判断为元人修史时直接抄袭此二书碑传。② 邱靖嘉指出以上研究之不足：这种比较过于简单化，没有考虑到文本形成过程中的复杂性，应多思考那些不见于私人文集的史料从何而来，即使某些内容文字相近，也未必是彼此因袭的关系，或许两者有着共同的来源，应据此检讨《金史》全部列传的史源，推测其大概方向。这种研究思路可取，不过在具体实践中尚未摆脱传统观点，对于元修《金史》与元好问书相重合诸人物（如高士谈、璹、李献可、移剌履等），他仍认为除据实录外兼采后者内容；无实录者如卫绍王、哀宗朝及金末人物，《金史》列传内容则"史源不明"。③

要之，诸家结论均认为元好问书是构成《金史》的重要材料来源之一。然而，这些研究缺乏对金代国史系统"史传"写作缘起、产生与实录附传流传整体脉络的认识，未考虑到元好问等所撰碑传的最初根据及其与"史传"的文本渊源，对《中州集》人物小传材料来源从未予以彻底厘清，而这三点，正是讨论《金史》列传史源问题之关节。

二、"三品"的意义：金代国史"史传"的最初编纂

正史"探源"，揭櫫底本来源当是最直接的目的，然其意义并不止于此，而是据此基础考证文本生成、流传到后世再添加、删削、改编的一系列流程，以及这套模式背后所牵涉的政治因素和史馆修撰制度。本文尝试在整个文献流传脉络中考察《金史》列传的成立过程。

根据传统修史制度，实录中附丽大臣传记，这也是后世编纂纪传体正史时人物本传的最主要来源。关于金朝实录系传方式和入选标准，

---

① 《金史》卷一二六《文艺传下·元好问》，中华书局，1975年，第8册，第2743页。
② 参见 Chan Hok-Lam（陈学霖），The Compilation and Sources of the Chin-Shih, *Journal of Oriental Studies*, VOL. VI, 1961—1964, Numbers, 1 and 2. 张博泉、程妮娜、武玉环：《〈中州集〉与〈金史〉》，陈述主编：《辽金史论集》第3辑，书目文献出版社，1987年，第261—278页。王明荪：《金修国史及金史源流》，《书目季刊》第22卷1期，1988年6月。程妮娜：《〈遗山文集〉与史学》，《史学集刊》1992年第2期。
③ 参见邱靖嘉：《〈金史〉列传史源蠡测表》，氏著《〈金史〉纂修考》，第178—224页。

元代文献有明确记载。按苏天爵《修功臣列传》称"近代作为实录,大抵类乎编年,又于诸臣薨卒之下,复为传以系之";"近自金源以来,始以官至三品者行事得登于史"。① 对于后一条例,王鹗《金史大纲》列传条下也提到"旧实录三品已上入传"。② 这无疑是分析金朝"史传"编纂以及考察元修《金史》来源渠道的一把钥匙。

事实上,"三品"乃金代官僚层级结构的一道门槛,从仕官到丧葬的种种政治待遇和荣誉大体据此厘定。在官任内,一般官职俱至三品者方许赠其祖;③致仕后,三品及以上官员的俸禄额度从优,具有配备侍从以及免除输庸的特权。④ 金代丧仪制度也有严格的品阶区分,⑤三品官身故以后有资格享受国家颁赐的哀荣。据记载,明昌四年(1193)七月己丑,"制三品以上官有故者,若亲、贤、勋、旧,尚书省即与闻奏,议加追赠"。⑥ 这里所论三品官员的"史传"载入国史,亦为题中之义。唐雯指出,唐代官员去世后,国家采用一系列程序规范后事处理,并通过赠官、谥号、神道碑铭及国史传记等种种手段评定逝者身后的荣辱与声名。⑦ 金代文献较唐更为匮乏,尽管无法坐实具体环节,笔者仍有幸从中寻绎这套程序的蛛丝马迹,其中《金史》本纪与人物列传记述亡故时间的若合符契之处最具典型特征。因此,讨论列传史源的一大前提,需要考证三品官员仕履写入国史的一般流程以及背后的政治意涵。

通常而言,议定谥号、史传及后续撰写墓志、神道碑,所据者一般为官员行状。于金代,《金史·王竞传》有一条最早的记载:皇统初,"诏作《金源郡王完颜娄室墓碑》,竞以行状尽其实,乃请国史刊正之,时人以

---

① 苏天爵:《滋溪文稿》卷二六《修功臣列传》,陈高华、孟繁清点校,中华书局,2012年,第444—445页。
② 引自王恽:《玉堂嘉话》卷八,杨晓春点校,第181页。
③ 《金史》卷一一《章宗纪三》泰和元年正月甲戌条,第1册,第255页。
④ 《金史》卷四《熙宗纪》天眷三年七月丁卯条、皇统元年二月戊寅条,第1册,第75—76页。卷九《章宗纪一》明昌二年十二月乙亥条,第1册,第220页。
⑤ 元初潘昂霄《石人羊虎柱制度》引"金制诸葬仪"云:"一品官,石人四事,石虎、石羊、石柱各二事;二品、三品减石人二事;四品、五品又减石柱二事。"(《苍崖先生金石例》卷一,至正五年(1345)刻本,第9页b)此条即《泰和服制令》之规定。(参见邱靖嘉《〈金史〉纂修考》,第355—356页)
⑥ 《金史》卷一〇《章宗纪二》,第1册,第229页。
⑦ 唐雯:《盖棺论未定:唐代官员身后的形象制作》,《复旦学报》2012年第1期。

为法"。① 意谓娄室行状已经提交存档,王竞以此作为写作墓碑的基础,并经史馆审定,由此成为金初通行规范。按《金史·完颜娄室传》谓"天会八年,薨",②《太宗纪》天会八年(1130)十二月丁丑"完颜娄室薨"条与之相合,③根据"诸臣薨卒之下复为传以系之"的做法,可知传、纪同取资大定七年(1167)《太宗实录》是条所附娄室传,最初根据实为《王竞传》所言"行状"。④ 不过,娄室晚于大定十七年才赐谥曰壮义,⑤这缘于金初谥号制度不够成熟,到海陵、世宗以后逐步规范。据《金史·世宗纪》记载,大定十七年十月癸酉:"有司奏,'衍庆宫所画功臣二十人,惟五人有谥,今考检余十五人功状,拟定谥号以进'。诏可。"⑥意在通过"功状"追赠谥号,以抚慰勋旧,具有表彰功能。⑦

元初潘昂霄《金石例》总结金元时期赐谥的一般流程:

> 诸谥:职事以上三品,散官一品以上,从吏部勘当善恶,仍下所属追取行状,关移礼部,呈省闻奏。若有旨议谥,而下太常寺拟谥讫,申省议定奏闻。如有司不以时降行,亦许本家陈请。其官职未至而德行超异者特旨议之人,亦准此。⑧

根据唐代以来制度,丧家的行状在交付尚书考功审核合格后,便移交太常礼院,由太常博士拟定谥议。⑨ 综合相关记载,金代中后期确立谥号制度,各环节运作大体符合上述程序。泰和初,诏定大臣谥,尚书省掾

---

① 《金史》卷一二五《文艺传上·王竞》,第 8 册,第 2722—2723 页。
② 《金史》卷七二《完颜娄室传》,第 5 册,第 1653 页。
③ 《金史》卷三《太宗纪》,第 1 册,第 62 页。
④ 邱靖嘉认为"娄室本传似主要依据《神道碑》,兼采诸实录、《国史》"。该《国史》指《国史·太宗纪》(氏著《〈金史〉纂修考》第 186 页)。笔者指出,至正修史时《太宗实录》实存,所谓"国史"一说尚难成立,实录中附有娄室传,与大定十七年《完颜娄室神道碑》相同内容均据娄室行状。参见陈晓伟:《〈金史〉本纪与〈国史〉关系再探——苏天爵"金亦尝为国史"辨说》,《内蒙古师范大学学报(哲学社会科学版)》2021 年第 4 期。
⑤ 见大定十七年《完颜娄室神道碑》,罗福颐辑:《满洲金石志外编》,《石刻史料新编》第 1 辑第 23 册,台北:新文丰出版公司,1977 年,第 17496 页下栏。
⑥ 《金史》卷七《世宗纪中》,第 1 册,第 168 页。
⑦ 汪受宽:《谥法研究》,上海古籍出版社,1995 年,第 153—164 页。
⑧ 潘昂霄:《苍崖先生金石例》卷五,第 56 页 a。
⑨ 参见唐雯:《盖棺论未定:唐代官员身后的形象制作》,《复旦学报》2012 年第 1 期。

李秉钧提到当时制度，"有司拘文以职，非三品，不在谥议之列"，①从中可知赐谥资格乃以三品为限。《金史·百官志》记述吏部郎中二员："一员掌勋级酬赏、承袭用荫、循迁、致仕、考课、议谥之事。"②吏部郎中审核丧家行状，然后视其功过提请谥号，经过尚书省复议后，再交付太常"拟谥"，由皇帝定夺。如《金史·守道传》谓，明昌四年守道死，"太常议谥曰简宪，上改曰简靖"；③《王扩神道碑》载，兴定三年闰三月十五日扩薨，"越三日，权殡于长安南慈恩寺。太常考行，谥曰'刚敏'"。④

"其官职未至而德行超异者"特例赐谥，金代也存在这种情况。最为典型的是祁宰。正隆四年（1159）十二月乙亥，太医使祁宰劝谏海陵罢南伐"至戮于市"，章宗泰和初诏定功臣谥，下太常特赐谥曰"忠毅"。⑤ 朝廷特恩赐谥目的是为表彰士庶卓异，树立典范，从《金史》记载看，多集中于死节、孝义和列女。例如，《章宗纪》明昌三年四月戊午云："赐同州贞妇师氏谥曰'节'。"⑥《列女传·雷妇师氏》详载赐谥之缘起："师氏畏逼，乃投县署井中死。"⑦两者均据《章宗实录》。同理，《金史》本纪叙诸臣薨条，亦即本传在实录中的原始出处。这套记述模式中的最重要一项当数上文所述的颁赐谥号内容。

与此相配套的还有，朝廷依礼营葬、赙赠、皇帝临奠或遣使致祭以及辍朝、禁乐等系列仪式。《大金集礼》记载相关制度："自来凡遇妃、主、大臣薨逝及出葬，并辍朝废务。"一般为三日或一日。时间最久的是，皇统二年（1142）太师宗干、薛王宗强薨，"并辍朝七日"。⑧ "大臣死辍朝，自宗干始。"⑨泰和三年（1203）七月，"定大臣薨百官奉慰礼"。⑩

---

① 赵秉文：《闲闲老人滏水文集》卷一二《祁忠毅公传》，马振君整理：《赵秉文集》，黑龙江大学出版社，2014年，第306—307页。
② 《金史》卷五五《百官志一》，第4册，第1220页。
③ 《金史》卷八八《守道传》，第6册，第1958页。
④ 元好问：《遗山先生文集》卷一八《嘉议大夫陕西东路转运使刚敏王公神道碑铭》，姚奠中主编、李正民增订：《元好问全集（增订本）》，山西古籍出版社，2004年，上册，第433页。
⑤ 《金史》卷八三《祁宰传》，第6册，第1875页。
⑥ 《金史》卷九《章宗纪一》，第1册，第221页。
⑦ 《金史》卷一三〇《列女传·雷妇师氏》，第8册，第2798—2799页。
⑧ 佚名编：《大金集礼》卷三二《辍朝》，任文彪点校，浙江大学出版社，2019年，第326页。
⑨ 《金史》卷七六《宗干传》，第5册，第1743页。
⑩ 《金史》卷一一《章宗纪三》，第1册，第261页。

四　《金史》列传的编纂　183

以上各项构成一整套展现君臣关系、个人政治影响国家形式的丧葬过程。

谨以仆散忠义、耶律履和大臭三人为例。大定六年二月丁亥"尚书左丞相兼都元帅沂国公仆散忠义薨",①《金史·仆散忠义传》详细记述治丧过程：

> 上亲临哭之恸,辍朝奠祭,赙银千五百两、重彩五十端、绢五百匹。世宗将幸西京,复临奠焉。命参知政事唐括安礼护丧事,凡葬祭从优厚,官为给之。大宗正丞竟充敕祭使,中都转运副使王震充敕葬使,百官送葬,具一品仪物,建大将旗鼓,送至坟域。谥武庄。②

由此可见,纪、传原系《世宗实录》大定六年二月丁亥条,所载各道程序的规格极为隆重。又如,耶律履薨于明昌二年六月,元好问撰《尚书右丞耶律公神道碑》记录如下：

> 天子闻而震悼。戊申,权殡于都城南柳村。诏百官会丧,中使宣慰其家,赐钱一百万。秋八月辛巳,车驾临奠,宰相、百官陪,赐谥曰"文献",赐钱二百万,帛四百匹,重币四十端。九月庚午,葬于义州宏政县东南乡先茔之侧。其发引也,敕百官郊送,遣使祭于路,给鼓旗二十事以导。诏同知临海军节度使营护丧事。凡饰终之具,皆从官给,哀荣终始,当世莫及。积官正议大夫、漆水郡开国公。③

从讣报、会丧、宣慰、临奠到赐谥,最后安葬发引、丧事及官给葬具,各道程序一一彰显逝者的荣耀。综合《金史·章宗纪》明昌二年六月丙午"尚书右丞移剌履薨"④及《移剌履传》"二年六月,薨,年六十一。是日,履所生也。谥曰文献"⑤的记载,可知两者所本为《章宗实录》。《金史》将这些内容收入是以写进国史的形式对个人一生功绩所作的官方评定。

同样情况,《金史·海陵纪》贞元三年十二月己亥"太傅、领三省事大臭薨,亲临哭之,命有司废务及禁乐三日",⑥《大臭传》贞元三年十二

---

① 《金史》卷六《世宗纪上》,第1册,第137页。
② 《金史》卷八七《仆散忠义传》,第6册,第1941页。
③ 姚奠中主编、李正民增订：《元好问全集(增订本)》,上册,第587页。
④ 《金史》卷九《章宗纪一》,第1册,第218页。
⑤ 《金史》卷九五《移剌履传》,第6册,第2101页。
⑥ 《金史》卷五《海陵纪》,第1册,第105页。

月薨"海陵亲临哭之,诏有司废务三日,禁乐三日"与之契合,①二者共同出自《海陵实录》该条,记载海陵对大臭生前、身后的高度重视。前人研究和金代文献说明,金朝将三品诸臣"史传"编入实录,不仅仅是在承袭修史制度的传统,而且使个人事迹通过国史流传,享受死后的各种殊荣。如此看来,实录中"诸臣薨卒之下复为传以系之",见于《金史》本传所载上悼、定谥、赙赠和废务等,乃为国家制度,这是给予这一官僚群体至高的政治待遇。

上述对三品"史传"大致概况的分析,旨在使读者从传统政治层面对实录附传有一个更深层的认知。若继而将《金史》本纪与列传勘合,以复原实录附传之基本面貌,可得出以下统计结果。(除卫绍王、哀宗无实录有些特殊外)《太祖纪》有两条:天辅五年闰五月辛巳"国论胡鲁勃极烈撒改薨"、六年九月甲戌"宗雄薨",②均有本传。

《太宗纪》记录九条:天会二年七月壬午"皇子宗峻薨"、三年三月乙亥"阿舍勃极烈谩都诃薨"、五年六月庚辰"右副元帅宗望薨"和"汉国王宗杰继薨"、十二月乙亥"西南路都统斡鲁薨"、六年十月癸酉"知枢密院事刘彦宗薨"、七年正月辛巳"吴国王阇母薨"、八年九月辛酉"谙班勃极烈、都元帅杲薨"、十二月丁丑"完颜娄室薨",③全部有本传。

《熙宗纪》共计十六条:天会十三年五月甲申"左副元帅宗辅薨"、十五年七月辛巳"太保、领三省事、晋国王宗翰薨"、天眷二年十二月"豫国公昱薨"、三年四月癸丑"蜀国公完颜银术哥薨"、十一月甲子"行台尚书右丞相杜充薨"、皇统元年五月己酉"太师、领三省事、梁宋国王宗幹薨"、六月甲午"宗强薨"、二年十一月甲寅"平章政事漆水郡王昂薨"、四年九月癸酉"行台左丞相张孝纯薨"、六年二月丙寅"右丞相韩企先薨"、四月戊午"行台右丞相阿离补薨"、九月戊寅"曹王刘豫薨"、七年九月"太保、右丞相宗固薨"、十月壬子"平章行台尚书省事奚宝薨"、八年十月辛酉"太师、领三省事、都元帅、越国王宗弼薨"、九年正月壬寅"左丞相充薨",④除杜充、张孝纯、奚宝外,其余都有列传。

---

① 《金史》卷八〇《大臭传》,第6册,第1809页。
② 《金史》卷二《太祖纪》,第1册,第35、38页。
③ 《金史》卷三《太宗纪》,第1册,第51、52、57、58、59、62页。
④ 《金史》卷四《熙宗纪》,第1册,第70、71、75、76、77、79、80、82、83、84、85页。

四 《金史》列传的编纂　185

　　《海陵纪》记述：天德四年（1152）十二月庚寅"太尉、领三省事、枢密使充薨"、贞元元年八月壬戌"司空李德固薨"、二年九月丁卯"太师、领三省事徒单恭薨"、三年十二月己亥"太傅、领三省事大臬薨"、正隆二年六月乙未"参知政事纳合椿年薨"、四年正月丁巳"御史大夫高桢薨"、八月己卯"尚书右丞相蔡松年薨"、六年五月庚辰"太师、尚书令耨盌温都思忠薨"，共八人，① 惟有李德固无传。

　　《世宗纪》有十四条记载：大定三年二月庚辰"太保、都元帅奔睹薨"、六年二月丁亥"尚书左丞相兼都元帅沂国公仆散忠义薨"、九月癸丑"尚书右丞相宗宪薨"、七年二月庚寅"尚书右丞苏保衡薨"、十月丁巳"参知政事耨盌温敦兀带薨"、十一年六月甲子"平章政事徒单合喜薨"、七月甲申"参知政事宗叙薨"、十二月丙辰"参知政事敬嗣晖薨"、② 十二年四月丙寅"尚书右丞相纥石烈志宁薨"、十三年五月壬寅"真定尹孟浩薨"、六月"枢密使完颜思敬薨"、十八年六月庚午"尚书左丞相纥石烈良弼薨"、③ 二十二年六月丁巳"右丞相致仕石琚薨"、二十四年四月己未"咸平尹移剌道薨"十四条，④ 全部见于本传。

　　《章宗纪》凡十一条：明昌元年十二月己丑"平章政事张汝霖薨"、二年正月庚午"太师、尚书令淄王徒单克宁薨"、六月戊子"平章政事宗宁薨"、丙午"尚书右丞移剌履薨"、⑤ 四年六月壬戌"尚书右丞刘玮薨"、承安元年（1196）五月乙未"参知政事尼厖古鉴薨"、⑥ 三年二月辛卯"平章政事粘割斡特剌薨"、四年五月庚申"平章政事夹谷衡薨"、泰和二年（1200）闰十二月庚戌"司空襄薨"、⑦ 七年二月戊辰"平章政事兼左副元帅仆散揆薨于军"、九月甲戌"左丞相兼都元帅宗浩薨于军"，⑧ 在《金史》中均有本传。

　　《宣宗纪》载：贞祐二年（1214）四月庚戌"左丞相、监修国史广平郡

---

① 《金史》卷五《海陵纪》，第1册，第100、101、103、105、107、109、110、114页。
② 《金史》卷六《世宗纪上》，第1册，第130、137、138、139、140、149、150页。
③ 《金史》卷七《世宗纪中》，第1册，第156、159、170页。
④ 《金史》卷八《世宗纪下》，第1册，第182、187页。
⑤ 《金史》卷九《章宗纪一》，第1册，第216、217、218页。
⑥ 《金史》卷一〇《章宗纪二》，第1册，第229、238页。
⑦ 《金史》卷一一《章宗纪三》，第1册，第247、251、259页。
⑧ 《金史》卷一二《章宗纪四》，第1册，第280、281页。

王徒单镒薨"、四年二月壬子"任国公玮薨"、①兴定元年(1217)六月乙丑"尚书左丞相兼都元帅仆散端薨"、②五年九月乙巳"崇进、驸马都尉定国公徒单公弼薨"四人,③只有任国公玮不见于记载,其他人有传。

关于《金史》本纪之纂修,前人多谓取资王鹗《金史稿》,然证据过于单薄。由上述诸例所见,《金史》列传详述传主亡故时间和身后殊荣,乃与本纪契合,正是因为其改编自诸帝实录相应条目。据此确定元修《金史》本纪与列传的整体同源关系。

承载拟定谥号和议论功过的行状,一般分化为两条脉络流传:一是官修国史系统的"史传",后来成为纂修纪传体"正史"列传的最主要来源;一是丧家私人请托社会名儒撰写的墓志、神道碑等。原本互相独立的文献系统,却被学者在讨论史源问题时视作直接传抄或兼采的关系。这其实反映出他们缺乏对碑志创作过程和传播形式的全面认识。

不妨以时立爱为例。对于时氏《金史》本传与墓志、神道碑的关系,邱靖嘉指出《熙宗实录》原应有时立爱附传,④而《金史·时立爱传》疑源出《太祖实录》及《国史》本纪,兼采《神道碑》。⑤ 按时立爱薨于熙宗皇统三年,由于研究者判断至正初《熙宗实录》亡佚,元修《金史·熙宗纪》及此时人物列传本诸所谓《国史》,故认为《金史·时立爱传》杂取多种文献。据考证,《熙宗实录》实际存在,所谓今本本纪取资《国史》一说尚难成立。⑥ 最有说服力的证据,应该将三种文本详细比对,如此则可证明:《金史·时立爱传》与时立爱墓志、神道碑诸条文字互有参差,乃是各具独立叙述的内容。

成文最早的《时立爱墓志》称:

> 皇统三年八月二十日制诏有司,故相时立爱薨。在故事有可以隐卒崇终者,其件析以闻,遂以通议大夫、同签书燕京留守司公

---

① 《金史》卷一四《宣宗纪上》,第 2 册,第 304、317 页。
② 《金史》卷一五《宣宗纪中》,第 2 册,第 331 页。
③ 《金史》卷一六《宣宗纪下》,第 2 册,第 358 页。
④ 邱靖嘉:《辽道宗"寿隆"年号探源——金代避讳之新证》,《中华文史论丛》2014 年第 4 期。
⑤ 邱靖嘉:《〈金史〉列传史源蠡测表》,氏著《〈金史〉纂修考》,第 188 页。
⑥ 参见陈晓伟:《〈金史〉本纪与〈国史〉关系再探——苏天爵"金亦尝为国史"辨说》,《内蒙古师范大学学报(哲学社会科学版)》2021 年第 4 期。

事臣赵庆袭监护丧事,赙物有差,襄事所须,悉从官给。又命学士承旨臣虚中为墓志铭,臣谨按行状……

该墓志铭作者为宇文虚中,仕履内容采据时立爱行状。据墓志又云"右乡贡进士李芝状公行实如此",①该"行实"即指行状,应该是致仕以后提交史馆的。《金史·时立爱传》谓:"薨于家,年八十二。赙赠钱布缯帛有差。诏同签书燕京枢密院事赵庆袭护丧事,葬用皆官给之。"②与墓志记载相同,但并非传抄关系,而是共同记述当时官给葬事的情节,两者所叙履历皆本诸行状。

最晚形成的是《时立爱神道碑》,作者李晏称大定二十八年八月时立爱孙璠告"先祖开府郡王既葬四十余年,翰林宇文时进奉敕撰次志铭藏于墓矣。正隆之季,例削异姓之封,降授崇进、荣国公。其墓道之碑未立,子宜为铭",铭文亦云"仍命词臣宇文虚中,尔作志铭,纳诸幽宫",碑文基本参考墓志写成。此外,神道碑记载"复诏太常,赐以美谥,谥曰忠厚"③则不见于本传、墓志,有可能是时立爱皇统三年下葬后经一段时间赐授的。

邱靖嘉注意到时立爱表字避讳现象,墓志原本称字"寿昌",后来的本传、神道碑因避大定二年钦慈皇后"寿昌"讳改作"昌寿"。④ 以上对比可以证明《金史·时立爱传》出自大定二十年修成的《熙宗实录》,与神道碑无涉,李芝所撰行状才是其所据原始资料。总之,时立爱墓志、本传及神道碑的文本形成时间和流传途径不同,各成一体,构成同源异流的关系。

元修《金史》本传改编自实录附传,附传则据行状。例如,该史卷七九《施宜生传》除正隆四年为宋国正旦使泄露海陵南伐及"初宜生困于场屋"之文抄自岳珂《桯史》外,主体内容来源于《世宗实录》。⑤ 该传文

---

① 《时立爱墓志》,录文见河北省文化局文物工作队《河北新城县北场村金时立爱和时丰墓发掘记》,《考古》1962年第12期。
② 《金史》卷七八《时立爱传》,第6册,第1777页。
③ 《时立爱神道碑》,拓本见河北省文化局文物工作队:《河北新城县北场村金时立爱和时丰墓发掘记》,《考古》1962年第12期。
④ 邱靖嘉《辽道宗"寿隆"年号探源——金代避讳之新证》,《中华文史论丛》2014年第4期。
⑤ 参见刘浦江:《书〈金史·施宜生传〉后》,《文史》第35辑,1992年6月。景新强:《施宜生通敌事件辨正——一个史源学的考察》,《西北大学学报(哲学社会科学版)》2007年第3期。

与苏天爵《三史质疑》引述相同,"此见于《世宗实录》及蔡珪所述宜生行状可考"。① 又,张大节的本传、神道碑均存,《金史·张大节传》谓"承安五年卒,年八十"及"大节素廉勤好学,能励勉后进"云云,②张行简撰《张简献公神道碑铭》较为详细,称张大节"承安五年六月壬子薨,享年八十,越七月辛酉,葬于紫罗山先茔之次,累阶正奉大夫、上护军、爵清河郡侯,封邑千户,而实封十之一,谥曰简献"。③ 经过比对,传、碑内容存在很大差异,神道碑篇首交代始末说"维振武军节度使致仕张公既葬之明年,其子岩叟具公行状以书来告",据此"谨叙其事而铭之",④《金史·张大节传》所本《章宗实录》小传亦取资行状。

综上,国史编修者据居于显位的"三品"行状为其设立本传,后人为虚美隐恶又撰写墓志、神道碑等。探源的结果是,《金史》全书主体内容主要利用实录修成,其中始祖至宣宗实录编作本纪,原书附载的三品诸臣小传大多数改写成今本列传。这才是元人编修《金史》的基本思路和核心结构。总之,只有将文献置于传统史书纂修脉络中,才有助于厘正《金史》本传与碑志的文献关系,正确认识其史源问题。

三、元人编纂《金史》人物本传及取材的特定模式

从实录剪裁三品官员小传,是元人编纂《金史》列传最基本的方式。苏天爵总结指出:"金诸臣三品以上方许立传,然多无事业,所书不过历官岁月而已。"⑤这类诸臣传一大特点是,本传内容颇为简略,叙事该贯。论其缘由,据袁桷《答高舜元十问》"问作史及编年实录凡例"条记载:"实录乃加谥以后书,必有臣传,亦有字数限式。"⑥一般本传多记事少记言,且与本纪相合者甚少,虽同取材实录,实则构成两条文献脉络,乃缘于两者最初分别来自私家"行状"和官修"日历"这两套叙事系统。

---

① 苏天爵:《滋溪文稿》卷二五《三史质疑》,陈高华、孟繁清点校,第424页。
② 《金史》卷九七《张大节传》,第7册,第2145—2146页。
③ 成化《山西通志》卷一五《集文·陵墓类》,成化十年(1474)刻本,北图甲库旧藏,第8页a。
④ 成化《山西通志》卷一五《集文·陵墓类》,第5页b。
⑤ 苏天爵:《滋溪文稿》卷二五《三史质疑》,陈高华、孟繁清点校,第422页。
⑥ 袁桷:《清容居士集》卷四二《答高舜元十问》,《四部丛刊》本,第27页a-b。

需要注意的是，《金史》许多三品以上官员本传不仅叙事详明，系年精准，甚至多条史文还带有干支，这与传记体例明显不符，其中诸条与本纪相雷同；未及三品者亦设有列传。前一种情况，邱靖嘉《〈金史〉列传史源蠡测表》推测《金史》本传有兼采实录的可能，可惜置而未论。① 我们通观《金史》整体史源，已对诸帝本纪与列传史源关系有一基本认识，澄清疑惑后，便更有条件深入探讨元修《金史》编纂与史料来源问题。

总体分析《金史》全书框架，逐条核对全部列传与本纪之关系，可以大体摸清元人编纂列传的主要三种模式。第一种，实录小传与实录所载其人事迹相杂抄，以充实篇幅；第二种，原来国史未设小传，根据实录诸条拼合而编成一个新的列传；第三种，从实录中抄取不及三品尤其是才行卓异者的事迹，独立成类传。这三种情况要比简单地将实录附传改编为《金史》本传复杂许多。根据史料的同源线索，试论如下。

首先，附传加实录复合型的列传构成模式，即以本传为主体兼采实录所见诸条关于传主的纪事。

第一，《金史·刘豫传》皇统二年"进封曹王"后"薨"，②《熙宗纪》称皇统六年九月"曹王刘豫薨"，③据此判断《熙宗实录》中附有刘豫小传。不过《金史·刘豫传》在原本基础上增补、杂糅他书，多采杨尧弼《伪齐录》，还有与《金史·太宗纪》天会八年九月戊申、④《熙宗纪》天会十五年十一月丙午条重合之文。⑤ 其中传文载"臣宗翰、臣宗辅议'既策为藩辅，称臣奉表，朝廷报谕诏命，避正位与使人抗礼，余礼并从帝者'"一段，⑥此言"臣"字不符合元修《金史·刘豫传》的语境，显然是直接抄自《太宗实录》天会八年册立刘豫的原始奏章。

第二，《金史·耨盌温敦思忠传》载"正隆六年，思忠薨，年七十三"，⑦据《金史·海陵纪》正隆六年五月庚辰"太师、尚书令耨盌温都思忠薨"条，⑧可知取资《海陵实录》此条附传。该传有"天辅三年六月，辽

---

① 参见邱靖嘉：《〈金史〉列传史源蠡测表》，氏著《〈金史〉纂修考》，第178—224页。
② 《金史》卷七七《刘豫传》，第6册，第1761页。
③ 《金史》卷四《熙宗纪》，第1册，第82页。
④ 《金史》卷三《太宗纪》，第1册，第92页。
⑤ 《金史》卷四《熙宗纪》，第1册，第72页。
⑥ 《金史》卷七七《刘豫传》，第6册，第1760页。
⑦ 《金史》卷八四《耨盌温敦思忠传》，第6册，第1883页。
⑧ 《金史》卷五《海陵纪》，第1册，第114页。

大册使太傅习泥烈以册玺至上京一舍,先取册文副录阅视,文不称兄,不称大金,称东怀国。太祖不受,使宗翰、宗雄、宗幹、希尹商定册文义指,杨朴润色,胡十苔、阿撒、高庆裔译契丹字,使赞谋与习泥烈偕行"的记载,①《金史·太祖纪》天辅三年六月辛卯"辽遣太傅习泥烈等奉册玺来,上摘册文不合者数事复之"为相合之文。② 此即同源史料,说明思忠本传部分内容抄撮《太祖实录》,并且较为详细,如实记录金初与契丹交往事。

第三,《金史·仆散忠义传》源自《世宗实录》大定六年二月丁亥条的独立附传。传文记载:

> 宋遣试礼部尚书魏杞,崇信军承宣使康湑,充通问国信使,取到宋主国书式,并国书副本,宋世为侄国,约岁币为二十万两、匹,国书仍书名再拜,不称"大"字。大定五年正月,魏杞、康湑入见,其书曰:"侄宋皇帝昚,谨再拜致书于叔大金圣明仁孝皇帝阙下。"魏杞还,复书"叔大金皇帝"不名,不书"谨再拜",但曰"致书于侄宋皇帝",不用尊号,不称阙下。和好已定,罢兵,诏天下。以左副都点检完颜仲为报问国信使,太子詹事杨伯雄副之。③

《金史·世宗纪》谓大定五年正月"己未,宋通问使魏杞等以国书来。书不称'大',称'侄宋皇帝',称名,'再拜奉书于叔大金皇帝'。岁币二十万。辛未,诏中外";二月壬午"以左副都点检完颜仲等为宋报问使"。④ 又《金史·交聘表》宋栏大定五年正月癸亥"宋通问使礼部尚书魏杞、崇信军承宣使康湑奉国书及誓书入见";二月"以殿前左副都点检完颜仲、太子詹事杨伯雄报问宋国"。⑤ 由此可见,《世宗纪》《交聘表》亦正相合,均取《世宗实录》大定五年正月条。《仆散忠义传》上文也是从中抄录的。

第四,《金史·宗浩传》"泰和七年九月,薨于汴"与《金史·章宗

---

① 《金史》卷八四《耨盌温敦思忠传》,第6册,第1881页。
② 《金史》卷二《太祖纪》,第1册,第33页。
③ 《金史》卷八七《仆散忠义传》,第6册,第1939页。
④ 《金史》卷六《世宗纪上》,第1册,第135、136页。
⑤ 《金史》卷六二《交聘表中》,第5册,第1421页。

纪》泰和七年九月甲戌条"左丞相兼都元帅宗浩薨于军"相合,①知今本列传摘录《章宗实录》是条。传中记述"方信孺赍其主赵扩誓稿来,且言扩并发三使,将贺天寿节及通谢,仍报其祖母谢氏殂,致书于都元帅宗浩"及复张岩书共计一千八百余字,②并非原本附传内容。今考《章宗纪》泰和七年五月丙申"宋知枢密院事张岩复遣方信孺以书至都元帅府,增岁币乞和"、③《交聘表》宋栏泰和七年五月丙申"宋张岩复遣方信孺诣都元帅府,请增岁币"及九月"宗浩薨",④说明《章宗实录》乃是共同的源头,《宗浩传》从实录中抄写宋方致书及复书的具体内容。

笔者择要举证四例论述《金史》本传抄撮实录,诸传文保留了大量原始文字,主要涉及外交文书、内政诏令、奏议、政论等内容,细节翔实。其价值在于,为探索《金史》列传的编纂过程提供了明确线索。

实际上,从始祖到宣宗各时期的人物本传中均存在这种现象,因实录编纂抄成熟程度不一,会有所差异:皇统元年十二月编成的《祖宗实录》(亦名《先朝实录》,三卷)属祖先创业口述史,尚未单独设立人物附传,史官乃从书中诸条摘抄出《始祖以下诸子传》,并且将最初反叛然后降服、辅助世祖的功臣中的欢都、冶诃也整合成独立的列传。金人立国以后,由于修史制度草创,记注系统尚未完备,太祖、太宗、熙宗实录比较简陋,即便附录小传,数量也很有限,篇幅甚小。元朝史官大多从上述实录中抄撮关于个人记载,太祖诸子传当数典型。例如,太祖之子宗辅。大定十一年,世宗虽为其父宗辅编纂过《睿宗实录》,估计元末已经散佚,《金史》卷一九《世纪补·睿宗纪》不是改编自此实录。我们逐条核查比对,确认《睿宗纪》与《太祖纪》《太宗纪》各条"宗辅"纪事相合乃至文字雷同,源头无疑同为太祖、太宗实录。关于本纪所载"魁伟尊严,人望而畏之。性宽恕,好施惠,尚诚实。太祖征伐四方,诸子皆总戎旅,帝常在帷幄",⑤则应源自小传。据《金史·熙宗纪》天会十三年五月甲

---

① 《金史》卷一二《章宗纪四》,第 1 册,第 281 页。
② 《金史》卷九三《宗浩传》,第 6 册,第 2072—2080 页。
③ 《金史》卷一二《章宗纪四》,第 1 册,第 281 页。
④ 《金史》卷六一《交聘表下》,第 5 册,第 1479 页。
⑤ 《金史》卷一九《世纪补》,第 2 册,第 408—410 页。

申"左副元帅宗辅薨",①可知《熙宗实录》此条下附录宗辅传。海陵、世宗、章宗、宣宗实录附传较多,元修《金史》中薨于此时期人物的列传也仍然大量钞撮实录相关条文。

其次,《金史》有一批地位和功绩显要却于实录中无附传的人物设有本传。

耶律铸《密谷行》"堪怜当日金源氏,谁编良将忠臣传"一句的小字注文明确说"金源氏实录孟参政铸无传",②然检《金史》卷一〇〇仍设有《孟铸传》,而且篇幅较大。该传内容,拼合痕迹十分明显,从孟铸"大定末,补尚书省令史"叙述,至"至宁元年复为御史中丞"结束仕履,③基本采据《章宗实录》诸条成篇。

从习古乃和杨沃衍两传内容中,我们甚至能看出史料的不同来源线索。

其一,《金史·习古乃传》主干内容,④分别见于《太祖纪》太祖二年(1114)甲午六月"至是,复遣宗室习古乃、完颜银术可往索阿踈。习古乃等还,具言辽主骄肆废弛之状"、天辅六年(1122)十二月"婆卢火为右翼,取居庸关";⑤《太宗纪》天会元年十一月壬戌"复以空名宣头及银牌给上京路军帅实古乃、婆卢火等"、二年闰三月己丑"乌虎里、迪烈底两部来降"、四月戊午"以实古乃所筑上京新城名会平州"、三年二月丁卯"以厐葛城地分授所徙乌虎里、迪烈底二部及契丹民"、六年三月壬辰"命南路军帅实古乃,籍节度使完颜慎思所领诸部及未置猛安谋克户来上"七条。⑥ 其余条目,本纪未载。这篇传记的特点是,记载习古乃履历从"尝与银术可俱往辽国取阿踈"至天会十年"习古乃为都统,移治东京,镇高丽",⑦实无首尾,不叙原居地、出身、早年经历及个人品性等信息,这显然是金初实录中本无小传。元朝史官仅据旧本实录所载上述

---

① 《金史》卷四《熙宗纪》,第1册,第70页。
② 耶律铸:《双溪醉隐集》卷二《密谷行》,影印文渊阁《四库全书》,台北:台湾商务印书馆,1986年,集部1199册,第400页下栏。
③ 《金史》卷一〇〇《孟铸传》,第7册,第2201—2203页。
④ 《金史》卷七二《习古乃传》,第5册,第1666—1667页。
⑤ 《金史》卷二《太祖纪》,第1册,第23、39页。
⑥ 《金史》卷三《太宗纪》,第1册,第48—58页。
⑦ 《金史》卷七二《习古乃传》,第5册,第1666—1667页。

"习古乃"若干材料，以致履历缺失。① 其中篇首云"习古乃，亦书作实古乃"，《金史·太祖纪》写作"习古乃"，《太宗纪》书为"实古乃"，表明该本传抄录太祖、太宗两种实录，《习古乃传》保留下不同文献中同名异译的线索。

其二，《金史·忠义传·杨沃衍》与《习古乃传》颇为相似，开头作"杨沃衍一名斡烈"，②《金史·宣宗纪》贞祐四年十一月乙酉作"杨斡烈"，③《哀宗纪》正大八年十二月己未、天兴元年正月丁酉作"杨沃衍"。④ 此乃抄撮两种文献的证据。

其三，《金史》诸类传如《忠义传》《孝友传》《隐逸传》《列女传》所收人物绝大多数远不及三品，若干人身份根本不符合立传标准，但其本传也源自实录，从中采撷。

笔者注意到，《金史·忠义传·粘割韩奴》谓皇统时期"奉使大石。韩奴去后不复闻问"，大定中"粘拔恩君长撒里雅、寅特斯率康里部长孛古及户三万余求内附"详述耶律大石怒杀粘割韩奴的经过，世宗嘉其忠节，"以详古为尚辇局直长，迁武义将军，娄室为武器署直长"。⑤《金史·世宗纪》大定十六年十一月甲子条云："以粘割韩奴之子详古为尚辇局直长，娄室为武器直长。初，韩奴被旨招契丹大石，后不知所终，至是因粘拔恩部长撒里雅、寅特斯等来，⑥询知其死节之详，故录其后。"此前大定十五年七月丙午条载有"粘拔恩与所部康里孛古等内附"。⑦ 传、纪若合符契，《金史·忠义传·粘割韩奴》内容取资《世宗实录》无可置疑。

另外一例，《金史·宣宗纪》贞祐三年二月丙午"武清县巡检梁佐、柳口巡检李咬住以诛糺贼张晖、刘永昌等功进官有差，皆赐姓完颜"，⑧

---

① 《太祖纪》天辅七年四月丁亥条"命习古乃、婆卢火监护长胜军，及燕京豪族工匠，由松亭关徙之内地"，《习古乃传》失载，显然是漏辑。按，此条亦见于《金史》卷七七《昌（挞懒）传》（第6册1763页）。
② 《金史》卷一二三《忠义传三·杨沃衍》，第8册，第2683—2685页。
③ 《金史》卷一四《宣宗纪上》，第2册，第321页。
④ 《金史》卷一七《哀宗纪上》，第2册，第384、385页。
⑤ 《金史》卷一二一《忠义传一》，第8册，第2636—2638页。
⑥ "撒里雅寅特斯"原标点作一人，今改。
⑦ 《金史》卷七《世宗纪中》，第1册，第165、162页。
⑧ 《金史》卷一四《宣宗纪上》，第2册，第307页。

《金史·完颜佐传》"完颜佐本姓梁氏,初为武清县巡检。完颜㪺住本姓李氏,为柳口镇巡检"据此文改编。① 又如,《金史·宣宗纪》贞祐三年五月癸酉"刘炳上书言十事",但不书具体内容,②《金史》卷一〇六设有刘炳传:"葛城人。每读书,见前古忠臣烈士为国家画策虑万世安,辄叹息景慕。贞祐三年,中进士第,即日上书条便宜十事",并详载十条,结果是"宣宗虽异其言,而不能用,但补御史台令史而已",③此传抄自《宣宗实录》贞祐三年五月癸酉条及其下所附刘炳简历。

又如,《金史·章宗纪》明昌三年三月辛卯"诏赐棣州孝子刘瑜、锦州孝子刘庆祐绢、粟,旌其门闾,复其身";四月戊午"诏赐云内孝子孟兴绢十匹、粟二十石,赐同州贞妇师氏谥曰'节'";八月丁未"以有司奏宁海州文登县王震孝行"三条,④此系《金史·孝友传》刘瑜、孟兴⑤及《列女传·雷妇师氏》的同源出处。⑥

以上《金史》类传与本纪互证的案例说明,原实录当详细记录忠义等事。《金史·世宗纪》大定二十一年正月丙子条最为明显。该条记载:"有移剌余里也者,契丹人也,隶虞王猛安,有一妻一妾。妻之子六,妾之子四。妻死,其六子庐墓下,更宿守之。妾之子皆曰'是嫡母也,我辈独不当守坟墓乎'。于是,亦更宿焉,三岁如一。上因猎,过而闻之,赐钱五百贯,仍令县官积钱于市,以示县民,然后给之,以为孝子之劝。"⑦此条照搬《世宗实录》原文,叙孝义之事甚详。

需要指出的是,《金史》还有一种"传中有传"的特殊形式。比较典型的,如卷九一《移剌成传》记述大定初"再除临洮尹,招降乔家等族首领结什角",其下附载结什角世系及乔家族归降经过,其中提到"诏遣大理卿李昌图、左司员外郎粘割斡特剌往按之,且止夏人毋筑祈安城及处置乔家等族别立首领"及乔家等族民户"愿以结什角侄赵师古为首领,于是诏以赵师古为木波乔家、丙离、陇逋、庞拜四族都钤辖,加宣武将

---

① 《金史》卷一〇三《完颜佐传》,第7册,第2273页。
② 《金史》卷一四《宣宗纪上》,第2册,第309页。
③ 《金史》卷一〇六《刘炳传》,第7册,第2337—2339页。
④ 《金史》卷九《章宗纪一》,第1册,第220、221页。
⑤ 《金史》卷一二七《孝友传》,第8册,第2746—2747页。
⑥ 《金史》卷一三〇《列女传·雷妇师氏》,第8册,第2798—2799页。
⑦ 《金史》卷八《世宗纪下》,第1册,第179页。

军"云云,①此事并见《金史·粘割斡特剌传》大定十年条,②应共同取资《世宗实录》,因与传主事迹有关,于是分别抄录。

又一例,卷九八《完颜纲传》中夹杂"青宜可者,吐蕃之种也"至"以商州刺史乌古论兖州领、曹普贤押领、青宜可勾当"五百余字,叙述河西部族及青宜可归附。③ 经比对后,我们确认《金史·完颜纲传》见有多条与本纪同源的史料,"纲奏其事,上以青宜可为叠州副都总管,加广威将军"一文,《金史·章宗纪》泰和六年八月乙卯"以羌酋青宜可为叠州副都总管"与之相合,④说明本传抄撮《章宗实录》此条,并且将其下附录的"青宜可"等事一同编入其中。其实,"结什角"和"青宜可"在《金史目录》和分卷卷目皆未单独设立名目,其事迹是史官从实录中摘录"移剌成"和"完颜纲"条附带一起抄出的。这里举证各传与逐条拼凑列传的方式有所不同,这种编纂方法基本就是从实录中整段抄录人物事迹。

通过分析大量案例,我们总结出上述三类模式,据此便能复原元末编纂《金史》列传的这套程序:史官通检金朝实录,从中于诸臣薨年条下单独摘出附传,大致按时间编排;与此同时,根据专题分门别类,部分作成正史类传(如《世戚传》《逆臣传》《文艺传》等)和父子丛传;在详细爬梳实录过程中,分条签出见于实录中拟设立本传的人物诸条目,再与原有小传糅合,最后编进传文记载中。对于那些无附传且事迹较多者,同样也是诸条拼合史料,根据时间次序,最后整合出新的篇什。可见,元修《金史》的基本思路是反复利用实录,编成各式列传。某些传文注作"语在某传",意谓同出一源而于本书中互相参考,中间叙述详略有别。

在这些编纂模式下,由于最后统稿阶段总裁官未暇细致整合,不免疏漏种种,各传彼此史文大量重复,甚至人物履历屡有混淆。

第一,史官拼接史文不够严谨而留下罅隙。《金史·习古乃传》叙述与传主有关事:

---

① 《金史》卷九一《移剌成传》,第 6 册,第 2016—2018 页。
② 《金史》卷九五《粘割斡特剌传》,第 6 册,第 2108 页。
③ 《金史》卷九八《完颜纲传》,第 7 册,第 2175—2176 页。
④ 《金史》卷一二《章宗纪四》,第 1 册,第 277 页。

>乌虎里部人迪烈、划沙率部族降,朝廷以挞仆野为本部节度使,乌虎为都监。习古乃封还挞仆野等宣诰,以便宜加挞仆野散官,填空名告身授之,及录上降附有劳故官八百九十三人,朝廷从之。于是,迪烈加防御使,为本部节度使。划沙加诸司使,为节度副使,知迪烈底部事。挞离答加左金吾卫上将军,节度副使,知突鞠部事。阿枭加观察使,为本部节度使。其余迁授有差。以庞葛城地分赐乌虎里、迪烈底二部及契丹人,其未垦者听任力占射。①

此文称乌虎里部人迪烈、划沙率部族降,结尾则谓赐地给乌虎里、迪烈底二部;叙述朝廷正式授官:"迪烈加防御使,为本部节度使"及"阿枭加观察使,为本部节度使"。迪烈、阿枭二人同为"本部节度使",存在疑点。习古乃本无小传,系抄撮太祖、太宗实录而成。据《金史·太宗纪》记载,天会二年闰三月己丑"乌虎里、迪烈底两部来降"及三年二月丁卯"以庞葛城地分授所徙乌虎里、迪烈底二部及契丹民",②实有两个部落一并归降,后一条与《习古乃传》雷同,前一条对应传中的"乌虎里部人迪烈、划沙率部族降"云云,然节抄实录有失而遗漏"迪烈底"。

第二,《金史·忠义传》酬斡、仆忽得二人小传更为独特,是为"复文"。我们发现,《金史·斡鲁传》载斡鲁之平叛功绩,叙述实里古达叛乱之始末,"杀酬斡、仆忽得",此二人事迹附丽于此,"酬斡宗室子,魁伟善战,年十五,隶军中,多见任用"云云,③此属上文所论"传中有传"的类型。然而《忠义传》复设酬斡、仆忽得小传,④根据比较,总体内容均不出《斡鲁传》范围之内,几近一致,详略稍微有别。据《金史·太祖纪》天辅四年九月"烛隈水部实里古达等杀孛堇酬斡、仆忽得以叛"的记载,⑤可知以上三者皆取资《太祖实录》此条。这表明,元朝史官通过裁剪旧本实录作《斡鲁传》和《忠义传》,并未统一史文,以致重复叙述。

第三,金代女真人习惯取用相同的名字,元人从旧史逐条签出个人

---

① 《金史》卷七二《习古乃传》,第5册,第1666页。
② 《金史》卷三《太宗纪》,第1册,第50、52页。
③ 《金史》卷七一《斡鲁传》,第5册,第1633页。
④ 《金史》卷一二一《忠义传一》,第8册,第2635—2636页。
⑤ 《金史》卷二《太祖纪》,第1册,第34页。

四 《金史》列传的编纂　197

史料时极容易混淆，有时会导致张冠李戴。例如，《金史》卷六六《挞懒传》叙述宗室特进挞懒天会五年围汴京与卷七七《昌传》（本名挞懒）大段内容重复。① 总体看这两个传的史料构成，都有与本纪相同的史文，说明抄袭诸实录，不同史官共同利用同一种《太宗实录》天会五年条摘抄史料时，凡遇"挞懒"便不加辨析地分别写进本传。

第四，《金史》卷一一九《娄室传》云："完颜娄室三人，皆内族也，时以其名同，故各以长幼别之。"将金末这三位同名"娄室"的事迹杂列在同一本传中。传文"正大八年，庆山奴弃京兆，适鹰扬都尉大娄室运军器至白鹿原，遇大兵与战，兵刃既尽，以绦系掉金牌，力战而死"，其身份当无疑问。所谓"中娄室"则不成立，天兴元年两娄室作为主帅一同与蒙古兵战襄城，所以两人事迹容易混淆。该《娄室传》叙述哀宗奔蔡州云：天兴二年六月，"及上将幸蔡，密召中娄室引兵来迓，娄室迟疑久之，乃率所招卒奉迎"。② 此谓自息州来迎驾者系中娄室。今参元初王鹗《汝南遗事》卷一"诏蔡息帅臣来迓"条和卷二"乌库哩（乌古论）镐权参政、胡土为点检"条详细记述八月十五日奉迎哀宗经过，③知迎驾者为行军马总帅小娄室，他与哀宗单独会合于双沟，并借此机会诬告乌古论镐。《金史·乌古论镐传》叙述"避雨双沟寺中"及"是日小娄室自息来迓"亦合。④ 此外《汝南遗事》卷一"蒲鲜等进职"条云：七月七日"征行元帅权总帅内族娄室签枢密院事"。⑤ 并未言明任总帅者是哪个娄室。《金史·娄室传》所称"中娄室以同签枢密院事为总帅"，⑥显系元朝史官臆改，进而将双沟迎驾事嫁接在中娄室头上。

综上，元人编纂《金史》人物本传以实录为基础，但不简单地采据原附小传，还通过从中逐条剪辑相关人物史料，最后成果一是附传加实录他处有关传主的事迹，在原有记述体系基础上编进实录条目，内容变得

---

① 《金史》卷六六《挞懒传》，第 5 册，第 1567 页。卷七七《昌传》，第 6 册，第 1764 页。参见修订本《金史》卷七七校勘记十六，中华书局，2020 年，第 6 册，第 1880 页。
② 《金史》卷一一九《娄室传》，第 8 册，第 2597—2598 页。
③ 王鹗：《汝南遗事》卷一，《中国野史集成》，影印《畿辅丛书》本，巴蜀书社，1993 年，第 10 册，第 412 页下栏。卷二，第 420 页下栏。
④ 《金史》卷一一九《乌古论镐传》，第 8 册，第 2600—2601 页。
⑤ 王鹗：《汝南遗事》卷一，第 415 页上栏。
⑥ 《金史》卷一一九《娄室传》，第 8 册，第 2599 页。

非常扎实;二是将各实录所载同一人物的纪事逐条整合,编出新的篇什,基本保留文献的原本面目;三是裁出简短的人物事迹,遵从传统正史体例框架下,设立类传,以体现金源一代社会风尚。以上便就是我们对帝纪与本传关系的基本认识。

四、《中州集》与《金史》的本末源流

我们根据本纪钩沉列传源出实录诸条线索,不过要坐实两者同源的结论,仍需要进一步回应和解释元好问书与《金史》的文献关系。须指出,两书所涉重合人物传记,金末人物如薛继先、高仲振等十余人无任何官修文献所据,当本自《中州集》小传。① 不过,研究者认为《金史》其余大量列传所谓"兼采"元好问书,则需要仔细推敲。现举例试作分析。

第一,《金史·忠义传》记载元光元年(1222)十一月马庆祥仕履及其捍卫凤翔死节之事。② 邱靖嘉认为该传底本当以元好问《恒州刺史马君(庆祥)神道碑》为主,兼采黄溍《马氏世谱》。③ 一方面,通过对比本传与神道碑,内容互有参差,尤其本传多出大安初"卫王始通问大元"、元光元年十一月"闻大将萌古不花将攻凤翔"诸细节。据记载,该神道碑系己酉年(1249)九月庆祥长子马三达延请元好问撰写。④《金史》本传则自成一体。另一方面,据考证,黄溍《马氏世谱》撰作于至正八年(1348)至十年,⑤实乃后出。该世谱提到马庆祥履历"事见《金史·宣宗本纪》,新史本纪虽不载,而详见于忠义传",⑥"新史"即至正五年修成的《金史》,本纪通篇确实不见"庆祥",推知"金史·宣宗本纪"乃指《宣宗实录》,附丽马庆祥死节事,说明《金史·忠义传》即据此改编,显

---

① 参见邱靖嘉:《〈金史〉列传史源蠡测表》,氏著《〈金史〉纂修考》,第178—224页。
② 《金史》卷一二四《忠义传四》,第8册,第2695—2696页。
③ 邱靖嘉:《〈金史〉列传史源蠡测表》,氏著《〈金史〉纂修考》,第214页。
④ 元好问:《遗山先生文集》卷二七《恒州刺史马君神道碑》,姚奠中主编、李正民增订:《元好问全集(增订本)》,上册,第570—573页。
⑤ 马晓林:《金元汪古马氏家族先祖史的书写与认同》,《文史》2018年第4辑。
⑥ 黄溍:《金华黄先生文集》卷四三《马氏世谱》,《中华再造善本》,影印至正十五年(1355)刻本,北京图书馆出版社,2005年,第3页a。

四　《金史》列传的编纂　199

然与神道碑、世谱无涉。

第二,《中州集》不仅有"礼部杨云翼"小传,元好问还撰写过杨云翼神道碑。学者据此指出《金史·杨云翼传》当本自《神道碑》。[①] 将该《内相文献杨公(云翼)神道碑铭》[②]与《金史·杨云翼传》比较的实际结果是:[③]神道碑虽然比本传详细,但互有分歧,前者贞祐四年"西北兵由鄜延内侵",后者则作"大元及西夏兵入鄜延";"权户部尚书完颜天宠辈百余人同声赞可"与"户部尚书高夔等二十六人同声曰可"明显不同;兴定四年论粟补官及以战功迁授,碑文止作"公奏从宽收录",本传详称"云翼奏曰赏罚国之大信,此辈宜从宽录,以劝将来";正大初诏集百官议所以省费者,碑云"故独以此应诏",传写作"上嘉纳之"。这些内容存在少数歧异而绝大部分相同,反倒说明碑、传可能同源。元好问叙述碑文写作缘起:杨恕对元好问说:"先公孝弟忠信,始于事亲,中于事君,终于兼善天下者,翰林修撰王彪《事状》具在。"由此可知其所据,本传亦当出于行状。

从《金史·忠义传·马庆祥》《杨云翼传》与元好问所撰神道碑、小传的这些分歧中,可见它们当是各成体系,应该有着共同的文本源头。循此思路,对《金史》与《中州集》所涉人物传做出全盘分析,宇文虚中、吴激、蔡松年、蔡珪、高士谈、施宜生、李晏、许安仁、赵秉文、褚承亮、赵沨、路铎、萧贡、田琢、许古、陈规、梁持胜、完颜璹、李献能、王渥、王元节、王宾、邢具瞻、王竞、李献可、王翛、张大节、张毂、宗端修、张翰、杨邦基、王扩、石抹世绩、康锡、马肩龙、刘豫、虞仲文、耶律履、张万公、董师中、孙铎、贾益谦、高汝砺、张行信、郑子聃、张行简、李献甫等传记皆有相似文字。按传统观点,相合者多则为抄袭,而多分歧者是为参考,总之都被视为一种直接或"兼采"的关系。然而,《金史》和《中州集》实际构成两个不同的传记体系,元朝史官抄撮实录本身都有各种缺陷,遑论将两个文献系统的大量小传糅合为一,整合到叙事该贯的程度,编成《金史》列传,恐怕要花费不小精力。

---

① 邱靖嘉:《〈金史〉列传史源蠡测表》,氏著《〈金史〉纂修考》,第205页。
② 元好问:《遗山先生文集》卷一八《内相文献杨公神道碑铭》,姚奠中主编、李正民增订:《元好问全集(增订本)》,上册,第420—427页。
③ 《金史》卷一一〇《杨云翼传》,第7册,第2421—2425页。

上述疑问的症结在于，《中州集》各家小传的史源是什么？遗憾的是，学界并未全面探讨过这个问题。根据《中州集》前后序文所述，元好问以商衡《国朝百家诗略》为基础后续增补资料编成，最后刊刻于己酉年(1249)。从书中内容看，诗文作者小传的资料来源颇为广泛，作者征引李纯甫《故人外传》、诸家文集、序文以及亲历见闻等。① 然而尚未有人关注的是，《中州集》成书也与金实录密切相关，我们从小传内容和作者经历中都能找到相关证据。

最直接的一条是密国公璹传，元好问《中州集》②《遗山先生文集·如庵诗文序》③及《金史·璹传》④《归潜志》⑤皆有记载(见表一):

表一 诸史所载璹传对比表

《中州集》小传	《遗山先生文集》	《归潜志》	《金史》
密公字子瑜，兴陵之孙，越王之长子，百年以来宗室中第一流人也。少日学诗于朱巨观，学书于任君谟，遂有出蓝之誉，文笔亦委曲能道所欲言，朝臣自闲闲公、杨礼部、雷御史而下皆推重之。资雅重，薄于世味，好贤乐善，寒士有不能及者	密国公讳璹，字子瑜，越王长子而兴陵之诸孙也。明昌初已授封，<u>公以例授金紫光禄大夫</u>。卫绍王时，除开府仪同三司。宣宗南渡后，封胙国公。哀宗正大初，进封密	密国公璹，字仲宝。世宗之孙，越王允功之子也。幼有俊才，能诗，工书，自号樗轩居士	璹本名寿孙，世宗赐名字仲实，一字子瑜。资质简重，博学有俊才，喜为诗，工真草书。大定二十七年，加奉国上将军。明昌初，加银青荣禄<u>大夫</u>。卫绍王时，加开府仪同三司。贞祐中，封胙国公。正大初，进封密国公

---

① 参见胡传志:《〈中州集〉的编纂过程和编纂体例》，《山西大学学报(哲学社会科学版)》1994年第2期。

② 元好问:《中州集》卷五《密国公璹》，萧和陶点校，华东师范大学出版社，2014年，上册，第343—344页。

③ 元好问:《遗山先生文集》卷三六《如庵诗文序》，姚奠中主编、李正民增订:《元好问全集(增订本)》，上册，第756—758页。

④ 《金史》卷八五《璹传》，第6册，第1904—1905页。

⑤ 刘祁:《归潜志》卷一，崔文印点校，中华书局，1983年，第4—5页。

（续表）

《中州集》小传	《遗山先生文集》	《归潜志》	《金史》
明昌以来，诸王法禁严，诸公子皆不与得外间交通，故公得穷日力于书，读《通鉴》至三十余过，是非成败，道之如目前	自明昌初镐、厉等二王得罪后，诸王皆置傅与司马、府尉、文学，名为王府官属而实监守之。府门启闭有时，王子若孙及外人不得辄出入。出入皆有籍，诃问严甚。金紫若国公，虽大官，无所事事，止于奉朝请而已。密公班朝著者，如是四十年	宣宗南渡，防忌同宗，亲王皆有门禁。公以开府仪同三司奉朝请。家居止以讲诵、吟咏为乐。时时潜与士大夫唱酬，然不敢彰露	璹奉朝请四十年，日以讲诵吟咏为事，时时潜与士大夫唱酬，然不敢明白往来
越王薨后，稍得出游，文士辈亦时至其门，家所藏法书名画，几与中秘等。客至，贫不能具酒肴，设蔬饭与之共食，焚香煮茗，尽出藏书商略之，谈大定、明昌以来故事，或终日不听客去，风流蕴藉，有承平时王孙故态，使人乐之而不厌也。所居有樗轩，又有如安，自号樗轩老人，其诗号《如庵小稿》	初，燕都迁而南，危急存亡之际，凡车辂、宫县、宝玉、秘器，所以资丕天之奉者，舟车辇运。国力不赡，至汴者千之一耳。而诸王公贵主，至有脱身而去者。公家法书名画连箱累箧，宝惜固护，与身存亡，故他货一钱不得著身。方迁革仓卒，朝廷止以乏军兴为忧，百官俸给，减削几尽。岁日所入，大官不能赡百指，而密公又宗室之贫无以为资者，其落薄失次为可见矣。元光以后，王薨，门禁缓，文士稍遂款谒，然亦不过三数人而止矣	天兴初，北兵犯河南，公已卧疾。予候之，因论及时事，公曰："敌势如此，不能支，止可以降，全吾祖宗；且本夷狄，如得完颜氏一族归我国中，使女直不灭，则善矣，余复何望？"尔后数月薨	永功薨后，稍得出游，与文士赵秉文、杨云翼、雷渊、元好问、李汾、王飞伯辈交善。初，宣宗南迁，诸王宗室颠沛奔走，璹乃尽载其家法书名画，一帙不遗。居汴中，家人口多，俸入少，客至，贫不能具酒肴，蔬饭共食，焚香煮茗，尽出藏书，谈大定、明昌以来故事，终日不听客去，乐而不厌也。天兴初，璹已卧疾，论及时事，叹曰："兵势如此，不能支，止可以降。全完颜氏一族归吾国中，使女直不灭则善矣，余复何望。"

（续表）

《中州集》小传	《遗山先生文集》	《归潜志》	《金史》
围城中以疾薨,时年六十一	天兴壬辰,曹王出质。公求见于隆德殿。上问:"叔父欲何言?"公奏:"闻孛德虽议和,孛德不甚谙练,恐不能办大事者。臣请副之,或代其行。"上慰之曰:"南渡后,国家比承平时有何奉养?然叔父亦未尝沾丐。无事则置之冷地,无所顾藉,缓急则置于不测。叔父尽忠固可,天下其谓我何?叔父休矣!"于是君臣相顾泣下。未几,公感疾,以其夏五月十有二日薨,春秋六十一	五子,幼曰守禧,字庆之,年少,亦有俊才,作诗与字画亦可喜。状貌白皙,风神秀彻如仙人,公特钟爱。尝会予,指其书画曰:"将以付斯人。"公薨,崔立之变,皇族皆聚于禁中。将北迁,庆之病死,年未三十。公平生诗文甚多,晚自刊其诗三百首、乐府一百首,号《如庵小稿》,赵闲闲序之,行于世	是时,曹王出质,璹见哀宗于隆德殿。上问:"叔父欲何言?"璹奏曰:"闻讹可欲出议和。讹可年幼,不苦谙练,恐不能办大事。臣请副之,或代其行。"上慰之曰:"南渡后,国家比承平时有何奉养,然叔父亦未尝沾溉。无事则置之冷地,无所顾藉,缓急则置于不测,叔父尽忠固可,天下其谓朕何?叔父休矣。"于是君臣相顾泣下。未几,以疾薨,年六十一 **平生诗文甚多。自删其诗,存三百首,乐府一百首,号《如庵小稿》。第五子守禧,字庆之,风神秀彻,璹特钟爱,尝曰:"平日所蓄书画将以付斯子。"及汴城降,守禧病卒,年未三十**

*注:斜体内容大致相合,划线部分表示歧异之处,粗体字为《金史》独有内容。

据邱靖嘉推测,《金史·璹传》似兼采元好问《如庵诗文叙》《中州集》小传及《归潜志》。① 按《归潜志》记述作者刘祁亲身经历"公已卧疾。予候之,因论及时事",《金史·璹传》采撷其中。元好问二书尽管与《金史》叙述璹履历基本一致,但文字表述有很大差异,关键信息尤其抵牾:明昌初授官,分别作"金紫光禄大夫""银青荣禄大夫";天兴元年出质者曹王,《如庵诗文叙》称此人为"孛德",《金史·璹传》则作"讹可"。《金史·守纯传》载,守纯有三子"长曰讹可,封肃国公,天兴元年三月进封曹王,出质于军前。次曰某,封戴王。次曰孛德,封巩王"。②"孛德"为守纯幼子,可见元好问上述记载混淆人物关系。根据《金史·璹传》多出若干条内容,再结合《哀宗纪》天兴元年三月庚子"封荆王子讹可为曹王,议以为质。密国公璹以曹王幼,请代行,上慰遣之,不听其代"的记载,③证明金朝国史系统中有此人的履历。元好问书之所以与《金史》有类似内容,正是来自共同的文献源头,《如庵诗文叙》提到"盖实录云"是为一条线索。

再检《中州集》,"刘太常铎"小传称"癸巳岁病殁于京师"云云,亦注明"盖实录云"。④ 张行中(行信)小传也提到"盖实录云"。⑤ 此"实录"到底指什么?后一条可考。《金史·张行信传》⑥与《宣宗纪》贞祐元年闰九月己卯、十月甲寅、三年三月丁卯、四年八月甲寅及壬戌、⑦兴定元年六月辛酉、二年二月辛亥七条相合,⑧即抄自实录。剔除这些条文后的其余主干履历,其他传文既不与赵秉文《张左丞(行信)碑》同,⑨也比《中州集》详细,证明有独立的来源,当本诸国史"史传"。据此表明,《金史》与《中州集》所本者"实录"乃同源文本。再回到上文完颜璹,按《金史·哀宗纪》天兴元年五月辛卯条"密国公璹薨",⑩《璹传》是

---

① 邱靖嘉:《〈金史〉纂修考》,第193页。
② 《金史》卷九三《守纯传》,第6册,第2063页。
③ 《金史》卷一七《哀宗纪上》,第2册,第386页。
④ 元好问:《中州集》卷七《刘太常铎》,萧和陶点校,下册,第443页。
⑤ 元好问:《中州集》卷九《张左丞行中》,萧和陶点校,下册,第586页。
⑥ 《金史》卷一〇七《行信传》,第7册,第2363—2371页。
⑦ 《金史》卷一四《宣宗纪上》,第2册,第302、303、307、319页。
⑧ 《金史》卷一五《宣宗纪中》,第2册,第330、334页。
⑨ 赵秉文:《闲闲老人滏水文集》卷一二,马振君整理:《赵秉文集》,第298—301页。
⑩ 《金史》卷一七《哀宗纪上》,第2册,第387页。

否同出于本纪所据原始文献的此条？其实,通过马肩龙小传能够解决这个疑问。

《中州集》《金史》均有关于马肩龙的详细记载,内容基本相同,①但后者非抄自前者。值得注意的是,《金史·忠义传》马肩龙事迹实际附于爱申小传之后,这比《中州集》以马肩龙小传为主附带提及"爱申"的记载详细,并且两者内容差异很大(见表二)。

表二 《中州集》《金史》马肩龙事迹史文比较表

《中州集·马舜卿》	《金史·忠义传》
	爱申逸其族与名,或曰一名忙哥。本虢县镇防军,累功迁军中总领。李文秀据秦州,宣宗诏凤翔军讨之,军围秦州城。时爱申在军中,有罪当死。宣宗问之枢帅,有知其名者奏此人将帅材,忠实可倚。宣宗命驰赦之,以为德顺节度使、行元帅府事
正大四年冬薄游凤翔德顺州,将爱申以书招舜卿,舜卿欲往凤翔,总管以敌兵势甚张,吾城可恃,德顺不可守,劝勿往。舜卿曰:"爱申平生未尝识我,一见为知己,我知德顺不可守,我往必死,然以知己故,不得不死也。"乃举行囊付族父明之为死别,冒险而去。既至,不数日受围,城中义兵七八千而已,州将假舜卿凤翔总管判官,守御一以委之,凡受攻百日,食尽乃陷。军中募生致之,不知所终,时年五十三。诏赠某官,配食褒忠庙	正大四年春,大兵西来,拟以德顺为坐夏之所,德顺无军,人甚危之。爱申识凤翔马肩龙舜卿可与谋事,乃遗书招之。肩龙得书欲行,凤翔总管禾速嘉国鉴以大兵方进,吾城可恃,德顺决不可守,劝勿往。肩龙曰:"爱申平生未尝识我,一见许为知己。我知德顺不可守,往则必死,然以知己故,不得不为之死耳。"乃举行囊付族父,明为死别,冒险而去。既至,不数日受围,城中惟有义兵乡军八九千人,大兵举天下之势攻之。爱申假舜卿凤翔总管府判官,守御一与共之。凡攻百二十昼夜,力尽乃破,爱申以剑自刭,时年五十三。军中募生致肩龙,而不知所终。台谏有言当赠德顺死事者官,以劝中外。诏各赠官,配食褒忠庙

---

① 元好问:《中州集》卷九《马舜卿》,萧和陶点校,下册,第572—573页。《金史》卷一二三《忠义传三·爱申·马肩龙》,第8册,第2691—2692页。

根据正大四年（1227）爱申死事及赠官，可从《金史·哀宗纪》中找到正大四年三月"大元兵平德顺府，节度使爱申、摄府判马肩龙死之"及十月壬戌"诏赠德顺府死事爱申、马肩龙等官"两条记载，①《忠义传》来源与此有关。此外《元史·太祖纪》太祖二十二年（1227）四月云"帝次龙德，拔德顺等州，德顺节度使爱申、进士马肩龙死焉"，②也与《金史》吻合。元初修《太祖实录》有很多史料抄自金朝国史，爱申条即为其中一。

通过深入比较分析《中州集》完颜璹、张行信、马肩龙等人小传及其所据"实录"和《金史》相关记载，可以对两书的文献关系重新作出解释：元修《金史》以国史档案为蓝本改编成本纪、列传，元好问编纂《中州集》曾抄录和参考相同的原始资料，故两书大量人物传记都有相同或重合内容，并不存在所谓直接传抄一事。

根据这种新思路，不妨再审《金史·宇文虚中传》③与《中州集·宇文大学虚中》，④诸多相同内容，其叙述皇统六年二月虚中谋逆细节雷同，前者附带高士谈小传，与后者单独写成的《高内翰士谈》也是相同的。⑤ 今检《金史·熙宗纪》皇统六年六月乙巳条有"杀宇文虚中及高士谈"⑥的记载，可见《宇文虚中传》原附于实录的此条，元好问亦采据此文。

进一步将《中州集》与《金史》质证：元好问编《杜丞相充》"充字公美，相州人。仕宋知沧州，归国拜尚书右丞相，领中山行台，以寿终"；⑦《张丞相孝纯》"汴京建行台，起为左丞相，逾年得请归乡里，二兄尚安健，乡人为作《三老图》。薨，谥安简"。⑧ 元修《金史》未立传，不过这与《金史·熙宗纪》天眷三年十一月甲子"行台尚书右丞相杜充薨"、皇统四年九月癸酉"行台左丞相张孝纯薨"相合，⑨说明元好问可能抄自《熙

---

① 《金史》卷一七《哀宗纪上》，第 2 册，第 378、379 页。
② 《元史》卷一《太祖纪》，中华书局，1976 年，第 1 册，第 24 页。
③ 《金史》卷七九《宇文虚中传》，第 6 册，第 1791—1792 页。
④ 元好问：《中州集》卷一《宇文大学虚中》，萧和陶点校，上册，第 1 页。
⑤ 元好问：《中州集》卷一《高内翰士谈》，萧和陶点校，上册，第 50 页。
⑥ 《金史》卷四《熙宗纪》，第 1 册，第 82 页。
⑦ 元好问：《中州集》卷九《杜丞相充》，萧和陶点校，下册，第 575 页。
⑧ 元好问：《中州集》卷九《张丞相孝纯》，萧和陶点校，下册，第 576 页。
⑨ 《金史》卷四《熙宗纪》，第 1 册，第 76、80 页。

宗实录》。又《路司谏铎》"贞祐初出为孟州防御使,城陷,投沁水死"[1]与《金史·路铎传》"贞祐初,城破,投沁水死"[2]相合,同取《宣宗实录》。《贾左丞益谦》[3]与《金史·贾益谦传》相合较多,后者较为详细,据"正大三年年八十薨"[4]一文,应该本诸哀宗"日录"。《胥莘公鼎》[5]《金史·胥鼎传》亦合,后者谓正大三年七月薨,[6]此与《金史·哀宗纪》正大三年七月庚午"平章政事英国公胥鼎薨"有着共同源头。[7] 以上诸案例,证明《中州集》《金史》应当共同源自实录,由此理顺两者的关系,彼此文字歧异和相合,正符合这种文献传抄逻辑。

我们就此提出《中州集》采撷"金实录"的观点。不仅有文本比对结果相印证,最重要的是,元好问有机会披阅过这批国史资料,与其编纂《中州集》以传存史的主旨一脉相承。据记载,元好问于正大中"行尚书省左司员外郎兼修起居注"。[8] 金代官职设置,记注院"修起居注","掌记言、动",[9]可知元好问负责编纂哀宗之史,这便有条件利用到史馆所藏宣宗以前的实录。另外,他撰写《漆水郡侯耶律公(贞)墓志铭》自称"正大初,予为史馆编修官,当时九朝实录已具,正书藏秘阁,副在史院";[10]《南冠录引》亦云,正大末"京城之围,予为东曹都事。知舟师将有东狩之役,言于诸相,请小字书国史一本,随车驾所在,以一马负之。时相虽以为然,而不及行也"。[11] 从中可见元好问对国史资料十分关切和了解。

以上推测,这里有元好问《续夷坚志》作为佐证。第一,该书《刘政纯孝》记述洺州刘政孝行:"守臣以闻,世宗嘉之,授太子掌饮丞。以事

---

① 元好问:《中州集》卷四《路司谏铎》,萧和陶点校,上册,第253页。
② 《金史》卷一〇〇《路铎传》,第7册,第2208页。
③ 元好问:《中州集》卷九《贾左丞益谦》,萧和陶点校,下册,第583页。
④ 《金史》卷一〇六《贾益谦传》,第7册,第2336页。
⑤ 元好问:《中州集》卷九《胥莘公鼎》,萧和陶点校,下册,第584—585页。
⑥ 《金史》卷一〇八《胥鼎传》,第7册,第2373—2384页。
⑦ 《金史》卷一七《哀宗纪上》,第2册,第377页。
⑧ 郝经:《遗山先生墓铭》,见成化《山西通志》卷一五,第4页b。
⑨ 《金史》卷五六《百官志二》,第4册,第1280页。
⑩ 姚奠中主编、李正民增订:《元好问全集(增订本)》,上册,第583页。
⑪ 元好问:《遗山先生文集》卷三七《南冠录引》,姚奠中主编、李正民增订:《元好问全集(增订本)》,上册,第775页。

附史院《本纪》。"①今核《金史·孝友传》刘政小传内容相同。②按《金史·世宗纪》大定十三年四月己巳条载"以有司言,特授洺州孝子刘政太子掌饮丞",③知共同源出《世宗实录》是条。元好问所据"以事附史院本纪"指此部实录。第二,周密《癸辛杂识·凤凰见》引《续夷坚志》泰和四年六月"磁州武安县南鼓山北石圣台凤凰见"甚详,④与《金史·五行志》泰和二年八月丙申内容相同,并云"章宗以其事告宗庙,诏中外"。⑤根据《金史·章宗纪》泰和二年八月丙申"凤凰见于磁州武安县鼓山石圣台"条,⑥说明此事均取资《章宗实录》,元好问纪事系年略有出入而已。由这两条可见,元好问《中州集》与《金史》相合内容,盖抄撮诸实录而来。

通过元好问仕官经历,并从《续夷坚志》中检出两条与《金史》同源的记载,可进一步推测《中州集》亦参考金实录。《中州集》与《金史》重合人物传记的内容雷同,除少数普通士子和隐逸直接抄袭外,多数则因两书共同以金实录为蓝本写成。这就意味着死于哀宗朝人物传乃据金朝国史系统的文献,哀宗虽无实录但其"日录"仍然附传记。

根据上文爱申、马肩龙这条线索,全面审查《金史·忠义传》与《哀宗纪》的编纂模式。一般而言,史官从实录中抄取附传编成类传。现举两例:第一,《金史·哀宗纪》正大四年五月丁丑"大元兵平临洮府,总管陁满胡土门死之"、五年二月癸丑"诏有司以临洮总管陁满胡土门塑像入褒忠庙。书死节子孙于御屏,量材官使之"两条,⑦《金史·忠义传·陀满胡土》正大四年五月"城破被执,诱之降不应,使之跪不从,以刀乱斫其膝胫,终不为屈,遂杀之。五年,诏赠中京留守,立像褒忠庙,

---

① 元好问:《续夷坚志》卷二,姚奠中主编、李正民增订:《元好问全集(增订本)》,下册,第1178页。
② 《金史》卷一二七《孝友传》,第8册,第2747页。
③ 《金史》卷七《世宗纪中》,第1册,第159页。
④ 周密:《癸辛杂识》别集下,吴企明点校,中华书局,1988年,第275—276页。《癸辛杂识》此条即元好问《续夷坚志》佚文,详参王晓清:《〈续夷坚志〉辑补》,《古籍整理研究学刊》1993年第6期。
⑤ 《金史》卷二三《五行志》,第2册,第540页。
⑥ 《金史》卷一一《章宗纪三》,第1册,第259页。
⑦ 《金史》卷一七《哀宗纪上》,第2册,第378、380页。

录用其子孙"①与本纪若合符契。第二,《金史·哀宗纪》天兴元年(1232)正月丁酉"大雪。大元兵及两省军战钧州之三峰山,两省军大溃,合达、陈和尚、杨沃衍走钧州,城破皆死之",②《金史·忠义传·杨沃衍》"三峰山之败,沃衍走钧州。……即自缢。部曲举火并所寓屋焚之,从死者十余人。沃衍死时年五十二"③相合。据此可知,死节者系于本纪条目的原初文献有传。

以上情况,《金史·哀宗纪》天兴元年正月庚戌"许州军变,杀元帅古里甲石伦、粘合全周、苏椿等,以城降大元"④条当属典型。按《金史》卷一一一设有《古里甲石伦传》,⑤从叙述履历"隆安人。以武举登第。为人刚悍颇自用,所在与人不合,宣宗以其勇善战,每任用之"的记载判断,是来源于独立本传。传文最后称"时北兵已至许,石伦赴镇几为游骑所获。……大将怒其不屈,即杀之(苏椿)。石伦投廨后井中,全周自缢州廨",以及附录全周、苏椿小传,与本纪记载亦正相合。又如,《哀宗纪》正大八年十二月己未"河中府破,权签枢密院事草火讹可死之,元帅板子讹可提败卒三千走閿乡。诏赦将佐以下,杖讹可二百以死"⑥与《完颜讹可传》;⑦《哀宗纪》天兴元年三月丁亥"大元军平中京,留守撒合辇投水死"⑧与《撒合辇传》;⑨《哀宗纪》天兴二年六月壬午"中京破,留守兼便宜总帅强伸死之"⑩与《强伸传》⑪均相合。由此证明,《哀宗纪》与石伦、讹可、撒合辇、强伸传同源,原据文献中附丽小传。

上文指出,本纪与三品人物列传的关系是,实录诸臣薨卒之下系本传,哀宗朝文献也是如此。经统计,《金史·哀宗纪》记述官员薨者共五人,正大元年三月辛亥"丞相高汝砺薨"、五月戊戌"平章政事把胡鲁

---

① 《金史》卷一二三《忠义传三·陀满胡土门》,第 8 册,第 2687—2688 页。
② 《金史》卷一七《哀宗纪上》,第 2 册,第 385 页。
③ 《金史》卷一二三《忠义传三·杨沃衍》,第 8 册,第 2685 页。
④ 《金史》卷一七《哀宗纪上》,第 2 册,第 385 页。
⑤ 《金史》卷一一一《古里甲石伦传》,第 7 册,第 2439—2445 页。
⑥ 《金史》卷一七《哀宗纪上》,第 2 册,第 384 页。
⑦ 《金史》卷一一一《完颜讹可传》,第 7 册,第 2445—2447 页。
⑧ 《金史》卷一七《哀宗纪上》,第 2 册,第 386 页。
⑨ 《金史》卷一一一《撒合辇传》,第 7 册,第 2448—2450 页。
⑩ 《金史》卷一八《哀宗纪下》,第 2 册,第 398 页。
⑪ 《金史》卷一一一《强伸传》,第 7 册,第 2450—2451 页。

薨"、三年七月庚午"平章政事英国公胥鼎薨"、五年四月丙寅"右丞师安石薨"、天兴元年五月辛卯"密国公璹薨"。① 元修《金史》中确实有此五人本传:《高汝砺传》"正大元年三月,薨,年七十一,配享宣宗庙";②《把胡鲁传》"正大元年四月,薨。诏加赠右丞相、东平郡王";③《胥鼎传》正大三年七月薨;④《师安石传》正大五年"疽发脑而死,上甚悼惜之";⑤《璹传》天兴初"以疾薨"。⑥ 这些证据表明,死于哀宗时期的人物事迹尤其与本纪印证,同样符合元修《金史》编纂的通例。据记载,承安五年闰二月,"尚书省奏:'右补阙杨庭秀言,乞令尚书省及第左右官一人,应入史事者编次日历,或一月,或一季,封送史院。'上是其言,仍令送著作局润色,付之"。⑦ 哀宗有"日录",元代尚存无疑。再参照南宋《修日历式》附传条例"臣僚薨卒行状事迹(文臣卿、监,武臣刺史以上)及"没王事者不以官品高下悉书",⑧金末这些档案只是没有来得及像传统实录那样整理加工而已。元好问所谓"实录"盖指此事而言,元人就是据这些材料编成《金史·哀宗纪》和金末人物列传的。据此认为,《金史》与《中州集》实为同源关系,《金史》有而《中州集》无的人物资料是源自金代国史系统。

以上以《金史》列传编纂问题为主线,检讨本纪与列传的文献关系。根据列传记述传主亡故时间与本纪相契合的大量证据,论证元修《金史》纪、传构成整体同源关系,两者实为一体,均直接改编自诸帝实录。在此基础上,我们总结出元人编纂《金史》列传的模式:以实录原附小传为基础,分条摘录书中的人物相关事迹,重新添加、整合而形成今本列传。

关于《金史》列传取材还有一大疑点,就是本传与金代碑志文献的

---

① 《金史》卷一七《哀宗纪上》,第 2 册,第 374、375、377、380、387 页。
② 《金史》卷一〇七《高汝砺传》,第 7 册,第 2362 页。
③ 《金史》卷一〇八《把胡鲁传》,第 7 册,第 2392 页。
④ 《金史》卷一〇八《胥鼎传》,第 7 册,第 2384 页。
⑤ 《金史》卷一〇八《师安石传》,第 7 册,第 2393 页。
⑥ 《金史》卷八五《璹传》,第 6 册,第 1905 页。
⑦ 《金史》卷一一《章宗纪三》,第 1 册,第 253 页。
⑧ 陈骙:《南宋馆阁续录》卷四《修纂下》,张富祥点校,中华书局,1998 年,第 40 页。参见蔡崇榜:《宋代修史制度研究》,台北:文津出版社,1993 年,第 50—52 页。

传抄关系,其中多集中于元好问《中州集》《遗山先生文集》。诸家大多认为元好问二书是构成《金史》的史料来源之一,笔者从金代"三品"官员的履历入手,梳理其本传入实录的过程,将其置于传统史书纂修脉络中,厘清个人行状、神道碑及实录附传的渊源。具体说来,《中州集》有大量与《金史》重合的内容,不是后者直接抄自前者,而是两者同源于"金实录"。以上便是我们对《金史》本传史源问题的新认识。

五 《元史·太祖纪》与"金史"关系初探

关于《元史·太祖纪》(简称《太祖纪》)取材,以及与此书具有文献渊源的《圣武亲征录》(简称《亲征录》)、《史集》、《元朝秘史》(简称《秘史》),乃至陈桱《通鉴续编》(简称《续编》)中所涉金蒙交往史料之来源,学界较少论及。目前最主要的成果当属余大钧《〈元史·太祖纪〉所记蒙金战事笺证稿》,然而该文旨在辨析《元史》所载金蒙史料正误,并未专门讨论文献源流关系。① 下文综合考证《金史·卫绍王纪》《宣宗纪》《哀宗纪》与《元史》相关记载,将文献视野从金源氏放眼于蒙元时期,证明《太祖纪》丙寅年(1206)即位以后部分内容实际兼采金朝官修文献系统的史料,从而揭示元初《太祖实录》之编纂与"金实录"存在着密切联系。

一、金、元二史的史料关系

我们不妨先将《元史·太祖纪》与《金史》相关本纪史料置于同一年份加以比较(见表一):②

表一 《元史·太祖纪》与《金史》相关本纪史文对比表

《元史·太祖纪》	《金史》本纪
(八年癸酉)是岁,河北郡县尽拔,唯中都、通、顺、真定、清、沃、大名、东平、德、邳、海州十一城不下	

---

① 余大钧:《〈元史·太祖纪〉所记蒙金战事笺证稿》,陈述主编:《辽金史论集》第2辑,书目文献出版社,1987年,第329—373页。

② 《元史》卷一《太祖纪》,中华书局,1976年,第1册,第13—25页。《金史》,中华书局,1975年,第304—379页。惟有《元史·太祖纪》太祖八年条比《金史·宣宗纪》贞祐二年四月戊戌条早一年,两者的内容相同。

(续表)

《元史·太祖纪》	《金史》本纪
	(贞祐二年四月戊戌)时山东、河北诸郡失守,惟真定、清、沃、大名、东平、徐、邳、海数城仅存而已,河东州县亦多残毁(卷一四《宣宗纪上》)
(九年甲戌)夏五月,金主迁汴,以完颜福兴及参政抹撚尽忠辅其太子守忠,留守中都	(五月乙亥)上决意南迁,诏告国内(卷一四《宣宗纪上》)
秋七月,金太子守忠走汴	(八月)庚子,皇太子至自中都(卷一四《宣宗纪上》)
十年乙亥春正月,金右副元帅蒲察七斤以通州降,以七斤为元帅	(三年正月)丁丑,右副元帅蒲察七斤以其军降于大元(卷一四《宣宗纪上》)
三月,金御史中丞李英等率师援中都,战于霸州,败之	(二月壬辰)命御史中丞李英、元帅左都监乌古论庆寿领兵护饷中都,付以空名宣敕,许视功迁叙,逗挠者治以军律(卷一四《宣宗纪上》)
五月庚申,金中都留守完颜福兴仰药死,抹撚尽忠弃城走,明安入守之	(五月庚申)是日,中都破,尚书右丞相兼都元帅定国公承晖死之(卷一四《宣宗纪上》)
冬十月,金宣抚蒲鲜万奴据辽东,僭称天王,国号大真,改元天泰	(三月)庚午,谕辽东宣抚使蒲鲜万奴选精锐屯沈州、广宁,以俟进止 (十月壬子)辽东贼蒲鲜万奴僭号,改元天泰(卷一四《宣宗纪上》)
(十一年丙子)秋,撒里知兀觯三摸合拔都鲁率师由西夏趋关中,遂越潼关,获金西安军节度使尼庞古蒲鲁虎	(四年十月己未)大元兵攻潼关,西安军节度使泥庞古蒲鲁虎战没(卷一四《宣宗纪上》)
(十三年戊寅)是年,伐西夏,围其王城,夏主李遵顼出走西凉	(兴定二年正月)乙酉,陕西行省获归国人,言大元兵围夏王城,李遵顼命其子居守而出走西凉(卷一五《宣宗纪中》)
	(兴定四年七月癸丑)以乌古论仲端等使大元(卷一六《宣宗纪下》)
(十六年辛巳四月)金主遣乌古孙仲端奉国书请和,称帝为兄。不允	

（续表）

《元史·太祖纪》	《金史》本纪
（二十二年丁亥）二月,破临洮府	（正大四年五月丁丑）大元兵平临洮府,总管陁满胡土门死之（卷一七《哀宗纪上》）
夏四月,帝次龙德,拔德顺等州,德顺节度使爱申、进士马肩龙死焉	（三月）大元兵平德顺府,节度使爱申、摄府判马肩龙死之。大元兵复下平阳（卷一七《哀宗纪上》）
六月,金遣完颜合周、奥屯阿虎来请和	六月戊申朔,遣前御史大夫完颜合周为议和使（卷一七《哀宗纪上》）

表一《元史》《金史》史文对比结果大致可总结为两种情况。

第一种,两书本纪文字高度雷同。《太祖纪》太祖八年(1213)条,《金史·宣宗纪》系于贞祐二年(1214)四月戊戌,仅时间相差一年;《太祖纪》太祖十年正月、五月庚申与《宣宗纪》贞祐三年正月丁丑、五月庚申同,尤其后一条连纪日干支都一样;《太祖纪》太祖十三年条,《宣宗纪》兴定二年(1218)正月乙酉记载此事;《太祖纪》太祖二十二年四月与《金史·哀宗纪》正大四年(1227)三月相吻合。

第二种,二史本纪内容互为补证,各有详略。《金史·宣宗纪》贞祐三年二月壬辰和《太祖纪》太祖十年三月均叙述李英等援中都事;《宣宗纪》贞祐三年三月庚午作"辽东宣抚使蒲鲜万奴"及十月辛亥"辽东贼蒲鲜万奴僭号,改元天泰",《太祖纪》太祖十年十月与此相合,且多出"僭称天王,国号大真"等信息;《宣宗纪》贞祐四年十月己未"大元兵攻潼关,西安军节度使泥厖古蒲鲁虎战没",《太祖纪》太祖十一年记述蒙古方面"撒里知兀觯三摸合拔都鲁率师由西夏趋关中";《宣宗纪》兴定四年七月癸丑"以乌古论仲端等使大元",《太祖纪》记此事于次年(太祖十六年)四月,互相吻合;《太祖纪》太祖二十二年二月"破临洮府",《金史·哀宗纪》正大四年五月丁丑称临洮府"总管陁满胡土门死之";《太祖纪》太祖二十二年六月记述金遣请和者二人,较《哀宗纪》多出内容为"奥屯阿虎"。

以上文本比对初步表明:《太祖纪》太祖元年(1206)以后有关蒙金纪事与《金史》卫绍王、宣宗及哀宗本纪有共同的文献源头。这就存在三种可能:一是,从成书先后考虑,明初纂修《元史》直接从元末所编《金史》中抄取材料。二是,至正修《金史》时曾参考过元初《太祖实录》。不过从表一对比结果看,这两种可能性都不大,而是属于第三种情况:金、元二史底本分别为"金实录""元实录",金末、元初修成的两种实录彼此间具有某种渊源。

具体而言,洪武初年设局修史,《元史》本纪部分主要根据十三朝实录改编而成,其中的《太祖纪》、大蒙古国时期诸帝本纪及《睿宗传》以大德七年(1303)十月"五朝实录"(太祖、太宗、定宗、睿宗、宪宗)为蓝本编纂成书。① 而《金史》本纪所据者为金代实录,卫绍王、哀宗虽无实录,不过前者有章、宣两朝实录所附《卫王事迹》,②后者尚有哀宗一朝日历为据,③统称为"金实录"。归根结底,需要讨论的问题是,以今本《元史》和《金史》所见同源史料为线索的元初纂修《太祖实录》与金修国史文献系统的因袭关系。

对于以上文献传抄关系,现可以借助数术文献《太乙统宗宝鉴》(简称《宝鉴》)加以裁断。该书作者题识作"大德七年岁在癸卯孟夏望日晓山老人谨序";④又卷一"求太乙积年术"条云:"置演上元甲子,距大元大德七年癸卯岁,积一千零一十五万五千二百一十九年",⑤据此可知《宝鉴》成书时间要早于官修"五朝实录"。邱靖嘉指出,《宝鉴》金史史料摘抄自金代实录。⑥ 其中该书卷一六大安三年(1211)、贞祐二年所述内容与《元史》《金史》有关。详情见下:

第一条,大安三年乌沙堡之战。《宝鉴》载:

---

① 参见邱树森:《关于〈元史〉修撰的几个问题》,《元史及北方民族史研究集刊》第11期,1987年12月,第55—63页。陈高华:《〈元史〉纂修考》,原刊《历史研究》1990年第4期;收入氏著《陈高华文集》,上海辞书出版社,2005年,第469—490页。王慎荣主编:《元史探源》,吉林文史出版社,1991年,第29—43页。方龄贵:《〈元史〉纂修杂考》,原刊张寄谦编:《素馨集:纪念邵循正先生学术论文集》,北京大学出版社,1993年,第36—81页;收入氏著《元史丛考》,民族出版社,2004年,第1—49页。

② 《金史》卷一六《宣宗纪下》兴定五年正月甲午曰:"撰故卫王事迹,如海陵庶人例。"(第2册355页)参见陈晓伟:《金末纂集〈卫王事迹〉考》,《史学史研究》2022年第1期。

③ 参见王岩:《〈金史·哀宗纪〉探源》,余太山、李锦绣主编:《欧亚学刊》新12辑,商务印书馆,2023年,第163—214页。

④ 题晓山老人:《太乙统宗宝鉴》卷首,国家图书馆藏明钞本(典藏号11075),第2页a。

⑤ 题晓山老人:《太乙统宗宝鉴》卷一,第1页a。

⑥ 邱靖嘉:《晓山老人〈太乙统宗宝鉴〉所见金朝史料辑考》,原刊《文史》2016年第2辑;收入氏著《〈金史〉纂修考》,中华书局,2017年,第225—263页。

> 二月，金拜参知政事完颜承裕为西南、西北安抚使，平章政事独吉思忠行尚书省统兵御边，议筑乌沙城以屯军马，乌沙当冲要，善水草。七月，太祖皇帝遣兵征之，思忠等不备失利，兵疫大丧，大败乌沙营。①

《太祖纪》辛未年条提到"乌沙堡""乌月营";②《亲征录》辛未年云"秋，上始誓众南征，克大水泺，又拔乌沙堡及昌、桓、抚等州";③《史集·成吉思汗纪》与《亲征录》同;④《续编》卷二辛未年八月曰："金独吉千家奴、完颜胡沙御蒙古于灰河，纥石烈胡沙虎遁还，金师遂败绩，蒙古取大同府、桓、抚州及西北州县。"⑤《金史·卫绍王纪》涉及此事，称"平章政事独吉千家奴，参知政事胡沙行省事备边";⑥同书《独吉思忠传》亦载，大安三年，"与参知政事承裕将兵屯边，方缮完乌沙堡，思忠等不设备。大元前兵奄至，取乌月营，思忠不能守，乃退兵，思忠坐解职。卫绍王命参知政事承裕行省，既而败绩于会河堡云"。⑦ 承裕即"胡沙"，独吉思忠本名千家奴。比较诸史，《太祖纪》《亲征录》《史集》《续编》祖本为《太祖实录》，总体上与《金史》内容有所关照。

第二条，大安三年会河川金兵溃败。《宝鉴》云：

> 八月，太祖皇帝率众内亲侵，承裕等不利，退入翠平口，抵宣平，天兵蹑其后。承裕军气丧，遂出宣平。九月，退至会河川，兵大溃，遁入宣德。天兵遂破德兴，进突居庸关，京师大骇。忽杀虎兵七千战于安定，又败。⑧

---

① 题晓山老人:《太乙统宗宝鉴》卷一六。本引文据邱靖嘉录文，邱靖嘉:《〈太乙统宗宝鉴〉所见金朝史料校注》，邱靖嘉:《〈金史〉纂修考》，第259页。
② 《元史》卷一《太祖纪》，第1册，第15页。
③ 佚名:《圣武亲征录（新校本）》，贾敬颜校注，陈晓伟整理，中华书局，2020年，第212页。
④ 〔波斯〕拉施特主编:《史集》第一卷第二分册，余大钧、周建奇译，商务印书馆，2009年，第249—250页。
⑤ 陈桱:《通鉴续编》卷二○，国家图书馆藏至正陈道曾校正本，第1页b。
⑥ 《金史》卷一三《卫绍王纪》，第1册，第393页。
⑦ 《金史》卷九三《独吉思忠传》，第6册，第2064—2065页。
⑧ 邱靖嘉:《〈太乙统宗宝鉴〉所见金朝史料校注》，邱靖嘉:《〈金史〉纂修考》，第259—260页。

《金史·承裕传》记述大安三年八月:"大元大兵至野狐岭,承裕丧气,不敢拒战,退至宣平。……其夜,承裕率兵南行,大元兵踵击之。明日,至会河川,承裕兵大溃。承裕仅脱身,走入宣德。"①《金史·卫绍王纪》大安三年八月"千家奴、胡沙自抚州退军,驻于宣平"及九月"千家奴、胡沙败绩于会河堡,居庸关失守"两条记载与之相合。②《太祖纪》太祖六年辛未"八月,帝及金师战于宣平之会河川,败之。九月,拔德兴府,居庸关守将遁去",③与《金史》《宝鉴》所述内容趋于一致。

第三条,贞祐二年四月金境山东、河北诸郡陷落。《宝鉴》记述:

> 山东、河北诸郡悉陷,惟真定、大名、东平、徐、邳数城未下。民遭屠戮,俘虏者不可胜数。④

《金史·宣宗纪》贞祐二年四月戊戌条,⑤《太祖纪》太祖八年条⑥与《宝鉴》此处的文字近乎相仿。

据考证,《宝鉴》从收国元年(1115)至天兴三年(1234)正月的整体内容不但与《金史》本纪、列传高度契合,还有一些独到的史料,乃缘于抄自金朝实录。⑦《太祖纪》《金史》与《宝鉴》大安三年二月、七月、九月及贞祐二年四月四条重合,表明元初编纂《太祖实录》时同样有可能从"金实录"中抄取材料。

二、《元史·太祖纪》所见"金实录"内容

根据表一史文比对及总结归纳,确认《太祖纪》与《金史》本纪具有文献渊源无疑,总体指向"金实录"系统。对于这两书的文献关系,现列举六个典型案例力图从细节方面验证这个结论。

第一,上文指出,《太祖纪》太祖八年与《金史·宣宗纪》贞祐二年

---

① 《金史》卷九三《承裕传》,第 6 册,第 2066 页。
② 《金史》卷一三《卫绍王纪》,第 1 册,第 293—294 页。
③ 《元史》卷一《太祖纪》,第 1 册,第 15 页。
④ 邱靖嘉:《〈太乙统宗宝鉴〉所见金朝史料校注》,邱靖嘉:《〈金史〉纂修考》,第 261 页。
⑤ 《金史》卷一四《宣宗纪上》,第 2 册,第 304 页。
⑥ 《元史》卷一《太祖纪》,第 1 册,第 17 页。
⑦ 参见邱靖嘉:《〈金史〉纂修考》,第 225—246 页。

四月戊戌条史文雷同。这里还有一条关键的同源线索,《金史·宣宗纪》该条"河东州县亦多残毁"下文紧接"兵退,命仆散安贞等为诸路宣抚使,安集遗黎"的内容,①《金史·仆散安贞传》贞祐二年也记载:"中都解严,河北州郡未破者惟真定、大名、东平、清、沃、徐、邳、海州而已。朝廷遣安贞与兵部尚书裴满子仁、刑部尚书武都分道宣抚。于是除安贞山东路统军、安抚等使。"②《仆散安贞传》不仅这条与《金史·宣宗纪》相合,其他史文还与《金史·宣宗纪》贞祐二年十一月丁卯、十二月乙卯、三年三月壬午、十月癸巳、③兴定二年十二月甲寅、癸亥、三年闰三月庚戌、④五年二月辛未、四月丙寅、六月甲寅十条同样吻合,⑤表明本传这些条目并非根据实录所附仆散安贞小传,而是从实录的宣宗纪事中逐条摘编。从《金史·宣宗纪》《仆散安贞传》同源的贞祐二年四月戊戌条推知,元初修《太祖实录》时也抄自《宣宗实录》该条史料。

第二,金主迁汴及留守中都者。《太祖纪》太祖九年五月记述此事:"以完颜福兴及参政抹撚尽忠辅其太子守忠,留守中都。"⑥《亲征录》谓甲戌年四月"金主南迁汴梁,留其太子守中都,以丞相完颜福兴,左相秦忠为辅"。⑦ 按"秦忠"即"尽忠"之讹;《史集·成吉思汗纪》⑧和《秘史》第 251 节亦有相关记载,⑨此乃诸书祖本相同之故。《金史·宣宗纪》叙述此事止云贞祐二年五月乙亥"上决意南迁,诏告国内",壬午"车驾发中都",⑩《金史·抹撚尽忠传》详细记载说:"宣宗迁汴,与右丞相承晖守中都。"⑪承晖即完颜福兴,本传谓"宣宗迁汴,进拜右丞相,兼都元帅,徙封定国公,与皇太子留守中都"。⑫ 以上纪、传皆采据《宣宗实

---

① 《金史》卷一四《宣宗纪上》,第 2 册,第 304 页。
② 《金史》卷一〇二《仆散安贞传》,第 7 册,第 2243 页。
③ 《金史》卷一四《宣宗纪上》,第 2 册,第 305、306、308、314 页。
④ 《金史》卷一五《宣宗纪中》,第 2 册,第 341、344 页。
⑤ 《金史》卷一六《宣宗纪下》,第 2 册,第 356、357—358 页。
⑥ 《元史》卷一《太祖纪》,第 1 册,第 17 页。
⑦ 佚名:《圣武亲征录(新校本)》,贾敬颜校注,陈晓伟整理,第 242 页。
⑧ 〔波斯〕拉施特主编:《史集》第一卷第二分册,余大钧、周建奇译,第 258 页。
⑨ 佚名:《元朝秘史(校勘本)》,乌兰校勘,中华书局,2012 年,第 344 页下栏—346 页上栏。
⑩ 《金史》卷一四《宣宗纪上》,第 2 册,第 304 页。
⑪ 《金史》卷一〇一《抹撚尽忠传》,第 7 册,第 2228 页。
⑫ 《金史》卷一〇一《承晖传》,第 7 册,第 2225 页。

录》。《太祖纪》与本诸实录的《金史》记迁汴事相同,那么其所据最初文献不言自明。

第三,蒙古兵围攻金中都。《太祖纪》太祖十年三月云:"金御史中丞李英等率师援中都,战于霸州,败之。"①此条见于《金史·宣宗纪》贞祐三年二月壬辰,写作"命御史中丞李英、元帅左都监乌古论庆寿领兵护饷中都,付以空名宣勅,许视功迁叙,逗挠者治以军律",无"战于霸州"之文。②《金史·李英传》谓:

> 中都久围,丞相承晖遣人以矾写奏告急。诏元帅左监军永锡、左都监乌古论庆寿将兵,英收河间清、沧义军自清州督粮运救中都。英至大名,得兵数万,驭众素无纪律。贞祐三年三月十六日,英被酒,与大元兵遇于霸州北,大败,尽失所运粮。英死,士卒歼焉。③

涉及此事者承晖的本传云:

> (贞祐)三年二月,诏元帅左监军永锡将中山、真定兵,元帅左都监乌古论庆寿将大名军万八千人、西南路步骑万一千、河北兵一万,御史中丞李英运粮,参知政事、大名行省孛术鲁德裕调遣继发,救中都。承晖间遣人以矾写奏曰:……永锡、庆寿等军至霸州北。三月乙亥,李英被酒,军无纪律,大元兵攻之,英军大败。④

《金史·承晖传》与《金史·李英传》所载贞祐三年二月中都被围事,皆与《金史·宣宗纪》契合。其中的"英被酒"败于霸州,《金史·承晖传》系于三月乙亥。细查干支,是月庚申朔,乙亥正为十六日,《李英传》与此记载相合。《金史·李英传》《承晖传》尽管详略有别,然文字诸多雷同,是因共同抄撮《宣宗实录》条文。《太祖纪》太祖十年三月条较《金史》大为简略,《亲征录》乙亥年详细记作"金主以点检庆寿、元帅李英运粮,分道还救中都,人赏粮三斗,英自负以励众",⑤乃与《金史》诸文大体相合,细节有别,显然是不同作者最初分别抄录《宣宗实录》所致。

---

① 《元史》卷一《太祖纪》,第1册,第18页。
② 《金史》卷一四《宣宗纪上》,第2册,第306页。
③ 《金史》卷一〇一《李英传》,第7册,第2236页。
④ 《金史》卷一〇一《承晖传》,第7册,第2225—2226页。
⑤ 佚名:《圣武亲征录(新校本)》,贾敬颜校注,陈晓伟整理,第252页。

第四，金中都破，"福兴仰药死"。《太祖纪》与《金史》叙述此事不仅措辞相同，而且系于"五月庚申"同样一致。《太祖纪》谓"金中都留守完颜福兴仰药死，抹撚尽忠弃城走，明安入守之"，①此文与《金史·承晖传》记述"（师）安石出门，闻哭声，复还问之，则已仰药薨矣。家人匆匆瘗庭中。是日暮，尽忠出奔，中都不守。贞祐三年五月二日也"②的过程相同。根据《金史·宣宗纪》贞祐三年五月庚申（二日）"中都破，尚书右丞相兼都元帅定国公承晖死之"③的记载，知承晖（福兴）小传附丽于《宣宗实录》此条，《太祖实录》太祖十年五月庚申条即从此处摘录。

第五，金将蒲鲁虎、爱申、马肩龙等人死节。《太祖纪》记太祖十一年秋："获金西安军节度使尼庞古蒲鲁虎，拔汝州等郡，抵汴京而还。"④《金史·宣宗纪》贞祐四年十月"己未，大元兵攻潼关，西安军节度使泥庞古蒲鲁虎战没。戊辰，大元兵徇汝州"；《金史·忠义传·尼庞古蒲鲁虎》也有记载："贞祐四年，急备京西，为陕州宣抚副使、兼西安军节度使。是岁，大元兵取潼关，戍卒皆溃，蒲鲁虎御战，兵败死焉。"⑤可见金、元二史高度契合。又，《太祖纪》太祖二十二年四月"帝次龙德，拔德顺等州，德顺节度使爱申、进士马肩龙死焉"⑥这条记载，见于《金史·哀宗纪》正大四年三月条有谓德顺府节度使爱申、摄府判马肩龙死之；十月壬戌条还提到"诏赠德顺府死事爱申、马肩龙等官"。⑦《金史·忠义传》载二人小传，叙述他们殉节始末："正大四年春，大兵西来，拟以德顺为坐夏之所，德顺无军，人甚危之。爱申识凤翔马肩龙舜卿者可与谋事，乃遗书招之。……凡攻百二十昼夜，力尽乃破，爱申以剑自刭，时年五十三。军中募生致肩龙，而不知所终。台谏有言当赠德顺死事者官，以劝中外。诏各赠官，配食褒忠庙。"⑧《金史》纪、传若合符契。至正初年纂修《金史》时新设《忠义传》，该类传人物死事凡与本纪相印证者均

---

① 《元史》卷一《太祖纪》，第 1 册，第 18 页。
② 《金史》卷一〇一《承晖传》，第 7 册，第 2227 页。
③ 《金史》卷一四《宣宗纪上》，第 2 册，第 309 页。
④ 《元史》卷一《太祖纪》，第 1 册，第 19 页。
⑤ 《金史》卷一二二《忠义传二》，第 8 册，第 2674 页。
⑥ 《元史》卷一《太祖纪》，第 1 册，第 24 页。
⑦ 《金史》卷一七《哀宗纪上》，第 2 册，第 378、379 页。
⑧ 《金史》卷一二三《忠义传三》，第 8 册，第 2691—2692 页。

取资金代实录,①以上三人小传同样符合这种编纂方式。具体情况是,《金史》中的"蒲鲁虎"节取《宣宗实录》贞祐四年十月己未条;"爱申""马肩龙"改编自哀宗日历正大四年三月条,元修《太祖实录》所见三人事亦抄录于此。

第六,此条涉西夏事。《太祖纪》太祖十三年谓:"是年,伐西夏,围其王城,夏主李遵顼出走西凉。"②《金史·宣宗纪》同一年即兴定二年正月乙酉记作"陕西行省获归国人,言大元兵围夏王城,李遵顼命其子居守而出走西凉"。③ 两史对比可知,此条详见于《金史》,且明确注明来自"归国人"的汇报信息,这种因袭关系非常明显。

综上所述,《太祖纪》太祖八年、九年五月、十年三月、五月庚申、十一年秋、十三年六月条蒙古征金的内容,在《元史》中仅为单独的、缺乏内部文本联系的一条条史文,而于《金史》中却呈现以《宣宗实录》为蓝本的交错互证的文献网络情境,它们不仅见于《金史·宣宗纪》,也与本纪同源的诸多人物本传相应佐证。除《宣宗实录》外,《太祖纪》太祖二十二年四月条"爱申""马肩龙"也与金朝文献有关。温海青注意到,《太祖纪》接近末尾的评论内容,"帝深沉有大略,用兵如神,故能灭国四十,遂平西夏。其奇勋伟迹甚众,惜乎当时史官不备,或多失于纪载云"④与王鹗《汝南遗事》《金史·哀宗纪》有关。⑤ 按这条文字系于丁亥年和戊子年间,结合纂修凡例"今修《元史》,不作论赞,但据事直书"⑥之规定,可知《太祖纪》赞语并非明初史官所作,而是属于《太祖实录》的原文。复检《金史·哀宗纪》天兴二年八月条记内族阿虎带"使宋借粮",上谕之曰:"大元灭国四十,以及西夏,夏亡及于我,我亡必及于宋。"⑦《太祖纪》的文义与此接近,盖据金哀宗日历,具体从哀宗"上谕"中总结出来的,而被元初史官改编成元太祖叙功之辞。

---

① 陈晓伟:《〈金史〉源流、纂修及校勘问题的检讨与反思》,《中国历史研究院集刊》2021年第2辑。
② 《元史》卷一《太祖纪》,第1册,第20页。
③ 《金史》卷一五《宣宗纪中》,第2册,第334页。
④ 《元史》卷一《太祖纪》,第1册,第25页。
⑤ 温海清:《成吉思汗灭金"遗言"问题及相关史事新论——文献、文本与历史》,《史林》2021年第3期。
⑥ 《元史》附录《纂修元史凡例》,第15册,第4676页。
⑦ 《金史》卷一八《哀宗纪下》,第2册,第400页。

《太祖实录》抄撮"金实录"无疑,据此线索从元初"五朝实录"整个编纂背景进一步追查,笔者又有所发现:《太宗实录》也存在着这种现象。《元史·太宗纪》(简称《太宗纪》)据《太宗实录》修成,现从《太宗纪》《金史·哀宗纪》比较结果中举证四个典型案例。

首先,《太宗纪》太宗四年(1232)壬辰正月云:

> 戊子,帝由白坡渡河。庚寅,拖雷渡汉江,遣使来报,即诏诸军进发。甲午,次郑州。金防城提控马伯坚降,授伯坚金符,使守之。丙申,大雪。丁酉,又雪。次新郑。是日,拖雷及金师战于钧州之三峰,大败之,获金将蒲阿。戊戌,帝至三峰。壬寅,攻钧州,克之,获金将合达。遂下商、虢、嵩、汝、陕、洛、许、郑、陈、亳、颍、寿、睢、永等州。①

《亲征录》壬辰年正月条略同。②《金史·哀宗纪》天兴元年正月记述如下:戊子乌林荅胡土"至偃师闻大元兵渡河";甲午"大元兵薄郑州,与白坡兵合,屯军元帅马伯坚以城降";丁酉"大雪。大元兵及两省军战钧州之三峰山,两省军大溃,合达、陈和尚、杨沃衍走钧州,城破皆死之。枢密副使蒲阿就执,寻亦死"。③ 对此可知,《太宗纪》《哀宗纪》"戊子""甲午""丁酉"干支及其下史文雷同。

其次,《太宗纪》太宗四年三月,"命速不台等围南京,金主遣其弟曹王讹可入质。帝还,留速不台守河南"。④《金史·哀宗纪》天兴元年三月庚子"封荆王子讹可为曹王,议以为质";⑤《金史·赤盏合喜传》载,是年"三月庚子,议曹王出质。大兵北行,留速不䚫攻城"。⑥ 可见《金史》纪、传同出一处,"速不台"即速不䚫,《太宗纪》所记内容相同(讹可为金主"弟"有误)。此外,《太宗纪》太宗四年七月⑦和《金史·哀宗纪》天兴元年七月⑧记蒙古使节唐庆被杀亦同。这说明,《太宗纪》的上

---

① 《元史》卷二《太宗纪》,第 1 册,第 31 页。
② 佚名:《圣武亲征录(新校本)》,贾敬颜校注,陈晓伟整理,第 326 页。
③ 《金史》卷一七《哀宗纪上》,第 2 册,第 385 页。
④ 《元史》卷二《太宗纪》,第 1 册,第 31 页。
⑤ 《金史》卷一七《哀宗纪上》,第 2 册,第 386 页。
⑥ 《金史》卷一一三《赤盏合喜传》,第 7 册,第 2494 页。
⑦ 《元史》卷二《太宗纪》,第 1 册,第 31 页。
⑧ 《金史》卷一七《哀宗纪上》,第 2 册,第 388 页。

述材料都是从哀宗日历中抄录的。

再次,关于崔立之变的记载,金、元二史相同。《太宗纪》载太宗五年正月"庚申,金主奔归德。戊辰,金西面元帅崔立杀留守完颜奴申、完颜习捏阿不,以南京降"。①《亲征录》癸巳年正月条相同,多出崔立"开门诣速不台拔都降"的内容。②《金史·哀宗纪》天兴二年正月条:"庚申,诸军始知上已往,遂溃";"戊辰,安平都尉、京城西面元帅崔立,与其党韩铎、药安国等举兵为乱,杀参知政事完颜奴申、枢密副使完颜斜捻阿不。……遂送款大元军前";"癸酉,大元将碎不觯进兵汴京"。③ 以上《太宗纪》《金史·哀宗纪》"戊辰"干支及内容相同,"速不台"即碎不觯,《亲征录》又与《金史·哀宗纪》相合。

最后,汴京陷落金宗室北迁,《元史》《续编》与《金史》内容相同。《太宗纪》太宗五年四月云:"速不台进至青城,崔立以金太后王氏、后徒单氏及梁王从恪、荆王守纯等至军中,速不台遣送行在,遂入南京。"④《续编》卷二一癸巳年(元太宗五年、金天兴二年)四月"金崔立执其梁王从恪、荆王守纯及后妃族戚归之于蒙古,速不台杀从恪、守纯等,以后妃北还"条具体到细节:

> 四月癸巳,立遂以太后王氏、皇后徒单氏、荆王、梁王及诸妃嫔凡车三十七两,宗室男女五百余人,衍圣公孔元措、名儒梁陟及三教、医流、工匠、绣女赴青城。甲午,速不台杀二王及族属,而送后妃等于和林。在道艰楚万状,尤甚于宋徽、钦之时。⑤

《金史·哀宗纪》天兴二年四月载:"癸巳,崔立以梁王从恪、荆王守纯及诸宗室男女五百余人至青城,皆及于难。甲午,两宫北迁。"⑥《金史·崔立传》称:"四月壬辰,立以两宫、梁王、荆王及诸宗室皆赴青城,甲午北行,立妻王氏备仗卫送两宫至开阳门。是日,宫车三十七两,太后先,中宫次之,妃嫔又次之,宗族男女凡五百余口,次取三教、医流、工

---

① 《元史》卷二《太宗纪》,第 1 册,第 32 页。
② 佚名:《圣武亲征录(新校本)》,贾敬颜校注,陈晓伟整理,第 340 页。
③ 《金史》卷一八《哀宗纪下》,第 2 册,第 396—397 页。
④ 《元史》卷二《太宗纪》,第 1 册,第 32 页。
⑤ 陈桱:《通鉴续编》卷二〇,癸巳年四月,第 34 页 a-b。
⑥ 《金史》卷一八《哀宗纪下》,第 2 册,第 398 页。

匠、绣女皆赴北。"①比较之下，《续编》上文与《金史·崔立传》重合内容较多，又详于"名儒梁陟"，及甲午条"速不台杀二王及族属"等信息，说明并非抄自《金史》；同时《续编》多与《太宗纪》相合者，反映的应是《太宗实录》的原貌，知《太宗实录》抄取的材料与哀宗日历密切相关。

综合《太宗纪》《哀宗纪》四条史文相同的证据，以《亲征录》《史集》《续编》钩沉《太宗实录》之面目，证明《太宗实录》亦取金代文献，这种编纂模式与《太祖实录》相同，从而有力地佐证《太祖纪》与《金史》具备同源关系。《太祖纪》载元初史臣"惜乎当时史官不备，或多失于纪载云"之语也透露出，元太祖立国初期，尚未有完善成熟的记史制度，至元纂修国史时便从金朝文献中搜集蒙古史料。

三、耶律铸及其修史活动

我们以《太祖纪》为主线与《亲征录》《金史》等书互证，初步揭示《元史》所据大德七年《太祖实录》中有关金蒙交往的史料抄撮"金实录"的现象。这一结论不仅在文本技术层面成立，而且从元初设置史馆编纂成吉思汗历史的总体背景中亦能坐实。

尚须从"五朝实录"编纂问题谈起。张帆考察元代实录材料的来源，指出元初编太祖诸帝实录，曾进行过搜集野史，询访口头材料的工作。② 王恽《论收访野史事状》实乃为纂修"五朝实录"而作，其中提到："伏见国家自中统二年立国史院，令学士安藏收访其事，数年已来，所得无几。盖上自成吉思皇帝，迄于先帝，以神武削平万国，中间事功不可殚纪。近又闻国史院于亡金实录内采择肇造事迹，岂非虑有遗忘欤？"③ 王恽称国史院所藏"金实录"乃张柔攻陷汴京从金国史馆所获，④意谓元初史官可从金源实录中采撷太祖以来的创业事迹。

此事最早缘起于翰林院为了编写治国理政的课读教材之需要。中

---

① 《金史》卷一一五《崔立传》，第 8 册，第 2528 页。
② 张帆：《元代实录材料的来源》，《史学史研究》1988 年第 4 期。
③ 王恽：《秋涧先生大全文集》卷八四《论收访野史事状》，《元人文集珍本丛刊》，台北：新文丰出版公司，1985 年，第 2 册，第 403 页下栏。
④ 《元史》卷一四七《张柔传》，第 11 册，第 3476 页。参见邱靖嘉：《〈金史〉纂修考》，第 99—100 页。

统二年(1261)二月,王恽"遇张国公(张柔)于中店,说见赉亡金实录,赴省呈进。省官时缮写进读《大定政要》,得此更为补益之"。四月六日,"进《大定政要》"。① 参与纂修国史的王磐(号鹿庵)还与徐世隆、王鹗等主编过《大定治绩》一书。王恽《玉堂嘉话》载,"鹿庵先生为学士日,命应奉、编修辈取金实录内各臣事迹,欲集为长编,俾士大夫家易于观录"。② 至元二年(1265)二月十一日,王磐等撰序文云:

> 金有天下,凡九帝,共一百二十年。其守成之善者,莫如世宗,故大定三十年间,时和岁丰,民物阜庶,鸣鸡吠犬,烟火万里,有周成康、汉文景之风。夫有以致之,必有所以致之者,盖不徒然也。谨就实录中撷其行事一百八十余件,名曰《大定治绩》,以备乙夜之览,其于圣天子稽古之方,不无万分之一助云。③

又,王恽《上世祖皇帝论政事书》列举十五条论治之策,第三事"节浮费以丰财用"和第五事"议廉司以励庶官"援引金世宗言论甚详,④盖据《世宗实录》。⑤

需要说明的是,与此同时,王鹗辈还提议纂修《金史》,其实这是与编纂本朝国史相互联动的举措。⑥ 据王鹗奏言:

> 自古帝王得失兴废,班班可考者,以有史在。我国家以威武定四方,天戈所临,罔不臣属,皆太祖庙谟雄断所致,若不乘时纪录,窃恐岁久渐至遗忘。金实录尚存,善政颇多;辽史散逸,尤为未备。宁可亡人之国,不可亡人之史。若史馆不立,后世亦不知有今日。

---

① 王恽:《中堂事记》上,顾宏义、李文整理标校:《金元日记丛编》,上海书店出版社,2013年,第104页。《中堂事记》中,第109页。
② 王恽:《玉堂嘉话》卷七,杨晓春点校,中华书局,2006年,第167页。
③ 苏天爵编:《国朝文类》卷三二《大定治绩序》,《四部丛刊》本,第10页a—11页a。
④ 王恽:《秋涧先生大全文集》卷三五《上世祖皇帝论政事书》,《元人文集珍本丛刊》,第1册,第484页下栏—486页上栏。
⑤ 参见邱靖嘉:《〈金史〉纂修考》,第45,99—100页。
⑥ 〔日〕古松崇志:《元代〈辽史〉、〈金史〉、〈宋史〉三史的编纂过程——以脩端〈辩辽宋金正统〉为中心》,李京泽译,余太山、李锦绣主编:《欧亚译丛》第6辑,商务印书馆,2022年,第299—312页。该文译自《脩端〈辯遼宋金正統〉をめぐって——元代における〈遼史〉〈金史〉〈宋史〉三史編纂の過程》,《東方學報》(京都)第75册,2003年3月。

此事获得元世祖的批准:"上甚重其言,命修国史,附修辽、金二史。"①《元史·王鹗传》称"宜置局纂就实录,附修辽、金二史"。② 该奏议具体时间为中统二年七月。③ 至元十三年,刘赓授国史院编修官。虞集所撰刘氏神道碑云:建元初"史馆方修太祖皇帝以来实录,与辽、金之遗史"。④ 由此可见,王鹗等人最初设想将二事同步推进,当然主要目标是纪太祖武功。据《世祖纪》记载,中统四年四月,"王鹗请延访太祖事迹付史馆",⑤即提交初步成果。以上王鹗等修史活动与王恽倡议相得益彰,这样看来金实录无疑为元修国史提供了可资借鉴的史料。

《太祖实录》中的金源文献系统史料到底是何人从"金实录"中采摭的?我们注意到,中统二年七月,王鹗奏请,乞以"左丞相耶律铸、平章政事王文统监修辽、金史,仍采访遗事",⑥从之。可知耶律铸最先担任的史职为监修《金史》。据耶律铸的《元史》本传及其墓志记载,至元十三年,改任"监修国史"。⑦《世祖纪》至元十三年六月戊寅条详细说:"诏作《平金》、《平宋录》,及诸国臣服传记,仍命平章军国重事耶律铸监修国史";⑧《王利用传》亦称王利用"与耶律铸同修实录",⑨具体负责"五朝实录"的编纂工作。⑩《元史》所载耶律铸编修"平金"及"诸国臣服传记"等,在他个人文集《双溪醉隐集》有所写照,是为《太祖实录》抄录金源实录的有力证据。

其一,上文提到,大安三年(太祖六年)金蒙会兵乌沙堡,金军溃败

---

① 苏天爵辑撰:《元朝名臣事略》卷一二《内翰王文康公》引《王鹗墓碑》,姚景安点校,中华书局,1996年,第239页。
② 《元史》卷一六〇《王鹗传》,第12册,第3757页。
③ 《元史》卷四《世祖纪一》,第1册,第71页。
④ 虞集:《道园学古录》卷一七《翰林学士承旨刘公(赓)神道碑》,《四部丛刊》本,第12页a。
⑤ 《元史》卷五《世祖纪二》,第1册,第92页。
⑥ 《元史》卷四《世祖纪一》,第1册,第72页。
⑦ 《元史》卷一四六《耶律铸传》,第11册,第3465页。《耶律铸墓志》录文及相关研究见刘晓《耶律铸夫妇墓志札记》,载纪宗安、汤开建主编:《暨南史学》第3辑,暨南大学出版社,2004年,第144—154页。
⑧ 《元史》卷九《世祖纪六》,第1册,第183页。
⑨ 《元史》卷一七〇《王利用传》,第13册,第3994页。
⑩ 参见姚大力:《"成吉思汗",还是"成吉思合罕"?——兼论〈元朝秘史〉的成书年代问题》,氏著《北方民族史十论》,广西师范大学出版社,2007年,第200—219页。

于会河川。耶律铸《龙和宫赋》作:"珍乌月(一作乌沙)之乌合,覆扼狐之貔虎。保中华之利器,失缄扃之固护。竭东海之狂澜,竟寝声以委御。为天下之腾笑,辄殉身于国蠢。"①该诗叙述的就是这两场战役。又耶律铸《战扼狐》序文称:"前战扼狐岭下,敌之精锐尽于是役。"②此即蒙金野狐岭大战。③ 这些内容均可参见《金史·承裕传》大安三年八月"大元大兵至野狐岭,承裕丧气,不敢拒战,退至宣平"的记载。④

其二,《元史》《金史》共记密(墨)谷口之战。《太祖纪》太祖七年记载:"秋,围西京。金元帅左都监奥屯襄率师来援,帝遣兵诱至密谷口逆击之,尽歼。"⑤《金史·奥屯襄传》也提到:"崇庆改元,为元帅左都监,救西京,至墨谷口,一军尽歼,襄仅以身免,坐是除名。"⑥除"密谷口""墨谷口"盖因字形相近而致歧异外,两书内容大体相符,均取金实录。耶律铸《密谷行》序文云:

> 金崇庆间,添寿荣禄领骁果驻京畿为声援。闻圣朝太祖皇帝围守西京,东海遂命添寿将诸路兵八十余万,号称百万,援之,仍赐手诏曰:"今悉国力,当清北方。"次密谷口。时太祖皇帝亲率大军,先以前骑三千当之,大军继至,未鼓,敌溃,全军覆没。⑦

"添寿"即奥屯襄。⑧ 耶律铸所述内容详于金、元二史。《密谷行》正文"堪怜当日金源氏,谁编良将忠臣传"小注又载:"金源氏实录孟参政铸无传,添寿荣禄有传。"⑨可知这则序文根据金代某部实录所附"添寿"小传写成,更注重细节。今考《金史·奥屯襄传》贞祐三年正月"襄为北

---

① 耶律铸:《双溪醉隐集》卷一《龙和宫赋》,影印文渊阁《四库全书》,台北:台湾商务印书馆,1986年,集部第1199册,第371页下栏。
② 耶律铸:《双溪醉隐集》卷二《战扼狐》,影印文渊阁《四库全书》,集部第1199册,第403页下栏—404页上栏。
③ 耶律铸:《双溪醉隐集》卷一《龙和宫赋》,集部第1199册,第371页上下栏。卷二《战扼狐》,第1199册,第403页下栏—404页上栏。
④ 《金史》卷九三《承裕传》,第6册,第2066页。
⑤ 《元史》卷一《太祖纪》,第1册,第16页。
⑥ 《金史》卷一〇三《奥屯襄传》,第7册,第2275—2276页。
⑦ 耶律铸:《双溪醉隐集》卷二《密谷行》,影印文渊阁《四库全书》,集部第1199册,第400页上下栏。
⑧ 参见邱靖嘉:《〈金史〉纂修考》,第54页。
⑨ 耶律铸:《双溪醉隐集》卷二《密谷行》,集部第1199册,第400页下栏。

京宣差提控完颜习烈所害",①结合《金史·宣宗纪》是年正月乙亥记载此事,②证明《奥屯襄传》原为《宣宗实录》此条下的附传,耶律铸于此处抄录。

这两个例子表明,耶律铸纂史时曾披阅金实录。将《双溪醉隐集》《金史》二书进行全面对比,我们可以找到更多的线索。耶律铸《龙和宫赋并序》云:

> 龙和宫,道陵李妃之正位也,或曰龙和位。道陵之崩也,妃矫遗诏为立东海,窃市恩私,冀保身于万全,卒不获免其祸。东海由窘步捷径,寻亦失驭而殉身。③

"道陵"即金章宗,"东海"指卫绍王,章宗下诏传位事详见于《金史·卫绍王纪》泰和八年(1208)十一月"自武定军入朝"至"章宗崩,匡等传遗诏,立卫王"④和《金史·后妃传·章宗元妃李氏》泰和八年十一月乙卯条所叙卫绍王即位事。⑤李妃"卒不获免其祸",《龙和宫赋》"岂相逢而无所"小注云"李妃死时,诘东海及申王之语"。⑥"申王"即完颜匡,《金史》本传记载此事云:"匡与元妃俱受遗诏立卫王,匡欲专定策功,遂构杀李氏。"⑦

更为直接的证据是,耶律铸《龙和宫赋》"颂河清以纳祥,亟飞诏以延誉"的记载。其注文云:

> 大安元年,河清上下数百里,特试宏词《黄河清颂》。⑧

《金史·五行志》大安元年"徐、邳界黄河清五百余里,几二年,以其事诏

---

① 《金史》卷一〇三《奥屯襄传》,第 7 册,第 2276 页。
② 《金史》卷一四《宣宗纪上》,第 2 册,第 306 页。
③ 耶律铸:《双溪醉隐集》卷一《龙和宫赋》,影印文渊阁《四库全书》,集部第 1199 册,第 369 页下栏。
④ 《金史》卷一三《卫绍王纪》,第 1 册,第 290 页。
⑤ 《金史》卷六四《后妃传下》,第 5 册,第 1529 页。
⑥ 耶律铸:《双溪醉隐集》卷一《龙和宫赋》,影印文渊阁《四库全书》,集部第 1199 册,第 370 页下栏。
⑦ 《金史》卷九八《完颜匡传》,第 7 册,第 2173 页。
⑧ 耶律铸:《双溪醉隐集》卷一《龙和宫赋》,影印文渊阁《四库全书》,集部第 1199 册,第 371 页上栏。

中外"①和《金史·卫绍王纪》大安元年五月"试宏词科"及二年四月"徐、邳州河清五百余里,以告宗庙社稷",②均与《龙和宫赋》契合。该篇"天垂谴之罔悟"一句小注作:

> 大安三年,大风折通玄门腰关。③ 太史奏宜修德,东海怒形于色。④

《金史·卫绍王纪》大安三年二月"有大风从北来,发屋折木,通玄门重关折,东华门重关折",⑤《金史·五行志》大安三年二月乙亥条同,⑥表明纪、志同一来源,《龙和宫赋》注文同此。

耶律铸《龙和宫赋》注文提到的"孟铸"内容,则提供了更为明确的信息:

> 孟参政铸尝言:"虎贼有无君之心。"道陵笑而不答,徐曰:"岂有此心,但跋扈耳。"孟进曰:"圣朝焉用跋扈臣为?"后东海嗣位,孟数尽言极谏,谓:"虎贼无君之迹已著。"用是忤旨,免相,宠任虎贼。后贼之变也,东海仰天而叹曰:"若用孟铸言,那有今日事。"⑦

耶律铸《密谷行》"窃叹众皆非所辩"条小注亦云:"参政孟铸数上书,言北方必称兵,胡沙虎必变。"⑧"虎贼"指胡沙虎(纥石烈执中),孟铸弹劾此人事,《金史·孟铸传》⑨《金史·逆臣传·纥石烈执中》⑩有相同记载。所谓后来"贼之变"指至宁元年(1213)胡沙虎弑卫绍王,《龙和宫赋》"民腾怨之弗知"注释云:"东海为虎贼幽于四王府中,使沽市酒,叹

---

① 《金史》卷二三《五行志》,第 2 册,第 540 页。
② 《金史》卷一三《卫绍王纪》,第 1 册,第 291、292 页。
③ 通玄门,"玄"避清讳原作"元",今回改。
④ 耶律铸:《双溪醉隐集》卷一《龙和宫赋》,影印文渊阁《四库全书》,集部第 1199 册,第 371 页上栏。
⑤ 《金史》卷一三《卫绍王纪》,第 1 册,第 293 页。
⑥ 《金史》卷二三《五行志》,第 2 册,第 541 页。
⑦ 耶律铸:《双溪醉隐集》卷一《龙和宫赋》,影印文渊阁《四库全书》,集部第 1199 册,第 372 页上下栏。
⑧ 耶律铸:《双溪醉隐集》卷二《密谷行》,影印文渊阁《四库全书》,集部第 1199 册,第 400 页下栏。
⑨ 《金史》卷一〇〇《孟铸传》,第 7 册,第 2202—2203 页。
⑩ 《金史》卷一三二《逆臣传·纥石烈执中》,第 8 册,第 2833 页。

其味薄曰：'酒犹如此，宜乎百姓怨我，我实不知。'"① 耶律铸披露的卫绍王事迹逸出《金史》。

综上，耶律铸《龙和宫赋》是以卫绍王为对象写成，注文中征引的大量史料，多与《金史》重合或得到印证，有时还多出诸多细节。据推测，耶律铸盖据《卫王事迹》，当时存于史馆。② 前文耶律铸《密谷行》明言作者亲见"金源氏实录"，《海陵庶人实录》即在其中。耶律铸《琼林园赋》诗注"海陵广燕城，营建宫室。诏曰'眷惟全燕，实为要会'"；"海陵改燕京为中都。诏曰'顾此析津之分野，时惟舆地之正中'"。（图一）③ 今核查《金史·海陵纪》天德三年（1151）三月壬辰"诏广燕城，建宫室"；贞元元年（1153）三月乙卯"改燕京为中都"相合，④不载相应的诏书。结合《琼林园赋》并序"及绎史氏，详其《庶人本末》"，⑤可知上述注文来源为"实录"。

最为直接的一条是耶律铸《琼林园赋》注文所引："《海陵实录》：'宫殿之饰多偏用金傅，然后间以五采，金屑飞空如落雪。凡一殿之费，以巨万计，往往成而复毁，务极华丽。国力困弊，曾不少恤。'"⑥《金史·海陵纪》正隆六年（1161）十一月乙未条附载，"海陵在位十余年"至"遂至于败"评论海陵罪行一段文字，"宫殿之饰，遍傅黄金而后间以五采，金屑飞空如落雪。一殿之费以亿万计，成而复毁，务极华丽。其南征造战舰江上，毁民庐舍以为材，煮死人膏以为油，殚民力如马牛，费财用如土苴，空国以图人国，遂至于败"与《琼林园赋》大致相同，⑦由此确认此属实录的旧文。

---

① 耶律铸：《双溪醉隐集》卷一《龙和宫赋》，影印文渊阁《四库全书》，集部第1199册，第371页上栏。
② 陈晓伟：《金末纂集〈卫王事迹〉考》，《史学史研究》2022年第1期。
③ 耶律铸：《双溪醉隐集》卷一《琼林园赋》，影印文渊阁《四库全书》，集部第1199册，第367页上栏。
④ 《金史》卷五《海陵纪》，第1册，第97、100页。
⑤ 耶律铸：《双溪醉隐集》卷一《琼林园赋》，影印文渊阁《四库全书》，集部第1199册，第367页上栏。
⑥ 耶律铸：《双溪醉隐集》卷一《琼林园赋》，影印文渊阁《四库全书》，集部第1199册，第368页下栏。
⑦ 《金史》卷五《海陵纪》，第1册，第117页。

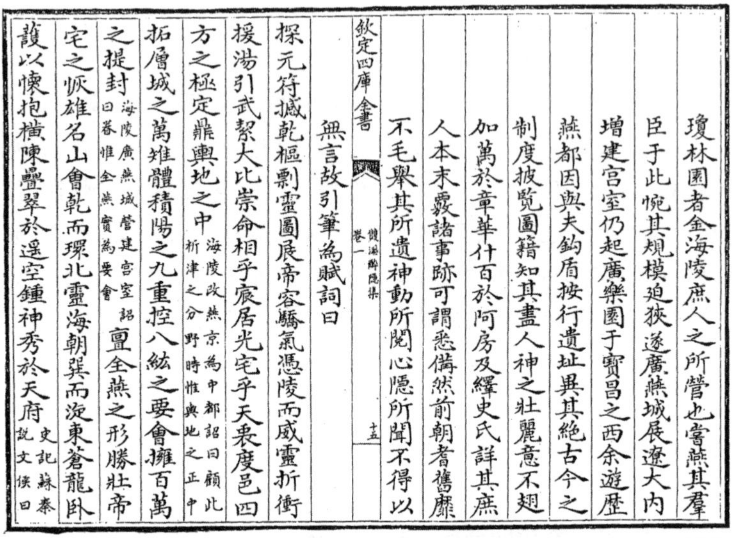
瓊林園者金海陵庶人之所營也嘗燕其羣
臣于此惋其規模迫狹遂廣燕城展遼大内
增建宮室仍起廣樂園于寶昌之西余遊歷
燕都因與夫鈎盾按行遺址異其絶古今之
制度披覧圖籍知其盡人神之壯麗意不翅
加萬於章華什百於阿房及繹史氏詳其庶
人本末覈諸事跡可謂悉備然前朝耆舊靡
不毛舉其所遺神動所閲心隱所聞不得以
欽定四庫全書　雙溪醉隱集　卷一　十五
無言故引筆為賦詞曰
探元符撼乾樞剽靈圖展帝容驕氣憑陵而威靈折衝
援湯引武絜大比崇命相乎寢居光宅乎天衷度邑四
方之極定鼎輿地之中海陵改燕京為中都詔曰顧此析津之分野時惟輿地之正中
拓層城之萬雉體積陽之九重控八紘之要會擁百萬
之提封海陵廣燕城營建宮室詔曰眷惟全燕實為要會亶全燕之形勝壯帝
宅之伾雄名山會乾而環北靈海朝巽而漩東蒼龍卧
護以懷抱橫陳疊翠於遥空鍾神秀於天府史記蘇秦說文侯曰

图一　耶律铸《双溪醉隐集》（影印文渊阁《四库全书》）

由此可见，《双溪醉隐集》凡引述“金史”条文与《太祖纪》相合者，以及诸篇与《金史》相发明的引文，都是作者从“金实录”中抄撮的材料。耶律铸自从至元十三年“监修国史”，其实仍循“亡金实录内采择肇造事迹”的思路撰修太祖等人创业事迹。

本节以考察《元史·太祖纪》史料来源为缘起，借助《宝鉴》和《金史》等书，发现了与之同源的史料。元左丞相耶律铸担任《太祖实录》的编纂工作，所撰《双溪醉隐集》引据“金实录”，与他在元初最先监修“金史”到后来监修国史直接相关，耶律铸极有可能从金代实录中摘录元太祖征金事迹整合到“五朝实录”中。如此，金实录从金末流传，辗转经张柔入藏翰林国史院，到元初被发掘再利用以及在至正时期最终被编为纪传体《金史》的整个文献流传脉络便一目了然了。

这一发现使我们对《太祖实录》编纂诸细节的认识得以具体深化。至元十三年，史臣开始着手编撰《平金录》，到二十三年十二月戊午翰林承旨撒里蛮言“国史院纂修太祖累朝实录，请以畏吾字翻译，俟奏读然后纂定",①经二十五年二月庚申"司徒撒里蛮等进读《祖宗实录》",②最后大德七年十月庚戌翰林国史院正式进呈"五朝实录"。③ 这个过程中,同一史源逐渐被整编进不同系统的文献中,而不同阶段形成的"实录"文本,事关《亲征录》《史集》《秘史》成书时间及彼此间层进关系,为研究成吉思汗历史的编纂问题提供了新思路。

---

① 《元史》卷一四《世祖纪十一》,第 2 册,第 294 页。
② 《元史》卷一五《世祖纪十二》,第 2 册,第 308—309 页。
③ 《元史》卷二一《成宗纪四》,第 2 册,第 455 页。

中编　编纂者的历史认识

六 辽代"南北面官制"与南北二元模式重建问题

一般认为,辽代统治的一大特色是采用南北两套官僚体系治理国家,《辽史·百官志》(简称《百官志》)所载"至于太宗,兼制中国,官分南、北,以国制治契丹,以汉制待汉人",①是对此最经典的概括。

不过,对于辽代是否存在"南北面官制",学界实际存在不同看法。津田左右吉提出,辽代契丹人的部族制度与汉人的州县制度并行,行宫和中央政府亦存在二重体系。② 岛田正郎认为,自太宗起,辽代开始推行"由汉人自行管理的行政原则,并顺其方针在行政组织内采用中国王朝的各种制度,进而树立北(以游牧民族为对象),南(以农耕民族为对象)两面之所谓二元的统治制度"。③ 李锡厚曾有质疑,认为《百官志》南北面官体系是《辽史》编者构拟的,辽朝中央官系统内有超越北、南面官之上者(如诸行宫都部署)。④ 邱靖嘉认为,辽代职官制度具体"一体两面"的特点,"两面"就是北、南面官,"一体"则是中书枢密院体制。⑤

尽管"南北面官制"的真实性存在争议,但它仍是研究辽代统治策略和政治制度的常用理论模式,很少有学者深入追究这一概念的起源、

---

① 《辽史》卷四五《百官志一》,点校本二十四史修订本,中华书局,2017年,第3册,第773页。
② 〔日〕津田左右吉:《遼の制度の二重體系》,原刊《滿鮮地理歷史研究報告》第5册,1918年12月;收入氏著《津田左右吉全集》第12卷,東京:岩波書店,1964年,第321—391页。
③ 〔日〕岛田正郎《辽朝北面中央官制的特色》,原刊《大陆杂志》29卷12期,1964年12月;收入《辽金元史研究论集》,《大陆杂志史学丛书》第2辑第3册,台北:大陆杂志社印行,1970年,第31页。
④ 李锡厚:《论辽朝的政治体制》,原刊《历史研究》1988年第3期;收入氏著《临潢集》,河北大学出版社,2001年,第19—28页。
⑤ 邱靖嘉:《"超越北南":从中枢体制看辽代官制的特性》,《历史研究》2022年第3期。

文献来源及立论基础。鉴于此,这里以汉人(南面)枢密院及其《百官志》条目编纂问题为线索,尝试对"南北面官制"相关概念进行重新审视和探讨。

一、《辽史》所记"汉人枢密院"

一般认为,辽代北枢密院统辖契丹部族,南枢密院治理燕云汉地。然而《辽史》中却出现"汉人枢密院""南枢密院"及"北枢密院"三个枢密院,它们之间的关系及原本含义尚未彻底厘清。

《百官志一·北面朝官》有"契丹北枢密院"和"契丹南枢密院"条,①《百官志三·南面朝官》有"汉人枢密院"条。② 学者对于《百官志》所载三枢密机构及条目意见分歧很大。津田左右吉指出,"汉人枢密院"即"南枢密院"。③ 据傅乐焕考证,《百官志三·南面朝官》"汉人枢密院"条乃出于元人编造,实即《百官志一·北面朝官》"南枢密院"一条的重出。④ 张博泉质疑上述论断,坚持认为"汉人枢密院"应该是独立存在的。⑤ 何天明等人承袭张氏观点,相信《百官志三·南面朝官》记载可靠无疑,"汉人枢密院"并非"南枢密院",而是由"汉儿司"演变而来的。⑥ 以上争议,现在可以借助契丹小字石刻资料得到解决。

咸雍八年(1072)契丹小字《耶律仁先墓志》第22—23行载仁先履历:⑦

---

① 《辽史》卷四五《百官志一》,第 3 册,第 774—778 页。
② 《辽史》卷四七《百官志三》,第 3 册,第 865—866 页。
③ 〔日〕津田左右吉:《遼の制度の二重體系》,《津田左右吉全集》第 12 卷,第 347—352 页。
④ 傅乐焕:《辽史复文举例》,原刊《国立中央研究院历史语言研究所集刊》16 本,1948 年 1 月;收入氏著《辽史丛考》,中华书局,1984 年,第 299—302 页。
⑤ 张博泉:《关于辽代枢密院的几个问题》,《黑龙江文物丛刊》1984 年第 1 期。
⑥ 何天明:《辽代政权机构史稿》,内蒙古大学出版社,2004 年,第 16—27 页。王滔韬:《辽朝南面宰相制度研究》,《社会科学辑刊》2002 年第 4 期。王成名:《辽代枢密院及其官员群体研究》,吉林大学博士学位论文,2018 年 6 月,第 46—37 页。
⑦ 录文和释义见刘凤翥:《契丹文字研究类编》,中华书局,2014 年,第 3 册,第 704—705 页。

六 辽代"南北面官制"与南北二元模式重建问题 237

(清宁)二年　　汉人　枢密　守　司空之　号　封

第 26—27 行提到：①

(清宁) 九年　　　汉人　枢密　拜

这两段仕履与《辽史》本传合：耶律仁先于"清宁初，为南院枢密使"，后来"复拜南院枢密使，更王许"。② 从《辽史·道宗纪》载清宁二年(1056)六月丁丑"同知南京留守事吴王仁先为南院枢密使"③及九年五月丙午"以隋王仁先为南院枢密使，徙封许王"两条，④知《耶律仁先墓志》中 对译《辽史》"南院枢密使"， 一词本义为"汉人(儿)"。⑤

与南枢密院并立的北枢密院，《耶律仁先墓志》第 23 行亦有提及，记作：⑥

(清宁) 四年于　旋　国之　枢密　拜

《辽史·道宗纪》清宁四年六月乙丑"南院枢密使吴王仁先为北院枢密使"即指此事，⑦《耶律仁先墓志》以　　　(国之枢密)指称"北院枢密使"， 本义为"国家的"（词尾 系领属格）。大康二年(1076)

---

① 录文和释义见刘凤翥：《契丹文字研究类编》，第 3 册，第 707 页。第 26—27 行录文原缺 ，今参考刘浦江、康鹏编《契丹小字词汇索引》(中华书局，2014 年，第 88 页)及契丹小字《耶律仁先墓志》拓本补录。
② 《辽史》卷九六《耶律仁先传》，第 5 册，第 1536 页。
③ 《辽史》卷二一《道宗纪一》，第 1 册，第 288 页。
④ 《辽史》卷二二《道宗纪二》，第 1 册，第 298 页。
⑤ 爱新觉罗·乌拉熙春：《论金史与契丹、女真文》，京都：东亚历史文化研究会，2004 年 7 月，第 94—96 页。傅林：《论契丹语中"汉儿(汉人)"的对应词的来源》，刘宁主编：《辽金历史与考古》第 4 辑，辽宁教育出版社，2013 年，第 132—149 页。
⑥ 录文和释义见刘凤翥：《契丹文字研究类编》，第 3 册，第 705 页。
⑦ 《辽史》卷二一《道宗纪一》，第 1 册，第 290—291 页。

契丹小字《仁懿哀册》用例相同,第 5 行叙述仁懿皇后的出身:①

叉公	住叉利	父	冬天	主	王利	伞令业力出杏	力查出杏	州欠	艾利
今	圣	清宁		皇	帝之	母	国舅	小	翁帐

亚	今火	利化欠	几卖利	兄火	叉刃	业及闲中叉
北	府之	宰相	国之	枢	密	拜

"清宁皇帝"指辽道宗耶律洪基,其母仁懿皇后萧氏系"孝穆之长女"。② 据《辽史·萧孝穆传》记载,"重熙六年,(萧孝穆)进封吴国王,拜北院枢密使。……十二年,复为北院枢密使",③《辽史·兴宗纪》重熙六年(1037)三月戊寅、④十二年六月甲子⑤两条与之吻合。可知"北院"的"北"字,此处不用表示方位的 亚,而作 几卖利。

北院枢密使采用这种译写方式的原因,可在汉语文献中找到相关解释。《金史·左企弓传》有"辽故事,军政皆关决北枢密院,然后奏御"。⑥ 辽大康中,道宗与群臣讨论北院枢密使人选时,强调"北枢密院军国重任"。⑦ 据统计,有辽一代,出任北院枢密使者,近 30 余人次,一般为契丹重臣。⑧ 契丹小字以 几卖利 兄火 叉刃(国之枢密)表示北院枢密使,原因大概在此。

乾统五年(1105)契丹小字《许王墓志》关于"北院枢密使"的写法与上述两方墓志有所不同,第 35 行叙述墓主耶律斡特剌于乾统三年前

---

① 录文和释义见刘凤翥:《契丹文字研究类编》,第 3 册,第 733 页。第 5 行 几卖利 原作 几次利,今据契丹小字《仁懿哀册》抄本改。
② 《辽史》卷七一《后妃传·兴宗仁懿皇后萧氏》,第 5 册,第 1325 页。参见刘凤翥:《契丹小字〈仁懿皇后哀册〉考释》,《契丹文字研究类编》,第 1 册,第 111 页。
③ 《辽史》卷八七《萧孝穆传》,第 5 册,第 1466 页。
④ 《辽史》卷一八《兴宗纪一》,第 1 册,第 246 页。
⑤ 《辽史》卷一九《兴宗纪二》,第 1 册,第 261 页。
⑥ 《金史》卷七五《左企弓传》,中华书局,1975 年,第 5 册,第 1723 页。
⑦ 《辽史》卷九〇《萧陶隗传》,第 5 册,第 1496 页。
⑧ 何天明:《辽代契丹北枢密院的设立、职官设置及其特色》,《社会科学辑刊》1995 年第 3 期。〔日〕武田和哉:《契丹国(遼朝)の北·南院枢密使制度と南北二重官制について》,《立命館東洋史學》第 24 号,2001 年 7 月,第 47—51 页。

的仕官：󰀀󰀁 󰀂󰀃 󰀄󰀅 󰀆󰀇 󰀈󰀉，直译为"契丹枢密□封"，󰀆󰀇词义不明。① 据《辽史·天祚皇帝纪》乾统二年十月丙寅"以南府宰相耶律斡特剌为北院枢密使"记载，② 󰀀󰀁 󰀂󰀃 󰀄󰀅指"北院枢密使"，󰀀󰀁释义为"契丹"，该用法与《耶律仁先墓志》󰀊󰀋 󰀌󰀍 󰀂󰀃 󰀄󰀅（汉人枢密使）恰好对应。这一对称谓在汉文文献中也有所体现，《辽史·耶律隆运传》叙耶律隆运（韩德让）履历"拜大丞相，进王齐，总二枢府事"，③ 即一身兼任北、南院枢密使；《续资治通鉴长编》（简称《长编》）卷二三太平兴国七年（982）岁末亦载韩德让拜"蕃汉枢密使"，④ 可见"蕃"指北院枢密使，"汉"为南院枢密使。

综上，傅乐焕以"《辽史》中习见者，仅有'北枢密院'及'南枢密院'"⑤ 为依据，所论无误。可惜并没有解决"汉人枢密院"问题，其论证还缺乏说服力。通过契丹文字的解读，我们发现，"北枢密院"不仅释作"契丹枢密院"，也被称为"国之枢密院"。而"南枢密院"本义实为"汉（儿）人枢密院"，与《百官志三·南面朝官》"汉人枢密院"是同一机构。厘清"南枢密院"即为"汉人枢密院"这一史实，为探讨《百官志》枢密院条目编纂问题扫清一大障碍。

二、《辽史·百官志》南、北面官编纂之根据

既然"契丹南枢密院"与"汉人枢密院"的悬疑已破解，关于南面朝官"汉人枢密院"条重出的结论成立无疑，那么我们需要进一步追问，造成《百官志三·南面朝官》"汉人枢密院"条重出的原因是什么？

按照傅乐焕的理解，《百官志三》南面官诸篇是"元人修史时取唐官制以为式，摘取其见之《辽史》者分系于下，实为一篇'《辽史》中所见唐官考'，非根据官书或旧档著成之详明辽官志也"；"今《百官志》北面官

---

① 录文和释义见刘凤翥：《契丹文字研究类编》，第3册，第937页。
② 《辽史》卷二七《天祚皇帝纪一》，第1册，第357页。
③ 《辽史》卷八二《耶律隆运传》，第5册，第1422页。
④ 李焘：《续资治通鉴长编》卷二三，太平兴国七年，上海师范大学古籍整理研究所、华东师范大学古籍整理研究所点校，中华书局，2004年第2版，第1册，第533—534页。
⑤ 傅乐焕：《辽史复文举例》，氏著《辽史丛考》，第300页。

门,实为旧《百官志》之'全文'。其篇首之《契丹南枢密·契丹北枢密院》两目('契丹'头衔乃元人妄加)亦系旧志固有"。① 杨军推测,《百官志》"北面御帐官"十一条目及"南面朝官"七条目的总序,皆出自耶律俨《皇朝实录·建官制度》,各条具体内容可能也是以《建官制度》为骨架的,但元代史臣又参考其它史料补入大量内容。② 李锡厚则怀疑《百官志》南、北面官体系出于《辽史》编者构拟。③ 林鹄全面核查史料后,认为"《百官志》北南部分均为元史臣新撰,其主体系杂抄辽末耶律俨《皇朝实录》及金陈大任《辽史》纪传部分相关条目所成"。④

不过以上论述均未找到问题症结。按《百官志》共四卷(卷四五至卷四八),占《辽史》全书相当大的比重,其中"北面官"两卷,分为"北面朝官""北面御帐官""北面著帐官""北面皇族帐官""北面诸帐官""北面宫官""北面部族官""北面坊场局冶牧厩等官""北面军官""北面边防官""北面行军官""北面属国官"十二门;"南面官"两卷,共设"南面朝官""南面宫官""南面京官""南面大蕃府官""南面方州官""南面分司官""南面财赋官""南面军官""南面边防官"九门。《百官志》大部分内容确实抄自旧本《辽史》,然而其主体框架及核心条目并非元人凭空杜撰,而是参考了系统文献和整套辽代官僚体系。

《三朝北盟会编》卷二一所引辽末史愿《亡辽录》有一段关于辽制的详细记载:

> 辽国自太祖阿保机创业于其前,太宗耶律德光扩境于其后,吞并诸番,割据汉界,南北开疆五千里。分置南面汉官,左右相、参知政事、枢密院直学士,主治汉事州县。中书门下共一省,兼礼部,有堂后、主事、守当官各一员。⑤ 尚书省并入枢密院,有副都承旨,吏房、兵房、刑房承旨,户房、厅房即工部也,主事各一员。北面契丹枢密院,或知、或签书枢密院事,移离毕,林牙。如兵机、差除、钱谷、群牧事等隶枢密院。刑狱隶移离毕院,主治番界部落。又有南

---

① 傅乐焕:《辽史复文举例》,氏著《辽史丛考》,第301页。
② 杨军:《耶律俨〈皇朝实录〉与〈辽史〉》,《史学史研究》2011年第3期。
③ 李锡厚:《论辽朝的政治体制》,氏著《临潢集》,第19—20页。
④ 林鹄:《辽史百官志考订》,中华书局,2015年,第2页。
⑤ "当"原作"挡",据明钞本校改。

面都部署司,治诸番官院。诸行官都部署司,主管官院汉民。

　　建五京五计司,如:燕京三司①、西转运②、中度支、上盐铁、东户部。三路钱帛司:长春、辽西、平州。大藩府六:③黄龙、兴中、奚王、南、北王府、乙室王府。

　　……如沙漠之北,则置西北路都招讨府、陖隗乌隗部族衙、卢沟河统军司、④倒挞岭部衙,以镇慑鞑靼、蒙骨⑤、迪烈诸国;云中路则置西南面都招讨府,西京兵马都部署司,金肃、河清军、五花城、南、北大王府、乙室王府,山金司,控制夏国;燕山路则燕京总都管府,侍卫马步军控鹤都指挥使、都统军司、牛栏监军寨、石门详稳司,南北皮室司、猛拽剌司,并隶总管府,备御大宋;中、上京路则有诸军都虞候司、奚王府大详稳司、大国舅司,大常衮司,五院、六院司,⑥沓温司;辽阳路则东京兵马都部署司、契丹奚汉渤海四军都指挥使司、⑦保州都统军司、汤河详稳司、金吾营、杓窊司,控扼高丽;⑧长春路则黄龙府兵马都部署司、⑨咸州兵马详稳司、东北路都统军司,镇抚女真、室韦诸部。所在分布诸番与汉军,咸以牙爪相制。⑩

以上"建五京五计司"和"如沙漠之北"两段内容亦见于《契丹国志·州县载记》,同样抄自《亡辽录》。⑪ 元修《百官志》虽引耶律俨《建官制

---

① "燕京三司"原作"燕王司",据《契丹国志》卷二二《州县载记》改。
② "西"原作'两',据《契丹国志·州县载记》改。
③ "六"原作"八",据《契丹国志·州县载记》改。
④ 《契丹国志·州县载记》作'驴驹河统军司'。
⑤ "蒙骨"原作"蒙古",据明钞本及《契丹国志·州县载记》改。
⑥ "五院六院司"原脱"司"字,据明钞本及《契丹国志·州县载记》补。
⑦ "汉""司"字原脱,据明钞本及《契丹国志·州县载记》补。
⑧ "控扼"原作"空扼",据明钞本改。
⑨ "长春路"原衍"上京"二字,据《契丹国志·州县载记》删。
⑩ 徐梦莘:《三朝北盟会编》卷二一引《亡辽录》,上海古籍出版社,影印许涵度刻本,2008年第2版,第152页上栏—153页上栏。引文参校《中华再造善本》影印明钞本,国家图书馆出版社,2013。参见曹流:《〈亡辽录〉辑释与研究》,巴蜀书社,2022年,第173—175、205—207页。
⑪ 题叶隆礼:《契丹国志》卷二二《州县载记》,贾敬颜、林荣贵点校,中华书局,2014年,第233—236页。高宇:《〈契丹国志〉研究》,北京大学博士学位论文,2012年6月,第35—37页。

度》，但是目前只能见到该志卷四七南面朝官所引"参知政事"一条，① 其余内容无从考证。较为明确的是，整个《百官志》的核心取材与《亡辽录》密切相关。

首先，关于《亡辽录》中"建五京五计司"的内容，《契丹国志·州县载记》详细记载为"燕京三司、西京转运、中京度支、上京盐铁、东京户部钱铁司"。《辽史》卷四八《百官志四》"上京盐铁使司""东京户部使司""中京度支使司""南京三司使司"与《亡辽录》记载相同，再加上"南京转运使司""西京计司"，构成所谓"五京官"，据此编成"南面京官"。又，《百官志四·南面京官》序言"南京、中京多财赋官"盖指此事。②

其次，《亡辽录》"三路钱帛司"，此即《辽史》卷四八《百官志四》"南面财赋官"门下"长春路钱帛司""辽西路钱帛司""平州路钱帛司"三条。长春条注文"兴宗重熙二十二年置"，③今见于《辽史·兴宗纪》重熙二十二年闰七月癸巳条"长春州置钱帛司"④的记载。

再次，《辽史》卷四八《百官志四》"南面大蕃府官"共有"黄龙府""兴中府"两个条目，⑤卷四六《百官志二》"北面部族官"下的"五院部""六院部""乙室部""奚六部"，合称"四大王府"。⑥ 以上六条均从《亡辽录》"大藩府六黄龙、兴中、奚王、南、北王府、乙室王府"中抄出，甚至连"南面大蕃府官"的门类名称都因袭不变。

最后，《亡辽录》"如沙漠之北"至"镇抚女真、室韦诸部"四面边防备御的重头内容，元人搬引原文，单独改编成卷四六《百官志二》"北面边防官"门。除"西北路诸司控制诸国"靠拼凑旧史外，其余"上京路诸司控制诸奚""辽阳路诸司控扼高丽""长春路诸司控制东北诸国""南

---

① 《辽史》卷四七《百官志三》，第 3 册，第 867 页。
② 《辽史》卷四八《百官志四》，第 3 册，第 897、895 页。
③ 《辽史》卷四八《百官志四》，第 3 册，第 916 页。
④ 《辽史》卷二〇《兴宗纪三》，第 1 册，第 280 页。
⑤ 《辽史》卷四八《百官志四》，第 3 册，第 904—905 页。"南面大蕃府官·黄龙府"条下的，"黄龙府侍卫亲军"诸条目系元人误解《辽史·耶律仙童传》的史文加以编造，《亡辽录》实无记载。（参见赵宇：《辽朝侍卫亲军体制新探——兼析〈辽史·百官志〉"黄龙府侍卫亲军"诸问题》，姜锡东主编：《宋史研究论丛》第 17 辑，河北大学出版社，2015 年，第 565—568 页）
⑥ 《辽史》卷四六《百官志二》，第 3 册，第 816 页。

京诸司并隶元帅府备御宋国""西京诸司控制西夏"的框架基本照搬《亡辽录》原文。①

元修《百官志》诸多内容改纂自《亡辽录》无疑。例如《百官志三·南面朝官》汉人枢密院条及其下诸官内容：

> 枢密使。太宗大同元年见枢密使李崧。
> 知枢密使事。
> 知枢密院事。
> 枢密副使。杨遵勖,咸雍中为枢密副使。
> 同知枢密院事。圣宗太平六年见同知枢密院事耶律迷离已。
> 知枢密院副使事。杨晳,兴宗重熙十二年知枢密院副使事。
> 枢密直学士。圣宗统和二年见枢密直学士郭嘏。
> 枢密都承旨。圣宗开泰九年见枢密都承旨韩绍芳。
> 枢密副承旨。杨遵勖,重熙中为枢密副承旨。
> 吏房承旨。
> 兵刑房承旨。
> 户房主事。
> 厅房主事,即工部。②

据林鹄考证,以上条目中凡注明任职时间和人员者,除"枢密都承旨韩绍芳"条外,枢密使、枢密副使、同知枢密院事、知枢密院副使事、枢密直学士、枢密副承旨均见于《辽史》相关纪、传,当从旧本陈大任《辽史》或耶律俨《皇朝实录》中抄出。③ 但"吏房承旨"及以下三条的来源无任何线索。实际上,这些条目是从上引《亡辽录》"副都承旨"下接"吏房"等内容中抄录而来。④

在《百官志三·南面朝官》中,"汉人枢密院"一条抄袭《亡辽录》并不是个例。又如,《百官志三·南面朝官》"中书省"条：

---

① 《辽史》卷四六《百官志二》,第 3 册,第 832—840 页。参见林鹄:《辽史百官志考订》,第 122—148 页。
② 《辽史》卷四七《百官志三》,第 3 册,第 865—866 页。
③ 林鹄:《辽史百官志考订》,第 196—201 页。
④ 杨若薇:《契丹王朝政治军事制度研究》,中国社会科学出版社,1991 年,第141 页。

> 参知政事。圣宗统和十二年见参知政事邢抱朴。
>
> 堂后官。太平二年见堂后官张克恭。
>
> 主事。
>
> 守当官。并见耶律俨《建官制度》。
>
> 令史。耶律俨,道宗咸雍三年为中书省令史。①

与《亡辽录》中的"有堂后、主事、守当官各一员"相吻合,而各条所附"邢抱朴""张克恭""耶律俨"及其任职时间,则据旧本《辽史》补充。此外,《百官志三》序文中"其始,汉人枢密院兼尚书省,吏、兵刑有承旨,户、工有主事,中书省兼礼部",②也完全是照搬《亡辽录》。③

《百官志一·北面朝官》"契丹北枢密院""契丹南枢密院"两条记载:

> 契丹北枢密院。掌兵机、武铨、群牧之政,凡契丹军马皆属焉。以其牙帐居大内帐殿之北,故名北院。元好问所谓"北衙不理民"是也。
>
> 契丹南枢密院。掌文铨、部族、丁赋之政,凡契丹人民皆属焉。以其牙帐居大内之南,故名南院。元好问所谓"南衙不主兵"是也。④

以上两条内容的来源线索更为明确,但是改编过程稍显复杂。元好问语出自其撰《漆水郡侯耶律公(贞)墓志铭》。⑤ 脱脱等《进辽史表》亦云"南府治民,北府治兵",⑥此即《百官志》之主旨,以"北衙""南衙"对应北、南枢密院不过是撰史者自己的理解。⑦ 又据《契丹国志·建官制度》记载:

> 其官有契丹枢密院及行官都总管司,谓之北面,以其在牙帐之

---

① 《辽史》卷四七《百官志三》,第 3 册,第 867 页。
② 《辽史》卷四七《百官志三》,第 3 册,第 863 页。
③ 林鹄:《辽世宗、枢密院与政事省》,《中国史研究》2014 年第 2 期。
④ 《辽史》卷四五《百官志一》,第 3 册,第 774—776 页。
⑤ 姚奠中主编、李正民增订:《元好问全集(增订本)》卷二七,山西古籍出版社,2004 年,上册,第 582 页。
⑥ 《辽史》附录,第 5 册,第 1714 页。
⑦ 林鹄:《辽史百官志考订》,第 4 页。

北,以主蕃事;又有汉人枢密院、中书省、行官都总管司,谓之南面,以其在牙帐之南,以主汉事。①

这段内容亦见《长编》卷一一〇天圣九年(1031)六月丁丑条。② 杨若薇推测最初来自赵志忠《虏廷杂记》。③ 元人纂修《辽史》多取《契丹国志》,据此推知《百官志一·北面朝官》当从此书中改纂出"契丹北枢密院""契丹南枢密院"两条内容,且对原始文献《亡辽录》枢密院条有所参考。④

《亡辽录》中记载"北面契丹枢密院,或知、或签书枢密院事,移离毕,林牙。如兵机、差除、钱谷、群牧事等隶枢密院",《百官志》则将这四项职能加以拆分。北枢密院"掌兵机、武铨、群牧之政",取其中"兵机"和"群牧事"两项职能将"差除"化作"武铨";南枢密院"掌文铨、部族、丁赋之政",则是对"差除"和"钱谷"词义的简单改换。由此可见,《百官志一·北面朝官》"南枢密院"条目内容纯属臆造。实际上,汉人(南)枢密院与中书省"主治汉事州县",不涉及"部族"事务,更是与"契丹人民"毫无瓜葛。

辽朝"南面官"系统是模拟唐朝制度设立的。虽是从旧本《辽史》中钩沉史文而形成"三省六部"门类及细目,但是综合元朝史官叙述《百官志》南面官编纂的缘起,以及南面朝官汉人枢密院、中书省两条的具体史文来源,可以判断出"南面官"的核心结构肯定不是元朝史官私自杜撰的。元修《百官志》枢密院条目编纂问题,可以总结如下:元修《百官志》的主体骨架采据《亡辽录》的内容,编纂出"汉人枢密院""契丹枢密院"两大条目,并分别整合到"南面官""北面官"中。但是,本着杂烩诸书的编纂模式,又从《契丹国志·建官制度》的记载中续补"枢密院"条及相关内容,结果导致同一机构重复出现,产生不必要的枝节。

南、北枢密院代表着全国最高权力机构,是构成辽朝"南北面官制"的核心组织。循着"汉人枢密院"重出这条线索,我们可以深入反思元

---

① 题叶隆礼:《契丹国志》卷二三《建官制度》,贾敬颜、林荣贵点校,第250页。
② 李焘:《续资治通鉴长编》卷一一〇,天圣九年六月丁丑,第4册,第2560页。
③ 杨若薇:《契丹王朝政治军事制度研究》,第94页。
④ 孙大坤:《〈辽史·百官志〉研究》,吉林大学博士学位论文,2020年6月,第43—44页。

人编纂"南面官"和"北面官"的理路。《百官志》虽是拼凑成篇，且内容多有重复，但其中潜藏的元代修史者的编纂思路以及他们对于辽制的"历史认知"，也不可忽视。通过《亡辽录》可见，其中记载的"分置南面汉官"和"北面契丹枢密院"可能成为元人编造《百官志》"南面官""北面官"的直接根据。元人根据这些内容拆解《亡辽录》全文，并按照这两大体系进行分类，同时整合了耶律俨、陈大任旧本《辽史》的相关职名及官属建置。

典型一例是，《亡辽录》"大藩府六"本为一整体，《百官志》却根据二元模式，分别抄成"南面大蕃府官"和"北面部族官"，分割成南、北两个系统。又如，《百官志》据《亡辽录》编成"北面边防官"，又仿此体例设"南面边防官"与之对应，其下诸条目抄撮旧史，实无具体内容。[①]《亡辽录》"北面"和"南面"原本是指称蕃、汉，《契丹国志·建官制度》"北面""南面"则是指官署驻帐位置，北、南枢密院仅是中枢扈从系统的两大机构，它们作为整个王朝行政机构的组成部分，与"南面都部署司""五京五计司"及四面边防诸机构浑然一体，而不是辽代整个官僚体系全方位的"南""北"并立。

元末编纂《百官志》逐条拆解史文的过程，更是破绽百出。首先，《亡辽录》辽阳路"契丹奚汉渤海四军都指挥使司"，《百官志二·北面边防官》不仅据此单设为一条，其下还新立名目分置"契丹奚军""奚军""汉军""渤海军"四个都指挥使司，其中"契丹奚军"的"奚"字明显是衍文，[②]此乃编排失误。其次，《亡辽录》"中、上京路则有诸军都虞候司、奚王府大详稳司，大国舅司，大常衮司，五院、六院司，沓温司"，《契丹国志·州县载记》谓其职能"中、上京路控制奚境"，《百官志二·北面边防官》设立的条目名称相同，末尾作"已上上京路诸司控制诸奚"，[③]脱漏一"中"字。中京地区是奚人故地，故奚王府设于此处控制这个部族，可知《辽史》失载"中京"。再次，《亡辽录》燕山路"都统军司、牛栏监军寨、石门详稳司"，在《百官志二·北面边防官》中被编作"南京都统军司""牛栏都统领司""监军寨统领司""石门统领司"，[④]被

---

① 参见林鹄：《辽史百官志考订》，第 310—314 页。
② 《辽史》卷四六《百官志二》，第 3 册，第 834—835、859 页。
③ 《辽史》卷四六《百官志二》，第 3 册，第 833 页。
④ 《辽史》卷四六《百官志二》，第 3 册，第 836—837 页。

元人篡改得面目全非。

以上问题,充分暴露出元末《辽史》编纂者已不谙辽制。由此引出:以《百官志》为基础构建起来的"南北面官制"概念及其衍生的辽代二元政治模式是否经得起推敲?

三、"南北面官制"观念重审

《辽史·百官志》总序中有这么一段经典的叙述:

> 契丹旧俗,事简职专,官制朴实,不以名乱之,其兴也勃焉。太祖神册六年,诏正班爵。至于太宗,兼制中国,官分南、北,以国制治契丹,以汉制待汉人。国制简朴,汉制则沿名之风固存也。辽国官制,分北、南院。北面治宫帐、部族、属国之政,南面治汉人州县、租赋、军马之事。因俗而治,得其宜矣。①

元朝史官将契丹王朝政治总体特色概括为"因俗而治",并将其与《百官志》北面官、南面官四卷内容相结合,形成一个整体。所谓"南北面官制"就是据此总结而成,②"二元政治"命题也源出于此。近代以来,凡谈及辽制者大多从信此说。③ 由于受到元修《百官志》溯源式叙事模式和传统汉化思维的深刻影响,学者往往将阿保机以来的汉制举措视为奠定"南北面官制"的基础。④ 上文初步揭示,《百官志》"南面官"和

---

① 《辽史》卷四五《百官志一》,第 3 册,第 773 页。
② 《金史》卷七八列传赞曰:"太祖入燕,始用辽南、北面官僚制度。"(第 6 册第 1779 页)此处以"辽南北面官僚制度"比附金初汉地与女真旧地的治理模式,亦反映了元朝史官对辽制的理解与认识。
③ 〔日〕津田左右吉:《遼の制度の二重體系》,《津田左右吉全集》第 12 卷,第 347—360 页。Karl A. Wittfogel and Fêng Chia-Shêng, *History of Chinese Society Liao* (907-1125), New York: The Macmillan Company, 1949, pp. 5-7/434-436. 宋德金:《辽朝的"因俗而治"与中国社会》,《传统文化与现代化》1998 年第 2 期,第 28—32 页。〔日〕武田和哉:《契丹国(遼朝)の北・南院枢密使制度と南北二重官制について》,《立命館東洋史學》第 24 号,2001 年 7 月,第 25—83 页。
④ 蔡美彪:《蕃汉并行的辽朝官制》,《文史知识》1986 年第 9 期。任爱君:《应当重新认识契丹辽朝的"一国二制"——兼谈其南北兼制的政治体制的确立》,《昭乌达蒙族师专学报(汉文哲学社会科学版)》1992 年第 2 期。尹德蓉:《论辽代"一国两制"双轨行政制度》,《江汉论坛》1998 年第 9 期。王德忠:《论辽朝"因俗而治"统治政策形成的历史条件》,《求是学刊》1999 年第 5 期。

"北面官"是元人根据辽末文献《亡辽录》编纂重建而成。根据这条线索,对《百官志》总序中有关辽初"官分南、北"相关内容及其对应的具体事件进行全面审视,可以发现,其中掩盖了太祖至太宗时期,辽代国家治理转型过程中接受汉制的真实情况。

元人制造的最大陷阱,当数《百官志》总序"至于太宗,兼制中国,官分南、北,以国制治契丹,以汉制待汉人",及《百官志三·南面朝官》序"辽有北面朝官矣,既得燕、代十有六州,乃用唐制,复设南面三省、六部、台、院、寺、监、诸卫、东宫之官"的记载。① 两段文字使以往学者都以为在太宗时期创设了"南北面官制"。实际上是将契丹本土汉制改革与汉地治理混作一谈。所谓太宗"兼制中国",指的是会同元年(938)、大同元年(947)两次纳汉地诸州之事。

《资治通鉴》卷二八一天福二年(937)岁末记载:

> 是岁,契丹改元会同,国号大辽,公卿庶官皆仿中国,参用中国人,以赵延寿为枢密使,寻兼政事令。②

《新五代史·四夷附录·契丹》亦称辽会同元年(938)"置百官,皆依中国,参用中国之人"。③ 似与《百官志》叙述宗旨契合,实则不然。《辽史·太宗纪》载此事:

> (会同元年十一月)大赦,改元会同。是月,晋复遣赵莹奉表来贺,以幽、蓟、瀛、莫、涿、檀、顺、妫、儒、新、武、云、应、朔、寰、蔚十六州并图籍来献。于是诏以皇都为上京,府曰临潢。升幽州为南京,南京为东京。改新州为奉圣州,武州为归化州。升北、南二院及乙室夷离堇为王,以主簿为令,令为刺史,刺史为节度使,二部梯里已为司徒,达剌干为副使,麻都不为县令,县达剌干为马步。置宣徽、阁门使,控鹤、客省、御史大夫、中丞、侍御、判官、文班牙署、诸宫院世烛,马群、遥辇世烛,南北府、国舅帐郎君官为敞史,诸部宰相、节

---

① 《辽史》卷四七《百官志三》,第 3 册,第 864 页。
② 司马光著、胡三省音注:《资治通鉴》卷二八一,后晋天福二年,中华书局,1956 年,第 9185 页。
③ 《新五代史》卷七二《四夷附录第一》,点校本二十四史修订本,中华书局,2015 年,第 3 册,第 1010 页。

度使帐为司空,二室韦闼林为仆射,鹰坊、监冶等局官长为详稳。①
《百官志》"兼制中国"指的是会同元年石晋将燕云十六州献给辽,然而《资治通鉴》等书"皆仿中国"并不是指这件事,而是与《辽史·太宗纪》所载会同元年太宗进行官制改革有关,即采用汉制改造传统的部族制度。林鹄全面考察这次"会同改制"的内容,主要包括:第一,草原部族官称改易汉官;第二,游牧建置向州县管理体制过渡;第三,增设汉式官僚机构。②《辽史·地理志》上京道上京条提到,会同元年"太宗诏蕃部并依汉制",③概括这轮改制的总体思路和基本路线,改革的主旨乃趋于蕃汉制度一体化,挑战了《百官志》所说的太宗时形成了"官分南北,以国制治契丹,以汉制待汉人"的二元官制概念。

全面审查《百官志三·南面朝官》序文,可以发现"辽有北面朝官矣"的说法并没有史料支撑。会同元年辽太宗不过是在幽州设立南京,对于纳入版图的其他燕云各州,只是"改新州为奉圣州,武州为归化州"以及调整部分州的等级,而非新置官僚分治汉地。《百官志三·南面朝官》序文"既得燕、代十有六州,乃用唐制"云云,同样于史无征。总之,所谓太宗"官分南北"并不是指会同元年契丹本土汉制改革,也与兼并燕云汉地无关,但如果将它们连在一起叙述,就不免使人产生误解。

以上分析可以否定"南北面官制"始于会同元年。另一关键时间点是大同元年太宗入汴后的一系列事件。《百官志三》追述南面官缘起:

> 大同元年,世宗始置北院枢密使。明年,世宗以高勋为南院枢密。则枢密之设,盖自太宗入汴始矣。天禄四年,建政事省。于是南面官僚可得而书。④

显然认为,"南院枢密"和"政事省"的设立,标志着"南面官僚"的正式形成。⑤ 同卷汉人枢密院条也提到:"太宗入汴,因晋置枢密院,掌汉人

---

① 《辽史》卷四《太宗纪下》,第 1 册,第 49 页。
② 林鹄:《南望:辽前期政治史》第三章,生活·读书·新知三联书店,2018 年,第 149—161 页。
③ 《辽史》卷三七《地理志一》,第 2 册,第 499 页。
④ 《辽史》卷四七《百官志三》,第 3 册,第 863 页。
⑤ 参见李锡厚:《论辽朝的政治体制》,氏著《临潢集》,第 1—7 页。林鹄:《辽世宗、枢密院与政事省》,《中国史研究》2014 年第 2 期。

兵马之政,初兼尚书省。"①以上论述牵涉当时较为复杂的政治军事过程。大体脉络背景是:辽太宗最初援立石晋,承诺"世为我藩辅"。但由于晋主石重贵改变了对辽政策,辽晋关系恶化。大同元年正月灭晋后,辽太宗"诏应晋朝臣僚一切仍旧,朝廷仪制并用汉礼",②《资治通鉴》卷二八六天福十二年正月乙未条所记比较详细:"契丹主改服中国衣冠,百官起居皆如旧制。"对于此事后续,《资治通鉴》记载:

> 二月,丁巳朔,契丹主服通天冠、绛纱袍,登正殿,设乐悬、仪卫于庭。百官朝贺,华人皆法服,胡人仍胡服,立于文武班中间。下制称大辽会同十年,大赦。③

可见这次朔日群臣朝贺属于礼仪活动,太宗服中国衣冠以及允许晋臣遵从汉制,旨在安抚人心,维持政局稳定,并无证据表明这一举措具体落实到了汉地治理策略层面。

了解这一历史背景,才能够探讨《百官志》汉人枢密院条所说的"因晋置枢密院,掌汉人兵马之政"是否符合历史事实。据《辽史·太宗纪》,大同元年正月癸巳,"以张砺为平章事,晋李崧为枢密使,冯道为太傅,和凝为翰林学士,赵莹为太子太保,刘昫守太保,冯玉为太子少保"。④《百官志三》将"太宗大同元年见枢密使李崧"编入汉人枢密院的枢密使条下,以凑成"南面朝官"体系。⑤ 同年二月丁巳再次授官,"以赵延寿为大丞相兼政事令、枢密使、中京留守,中外官僚将士爵赏有差"。⑥ 太宗两次对汉地旧臣的封授,看似是在辽朝旧制以外,新设一套汉式官僚机构来管理后晋的旧土,尤其是给予此前曾许诺册立为帝的赵延寿极高的官位。

事实并非如此。根据《辽史·赵延寿传》云:

> 翰林学士承旨张砺进拟"中京留守、大丞相、录尚书事、都督中

---

① 《辽史》卷四七《百官志三》,第 3 册,第 865 页。
② 《旧五代史》卷八五《晋书十一·少帝纪五》,点校本二十四史修订本,中华书局,2015 年,第 4 册,第 1308 页。
③ 司马光著、胡三省音注:《资治通鉴》卷二八六,后晋天福十二年正月乙未、二月丁巳,第 9330、9338—9339 页。
④ 《辽史》卷四《太宗纪下》,第 1 册,第 63 页。
⑤ 《辽史》卷四七《百官志三》,第 3 册,第 866 页。
⑥ 《辽史》卷四《太宗纪下》,第 1 册,第 64 页。

外诸军事",上涂"录尚书事、都督中外诸军事"。①

可知,赵延寿得到的最大权力只有新设立的中京留守(当时"升镇州为中京"),而"大丞相"并不握有实权。应历八年(958)《赵德钧妻种氏墓志》虽称长子赵延寿"大辽嗣圣皇帝执手相劝,付以大任",②乃针对其所领"大丞相兼政事令"高级衔名,虚指而已。《辽史·张砺传》所载张砺奏言内容披露真相:

> 入汴,诸将萧翰、耶律郎五、麻答辈肆杀掠,砺奏曰:"今大辽始得中国,宜以中国人治之,不可专用国人及左右近习。苟政令乖失,则人心不服,虽得之亦将失之。"上不听。③

《资治通鉴》卷二八五开运三年(946)十二月戊辰条记张砺言,"中国将相宜用中国人为之"云云。张砺所言内容确实符合《百官志》序文"以汉制待汉人"的主旨,结果"契丹主不从",④遭到辽太宗的拒绝。对于新获晋地最重要的军政部署,实际全部由契丹贵族承担。述律后兄长萧敌鲁之子萧翰,被任命为汴州宣武军节度使;⑤"国主族人"耶律郎五(耶律忠),授澶州镇宁节度使;⑥太祖弟剌葛之子拔里得(即麻答),⑦"以功授安国军节度使,总领河北道事"。⑧ 足见当时由赵延寿、张砺等汉臣的职任徒具形式。而且从时间上看,封册赵延寿等人的政策仅存在于大同元年正月至四月间,随着辽太宗在栾城驾崩,很快就宣告结束。实际上,这一时期辽廷对新获汉地的统治方式没有任何改变,更不用说设立"南面官"了。

《资治通鉴》所载大同元年"契丹主改服中国衣冠"及"百官朝贺,华人皆法服,胡人仍胡服",实际只是礼制仪式,而不是二元制度的真正

---

① 《辽史》卷七六《赵延寿传》,第 5 册,第 1376—1377 页。
② 向南编:《辽代石刻文编》,河北教育出版社,1995 年,第 22 页。
③ 《辽史》卷七六《张砺传》,第 5 册,第 1380—1381 页。
④ 司马光著,胡三省音注:《资治通鉴》卷二八五,后晋开运三年十二月戊辰,第 9319—9320 页。
⑤ 《辽史》卷一一三《逆臣传中·萧翰》,第 5 册,第 1656 页。
⑥ 题叶隆礼:《契丹国志》卷一七《耶律郎五传》,贾敬颜、林荣贵点校,第 192 页。
⑦ 邝又铭:《辽史兵卫志"御帐亲军""大首领部族军"两事目考源辨误》,《北京大学学报》1956 年第 2 期,第 78—79 页。(作者即邓广铭)
⑧ 《辽史》卷七六《耶律拔里得传》,第 5 册,第 1374 页。

实践。《百官志》中所说的"兼制中国",指的是燕云地区和晋地纳入辽朝版图,与会同汉制改革及大同元年在晋地根据汉制举行朝贺,不是一回事。辽世宗天禄元年(947)八月癸未"始置北院枢密使,以安抟为之",九月丁卯"高勋为南院枢密使",①才标志南北枢密院制度的正式确立。然而,元人编纂的《百官志》在枢密使条目中没有提及首任者安抟、高勋,而是根据《亡辽录》和《契丹国志》整合出"南""北""汉"三个枢密院机构,并且将"官分南北"始创者归于太宗,导致"南北面官制"概念与具体史实不一致。因此,根据这一编纂情况重新审视《百官志》所述南面官体系,"南北面官制"实际很难成立。

首先,《百官志三·南面朝官》汉人枢密院条记载如下:

> 汉人枢密院。本兵部之职,在周为大司马,汉为太尉。唐季宦官用事,内置枢密院,后改用士人。晋天福中废,开运元年复置。太祖初有汉儿司,韩知古总知汉儿司事。太宗入汴,因晋置枢密院,掌汉人兵马之政,初兼尚书省。②

"初兼尚书省"是据《亡辽录》"尚书省并入枢密院"记载编纂而成。其他内容则是编者对枢密院制度的溯源,从历史脉络中找到与汉制传统的关系。所谓辽代枢密院始于"汉儿司"的说法,则是根据《辽史·韩知古传》神册初韩知古"总知汉儿司事,兼主诸国礼仪"的记载而来。③ 结合辽初征服汉地的大背景,太祖时期,韩知古曾试图糅合中原汉法和契丹旧俗以治理国家。《百官志三·南面朝官》汉人枢密院条在使用时,明显忽略这段史料所反映的历史背景。太宗"因晋置枢密院",也与天禄初年设置的汉人枢密院无渊源。

其次,《百官志三·南面朝官》中书省条叙述置官情况:

> 中书令。韩延徽,太祖时为政事令;韩知古,天显初为中书令;会同五年又见政事令赵延寿。
>
> 大丞相。太宗大同元年见大丞相赵延寿。④

---

① 《辽史》卷五《世宗纪》,第 1 册,第 72 页。
② 《辽史》卷四七《百官志三》,第 3 册,第 865 页。
③ 《辽史》卷七四《韩知古传》,第 1 册,第 1360 页。
④ 《辽史》卷四七《百官志三》,第 3 册,第 867 页。

六 辽代"南北面官制"与南北二元模式重建问题 253

前文已述,中书省"参知政事"条抄自《亡辽录》。中书省其余诸条分见《辽史·韩延徽传》"命为守政事令"、①《辽史·韩知古传》"迁中书令"、②《辽史·赵延寿传》会同初"加政事令"③及《辽史·太宗纪》大同元年二月丁巳条"以赵延寿为大丞相兼政事令",④反映了辽初沿用汉官名号的情况。《百官志三·南面朝官》中的相应内容实际是由元代史官搜罗编造而成。⑤

《百官志三·南面朝官》"汉人枢密院"和"中书省"所记载的官制,大多是太祖、太宗模仿唐官的临时措置,元人根据对辽制的理解,搜集相关史料,整合出一套汉式机构。最典型的例子是,辽朝"三公府"及"三省六部制"均非实设机构,而是作为"虚衔"使用。太平三年(1023)《冯从顺墓志》记载:

> 其历官自西头供奉,至颁给副使、颁给武德皇城等使,两任知内承宣事、中上两京内省使、延州观察使、敦睦宫汉儿渤海都部署、归义军节度管内观察处置等使、上京户部使。阶自银青,至金紫。勋自武骑,至上柱国。散官自国子祭酒、工部尚书,至司空、太傅、太尉。爵自男,至开国侯。封至一千户,实封一百户。⑥

研究表明,辽官多沿袭唐、五代旧制,"官""阶""勋""爵""封"颇为完备,每套体系都相当成熟。《百官志三·南面朝官》记载的官职多属"散官"性质,冯从顺先后历"工部尚书"至"太尉"即如此。然而元人却以这些虚衔构拟"南面"官僚体系。实际上,这套阶制并非针对元人预设的南面汉官群体,而是适用于辽代整体官僚群体。例如,大康元年二月丁亥,"加鹰坊使耶律杨六为工部尚书"。⑦ 如果按照元修《百官志》的

---

① 《辽史》卷七四《韩延徽传》,第 5 册,第 1357 页。
② 《辽史》卷七四《韩知古传》,第 1 册,第 1360 页。
③ 《辽史》卷七六《赵延寿传》,第 5 册,第 1376 页。
④ 《辽史》卷四《太宗纪下》,第 1 册,第 64 页。
⑤ 参见林鹄:《辽史百官志考订》,第 201—203 页。
⑥ 向南编:《辽代石刻文编》,第 170 页。
⑦ 《辽史》卷二三《道宗纪三》,第 1 册,第 314 页。

分类标准,鹰坊使属"北面坊场局冶牧厩等官",①一般扈从皇帝捺钵,②"工部尚书"实为耶律杨六的官阶。辽代"职事"和"官阶"具有不同意义,"三省六部"及"三公"等官阶主要用于官员迁转。③

至此,可以深入剖析元代史官是如何形成"至于太宗,兼制中国,官分南、北,以国制治契丹"这一观念的。首先,《亡辽录》篇首总结了辽朝自太祖耶律阿保机创业以来的典制,其中太宗耶律德光"割据汉界""分置南面汉官""北面契丹枢密院"等语有可能影响《百官志》序文的撰写意图。其次,与"割据汉界""兼制中国"及会同改制、采纳汉礼的有关记载,以《资治通鉴》较为集中,后被《契丹国志》一书承袭下来,《辽史》的《赵延寿传》《张砺传》等也是抄撮于此。④ 元人编纂《辽史》时,有可能被这些材料中的表面信息所左右,以致产生太宗制定汉地治理策略并采取"以汉制待汉人"的错觉。关于此制最明确的两条表述见于《辽史·萧孝忠传》叙述重熙十二年萧孝忠拜北院枢密使时的"国制,以契丹、汉人分北、南院枢密治之";⑤《辽史·刑法志》载太平六年(1026)诏曰"朕以国家有契丹、汉人,故以南、北二院分治之",⑥但它们指的是辽中期以后的枢密院管理体制,无关太宗时期制度。

四、"南北面臣僚"与礼制语境下的"蕃""汉"

所谓"南北面官制",是基于元修《百官志》的认识基础而提出的历史概念,根基并不牢固。与"南北面官制"概念纠缠在一起的,是《辽史》中多次提到"南北面臣僚"一词。⑦ 例如,《圣宗纪》统和三年(985)

---

① 《辽史》卷四六《百官志二》,第 3 册,第 820 页。

② 据《辽史·游幸表》载,重熙十九年五月"猎于分金山",六月"猎于乌里岭",七月"幸鹰坊使颇得帐"。(第 4 册,第 1178—1179 页)

③ 参见王曾瑜:《辽朝官员的实职和虚衔初探》,《文史》第 34 辑,中华书局,1992 年,第 159—186 页。

④ 冯家昇:《〈辽史〉源流考》,《冯家昇论著辑粹》,中华书局,1987 年,第 128—129 页。

⑤ 《辽史》卷八一《萧孝忠传》,第 5 册,第 1417 页。

⑥ 《辽史》卷六一《刑法志上》,第 3 册,第 1042 页。

⑦ 《金史》也有相似记载:卷三《太宗纪》天会二年(1124)十月戊辰,斡鲁言:"辽详稳挞不野来奔,言耶律大石自称为王,置南北官属。"(第 1 册,第 51 页)卷一二一《忠义传一·粘割韩奴》亦载此事,作大石"署置南北面官僚"。(第 8 册,第 2636 页)

八月甲申条:"命南、北面臣僚分巡山陵林木";①《兴宗纪》重熙六年五月庚申条:"赐皇太弟重元及北、南面侍臣有差";②《营卫志中·行营》夏、冬捺钵条称"与北、南臣僚议国事""与北、南大臣会议国事",及结尾"五月,纳凉行在所,南、北臣僚会议"。③ 由于辽代官僚制度的复杂性,这一概念容易造成很大困扰,因此需要深入分析和探讨。

细绎史文,《辽史》中的"南北面臣僚"实际是泛指,意思与"蕃汉诸臣"相同。具体释例如下:

例一,《辽史·礼志六·岁时杂仪》云:

> 五月重五日,午时,采艾叶和绵著衣,七事以奉天子,北南臣僚各赐三事,君臣宴乐,渤海膳夫进艾糕。
>
> 腊辰日,天子率北南臣僚并戎服,戊夜坐朝,作乐饮酒,等第赐甲仗、羊马。④

《岁时杂仪》从"正旦"至"腊辰日"共计15条,抄自《契丹国志·岁时杂记》,⑤《契丹国志》则源自武珪《燕北杂记》(简称《杂记》)。⑥《辽史》"五月重五日"和"腊辰日"两条,《岁时广记》引武珪《杂记》分别作:

> 五月五日午时,采艾叶,与绵相和絮衣七事,国主著之。番汉臣僚各赐艾衣三事。戎主及臣僚饮宴,渤海厨子进艾糕,各点大黄汤下。
>
> 腊日,戎主带甲戎装,应番汉臣诸司使已上并戎装。五更三点坐朝。动乐饮酒罢,各等第赐御甲、羊马。⑦

对比可知,《辽史》"北南臣僚"与武珪《杂记》"番汉臣僚"同义。

例二,《辽史·礼志六·岁时杂仪》下文云:

> 九月重九日,天子率群臣部族射虎,少者为负,罚重九宴。射

---

① 《辽史》卷一〇《圣宗纪一》,第1册,第123页。
② 《辽史》卷一八《兴宗纪一》,第1册,第246页。
③ 《辽史》卷三二《营卫志中·行营》,第2册,第424、425、426页。
④ 《辽史》卷五三《礼志六》,第3册,第974、975页。
⑤ 题叶隆礼:《契丹国志》卷二七《岁时杂记》,贾敬颜、林荣贵点校,第281—284页。
⑥ 参见陈晓伟:《试探辽朝佛庆二重体制说》,《世界宗教研究》2022年第9期。
⑦ 陈元靓:《岁时广记》卷二三《端午下》讨赛离条、许逸民点校,中华书局,2020年,第488页;卷三九《腊日》秒离叵条,第724页。

毕,择高地卓帐,赐蕃、汉臣僚饮菊花酒。①

此条又见于武珪《杂记》九月九日"于高地处卓帐,与番臣、汉臣登高,饮菊花酒"。② 两书均作"蕃(番)汉臣"。复检《辽史·礼志六》"岁时杂仪"的上文别有"重九仪"条云:

> 北南臣僚旦赴御帐,从驾至围场,赐茶。皇帝就坐,引臣僚御前班立,所司各赐菊花酒,跪受,再拜。酒三行,揖起。③

《辽史》这条重九日"赐菊花酒"与同卷《岁时杂仪》"九月重九日"条内容略同,可见"北南臣僚"即"蕃汉臣僚"。

例三,辽末,耶律淳谋立为帝,保大二年(1122)六月闻天祚帝传檄天德军诸州伐燕。《辽史》称耶律淳甚惊,"命南、北面大臣议",下文即见"集蕃汉百官议之",④前后文的指称范围相同。又《长编》景祐元年(1034)八月壬申条叙契丹法天皇后专权,其中"命内库都提点王继、内侍都知赵安仁等监南北面蕃汉臣僚"的语义类似,⑤都是用来总称群臣。

综合三条例证可知,《辽史》及相关文献所载"南北面臣僚","南面"代表"汉人","北面"指"蕃人",与契丹文字所见南、北枢密院中 𘰷𘱤𘰺𘰻(汉人)、𘰴𘰴(契丹)的称呼习惯一致。

值得注意的是,根据史料记载,大康十年十二月二十二日始行"藏阄仪":"至日,北南臣僚常服入朝,皇帝御天祥殿,臣僚依位赐坐。契丹南面,汉人北面,分朋行阄。或五或七筹,赐膳。"⑥从"分朋行阄"可知,这是一种燕饮游戏。"北、南臣僚"对应"契丹""汉人",根据民族身份不同而分组,与《百官志》"官分南、北"及"南北面官制"并非同一含义,提示我们应从礼制角度审视这一问题。

关于"南北面臣僚",年代最早的一条记录是《辽史·仪卫志二·汉服》朝服条,其中写道:"盖辽制,会同中,太后、北面臣僚国服;皇帝、南

---

① 《辽史》卷五三《礼志六·岁时杂仪》,第 3 册,第 975 页。
② 陈元靓:《岁时广记》卷三六《重九下》必里迟条引《燕北杂记》,第 676 页。
③ 《辽史》卷五三《礼志六》,第 3 册,第 973 页。
④ 《辽史》卷二九《天祚皇帝纪三》,第 1 册,第 386 页。
⑤ 李焘:《续资治通鉴长编》卷一一五,景祐元年八月壬申,第 5 册,第 2696—2697 页。
⑥ 《辽史》卷五三《礼志六·嘉仪下》,第 3 册,第 973 页。

面臣僚汉服。"①会同改制不仅大力推行汉制,同时"参用中国人"。朝服条内容与这一措施旨趣相契合,是指举行朝会大礼时诸官服制各从本俗。参酌《资治通鉴》天福十二年二月丁巳条"华人皆法服,胡人仍胡服"记载,正是会同朝服制度的具体表现。太宗时期,初创官僚体制,推行汉制一体化,那么此处"北面""南面"指称对象和涉及层面相当明确。

　　因仪式具体内容不同或制度调整,班位和服饰也会有所不同,会同时期蕃汉诸臣分立只是其中一种情况。整个辽代的情况较为多样且不断变化。如《辽史·礼志四·宾仪》所载正座仪中,蕃汉臣僚首先在殿前站班集合,然后按照"京官""武班""文班"的顺序依次入拜。以上各班中:"留守司、三司、统军司、制置司谓之京官";"都部署司、宫使、副宫使,都承以下令史,北面主事以下随驾诸司为武官";"馆、阁、大理寺,堂后以下,御史台、随驾闲员、令史、司天台,翰林、医官院为文官"。② 可知在正座仪中,诸官僚是以职事性质分"班",不再是以蕃汉归类。

　　与排班密切相关的官员服饰制度同样如此。《辽史·仪卫志二·汉服》朝服条曾提到"乾亨以后,大礼虽北面三品以上亦用汉服;重熙以后,大礼并汉服矣",③即大礼中穿汉服者不仅限于汉臣,还包括契丹三品官员,最后则扩大到全部蕃汉臣僚。统和元年六月,册封承天皇太后,诏书规定"给三品以上用汉法服,三品以下用大射柳之服",④是以官品高低来决定蕃汉服饰的行用,其中"射柳服"属契丹"国服"。据《辽史·仪卫志二·国服》田猎服"皇帝幅巾,擐甲戎装,以貂鼠或鹅项、鸭头为扞腰。蕃汉诸司使以上并戎装,衣皆左衽,黑绿色"⑤的记载,可知辽代皇帝举行捺钵活动时,扈从臣僚全部从契丹旧俗,汉人同样"左衽"戎装。由此可见,因仪式场合、官员地位不同而产生的汉服与蕃服的区分,具体划分标准并不相同。总之,礼制范畴内的"蕃""汉"及服

---

① 《辽史》卷五六《仪卫志二》,第3册,第1010页。
② 《辽史》卷五一《礼志四》,第3册,第942—943页。
③ 《辽史》卷五六《仪卫志二》,第3册,第1010页。
④ 《辽史》卷五六《仪卫志二》,第3册,第1008页。参见《辽史》卷一〇《圣宗纪一》,第1册,第118页。
⑤ 《辽史》卷五六《仪卫志二》,第3册,第1009页。

制分类,不宜与政治制度中的"官分南、北"及"南北面官制"混为一谈。

宋人余靖所撰《契丹官仪》中有一条相关记载值得注意:

> 胡人之官,领番中职事者皆胡服,谓之契丹官。枢密、宰臣则曰北枢密、北宰相。领燕中职事者,虽胡人亦汉服,谓之汉官。执政者则曰南宰相、南枢密。①

余靖撰书缘于重熙十二年至十四年三使辽庭的特定背景。开泰九年(1020)九月,宋绶作为宋使前往辽朝祝贺辽主的千龄节,其撰写的《契丹风俗》同样称"衣服之制,国母与蕃官国服,国主与汉官即汉服"。②统和二十六年路振奉使契丹所撰《乘轺录》,叙述了路振"见房主于武功殿"的情形,当时辽圣宗"衣汉服";次日朝见承天太后时,"蕃、汉官坐者如故"。到曲宴时,"其汉服官进酒,赞拜以汉人;胡服官,则以胡人"。千龄节宴武功殿时,"设山棚,张乐,列汉服官于西庑,胡服于东庑",③表明班位与服制一致,"汉服""胡服"分立两班,各有一套礼仪规范。

余靖、宋绶、路振三人的经历如出一辙,可见辽代"胡服官""汉服官"是在特定场合出现的,属于众多礼仪中的一种。从政治制度层面看,余靖在《契丹官仪》中提到的"枢密"和"执政者",与下文的"胡人之掌兵者""胡人司会之官"及"胡人从行之官"共同组成辽代官僚体系,而"汉官"只是其中一部分。因此,《契丹官仪》的记载显然不能作为辽代官僚体系"南面""北面"并立的证据。

辽代礼仪制度在不同场合中多有变化,既有"北面""南面"等统称蕃汉诸臣的方式,也有根据服饰特征区分的"蕃官""汉官",还有按照官品界定"国服""汉服"具体使用情况的规定。值得注意的是,辽代的很多礼仪都是在四季捺钵的行帐中举行。④ 辽代重九仪中"北南臣僚"需要"旦赴御帐,从驾至围场",如统和三年闰九月庚辰,"重九,骆驼山

---

① 余靖:《武溪集》卷一八《契丹官仪》,《北京图书馆古籍珍本丛刊》,影印明成化九年刻本,书目文献出版社,1998年,第85册,第175页上栏。
② 李焘:《续资治通鉴长编》卷九七,天禧五年九月甲申,第4册,第2254页。
③ 贾敬颜:《路振〈乘轺录〉疏证稿》,氏著《五代宋金元人边疆行记十三种疏证稿》,中华书局,2004年,第61—65页。
④ 杨若薇:《契丹王朝政治军事制度研究》,第123—124页。

登高,赐群臣菊花酒";①藏阁仪"北南臣僚常服入朝,皇帝御天祥殿",据仁德皇后"尝以草茋为殿式,密付有司,令造清风、天祥、八方三殿"②可知,"天祥殿"是游牧移动的行殿,皇帝在此与随驾诸臣燕饮游戏。《辽史》五〇《礼志二·凶仪》"高丽、夏国告终仪"条云:"先期,于行宫左右下御帐,设使客幕次于东南。至日,北面臣僚各常服,其余臣僚并朝服,入朝。"③卷五三《礼志六·嘉仪下》皇后生辰仪条曰:"臣僚昧爽朝。皇帝、皇后大帐前拜日,契丹、汉人臣僚陪拜。"④从上述史料所记载的具体地点看,以上活动都是在捺钵途中举行的,参与者大多时候仅限于皇帝身边的扈从官僚。"北面""南面"不过只是一种泛称,不能与政治制度等同,更不涉及整个国家官僚体系的分野问题。

五、"行国政治"背景下的统治模式

《辽史》虽有"南北面臣僚"的记载,但不能与"南北面官制"混淆。既然如此,元人构建的南北官僚体系自然也就站不住脚了。下文通过梳理辽代从"中央"到"地方"统治方式的基本轮廓,审视《百官志》所叙整个官僚机构模式的不足之处,打破传统的南北二元叙事结构。

契丹立国之本在于"行国政治",在四季捺钵制度下设有一套"行朝",其特点是"官属随帐"。⑤ 因此,探讨辽代官制问题时不能脱离这一特殊环境。沈括《熙宁使契丹图抄》记述熙宁八年(1075)辽道宗驻跸永安山时,"(单于庭)东向六、七帐,曰中书、枢密院、客省"。⑥《辽史·营卫志·行营》有相关记载:

> 皇帝四时巡守,契丹大小内外臣僚并应役次人,及汉人宣徽院所管百司皆从。汉人枢密院、中书省唯摘宰相一员,枢密院都副承

---

① 《辽史》卷一〇《圣宗纪一》,第 1 册,第 124 页。
② 《辽史》卷七一《后妃传·圣宗仁德皇后萧氏》,第 5 册,第 1323 页。
③ 《辽史》卷五〇《礼志二》,第 3 册,第 938 页。
④ 《辽史》卷五三《礼志六》,第 3 册,第 966 页。
⑤ 参见贾敬颜:《释"行国"——游牧国家的一些特征》,《历史教学》1980 年第 1 期。杨若薇:《契丹王朝政治军事制度研究》,第 119—127 页。
⑥ 贾敬颜:《沈括〈熙宁使契丹图抄〉疏证稿》,氏著《五代宋金元人边疆行记十三种疏证稿》,第 168 页。

旨二员,令史十人,中书令史一人,御史台、大理寺选摘一人扈从。每岁正月上旬,车驾启行。宰相以下,还于中京居守,行遣汉人一切公事。除拜官僚,止行堂帖权差,俟会议行在所取旨,出给诰敕。文官县令、录事以下更不奏闻,听中书铨选;武官须奏闻。①

可见行国体制下的国家治理运作模式,是让臣僚及诸司跟随皇帝斡鲁朵,汉人枢密院、中书省机构部分官员扈从,部分官员驻守中京城办公。对于州县事务,行用汉制"堂帖"权差,根据权重和性质细分为"不奏闻"和"须奏闻"两类。

在辽代文献的现实语境中,官员除授术语的"入"和"出",是区分官职属于"中央"与"地方"的最明显标志。凡扈从斡鲁朵者称之为"入",属于中央官员;从斡鲁朵到五京或州县、部族驻守则称之为"出",属于镇戍地方的官僚。② 根据《辽史》及出土墓志记载,辽代凡是授北院枢密使、③南院枢密使、④北府宰相、⑤南府宰相、⑥北面林牙、⑦南面林牙、⑧北面宣徽使、⑨南院宣徽使、⑩行宫都部署、⑪大理寺丞⑫等官时,都会写作"入",明确这些官员是扈从皇帝捺钵的官属,由此组成一套终年处于"游牧"状态下的中枢体制。

地方制度大体分为部族、州县两大管理系统。首先,辽朝的州县统属关系较为复杂,采用多元模式,主要分为隶属宫卫(十二宫一府)的州

---

① 《辽史》卷三二《营卫志中·行营》,第 2 册,第 426 页。
② 参见杨若薇:《契丹王朝政治军事制度研究》,第 194—195 页。
③ 《辽史》卷八一《萧孝忠传》,第 5 册,第 1417 页。
④ 《辽史》卷八〇《张俭传》,第 5 册,第 1407—1408 页。《辽史》卷一七《圣宗纪八》,第 1 册,第 225 页。
⑤ 《辽史》卷二〇《兴宗纪三》,第 1 册,第 277 页。
⑥ 咸雍元年《耶律宗允墓志》,见向南编:《辽代石刻文编》,第 320 页。
⑦ 《辽史》卷九五《耶律弘古传》,第 5 册,第 1527 页。
⑧ 大安六年《耶律善庆墓志铭》,见胡娟、海勇:《辽〈耶律善庆墓志〉考释》,刘宁主编:《辽金历史与考古》第 9 辑,科学出版社,2018 年,第 282 页。
⑨ 咸雍八年《耶律宗福墓志》,向南、张国庆、李宇峰辑注:《辽代石刻文续编》,辽宁人民出版社,2010 年,第 142 页。
⑩ 《辽史》卷七四《韩德枢传》,第 5 册,第 1358 页。
⑪ 开泰九年《耿延毅墓志》、大安十年《耶律庆嗣墓志》、重熙二十二年《耶律宗教墓志》,向南编:《辽代石刻文编》,第 160、457、751 页。
⑫ 寿昌三年《贾师训墓志》,向南编:《辽代石刻文编》,第 478 页。

县、头下州县、朝廷直隶州县三大类,划分标准主要是依照州县人户依附关系及提供租赋劳役的对象不同。这三类州县的分布地域相对集中:宫卫辖州县和头下州县绝大多数置于契丹腹地或草原与农耕交界的边缘地带,朝廷直属州县主要集中在燕云汉地。在行政管理上,隶属宫卫的州县事务设提辖司;①头下军州"其节度使朝廷命之,刺史以下皆以本主部曲充焉";②直属朝廷的州县,即"汉事州县",日常由驻守在中京的南枢密院和中书省共同治理。有学者怀疑《辽史·地理志》统辖州县的五道制不具备实际意义,亦有可能是元人编造的。③ 其次,"国中随部族大小,各有节度使,不属州县"。④ 其中包括"太祖二十部",除二国舅帐分外,其余诸部分别隶属南、北宰相府。北府辖五院部、六院部、品部、乌隗部、涅剌部、突吕不部、奚王府、突吕不室韦部、涅剌挐古部、乌古涅剌部、图鲁部十一部;南府辖乙室部、楮特部、突举部、迭剌迭达部、乙室奥隗部、楮特奥隗部、品达鲁虢部七部,各部设节度使及司徒驻牧本部。⑤

在民政事务上,州县、部族分属不同机构,而在财赋、军事层面则有统一规划。辽朝效法宋朝的转运使路制,在全国相继建置八个专司理财的机构,即燕山、云中、中京、上京、东京五京计司及长春、辽西、平州三路钱帛司,统一掌管各类州县及某些部族(包括头下)的财赋事务,八个财赋路相对独立。

在军事管理方面,据《辽史·营卫志·部族》引《旧志》"胜兵甲者即著军籍,分隶诸路详稳、统军、招讨司"⑥可知,各部设节度使,各有隶属,与《辽史·地理志》所载各州节度使构成一套军事管理系统(见表一《辽代军事机构统属表》)。⑦ 据余蔚考证,辽代共设东北路、黄龙府路、

---

① 参见余蔚:《辽代斡鲁朵管理体制研究》,《历史研究》2015年第1期。
② 《辽史》卷三七《地理志一》,第2册,第506—507页。
③ 关树东:《辽朝州县制度中的"道""路"问题探研》,《中国史研究》2003年第2期。康鹏:《辽代五京体制研究》,中国社会科学出版社,2023年,第120—162页。
④ 余靖:《武溪集》卷一八《契丹官仪》,《北京图书馆古籍珍本丛刊》,影印明成化九年刻本,第85册,第175页下栏。
⑤ 《辽史》卷三三《营卫志下·部族下》,第2册,第436—444页。
⑥ 《辽史》卷三二《营卫志中·部族上》,第2册,第427页。
⑦ 参见关树东:《辽朝州县制度中的"道""路"问题探研》,《中国史研究》2003年第2期。康鹏:《辽代五京体制研究》,第118—119页。

咸州路、南路、保州路、东京路、西京路、南京路、平州路、乌古敌烈路、西北路、西南路军事十二路及上京留守、西京留守直属军事区，①表一所见各个军事机构中分散于诸路，其中西南路招讨司、东京都部署司、东北路统军司、黄龙府都部署司治下有部族、州节度使。从突吕不室韦部和涅刺拏古部"戍泰州"以及此二部、泰州节度使"兵事属东北统军司"推测，②这种军事统属按地域统一划分。经比较，《辽史·营卫志·部族》和《辽史·地理志》记载的军事机构，可与《亡辽录》"西北路都招讨府"至"东北路都统军司"部分互相补正。如《亡辽录》大藩府六"黄龙、兴中、奚王、南北王府、乙室王府"条，具体为黄龙府兵马都部署司"镇抚女真、室韦诸部"，南、北大王府、乙室王府等"控制夏国"，奚王府"控制奚境"，《辽史·营卫志·部族》叙镇戍情况：五院部、六院部"镇南境"，乙室部"镇驻西南之境"及奚王府独立戍守。余靖《契丹官仪》载："其外则有北王府、南王府，分掌契丹兵，在云州、归化州之北。""乙室王府亦掌契丹兵""又有奚王府，掌奚兵，在中京之南"。③ 以上呈现的是辽代军事政区的基本面目，构成一个完整的军事体系，并非遵循《百官志》模式将"黄龙府""兴中府"分割成所谓的"南面大蕃府官"。

近年来，学者在《百官志》的史料批判方面取得显著成绩，全面揭示《百官志》系元人杂抄而成，④但尚未充分发掘元代史官纂修《百官志》的文献系统及其理论根据，因此仍试图复原"北面官""南面官"两大体系。⑤ 本节通过破解"汉人枢密院"和"契丹南枢密院"重复出现的原因，认为元修《百官志》主体骨架和核心条目改编自《亡辽录》所载辽制，并以此为基础构建出"南面官""北面官"体系。在厘清元人编撰《百官志》思路的基础上，进一步提出，历来深信不疑的"南北面官制"概念存在很大漏洞。因此，在研究辽代政治制度时，应该努力走出这一模式。

---

① 余蔚：《中国行政区划通史·辽金卷》，复旦大学出版社，2012年，第44—87页。
② 《辽史》卷三七《地理志一》，第2册，第503页。
③ 余靖：《武溪集》卷一八《契丹官仪》，《北京图书馆古籍珍本丛刊》，影印明成化九年刻本，第85册，第175页上栏。
④ 林鹄：《绪论——〈百官志〉之史源、编纂及史料价值》，《辽史百官志考订》，第1—30页。
⑤ 林鹄：《辽史百官志考订》，第315—329页。傅乐焕：《辽史复文举例》，氏著《辽史丛考》，第301—302页。

六 辽代"南北面官制"与南北二元模式重建问题

表一 辽代军事机构统属表

西北路招讨司	西南路招讨司	西京都部署司	东京都部署司	东京统军司	东北路统军司	东北路招讨司	北路女直兵马司	南女直汤河司	东北路女直兵马司	黄龙府部署司
品部	涅剌部		楮特奥隗部		奚吕不室韦部	乌隗部			乙室奥隗部	
楮特部	迭剌迭达部				涅剌拏古部					
奚吕不部	品达鲁虢部				图鲁部					
	乌古涅剌部									
招讨绥远军（边防城）		奉圣州武定军	显州奉先军	开州镇国军	泰州德昌军		龙化州兴国军	卢州玄德军		信州彰圣军
丰州天德军		蔚州忠顺军	乾州广德军	保州宣义军	长春州韶阳军		辽州始平军	镇海府		宾州怀化军
云内州开远军		应州彰国军	贵德州宁远军	来远城	宁江州混同军		祺州祐圣军	归州		祥州瑞圣军
天德军		朔州顺义军	沈州昭德军	渌州兴利军			韩州东平军	苏州安复军		
宁边州镇西军				湖州清化军			双州保安军	复州怀德军		
东胜州武兴军				顺化城向义军			银州富国军			
金肃州				宁州			同州镇安军			
河清军				衍州安广军			咸州安东军			
				连州德昌军			鄂州彰圣军			
							肃州信陵军			
							安州			

注：此表据《辽史·营卫志》《地理志》编制

事实上，辽代制度本身就是蕃汉杂用的，其在"行国政治"的框架下，兼采"城国"的定居模式。虽然"南枢密院"和"北面枢密院"是扈从官的核心机构，但不能就此推衍辽代整个官僚体系都存在"南""北"分立的情况。综合相关记载和前人研究，辽代从"中央"到"地方"的官僚体制并非元人所理解的简单的南北二元模式。实际上，辽代的统治结构具有多元化特点，部族、州县各有归属，财赋路、军事路自成体系，由此形成相互交错的空间网络，使得统辖事务相对明确。这一灵活的官僚体制，使辽代能够更好地因地、因事制宜，从而实现更加有效的统治，呈现出"草原"与"田园"和谐共处的历史图景。

七 试析辽朝二重佛庆体制说

中国佛教史中佛诞日二月初八、四月初八的分歧由来已久,赞宁《佛降生年代》综合佛家经典的诸种解释,指出"江表以今四月八日为佛生日者,依《瑞应经》也。如用周正,则合是今二月八日"。① 清人俞正燮《释迦文佛生日生年决定具足论》根据不同历法差异详细分析两种佛诞说的具体成因。② 这种分歧汉唐时即已存在,以四月初八说较为普遍。③ 而对于辽朝的佛诞日,二说仍并存,甚至有人杂糅两说,提出两日并庆的观点,由此成为有争议性的学术议题,至今悬而未决。

一、辽朝文献所载佛诞时间之歧异与二重体制说的形成

关于辽朝佛诞日期的记载及其由此引发的一切争论,实际根源于以下这两种文献。其一,据《辽史·礼志》"岁时杂仪"记述:

> 二月八日为悉达太子生辰,京府及诸州雕木为像,仪仗、百戏导从,循城为乐。悉达太子者,西域净梵王子,姓瞿昙氏,名释迦牟尼。以其觉性,称之曰"佛"。④

其二,《契丹国志·岁时杂记》是这么记载的:

> 四月八日,京府及诸州,各用木雕悉达太子一尊,城上舁行,放僧尼、道士、庶民行城一日为乐。⑤

---

① 赞宁撰:《大宋僧史略校注》卷一,富世平校注,中华书局,2015年,第4页。
② 俞正燮:《癸巳类稿》卷一五,道光十三年(1833)求日益斋刻本,第5页a—14页a。
③ 参见张弓:《汉唐佛寺文化史》,中国社会科学出版社,1997年,下册,第948—953页。
④ 《辽史》卷五三《礼志六》,点校本二十四史修订本,中华书局,2016年,第3册,第974页。本文引据版本系"精装本"《辽史》,此条原无校勘记。2017年简装本《辽史·礼志六》根据笔者的研究结论新增校勘记八。(第3册第977页)
⑤ 题叶隆礼:《契丹国志》卷二七《岁时杂记》,贾敬颜、林荣贵点校,中华书局,2014年,第282页。

以上两书所述辽朝社会庆祝佛诞日的活动内容及形式几近一致,亦即僧俗民众抬舁悉达太子木雕"循城为乐",然而时间各异,前者为二月八日,后者却是四月八日。

关于这两种文献佛诞日期歧异记载问题,学界讨论十分热烈。钱大昕考辨《辽史·礼志》"二月八日为悉达太子生辰"事,谓"'二月'当为'四月'。叶隆礼《契丹国志》本作'四月八日'。《志》载此条于二月一日之后,三月三日之前,则史文固然,非转写之误。《金史·海陵纪》正隆元年,禁二月八日迎佛,亦一证"。① 钱大昕《潜研堂金石文跋尾》寿昌四年《易州兴国寺太子诞圣邑碑》条亦持此说:"太子诞圣邑者,千人邑之名,以四月八日诵经礼佛而名之也。""则(《辽史》)《礼志》所称误矣,然《金史·海陵纪》有禁二月八日迎佛之文,知当时固有以二月为佛生辰者,非后人转写之误也。"② 冯家昇《辽史初校》引据钱大昕的考证,指出:"所见辽之碑石,如蔡忠顺《大慈恩玄化寺碑阴记》(太平二年),'每于春四月八日起首限三日三夜,开设弥勒菩萨会'。又王正《重修范阳白带山云居寺碑》(应历十五年),'风俗以四月八日,共庆佛生。凡水之滨,山之下,不远百里,仅有万家,预馈供粮,号为义仓……'。则《国志》是,而《辽史》非也"。③ 原中华书局点校本《辽史》校勘记采纳冯家昇的意见,明确认为当以《契丹国志》所载四月初八为是。④

不过,《契丹国志》校勘者指出:"经论中佛诞日有二,《长阿含经》《萨婆多论》等谓二月八日佛出生;《瑞应经》《灌佛经》等谓十方诸佛皆用四月八日生。《国志》取后者,《辽史·礼志六》取前者。"⑤ 以为此二书所据佛典有别,不过是各取一说罢了。清末学者施国祁的观点也是如此:"《辽志》云二月八日为悉达太子生辰。金承辽俗,亦以二月八日观迎佛,即于是年十一月癸巳禁之,至章宗承安四年二月庚午复行此

---

① 钱大昕:《廿二史考异》卷八三《辽史·礼志》,方诗铭、周殿杰校点,上海古籍出版社,2004 年,下册,第 1140 页。
② 钱大昕:《潜研堂金石文跋尾》卷一七,陈文和主编:《嘉定钱大昕全集(增订本)》,凤凰出版社,2016 年,第 6 册,第 412—413 页。
③ 冯家昇:《辽史证误三种》,中华书局,1959 年,第 223 页。
④ 《辽史》卷五三《礼志六》校勘记二,中华书局,1974 年,第 3 册,第 880 页。
⑤ 题叶隆礼:《契丹国志》卷二七《岁时杂记》,贾敬颜、林荣贵点校,第 287 页。

事,纪载止此。而《契丹国志》仍书四月八日,《松漠纪闻》载生日佳辰亦云四月八日,此殆承宋俗故也。"①施氏认为两个日期均有所本,其中二月八日迎佛源于辽朝,金源踵辽故俗。

上述学者仅从文献校勘的角度辨析辽朝佛诞日到底是哪一天。清代学者胡虔将这一问题与佛教史中的"二月八日说""四月八日说"分歧争论结合到一起,指出"钱辛楣少詹《辽史考异》据《契丹国志》谓二月当为四月,失之不考",《辽史·礼志》所载二月八日为悉达太子生辰不误。② 目前最具影响力的观点,当数辽朝佛庆二重体制说。韩国学者李龙范对冯家昇上述观点的批评相当苛刻,"因其急于提出新学说,疏于广征博引,而轻于论断,遂自招其学说之浅薄且无诚意"。首先提出辽朝佛诞日双重月制说,认为当时以二月八日作为佛诞日是受西域回鹘佛教影响所致。③ 陈述《辽史补注》亦持此说,认为"应是不同地区,有不同日期也"。④ 作为《契丹国志》点校者之一,林荣贵撰文进一步阐释《契丹国志》校勘记的内容,主张辽朝境内通行两个生日,乃是佛教文化在中国境内传播过程中因历法差异而造成的历史现象。⑤ 尤李赞同上述观点,认为辽代佛诞日很可能继承唐代传统,二月八日和四月八日并行。⑥

上述说法的提出,其理由可以总结为以下三点:首先,辽朝文献的如是记载,从中出现了两个佛诞日,看似都很合理且有所依据。其次,辽朝社会制度一大特色为"因俗而治",根据不同族群和不同地区的政治文化传统采取合乎时宜的治国方略,学界将这种政治现象总结概括为"二元政治"。⑦ 故有学者认为佛教政策大概亦同此理。再次,历史

---

① 施国祁:《金史详校》卷一《海陵纪》,陈晓伟点校,中华书局,2021年,第46—47页。
② 胡虔:《柿叶轩笔记》(不分卷),《峭帆楼丛书》本,第14页a。
③ 〔韩〕李龙范:《辽金佛教之二重体制与汉族文化》,《思与言》第6卷,1968年;收入张曼涛主编:《中国佛教史专集》第五《宋辽金元篇(下)》,台北:大乘文化出版社,1977年,第121—139页。
④ 陈述:《辽史补注》卷五三《礼志六》,中华书局,2018年,第2357—2358页。
⑤ 林荣贵:《辽朝的佛庆制问题及北疆与中原的佛教关系》,景爱编:《陈述先生纪念集》,内蒙古教育出版社,1995年,第129—135页。
⑥ 尤李:《佛教对辽朝社会的影响管窥》,《商丘师范学院学报》2007年第5期。
⑦ 参见 K. A. Wittfogel, Feng Chia-sheng, *History of Chinese Society: The Liao* (907-1125), New York: The Macmillan Company, 1949, pp. 5-7。宋德金:《辽朝的"因俗而治"与中国社会》,《传统文化与现代化》1998年第2期,第28—32页。

上确实存在过这样的先例,如《魏书·西域传》叙述焉耆国的宗教生活:"俗事天神,并崇信佛法。尤重二月八日、四月八日,是日也,其国咸依释教,斋戒行道焉。"①

综上,关于辽朝纪念悉达太子生辰的日期,《辽史》说"二月八日"、《契丹国志》则曰"四月八日",各执一词。令人遗憾的是,上述诸种解释都不够圆满,并未揭示问题的真相。尤其是,辽朝佛庆二重体制说需要重新检讨。

二、从石刻文献中考索辽朝佛诞日

关于辽朝佛诞日节庆活动的史书记载仅见上述两例,因此很难从根本上解决问题,冯家昇注意到出土的石刻文献中保留有一些珍贵线索,值得进一步追查。辽代石刻很多都与佛教寺院密切相关,其中不乏记述佛诞日当天举办各类宗教活动的内容。②

目前有三种碑刻颇能说明问题。第一,应历十五年(965)《重修范阳白带山云居寺碑》提供的证据比较令人信服。该碑记述云居寺佛教活动:

> 风俗以四月八日,共庆佛生。凡水之滨,山之下,不远百里,仅有万家,预馈供粮,号为"义仓"。是时也,香车宝马,藻野缛川,灵木神草,艳赫芊绵,从平地至于绝巅,杂沓驾肩,自天子达于庶人,归依福田。维摩互设于香积,焉将通戒于米山。面丹□者,熙熙怡怡,谓□阇于斯。俯清流者,意夺神骇,谓殑伽无碍。釀施者,不以食会而由法会。巡礼者,不为食来而由法来。观其感于心,外于身,所燃指续灯者,所炼顶代香者,所堕岩舍命者,所积火焚躯者,道俗之间,岁有数辈。噫!佛之下生,人即如是。③

此文详述"共庆佛生"的巡礼活动,时间明确为四月初八日。学者指出,

---

① 《魏书》卷一〇二《西域传》,中华书局,1974年,第6册,第2265页。
② 在特定的佛教节庆从事活动,更能彰显信仰的虔诚,这种现象在中晚唐以来的幽州社会就已普遍存在。参见冯金忠:《幽州镇与唐代后期人口流动——以宗教活动为中心》,《青岛大学师范学院学报》2007年第1期。尤李:《论唐幽州佛俗对辽代佛教的影响》,《兰州学刊》2011年第1期。
③ 向南编:《辽代石刻文编》,河北教育出版社,1995年,第33页。

这是晚唐以来幽州地区民间社会的传统习俗。①

第二，河北省易县城北兴国寺废址立有一通辽代寿昌四年（1098）《易州兴国寺太子诞圣邑碑》，该碑称："唯诞生相，未之有也。爰有邑长，家习十善，世踵五常，博识多闻，矜孤恤寡者，则刘公焉。公名楷，常思诞圣之辰，拟兴供养一身。虽谨欲利多人，继年于四月八日，诵经于七处九会。"②据碑题"太子诞圣邑碑"和碑文内容，可知此系因供养佛祖诞生相而集合众人成立邑社，邑首刘楷于四月八日筹办多场诵经法会。由此可见，当时人们将四月八日作为诞圣之辰。

第三，民国时，河北省新城县发现一座舍利经幢，题名"奉为皇太后、天祐皇帝、懿德皇后特建佛顶尊胜陀罗尼幢"。该幢云："（法均）德既优茂，心复爰慈。常疚怀于众生，思共成于正觉。是以去咸雍六祀四月八日，于马鞍山惠聚寺内开大乘菩萨戒坛，广度于四众，使之灭六根罪，增十善心。诸恶早除，余疾兼免。不听者听，不语者语，手足拘挛者皆得伸。□日清朝，四色莲花捧日现矣！"③知咸雍六年（1070）法均大师在惠聚寺开大乘菩萨戒，正是在四月八日这天。

除上述三方石刻外，值得注意的是，辽代石刻所见安置舍利、捐施佛塔、经幢、造像等一系列佛教活动，有很多都选择在四月八日这一特定的节庆进行。胪列如下：

（1）会同十年（947）《宋晖造像题记》云："弟子宋晖法愿造阿弥陀佛一尊。又愿合家长幼□灾，一心供□。"造像时间是四月初八日。④

（2）《祐唐寺创建讲堂碑》立于今天津市蓟县盘山千相寺遗址内，时间"统和五年岁次丁亥四月八日"。⑤

（3）河北省涞水县西北石龟山遵化寺内立有一通《石龟山遵化寺碑》，末尾署作"时重熙十一年岁次壬午辛巳四月八日晨时建"。⑥

（4）在北京平谷县三泉寺院内，有一座《罗汉院八大灵塔记》云："法清与天水赵文遂于开泰大师处，请到遗留佛舍利数十尊，用七宝石

---

① 参见尤李：《论唐幽州佛俗对辽代佛教的影响》，《兰州学刊》2011年第1期。
② 向南编：《辽代石刻文编》，第486页。
③ 向南编：《辽代石刻文编》，第350页。
④ 向南编：《辽代石刻文编》，第3页。
⑤ 向南编：《辽代石刻文编》，第91页。
⑥ 向南编：《辽代石刻文编》，第225—226页。

函,葬塔基下。"建塔时间"重熙十三年岁次甲申四月壬辰朔八日丙时"。①

（5）辽宁省朝阳北塔出土了大量的佛教文物和石刻,该塔天宫内的题记三种:其一,《今聊记石匣内》云:"大契丹重熙十二年四□八日午时再葬像法,更有八年入末法,故置斯记。"其二,《塔下功人》题名砖曰:"塔下功人六,张积善,重熙十二年四月八日造,功匠人。"其三,《延昌寺大塔下再葬舍利记》云:"重熙十二年四月八日再葬舍利记。"此外,地宫题记凡两种:第一,《朝阳北塔经幢记》曰:"大契丹国重熙十三年岁次甲申四月壬辰朔八日己亥午时再葬讫,像法更有七年入末法。"第二,《砌匠作头》题名砖末署"重熙十三年四月八日记"。② 根据上述五种题记,可知朝阳北塔天宫、地宫的营建时间为重熙十二年(1043)及十三年的四月初八。

（6）辽宁省朝阳市南郊,辽时创建灵感寺,重熙年间在此铸造铁塔葬存佛骨舍利,据《释迦佛舍利塔记》叙述说:"维大契丹国兴中府重熙十五年丙戌岁十一月丁丑朔十六日壬辰起手铸,次年四月乙巳朔八日壬子午时葬释迦佛舍利记。"③

（7）上述《释迦佛舍利塔记》旁侧还有一个《释迦定光二佛舍利塔记》石刻,追述重熙十五年"陶冶甄铸铁塔一所,立十三檐,亘二百尺"。即指上文重熙十六年建铁塔安葬舍利事。下文又谓:"坏至十檐,获定光佛舍利六百余颗。至地宫内,获释迦佛舍利一千三百余颗。再选定四月八日午时,依旧如法安葬。"安葬舍利的"天庆二年壬辰四月八日丁亥朔八日午时",④显然是特意选定的佛教吉时。

前引《重修范阳白带山云居寺碑》《易州兴国寺太子诞圣邑碑》及《特建葬舍利幢记》均称四月初八佛诞日,其余七例石刻及砖石题记所叙各项佛教活动也都是安排在这个佛诞日举行的。上述碑刻所见寺院及佛教活动地点的地理分布,除了《宋晖造像题记》因系罗振玉从天津售石人手中拓得,出土地点不明,第(2)(3)(4)石刻出自燕云汉地,而

---

① 向南编:《辽代石刻文编》,第 233—234 页。
② 辽宁省文物考古研究所、朝阳北塔博物馆编:《朝阳北塔:考古发掘与维修工程报告》,文物出版社,2007 年,第 83—85、93 页。
③ 向南编:《辽代石刻文编》,第 253 页。
④ 向南编:《辽代石刻文编》,第 629 页。

第(5)(6)(7)均位于辽时兴中府(今辽宁省朝阳市),已非汉地,这与辽朝社会二元体制论并不契合。比较关键的一点是,在出土的石刻文献中,目前还尚未发现辽代人们于二月八日从事佛诞日相关活动的蛛丝马迹。

多种辽代石刻所体现的佛诞日期均可印证《契丹国志·岁时杂记》记载正确,而与《辽史·礼志·岁时杂仪》龃龉不合。我们必须要追问:《契丹国志》实为元代书贾赝作,其书问题颇多,遭人诟病,①然而该书关于佛诞日的记述竟符合辽朝社会史实,恐非巧合;与《契丹国志》比较,作为官修的《辽史》相对可信,且有论者指出"二月八日为悉达太子生辰"条文载于二月一日之后,三月三日之前,"则史文固然,非转写之误"(引钱大昕语)。《辽史》怎么会有如此疏失呢?这才是讨论辽朝佛诞日核心的问题,可惜并没有学者给予一个很合理的解释。下文将揭橥真相。

三、《辽史》所载"二月八日为悉达太子生辰"探源

分析《辽史》和《契丹国志》不难发现,两书叙述佛诞日巡城活动的记载因袭痕迹十分明显,其史料源流关系由此引发笔者的极大兴趣。

元朝官修《辽史》之取材,冯家昇分析指出,"今考耶律俨《实录》,陈大任《辽史》二书,至正中尚存,其为脱脱《辽史》之底本无疑。更有宋人所撰之《契丹国志》,亦为脱脱《辽史》所据。则当日成书之易,盖有各家底本以资编排也"。② 循此总结性论断,具体看一下两书引述佛诞日所涉整篇史文,《辽史》题作《岁时杂仪》,《契丹国志》题作《岁时杂记》,两篇名十分接近。根据这条关键线索,可以初步判断,前者据后者成文,后者内容则大多是从武珪《燕北杂记》中辗转稗贩而来的。兹将三者史源关系详列为表一:

---

① 参见刘浦江:《关于〈契丹国志〉的若干问题》,《史学史研究》1992年第2期;收入氏著《辽金史论》,辽宁大学出版社,1999年,第323—334页。

② 参见冯家昇:《〈辽史〉源流考》,氏著《冯家昇论著辑粹》,中华书局,1987年,第117—130页。

表一 《辽史·礼志·岁时杂仪》史文来源表

节日	《辽史·礼志·岁时杂仪》	《契丹国志·岁时杂记》	《契丹国志》的史料来源
正旦	正旦，国俗以糯饭和白羊髓为饼，丸之若拳，每帐赐四十九枚。戊夜，各帐内掷丸于帐外。数奇，动乐，饮宴；数偶，令巫十有二人鸣铃，执箭，绕帐歌呼，帐内爆盐垆中，烧地拍鼠，谓之"惊鬼"，居七日乃出。国语谓正旦为"乃捏咿唲"，"乃"，正也；"捏咿唲"，旦也	正旦：正月一日，国主以糯米饭、白羊髓相和为团，如拳大，于逐帐内各散四十九个。候五更三点，国主等各于本帐内窗中掷米团在帐外，如得双数，当夜动蕃乐饮宴；如得只数，便令师巫十二人外边绕帐撼铃执箭唱叫。于帐内诸火炉内爆盐，并烧地拍鼠，谓之"惊鬼"。本帐人第七日方出，乃穰度之法。番呼此谓之"妳捏离"，汉人译云，"妳"是"丁"，"捏离"是"日"	《岁时广记》卷七《元旦下·妳捏离》引武珪《燕北杂记》①：每正月一日，戎主以糯米饭、白羊髓相和为团，于逐帐内各散四十九个。候五更三点，戎主于本帐内窗中掷米团在帐外。如得子本帐内窗中蕃乐饮宴。如得只数，更不作乐，便令师巫十二人外边绕帐，撼铃执箭唱叫。于帐内诸火炉内爆盐，并烧地拍鼠。本帐人第七日方出，乃穰度之法，谓之惊鬼，番帐人谓之奶捏离日
立春	立春，妇人进春书，刻青缯为帜，像龙御之，或为蟾蜍，书帜曰"宜春"	立春：立春，妇人进春书，以青缯为帜，刻龙象衔之，或为虾蟆	《广记》卷八《人日·尤重合》引《酉阳杂俎》：北朝妇人立春，进春书，以青缯为帜，刻龙象衔之，或为虾蟆

① 陈元靓编：《岁时广记》，许逸民点校，中华书局，2020年。《岁时广记》简称《广记》。《辽史》《契丹国志》《岁时广记》三书的标点有所不同，今引用各从原书。武珪《燕北杂记》文本辑佚，参见苗润博：《说郛》本王易〈燕北录〉名实同题发覆》，《文史》2017年第3期，第181—195页。

（续表）

节日	《辽史·礼志·岁时杂仪》	《契丹国志·岁时杂记》	《契丹国志》的史料来源
人日	人日，凡正月之日，一鸡，二狗，三豕，四羊，五马，六牛，七日为人。其占，晴为祥，阴则为灾		《广记》卷九《人日·尤重合》引《容斋三笔》：《东方朔占书》："岁后八日，一为鸡，二为犬，三为豕，四为羊，五为牛，六为马，七为人，八为谷。"①谓其日晴，则所主之物育；阴则灾
	俗煎饼食于庭中，谓之"薰天"	人日：人日，京都人食煎饼于庭中，俗云"薰天"，未知所从出也	《广记》卷九《人日·食煎饼》引《述征记》：北人以人日食煎饼于庭中，俗云薰天，未知所从出也
二月初一	二月一日为中和节，国舅族萧氏设宴，以延国族耶律氏，岁以为常。国语是日为"赊里䌽"。"赊里"，请也；"䌽"，时也。䌽，读若押	中和二月一日，大族姓萧者，并请耶律姓者于本家廷席。北人译云"赊里䌽"。汉人译云"赊里"是"请"，"䌽"是"时"	《广记》卷一三《中和节·赊里䌽》引《燕北杂记》：二月一日，番中姓萧者，并请耶律姓者于本家廷席，番呼此节为"赊里䌽"。汉人译云："赊里"是"请"，"䌽"是"时"
二月初八	二月八日为悉达太子生辰，京府及诸州雕木为像，仪仗、百戏导从，循城为乐。悉达太子者，西域净梵王子，姓瞿昙氏，名释迦牟尼。以其觉性，称之曰"佛"	佛诞日：四月八日，京府及诸州，各用木雕悉达太子一尊，城上昇行，放僧尼、道士，庶民行城一日为乐②	《广记》卷二〇《佛日·雕悉达》引《燕北杂记》：四月八日，京府及诸州，各用木雕悉达太子一尊，城上昇行，放僧尼、道士，庶民行城一日为乐

① 今核查原文，此条见于《容斋三笔》卷一六"岁后八日"条（洪迈著：《容斋随笔》，孔凡礼点校，中华书局，2005年，第624页）。
② 四月八日佛诞日条原文在三月三日上巳与五月五日端午两条间，为便于比较说明，今移置于此。

（续表）

节日	《辽史·礼志·岁时杂仪》	《契丹国志·岁时杂记》	《契丹国志》的史料来源
三月初三	三月三日为上巳，国俗，刻木为兔，分朋走马射之。先中者胜，负朋下马列跪进酒，胜朋马上饮之。国语谓是日曰"陶里桦"，兔也；"桦"，射也	上巳三月三日，国人以木雕为兔，分两朋走马射之。先中者胜，其负朋下马，跪奉胜朋人酒，胜朋马上接杯饮之。北呼此节为"淘里化"，汉人译云"淘里是兔"，"化是射"。	《广记》卷一八《上巳上·淘里化》引《燕北杂记》：三月三日，戎人以木雕为兔，分两朋，走马射之，先中者胜。其负朋下马，跪奉胜朋人酒，胜朋于马上接杯饮之。番呼此节为淘里化。汉人译云：淘里是兔，化是射。
五月初五	五月重五日，午时，采艾叶和绵著衣，七事以奉天子，北南臣僚夫进艾糕，渤海厨夫进艾糕……国语谓是日为"讨赛咿呃"。"五"，"讨"；"赛咿呃"，月也	端五，五月五日午时，采艾叶与绵相和，絮衣七事，国主及臣僚饮宴，渤海厨子进艾衣三事，各点大黄汤下。北呼此节为"讨赛离"	《广记》卷二三《端午下·讨赛离》引《燕北杂记》：五月五日午时，与绵相和絮衣七事，戎艾叶，番汉臣僚各赐艾衣三事。戎主及臣僚饮宴，渤海厨子进艾糕，各点大黄汤下，番呼此节为讨赛离
	又以五彩丝为索缠臂，谓之"合欢结"	又以杂丝结合欢索，缠于臂膊。	《广记》卷二一《端午上·合欢索》引《提要录》：北人端五以杂丝结合欢索，缠于臂膊
	又以彩丝宛转为人形簪之，谓之"长命缕"	妇人进长命缕，宛转皆为人象，带之	《广记》卷二一《端午上·长命缕》引《酉阳杂俎》：北朝妇人，端五进长命缕，宛转皆为人象带之
夏至	夏至之日，俗谓之"朝节"。妇人进彩扇，以粉脂囊相赠遗	朝节：夏至日，妇人进彩扇及脂粉囊	《广记》卷二一四《朝节·进粉脂囊》引《酉阳杂俎》：北朝妇人，夏至，进彩及脂粉囊，皆有辞

（续表）

节日	《辽史·礼志·岁时杂仪》	《契丹国志·岁时杂记》	《契丹国志》的史料来源
六月十八	六月十有八日，国俗，耶律氏设宴，以延国舅族萧氏，亦谓之"捏里呵"	三伏：六月十八日，大族耶律姓并请萧姓者，亦名"暗里呵"	《类说》卷五引《燕北杂记》："请萧姓：六月十八日，耶律姓却请萧姓者，亦名"暗里呵""
七月十三	七月十三日，夜，天子于宫西三十里卓帐宿焉。前期，备酒馔。翼日，诸军部落皆动番乐，饮宴至暮，乃归行宫，谓之"迎节"。十五日中元，动汉乐，大宴。十六日昧爽，复往西方，谓之"送节"。国语谓之"赛咿咿奢"，"奢"，好也	中元：七月十三日夜，国主离行宫，向西三十里卓帐宿。先于彼处造酒食，至十四日，应随从诸军并归行宫，谓之"迎节"。至暮，国主却归汉军，大宴。十五日动汉乐，大宴。十六日早，却住西方，令随行军兵大嗷三声，谓之"送节"。番呼此节为"赛离舍"，汉人泽云"赛离舍"是"月"，"舍"是"好"。谓月好也	《广记》卷三〇《中元下·赛离舍》引《燕北杂记》："七月十三日夜，戍主离行宫，向西三十里卓帐，先于里彼造酒食。至十四日，应随从诸军，并到归行官，谓之迎节。至暮，戍主却归汉乐大宴。十五日，动汉乐大宴。十六日早，却住西方，令随行军兵大嗷三声，谓之送节。番呼此节为'赛离舍'，汉人泽云'赛离'是'月'，'舍'是'好'。谓月好也"
八月初八	八月八日，国俗，屠白犬，于寝帐前七步瘗之，露其喙。后七日中秋，移寝帐于其上。国语谓之"捏褐耐"，"捏褐"，犬也；"耐"，首也	中秋：八月八日，国俗，杀白犬，于寝帐前七步，埋其头，露其嘴。后七日，移寝帐于埋狗头之上。北呼此节为"捏褐你"，汉人泽云"捏褐"是"狗"，"你"是"头"	《广记》卷三三《中秋下·捏褐你》引《燕北杂记》："八月八日，戍主杀白犬，于寝帐前七步埋其头，露其嘴。后七日，移寝帐于埋狗头上。番呼此节为'捏褐你'，汉人泽云'捏褐'是'狗'，'你'是头"[1]

[1] "捏褐你"及"捏褐"，"捏"原作"担"，今据《辽史》《契丹国志》校改。按，"捏"，蒙古语 Noqai，又为"狗"，契丹小字 **伏为**，读音皆与"捏褐"相合。

（续表）

节日	《辽史·礼志·岁时杂仪》	《契丹国志·岁时杂记》	《契丹国志》的史料来源
九月初九	九月重九日，天子率群臣部族射虎，少者为负，罚重九宴。射毕，择高地卓帐，赐蕃、汉臣僚饮菊花酒。兔肝为臡，鹿舌为酱。……国语谓是日曰"必里迟离"，九月九日也	重九，九月九日，国主打围斗射虎，少者输重九一筵席。射罢，于高地处卓帐，与番汉臣登高饮菊花酒，出兔肝切生，以鹿舌酱拌食之。北呼此节为"必里迟离"，汉人译云"九月九日"也	《广记》卷三六《重九下·必里迟》引《燕北杂记》：戍主九月九日打围斗射虎，少者输重九一筵席。射罢，于高地处卓帐，与番臣汉臣登高饮菊花酒，以鹿肝切生，与番酱拌食之。番呼此节为"必里迟离"，汉人译云"九月九日"也
	又研茱萸酒，洒门户以禳禳	又以茱萸研酒，洒门户间辟恶。亦有人盐少许而饮之者。又云男摘二九粒，女一九粒，以酒啕者，大能辟恶	《广记》卷三四《重九上·茱黄酒》引《提要录》：北人九月九日，以茱黄研酒，洒门户间辟恶，亦有人盐少许而饮之者。又云男摘二九粒，女一九粒，以酒啕者，大能辟恶
十月十五日	岁十月，五京进纸造小衣甲，枪刀、器械各一万副。十月十日，天子与群臣望祭木叶山，并焚之，国语谓之"戴辣"。"戴"，烧也；"辣"，甲也	小春：十月内，五京进纸造小衣甲并枪刀器械各一万副（葬太祖处）。十五日押番臣寨望木叶山，奠酒拜，用番字书状一纸，同焚烧口木叶山神，云"寄库"。北呼此时为"戴辣"，汉人译云"戴"是"烧"，"辣"是"甲"	《广记》卷三七《下元·戴辣时》引《燕北杂记》：戍北甲并枪刀器械，造小衣甲一时堆垛，又刀器械各一万副。十五日进纸，五京奠酒拜，同焚烧口木叶山神云"寄字书状一纸，番呼此节云"戴辣"是烧，"辣"是甲

(续表)

节日	《辽史·礼志·岁时杂仪》	《契丹国志·岁时杂记》	《契丹国志》的史料来源
冬至	冬至日,国俗,屠白羊、白马、白雁,各取血和酒,天子望拜黑山。黑山在境北,俗谓国人魂魄,其神司之,五京进纸造人马万余事,祭山而焚之。俗甚严畏,非祭不敢近山	冬至:冬至日,国人杀白羊、白马、白雁,各取其生血和酒,国主望拜黑山,奠祭山神。言契丹死,魂为黑山神所管。又彼人传云:凡死人,悉属此山神。契丹人死,魂皆归此山。每岁五京进人、马、纸物各万余事,祭山而焚之。其礼甚严,非祭不敢近山	《广记》卷三八《冬至日·莫黑山》引《燕北杂记》:戎人冬至日,杀白马、白羊、白雁,各取其生血代酒,戎主北望拜黑山,奠祭山神。言契丹死,魂为黑山神所管。《嘉泰普宁志·辽录》云:"房中黑山,如中国之岱宗,云房人死,魂皆归此。每岁,五京进人马纸各万余事,祭山焚之。其礼甚严,非祭不敢近山。"
腊月	腊辰日,天子率北南臣僚并戎服,皮室及达朝,作乐饮酒,等第赐甲仗、羊马。国语谓是日为"炒伍侕函"。"炒伍侕函",是"战"也	腊月:腊月,国主带甲戎装,应番汉臣司使已上并戎装,五更三点坐朝,动乐饮酒宴,各等第赐御甲、羊马。北呼此为"炒离侕",汉人译云"是战"。"是"时"。"侕"是"时",是"战时"也	《广记》卷三九《腊日·抄离侕》引《燕北杂记》:腊日,戎主带甲戎装,应番汉臣司使已上并戎装。五更三点坐朝,动乐饮酒宴,各等第赐御甲、羊马,番呼此节为"抄离侕",汉人译云"抄离是战","侕"是时",谓战时也

表一所列立春"进春书"、端五"长命缕"、夏至"进粉囊"皆出自《酉阳杂俎》，①实叙隋唐以前的北朝社会风俗；立春"食煎饼"引据《述征记》；"人日"条"凡正月之日"至"晴为祥，阴为灾"，与洪迈《容斋随笔》有关；端五"合欢索"、重九"茱萸酒"取资《提要录》；其实，诸者均与契丹风俗无涉。除此之外，正旦"妳捏离"、二月一日"瞎里尀"、三月三日"淘里化"、四月八日"雕悉达"、端午"讨赛离"、六月十八日"瞎里尀"、七月十三日"赛离舍"、八月八日"捏褐妳"、九月九日"必里迟"、十月"戴辣时"、冬至日"奠黑山"及腊日"秒离尀"均采自武珪《燕北杂记》。《岁时广记》将诸书杂采其中，并按照时序分别列于卷七《元旦下》、卷一三《中和节》、卷一八《上巳上》、卷二〇《佛日》、卷二三《端午下》、卷三〇《中元上》、卷三三《中秋下》、卷三六《重九下》、卷三七《下元》、卷三八《冬至》及卷三九《腊日》各卷中，唯缺六月十八日"瞎里尀"条，可据《类说》卷五引《燕北杂记》"请萧姓者"条参证。② 这样一来，契丹本族旧俗便附丽于此，《契丹国志》则冠以中原汉地诸节庆的名目，抄撮成一篇《岁时杂记》。据四库馆臣考证，此"《杂记》则本之武圭（珪）《燕北杂记》"。③ 高宇全面梳理出上述史源关系，总结指出《契丹国志》编者通过"改换标题""变更称谓""掩盖抄用来源""张冠李戴"诸多手法将《岁时广记》上述内容摘录成篇。④

据《辽史·礼志》总序载："今国史院有金陈大任《辽礼仪志》，皆其国俗之故，又有《辽朝杂礼》，汉仪为多。别得宣文阁所藏耶律俨《志》，视大任为加详。存其略，著于篇。"⑤可知《礼志》主体内容仍以耶律俨、陈大任旧志修成。⑥ 通过上文比对，我们进一步发现，《契丹国志·岁时杂记》也与《辽史·礼志》密切相关。

---

① 详见段成式撰：《酉阳杂俎校笺》前集卷一《礼异》，许逸民校笺，中华书局，2015年，第80页。
② 曾慥编：《类说》卷五，天启六年（1626）刻本，第2页a。
③ 永瑢：《四库全书总目》卷五〇史部六别史类，中华书局，1965年，第449页下栏。
④ 高宇：《〈契丹国志〉研究》，北京大学博士学位论文，2012年6月，第46—50页。另参该书附录《〈契丹国志〉史源检索表》，第167—169页。任文彪负责2016年修订本《辽史·礼志六》，该卷"校勘长编"（未刊）引据《岁时广记》《契丹国志》校雠史文，尽管仅提出三两条异文，也未有总结性的论述，但无疑是一项很重要的史源清理工作。
⑤ 《辽史》卷四九《礼志一》，第3册，第928页。
⑥ 参见冯家昇：《〈辽史〉源流考》，氏著《冯家昇论著辑粹》，第120、123页。

元朝史官杂糅诸书，不免造成条文重复，如《辽史·礼志·岁时杂仪》云："九月重九日，天子率群臣部族射虎，少者为负，罚重九宴。射毕，择高地卓帐，赐蕃、汉臣僚饮菊花酒。"①抄自《契丹国志》。然《岁时杂仪》上文亦有重九仪条云："北南臣僚旦赴御帐，从驾至围场，赐茶。皇帝就坐，引臣僚御前班立，所司各赐菊花酒，跪受，再拜。酒三行，揖起。"②应来自耶律俨或陈大任书。比较这两条，活动内容略同。此外，《辽史》的《岁时杂仪》之"五月重五日"条与"重午仪"重复两见。③ 由此说明，元人编纂《礼志》除采摭旧史外，还将《契丹国志·岁时杂记》全部抄出，一概视作契丹仪礼内容。要之，从武珪《燕北杂记》辗转经《契丹国志》，最后被元人改编进《辽史》，这是一条非常清晰的史料传抄脉络。

整体把握《辽史·礼志·岁时杂仪》的文献源流，可坐实其来源问题。该卷所列"二月八日为悉达太子生辰"内容的文献根源，当为《燕北杂记》，即"四月八日，京府及诸州各用木雕悉达太子一尊，城上昇行，放僧尼、道士、庶民行城一日为乐"④之文。《辽史》佛诞日所谓"二月八日"，而底本《契丹国志》分明作"四月八日"，《燕北杂记》的记载也是如此。

武珪《燕北杂记》亦名《燕北杂录》，今已亡佚，主要散见于《岁时广记》《类说》等类书。陈振孙《直斋书录解题》、郑樵《通志·艺文略》及《宋史·艺文志》均著录武珪《燕北杂记(录)》。据《宋会要辑稿》记载，嘉祐六年（1061）三月，"以北人武珪为下班殿侍，以上所画《契丹广平淀受礼图》。武珪本镇州（人），陷虏多年，颇知虏中之事，为沿边安抚使司指使，至是因献图特录之"。⑤ 从宋朝文献记载可以看出，武珪本为辽人，其书内容自然可信。⑥

---

① 《辽史》卷五三《礼志六》，第3册，第975页。
② 《辽史》卷五三《礼志六》，第3册，第973页。
③ 《辽史》卷五三《礼志六》，第3册，第973、974页。
④ 陈元靓编：《岁时广记》卷二〇《佛日》雕悉达太子条引武珪《燕北杂记》，第7页a。
⑤ 徐松辑：《宋会要辑稿·蕃夷》二之一九，中华书局影印本，1957年，第8册，第7701页。李焘《续资治通鉴长编》卷一九三嘉祐六年三月戊戌亦载此事。（中华书局，2004年第2版，第8册，第4663页）
⑥ 参见高宇：《〈契丹国志〉研究》，第46—47页。苗润博：《〈说郛〉本王易〈燕北录〉名实问题发覆》，《文史》2017年第3辑。

综上所述，武珪《燕北杂记》与辽代石刻相互印证，证明辽朝佛诞日确实为四月初八。还需要解释一下《契丹国志》的版本问题。按本文引点校本《契丹国志・岁时杂记》佛诞日条作“四月八日”，此处未有校勘。① 据点校说明，该书以国家图书馆藏元刻本为底本，②今核原书(图一)实作“二月八日”，条目排列顺序如下：正旦(正月一日)、立春日、人日、中和(二月一日)、上巳(三月三日)、佛诞日(二月八日)、端五(五月五日)。③ 由此可见，佛诞日条的位置或系月，明显错乱。乾隆五十八年(1793)承恩堂刻本(见图二)、嘉庆二年(1797)刻本及清钞本均改作“四月八日”。根据上文考证，《辽史・礼志・岁时杂仪》当系篡改《契丹国志・岁时杂记》，佛诞日条明显经过调整。我们追问：这一改动，是元人的恣意妄为，还是另有由头？一切须从元代佛教社会生活中探寻答案。

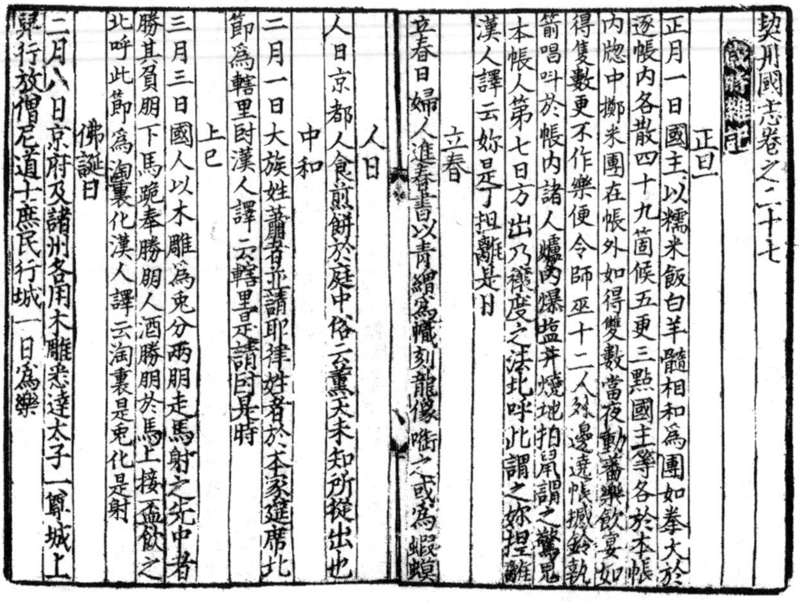
契丹國志卷之二十七 歲時雜記
正旦
正月一日國主以糯米飯白羊髓相和為團如拳大於逐帳内各散四十九箇候五更三點國主等各於本帳内牕中擲米團在帳外如得雙數當夜動番樂飲宴如得隻數更不作樂便令師巫十二人外邊遶帳撼鈴執箭唱叫於帳内諸人爐内爆鹽并燒地拍鼠謂之驚鬼本帳人第七日方出乃禳度之法北呼此謂之妳捏離漢人譯云妳是丁捏離是日
立春
立春日婦人進春書以青繒為幟刻龍像啣之或為蝦蟆
人日
人日京都人食煎餅於庭中俗云薰天未知所從出也
中和
二月一日大族姓蕭者並請耶律姓者於本家筵席北節為轄里尀漢人譯云轄里是請尀是時
上巳
三月三日國人以木雕為兔分兩朋走馬射之先中者勝其負朋下馬跪奉勝朋人酒勝朋於馬上接盃飲之北呼此節為淘裏化漢人譯云淘裏是兔化是射
佛誕日
二月八日京府及諸州各用木雕悉達太子一尊城上舁行放僧尼道士庶民行城一日為樂

图一　元刻本《契丹国志》(采自《中华再造善本》)

① 题叶隆礼：《契丹国志》卷二七《岁时杂记》，贾敬颜、林荣贵点校，第 282 页。

② 题叶隆礼：《契丹国志》卷首，贾敬颜、林荣贵点校，第 2 页。

③ 题叶隆礼：《契丹国志》卷二七《岁时杂记》佛诞日条，《中华再造善本》，影印国家图书馆藏元刻本，北京图书馆出版社，2005 年，第 1 页 a-2 页 b。

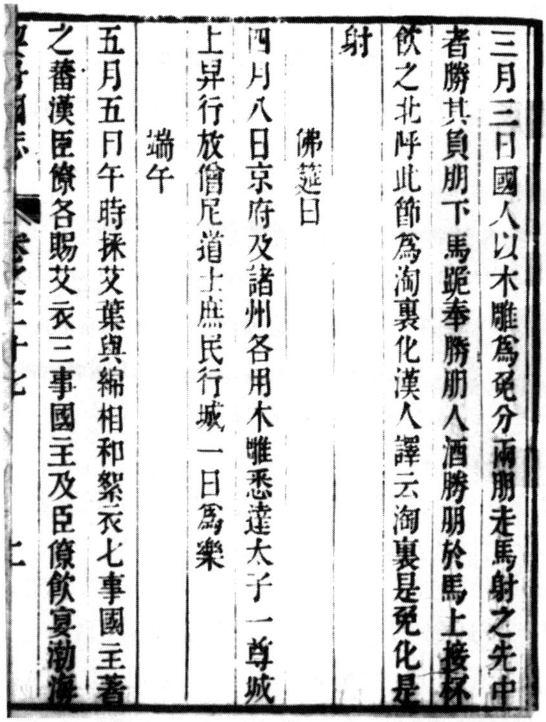
三月三日國人以木雕爲兎分兩朋走馬射之先中
者勝其負朋下馬跪奉勝朋人酒勝朋於馬上接杯
飲之北呼此節爲淘裏化漢人譯云淘裏是兎化是
射
佛誕日
四月八日京府及諸州各用木雕悉達太子一尊城
上昇行放僧尼道士庶民行城一日爲樂
端午
五月五日午時採艾葉與綿相和絮衣七事國主著
之番漢臣僚各賜艾衣三事國主及臣僚飲宴渤海
契丹國志　卷之二十七　七

图二　乾隆五十八年承恩堂刻本《契丹国志》

检讨元朝文献所叙佛诞日的日期,有三种说法颇为常见。

三月八日说。有文献提及此说。据李翀《日闻录》记载,“国初,杭城每岁三月初八日迎佛会”。[①] 此外,《通制条格·杂令》收录的一条屠禁诏令中提到,至大四年(1311)十一月十九日,纳牙失里班的荅八哈奏:“西天田地里,在先传流将来的道理说呵,三月初八日,佛降生的日头,当月十五日,佛入涅槃的日头,这日头真个显验。旦的剌纳儿经文里有,西天田地里,这日头里不教宰杀,做好事有来。”[②]不过,元初杭州城三月初八日过佛诞节的记载较为少见,纳牙失里班的荅八哈的奏言在元朝官方文献中也无法得到印证。

四月八日说。在元代,这是一种非常普遍的说法,元时《敕修百丈清规》记述佛家节腊:“四月初一日,锁旦过。初四五间,告香普说。初

---

① 李翀:《日闻录》(不分卷),《守山阁丛书》本,第6页b。

② 佚名编:《通制条格校注》卷二八《杂令》,方龄贵校注,中华书局,2001年,第676页。

八日,佛诞浴佛,库司预造黑饭,方丈请大众夏前点心。"①至正《昆山郡志》叙述当地社会风俗曰:"四月,浮屠浴佛,遍走闾里。八日,尼寺设饭茶供,名无碍会。"②至顺《镇江志》亦称岁时风俗,"四月八日,浴佛,遗糖水"。③ 刘仁本游历天童寺(位于今宁波市东太白山山麓),作诗云:"四月八日逢佛诞,千秋万岁祝皇图。"④这里需要指出的是,《敕修百丈清规》署名"大智寿圣禅寺住持臣僧德辉奉敕重编"及"大龙翔集庆寺住持臣僧大欣奉敕校正",颁旨施行对象"江西龙兴路",以及昆山郡、镇江皆属江南地区,可见四月八日庆祝佛诞日具有明显的地域性。

二月八日说。在元朝文献中,关于二月八日迎佛活动的记载屡见不鲜,事实上,这是元朝政府法定的佛教节庆。这恰恰也是笔者所关注的问题,且看下文详细论述。

元代社会二月初八迎佛巡城的宗教习俗,可追溯至更早的金源时期。⑤ 前人提到,《金史·海陵纪》正隆元年(1156)二月庚辰,"御宣华门观迎佛,赐诸寺僧绢五百匹、彩五十段、银五百两"。同年十一月癸巳颁旨,"禁二月八日迎佛"。⑥《章宗纪》承安四年(1199)二月庚午条又记载:"御宣华门,观迎佛。"⑦按是年二月癸亥朔,庚午为第八日。绍兴十五年(1145,皇统五年),南宋出使金廷者宋之才,见证燕京庆祝佛诞

---

① 释德辉编:《敕修百丈清规》卷下《节腊章第八·月分须知》,嘉靖三十九年(1560)刻本,第76页b—77页a。
② 至正《昆山郡志》卷一《风俗》,《宛委别藏》本,第1页b。
③ 至顺《镇江志》卷三《风俗·岁时》,江苏古籍出版社,1990年,第77页。
④ 刘仁本:《羽庭集》卷三《游天童寺》,影印文渊阁《四库全书》,台北:台湾商务印书馆,1986年,集部第1216册,第42页上栏。
⑤ 据皇统八年(1148)《宜州厅峪道院复建藏经千人邑碑》记载,"佛经者,西域天竺之迦维卫国净饭王太子释迦牟尼之所说也,太子当周庄王九年四月八日,自母右胁而生"。(张金吾编纂:《金文最》卷六六,中华书局,1990年,下册,第954页)此文盖据《隋书》卷三五《经籍志四》"佛经"总叙。按《松漠记闻》云:"自兴兵以后,浸染华风,酋长生朝皆自择佳辰,粘罕以正旦,悟室以元夕,乌棧马以上巳,其他如重午、七夕、重九、中秋、中下元、四月八日皆然,亦有用。十一月旦者,谓之周正。"(阳山顾氏文房本,第15页a)若以周正计算,四月八日则换作二月八日,乃与赞宁《佛降生年代》旨意相合。金朝以二月初八庆佛诞,除见于《金史》记载外,胡砺《磁州武安县鼓山常乐寺重修三世佛殿碑》撰写于正隆三年(1158)二月八日(张金吾编纂:《金文最》卷六七,下册,第975—976页)。参见〔日〕乙坂智子:《元大都の游皇城——『与民同楽』の都市祭典》,今谷明编:《王権と都》,京都:市思文阁出版,2008年,第198页。
⑥ 《金史》卷五《海陵纪》,中华书局,1975年,第1册,第106、107页。
⑦ 《金史》卷一一《章宗纪三》,第1册,第249页。

日,撰《使金贺生辰还复命表》记述说:"(二月)八日,将至燕府,阿烈云:'今日城中依佛教迎太子,游四门,南中有佛会否?'臣答云:'无。'又云:'此间人二月八日与四月八日如此。'臣答曰:'南中四月八日亦有佛会。'"① 此谓金熙宗时期二月八日迎佛"游四门"。

从《元史》记载来看,《释老传》曰:"每岁二月八日迎佛,威仪往迓,且命礼部尚书、郎中专督迎接。"②《英宗纪》延祐七年(1320)十二月己巳,"敕罢明年二月八日迎佛"。③《廉惠山海牙传》叙述其履历,"历秘书丞、会福总管府治中,上疏言二月迎佛费财蠹俗,时论韪之"。④ 由此可见,金元时期,皇帝亲身参与迎佛,尽管这项活动耗费大量财力,中间屡有禁止,但仍然相沿不辍。

各种记载表明,元初就已经有二月八日在京城举办大型庆祝活动的事例。据程钜夫《拂林忠献王神道碑》记述,"中统壬戌春,诏都城二月八日大建佛事,临通衢结五采流苏楼观,集教坊百伎,以法驾迎导"。此即中统三年(1262)事,后因爱薛劝谏有可能未付诸施行。⑤ 从中足见其场面热闹非凡,谓之"游皇城"。⑥ 欧阳玄《渔家傲南词》描述大都社会生活,第二首写道:"二月都城春动野,引龙灰向银床画。士女城西争买架,看驰马,官家迎佛官兰若。"该诗的写作时间,作者自称"至顺壬

---

① 宋之才《使金贺生辰还复命表》钞录自万全宋氏谱,引自民国《平阳县志》卷六三《文征内编一·奏状》,第 5 页 a。宋之才文及其价值系由周立志首先发掘,见周立志《论宋金交聘的运作流程——以宋之才〈使金贺生辰还复命表〉为中心的考察》,《东北史地》2015 年第 2 期。明昌四年(1193)十二月《奉福寺记》记载"每岁四月八日大阐佛会",知金中都亦有此习俗。(孛兰肹等撰、赵万里校辑:《元一统志》卷一,中华书局,1966 年,上册,第 34 页)

② 《元史》卷二〇二《释老传》,中华书局,1976 年,第 15 册,第 4521 页。

③ 《元史》卷二七《英宗纪一》,第 3 册,第 609 页。

④ 《元史》卷一四五《廉惠山海牙传》,第 11 册,第 3447 页。

⑤ 程钜夫:《雪楼集》卷五《拂林忠献王神道碑》,《元代珍本文集汇刊》,影印洪武本,台北:"中央图书馆"印行,1970 年,上册,第 243—244 页。

⑥ 在此指出,二月十五日还有一场特别隆重的游皇城活动,与初八日巡礼交相呼应。按《元史》卷七七《祭祀志六·国俗旧礼》(第 6 册第 1926—1927 页)叙述此事曰:"世祖至元七年,以帝师八思巴之言。……自后每岁二月十五日,于大明殿启建白伞盖佛事,用诸色仪仗社直,迎引伞盖,周游皇城内外,云与众生祓除不祥,导迎福祉。……先二日,于西镇国寺迎太子游四门,昇高塑像,具仪仗入城。……(至十五日)帝师僧众作佛事,至十六日罢散。岁以为常,谓之游皇城。"柯九思《宫词》(《丹邱生集》卷三,光绪三十四年〔1908〕柯逢时刻本,第 2 页 b)小注云:"故事,二月十五日迎帝师游皇城,宫中结彩楼临观之。"关于元代密教"白伞盖佛事"研究,参见吴志坚:《"游皇城"事考——对元代一个演剧场合的考察》,刘迎胜主编:《元史及民族与边疆研究集刊》第 25 辑,上海古籍出版社,2013 年,第 73—79 页。

申二月,玄修大典既毕,经营南归"。① 程钜夫感叹说:"年年二月风光好,佛出世、有谁知道。"②张宪诗序云:"二月八日,游皇城,西华门外观嘉孥弟走马歌。"③综上可见,元朝官方主持迎佛活动,是二月初八日在大都城。其中,要数西镇国寺和大护国仁王寺两地的庆典最重要。④

引人注意的是,辑本《析津志》的《岁纪门》虽然记述"四月八日浴佛"一事,不过仍以二月八日西镇国寺迎佛作为重点内容,其谓"二月天都初八日,京西镇国迎牌出,鼓乐铿锽侉霉箓。金身佛,善男信女期元吉"。⑤ 当日巡城过程详细如下:

> (二月)八日,平则门外三里许,即西镇国寺,寺之两廊买卖富甚太平,皆南北川广精粗之货,最为饶盛。于内商贾开张如锦,咸于是日。南北二城,行院、社直、杂戏毕集,恭迎帝坐金牌与寺之大佛游于城外,极甚华丽。多是江南富商,海内珍奇无不凑集,此亦年例故事。开酒食肆与江南无异,是亦游皇城之亚者也。过此,则有诏游皇城,世祖之典故也。其例于庆寿寺都会,先是得旨,后中书札下礼部,行移各属所司,黙整教坊诸等乐人、社直、鼓板、大乐、北乐、清乐,仪凤司常川提点,各宰辅自办婢子车,凡宝玩珍奇,希罕蕃国之物,与夫百禽异兽诸杂办,献赏贡奇互相夸耀,于以见京师极天下之壮丽,于以见圣上兆开太平与民同乐之意;下户部关拨钱粮,应付诸该衙门分办社直等用,各投下分办簇马只孙筵会,俱是小小舍人盛饰以显豪奢。凡两京权势之家,所蓄宝玩尽以角富。盖一以奉诏,二以国殿,故内帑所费,动以二三万计。⑥

---

① 欧阳玄:《圭斋文集》卷四《渔家傲南词并序》,《四部丛刊》本,第 8 页 a-9 页 a。
② 程钜夫:《雪楼集》卷三〇《海棠春·寿胡涧泉》,下册,第 1169 页。
③ 顾嗣立编:《元诗选初集》庚集,中华书局,1987 年,第 1938 页。
④ 有学者提出,西镇国寺与大护国仁王寺同为一座寺院,大概位于今北京市海淀区白石桥一带。参见包世轩:《元大护国仁王寺旧址及相关问题考察——兼证高梁河寺就是西镇国寺》,氏著《北京佛教史地考》,金城出版社,2014 年,第 265—269 页。顾寅森:《元大护国仁王寺名称、地址考略》,刘迎胜主编:《元史及民族与边疆研究集刊》第 23 辑,上海古籍出版社,2011 年,第 60—64 页。
⑤ 熊梦祥原著:《析津志辑佚》之《岁纪门》,北京图书馆善本组辑,北京古籍出版社,1983 年,第 214 页。
⑥ 熊梦祥原著:《析津志辑佚》之《岁纪门》,北京图书馆善本组辑,第 214—215 页。

该文谓"此亦年例故事"及"有诏游皇城,世祖之典故也"云云,有上文《拂林忠献王神道碑》中统三年诏令大都城二月初八日大建佛事为证。

卢挚《迎佛会歌》称元贞元年(1295)二月八日"诏迎佛于京师大镇国寺,遵旧典也",堪为一道盛景。内容如下:

> 是日春熙风微,路不扬尘,太后、太妃出驾于郊,施赏金帛,欢沃众心,百辟卿士,扬鞭于道,约其不齐,咸蹈仪轨。士女扶老携幼,轩车接武,耸瞻如林、鸾声扬于觉辇,象步由于梵衢。旌盖幡幢,交罗嶷嶷;铙鼓箫管,嗷嗷淫淫。紫贝之宝流精,明月之珍夺目。妙花天雨于灵域,瑞光智涌于金仪。邈乎!象教之玄风,载兴于圣世也。观者踊跃,涤瑕荡垢,启谬畅诚,向风趋善,滂流万邦,化亦洽矣。臣幸观盛美,无以形容,乃稽首而作歌。①

根据卢挚《迎佛会歌》与辑本《析津志》岁纪门详细叙述的二月初八日西镇国寺迎佛,以及王恽《镇国寺观迎佛》所云"九曜趋降世圣尊,象车香满绮罗尘;人传此技中宫制,上下双轮转十人",②可知悉一个僧俗互动、官民同乐的重大节庆活动场面,就发生在二月初八日那天。

方志文献记述这座西镇国寺的由来,"乃察必皇后创,盖功德之寺,藏下有石室,以藏其盖寺之余,累朝不开,遵祖训也"。③ 高丽李承休《宾王录》至元十年(1273)八月二十九行程谓"大都城西镇国寺北高梁之墟"云云。④ 知西镇国寺与高梁河相毗邻。⑤ 与此密切相关的是一座大护国仁王寺。《元史·世祖纪》记载说,至元七年十二月辛酉,"建大护国仁王寺于高良河";十一年三月癸巳,"建大护国仁王寺成"。⑥ 程钜夫《大护国仁王寺恒产之碑》亦记本寺创建原委:"初至元七年秋,昭睿顺圣皇后于都城西高良河之滨,大建佛寺而祝釐焉。肇基发迹,天人

---

① 周南瑞编:《天下同文集》卷四,影印文渊阁《四库全书》,台北:台湾商务印书馆,1986年,集部第1366册,第609页上、下栏。
② 王恽:《秋涧先生大全文集》卷二八《镇国寺观迎佛》,《四部丛刊》本,第19页a。
③ 熊梦祥原著:《析津志辑佚》之《岁纪门》,北京图书馆善本组辑,第214页。
④ 李承休:《动安居士集》卷四,首尔:景仁文化社,1996年,第423页。
⑤ 参见陈得芝:《读高丽李承休〈宾王录〉——域外元史史料札记之一》,《中华文史论丛》2008年第2期,第49—69页。
⑥ 《元史》卷七《世祖纪四》,第1册,第132页。卷八《世祖纪五》,第1册,第154页。

之应,神物之感,云臻雾集,昭烂赫奕,三年而成。"①昭睿顺圣皇后即察必皇后,也是西镇国寺的创立者。

大护国仁王寺于二月八日举办迎佛庆典。②元代《大都图册》"大护国仁王寺"曰:"国朝都城之外西建此寺及昭应宫,寺宇宏丽雄伟。每岁二月八日大阐佛会,庄严迎奉,万民瞻仰焉。"③虞集《赵思恭神道碑》记述高良河畔大护国仁王寺迎佛之盛况:

> 国家岁以二月八日迎佛于城西高良河,京府尽出富民珠玉、奇玩、狗马、器服,俳优、扰杂子女百戏、眩鬻以为乐。禁卒外卫,中宫贵人,大家设幕以观,庐帐蔽野。诸王、近侍、贵臣宝饰异服驰骏,盛气以相先后。国家一日之费巨万,而民间之费称之。④

傅若金撰《赵思恭行状》叙事相对简略一些,云"京师岁以二月八日大张百戏,列伎乐迎佛城西高良河,费以钜亿计"。⑤马祖常《赵思恭神道碑》曰:"岁二月八日,京师迎佛解祠于城西,流外诸司集与其役。"⑥通过赵思恭事迹,可见大护国仁王寺与西镇国寺的迎佛活动内容别无二致。

据上述多种文献揭示,元朝官方于二月初八日在大都城举行的盛大迎佛活动,显然是一个备受社会各阶层重视的佛教节庆。⑦此与《契丹国志》及武珪《燕北杂记》谓"四月八日,京府及诸州,各用木雕悉达太子一尊,城上舁行,放僧尼、道士、庶民行城一日为乐"的辽朝社会情境可相比较,只不过两者迎佛时间不同而已。

---

① 程钜夫:《雪楼集》卷九《大护国仁王寺恒产之碑》,上册,第368页。
② 刘迎胜:《从北平王到北安王——那木罕二三题》,刘迎胜主编:《元史及民族与边疆研究集刊》第21辑,上海古籍出版社,2009年,第35—37页。
③ 孛兰肹等撰、赵万里校辑:《元一统志》卷一,上册,第22页。
④ 虞集:《道园学古录》卷四二《朝列大夫金燕南河北道肃政廉访司事赠中议大夫礼部侍郎上骑都尉追封天水郡伯赵公神道碑》,《四部丛刊》本,第10页a。
⑤ 傅若金:《傅与砺文集》卷一〇《故朝列大夫金燕南河北道肃政廉访司事赠中议大夫上骑都尉礼部侍郎追封天水郡伯赵公行状》,《北京图书馆古籍珍本丛刊》集部第92册,书目文献出版社,1991年,第730页上栏。
⑥ 马祖常:《石田先生文集》卷一二《金燕南河北道肃政廉访司事赵公神道碑》,后至元五年(1339)扬州路儒学刻本,第5页a。
⑦ 参见〔日〕乙坂智子:《元大都の游皇城——『与民同楽』の都市祭典》,今谷明编:《王権と都》,第171—208页。

综上,至正初年,元朝史官撰修《辽史》改编《契丹国志》时,调整佛诞日条目顺序,因元代社会惯以二月八日迎佛,①并且该日是官方颁诏指定的佛教节庆,故而他们将《契丹国志》的"四月八日"改成"二月八日",②其中且不免掺杂着对彼时迎佛场景的历史想象(例如,"仪仗、百戏导从"云云),③元代史官进而按照时序编排辽朝岁时节庆,由此形成《辽史》的这番面目。事实上,从辽代石刻文献及武珪《燕北杂记》看,辽朝实于四月初八日庆祝佛祖生辰,元朝史官的臆改,结果凭空横生出一个佛诞日。这才是问题的症结所在。

---

① 〔日〕乙坂智子:《元大都の游皇城——『与民同楽』の都市祭典》,今谷明编:《王権と都》,第171—208页。

② 元朝史官对《契丹国志》改编的案例很多,参见冯家昇:《〈辽史〉源流考》,《冯家昇论著辑粹》,第117—130页。

③ 除上引《析津志》岁纪门、卢挚《迎佛会歌》及虞集《赵思恭神道碑》有这般描述外,袁桷《皇城曲》亦云:"岁时相仍作游事,皇城集队喧憧憧。吹螺击鼓杂部伎,千优百戏群追从。"(袁桷:《清容居士集》卷一六,《四部丛刊》本,第17页b)参见王福利:《元朝的两都巡幸、游皇城及其用乐》,《音乐艺术·上海音乐学院学报》2004年第2期。

八 契丹"二税户"问题发覆

一、问题的提出

"二税户"既是辽金史经济研究中的焦点议题,同时牵涉契丹独具特色的头下制度。最核心的两段材料如下:

> 初,辽人掠中原人,及得奚、渤海诸国生口,分赐贵近或有功者,大至一二州,少亦数百,皆为奴婢,输租为官,且纳课给其主,谓之二税户。大定初,一切免为民。①

> 世宗大定二年,诏免二税户为民。初,辽人佞佛尤甚,多以良民赐诸寺,分其税一半输官,一半输寺,故谓之二税户。辽亡,僧多匿其实,抑为贱,有援左证以告者,有司各执以闻,上素知其事,故特免之。②

前者出自元好问《中州集·李承旨晏》,后者出自《金史·食货志·户口》。主流观点综合《中州集》和《金史》的记载认为,"二税户"是辽朝的一个法定户类,一种是指头下军州的,一种是指寺院的,这两种类型的奴婢要向依附领主、政府双重纳税。③

不过关于二税户与头下军州的关系,则有很大争议。陈述首先提出,头下私属人户最初只对本主纳税不归国家,到后来变成"二税户"。④

---

① 元好问编:《中州集》卷二《李承旨晏》,萧和陶点校,华东师范大学出版社,2014年,上册,第123页。

② 《金史》卷四六《食货志一》,中华书局,1975年,第4册,第1033页。

③ 参见〔日〕野上俊静:《"二税户"攷》,原刊《大谷學報》22卷3号,1941年11月;收入氏著《辽金の佛教》,京都:平樂寺书店,1953年,第244—260页。张博泉《辽金"二税户"研究》,《历史研究》1983年第2期。〔日〕今井秀周:《二税户小考》,《東海女子短期大学纪要》18卷,1992年1月,第1—12页。刘浦江:《金代户籍制度刍论》,原刊《民族研究》1995年第3期;收入氏著《辽金史论》,辽宁大学出版社,1999年,第195—214页。

④ 陈述:《契丹社会经济史稿》,生活·读书·新知三联书店,1963年,第17—24页。

蒋松岩、陈衍德承袭此说，认为这种变化缘于辽朝普遍推行赋税制度，头下户所缴赋税半数纳于主人，半数纳于官府，从而负担两重赋税，"二税户"出现于辽圣宗时期。① 以上说法，根据的是《辽史·食货志》所见赋税之制"各部大臣从上征伐，俘掠人户，自置郛郭，为头下军州。凡市井之赋，各归头下，惟酒税赴纳上京，此分头下军州赋为二等也"②的记载，此条系于统和至太平年间史文之间。佟家江则指出，陈述等人观点可能是由于误读《辽史·食货志》产生的，因头下军州商税的文字缺乏明确的纪年，致使上下文连读而误解为圣宗时期。③ 尽管有所分歧，但诸家都认为头下军州"二税户"真实存在。

不过，罗继祖曾作扼要论断："我认为《辽史·地理志》的说法是可靠的。元好问大概把'头下'和寺院的'二税户'误混为一了。"④此说发表于1962年，可惜尚未得到后来研究者的回应，其实很值得我们重视。彻底解决以上争议，必须厘清元好问"二税户"说法之由来，以及《中州集·李承旨晏》与《金史·食货志》的说法谁更准确。本节拟从史源根本上重新检讨二税户问题，破除所谓"分头下军州赋为二等"即"二税户"说之疑团。

二、元好问所言头下户"输租为官，且纳课给其主"献疑

元好问《中州集·李承旨晏》乃论证契丹头下军州"二税户"成立的唯一一条证据，学者历来都将其作为"史料"引据，然而却从未有人考证其史料来源。

李晏小传全文如下：

> 晏字致美，高平人。唐顺宗第十六子福王绾之苗裔。……致美皇统二年经义进士，释褐临汾丞。时张太师浩判平阳，一见爱其才，为之延誉。稍迁辽阳幕官。与兴陵有藩邸之旧，入翰林，为学

---

① 蒋松岩：《辽金二税户及其演变》，《北方论丛》1981年第2期。陈衍德：《试论辽朝的赋税制度》，《中国社会经济史研究》1994年第3期。
② 《辽史》卷五九《食货志上》，点校本二十四史修订本，中华书局，2017年，第3册，第1028页。
③ 佟家江：《关于辽金二税户》，《内蒙古大学学报》1984年第1期。
④ 罗继祖：《辽代经济状况及其赋税制度简述》，《历史教学》1962年第10期。

士。高文大册,号称独步。拜御史中丞。

　　初,辽人掠中原人,及得奚、渤海诸国生口,分赐贵近或有功者,大至一二州,少亦数百,皆为奴婢。输租为官,且纳课给其主,谓之二税户。大定初,一切免为民。间山寺僧赐户三百,与僧共居,供役而不输租,故不在免例。诉者积年,台寺不为理,又诉于致美。致美上章,大略谓天子作民父母,当同仁一视。分别轻重,乃胥吏舞文法之敝。陛下大明博照,岂可使天下有一民不被其泽者?且沙门既谓之出家,而乃听其与男女杂居乎?书奏,宰相持不可,世宗诏致美与相诘难。致美伏御座前曰:"前日车驾幸辽东,间山寺曾供从官一宿之具。寺僧物陛下物也,陛下无以此直寺僧,而使三百家受屈。"世宗大笑曰:"李晏劫制我邪?"即日免之。

　　明昌初,为礼部尚书,分诸道府试,复经义,设经童科,皆自致美发之。出为沁南军节度使。告老,不从,改昭毅军节度使,且授子仲略泽州刺史以荣之。时泽潞旱甚,致美擅发仓粟三万石救饿者,因上章请罪。章奏,而本道提刑弹章亦至。章宗谓宰相言:"提刑职当然,李晏义当然。"不之罪也。①

揆诸文义,"初,辽人掠中原人"至"大定初,一切免为民"之文下接御史中丞李晏(致美)上章建言,释放间山寺"供役而不输租"的三百家赐户为良。

《金史·李晏传》载此事云:

　　初,锦州龙宫寺,辽主拨赐户民俾输税于寺,岁久皆以为奴,有欲诉者害之岛中。晏乃具奏:"在律,僧不杀生,况人命乎。辽以良民为二税户,此不道之甚也,今幸遇圣朝,乞尽释为良。"世宗纳其言,于是获免者六百余人。②

此亦李晏御史中丞任内事。按"锦州龙宫寺"即间山寺,该寺院赐户请求放免为民,《中州集》"诉者积年,台寺不为理"及《金史》"有欲诉者害之岛中"的情节极其相似,经由李晏奏报金世宗,最终得以豁免。

以上《中州集》《金史》两传叙事细节虽有参差,但事件的目的皆为

---

① 元好问编:《中州集》卷二《李承旨晏》,萧和陶点校,上册,第123—124页。
② 《金史》卷九六《李晏传》,第6册,第2127页。

改变寺院与奴婢的隶属关系,实乃与头下军州税制无涉。

最过硬的证据当属许安仁撰《李文简公(晏)神道碑铭》(简称《神道碑》),①可惜前人尚未触及。碑文云:

> 锦州龙宫寺居海山中,亡辽兴宗时有拨赐户,给粮饷,以其经异代,诬以为奴。有欲诉者,则诱致岛中害之,前后凡数辈。公使人廉得其实,乃具状奏曰:"僧人在制不得杀生,况人命乎?佛戒、国法皆所不容,兼亡辽以良民拨充二税户,允为不道。今幸遇圣朝,杀人之罪累经赦宥,莫克究治,乞尽释为良民。"奏可。于是获免者马孝云等六百余人。②

与《金史·李晏传》相比,《神道碑》叙述更为翔实,且披露了若干条具体内容,如"辽主"为兴宗,获免者系马孝云等。

以此条线索,把《中州集》与《神道碑》《金史·李晏传》逐条综合比对如下:

第一,《中州集》载李晏出身"唐顺宗第十六子福王绾之苗裔",《神道碑》作"系出唐顺宗第十六子福王绾之后",③相合。

第二,《中州集》叙述致美最初履历"皇统二年经义进士,释褐临汾丞。时张太师浩判平阳,一见爱其才,为之延誉。稍迁辽阳幕官"颇为简陋,并且登科时间明显有误。《金史·李晏传》写作"皇统六年,登经义进士第。调岳阳丞。再转辽阳府推官,历中牟令";④《神道碑》详细说:"十七,举词赋,本高中,误用韵失。他日诠读官张景仁见能诵其文,改试经义。二十三,登皇统六年第,调平阳府岳阳县丞"及"正隆之季,调开封府中牟县令。"⑤神道碑、《金史》本传所载吻合,可知李晏的登第时间非皇统二年(1142)。又,张浩提携之事,即指《神道碑》"时张太师文康公为总尹,其子仲泽随侍,一时文士如施隰州、王器之、毛牧达辈相与为诗友。公余成觞咏之乐,秩终调辽阳府推官"。⑥

---

① 全文载成化《山西通志》卷一五《集文·陵墓类》,成化十年(1474)刻本,第69页a—74页b。
② 成化《山西通志》卷一五《集文·陵墓类》,第72页a。
③ 成化《山西通志》卷一五《集文·陵墓类》,第69页a。
④ 《金史》卷九六《李晏传》,第6册,第2125页。
⑤ 成化《山西通志》卷一五《集文·陵墓类》,第69页b、70页a。
⑥ 成化《山西通志》卷一五《集文·陵墓类》,第69页a。

第三，《中州集》云："与兴陵有藩邸之旧，入翰林，为学士。"《金史·李晏传》提到"世宗素识其才名，寻召为应奉翰林文字"及"召为翰林直学士，兼太常少卿"。①《神道碑》记述这段经历甚详："世宗皇帝隐德东都，雅知其才，凡剧务疑狱悉委之。公感其知遇，亦尽心焉。……世宗皇帝寤寐旧人，一日谓大臣曰：'李晏今何职任？'……即召授应奉翰林文字、同知制诰。……期年召为翰林直学士、兼大常少卿。"②

第四，《中州集》所言"高文大册，号称独步"，实即《金史·李晏传》"及世宗不豫，命宿禁中，一时诏册皆晏为之"及《神道碑》大定二十八年（1188）冬"世宗不豫，召公宿直禁中，诏命今上摄政，及世宗登遐，凭几顾言兴。今上即位，诏令洎世宗谥册、孝懿皇后玉册、明昌改元德音，一时大兴册皆出公手"。③

第五，《中州集》"明昌初，为礼部尚书，分诸道府试，复经义，设经童科，皆自致美发之"，《神道碑》"在吏部一日登对，世宗叹人材难得。公奏曰：'皇统间诗赋、经义每举放第，两科不下百五十人，而北、南两科同试皆以策论定高下，又有经童科，总计之不下三百余人。今以词赋一科擢第者常不满百数，是以得人为少，乞下有司议。'上然之，顾大臣曰：'朕屡以问卿等，今得李晏对，使我晓然。'至今上即位，竟复经义、神童两科，又益以宏词制举，皆自公启之"④的记载与之相合。

第六，《中州集》谓"出为沁南军节度使。告老，不从，改昭毅军节度使，且授子仲略泽州刺史以荣之"，此事亦见于《金史·李晏传》："以年老乞致仕，改礼部尚书，兼翰林学士承旨。越二年，复申前请，授沁南军节度使，久之，致仕。上念其先朝旧人，复起为昭义军节度使。"⑤以及《神道碑》："越明年，复求归老，特授沁南军节度使，以泽怀之属郡也。……复起为昭义军节度使。……其子左司员外郎仲略力求侍医药，特旨授泽州刺史，使便于禄养，士论荣之。"⑥

第七，《中州集》载"时泽潞旱甚，致美擅发仓粟三万石救饿者"，

---

① 《金史》卷九六《李晏传》，第 6 册，第 2125、2126 页。
② 成化《山西通志》卷一五《集文·陵墓类》，第 70 页 b—71 页 a。
③ 成化《山西通志》卷一五《集文·陵墓类》，第 70 页 b—71 页 a。
④ 成化《山西通志》卷一五《集文·陵墓类》，第 74 页 a。
⑤ 《金史》卷九六《李晏传》，第 6 册，第 2127 页。
⑥ 成化《山西通志》卷一五《集文·陵墓类》，第 72 页 b—73 页 b。

《神道碑》提到"潞人素闻其威名,帖然治,盗奔他境,岁久旱,公发仓以赈贫乏,祷于五龙祠,不旋轸而雨随之,岁则大熟",①即指此事。

综上七条,足见《中州集》所叙李晏履历总体不出于《神道碑》《金史·李晏传》的范围,然而叙述相当粗略,当中还有一些语焉不详之处。论及三者之文献关系,《神道碑》与《金史·李晏传》的关系最为密切,整体比较的结果是,两者内容详略稍有参差,所叙仕履大体一致,应该有着共同的文献源头。

根据《神道碑》末尾记载:"其子简之请编修官张彦国状其功行,以碑文见托安仁。"②可知作者所据底本与李晏"行状"文本有所关联。按照传统修史制度,李晏亡故后,其行状提交国史馆,供编纂实录时删削成附传,《金史·李晏传》即源于此。从避讳"宗室"一事即可证明。《神道碑》载有"没衍同判宗室之近属也,家僮万数,民尝有立券质钱者,累息无所入"③一句,《金史·李晏传》则作"同判大睦亲府事谋衍"④云云,"谋衍"即"没衍",人名一致,泰和六年(1206)避讳睿宗(宗尧)改"大宗正府"为"大睦亲府"。⑤李晏薨于承安二年(1197),⑥根据行状写成的小传当附丽于兴定四年(1220)《章宗实录》,故行用泰和时期避讳所改机构名称。通过对《中州集》全书梳理和元好问纂修国史经历分析,可知书中有相当一部分人物小传抄自官修实录或当时所接触的碑传,以上《神道碑》《金史·李晏传》分别代表这两种取材渠道,元好问《中州集》虽未注明李晏小传的史料来源,但从主体文献脉络和以上文本考证结果中也能推测当属于此种情况。

据此得知,《中州集》与《神道碑》《金史·李晏传》所据原始史料有关,应出自同一系统,但前者的质量逊色于后两者。在此重审《中州集·李承旨晏》所载"二税户"及其定义,文中谓李晏伏御座前曰"前日车驾幸辽东,闾山寺曾供从官一宿之具",当指大定二十四年金世宗东巡事。据《金史·世宗纪》大定二十四年三月癸卯"宰执以下奉辞于通

---

① 成化《山西通志》卷一五《集文·陵墓类》,第73页a。
② 成化《山西通志》卷一五《集文·陵墓类》,第74页b。
③ 成化《山西通志》卷一五《集文·陵墓类》,第72页a。
④ 《金史》卷九六《李晏传》,第6册,第2127页。
⑤ 《金史》卷五五《百官志一》大宗正府条,第4册,第1240页。
⑥ 《金史》卷九六《李晏传》,第6册,第2127页。

州"及四月庚申"次广宁府",①闾山寺位于广宁府辖县闾阳境内,世宗巡幸途中驻跸于此。② 最关键的一点是,根据《金史·李晏传》"辽以良民为二税户"和《神道碑》"亡辽以良民拨充二税户"两条可见,最初史文仅提到"二税户",其实未有解释,元好问则把该词调整提前,并且增补释义,作"初,辽人掠中原人,及得奚、渤海诸国生口,分赐贵近或有功者,大至一二州,少亦数百,皆为奴婢。输租为官,且纳课给其主,谓之二税户"。综合三种文献,将原始文献剔除后,从中剥离出"二税户"条文,可以断定此系元好问对历史概念的一种阐释。

元好问的这种说法是否有所根据?《金史》中有两条线索可循:第一,《食货志·户口》大定二十九年十一月"乞放二税户为良"条云:"省臣欲取公牒可凭者为准,参知政事移剌履谓'凭验真伪难明,凡契丹奴婢今后所生者悉为良,见有者则不得典卖,如此则三十年后奴皆为良,而民且不病焉'。上以履言未当,令再议。省奏谓不拘括则讼终不绝,遂遣大兴府治中乌古孙仲和、侍御史范楫分括北京路及中都路二税户,凡无凭验,其主自言之者及因通检而知之者,其税半输官、半输主,而有凭验者悉放为良"。③ 此中议论契丹二税户奴婢"其税半输官、半输主",元好问《中州集》"输租为官,且纳课给其主"或受此影响。第二,同卷《户口》大定二年条追述二税户由来谓"初,辽人佞佛尤甚,多以良民赐诸寺,分其税一半输官,一半输寺",④元好问"大定初,一切免为民"当指此事。不管怎样,元好问将原来"寺院"替换为"头下"概念,从而支离原本语境的释义,不足令人信服,更不应被视为讨论契丹头下军州二税户问题的天然"史料"。

三、从《金史·食货志》的编纂模式论证寺院"二税户"问题

关于李晏的三种碑传文献都言明"二税户"源自寺院赐户,而与头下军州发生联系则出自元好问之手。最大漏洞当是,元好问所称寺院奴婢"大定初,一切免为民"难以与上文头下"二税户"定义相衔接。作

---

① 《金史》卷八《世宗纪下》,第 1 册,第 186、187 页。
② 参见贾敬颜:《金代的"驱"及其相关的几种人户》,《社会科学辑刊》1987 年第 5 期。
③ 《金史》卷四六《食货志一》,第 4 册,第 1035 页。
④ 《金史》卷四六《食货志一》,第 4 册,第 1033 页。

为讨论"二税户"问题的两条核心史文,上文辨析了《中州集·李承旨晏》整体文献根据,若论证《金史·食货志·户口》大定二年条及"初,辽人佞佛尤甚,多以良民赐诸寺,分其税一半输官,一半输寺,故谓之二税户"的史料价值成立,得置于《食货志》整个志书史源脉络中加以考察。

将《金史》卷四六至五〇《食货志》全部五卷"户口""通检推排""田制""租赋""牛具税""钱币""盐""酒""醋""茶""诸征商""金银税""榷场""和籴""常平仓""水田""区田""入粟鬻度牒"诸门与本纪逐条核对,有三成以上的条目都能从本纪中找到同源记载。兹以该志"户口"门为例(见表一):

表一 《金史·食货志·户口》与本纪史文关系表

《金史·食货志·户口》	本纪
金制,男女二岁以下为黄,十五以下为小,十六为中,十七为丁,六十为老,无夫为寡妻妾,诸笃废疾不为丁。户主推其长充,内有物力者为课役户,无者为不课役户	
令民以五家为保。泰和六年,上以旧定保伍法,有司灭裂不行,其令结保,有匿奸细、盗贼者连坐。宰臣谓旧以五家为保,恐人易为计构而难觉察,遂令从唐制,五家为邻、五邻为保,以相检察。京府州县郭下则置坊正,村社则随户众寡为乡置里正,以按比户口,催督赋役,劝课农桑。村社三百户以上则设主首四人,二百户以上三人,五十户以上二人,以下一人,以佐里正禁察非违。置壮丁,以佐主首巡警盗贼。猛安谋克部村寨,五十户以上设寨使一人,掌同主首。寺观则设纲首。凡坊正、里正,以其户十分内取三分,富民均出顾钱,募强干有抵保者充,人不得过百贯,役不得过一年	(泰和六年正月)辛丑,更定保伍法(卷一二《章宗纪四》)

（续表）

《金史·食货志·户口》	本纪
凡户口计帐，三年一籍。自正月初，州县以里正、主首，猛安谋克则以寨使，诣编户家责手实，具男女老幼年与姓名，生者增之，死者除之。正月二十日以实数报县，二月二十日申州，以十日内达上司，无远近皆以四月二十日到部呈省	
凡汉人、渤海人不得充猛安谋克户。猛安谋克之奴婢免为良者，止隶本部为正户。凡没入官良人，隶宫籍监为监户，没入官奴婢，隶太府监为官户	
当收国二年时，法制未定，兵革未息，贫民多依权右为苟安，多隐蔽为奴婢者，太祖下诏曰："比以岁凶民饥，多附豪族，因陷为奴隶。及有犯法，征偿莫办，折身为奴。或私约立限，以人对赎，过期则以为奴者。并听以两人赎一为良，元约以一人赎者从便。"	（收国二年）二月己巳，诏曰："比以岁凶，庶民艰食，多依附豪族，因为奴隶，及有犯法，征偿莫办，折身为奴者，或私约立限，以人对赎，过期则为奴者，并听以两人赎一为良。若元约以一人赎者，即从元约。"（卷二《太祖纪》）
天辅五年，以境土既拓，而旧部多瘠卤，将移其民于泰州，乃遣皇弟昱及族子宗雄按视其地。昱等畣其土以进，言可种植，遂摘诸猛安谋克中民户万余，使宗人婆卢火统之，屯种于泰州。婆卢火旧居阿注浒水（又作按出虎），至是迁焉。其居宁江州者，遣拾得、查端、阿里徒欢、奚挞罕等四谋克，挈家属耕具，徙于泰州，仍赐婆卢火耕牛五十	（天辅五年）二月，遣昱及宗雄分诸路猛安谋克之民万户屯泰州，以婆卢火统之，赐耕牛五十（卷二《太祖纪》）
天辅六年，既定山西诸州，以上京为内地，则移其民实之。又命耶律佛顶以兵护送诸降人于浑河路，以皇弟昂监之，命从便以居	

八　契丹"二税户"问题发覆　297

（续表）

《金史·食货志·户口》	本纪
七年，以山西诸部族近西北二边，且辽主未获，恐阴相结诱，复命皇弟昂与孛堇稍喝等以兵四千护送，处之岭东，惟西京民安堵如故，且命昂镇守上京路。既而，上闻昂已过上京，而降人复苦其侵扰多叛亡者，遂命孛堇出里底往戒谕之，比至，而诸部已叛去。又以猛安详稳留住所领归附之民还东京，命有司常抚慰，且贷一岁之粮，其亲属被虏者皆令聚居	（七年正月）甲子，又诏谙班勃极烈曰："比遣昂徙诸部民人于岭东，而昂悖戾，骚动烦扰，致多怨叛。其违命失众，当置重典。若或有疑，禁锢以待。"（卷二《太祖纪》）
及七年取燕京路，二月，尽徙六州氏族富强工技之民于内地	（七年四月癸巳）命习古乃、婆卢火监护长胜军，及燕京豪族工匠，由松亭关徙之内地（卷二《太祖纪》）
太宗天会元年，以旧徙润、隰等四州之民于沈州之境，以新迁之户艰苦不能自存，诏曰："比闻民乏食至鬻子者，听以丁力等者赎之。"	（天会元年十一月）己巳，徙迁、润、来、隰四州之民于沈州（卷三《太宗纪》）
又诏孛堇阿实赉曰："先皇帝以同姓之人昔有自鬻及典质其身者，命官为赎。今闻尚有未复者，其悉阅赎之。"	（二年正月）戊午，诏孛堇完颜阿实赉曰："先帝以同姓之人有自鬻及典质其身者，命官为赎。今闻尚有未复者，其悉阅赎之。"（卷三《太宗纪》）
又命以官粟赎上京路新置宁江州户口贫而卖身者六百余人	（四月）乙亥，诏赎上京路新迁宁江州户口卖身者六百余人（卷三《太宗纪》）
二年，民有自鬻为奴者，诏以丁力等者易之	（天会元年十二月）甲午，诏曰："比闻民间乏食，至有鬻其子者，其听以丁力等者赎之。"（卷三《太宗纪》）
三年，禁内外官及宗室毋得私役百姓，权势家不得买贫民为奴，其胁买者一人偿十五人，诈买者一人偿二人，罪皆杖五	（三年七月）壬申，禁内外官、宗室毋私役百姓 （己卯）诏权势之家毋买贫民为奴。其胁买者一人偿十五人。诈买者一人偿二人。皆杖一百（卷三《太宗纪》）

(续表)

《金史·食货志·户口》	本纪
七年,诏兵兴以来,良人被略为驱者,听其父母妻子赎之	(七年三月)壬寅,诏军兴以来,良人被略为驱者,听其父母夫妻子赎之(卷三《太宗纪》)
熙宗皇统四年诏陕西、蒲、解、汝、蔡等州岁饥,百姓流落典雇为驱者,官以绢赎为良,丁男三疋,妇人幼小二疋	(皇统四年十月甲辰)陕西、蒲、解、汝、蔡等处因岁饥,流民典雇为奴婢者,官给绢赎为良,放还其乡(卷四《熙宗纪》)
世宗大定二年,诏免二税户为民。初,辽人佞佛尤甚,多以良民赐诸寺,分其税一半输官,一半输寺,故谓之二税户。辽亡,僧多匿其实,抑为贱,有援左证以告者,有司各执以闻,上素知其事,故特免之	
十七年五月,省奏"咸平府路一千六百余户,自陈皆长白山星显、禅春河女直人,辽时签为猎户,移居于此,号移典部,遂附契丹籍。本朝义兵之兴,首诣军降,仍居本部,今乞厘正"。诏从之	
二十年,以上京路女直人户,规避物力,自卖其奴婢,致耕田者少,遂以贫乏,诏定制禁之。又谓宰臣曰:"猛安谋克人户,兄弟亲属若各随所分土,与汉人错居,每四五十户结为保聚,农作时令相助济,此亦劝相之道也。"	
二十一年六月,徙银山侧民于临潢。又命避役之户举家逃于他所者,元贯及所寓司县官同罪,为定制	
二十三年,定制,女直奴婢如有得力,本主许令婚娉者,须取问房亲及村老给据,方许娉于良人	

（续表）

《金史·食货志·户口》	本纪
是年七月，①奏猛安谋克户口、垦地、牛具之数。猛安二百二，谋克千八百七十八，户六十一万五千六百二十四，口六百一十五万八千六百三十六，（小注：内正口四百八十一万二千六百六十九，奴婢口一百三十四万五千九百六十七。）垦田一百六十九万三百八十顷有奇，牛具三十八万四千七百七十一。在都宗室将军司，户一百七十，口二万八千七百九十，（小注：内正口九百八十二，奴婢口二万七千八百八。）垦田三千六百八十三顷七十五亩，牛具三百四。迭剌、唐古二部五糺，户五千五百八十五，口十三万七千五百四十四，（小注：内正口十一万九千四百六十三，奴婢口一万八千八十一。）垦田万六千二十四顷一十七亩，牛具五千六十六。	（大定二十三年八月乙巳）括定猛安谋克户口田土牛具（卷八《世宗纪下》）
二十五年，命宰臣禁有禄人一子及农民避课役为僧道者	
大定初，天下户才三百余万，至二十七年天下户六百七十八万九千四百四十九，口四千四百七十万五千八十六	
章宗大定二十九年十一月，上封事者言，乞放二税户为良。省臣欲取公牒可凭者为准，参知政事移剌履谓"凭验真伪难明，凡契丹奴婢今后所生者悉为良，见有者则不得典卖，如此则三十年后奴皆为良，而民且不病焉"。上以履言未当，令再议。省奏谓不拘括则讼终不绝，遂遣大兴府治中乌古孙仲和、侍御史范楫分括北京路及中都路二税户，凡无凭验，其主自言之者及因通检而知之者，其税半输官、半输主，而有凭验者悉放为良	

---

① "七月"，点校本据《世宗纪》大定二十三年八月乙巳条及《食货志》牛头税条改作"八月"。

(续表)

《金史·食货志·户口》	本纪
明昌元年正月，上封事者言："自古以农桑为本，今商贾之外又有佛、老与他游食，浮费百倍。农岁不登，流殍相望，此末作伤农者多故也。"上乃下令，禁自披剃为僧、道者	（明昌元年正月）戊辰，制禁自披剃为僧道者（卷九《章宗纪一》）
是岁，奏天下户六百九十三万九千，口四千五百四十四万七千八百，而粟止五千二百二十六万一千余石，除官兵二年之费，余验口计之，口月食五斗，可为四十四日之食。上曰："蓄积不多，是力农者少故也。其集百官，议所以使民务本广储之道，以闻。"	
六月，奏北京等路所免二税户，凡一千七百余户，万三千九百余口，此后为良为驱，皆从已断为定	
明昌六年二月，上谓宰臣曰："凡言女直进士，不须称女直字。卿等误作回避女直、契丹语，非也。今如分别户民，则女直言本户，汉户及契丹，余谓之杂户。"	
明昌六年十二月，奏天下女直、契丹、汉户七百二十二万三千四百，口四千八百四十九万四百，物力钱二百六十万四千七百四十二贯	
泰和七年六月，敕，中物力户，有役则多逃避，有司令以次户代之，事毕则复业，以致大损不逃之户。令省臣详议。宰臣奏，旧制太轻，遂命课役全户逃者徒二年，赏告者钱五万。先逃者以百日内自首，免罪。如实销乏者，内从御史台，外从按察司，体究免之。十二月，奏天下户七百六十八万四千四百三十八，口四千五百八十一万六千七十九。（小注：户增于大定二十七年一百六十二万三千七百一十五，口增八百八十二万七千六十五。）此金版籍之极盛也	

（续表）

《金史·食货志·户口》	本纪
及卫绍王之时，军旅不息，宣宗立而南迁，死徙之余，所在为虚壒。户口日耗，军费日急，赋敛繁重，皆仰给于河南，民不堪命，率弃庐田，相继亡去。乃屡降诏招复业者，免其岁之租，然以国用乏竭，逃者之租皆令居者代出，以故多不敢还	
兴定元年十二月，宣宗欲悬赏募人捕亡户，而复虑骚动，遂命依已降诏书，已免债逋，更招一月，违而不来者然后捕获治罪，而以所遗地赐人	（兴定元年十二月）庚午，免逃户复业者差赋（卷一五《宣宗纪中》）
四年，省臣奏，河南以岁饥而赋役不息，所亡户令有司招之，至明年三月不复业者，论如律。时河壖为疆，烽鞞屡警，故集庆军节度使温迪罕达言，亳州户旧六万，自南迁以来不胜调发，相继逃去，所存者曾无十一，砀山、下邑，①野无居民矣	

《金史·食货志·户口》全篇收国二年（1116）至兴定四年纪事可拆解为 34 条，有明确纪年者 29 条，其中的 15 条能在本纪中找到相同记载，文辞一致，相合内容基本都是纪略而志详。

详情如下："令民以五家为保"的泰和六年（1206）更定保伍法，见于《金史·章宗纪》泰和六年正月辛丑条；收国二年释奴为良的诏书内容，与《金史·太祖纪》收国二年二月己巳条相同；天辅五年（1121）移民于泰州，亦见《太祖纪》天辅五年二月条；天辅七年皇弟昂等护送诸部民，即《太祖纪》天辅七年正月甲子条诏书；天辅七年二月"尽徙六州氏族富强工技之民于内地"，与《太祖纪》天辅七年四月癸巳条互证；天会元年（1123）"以旧徙润、隰等四州之民于沈州之境"，与《金史·太宗纪》天会元年十一月己巳条同；"又诏孛堇阿实赉曰"，与《太宗纪》天

---

① "砀山、下邑"，原作"砀山下邑"，此实为两县，今据改。

会二年正月戊午条吻合;以官粟赎上京路新迁置宁江州卖身者,即《太宗纪》天会二年四月乙亥条内容;天会二年"诏以丁力等者易之",见于《太宗纪》天会元年十二月甲午条的记载;天会三年禁私役百姓及买贫民为奴,分别是《太宗纪》天会三年七月壬申和己卯两条的内容;天会七年赎回驱者,与《太宗纪》天会七年三月壬寅条同;皇统四年官以绢赎良,与《金史·熙宗纪》皇统四年十月甲辰条相同;大定二十三年"奏猛安谋克户口、垦地、牛具之数",《世宗纪》大定二十三年八月乙巳条也提及此事;明昌元年(1190)正月"禁自披剃为僧、道者",与《金史·章宗纪》明昌元年正月戊辰条同;兴定元年十二月降诏招募逃户,与《金史·宣宗纪》兴定元年十二月庚午条相合。此外,兴定四年省臣奏"河南以岁饥而赋役不息",则与《金史·温迪罕达传》相合。①

如何解释以上诸条史文雷同现象?需要从《金史·食货志》编纂问题入手。元初王鹗《金史大纲》列"帝纪九""志书七"及"列传",三大门类计二十四细目,②陈学霖据此认为,元末编修的《金史》基本沿袭了王鹗拟就的这份凡例,并且书中有部分内容直接脱胎于王鹗《金史稿》。③梁方仲、邱靖嘉也认为该《食货志》是在王鹗稿本基础上修订而成的。④曾震宇则提出,元修《食货志》的内容主要抄自金朝的《实录》《国史》及地方路、府、州、县田赋及收税的档案。⑤不过,通检《金史》全书,逐条核查卷四六至五〇《食货志》五卷史文,能够探明至正初年史官编纂《金史》志书的一般模式,即《食货志》应该全部修成于至正时期,实与王鹗无涉。⑥

对于具体取材,值得注意的是,《金史·食货志》各门开篇有段文字叙述"金制",《户口》篇首云:

---

① 《金史》卷一〇四《温迪罕达传》,第 7 册,第 2294 页。
② 引自王恽著、杨晓春点校:《玉堂嘉话》卷八,中华书局,2006 年,第 181 页。
③ Chan Hok-Lam, The Compilation and Sources of the Chin-Shih, *Journal of Oriental Studies*, VOL. VI, 1961-1964, Numbers, 1 and 2. pp. 125-163.
④ 梁方仲:《十三种〈食货志〉介绍》,《历史研究》1981 年第 1 期,邱靖嘉:《〈金史〉纂修考》,中华书局,2017 年,第 89—111、169—170 页。
⑤ 曾震宇:《〈大金国志〉研究》,香港大学硕士论文,2002 年 7 月,第 789—790 页。
⑥ 陈晓伟:《〈金史·食货志〉修纂考》,《黑龙江社会科学》2022 年第 4 期。

金制,男女二岁以下为黄,十五以下为小,十六为中,十七为丁,六十为老,无夫为寡妻妾,诸笃废疾不为丁。户主推其长充,内有物力者为课役户,无者为不课役户。

……

凡户口计帐,三年一籍。

……

凡汉人、渤海人不得充猛安谋克户。①

《田制》云:

量田以营造尺,五尺为步,阔一步,长二百四十步为亩,百亩为顷。……佃黄河退滩者,次年纳租。②

《租赋》云:

金制,官地输租,私田输税。租之制不传。大率分田之等为九而差次之,夏税亩取三合,秋税亩取五升,又纳秸一束,束十有五斤。夏税六月止八月,秋税十月止十二月,为初、中、末三限,州三百里外,纾其期一月。屯田户佃官地者,有司移猛安谋克督之。

……

计民田园、邸舍、车乘、牧畜、种植之资,藏镪之数,征钱有差,谓之物力钱。遇差科,必按版籍,先及富者,势均则以丁多寡定甲乙。有横科,则视物力,循大至小均科。其或不可分摘者,率以次户济之。凡民之物力,所居之宅不预。猛安谋克户、监户、官户所居外,自置民田宅,则预其数。墓田、学田,租税、物力皆免。

……

凡叙使品官之家,并免杂役,验物力所当输者,止出雇钱。进纳补官未至荫子孙、及凡有出身者(小注:谓司吏译人等)、出职带官叙当身者、杂班叙使五品以下、及正品承应已带散官未出职者,子孙与其同居兄弟,下逮终场举人、系籍学生、医学生,皆免一身之役。三代同居,已旌门则免差发,三年后免杂役。③

---

① 《金史》卷四六《食货志一》,第 4 册,第 1031—1032 页。
② 《金史》卷四七《食货志二》,第 4 册,第 1043 页。
③ 《金史》卷四七《食货志二》,第 4 册,第 1055—1056 页。

《牛头税》云：

> 即牛具税，猛安谋克部女直户所输之税也。其制每耒牛三头为一具，限民口二十五受田四顷四亩有奇，岁输粟大约不过一石，官民占田无过四十具。①

《盐》云：

> 金制，榷货之目有十，曰酒、曲、茶、醋、香、矾、丹、锡、铁，而盐为称首。②

相比之下，《通检推排》《钱币》《酒》《醋》《茶》《诸征商》《金银税》《榷场》《和籴》《常平仓》《水田》《区田》《入粟鬻度牒》无"金制"内容，而是直接叙述金代历年制度条文。

由此可见，《金史·食货志》的《户口》《田制》《租赋》《牛头税》《盐》应来自一份较为系统的金代制度文献，元修《金史》时按门类分条摘录其中，但总量不大，不过是提纲挈领式的，主干内容则需要"金实录"充实。根据表一对比，《金史·食货志》与本纪、列传有相同内容，史文同源，共同抄自金太祖至宣宗实录。而那些本纪或列传没有乃至仅见于志书的条文，其实仍取实录，只是各篇根据体例所需取舍史料的标准不一致而已。

总之，《金史·食货志》是元末直接以诸帝实录为蓝本编成的。尽管该志《户口》"世宗大定二年，诏免二税户为民"条仅此一见，但从《食货志》整体编纂模式和史料构成中推测，其出自《世宗实录》确凿无疑。

以上结论符合金朝历史背景。据记载，释放奴婢从良乃是金初以来的一贯政策，③《金史·太祖纪》太祖二年（1114）九月、④《太宗纪》天会元年十一月己卯、七年三月壬寅、八年五月戊申、九年四月己卯、⑤《熙宗纪》皇统四年十月甲辰、⑥《章宗纪》大定二十九年二月戊辰均载相关

---

① 《金史》卷四七《食货志二》，第 4 册，第 1062—1063 页。
② 《金史》卷四九《食货志四》，第 4 册，第 1093 页。
③ 参见王曾瑜：《金朝户口分类制度和阶级结构》，《历史研究》1993 年第 6 期。
④ 《金史》卷二《太祖纪》，第 1 册，第 24 页。
⑤ 《金史》卷三《太宗纪》，第 1 册，第 48、60、61、63 页。
⑥ 《金史》卷四《熙宗纪》，第 1 册，第 81 页。

诏令，①寺院"二税户"为世宗、章宗两朝密切关注的社会问题。按《金史·内族襄传》云：

> 章宗初即政，议罢僧道奴婢。太尉克宁奏曰："此盖成俗日久，若遽更之，于人情不安。陛下如恶其数多，宜严立格法，以防滥度，则自少矣。"襄曰："出家之人安用仆隶？乞不问从初如何所得，悉放为良。若寺观物力元系奴婢之数推定者，并合除免。"诏从襄言。由是二税户多为良者。②

此文指明"僧道奴婢"问题由来已久，章宗甫一即位，便听从完颜襄的提议将二税户"悉放为良"。值得注意的是，《食货志·户口》大定二十九年十一月"上封事者言，乞放二税户为良"条与之相合，③知"上封事者"即完颜襄。本卷此条还记载"遂遣大兴府治中乌古孙仲和、侍御史范楫分括北京路及中都路二税户"，明昌元年六月"奏北京等路所免二税户，凡一千七百余户，万三千九百余口，此后为良为驱，皆从已断为定"。④ 以上种种措施，显然是与此前大定二年"诏免二税户为民"政策一脉相承的。

要之，《食货志·户口》"二税户"这条记载不仅有权威的史料来源，亦契合金中期释放寺院二税户的一贯政策。

四、头下户非"二税户"辨说

通过考察元好问《中州集·李承旨晏》和《金史·食货志》的材料来源情况，关于"二税户"的解释究竟孰是孰非，这里已有倾向性结论，不过仍需要深入结合辽朝文献加以定夺。

承上文思路，《金史·食货志·户口》所述"辽人佞佛尤甚，多以良民赐诸寺"云云系于"世宗大定二年，诏免二税户为民"条下，此文应本自《世宗实录》，其所述内容当得其实。不仅有《金史·李晏传》"辽主拨赐户民俾输税于寺"、《李晏神道碑》"亡辽兴宗时有拨赐户"与此印

---

① 《金史》卷九《章宗纪一》，第 1 册，第 209 页。
② 《金史》卷九四《内族襄传》，第 6 册，第 2088 页。
③ 《金史》卷四六《食货志一·户口》，第 4 册，第 1035 页。
④ 《金史》卷四六《食货志一·户口》，第 4 册，第 1035—1036 页。

证，而且《金史·世宗纪》大定八年正月辛未上谓秘书监移剌子敬等曰"辽道宗以民户赐寺僧，复加以三公之官，其惑深矣"亦有提及。① 多种文献记载契丹社会崇佛之举：金人王寂《辽东行部志》叙述高僧郎思孝简历时，提到"当辽兴宗时，尊崇佛教，自国主以下，亲王贵主皆师事之"；《契丹国志·兴宗文成皇帝》亦曰"尤重浮屠法，僧有正拜三公、三师兼政事令者，凡二十人。贵戚望族化之，多舍男女为僧尼"。③

我们确实可以从辽代石刻中找到两条赐予寺院民户和土地的证据：第一，咸雍八年（1072）《创建静安寺碑铭》记载咸雍六年建寺，"僧既居，必资食以给之"，耶律昌允妻子萧氏"遂施地三千顷，粟一万石，钱二千贯，人五十户，牛五十头，马四十匹，以为供亿之本"。④ 第二，乾统八年（1108）《妙行大师行状碑》叙述清宁五年（1059）创建大昊天寺的经过，"大驾幸燕，秦越长主首参大师，便云弟子以所居第宅为施，请师建寺。大率宅司诸物罄竭，永为常住。及稻畦百顷，户口百家，枣栗蔬园，井口器用等物，皆有施状。奏讫，准施"。⑤ 这两条史料的"人五十户""户口百家"可以证实金世宗时期"二税户"历史源头之存在。

重新以《金史·食货志》为中心，结合金朝文献与辽代石刻，现能够坐实契丹寺院"二税户"成立，元好问所云"初，辽人掠中原人，及得奚、渤海诸国生口，分赐贵近或有功者，大至一二州，少亦数百，皆为奴婢。输租为官，且纳课给其主，谓之二税户"却成悬疑。

据余靖《契丹官仪》记载："自阿保机而下，每主嗣位即立宫置使，领臣僚，每岁所献生口及打房外国所得之物尽隶宫使。每宫皆有户口、钱帛，以供房主私费，犹中国之内藏也。"⑥此指契丹皇帝宫帐，其帐下人口是私有的，并不纳入国家赋税体制，宗室、外戚的头下与此并没有什么

---

① 《金史》卷六《世宗纪上》，第1册，第141页。
② 王寂：《辽东行部志注释》，张博泉注释，黑龙江人民出版社，1984年，第18页。
③ 题叶隆礼：《契丹国志》卷八《兴宗文成皇帝》，贾敬颜、林荣贵点校，中华书局，2014年，第92页。
④ 向南编：《辽代石刻文编》，河北教育出版社，1995年，第362页。
⑤ 向南编：《辽代石刻文编》，第586页。
⑥ 余靖：《武溪集》卷一八《契丹官仪》，《北京图书馆古籍珍本丛刊》，影印明成化九年刻本，书目文献出版社，1998年，第85册，第175页下栏—176页上栏。

本质的不同。①

《辽史·地理志》曰：

> 头下军州，皆诸王、外戚、大臣及诸部从征俘掠，或置生口，各团集建州县以居之。横帐诸王、国舅、公主许创立州城，自余不得建城郭。朝廷赐州县额。其节度使朝廷命之，刺史以下皆以本主部曲充焉。官位九品之下及井邑商贾之家，征税各归头下，唯酒税课纳上京盐铁司。②

头下军州与宫帐同样属于私有性质，除酒税以外的赋税统统归头下主所有。负责酒税的上京盐铁司的性质非常明确，《辽史·食货志》序文总结说："五京及长春、辽西、平州置盐铁、转运、度支、钱帛诸司，以掌出纳。"③辽末史愿《亡辽录》具体记载说："建五京五计司，如燕京三司，④两转运、中度支、上盐铁、东户部；三路钱帛司，长春、辽西平州。"⑤余靖《契丹官仪》记述更为详细："胡人司会之官，虽于燕京置三司使，唯掌燕、蓟、涿、易、檀、顺等州钱帛耳。又于平州置钱帛司，荣、滦等州属焉。中京置度支使，宜、霸等州隶焉。东京置户部使，辽西、川、锦等州隶焉。上京置盐铁使，饶、泽等州隶焉。山后置转运使，云、应等州属焉。"⑥据此可知，上京盐铁司隶属财赋官体系，设置于上京城内，⑦负责征收的是商税，并不涉及土地赋役。

目前研究者认为支持头下"二税户"说的，是《辽史·食货志》"各部大臣从上征伐，俘掠人户，自置郛郭，为头下军州。凡市井之赋，各归

---

① 参见刘浦江：《辽朝的头下制度与头下军州》，原刊《中国史研究》2000年第3期；收入氏著《松漠之间——辽金契丹女真史研究》，中华书局，2008年，第74—97页。
② 《辽史》卷三七《地理志一》，第2册，第507页。
③ 《辽史》卷五九《食货志上》，第3册，第1025页。
④ "燕京三司"原作"燕王司"，据《契丹国志》卷二二《州县载记》改。（题叶隆礼：《契丹国志》，贾敬颜、林荣贵点校，中华书局，2014年，第233页）
⑤ 徐梦莘：《三朝北盟会编》卷二一引《亡辽录》，上海古籍出版社，影印许涵度刻本，2008年第2版，第152页。
⑥ 余靖：《武溪集》卷一八《契丹官仪》，《北京图书馆古籍珍本丛刊》，影印明成化九年刻本，第85册，第175页下栏。
⑦ 《辽史》卷三七《地理志一》，第2册，第499页。

头下,惟酒税赴纳上京,此分头下军州赋为二等也"这条记载,①认为"二等"义为"二税"。② 据苗润博考证,《辽史·食货志》关于头下军州的记载其实转抄自旧史《地理志》。③ 元修《辽史·地理志》"头下军州"条无"此分头下军州赋为二等也",这很可能是元朝史官根据志书史文提炼的总结之语,即便这是旧本《辽史》的文字,此意"市井之赋"和"酒税"的性质是商税,与元好问定义"二税户""输租为官,且纳课给其主"的田赋交纳方式毫无瓜葛。总之,头下户与"二税户"无涉,从前者向后者转变一事更无从谈起。④

综上所述,本文审查《中州集·李承旨晏》的文献源流,首次利用《李晏神道碑》,确认李晏奏言"二税户"语下接寺院赐户,与《金史·食货志·户口》诸条记载契合。可见,所谓契丹头下奴婢"输租为官,且纳课给其主"乃是元好问的"史观",其真实性令人怀疑。

---

① 《辽史》卷五九《食货志上》,第 3 册,第 1028 页。
② 参见贾敬颜:《金代的"驱"及其相关的几种人户》,《社会科学辑刊》1987 年第 5 期。
③ 苗润博:《〈辽史〉探源》,中华书局,2020 年,第 305—324 页。
④ 参见佟家江:《关于辽金二税户》,《内蒙古大学学报》1984 年第 1 期。

九　《辽史》复文再探
——以《杨晳传》和《杨绩传》为例

一、问题的提出

《辽史》一书向以疏漏著称，但同时又多见复出之文。如《辽史·圣宗纪》开泰七年（1018）十一月壬戌云："刘晟为霸州节度使，北府宰相刘慎行为彰武军节度使。"①傅乐焕指出，刘慎行即刘晟，②彰武军乃霸州军号，知此处乃一事之重出。又如《辽史·兴宗纪》重熙六年（1037）十一月，"辛亥，以契丹行宫都部署萧惠为南院枢密使。壬子，以管宁为南院枢密使"。③ 据此，兴宗初命萧惠为南院枢密使，翌日复以管宁为南院枢密使，不免令人生疑。据傅乐焕考证，管宁即萧惠之契丹语名，则壬子条乃系复文。又《辽史》卷一〇〇《萧得里底传》与卷一〇二《萧奉先传》所载传主事迹多有重合之处，疑是一人而两传。④ 傅乐焕注意到《辽史》中存在的此类"复文"现象，并做了初步的梳理。⑤

《辽史》卷八九《杨晳传》和卷九七《杨绩传》也属于这种情况。最早怀疑杨晳与杨绩为同一人者是清代学者，乾隆时官修《续文献通考》卷二〇六《封建考》并列"辽西郡王杨晳"和"辽西郡王杨绩"，其下有按语云："臣等谨按：《道宗纪》大康五年降封者止载杨绩，无杨晳名，二人

---

① 《辽史》卷一六《圣宗纪七》，中华书局，1974 年，第 1 册，第 184—185 页。
② 按此人《辽史》无传。据傅乐焕推断，刘晟乃其本名，字慎行，因金太宗汉名晟，故陈大任《辽史》避太宗讳，改称慎行；而作"刘晟"者，当源出耶律俨《皇朝实录》。
③ 《辽史》卷一八《兴宗纪一》，第 1 册，第 219 页。
④ 参见唐长孺：《辽史天祚纪证释》，原刊国立师范学院史地学会编：《史地教育特刊》，1942 年 10 月；收入氏著《山居存稿》，中华书局，2011 年，第 471—477 页。
⑤ 参见傅乐焕：《辽史复文举例》，原刊《国立中央研究院历史语言研究所集刊》16 本，1948 年 1 月；收入氏著《辽史丛考》，中华书局，1984 年，第 286—313 页。

皆有传,然其历官仿佛相同,'绩'与'晳'音亦相似,细按当是一人,而误作两传。今姑存疑,依传列之。"①近人罗继祖在校读《辽史》时,进一步提出了更加明确的结论。罗氏以《辽史》纪、传相互比勘,"知杨晳、杨绩实一人,'晳'、'绩'字异者,乃以音近致歧",因谓"其为一人两传,毫无可疑"。②唐长孺也指出,《辽史》所记二人的登第年岁、历官及封爵诸事多同,疑系一人两传。③后来陈述点校《辽史》时即采纳了罗氏《辽史校勘记》的意见,在《杨晳传》校勘记中明确指出:"杨晳即卷九七之杨绩,一人两传。"④此后,这一结论遂成为辽金史学界的共识。20世纪80年代,林荣贵撰文指出,重熙二十四年房山石经《大宝积经》题记中的知涿州军州事"杨晳",与《辽史》纪、传中所见知涿州"杨绩"恰相吻合,进而坐实了上述结论。⑤

不过,在确定杨晳、杨绩同为一人之后,仍有两个问题值得我们进一步追问:第一,杨晳、杨绩两名迥不相同,究竟孰是孰非?第二,造成两名歧异的原因何在?《辽史》为何出现两人别名,乃至重复立传的现象?

二、杨氏之名辨析

杨晳、杨绩二名并见于《辽史》诸纪、传,《杨晳传》称其字"昌时",⑥《杨绩传》则缺载其字。⑦那么,此人之名究竟当作"杨晳"抑或"杨绩"呢?《辽史》点校本未置可否。又据罗继祖考证,宋人陈襄《神宗皇帝即

---

① 嵇璜等:《续文献通考》卷二〇六《封建考一》,商务印书馆,1936年,第4431页上栏。
② 罗继祖:《辽史校勘记》,上海人民出版社,1958年,第225页。按此书作于1938年,见卷首《重版说明》。
③ 唐长孺:《辽史中汉名的考订》,原载《正言报》1941年6月19日第1张第4版;收入氏著《山居存稿三编》,中华书局,2011年,第371—374页。
④ 《辽史》卷八九校勘记二,第5册,第1354页。
⑤ 林荣贵:《从房山石经题记论辽代选相任使之沿革》,陈述主编:《辽金史论集》第1辑,上海古籍出版社,1987年,第43—44页。
⑥ 《辽史》卷八九《杨晳传》,第5册,第1351页。
⑦ 《辽史》卷九七《杨绩传》,第5册,第1410页。

位使辽语录》(简称《使辽语录》)提到的"宰相晢",①即指《辽史》之杨晢,因谓"'绩'之名既作'晢',《语录》又作'哲',以其字'昌时'考之,则名'哲'为得,盖'晢'以形讹,而'绩'以音讹也"。② 亦即认为《辽史》"杨晢""杨绩"二名皆讹,而当以"杨哲"为是。这就使得问题愈加复杂了。因此,我们首先应对杨氏之名加以辨析。幸运的是,在辽代石刻、明清方志以及宋代文献中,可以找到足够的证据来解决这一问题。

(一)《梁颖墓志》提供的一条关键证据

新近出土的辽代石刻材料为解决上述问题提供了最明确的证据。2010年6月,在河北省涿州市西沙沟村北的拒马河河床内发掘的一座辽墓中,出土了大安五年(1089)《梁颖墓志》,其中提及"杨晢"其人(见附录图一):

> 清宁六年,入掾枢局为书令史,写翰行遣皆出流辈。故守太保、中书令杨公晢,今守太师、中书令姚公景禧连衡秉政,其指为勤干得称誉者,公首预焉。③

此处所称"姚公景禧"即《辽史》之姚景行,本传称其"始名景禧",后因避天祚帝延禧讳而更名"景行"。④ 按《辽史·杨晢传》云:"清宁初,入知南院枢密使,与姚景行同总朝政。"咸雍初,"兼中书令"。⑤ 又《杨绩传》称其大康中"加守太保"。⑥ 据此可知,该墓志的墓主梁颖"入掾枢局"应指南枢密院,而墓志中提到的"杨公晢"正是本文所讨论的"杨晢",其"守太保、中书令"的身份与《辽史·杨晢传》和《杨绩传》的记载若合符契。按杨晢卒于大康五年(1079),而《梁颖墓志》撰于大安五年,前后相去仅十年,故这一石刻可以视为确定杨晢之名的一条关键证据。

---

① 陈襄:《神宗皇帝即位使辽语录》,《辽海丛书》,辽沈书社,1985年,第4册,第2543页上栏。
② 罗继祖:《辽史校勘记》,第231页。
③ 杨卫东:《辽朝梁颖墓志铭考释》,《文史》2011年第1辑。
④ 《辽史》卷九六《姚景行传》,第5册,第1402—1403页。
⑤ 《辽史》卷八九《杨晢传》,第5册,第1351页。
⑥ 《辽史》卷九七《杨绩传》,第5册,第1410页。

(二) 房山石经题记所见之"杨皙"

据《辽史·兴宗纪》及卷九七《杨绩传》记载,重熙十九年十一月壬子,杨绩坐事降为长宁军(中京道白川州)节度使,后徙知涿州;① 又《辽史·道宗纪》清宁元年(1055)十二月癸卯,"以知涿州杨绩参知政事兼同知枢密院事"。② 据此可推知,杨绩(皙)知涿州的时间应在重熙、清宁之际。③

凑巧的是,在现存房山石经《大宝积经》题记中,留下了自重熙十一年五月至清宁二年九月间提点刻经事务的历任知涿州官员的姓名,杨皙即为其一。④ 据笔者核查,在该石经中,共计有署名为"杨皙提点"的题记 11 条,且其中 7 条有明确的纪年,均为重熙二十四年,其余 4 条虽无纪年,但据其所在卷数推知,亦当刻于同一年。⑤ 如《大宝积经》卷九九有题记云(见附录图二):

> 重熙二十四年三月二十三日……吏部侍郎、知涿州军州事、赐紫金鱼袋杨皙提点。

又《大宝积经》卷一一一的一则题记,虽无纪年,但有杨皙的详细结衔(见附录图三):

> 正议大夫、尚书吏部侍郎、知涿州军州事、兼管内巡检安抚屯田劝农等使、上柱国、洪农郡开国公、食邑三千户、实封三百户、赐紫金鱼袋杨皙提点。

上述诸条刻于重熙二十四年、署衔为知涿州军州事"杨皙"的题记,与

---

① 《辽史》卷二〇《兴宗纪三》,第 1 册,第 242 页。《辽史》卷九七《杨绩传》,第 5 册,第 1410 页。
② 《辽史》卷二一《道宗纪一》,第 1 册,第 253 页。
③ 参见林荣贵:《从房山石经题记论辽代选相任使之沿革》,陈述主编:《辽金史论集》第 1 辑,第 43—44 页。
④ 北京图书馆金石组:《房山石经题记汇编》,书目文献出版社,1987 年,第 304—319 页。
⑤ 中国佛教协会、中国佛教图书文物馆:《房山石经(辽金刻经)》,华夏出版社,2000 年,第 8 册,第 538—594 页。需要说明的是,在此 11 条题记中,有两条分别误作"杨晢"及"杨晰"(见卷一〇五和卷一〇七),显因形近而致误,并不影响笔者的判断。
⑥ 中国佛教协会、中国佛教图书文物馆:《房山石经(辽金刻经)》,第 8 册,538、594 页。

《辽史》中杨绩知涿州的时间正相吻合,可知两者乃同一人;且所有 11 条题记均作"杨晳"或误作"杨晢""杨晳",而无一作"杨绩"者,故知其名当为杨晳。①

（三）明清方志留下的若干线索

在明清方志中,也可以找到杨氏的某些线索。关于此人的籍贯,《辽史·杨晳传》和《杨绩传》所记互异,前者云"安次人",②后者云"良乡人"。③ 据《辽史·地理志》,安次县和良乡县均隶属于南京析津府,但前者"在京南一百二十里",后者"在京南六十里"。④ 检今存两种《良乡县志》,其《人物志》"乡贤"及"选举"门中均列有杨绩其人,但皆系抄自《辽史·杨绩传》,⑤不能说明任何问题。另一方面,有不少证据表明,杨晳死后归葬于安次县（今河北省廊坊市）,亦即明清时期东安县之旧治。⑥

今检天启《东安县志·选举志》"前代科第"条,其中列有杨晳其人,称其为"大中进士,辽封西郡王,南枢密院使",且谓"今墓有碑文"云云。⑦ 按《辽史·杨晳传》谓杨晳"太平十一年,擢进士乙科",大康五年"例改辽西郡王"。⑧ 上引《东安县志》所称"大中进士","大"应系"太"字之讹,其下似夺一"平"字,当作"太平中进士";又"辽封"二字恐系倒误,当为"封辽西郡王"。康熙《东安县志·建置志》"冢墓"门也明确提到东安县有"杨大王墓",并谓"公名晳,墓在旧州西南二里,石器见

---

① 咸雍七年(1071),契丹小字《耶律珱墓志铭》第 24 行出现 [契丹小字], 此即"宰相杨晳"。(吴英喆:《契丹小字〈耶律珱墓志铭〉考释》,氏著《契丹小字新発見資料釈読問題》,東京外国語大学アジア・アフリカ言語文化研究所,2012 年,第 22 页)
② 《辽史》卷八九《杨晳传》,第 5 册,第 1351 页。
③ 《辽史》卷九七《杨绩传》,第 5 册,第 1410 页。
④ 《辽史》卷四〇《地理志四》,第 2 册,第 494—495 页。
⑤ 光绪《良乡县志》卷五《人物志》,第 4 页 b-5 a。民国《良乡县志》卷五《人物志》,民国十三年(1924)铅印本,第 3 页 a-b。
⑥ 按辽之安次县,元升为东安州,明复降为东安县。《元史·地理志》谓东安州"唐以前为安次县。辽、金因之"(中华书局,1976 年,第 5 册,第 1349 页),《世祖纪》称中统四年(1263)七月"升燕京属县安次为东安州"(第 1 册第 93 页)。又据《明史》卷四〇《地理志》:"元东安州,治在西,洪武元年十二月降为县,三年徙今治。"(中华书局,1974 年,第 4 册,第 885 页)
⑦ 天启《东安县志》卷五《选举志》,第 1 页 a。
⑧ 《辽史》卷八九《杨晳传》,第 5 册,第 1351 页。

存,有碑文"。① 据《畿辅待访碑目》可知,杨晳墓碑系由文学之士王鼎撰写。②

遗憾的是,杨晳之墓到乾隆时期就已踪迹全无了。乾隆《东安县志·古迹志》"冢墓"门云:"辽西郡王杨晳墓,在旧州西南二里,旧传有石器碑文,今无考。"③乾隆十年(1745),李光昭在寻访明中丞李侃墓时,也注意到了杨晳墓的情况,其撰《明中丞李公墓碑记》是这样说的:

> 犹忆乙丑之秋,余在旧州与王孝廉培元间询东安轶事,孝廉云:"杨辽西墓在兹村西南,今村西关帝殿柱下石碛,人皆知从杨郡王墓上移来。二十年前移石之老人尚在,必知其处,今则不可识矣。"嗟乎。旧州城庙中之石碛与张家庄庙前之石狮,同一古墓间物也,杨辽西墓不幸而埋没于二十年之前。李中丞墓脱失,今不考,不三数年必尽夷为陇亩。④

这里所说的"杨辽西"和"杨郡王"都是指杨晳,皆因其曾被封为"辽西郡王"。根据上述记载,可知杨晳墓大概被毁于乾隆初年。

从明清方志中寻找到的线索来看,《辽史·杨绩传》称其为"良乡人"的说法无从考证,而《杨晳传》称其为"安次人"的说法在明清时代的三种《东安县志》中均可得到证实,且皆称其名为"杨晳"。

(四)宋代文献之旁证

杨晳(绩)其人在宋代文献中也并非毫无踪迹可寻。治平四年(即辽咸雍三年,1067年),宋国信使陈襄使辽,其《使辽语录》记其沿途见闻云:是年五月十七日,至顺州,"知州、太傅杨规正郊迎,置酒七盏。规正即宰相晳之长子,规中之兄"。⑤ 据《辽史·杨绩传》,知杨绩有一子名"贵忠"。⑥ 罗继祖据此判断,陈襄《使辽语录》所称"规中"应即"贵忠"之误,故"宰相晳"当指杨晳(绩),并认为《辽史》"杨晳""杨绩"二

---

① 康熙《东安县志》卷三《建置志》,王文琳等辑:《安次县旧志四种合刊》,民国二十五年铅印本,第6页b。
② 樊文卿辑录:《畿辅碑目》附《畿辅待访碑目》卷下,民国二十四年铅印本,第3页a。
③ 乾隆《东安县志》卷一六《古迹志》,第6页a。
④ 乾隆《东安县志》卷二一《艺文志》,第12页a—b。
⑤ 陈襄:《神宗皇帝即位使辽语录》,《辽海丛书》,第4册,第2543页上栏。
⑥ 《辽史》卷九七《杨绩传》,第5册,第1410页。

名皆讹,当以"杨晳"为是。① 按陈襄《使辽语录》所记此事系得自辽人口中,将"贵忠"误记为"规中"实不足为奇,至于称杨晳为"宰相"者,大概是因为他曾做过南院枢密使的缘故。那么,杨晳与杨哲究竟孰是孰非? 如其名果当作"杨晳",则"哲"字因何致误?

上文说过,在房山石经《大宝积经》中,有署名为"杨晳提点"的题记 11 条,其中两条所刻名字有误。一条见于《大宝积经》卷一〇七,误作"杨晢"(见附录图四);另一条见于卷一〇五,误作"杨哲"(见附录图五)。② "晳"作"晢"或"哲",乃因形近而致误。"晳"误作"晢"是很常见的现象,而"晢""哲"二字音、义相同,可以通用,故"晳"误作"哲"也是可以理解的。这个例子使得我们相信,陈襄《使辽语录》所称"宰相哲",此"哲"字亦应为"晳"之误。这个错误可以为我们辨析"杨晳""杨绩"之名提供一个旁证,因为"宰相哲"之"哲",显然不可能是"绩"之误,而只能是"晳"之误。

综上所述,根据笔者在辽代石刻《梁颖墓志》和《大宝积经》题记中发现的关键证据,以及明清方志和宋代文献所提供的重要线索,至此我们可以明确下一结论:《辽史》中的"杨晳""杨绩"确系一人,其名当作"杨晳",而"杨绩"一名在《辽史》以外的任何文献及石刻材料中均无从考索。

三、"杨晳""杨绩"二名歧异之蠡测

在弄清"杨晳""杨绩"二名孰是孰非的问题之后,接下去我们要追问的是,《辽史》中为何会出现杨晳、杨绩一人两传的情况?"杨晳"之名何以会歧作"杨绩"?

元人所修《辽史》将杨氏分别立为《杨晳传》和《杨绩传》,虽然前人早已指出此乃一人两传,但却未曾解释其所以然。要想进一步解决这个问题,首先应对其史源进行分析。

《辽史》中"杨晳"一名凡五见,除《杨晳传》之外,还见于卷四七《百

---

① 罗继祖:《辽史校勘记》,第 231 页。
② 中国佛教协会、中国佛教图书文物馆:《房山石经(辽金刻经)》,第 8 册,第 576、566 页。

官志三》"知枢密院副使事"条、"门下侍郎"条、"著作佐郎"条,①以及卷四八《百官志四》"山西路都转运使司"条。②"杨绩"一名凡九见,除《杨绩传》之外,又见于《兴宗纪》重熙十九年十一月壬子条,③《道宗纪》清宁元年十二月癸卯条、④咸雍元年三月丁亥条、咸雍二年十二月壬午条、⑤咸雍八年六月甲戌条、⑥大康五年十月己未条、⑦卷四八《百官志四》"知兴中府事"条、⑧以及卷九八《刘伸传》。⑨ 从这些不同的记载来看,应当是出自不同的史源。据冯家昇研究,元人所修《辽史》,其主要史源是辽耶律俨《皇朝实录》、金陈大任《辽史》以及元朝书贾所作《契丹国志》三书。⑩ 今检《契丹国志》,未见有"杨晳"或"杨绩"之名,故有关杨氏的记载皆应出自耶律俨及陈大任两书。

按"杨晳"之名,本传之外仅见于《百官志》。我们知道,《辽史·百官志》并无其独立史源,乃系杂采诸纪、传之文而成,在上文列出的四条有关杨晳的记载中,有三条均见于《杨晳传》,说明两者具有共同的史源。另外的"门下侍郎"一条,虽不见于今本《辽史》纪传,但估计也应与上述诸条同源。"杨绩"一名的分布情况也有规律可寻,《辽史》本纪六见"杨绩"之名而无一处作"杨晳"者,且其内容均可与《杨绩传》互证,说明这两者之间也具有同源关系,《刘伸传》所见"杨绩",大概也来自同一史源。至于《百官志》"知兴中府事"条称"杨绩"者亦不难理解,前面说过,《辽史·百官志》均摘抄自诸纪、传,"杨晳""杨绩"并见于此,恰好说明其史源庞杂,大概是兼采耶律俨《皇朝实录》和陈大任《辽史》两书的结果。

根据"杨晳""杨绩"二名在《辽史》中出现的情况来看,极有可能是

---

① 《辽史》卷四七《百官志三》,第 3 册,第 774、776、788 页。
② 《辽史》卷四八《百官志四》,第 3 册,第 823 页。
③ 《辽史》卷二〇《兴宗纪三》,第 1 册,第 242 页。
④ 《辽史》卷二一《道宗纪一》,第 1 册,第 253 页。
⑤ 《辽史》卷二二《道宗纪二》,第 1 册,第 264、266 页。
⑥ 《辽史》卷二三《道宗纪三》,第 1 册,第 274 页。
⑦ 《辽史》卷二四《道宗纪四》,第 1 册,第 284 页。
⑧ 《辽史》卷四八《百官志四》,第 3 册,第 811 页。
⑨ 《辽史》卷九八《刘伸传》,第 5 册,第 1417 页。
⑩ 冯家昇:《〈辽史〉源流考》,氏著《冯家昇论著辑粹》,中华书局,1987 年,第 117—130 页。

耶律俨《皇朝实录》与陈大任《辽史》所记杨氏之名互异，一者或皆作"杨皙"，另一者或皆作"杨绩"，且分别立有《杨皙传》或《杨绩传》。元朝史官不察，遂依据以上两种史源为杨皙、杨绩各立一传。至于《辽史》其他纪、志、传中出现的"杨皙"和"杨绩"之名，亦应分别出自耶律俨及陈大任两书。

以上从史源的角度对《辽史》为何会出现杨皙、杨绩一人两传的情况做出了一个初步的分析，然而还有一个更为棘手的问题尚待解决：既知杨氏之名当作"杨皙"，那么为何会在某些辽金文献中被记作"杨绩"呢？关于这个问题，我们目前还无法给予一个合理的解释，只能就现有的材料提出以下两种可能性。

（一）音近致歧说

上文谈到，清代学者最早怀疑《辽史》之杨皙、杨绩乃一人两传，并谓"'绩'与'皙'音亦相似"，即疑为音近而致误。① 罗继祖也持有同样的看法，以为"'皙'、'绩'字异者，乃以音近致歧"。② 不过，他们对此都只是一语带过，并没有详加申说。

关于音近致歧的说法，需要在此做一点补充说明。按"皙""绩"二字的中古音韵地位，其韵摄、韵部、开合、韵等、声调均同，即皆为梗摄锡韵开口四等入声字；惟声纽稍异，即"皙"属心母，"绩"属精母。③ 据王力研究，中古时期的心母字和精母字均为齿头、全清音。④ 也就是说，心母字和精母字的发音部位及发音方法也大致相同。因此，"皙""绩"二字的中古音确实是相当接近的，前者拟读为 siek，后者拟读为 tsiek。⑤ 如此看来，前人提出的音近致歧说似乎颇有道理。

但是，从《辽史》的史源来考虑，上述说法有一个明显的破绽。诚然，辽代文献中确实存在着某些人名因音近而致误的情形，尤多见于《辽史》所记宋使之名。如《辽史·圣宗纪》统和二十八年（1010）二月

---

① 嵇璜等：《续文献通考》卷二〇六《封建考一》，第 4431 页上栏。
② 罗继祖：《辽史校勘记》，第 225 页。
③ 参见郭锡良：《汉字古音手册（增订本）》，商务印书馆，2010 年，第 112、120 页。
④ 王力：《汉语音韵》，中华书局，1980 年第 64 页。
⑤ 参见郭锡良：《汉字古音手册（增订本）》，第 112、120 页。

丙戌云:"宋遣王随、王儒等来吊祭。"①此事亦见于《续资治通鉴长编》卷七二大中祥符二年(辽统和二十七年)十二月甲辰,谓契丹国母萧氏卒,命王随、郭允恭为祭奠使,王曙、王承瑾为吊慰使。②又《郡斋读书志》卷七《伪史类》著录有王曙《戴斗奉使录》二卷,称此乃"祥符三年为吊慰使时所录也"。③可知《辽史》之"王儒"当作"王曙",盖因音近而致误。又如《辽史·天祚皇帝纪》乾统五年(1105)十二月癸酉云:"宋遣林洙来议与夏约和。"④此事亦见《皇宋十朝纲要》卷一六崇宁四年(辽乾统五年)五月壬子:"命龙图阁直学士林摅为辽国回谢使。"⑤《皇朝编年纲目备要》崇宁四年五月条同,⑥且林摅在《宋史》中有传。⑦由此可见,《辽史》将"林摅"记为"林洙",显然也属于音近致误。

另外,在宋代文献中也同样存在着类似的情况,如上文提到的陈襄《使辽语录》将"贵忠"误记为"规中"就是一例。然而,《辽史》有关杨晳、杨绩的记载则完全是另外一种情况。以上所举诸例,不管是《辽史》误记宋使之名,还是宋使误记辽人之名,显然都是得之于口耳之间,故音近致歧是可以理解的。而《辽史》之《杨晳传》和《杨绩传》则当源于辽朝史乘,不可能出自口述史。因此,"晳""绩"二字音近致歧说恐怕还值得斟酌。

此外,唐长孺又提出另一种推测性意见。他认为,"杨晳"与"杨绩"之歧出,可能是因为其史源分别出自耶律俨《皇朝实录》和陈大任《辽史》,而"耶律俨之《实录》也许有一种契丹本子,现行《辽史》所以有此错误,大概是汉名重译的结果",⑧即认为是经契丹语转译而造成的歧异。此说亦可归入音近致歧说。但这一推测更难以让人相信,因为既

---

① 《辽史》卷一五《圣宗纪六》,第 1 册,第 167 页。
② 李焘:《续资治通鉴长编》卷七二,大中祥符二年十二月甲辰,中华书局,2004 年第 2 版,第 3 册,第 1645 页。
③ 晁公武:《郡斋读书志校证》,孙猛校证,上海古籍出版社,1990 年,第 282 页。
④ 《辽史》卷二七《天祚皇帝纪一》,第 1 册,第 322 页。
⑤ 李埴:《皇宋十朝纲要》,《宋史资料萃编》第 1 辑,台北:文海出版社,影印本,1980 年,第 369—370 页。
⑥ 陈均:《皇朝编年纲目备要》卷二七,许沛藻、金圆、顾吉辰、孙菊园点校,中华书局,2006 年,下册,第 685 页。
⑦ 《宋史》卷三五一《林摅传》,中华书局,1977 年,第 32 册,第 11110—11112 页。
⑧ 唐长孺:《辽史中汉名的考订》,《山居存稿三编》,第 374 页。

没有任何证据可以表明耶律俨《皇朝实录》有契丹文字的本子,而元人所修《辽史》更不可能以契丹文本《皇朝实录》作为其蓝本——须知在元朝末年修《辽史》之时,早已无人能够识读契丹文字。

(二) 避讳说

关于"杨晳""杨绩"二名歧异的原因,既然前人提出的音近致歧诸说皆不足为据,那么还有没有别的解释呢?目前能够想到的另外一种可能性,或许是由避讳造成的。

辽天祚帝汉名"延禧",从辽代文献及石刻史料来看,辽人避"禧"字甚严,我们可以举两个典型的例子。

一个例子是,姚景禧因避天祚讳而被追改为"姚景行"。《辽史》卷九六《姚景行传》谓"姚景行,始名景禧"。① 按姚景行卒于道宗末年,道宗大安五年《梁颖墓志》曾提到"守太师、中书令姚公景禧";② 又道宗时姚氏所作《华严经随品赞引文》亦自署为"侍中、监修国史、魏国公姚景禧";③ 咸雍八年,契丹小字《耶律仁先墓志》第 35 行谓宰相 万夊 几用 乂夨,音译为"姚景禧",④ 皆可与《辽史》相佐证。知"景禧"更名"景行"当是天祚帝即位以后的事情。

另一个例子是,辽末因避天祚帝延禧嫌名而改称兴宗年号"重熙"为"重和"。此事见于宋人记载:

> 政和末,议改元,王黼拟用"重和"。既下诏矣,范致虚间白上曰:"此契丹号也。"故未几复改"宣和"。然"宣和"乃契丹宫门名,犹我之宣德门也,年名则实曰"重熙"。建中靖国后,虏避天祚嫌名,追谓"重熙"曰"重和"耳,不必避可也。⑤

宋人的上述记载可以得到很多辽朝石刻的印证。如乾统八年《兴中府安德州创建灵岩寺碑》谓"重和二十二年,有寺僧潜奥与悟开上人鸠集净财,缔结信士"云云,又乾统十年《高为裘墓志》云:"至重和九

---

① 《辽史》卷九六《姚景行传》,第 5 册,第 1402 页。
② 杨卫东:《辽朝梁颖墓志铭考释》,《文史》2011 年第 1 辑。
③ 〔高丽〕义天编:《圆宗文类》卷一,〔日〕吉津宜英、柴崎照和整理,《駒澤大學佛教學部研究紀要》第 56 号,1998 年 3 月,第 123 页。
④ 〔日〕丰田五郎:《契丹小字〈仁先墓誌〉の新釈》(未刊),1991 年 4 月 29 日,第 18 页。
⑤ 陆游:《老学庵笔记》卷一,李剑雄、刘德权点校,中华书局,1979 年,第 7 页。

年十二月,授右班殿直、侍卫神武军指挥使。"①此两者之"重和"皆当指"重熙"。

上文提到,今本《辽史》所见"杨晳""杨绩"二名当源自耶律俨《皇朝实录》和陈大任《辽史》。《皇朝实录》始撰于道宗末年,成书于天祚乾统初,②根据上文列举的辽末避天祚名讳的情况来看,"杨晳"一名或许是因避天祚延禧嫌名而被《皇朝实录》改作"杨绩"的。而金代不避讳"晳"字,③故陈大任《辽史》乃从其本名作"杨晳"。

以上就《辽史》一书中"杨晳"之名歧作"杨绩"的原因,分析了音近致歧说和避讳说两种可能性,指出前一种说法存在着明显的疑点,而后一种说法可能性较大。若想对这个问题提供一个更合理的解释,恐怕还要寄希望于新史料的发现。

【附识】

本文原发表于《中国史研究》2012 年第 2 期,收入本书时,对"杨晳""杨绩"二名歧异原因的推测,根据苗润博意见修改。

---

① 向南编:《辽代石刻文编》,河北教育出版社,1995 年,第 593、609 页。
② 《辽史》卷九八《耶律俨传》称道宗时"修《皇朝实录》七十卷"(第 1416 页),而《天祚皇帝纪》乾统三年十一月乙巳又有"召监修国史耶律俨纂太祖诸帝《实录》"的记载(第 320 页),所谓"太祖诸帝《实录》"即指《皇朝实录》。
③ 黄纬中:《略论辽金的避讳》,《史学汇刊》第 26 期,2010 年 12 月,第 23—60 页。

九 《辽史》复文再探——以《杨皙传》和《杨绩传》为例　321

附录：
一、《梁颖墓志》

图一

二、涿州房山石经《大宝积经》题记

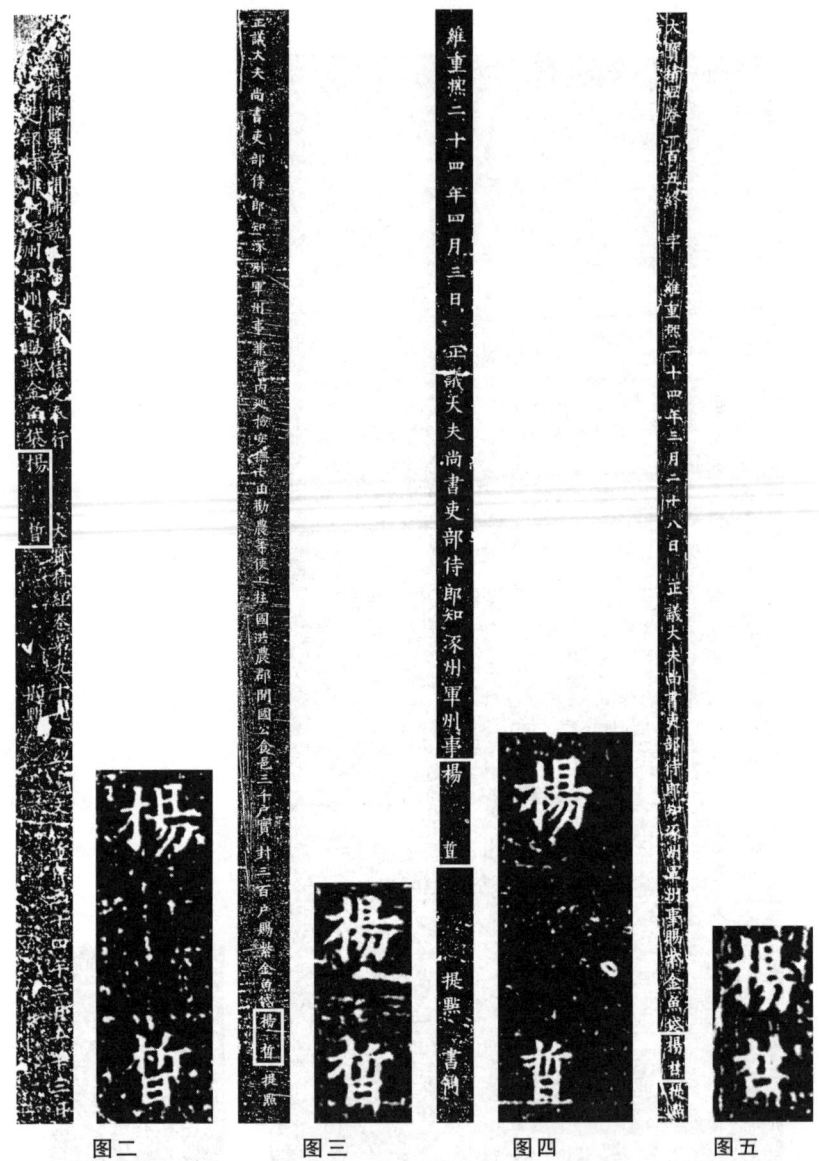

图二　　　图三　　　图四　　　图五

十 《金史·宗室表》与元代人的完颜宗室观

一、被奉为"经典"的《金史·宗室表》

《金史·宗室表》(简称《宗室表》)一向被视为研究金朝统治家族及其世系问题的核心文献。由于《金史》在金朝文献系统中具有经典的、权威的独特地位,传统做法无不是广泛搜集史料补苴此表。① 之所以如此,乃根源于学者对《宗室表》性质及其学术价值的判断。王明荪认为"此据金之谱牒得见者而成",②邱靖嘉、李玉君均持此说。③ 以上论者一致认为《宗室表》据金朝宗室谱牒修成,其实不外乎以下两个原因:

其一,金源一代确实纂修过皇族玉牒。据《金史》记载,金初"始未有文字,祖宗族属时事并能默记,(阿离合懑)与斜葛同修本朝谱牒"。④ 大定十六年(1176)正月甲子,"诏宗属未附玉牒者并与编次"。⑤ 承安

---

① 参见钱大昕:《廿二史考异》卷八五《金史二·宗室表》,方诗铭、周殿杰校点,上海古籍出版社,2004年,下册,第1176—1177页。施国祁:《金史详校》卷五《宗室表》,陈晓伟点校,中华书局,2021年,下册,第309—315页。陈述:《金史氏族表初稿》,原刊《国立中央研究院历史语言研究所集刊》第5本第3分,1935年,第331—374页;收入氏著《金史拾补五种》,科学出版社,1960年,第4—45页。《金史》卷五九《宗室表》卷末"校勘记",中华书局,1975年,第5册,第1379—1384页。李玉君:《金代宗室研究》,科学出版社,2016年,第261—268页。
② 王明荪:《金修国史及金史源流》,《书目季刊》第22卷1期,1988年6月,第47—60页。
③ 邱靖嘉:《〈金史〉纂修考》,中华书局,2017年,第176—177页。李玉君:《金代宗室研究》,第46—50页。
④ 《金史》卷七三《阿离合懑传》,第5册,第1672页。
⑤ 《金史》卷七《世宗纪中》,第1册,第163页。

五年(1200)三月庚申,"大睦亲府进重修玉牒",九月己未,"修玉牒成"。① 不过这至多表明,金朝各时期不断编纂宗室家族谱系。晚至元至正初年,这类资料是否仍流传在世可供纂修《金史》参考,令人怀疑。

其二,元修《宗室表》序文谓:"贞祐以后,谱牒散失,大概仅存,不可殚悉,今掇其可次第者著于篇。其上无所系、下无所承者,不能尽录也。"②这句话颇具迷惑性。揆诸文义,元朝史官宣称金朝"谱牒散失","掇其可次第者"语义乃承上文,似乎暗示他们根据残存者编成《宗室表》。

以上《金史》相关史文和《宗室表》序文即构成学者立论的全部证据。根据主流观点,《宗室表》具有相当重要的史料价值无疑。然而,论证《宗室表》文献价值成立与否的一大前提,是必须做好探源工作,尤其对元朝史官新设"表"文内容的性质持审慎态度。基于此,这里针对《宗室表》源自金源谱牒的传统观点提出批判,试图揭示其史料构成情况及编纂问题。

二、元修《金史·宗室表》史源索隐

下文将详细解析《宗室表》全文内容,逐条核查与本表内容相对应的同源文献,从各项典型案例中检讨元朝史官的编纂思路以及相关问题。兹考证如下。

《宗室表》的整体结构是,横向以始祖、德帝、安帝、献祖、昭祖、景祖、世祖、肃宗、穆宗、康宗、太祖、太宗、景宣皇帝、熙宗、海陵、睿宗、世宗、显宗、章宗、卫绍王、宣宗共二十一帝及始祖兄弟阿古乃、保活里为总纲,纵向则记述他们五世子孙及其仕官,同时每位皇帝栏附录有元朝史官按语(见图一)。③

---

① 《金史》卷一一《章宗纪三》,第 253、254 页。
② 《金史》卷五九《宗室表》,第 5 册,第 1359 页。
③ 《金史》卷五九《宗室表》,第 5 册,第 1360—1379 页。

十　《金史·宗室表》与元代人的完颜宗室观　325

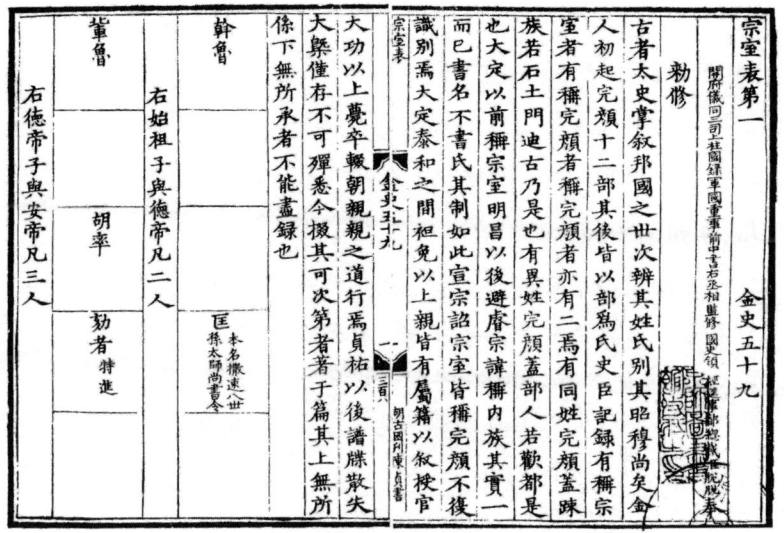

图一　百衲本《金史》(影印至正五年刻本)

笔者检到《金史》卷六五《始祖以下诸子传》提纲中有相关记载：

始祖明懿皇后生德帝乌鲁,季曰斡鲁,女曰注思板,皆福寿之语也。

德帝思皇后生安帝,季曰辈鲁。

安帝节皇后生献祖,次曰信德,次曰谢库德,次曰谢夷保,次曰谢里忽。

献祖恭靖皇后生昭祖,次曰朴都,次曰阿保寒,次曰敌酷,次曰敌古乃,次曰撒里蛬,次曰撒葛周。

昭祖威顺皇后生景祖,次曰乌古出。次室达胡末,乌萨扎部人,生跋黑、仆里黑、斡里安。次室高丽人,生胡失答。

景祖昭肃皇后生韩国公劾者,次世祖,次沂国公劾孙,次肃宗,次穆宗。次室注思灰,契丹人,生代国公劾真保。次室温迪痕氏,名敌本,生虞国公麻颇、隋国公阿离合懑、郑国公谩都诃。

世祖翼简皇后生康宗,次太祖,次魏王斡带,次太宗,次辽王斜也。次室徒单氏生卫王斡赛,次鲁王斡者。次室仆散氏生汉王乌故乃。次室术虎氏生鲁王阇母。次室术虎氏生沂王查剌。次室乌古论氏生郓王昂。①

卷六六《始祖以下诸子传》云：

> 康宗敬僖皇后生楚王谋良虎。次室温都氏生昭武大将军同刮苗。次室仆散氏坐事早死，生龙虎卫上将军隈可。②

卷六九《太祖诸子传》云：

> 太祖圣穆皇后生景宣帝、丰王乌烈、赵王宗杰。光懿皇后生辽王宗干。钦宪皇后生宋王宗望、陈王宗隽、沈王讹鲁。宣献皇后生睿宗、鹺王讹鲁朵。元妃乌古论氏生梁王宗弼、卫王宗强、蜀王宗敏。崇妃萧氏生纪王习泥烈、息王宁吉、莒王燕孙。娘子独奴可生邺王斡忽。③

卷七六《太宗诸子传》云：

> 太宗子十四人：蒲鲁虎、胡鲁、斛鲁补、阿鲁带、阿鲁补、斛沙虎、阿邻、阿鲁、鹘懒、胡里甲、神土门、斛孛束、斡烈、鹘沙。

本传正文更为详细：

> 宗固本名胡鲁。天会十五年为燕京留守，封鹺王。宗雅本名斛鲁补，封代王。宗伟本名阿鲁补，封虞王。宗英本名斛沙虎，封滕王。宗懿本名阿邻，封薛王。宗本本名阿鲁，封原王。鹘懒封翼王。宗美本名胡里甲，封丰王。神土门封郓王。斛孛束封霍王。斡烈封蔡王。宗哲本名鹘沙，封毕王。皆天眷元年受封。宗顺本名阿鲁带，天会二年薨，皇统五年赠金紫光禄大夫，后封徐王。④

卷六九《太祖诸子传》最后一篇列传云：

> 胙王元，景宣皇帝宗峻子也，本名常胜，为北京留守。弟查剌为安武军节度使。⑤

---

① 《金史》卷六五《始祖以下诸子传上》，第5册，第1537—1554页。本节引卷六五《始祖以下诸子传上》不再出注。
② 《金史》卷六六《始祖以下诸子传下》，第5册，第1561页。
③ 《金史》卷六九《太祖诸子传》，第5册，第1603页。
④ 《金史》卷七六《太宗诸子传》，第5册，第1729—1731页。
⑤ 《金史》卷六九《太祖诸子传》，第5册，第1609页。

卷八〇《熙宗诸子传》曰：

  熙宗诸子：悼平皇后生太子济安，贤妃生魏王道济。①

卷八二《海陵诸子传》云：

  海陵后徒单氏生太子光英，元妃大氏生崇王元寿，柔妃唐括氏生宿王矧思阿补，才人南氏生滕王广阳。②

卷八五《世宗诸子传》云：

  世宗昭德皇后生显宗、赵王孰辇、越王斜鲁。元妃张氏生鄗王允中、越王允功。元妃李氏生郑王允蹈、卫绍王允济、潞王允德。昭仪梁氏生豫王允成。才人石抹氏生夔王允升。孰辇、斜鲁皆早卒。③

卷九三《显宗诸子传》曰：

  显宗孝懿皇后生章宗，昭圣皇后生宣宗，诸姬田氏生郓王琮、瀛王瓛、霍王从彝，刘氏生瀛王从宪，王氏生温王玠。④

卷九三《章宗诸子传》谓：

  章宗钦怀皇后生绛王洪裕，资明夫人林氏生荆王洪靖，诸姬生荣王洪熙、英王洪衍、寿王洪辉。元妃李氏生葛王忒邻。⑤

卷九三《卫绍王诸子传》云：

  卫绍王六子，大定二十六年，赐名猛安曰琚，按出曰瑄，按辰曰瑋。

  大安元年，封子六人为王，从恪胙王，有任王、巩王，余弗传……二年八月，立从恪为皇太子。⑥

---

① 《金史》卷八〇《熙宗诸子传》，第 6 册，第 1797 页。
② 《金史》卷八二《海陵诸子传》，第 6 册，第 1852 页。
③ 《金史》卷八五《世宗诸子传》，第 6 册，第 1897 页。
④ 《金史》卷九三《显宗诸子传》，第 6 册，第 2056 页。
⑤ 《金史》卷九三《章宗诸子传》，第 6 册，第 2058 页。
⑥ 《金史》卷九三《卫绍王诸子传》，第 6 册，第 2060 页。

卷九三《宣宗诸子传》谓：

> 庄献太子名守忠，宣宗长子也。玄龄，或曰庄献太子母弟，早卒，未封爵。或曰丽妃史氏所生。
>
> 荆王守纯本名盘都，宣宗第二子也。母曰真妃庞氏。……守纯三子，长曰讹可，封肃国公，天兴元年三月进封曹王，出质于军前。次曰某，封戴王。次曰孛德，封巩王。①

通过考证可见，除肃宗、穆宗、睿宗外，其他诸帝所叙诸皇子总体履历与《宗室表》相合。具体详情如下。

首先，经过一番对比分析，《宗室表》始祖至宣宗诸子的排序，②与其相应的诸子列传序文所载诸子出身正室、侧室的嫡庶次序完全一致，唯有太祖、世宗则稍显混乱（具体原因说详下文），但与上述结论并不矛盾。其次，诸帝栏及其附录按语所叙皇子总数，与其诸子列传序文一一吻合。再次，《宗室表》所附按语，如康宗栏"史载常春、胡里剌、胡剌、鹘鲁、茶扎、怕八、讹出皆称谋良虎孙，不称谁子，不可以世"，③与《宗雄传》宗雄（本名谋良虎）"孙常春、胡里剌、胡剌、鹘鲁、茶扎、怕八、讹出"内容相同，④太宗栏"史载北京留守卞、平阳尹禀皆太宗孙，不称谁子，不可以世"。⑤ 详见《金史·宗本传》：

> 海陵遣使杀东京留守宗懿、北京留守卞。及迁益都尹毕王宗哲、平阳尹禀、左宣徽使京等，家属分置别所，止听各以奴婢五人自随。既而使人要之于路，并其子男无少长皆杀之。而中京留守宗雅喜事佛，世称"善大王"，海陵知其无能，将存之以奉太宗。后召至阙，不数日，竟杀之。太宗子孙死者七十余人，太宗后遂绝。⑥

---

① 《金史》卷九三《宣宗诸子传》，第6册，第2061—2063页。
② 按太宗诸子排序稍有不同，《宗室表》最后列"徐王宗顺"，此据卷七六《太宗诸子传》最后叙述"宗顺本名阿鲁带，天会二年薨，皇统五年赠金紫光禄大夫，后封徐王"。（第5册第1731页）
③ 《金史》卷五九《宗室表》，第5册，第1367页。
④ 《金史》卷七三《宗雄传》，第5册，第1681页。
⑤ 《金史》卷五九《宗室表》，第5册，第1371页。
⑥ 《金史》卷七六《宗本传》，第5册，第1733页。再检《金史·海陵纪》天德二年（1150）四月戊午条的相关记载（第1册第94页），知《金史·宗本传》实际摘取《海陵实录》该条。

十　《金史·宗室表》与元代人的完颜宗室观　329

据此可知所谓"史载"的指称对象。这样看来,《宗室表》主体框架与《金史》诸王列传内容一致,表明两者史料同源。

循着上述探源思路,我们可考察《宗室表》历朝皇帝五世子孙诸条仕履的材料来源。根据取材方式的不同,可总结为两种类型。

第一种是《宗室表》人物在《金史》中设有独立本传或附传,叙述个人仕官及子孙情况。

该表始祖子"斡鲁"栏下一格"匡":"本名撒速。八世孙。太师、尚书令。"按《金史》卷九八《匡传》有谓"始祖九世孙"以及上述官职。①

德帝子辈鲁子"胡率"栏,子"劲者特进"。《始祖以下诸子传》云:"辈鲁之孙胡率。胡率之子劲者……天会十五年赠特进。"

安帝子谢库德栏孙"拔达开府仪同三司"、第三子谢夷保栏子"盆纳仪同三司"。《始祖以下诸子传》曰:"谢库德之孙拔达,谢夷保之子盆纳……天会十五年,拔达赠仪同三司,盆纳赠开府仪同三司。"

昭祖子乌骨出栏"辞不失",孙"宗亨""宗贤"。《金史》卷七〇《习不失传》谓"昭祖之孙,乌骨出之次子也";收国元年(1115)七月,"习不失为阿买勃极烈云";"子挞不也"。② 宗亨(挞不也),"坐是,降为宁州刺史"。③ "宗贤本名赛里,习不失之孙也。"④

昭祖子跋黑栏"昂",子"宗浩"。据《金史》卷八四《昂传》云:"本名奔睹,景祖弟亭黑之孙,斜斡之子。"⑤《金史》卷九三《宗浩传》云:"昭祖四世孙,太保兼都元帅汉国公昂之子也。"⑥

景祖子劲者栏"撒改",子"宗翰""宗宪"。《金史》卷七〇《撒改传》云:"撒改者,景祖孙,韩国公劲者之长子。……子宗翰、宗宪。"⑦ 卷七四《宗翰传》曰:"本名粘没喝,汉语讹为粘罕,国相撒改之长子也。"⑧

---

① 《金史》卷九八《匡传》,第 7 册,第 2163 页。按《宗室表》共有两"斡鲁":始祖子斡鲁、景祖长子劲者第三子斡鲁。《匡传》"始祖九世孙"盖据传文"显宗曰撒速始祖九世孙"总结,元朝史官将此人系于始祖子斡鲁栏。
② 《金史》卷七〇《习不失传》,第 5 册,第 1617、1618、1619 页。
③ 《金史》卷七〇《宗亨附传》,第 5 册,第 1619 页。
④ 《金史》卷七〇《宗贤附传》,第 5 册,第 1620 页。
⑤ 《金史》卷八四《昂传》,第 6 册,第 1885 页。
⑥ 《金史》卷九三《宗浩传》,第 7 册,第 2072 页。
⑦ 《金史》卷七〇《撒改传》,第 5 册,第 1613、1615 页。
⑧ 《金史》卷七四《宗翰传》,第 5 册,第 1693 页。

卷七〇《宗宪附传》谓大定五年"进拜右丞相"。① 宗翰孙"秉德""斜哥",卷七四《宗翰传》云:"孙秉德、斜哥。秉德别有传。"②卷一三二《逆臣传·秉德》谓海陵既立"以秉德为左丞相"。③ 斡鲁子"撒八"、孙"赛里"。卷七一《斡鲁传》云:"劾者第三子。……子撒八,银青光禄大夫。子赛里。"④

景祖子劾孙栏"昱"。《始祖以下诸子传》谓劾孙"子蒲家奴又名昱……天会间,为司空,封王"。

景祖子麻颇栏"谩都本"。《始祖以下诸子传》载麻颇"长子谩都本……天眷中,赠金紫光禄大夫";"谩覩",该传谓"蛮覩,袭父麻颇猛安"。

景祖子阿离合懑栏列二子:⑤"赛也"一系,《金史》卷七三《阿离合懑传》云:"景祖第八子也。……子赛也、斡论。赛也子宗尹。"⑥同卷《宗尹附传》载:大定中,"即日拜平章政事"。⑦《宗宁附传》云:"太尉阿离合懑之孙。"⑧"晏"一系,同卷《晏附传》曰:"晏本名斡论,景祖之孙,阿离合懑次子也。"⑨以及《宗道附传》云:"太尉讹论之少子也。"⑩"讹论"即斡论。

世祖子杲栏,《金史》卷七六《杲传》叙述履历:本名斜也,世祖第五子。太宗即位,杲为谙班勃极烈。正隆例封辽王。子宇吉。子"宗义",⑪同卷《宗义附传》云:"本名宇吉,斜也之第九子。天德间,为平章政事。"⑫

世祖子斡赛栏"宗永"。《始祖以下诸子传》称:"宗永,本名挑挞,

---

① 《金史》卷七〇《宗宪附传》,第 5 册,第 1617 页。
② 《金史》卷七四《宗翰传》,第 5 册,第 1699 页。
③ 《金史》卷一三二《逆臣传·秉德》,第 8 册,第 2818 页。
④ 《金史》卷七一《斡鲁传》,第 5 册,第 1631、1635 页。
⑤ 该卷校勘记一〇考证"阿离合懑"当在前二栏"赛也"之上(第 5 册第 1380 页)。即赛也系阿离合懑子。
⑥ 《金史》卷七三《阿离合懑传》,第 5 册,第 1671、1672 页。
⑦ 《金史》卷七三《宗尹附传》,第 5 册,第 1674 页。
⑧ 《金史》卷七三《宗宁附传》,第 5 册,第 1676 页。
⑨ 《金史》卷七三《晏附传》,第 5 册,第 1672 页。
⑩ 《金史》卷七三《宗道附传》,第 5 册,第 1677 页。
⑪ 《金史》卷七六《杲传》,第 5 册,第 1737、1740 页。
⑫ 《金史》卷七六《宗义附传》,第 5 册,第 1740 页。

斡赛子。"

世祖子斡者栏"神土懑"。《始祖以下诸子传》谓斡者"子神土懑,骠骑卫上将军。……子璋本名胡麻愈"。璋,卷六五有附传。①

世祖子阇母栏"宗叙"。《金史》卷七一《阇母传》谓"世祖第十一子。……子宗叙";②《宗叙附传》载"本名德寿,阇母第四子也。……(大定)十年,召至京师,拜参知政事"。③

世祖子昂栏"郑家""鹤寿"。按《始祖以下诸子传》云:"郓王昂,本名吾都补,世祖最幼子也。……子郑家、鹤寿。"郑家子"承晖",《金史》卷一○一《承晖传》有云:"袭父益都尹郑家塔割剌讹没谋克。"④

世祖子勖栏,《金史》卷六六《始祖以下诸子传》谓"勖,字勉道,本名乌野,穆宗第五子";子"宗秀","入为刑部尚书"。⑤

穆宗子挞懒栏,《金史》卷七七《挞懒传》"昌本名挞懒,穆宗子"。⑥

康宗子谋良虎栏,《金史》卷七三《宗雄传》"本名谋良虎,康宗长子。……子蒲鲁虎、按苔海、阿邻。……初,蒲鲁虎袭猛安。蒲鲁虎卒,赠金紫光禄大夫,子桓端袭之,官至金吾卫上将军。桓端卒,子袅频未袭而死。章宗命宗雄孙蒲带袭之"。⑦"蒲带",同卷附传云:"章宗即位,初置九路提刑司,蒲带为北京临潢提刑使。"⑧"按苔海",《按苔海附传》"宗雄次子也"。⑨"阿邻",《阿邻附传》"迁兵部尚书"。⑩

以上是《宗室表》始祖至康宗诸子史料来源情况。

下文继续分析《宗室表》太祖至宣宗栏内史文与列传的文献关系。太祖子宗幹栏,《金史》卷七六《宗幹传》记载说:"子充、亮、衮、襄、衮。"⑪充有附传,"子檀奴、元奴、耶补儿、阿里白",⑫"元奴"(永元)、檀

---

① 《金史》卷六五《璋附传》,第 5 册,第 1548—1553 页。
② 《金史》卷七一《阇母传》,第 5 册,第 1640、1643 页。
③ 《金史》卷七一《宗叙附传》,第 5 册,第 1643、1645 页。
④ 《金史》卷一○一《承晖传》,第 7 册,第 2223 页。
⑤ 《金史》卷六六《始祖以下诸子传下》,第 5 册,第 1557、1560 页。
⑥ 《金史》卷七七《挞懒传》,第 5 册,第 1762 页。
⑦ 《金史》卷七三《宗雄传》,第 5 册,第 1678、1681 页。
⑧ 《金史》卷七三《蒲带附传》,第 5 册,第 1681 页。
⑨ 《金史》卷七三《按苔海附传》,第 5 册,第 1683 页。
⑩ 《金史》卷七三《阿邻附传》,第 5 册,第 1682 页。
⑪ 《金史》卷七六《宗幹传》,第 5 册,第 1744 页。
⑫ 《金史》卷七六《充附传》,第 5 册,第 1744 页。

奴均有附传。兖有附传，子阿合，"大定中为符宝祗候，俄迁同知定武军节度使"。① 襄有附传，子和尚"封应国公"。② 衮有附传，谓"本名蒲甲……及迁中都，道中以蒲家为西京留守"。③

太祖子宗望栏，《金史》卷七四《宗望传》谓"子齐、京、文"。④ 三人皆有附传。

太祖子宗弼栏，《金史》卷七七《宗弼传》"子亨迭"。⑤ 按亨迭汉名亨，《亨附传》记载"改广宁尹"，"大定初，追复亨官爵，封韩王"。⑥

太祖子宗杰栏，《金史》卷六九《宗杰传》"以其长子奭为会宁牧，封邓王。……子阿楞、挞楞"。⑦

太祖子宗隽栏，详参《金史》卷六九《宗隽传》。⑧

太祖子宗强栏，《金史》卷六九《宗强传》"子阿邻、可喜、阿琐"。⑨ 三人皆有附传。

太祖子宗敏栏，《金史》卷六九《宗敏传》"封子撒合辇舒国公，赐名褒，进封王"。⑩

太宗栏"宗盘""宗固""宗本"，《金史》卷七六《太宗诸子传》中皆设有本传。

景宣栏"元""查剌"。《金史》卷六九《元传》"胙王元，景宣皇帝宗峻子也，本名常胜，为北京留守。弟查剌为安武军节度使"。⑪

世宗子永中栏，《金史》卷八五《永中传》谓大定二十六年"世宗赐诸孙名。石古乃曰瑜，神土门曰璋，阿思懑曰玘，阿离合懑曰琢"。⑫

永功栏，《金史》卷八五《永功传》曰："子福孙、寿孙、粘没曷。大定二十

---

① 《金史》卷七六《兖附传》，第 5 册，第 1746 页。
② 《金史》卷七六《襄附传》，第 5 册，第 1746 页。
③ 《金史》卷七六《衮附传》，第 5 册，第 1747 页。
④ 《金史》卷七四《宗望传》，第 5 册，第 1706 页。
⑤ 《金史》卷七七《宗弼传》，第 6 册，第 1756 页。
⑥ 《金史》卷七七《亨附传》，第 6 册，第 1757、1758 页。
⑦ 《金史》卷六九《宗杰传》，第 5 册，第 1604 页。
⑧ 《金史》卷六九《宗隽传》，第 5 册，第 1604 页。
⑨ 《金史》卷六九《宗强传》，第 5 册，第 1604 页。
⑩ 《金史》卷六九《宗敏传》，第 5 册，第 1609 页。
⑪ 《金史》卷六九《元传》，第 5 册，第 1609 页。
⑫ 《金史》卷八五《永中传》，第 6 册，第 1898 页。

六年,诏赐福孙名璐,寿孙名璹,粘没曷名琳。是年,璐加奉国上将军。"①同卷《璹附传》云:"正大初,进封密国公。"②永蹈栏,卷八五《永蹈传》"二子按春、阿辛"。③ 永德栏,《金史》卷八五《永德传》"子翰论,赐名琰"。④

显宗栏,诸子"琮""璪""瓒""琦""玠",《金史》卷九三中皆有传。

章宗栏,六子"洪裕""洪靖""洪熙""洪衍""洪辉""忒邻",《金史》卷九三皆设列传。

除金朝历代诸帝子孙外,《宗室表》最后还收录始祖兄弟阿古乃、保活里以及始祖以下世次无考者。阿古乃栏,"挞不也""胡十门""钩室",此为祖孙三代。《金史》卷六六《胡十门传》载:"父挞不野,事辽为太尉"。胡十门"天辅二年卒。赠监门卫上将军,再赠骠骑卫上将军。子钩空"。⑤"合住",《金史》卷六六《合住传》云"仕辽,领辰、复二州汉人、渤海";子蒲速越"袭父职,再迁静江中正军节度使";子余里也"后从宗望伐宋,以功迁真定府路安抚使兼曹州防御使";长子布辉"累迁顺天军节度使"。⑥

保活里栏,《金史》卷七〇《石土门传》"父直离海,始祖弟保活里四世孙",石土门"正隆二年,封金源郡王。子习失、思敬"。⑦ 本卷均附有传。石土门弟二人"阿斯懑""迪古乃",同卷《完颜忠传》"完颜忠本名迪古乃,字阿思魁,石土门之弟"。⑧

婆卢火栏,《金史》卷七一《婆卢火传》载"婆卢火,安帝五代孙","天辅五年,摘取诸路猛安中万余家,屯田于泰州,婆卢火为都统"。"婆速,官特进,子吾扎忽。"⑨

胡特孛山栏"杲",子"宗安"。《金史》卷八四《杲传》"本名撒离

---

① 《金史》卷八五《永功传》,第 6 册,第 1904 页。
② 《金史》卷八五《璹附传》,第 6 册,第 1904 页。
③ 《金史》卷八五《永蹈传》,第 6 册,第 1902 页。
④ 《金史》卷八五《永德传》,第 6 册,第 1906 页。
⑤ 《金史》卷六六《胡十门传》,第 5 册,第 1561—1562 页。按"钩空",点校本据《宗室表》改作"钩室",欠妥。
⑥ 《金史》卷六六《合住传》,第 5 册,第 1562—1563 页。
⑦ 《金史》卷七〇《石土门传》,第 5 册,第 1621—1622 页。
⑧ 《金史》卷七〇《完颜忠传》,第 5 册,第 1622 页。
⑨ 《金史》卷七一《婆卢火传》,第 5 册,第 1638—1639 页。

喝,安帝六代孙,泰州婆卢火之族,胡鲁补山之子","称御史大夫宗安于宫门外遗下此书"。① "胡特孛山"即"胡鲁补山"。

什古栏"阿鲁带",子"襄"。《金史》卷九四《襄传》曰:"本名唵,昭祖五世孙也。祖什古乃从太祖平辽,以功授上京世袭猛安,历东京留守。父阿鲁带,皇统初北伐有功,拜参知政事。"②

崇成栏,见《始祖以下诸子传》"昭祖玄孙也","累迁武卫军都指挥使"。

冶诃栏,《金史》卷六八《冶诃传》记载:"冶诃系出景祖","冶诃子阿鲁补、骨赦、讹古乃、散荅。散荅子蒲查"。③ 以上诸人均有附传。

阿离补栏,《金史》卷八〇《阿离补传》谓"宗室子,系出景祖","子言、方,言别有传"。④ "方",本卷有附传。"言",《金史》卷一三〇《逆臣传·言》"本名乌带,行台左丞相阿鲁补子也"。⑤

胡八鲁栏"齐"。《金史》卷六六《齐传》载齐"穆宗曾孙。父胡八鲁,宁州刺史"。⑥

拔离速栏,《金史》卷七二《拔离速传》拔离速"银术可弟"。⑦ 银术可,《金史》卷七二《银术可传》"宗室子""子彀英",⑧同卷有《彀英附传》。"麻吉",《金史》卷七二《麻吉传》"银术可之母弟也","子沃侧"。⑨

宗贤栏谓"太祖从侄"。《金史》卷六六《宗贤传》未详所出,根据"宗"字排行,可推知此人与太祖的关系,最终仕官"起为婆速路兵马都总管"。⑩

综上所见,我们以《宗室表》为中心从《金史》中检索所涉人物的列传,结果发现表、传所叙宗室成员仕履中的任官、封册、血缘关系等内容

---

① 《金史》卷八四《杲传》,第 6 册,第 1877、1879 页。
② 《金史》卷九四《襄传》,第 6 册,第 2085 页。
③ 《金史》卷六八《冶诃传》,第 5 册,第 1595 页。
④ 《金史》卷八〇《阿离补传》,第 6 册,第 1810、1811 页。
⑤ 《金史》卷一三〇《逆臣传·言》,第 8 册,第 2821 页。
⑥ 《金史》卷六六《齐传》,第 5 册,第 1564 页。
⑦ 《金史》卷七二《拔离速传》,第 5 册,第 1665 页。
⑧ 《金史》卷七二《银术可传》,第 5 册,第 1657、1659 页。
⑨ 《金史》卷七二《麻吉传》,第 5 册,第 1663、1664 页。
⑩ 《金史》卷六六《宗贤传》,第 5 册,第 1567 页。

高度一致，从而揭示出一条重要的同源线索。这种情况又和上文《宗室表》主体框架与诸王列传序文所见文献关系极其相似。

第二种取材模式是，摘录各类列传的片段史文加以改编、填充。

今检出十例：

第一，《宗室表》撒改栏子三人：宗翰、宗宪、"扎保迪特进"。《金史》卷七〇《撒改传》仅书"子宗翰、宗宪"，①此二人均有列传，并无扎保迪事可资参考。按卷七四《宗翰传》叙述宗翰伐辽事谓"宗翰弟扎保迪没于阵。天眷中，赠扎保迪特进云"。②

第二，劾孙栏，昱曾孙"阿鲁"。《始祖以下诸子传》所载昱附传并未提及，此事见于《金史》卷七三《宗尹附传》："宗尹对曰：'奉国斡准之子按出虎、豫国公昱之曾孙阿鲁可任使。'"③

第三，阿离合懑栏，宗宁子"亩"。《金史》卷七三《宗宁附传》正文记述宗宁事曰："宗宁多病，世宗欲以凉地处之，俾知咸平，诏以其子符宝郎亩为韩州刺史，以便养。无几，入授同判大睦亲府事，拜平章政事。明昌二年，薨。"④

第四，同栏晏子"恶里乃"，《金史》卷七三《晏附传》谓："海陵南伐，世宗为东京留守，将士皆自淮南来归，晏之子恶里乃亦自军前率众来归世宗。"⑤

第五，谩都诃栏，子"工部尚书谋里也"，《始祖以下诸子传》谩都诃小传不载此事，《金史》卷七六《宗义附传》谓海陵"杀斜也子孙百余人，谋里野子孙二十余人。谋里野，景祖孙，谩都诃次子"。⑥

第六，杲（斜也）栏，宗义弟"蒲马"等五人。《金史》卷七六《杲传》止云"子孛吉"，⑦即宗义。《宗义附传》云："大定初，追复宗义官爵，赠特进。弟蒲马、孛论出、阿鲁、隈喝并赠龙虎卫上将军。""斜也有幼子阿虎

---

① 《金史》卷七〇《撒改传》，第 5 册，第 1615 页。
② 《金史》卷七四《宗翰传》，第 5 册，第 1695 页。
③ 《金史》卷七三《宗尹附传》，第 5 册，第 1676 页。
④ 《金史》卷七三《宗宁附传》，第 5 册，第 1677 页。
⑤ 《金史》卷七三《晏附传》，第 5 册，第 1673 页。
⑥ 《金史》卷七六《宗义附传》，第 5 册，第 1741 页。
⑦ 《金史》卷七六《杲传》，第 5 册，第 1740 页。

里……后封为王,授世袭千户。"①

第七,谋良虎栏,与按苔海同行者"燕京"。本人无传,父宗雄本传亦无此人,此见《金史》卷七三《按苔海附传》:"世宗即位于东京,敕令至广宁,弟燕京劝按苔海拒弗受。按苔海受之。"②

第八,宗望栏,齐子"咬住",《金史》卷七四《齐附传》载:"弟京、弟文皆以谋反诛。世宗尽以其家财产与齐之子咬住。……俄袭叔父京山东西路徒毋坚猛安。"③

第九,宗弼栏,亨子"羊蹄",《金史》卷七七《亨附传》:"正隆六年,海陵遣使杀诸宗室,于是杀亨妃徒单氏、次妃大氏及子羊蹄等三人。"④

第十,宗本栏,子"阿里虎",《金史》卷七六《宗本传》云:"长子锁里虎当大贵,因是不令见主上。"⑤"锁里虎"盖即阿里虎。⑥

综上,扎保迪、阿鲁、盲、恶里乃、谋里也、蒲马、孛论出、阿鲁、隈喝、阿虎里、燕京、咬住、羊蹄、阿里虎十四人在《金史》中无专门列传,其父的本传中并未专门提及,而是相关列传正文有所涉及,即通过节取史文提炼到《宗室表》中。

以上考证,是我们从《金史》中钩沉《宗室表》同源文献的详细经过,笔者相信元朝史官最初编纂《宗室表》时同样也经历了这道"考索"环节。将《宗室表》与《金史》列传通盘比勘,可知前者所列人物整体范围绝不会溢出后者,不过两者内容并不构成直接的传抄关系。这是因为,《宗室表》仍有六条材料在《金史》中无考:肃宗子二人"耨酷款温国公""蒲鲁虎崇国公",穆宗三子"蒲察齐国公""蒲里迭崇国公""撒枳银青光禄大夫",谋良虎子"余里也",睿宗子"吾里补齐王",永成二子"玮(仁寿)""瑭(仁安)",永升子"琎(欢睹)"。其中肃宗、穆宗两条值得注意,《金史》卷六五、卷六六《始祖以下诸子传》并没有与其相对应的

---

① 《金史》卷七六《宗义附传》,第5册,第1741页。
② 《金史》卷七三《按苔海附传》,第5册,第1683页。
③ 《金史》卷七四《齐附传》,第5册,第1707—1708页。
④ 《金史》卷七七《亨附传》,第6册,第1758页。
⑤ 《金史》卷七六《宗本传》,第6册,第1732页。
⑥ 《金史》卷五九《宗室表》校勘记二十七,第5册,第1382页。

诸子传序文,所幸有迹可循。按,《金史》卷六五以记述世祖诸子列传结尾,而卷六六篇首径直接续穆宗第五子勗的列传(见图二),中间缺少“肃宗”“穆宗”序文总结诸子情况,盖因史官抄撮之疏漏或省却内容。以上两类文本对比结果则表明,《宗室表》并不直接抄撮现在的这部《金史》诸列传,而是两者存在着相同的取材文本。

论证至此,我们可以明确一点,元人纂修《宗室表》恐非根据金朝谱牒那种原始文献,实乃与《金史》列传具有渊源,其中大宗资料取材于诸王子列传,根源在于实录。今举证相关线索。

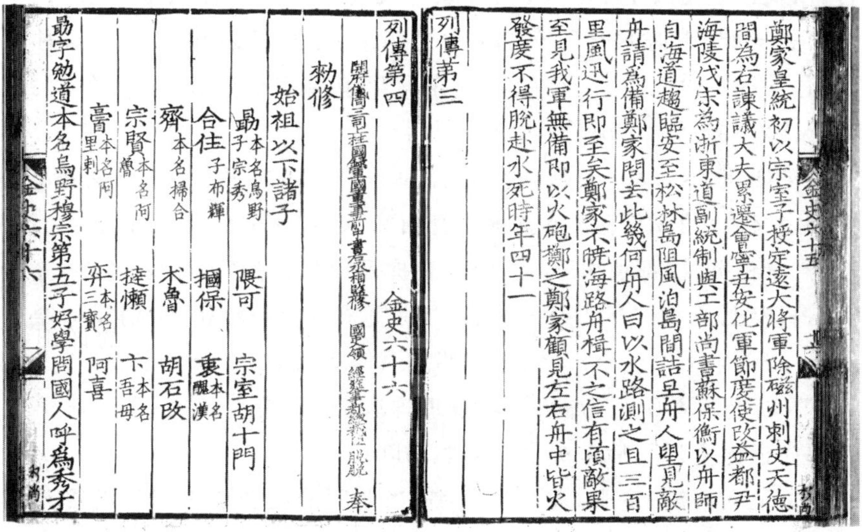
鄭家皇統初以宗室子授定遠大將軍除磁州刺史天德
間為右諫議大夫累遷會寧尹安化軍節度使改益都尹
海陵伐宋為浙東道副統制與工部尚書蘇保衡以舟師
自海道趨臨安至松林島阻風泊島間詰旦舟人望見敵
舟請為備鄭家問去此幾何舟人曰以水路測之且三百
里風迅行即至矣鄭家不曉海路舟楫不之信有頃敵果
至見我軍無備即以火砲擲之鄭家顧見左右舟中皆火
發度不得脫赴水死時年四十一
列傳第三

列傳第四　金史六十六
開府儀同三司上柱國錄軍國重事中書右丞相監修國史領經筵事都總裁臣脫脫　奉
勑修
始祖以下諸子
勗本名烏野子宗秀　隈可　宗室胡十門
合住子布輝　𢭃保　衷本名醜漢
齊本名掃合　朮魯　胡石改
宗賢本名阿魯　撻懶　卞本名吾母
膏本名阿里剌　弈本名三寶　阿喜
勗字勉道本名烏野穆宗第五子好學問國人呼為秀才

图二　洪武覆刻本《金史》(国家图书馆藏,A00804)

第一,《始祖以下诸子传》曰:“始祖明懿皇后生德帝乌鲁,季曰斡鲁,女曰注思版,皆福寿之语也。以六十后生子,异之,故皆以嘉名名之焉。”今检到《金史·世纪·始祖》有云:“后生二男,长曰乌鲁,次曰斡鲁,一女曰注思板,遂为完颜部人。”[①]可知《始祖以下诸子传》序文与《世纪》记载始祖二子一女内容一致,这就很容易判断其史源了。[②] 均

① 《金史》卷一《世纪》,第1册,第2—3页。

② 参见赵翼:《廿二史劄记校证》卷二七金史条,王树民校证,中华书局,1984年,下册,第597—599页。

改编自完颜勖所修《祖宗实录》。

第二，景祖后妃及诸子嫡庶长幼情况，《始祖以下诸子传》"景祖"序文有谓："景祖昭肃皇后生韩国公劾者，次世祖，次沂国公劾孙，次肃宗，次穆宗。"《金史·世纪·世祖》亦载："景祖九子，元配唐括氏生劾者，次世祖，次劾孙，次肃宗，次穆宗。"①昭肃皇后即唐括氏，证明以上两条同样均取资《祖宗实录》。

第三，前引《金史》卷六九《太祖诸子传》序文叙述太祖圣穆皇后、光懿皇后、钦宪皇后、宣献皇后、元妃乌古论氏、崇妃萧氏及娘子独奴可，以及诸后妃所生十六子。《三朝北盟会编》引《金国太祖实录》载有"三后、三妃，十有六子"。②按《太祖实录》于皇统八年（1148）八月进呈，仆散氏身份此时为"德妃"，大定元年追谥宣献皇后。③那么《太祖诸子传》所叙后妃情况与实录佚文相合。

第四，《宗室表》谩都诃栏子谋里也"工部尚书"。同源文献《金史·宗义附传》谓海陵"杀斜也子孙百余人，谋里野子孙二十余人。谋里野，景祖孙，谩都诃次子"，④但没有提及谋里也的官职。按《金史》卷五《海陵纪》天德二年十月辛未云："使使杀行台左丞相、左副元帅撒离喝于汴，并杀平章政事宗义、前工部尚书谋里野、御史大夫宗安，皆夷其族。"⑤以上两者所记为同一事，按理均取资《海陵实录》，原本写作"前工部尚书谋里野"，后来史官将官职删削。

论证元修《宗室表》非取资谱牒，当要厘清同源诸王列传编纂及其材料来源问题。其实主要有两种模式。

一种是直接从实录中剪辑人物附传。例如，海陵子矧思阿补的本传云："（正隆）三年正月五日，矧思阿补薨。海陵杀太医副使谢友正、医者安宗义及其乳母，杖东胜一百，除名。"以及详述杨伯雄"既决杖

---

① 《金史》卷一《世纪》，第 1 册，第 6—7 页。
② 徐梦莘：《三朝北盟会编》卷一八，上海古籍出版社，影印许涵度刻本，2008 年第 2 版，上册，第 128 页。
③ 《金史》卷六三《后妃传上》，第 5 册，第 1502 页。
④ 《金史》卷七六《宗义附传》，第 5 册，第 1741 页。
⑤ 《金史》卷五《海陵纪》，第 1 册，第 95 页。

至四十"。① 结合《金史·海陵纪》正隆三年(1158)正月丙寅"子矧思阿不死,杀太医副使谢友正及其乳母等",己卯"杖右谏议大夫杨伯雄",②可知《金史·矧思阿补传》采据《海陵实录》正隆三年正月条所载小传。

一种是逐条史料拼合,这点颇具说服力。谨以《金史·忒邻传》为例(见表一)③:

表一 《金史·忒邻传》史文同源表

《金史·忒邻传》	《金史·章宗纪》④	《金史·后妃传》元妃李氏条⑤
泰和二年八月生	(泰和二年八月)丁酉,还宫。皇子生	泰和二年八月丁酉,元妃生皇子忒邻,群臣上表称贺。宴五品以上于神龙殿,六品以下宴于东庑下
上久无皇嗣,祈祷于郊、庙、衍庆宫、亳州太清宫,至是喜甚	(九月)癸亥,以皇子生,亲谢南北郊 十月戊寅,报谢于太庙及山陵 (十一月)甲子,幸玉虚观,遣使报谢于太清宫	诏平章政事徒单镒报谢太庙,右丞完颜匡报谢山陵,使使亳州报谢太清宫
弥月,将加封,三等国号无慊上意者,念世宗在位最久,年最高,初封葛王,遂封为葛王	(九月)庚午,封皇子为葛王	既弥月,诏赐名,封为葛王。葛王,世宗初封,大定后不以封臣下,由是三等国号无葛。尚书省奏,请于瀛王下附葛国号,上从之

---

① 《金史》卷八二《矧思阿补传》,第6册,第1855页。
② 《金史》卷五《海陵纪》,第1册,第108页。
③ 《金史》卷九三《忒邻传》,第6册,第2059—2060页。
④ 《金史》卷一一《章宗纪三》,第1册,第259—260页。
⑤ 《金史》卷六四《后妃传下》,第5册,第1528—1529页。

（续表）

《金史·忒隣传》	《金史·章宗纪》	《金史·后妃传》元妃李氏条
十二月癸酉,生满百日,放僧道度牒三千道,设醮玄真观	十二月癸酉,以皇子晬日,放僧道戒牒三千	十二月癸酉,忒邻生满三月,敕放僧道度牒三千道,设醮于玄真观,为忒邻祈福
宴于庆和殿。百官用天寿节礼仪,进酒称贺,三品以上进礼物		丁丑,御庆和殿,浴皇子。诏百官用元旦礼仪进酒称贺,五品以上进礼物
泰和三年,薨	（三年五月）辛卯,皇子葛王薨	生凡二岁而薨

据表一,《忒隣传》实际由六条史料构成,其中有五条与《金史·章宗纪》若合符契,而且全部见于《金史·后妃传》,从而证明三者具有同源关系,共同改编自《章宗实录》相关条目无疑。

循此线索,再分析《金史·守忠传》之来源。传文云:

> 庄献太子名守忠,宣宗长子也。其母未详,说在《王后传》。胡沙虎既废卫王,时上未至,即迎守忠入居东宫。贞祐元年闰九月甲申,立为皇太子,诏曰:"朕以眇躬,嗣服景命,念祖宗之遗统,方夙夜以靡遑,将上以承九庙之灵,而下以系多方之望。皇太子守忠性秉温良,地居长嫡,以次第言之,则宜升储嗣,以典礼质之,则足惬群情,其立为皇太子。"十月己未,以镇国上将军、太子少保阿鲁罕为太子少师。庚申,上遣谕曰:"朕宫中每事裁减,汝亦宜知时难,斟酌撙节也。"又谓曰:"时方多艰,每事当从贬损,吾已放宫人百余矣,东宫无用者亦宜出之。汝读书人,必能知此也。"
>
> 二年四月,宣宗迁汴,留守中京。七月,召至汴。三年正月,薨。上临奠殡所凡四次。四月,葬迎朔门外五里。谥庄献。五月,立其子铿为皇太孙,始二岁。十二月薨,四年正月,赐谥冲怀太孙。①

《金史·宣宗纪》载,贞祐元年(1213)闰九月甲申"立子守忠为皇太

---

① 《金史》卷九三《守忠传》,第6册,第2061页。

子",十月癸亥"放宫女百三十人",二年七月"车驾至南京",三年四月丁未"故皇太子启蕆,赐谥曰庄献",戊申"权葬迎朔门外",五月辛未"立皇孙铿为皇太孙",十二月癸丑"皇太孙薨,以殇,无祭享之制,戒勿劳民",四年正月癸酉"诏赐故皇太孙谥曰冲怀"。① 可证《守忠传》与《宣宗纪》整体相合,说明都取材于《宣宗实录》。

此外,宣宗第二子守纯于哀宗天兴二年(1233)五月被蒙古军俘获,《宣宗实录》当无此人附传。经查,《金史·守纯传》与《宣宗纪》诸条相同,其余内容与《哀宗纪》同源,末段"天兴初,守纯府第产肉芝一株",②则抄自元初王恽《纪肉芝等事》。③ 知《守纯传》杂钞诸书而成。

根据以上分析,可以对元修《宗室表》与诸王列传的同源关系做出较为合理的解释:元朝史官编修《金史》时,首先要从诸帝实录中摘取和拼凑宗室人物列传,然后再按照每位皇帝归类成诸王列传,其中最原始文本应记述皇子的母系及嫡庶、长幼排行,元修《金史》诸王子列传序文盖据此写成,形成一部底稿。元朝史官编纂《宗室表》从列传底稿中节录人物名讳、世系及封官三项信息,为图便捷干脆以序文为蓝本再辅之列传正文补充;而诸王列传的底稿再经删削、加工即形成现在的面目。这也就是为什么《宗室表》整体内容在《金史》中有据可查,唯有六条史文不明出处及某些译名歧异的真正原因。

三、检讨《金史·宗室表》编纂诸问题

根据上文论证,重审《宗室表》序文"今掇其可次第者"一语,④恐非指谱牒,而是最初从实录中整合出的列传资料有明确世次者。或许有人会提出这样的疑问:金朝宗室谱牒亦载人物列传,故而《宗室表》与今本《金史》诸传重合。通过下面分析则会证明这种设想难以成立。

纂修体例方面,《金史》模仿《新唐书》。其中,《新唐书》卷七〇设置《宗室世系表》上下卷,卷七八《宗室传》太祖、世祖诸子传,元修《金

---

① 《金史》卷一四《宣宗纪上》,第 2 册,第 302—316 页。
② 《金史》卷九三《守纯传》,第 6 册,第 2061—2063 页。
③ 王恽:《秋涧先生大全文集》卷四四《纪肉芝等事》,《元人文集珍本丛刊》,台北:新文丰出版公司,1985 年,第 2 册,第 37 页下栏。
④ 《金史》卷五九《宗室表》,第 5 册,第 1359 页。

史·宗室表》《始祖以下诸子传》与此对应;《新唐书》卷七九至卷八二分别为高祖诸子、太宗诸子、三宗诸子及十一宗诸子列传,《金史》亦有太祖以下诸子列传等。至正初年,元修三史新创设表,于是应体例之需,史官靠网罗、改造与主题对应的史料填充表格。① 以上考察《金史·宗室表》史源的结果证明《金史》在改编旧本列传的过程中漏洞百出。现归纳为三种类型。

首先,摘录史料有失。《金史·宗室表》旨在以表的形式呈现金源宗室的整体面貌,但由于失检史文,致使诸多宗室人物被遗漏,最说不过去的就是从所网罗到的文献中剪辑,仍然阙失中间人物。目前发现两例:②

乌骨出	辞不失 阿买勃极烈		宗亨 宁州刺史

《金史》卷七〇《习不失传》叙述子嗣及仕履云:"子鹘沙虎,国初有功,天会间,为真定留守。子挞不也。"③"挞不也"汉名宗亨,《宗亨附传》载其曾"降为宁州刺史"。④《宗室表》与《习不失传》《宗亨附传》同源,而脱载习不失子、宗亨父"鹘沙虎"。

跋黑		昂 本名奔睹。太保、兼都元帅	宗浩 右丞相、兼都元帅

《金史》卷八四《昂传》谓:"本名奔睹,景祖弟孛黑之孙,斜斡之子。"⑤《宗室表》据此,然而跋黑与昂之间阙"斜斡"。⑥ 以上乌骨出条、跋黑条,元朝史官却在有史文可据的情况仍遗漏"鹘沙虎"和"斜斡",可谓失之眉睫。

其次,误读史文,导致人物简历讹误。兹举二例:第一,《宗室表》谋

---

① 参见苗润博:《契丹国舅别部世系再检讨》,《史学月刊》2014 年第 4 期。苗润博:《〈辽史〉探源》,中华书局,2020 年,第 50—54 页。
② 《金史》卷五九《宗室表》,第 5 册,第 1361 页。
③ 《金史》卷七〇《习不失传》,第 5 册,第 1619 页。
④ 《金史》卷七〇《宗亨附传》,第 5 册,第 1619 页。
⑤ 《金史》卷八四《昂传》,第 6 册,第 1885 页。
⑥ 参见《金史》卷五九《宗室表》,第 5 册,第 1379—1380 页。

良虎栏,蒲鲁虎子"桓端金紫光禄大夫",①《金史·宗雄传》有谓:"初,蒲鲁虎袭猛安。蒲鲁虎卒,赠金紫光禄大夫,子桓端袭之,官至金吾卫上将军。"②经对比可知,该表编纂者未审上下文义,竟把蒲鲁虎死后赠官金紫光禄大夫当作桓端的官职。③ 第二,《宗室表》按语云:"什古称昭祖曾孙,崇成称昭祖玄孙,不称谁子,不可以世,置之卷末。"表中正文谓:"什古,昭祖曾孙,东京留守。"④考《金史·襄传》云:"丞相襄本名俺,昭祖五世孙也。祖什古乃从太祖平辽,以功授上京世袭猛安,历东京留守。"⑤上文所见表、传人名歧异。"什古乃"一名准确无疑,据考证,此人盖即《金史》卷七二习古乃,亦作"实古乃",他有从太祖伐辽及为东南路都统司都统"移治东京,镇高丽"的经历。⑥ 细审《襄传》"祖什古乃从太祖平辽",应该是《宗室表》将人名中的"乃"字从属下文理解为"乃从太祖平辽",故误认为此人名作"什古"。⑦

再次,《宗室表》表中人物的栏行发生错置,造成血缘关系紊乱。点校本《金史》虽已指出纠正这种错误,但可惜对《宗室表》史源问题认识不到位,并未抓住问题的症结所在。此为全面了解《宗室表》编纂过程的重要环节,今胪列如下。

第一条,景祖子"麻颇""阿离合懑"两栏:⑧

麻颇 虞国公	谩都本 金紫光禄大夫		
	谩睹		
	赛也	宗尹 平章政事	
		宗宁 平章政事	亩 韩州刺史
阿离合懑	晏 本名斡论。太尉、左丞相	恶里乃	
		宗道 河南路统军使	

---

① 《金史》卷五九《宗室表》,第5册,第1366页。
② 《金史》卷七三《宗雄传》,第5册,第1681页。
③ 参见《金史》卷五九《宗室表》校勘记十九,第5册,第1381页。
④ 《金史》卷五九《宗室表》,第5册,第1362、1377页。
⑤ 《金史》卷九四《襄传》,第6册,第2085页。
⑥ 《金史》卷七二《习古乃传》,第5册,第1666—1667页。参见宋卿:《中华书局点校本〈金史·宗室表〉考证》,《北方文物》2015年第3期。
⑦ 参见陈晓伟:《〈金史〉丛考》第二章《新本献疑》,中华书局,2022年,第225—228页。
⑧ 《金史》卷五九《宗室表》,第5册,第1363页。

上文指出，《始祖以下诸子传》载麻颇子"谩都本""蛮覩"。然赛也非麻颇子。《金史》卷七三《阿离合懑传》记载"子赛也、斡论"，①斡论即晏，可知赛也乃阿离合懑之子。据此，"阿离合懑""当在前二栏'赛也'之上"。②

第二条，宗弼栏子"羊蹄"，此与"亨"并列，③意谓两人为兄弟。据《金史·亨附传》记载："正隆六年，海陵遣使杀诸宗室，于是杀亨妃徒单氏、次妃大氏及子羊蹄等三人。"④羊蹄实为亨子，"是其当在前一行亨下一格"。⑤

第三条，根据《宗室表》所见，阿古乃栏"合住"有四子：胡十门、蒲速越、余里也、布辉。⑥ 然而从《金史·合住传》"子蒲速越""子余里也""长子布辉"的记载中，⑦证明三者乃祖孙关系。

第四条，宗室子"拔离速"下措置一格"银术可""麻吉"，⑧谓后二者与前者为叔侄关系。考证该条出处，《金史·拔离速传》谓"银术可弟"，⑨《金史·麻吉传》"银术可之母弟也"。⑩ 此三人实为兄弟关系。⑪

元朝史官编纂《宗室表》并非全然机械照搬、叠加史料，往往进行改造，其中一项工作就是试图厘正诸皇子的排行顺序。《金史》的《始祖以下诸子传》《太祖诸子传》《熙宗诸子传》《海陵诸子传》《世宗诸子传》《显宗诸子传》及《章宗诸子传》序文所载诸子都是按嫡庶排序，元修《宗室表》在无列传史文可据的情况下即遵照旧有顺序，凡有参考者则改变为序齿原则。

改动最大者，当数太祖诸子。《宗室表》列太祖十四子顺序：宗幹、宗望（斡里不）、宗弼（兀术）、乌烈、宗杰、宗隽、讹鲁、讹鲁朵、宗强、宗

---

① 《金史》卷七三《阿离合懑传》，第 5 册，第 1672 页。
② 《金史》卷五九《宗室表》校勘记十，第 5 册，第 1380 页。
③ 《金史》卷五九《宗室表》，第 5 册，第 1368 页。
④ 《金史》卷七七《亨附传》，第 6 册，第 1758 页。
⑤ 《金史》卷五九《宗室表》校勘记二十二，第 5 册，第 1382 页。
⑥ 《金史》卷五九《宗室表》，第 5 册，第 1376 页。
⑦ 《金史》卷六六《合住传》，第 5 册，第 1562 页。
⑧ 《金史》卷五九《宗室表》，第 5 册，第 1378—1379 页。
⑨ 《金史》卷七二《拔离速传》，第 5 册，第 1665 页。
⑩ 《金史》卷七二《麻吉传》，第 5 册，第 1664 页。
⑪ 参见《金史》卷五九《宗室表》，第 5 册，第 1380、1382、1384 页。

敏、习泥烈、宁吉、燕孙、斡忽。卷六九《太祖诸子传》提纲记述嫡庶关系：

> 太祖圣穆皇后生景宣帝、丰王乌烈、赵王宗杰。光懿皇后生辽王宗幹。钦宪皇后生宋王宗望、陈王宗隽、沈王讹鲁。宣献皇后生睿宗、豳王讹鲁朵。元妃乌古论氏生梁王宗弼、卫王宗强、蜀王宗敏。崇妃萧氏生纪王习泥烈、息王宁吉、莒王燕孙。娘子独奴可生邺王斡忽。①

经比较，知表、传中诸子排行龃龉不合，不过仍有规律可循。按《金史》卷七六《宗幹传》"太祖庶长子"，②《宗室表》据此将序文居第四者宗幹调整为第一；卷七四《宗望传》"太祖第二子也"，③故将宗望表列为第二。此外，《金史》卷七七《宗弼传》谓"太祖第四子也"，④除去单列一栏的嫡长子景宣帝，《宗室表》遂将宗弼排在第三位。其余太祖诸子列传中由于未提及传主长幼，《宗室表》则根据序文从乌烈重新排起，直到斡忽。

又一例，《宗室表》记述世宗八子：永中、孰辇、斜鲁、永功、永成、永升、永蹈、永德。⑤ 据《金史》卷八五《世宗诸子传》序文云：

> 世宗昭德皇后生显宗、赵王孰辇、越王斜鲁。元妃张氏生鄁王允中、越王允功。元妃李氏生郑王允蹈、卫绍王允济、潞王允德。昭仪梁氏生豫王允成。才人石抹氏生夔王允升。孰辇、斜鲁皆早卒。⑥

表、传排行有所不同。有一条有线索可循，《宗室表》将庶子永中排在第一位的原因，《金史》卷八五《永中传》不载，据卷六四《后妃传下》元妃张氏条云"永中于诸子最长"，⑦《金史》卷九二《徒单克宁传》亦载"世

---

① 《金史》卷六九《太祖诸子传》，第 5 册，第 1603 页。
② 《金史》卷七六《宗幹传》，第 5 册，第 1741 页。
③ 《金史》卷七四《宗望传》，第 5 册，第 1700 页。
④ 《金史》卷七七《宗弼传》，第 6 册，第 1751 页。
⑤ 《金史》卷五九《宗室表》，第 5 册，第 1372—1374 页。
⑥ 《金史》卷八五《世宗诸子传》，第 6 册，第 1897 页。
⑦ 《金史》卷六四《后妃传下》，第 5 册，1522 页。

宗诸子中赵王永中最长"。①

通过分析太祖和世宗诸子排序情况,可见《宗室表》序齿和嫡庶两种排序方式混杂,实则毫无章法。我们之所以能够洞察其中之真相,最关键一步是做了探源工作。通过揭示《宗室表》之史料构成,以及分析编纂过程中的诸项细节,证明它并无独立的史料来源,乃是元朝史官拼凑而成的二手文献,所谓自金朝宗室族谱取材说无从谈起。可以说,自从钱大昕以来,各种补苴《宗室表》论著成果,实际不过是为元朝史官捉刀代笔,即便再全面,恐怕也不能反映金朝宗室集团的原本面貌。

四、元朝史官对金源宗室的认识与编造

《宗室表》末尾另载始祖兄弟阿古乃、保活里及其子孙。由此便产生一个疑问,金初统治者是否认可他们为宗室?松浦茂持对此持肯定态度,认为这两支完颜氏与始祖同族一体。② 张博泉亦持此说。③ 李玉君承袭上述观点,故将三支均纳入金代宗室研究之中。④ 然而以上论述之史料和理论根据无非是元修《宗室表》。该表序文谓"有同姓完颜,盖疏族,若石土门、迪古乃是也",⑤此二人系保活里后裔。这代表着元朝史官对金朝宗室问题的理解,其实并不是金朝官修文献自身的历史叙述。

要真正解决这一问题,需要将不同时代叠压在一起的文献逐层剥离,通过文本比较,解读《金史·世纪·始祖》始祖三兄弟传说,探寻其背后的政治意义。该传说如下:

  金之始祖讳函普,初从高丽来,年已六十余矣。兄阿古乃好佛,留高丽不肯从,曰:"后世子孙必有能相聚者,吾不能去也。"独

---

① 《金史》卷九二《徒单克宁传》,第6册,第2049页。
② 〔日〕松浦茂:《金代女真氏族の构成について—『金史』百官志にみえる封号の规定をめぐって》,《东洋史研究》第36卷第4号,1978年3月,第509—546页。邢玉林中译本,《民族史译文集》第10集,中国社会科学院民族研究所历史研究室资料组编印,1981年,第69—95页。
③ 张博泉:《金代黑龙江"宰执"探颐》,《学习与探索》1991年第1期。
④ 李玉君:《金代宗室研究》,第25—26页。
⑤ 《金史》卷五九《宗室表》,第5册,第1359页。

与弟保活里俱。始祖居完颜部仆幹水之涯,保活里居耶懒。其后胡十门以曷苏馆归太祖,自言其祖兄弟三人相别而去,盖自谓阿古乃之后。石土门、迪古乃,保活里之裔也。及太祖败辽兵于境上,获耶律谢十,乃使梁福、斡答剌招谕渤海人曰:"女直、渤海本同一家。"盖其初皆勿吉之七部也。①

叙事内容可以离析出两部分:一是函普三兄弟各自分离的故事,一是金初胡十门、石土门与阿骨打复聚而应征先祖预言,这正说明《世纪》取材于两部不同的文献。

《金史·胡十门传》云:

胡十门者,曷苏馆人也。……高永昌据东京,招曷苏馆人,众畏高永昌兵强,且欲归之。胡十门不肯从,召其族人谋曰:"吾远祖兄弟三人,同出高丽。今大圣皇帝之祖入女直,吾祖留高丽,自高丽归于辽。吾与皇帝皆三祖之后。皇帝受命即大位,辽之败亡有征,吾岂能为永昌之臣哉!"始祖兄阿古乃留高丽中,胡十门自言如此,盖自谓阿古乃之后云。于是率其族属部众诣撒改,乌蠢降,营于驼回山之下。永昌攻之,胡十门力战不能敌,奔于撒改。②

"胡十门自言如此"之表述,意谓此人根据传说上溯先祖为阿古乃,《世纪》"盖自谓阿古乃之后"根据即在此,传、纪所述"三人相别"内容相同。再看耶懒部保活里一系,《金史·石土门传》云:"父直离海,始祖弟保活里四世孙,虽同宗属,不相通问久矣。"③《世纪》"石土门、迪古乃,保活里之裔也"一说当取资于此。胡十门、石土门皆卒于太祖时期,两人事迹应见于皇统八年《太祖实录》。

《金史·胡十门传》所载祖先兄弟传说的最初文本,《松漠记闻》是这么记述的:

女真酋长乃新罗人,号完颜氏。完颜,犹汉言王也。女真以其练事,后随以首领让之。兄弟三人,一为熟女真酋长,号万户,其一

---

① 《金史》卷一《世纪》,第 1 册,第 2 页。
② 《金史》卷六六《胡十门传》,第 5 册,第 1561—1562 页。
③ 《金史》卷七〇《石土门传》,第 5 册,第 1621 页。

适他国。完颜年六十余,女真妻之以女,亦六十余。"①

看来女真社会确实流传着始祖三兄弟传说,那么《世纪》所记即此传说。② 然而胡十门等攀附之举,则发生在金初。不妨试从女真立国前后诸部落间的政治军事同盟关系中简略分析。③ 谨以诸部归附完颜统治者的时间顺序而论。

首先,从《金史·石土门传》记载看,该家族世袭耶懒部长权力,是长久掌控耶懒水流域的地域性集团,势力非常大。孙昊分析指出,世祖时期,耶懒部完颜与按出虎完颜双方通过拟制的共祖关系而结成政治上的紧密关系,这等于在按出虎核心部军事势力相对薄弱的速频路附近,赢得了一支重要的威慑力量。阿骨打计划反辽时,曾征求石土门与其弟迪古乃的支持,耶懒完颜部在随后的对辽战争中发挥了重要作用。④

其次,曷苏馆部原本活动在辽朝东京路境内,⑤《金史》称其为"系辽籍女直",收国二年,渤海高永昌叛辽,据宋代文献载,"杀其东京留守萧保先,自称大渤海国皇帝,据辽东五十余州"。⑥ 这也给阿骨打统一整个辽东地区乃至讨伐契丹制造了巨大障碍,双方由此发生尖锐的冲突。从《胡十门传》及相关记载进行分析,军事交战过程中曷苏馆女真的归属成为胜败之关键。结果,胡十门率曷苏馆人协助阿骨打战胜高永昌,从而奠定了金朝统一的基业。⑦

毫无疑问,耶懒部(约今俄罗斯滨海边疆区塔乌黑河流域)和曷苏馆(约在辽宁省辽阳迤南)两部的加盟至为关键,极大地增强了阿骨打

---

① 洪皓:《松漠记闻》卷上,第2页a。
② 参见都兴智:《关于金始祖函普的几个问题——族属、迁徙、婚姻及兄弟后裔》,《黑龙江社会科学》2017年第4期。邱靖嘉:《说"完颜"——关于女真族的历史记忆与姓氏辨说》,刘迎胜、姚大力主编:《清华元史》第6辑,商务印书馆,2020年,第42—74页。
③ 参见〔日〕三上次男:《金室完颜家の始祖説話について》,原刊《史学雑誌》52编11号,1941年;收入氏著《金代政治社会の研究》,《金史研究(三)》,東京:中央公論美術出版,1973年,第17—28页。
④ 孙昊:《辽代女真族群与社会研究》,兰州大学出版社,2014年,第105—112页。
⑤ 参见都兴智:《曷苏馆女真考略》,《辽宁师范大学学报》1986年第1期。
⑥ 陈均:《皇朝编年纲目备要》卷二八《徽宗皇帝》,政和六年十二月条,许沛藻、金圆、顾吉辰、孙菊园点校,中华书局,2006年,下册,第717页。
⑦ 参见〔日〕三上次男:《金代女真研究》,金启孮译,黑龙江人民出版社,1984年,第87—101页。

集团的军事实力,战略上扩大了疆域版图。① 《金史·太祖纪》谓阿骨打进军宁江州,招谕渤海人曰:"女直、渤海本同一家。"可见女真建国创业初期,阿骨打不断与周边部落结成军事联盟,辅之以族群同源的政治宣传,试图建构一个新的民族共同体。在这一背景下,祖先三兄弟传说被金初统治者发掘再利用,这种"历史根据"成为统治集团维系胡十门、石土门两大家族关系的精神纽带。② 以上出自金朝官修文献本身的记述,乃是金朝统治者构建历史的结果。

元朝史官则将原有不同性质的故事内容整合为一条叙事线索,《金史·世纪》即以《祖宗实录》为蓝本,将《太祖实录》所载胡十门、石土门归附事迹加入其中,是为最原始的始祖三兄弟传说做注解。此外,《世纪》"乃使梁福、斡答剌招谕渤海人曰:'女直、渤海本同一家'"一句,参酌《金史·太祖纪》甲午年(1114)九月条有云:"召渤海梁福、斡苔剌使之伪亡去,招谕其乡人曰:'女直、渤海本同一家,我兴师伐罪,不滥及无辜也。'"③ 两者同源,即取资《太祖实录》是条。此系元修《世纪》摘录《太祖实录》又一证据。

元人撰修《宗室表》时将函普、阿古乃、保活里三支系整合到一起,当与《世纪》祖先传说密切相关。元朝史官将金初"同根同源"的统治家族史构建提升至族群溯源,《世纪》"盖其初皆勿吉之七部也"是最明确的编纂意图。此句实系元朝史官按语,意在解释女真民族起源问题,这与《世纪》开篇"金之先出靺鞨氏"至"所谓白山黑水是也"三百余字叙述主旨一脉相承。④ 检讨史料来源:"金之先"至"元魏时"改编自《新唐书·黑水靺鞨传》;⑤ 隋靺鞨七部抄自《隋书·靺鞨传》;⑥ "粟末靺鞨

---

① 相关地理位置考证参见余蔚:《中国行政区划通史·辽金卷》,复旦大学出版社,2012年,第554、558—561页。
② 历史上不乏这样的案例,如北魏太武帝时期嘎仙洞及其刻铭的发现。罗新分析指出:首先,这个说法可以非常好地服务于北魏此时此刻在东北亚地区的战略利益。其次,这个说法有利于加强拓跋出自鲜卑,并且是鲜卑正宗的观点。再次,嘎仙洞的出现,是太武帝进行拓跋集团历史建构的一部分。(参见罗新:《民族起源的想像与再想像——以嘎仙洞的两次发现为中心》,原刊《文史》2013年第2辑;收入氏著《王化与山险——中古边裔论集》,北京大学出版社,2019年,第171—197页。)
③ 《金史》卷二《太祖纪》,第1册,第25页。
④ 《金史》卷一《世纪》,第1册,第1—2页。
⑤ 《新唐书》卷二一九《黑水靺鞨传》,中华书局,1975年,第20册,第6177—6178页。
⑥ 《隋书》卷八一《靺鞨传》,中华书局,1973年,第6册,第1821页。

始附高丽"云云记述渤海事,照搬《新唐书·渤海传》;①"黑水靺鞨居肃慎地"至"朝贡遂绝",复取资《新唐书·黑水靺鞨传》;②"五代时契丹尽取渤海地"至文末乃根据《松漠记闻》抄录成篇。③ 元朝史官认为女真源出黑水靺鞨,并以此作为叙事主线抄撮诸书,汇编出一部女真发源史。④

在元朝史官这种叙述模式下,不难理解《宗室表》及其编纂原则。上文指出,元修《宗室表》无独立史源。具体而言,表中"阿古乃"栏取资旧本《胡十门传》,"合住"条摘录旧稿《合住传》;"保活里"栏诸条,改编自《石土门传》《思敬传》及《完颜忠传》底稿。其中,《金史》卷六六元朝史官特别注明:"始祖兄弟三人,保活里之后为神土懑、迪古乃,别有传。"本卷卷目有云"宗室胡十门",收录有胡十门、合住列传,本卷由此与上篇卷六五共同组成《始祖以下诸子传》。⑤ 其实该传与《宗室表》的编纂思路是一致的。实际上,元人把阿古乃、保活里编入《始祖以下诸子传》和《宗室表》,其理论基础当为始祖三兄传说。

元朝史官纂修《金史》时,在既定历史认知的前提下,增损《祖宗实录》和《太祖实录》相关内容,《世纪》最终将函普传说和祖先三兄弟传说两种内容杂糅到一起,上述各种文本叠加造成"阿古乃""保活里"属于金朝宗室,遂将这两支攀附者编入《宗室表》。

尽管元人编纂《金史目录》及分卷目录谓"宗室胡十门"(上图二、下图三),但从金初实际状况看,这些攀附者恐怕并不在金初统治者所认可的宗室范围之内。金熙宗即位初正式确定家族谱系,天会十四年(1136)八月,追尊十帝谥号,与此并举推出的一项措施就是"大封宗室"。今粗略统计如下:德帝四世孙劾者,天会十五年赠特进。安帝孙

---

① 《新唐书》卷二一九《渤海传》,第 20 册,第 6179、6182 页。
② 《新唐书》卷二一九《黑水靺鞨传》,第 20 册,第 6177—6179 页。
③ 洪皓:《松漠记闻》卷上,第 1 页 a-b。
④ 参见孙昊:《辽代女真族群与社会研究》,第 26—51 页。
⑤ 《金史》卷六六,第 5 册,第 1557—1570 页。该卷目名称涉及编纂体例,存在一大疑点需要澄清。点校本《金史》卷六六卷首将传主分成两大类:一是"始祖以下诸子",有穆宗子晸、康宗子隈可二人,此承卷六五始祖诸裔;一是"宗室",包括胡十门、合住及始祖子孙不详世次者捆保、衷、齐、术鲁、胡石改、宗贤、挞懒、卞、膏、弈、阿喜。今复核至正初刻本《金史目录》及分卷目录(图二、四),实作"宗室胡十门",然而点校者将"宗室"二字擅自单独摘出,据此便理解为《宗室传》,从而与同卷《始祖以下诸子传》相并列。据此,点校本卷六六卷目当恢复底本作《始祖以下诸子传》。

盆纳赠开府仪同三司,曾孙拔达赠仪同三司。景祖子:劾孙"追封王爵",即沂国王;麻颇"天会十五年封王",即虞国王;谩都诃"追封王",即郑国王;阿离合懑追封隋国王。① 其余劾者韩国王、劾真保代国王。② 劾者长子撒改,"天会十五年,追封燕国王"。③ 世祖子:斡带,"天会十五年,追封仪同三司、魏王";斡者,"天会十五年大封宗室,追封鲁王";阇母,"追封吴国王";④乌故乃汉王、查剌沂王。⑤ 天会封赠宗室以景祖作为区分,所谓远亲者赠散官,而近亲者封国王或一字王,整个范围涵盖从德帝至世祖子孙。值得注意的是,根据《金史》记载看,始祖兄弟后裔挞不野、胡十门、合住、蒲速越、石土门、直离海、阿斯懑等故去者,均不在此次封赠之列,显然不享有宗室待遇。即便这些人中功劳卓著者,"完颜忠本名迪古乃,字阿思魁",⑥他的汉语名"忠",与宗室排行用字及偏旁更是无涉。总之,亦如上文所论,他们是联盟者。

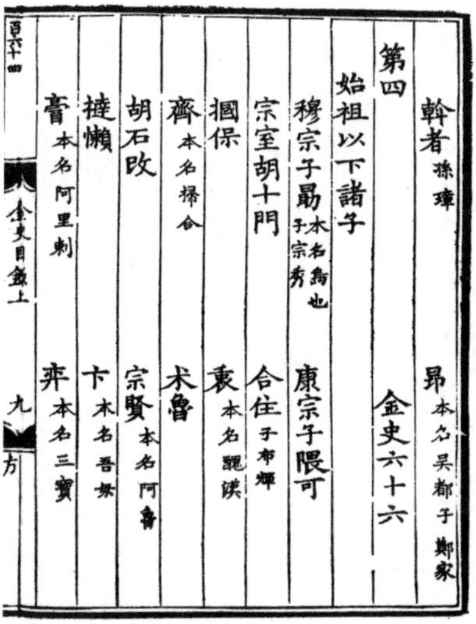

图三 至正五年刻本《金史》(采自《中华再造善本》)

① 《金史》卷七三《阿离合懑传》,第 5 册,第 1672 页。
② 《金史》卷六五《始祖以下诸子传上》,第 5 册,第 1542—1545 页。按海陵正隆二年均例降为国公,《始祖以下诸子传》序文封号据此时为准。
③ 《金史》卷七〇《撒改传》,第 5 册,第 1615 页。
④ 《金史》卷七一《阇母传》,第 5 册,第 1643 页。
⑤ 《金史》卷六五《始祖以下诸子传上》,第 5 册,第 1545—1554 页。
⑥ 《金史》卷七〇《完颜忠传》,第 5 册,第 1622 页。

前人已指出《宗室表》"失载""错栏"等诸问题，其根源在于，该表并非根据谱牒，而是元朝史官首先从诸帝实录中摘取史料，然后加工成宗室人物本传，再从列传底稿中节录核心仕履编纂成篇，难免疏漏。经过探索，可以区分哪些是经元人整理改编后的文献，哪些是真正属于金朝官方文献的历史叙述。我们应摆脱《宗室表》的束缚，走出元人制造的叙述框架，重新发掘完颜宗室的起源、构建及其政治意义。

下编　国史叙事与北族意识

十一　横帐制度与耶律氏皇族结构

一、横帐问题之争论

"横帐"是辽史研究中的一大疑难问题,自1910年代日本学者津田左右吉关注这一问题开始,①迄今为止有专题论文不下十余篇,诸家各有解释,然众说纷纭。主要聚焦两大问题:

一是该词之具体含义,前人有"宫帐东向说""黄帐说""特帐说""大帐说",刘浦江结合契丹小字石刻 ᠊᠊᠊ ᠊᠊᠊ ᠊᠊᠊(可汗之□族系),主张"特帐说"比较合理。② 葛华廷则认为,"横帐"乃指三父帐(玄祖三子孟父房、仲父房、季父房),是由于辽帝御帐驻跸时,随行的三父房的营帐相较于皇帝御帐处于"横"的位置而起。③ 爱新觉罗·乌拉熙春的观点是,"横帐"之名的来由是因为居中的御帐与居左的皇族三父房联成一横向御营,故名该御营为横帐。④

二是关于"横帐"的涵盖范围,分歧最大。陈述最初提出一假说,认为横帐或有两层含义:第一是指帐,即御帐、御营,指太祖一系子孙之

---

① 〔日〕津田左右吉:《遼の制度の二重體系》,《滿鮮地理歷史研究報告》,東京帝国大学文学部,第5册,1918年12月;收入津田左右吉:《津田左右吉全集》第12卷《滿鮮歷史地理研究二》,東京:岩波書店,1964年,第321—391頁。

② 刘浦江:《辽朝"横帐"考——兼论契丹部族制度》,原载《北大史学》第8辑,北京大学出版社,2001年12月,第29—49页;收入氏著《松漠之间——辽金契丹女真史研究》,中华书局,2008年,第53—72页。

③ 葛华廷:《辽代"横帐"浅考》,《北方文物》2000年第4期。

④ 〔日〕爱新觉罗·乌拉熙春:《契丹横帐考——兼论帐、宫、院之关系》,原载《立命館文學》第584号,2004年3月;收入氏著《辽金史与契丹、女真文》,京都:京都大学东亚历史文化研究会,2004年7月,第1—10页。该文修订稿见氏著《爱新觉罗乌拉熙春女真契丹学研究》,京都:松香堂书店,2009年,第303—313页。

帐;第二是指谱,犹如宗室谱,包括太祖一系和三父房。① 杨若薇指出,诸帝斡鲁朵皇族"大横帐"与"横帐三父房"共同构成皇族四帐。② 刘浦江根据《辽史·道宗纪》清宁九年(1063)七月壬戌条"耶律良密告重元变,命籍横帐夷离堇房"③的记载,推测二院皇族亦为横帐。④ 王善军《辽朝横帐新考》换以新的视角思考,首先提出"皇族群体并非一成不变,其自身也有一个发展演变的过程"。⑤ 乌拉熙春也认为:横帐的内涵大约存在变化,其脉络大致是由御帐+三父房变成御帐+三父房+二院。⑥ 都兴智循着上述思路,梳理出一条变迁线索:最早的横帐很可能就是指太祖子孙,太祖称帝后,将四帐皇族皆升为横帐。大约在兴宗时或道宗执政前期,二院皇族也被纳入横帐之列。⑦ 林鹄的观点则与都兴智正好相反,谓横帐最初指包括太祖子孙及二院皇族在内的皇族成员,阿保机创建斡鲁朵后,其子孙从横帐中析出,天赞二年(923)分迭剌部为北南二院,二院皇族亦转出,故此后横帐作为族帐,只领有三父房。⑧

检讨以上诸说,有四个方面值得反思:第一,凡讨论横帐问题均围绕《辽史·百官志》"北面皇族帐官"这条核心材料展开,研究者或调和史料记载之冲突,或干脆否定其准确性。试问,这段文字出自何处?此条与《辽史》诸史文及辽代石刻所述龃龉不合,原因是什么?尚未有人解答。第二,除北面皇族帐官条外,《辽史》缺载横帐系统制度,学者多以辽朝中后期石刻资料为依据加以论证,其实这种思路是将横帐视为

---

① 陈述:《契丹舍利横帐考释》,《燕京学报》新8期,北京大学出版社,2000年5月,第87—104页。
② 杨若薇:《辽代斡鲁朵所在地探讨——兼谈所谓"横帐"》,《北京大学学报》1985年第5期。杨若薇:《释"辽内四部族"》,《民族研究》1987年第2期。
③ 《辽史》卷二二《道宗纪二》,点校本二十四史修订本,中华书局,2017年,第1册,第299页。
④ 刘浦江:《辽朝"横帐"考——兼论契丹部族制度》,氏著《松漠之间——辽金契丹女真史研究》,第66页。
⑤ 王善军:《辽朝横帐新考》,《历史研究》2003年第2期。
⑥ 〔日〕爱新觉罗·乌拉熙春:《契丹横帐考——兼论帐、宫、院之关系》,氏著《辽金史与契丹、女真文》,第1—10页。
⑦ 都兴智:《也说"横帐"》,《民族研究》2009年第6期。
⑧ 林鹄:《斡鲁朵横帐补说——兼论辽朝部族制度》,姚大力、刘迎胜主编:《清华元史》第2辑,商务印书馆,2013年,第248—270页。

一成不变的有辽一代规制,显然忽视了史料的年代性和政治调适引起的制度变化。第三,近年来研究者开始从制度演变的思路来考察横帐范围的变化,但大致时间节点及其背后的原因是什么?目前虽有一些解释,可惜说服力不足。① 第四,与横帐密切相关的所谓"皇族",在辽朝如何定义,两者的具体关系如何?基于以上四点,笔者对相关史料重新解读,尝试从《辽史》文本形成与辽朝统治者先祖谱系构建的脉络中解决横帐问题。

二、《辽史·百官志》北面皇族帐官条抉原

记载辽朝横帐制度最集中的史料,出自《辽史·百官志》(简称《百官志》)北面皇族帐官条:

> 肃祖长子洽昚之族在五院司,叔子葛剌、季子洽礼及懿祖仲子帖剌、季子裹古直之族皆在六院司。此五房者,谓之二院皇族。玄祖伯子麻鲁无后,次子岩木之后曰孟父房,叔子释鲁曰仲父房,季子为德祖。德祖之元子是为太祖天皇帝,谓之横帐;次曰剌葛,曰迭剌,曰寅底石,曰安端,曰苏,皆曰季父房。此一帐三房,谓之四帐皇族。②

此谓"一帐三房":惟有太祖子孙称作"横帐",而玄祖三子岩木为孟父房、释鲁为仲父房,德祖除元子之外的五子为季父房。四者总称"四帐皇族"。不过这一记载与辽代文献所见三父房隶属于"横帐"的大量证据相矛盾,故而研究者近乎一致地判定"北面皇族帐官"这条有误。

这是一条无法绕开的史料,需要解释其来龙去脉。关于《辽史·百官志》的整体编纂过程及史料价值,林鹄曾全面探讨,指出该志北、南部分均为元史臣新撰,其主体系杂抄辽末耶律俨《皇朝实录》及金陈大任

---

① 王善军《辽朝横帐新考》解释说:辽初阿保机的直系后代极少,紧靠御帐扎帐的就是三父房皇族成员,是为横帐。但随着皇族的不断蕃衍,阿保机的直系后代越来越多,他们是与皇帝血缘关系最近的皇族支系,要紧靠御帐扎帐,极有可能渐渐占据了原来的横帐位置,而将三父房的其他支系挤了出去,因而便有了"四帐皇族"之说。(第178页)
② 《辽史》卷四五《百官志一》,第3册,第795—796页。

《辽史》纪传部分相关条目所成。① 可惜未对其中北面"北面皇族帐官"条的来源作出检讨。该条分为二院皇族、三父房及横帐三大块,全部与《辽史·皇子表》(简称《皇子表》)有关(图一)。②

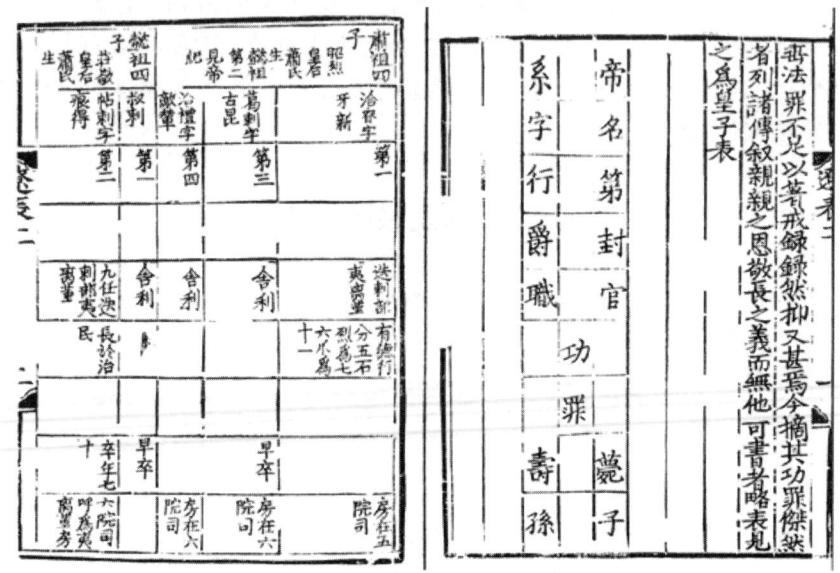

图一　明初覆刻本《辽史》(上海图书馆藏)

第一,《皇子表》谓肃祖四子:长子洽昚,"房在五院司";第二子懿祖;第三子葛剌,"房在六院司";第四子洽礼,"房在六院司"。懿祖四子:第一子叔剌,"早卒",无子嗣;第二子帖剌,"六院司,呼为夷离堇房";第三子玄祖;第四子裹古直,"六院司,呼为舍利房"。上引北面皇族帐官条"肃祖长子洽昚之族在五院司,叔子葛剌、季子洽礼及懿祖仲子帖剌、季子裹古直之族皆在六院司"与此内容相合。"此五房者谓之二院皇族"实即元朝史官总结之词。

第二,《皇子表》记述玄祖四子:第一子麻鲁,"早卒",无子嗣;第二子岩木,重熙中追封蜀国王,"其后即三子父房之孟父";第三子释鲁,重熙中追封为隋国王,"其后即三父房之仲父";"德祖第四"。北面皇族

---

① 林鹄:《绪论——〈百官志〉之史源、编纂及史料价值》,氏著《辽史百官志考订》,中华书局,2015年,第1—30页。
② 《辽史》卷六四《皇子表》,第4册,第1064—1081页。

帐官条"玄祖伯子麻鲁无后,次子岩木之后曰孟父房,叔子释鲁曰仲父房,季子为德祖"与此若合符契。

第三,《皇子表》德祖六子:"太祖第一";剌葛第二,该行子孙栏谓"即三父房之季父";迭剌第三,寅底石第四,安端第五,苏第六,末尾子孙栏亦云"已上并系季父房"。北面皇族帐官条所云"次曰剌葛,曰迭剌,曰寅底石,曰安端,曰苏,皆曰季父房"正好与《皇子表》上述内容相符。

第四,《皇子表》太祖四子按长幼排序,分别为倍、太宗德光、李胡、牙里果,倍的子孙栏有云"已下并系横帐"。北面皇族帐官条与此对比,其所云"德祖之元子是为太祖天皇帝,谓之横帐"亦正相合。最末句"此一帐三房,谓之四帐皇族"显然是元人对整段叙述内容的概括与总结。

史文比对的结果,证明《百官志》北面皇族帐官条均未溢出《皇子表》内容范围,并且因袭痕迹相当明显。林鹄对《百官志》的最终考察结论是:"由于《百官志》系元人杂抄拼凑而成,不仅具体条目存在如上所论种种问题,其整体结构也不可靠。"①循着这个整体思路,再结合上文分析,我们判断"北面皇族帐官"条并无独立史源,其内容与《皇子表》取材同源。据苗润博考证,元修《辽史·皇子表》是具有独立史源的一手文献,当据"旧史"暨金陈大任《辽史·皇族传》改编。② 综上可知,元朝史官根据《皇子表》相关条目构建出一个辽朝横帐制度,由此编进《百官志》北面官系统。

因此,我们须破除元修《百官志》北面皇族帐官条元人编造的叙述框架,从具有独到史料价值的《皇子表》出发重新探讨辽朝横帐制度,才是问题的解决之道。

三、释"横"

《皇子表》具有独特的史料来源。其记载太祖诸子耶律倍等"已下并系横帐",以其为中心的横帐单列。元人根据《皇子表》上述记载改编的《百官志》北面皇族帐官条"德祖之元子是为太祖天皇帝,谓之横帐"

---

① 林鹄:《绪论——〈百官志〉之史源、编纂及史料价值》,氏著《辽史百官志考订》,第27页。
② 苗润博:《契丹国舅别部世系再检讨》,《史学月刊》2014年第4期。另见苗润博《〈辽史〉探源》,中华书局,2020年,第50—54页。

的记载,恐怕不是以往学者所论记载错误那么简单,而是涉及"横帐"的起缘及其最初本义。

《百官志》北面诸帐官条有一段核心史料:

> 遥辇九帐大常衮司。掌遥辇洼可汗、阻午可汗、胡剌可汗、苏可汗、鲜质可汗、昭古可汗、耶澜可汗、巴剌可汗、痕德堇可汗九世官分之事。太祖受位于遥辇,以九帐居皇族一帐之上,设常衮司以奉之,有司不与焉。凡辽十二宫、五京,皆太祖以来征讨所得,非受之于遥辇也。其待先世之厚,蔑以加矣。辽俗东向而尚左,御帐东向,遥辇九帐南向,皇族三父帐北向。东西为经,南北为纬,故谓御营为横帐云。①

《百官志》此条史源不详,不过仍能解释。其中"遥辇九帐"云云,《辽史·太宗纪》天显二年(927)十二月丁未条"诏选遥辇氏九帐子弟可任官者"和四年二月庚戌条"阅遥辇氏户籍"均可佐证。② "太祖受位于遥辇"一事,《辽史·耶律曷鲁传》详细记述劝进始末:

> 会遥辇痕德堇可汗殁,群臣奉遗命请立太祖。……曷鲁曰:"闻于越之生也,神光属天,异香盈幄,梦受神诲,龙锡金佩。天道无私,必应有德。我国削弱,齮龁于邻部日久,以故生圣人以兴起之。可汗知天意,故有是命。且遥辇九营棋布,非无可立者;小大臣民属心于越,天也。昔者于越伯父释鲁尝曰:'吾犹蛇,儿犹龙也。'天时人事,几不可失。"……明日,即皇帝位,命曷鲁总军国事。③

"遥辇九营棋布"指遥辇九帐。阿保机"受禅"取代遥辇氏,其中一项重要的政治举措是:太祖元年(907)正月庚子"诏皇族承遥辇氏九帐为第十帐",④同时仍对原旧部势力遥辇诸宫帐加以优抚,《百官志》"以九帐居皇族一帐之上"盖即指此。根据驻帐方向尊贵有别的原则,以上记载的意思有可能是,"遥辇九帐"与"皇族三父帐"的位置"上""下"相对。

---

① 《辽史》卷四五《百官志一》,第3册,第800页。
② 《辽史》卷三《太宗纪上》,第1册,第30、32页。
③ 《辽史》卷七三《耶律曷鲁传》,第5册,第1346—1347页。
④ 《辽史》卷一《太祖纪上》,第1册,第3页。

《百官志》北面诸帐官条"辽俗东向而尚左,御帐东向,遥辇九帐南向,皇族三父帐北向"等说法,或为辽初皇帝驻营御帐与遥辇九帐、皇族帐位置关系的真实描述。葛华廷理解如下:三者排列成"匚"形,一竖即表示东向的御帐,上部一横则表示南向的遥辇九帐;下面一横即代表北向的皇族三父帐。"横帐"并非指御帐,而是三父帐和遥辇九帐。① 该观点既不符合该条史料的本义,也与《皇子表》所称太祖子孙"横帐"相抵牾。乌拉熙春则认为,"横帐"由居中的御帐与居左的皇族三父房联成一"横向"御营。② 这其实是将三父房自从辽初就隶属于横帐的研究结论作为既定前提的一种解释。

"北面诸帐官"这条史料无疑是解决"横帐"问题的关键线索,可惜辽朝文献中并无游牧可汗卓帐排布的系统性描述,不妨参考大蒙古国时期蒙古汗王的驻营制度。1253—1255 年,法国传教士鲁不鲁乞从黑海出发,游历漠北,抵达哈刺和林,曾途经拔都的营帐,所撰游记《鞑靼人和他们的住处》一章中写道:

> 拔都有二十六个妻子,每一个妻子有一座大帐幕,另外还有其他的小帐幕,安置在大帐幕后面,供仆役们居住;每一座大帐幕,拥有足足二百辆车子。当他们安置帐幕时,正妻把她的帐幕安置在最西边,在她之后,其他的妻子按照她们的地位依次安置帐幕,因此地位最低的妻子把帐幕安置在最东边;一个妻子与另一个妻子的帐幕之间的距离,为一掷石之远。因此,一个富有的蒙古人的斡耳朵看来象是一座大的市镇,虽然在里面住的人很少。③

日本学者宇野伸浩据此文指出,蒙古诸王汗廷的斡耳朵按妃子地位高低呈东西排列(见图二)。④

---

① 葛华廷:《辽代"横帐"浅考》,《北方文物》2000 年第 4 期。
② 〔日〕爱新觉罗·乌拉熙春:《契丹横帐考——兼论帐、宫、院之关系》,氏著《辽金史与契丹、女真文》,第 2 页。
③ 〔法〕鲁不鲁乞:《鲁不鲁乞东游记》,见道森编:《出使蒙古记》,吕浦译、周良霄注本,中国社会科学出版社,1983 年,第 113 页。
④ 〔日〕宇野伸浩:《モンゴル帝国のオルド》,《東方學》第 76 辑,1988 年 7 月,第 47—62 页;宇野伸浩:《蒙古帝国的斡耳朵》,冯继钦译,《蒙古学资料与情报》1989 年第 2 期。

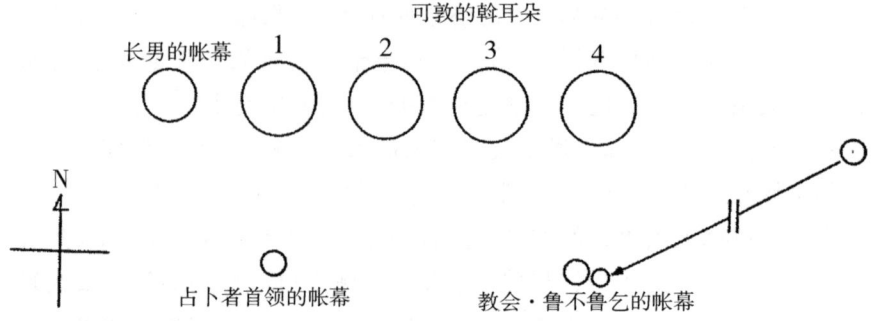

图二　蒙哥汗斡耳朵略图（采自宇野伸浩《モンゴル帝国のオルド》）

受此说启发，今检到沈括《熙宁使契丹图抄》记述熙宁八年（1075）辽道宗驻跸永安山时"单于庭"的空间布局：

> 有屋，单于之朝寝、萧后之朝寝凡三，其余皆毡庐，不过数十，悉东向。庭以松干表其前，一人持牌立松干之间，曰阁门；其东向六、七帐，曰中书、枢密院、客省。又东毡庐一，旁驻毡车六，前植纛，曰太庙，皆草莽之中。①

由此可见，契丹皇帝和皇后朝寝朝东，诸官僚机构的毡庐同样从西到东依次排列。结合上述分析，《百官志》北面诸帐官条"辽俗东向而尚左，御帐东向，遥辇九帐南向，皇族三父帐北向"的内容可推拟如图三：

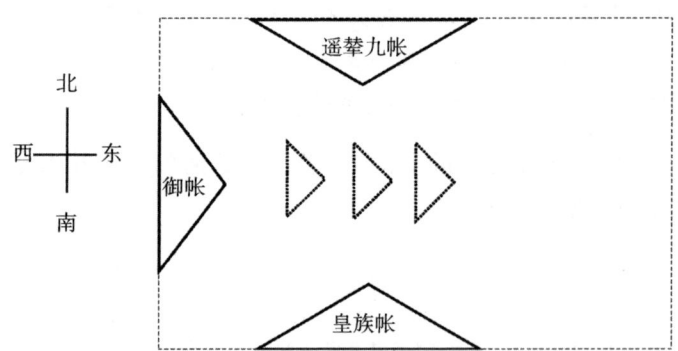

*注：虚线框表示拟测的扈从诸宫帐

图三　御帐方向拟测之一

---

① 贾敬颜：《沈括〈熙宁使契丹图抄〉疏证稿》，氏著《五代宋金元人边疆行记十三种疏证稿》，中华书局，2004年，第168—169页。

这样"辽俗东向而尚左"与"以九帐居皇族一帐之上"恰相吻合,可知御帐左侧驻遥辇九帐,遵照传统习惯以示尊崇,而皇族帐屈居右侧。居中的御帐向东边展开,或渐次驻扎太祖后妃、诸子及其"腹心部"(算斡鲁朵),①御帐与扈从诸宫帐便横向排列,由此组成所谓的"横帐"。

通过以上论证有望澄清"御帐东向,遥辇九帐南向,皇族三父帐北向"之疑惑,然而紧接其后的"东西为经,南北为纬,故谓御营为横帐云"却成了棘手的问题。这是因为,这种表述与传统方位观截然相反,令人费解。前揭葛华廷、王善军、都兴智等人都认为此说实系元人编造,或者是混淆经纬纵横的概念。这条史料究竟出自耶律俨或陈大任的旧史,还是元朝史官的新创,其实已很难考证,不过我们可以从草原方位观的角度提供一种较为合理的解释。

伯希和很早注意到:"事实上,蒙古人中有两种确定方向的方式,即面向东和南,以至于'右'在原则上可以指南方和西方,而'左'则指北方和东方。然而,现代蒙古人中的通用习惯是面向南确定方向。"②阿尔丁夫近年发表系列文章,讨论古代草原游牧民族存在着特殊的方位观念,其中谈到《百官志》"北面诸帐官"这条,他认为"将东西称为'南'、'北'等才是契丹人早期使用的四方概念。……契丹人谓'南北为纬',正好证明他们是将日出方向称为'南'的"。③ 如果根据这种方位观的理解,《百官志》北面诸帐官条"横帐"应该图四所示:

---

① 按《辽史》卷七三《耶律曷鲁传》云:"时制度未讲,国用未充,扈从未备,而诸弟剌葛等往往觊非望。太祖宫行营始置腹心部,选诸部豪健二千余充之,以曷鲁及萧敌鲁总焉。"(第5册,第1347页)

② 〔法〕伯希和:《卡尔梅克史评注》,耿昇译,中华书局,1994年,第20页。

③ 阿尔丁夫:《"圣人南面而听天下"中的"南"实指今天的东》,《内蒙古大学艺术学院学报》2015年第2期。李逸友指出,文献所记契丹宫殿、营帐东向实际为东南方向。(李逸友:《契丹"东向拜日"考辨》,契丹考古学术会议筹备组编,1983年6月油印本,第1—8页。)那顺达来考察蒙古高原区位方向的结果表明,某些地方的方向观念与现代实测经纬方向相差45°左右。(那顺达来:《蒙古地区区位方向及其对清代文献记载的影响》,《内蒙古大学学报(哲学社会科学版)》2009年第3期。)若如此,草原特殊方位观之形成,或许是这种偏差造成的。

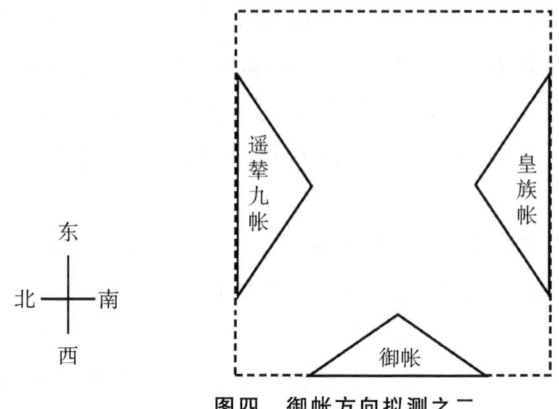

图四　御帐方向拟测之二

也就是将传统的平面空间逆转 90°,这种空间结构中即呈"南北为纬",皇帝"御帐"则处于横向,这样符合《辽史》所载"故谓御营为横帐云"的说法。

以上是笔者对《百官志》北面诸帐官条"横帐"最初由来两种不同的解释。无论哪种观点更为妥切,有一点是能肯定的:该条"御帐东向"应指《皇子表》太祖诸子"已下并系横帐",即"横帐"源于御帐。根据"皇族三父帐北向"这条线索,结合《辽史·营卫志》"至于辽太祖,析九帐、三房之族,更列二十部"①和《辽史·太祖纪》太祖元年正月庚子条"诏皇族承遥辇氏九帐为第十帐"的记载,可知皇族帐当初拱卫御帐,并不隶属于横帐。此外,《皇子表》岩木子孙栏"其后即三父房之孟父"及释鲁子孙栏"其后即三父房之仲父"②表达的意思,应该是其入辽以后的子嗣而非本人当时隶诸父房。

四、二院皇族隶属横帐说献疑

我们根据《皇子表》所述将"二院""三父房""横帐"关系整理如下:③

---

①　《辽史》卷三二《营卫志中·部族上》,第 2 册,第 427 页。
②　《辽史》卷六四《皇子表》,第 4 册,第 1065—1066 页。
③　关于"二院""三父房""横帐"诸家族世系研究,详见爱新觉罗·乌拉熙春:《遼史皇族表の再構成》,爱新觉罗·乌拉熙春、吉本道雅:《新出契丹史料の研究》,京都:松香堂书店,2012 年,第 139—172 页。

```
         ┌ 二  院 ┌ 五院:肃祖子洽昚之后
         │      └ 六院:肃祖子葛剌、洽礼之后;懿祖子帖剌、裹古直之后
         │      ┌ 孟父房:玄祖次子岩木之后
         │ 三父房┤ 仲父房:玄祖叔子释鲁之后
         │      └ 季父房:玄祖季子德祖子剌葛、迭剌、寅底石、安端、苏之后
         └ 横  帐 → 太祖子孙
```

《辽史·太祖纪》卷末赞语记载始祖奇首可汗以下的历史:

> 辽之先,出自炎帝,世为审吉国,其可知者盖自奇首云。奇首生都庵山,徙潢河之滨。传至雅里,始立制度,置官属,刻木为契,穴地为牢。让阻午而不肯自立。雅里生毗牒。毗牒生颏领。颏领生耨里思,大度寡欲,令不严而人化,是为肃祖。肃祖生萨剌德,尝与黄室韦挑战,矢贯数札,是为懿祖。懿祖生匀德实,始教民稼穑,善畜牧,国以殷富,是为玄祖。玄祖生撒剌的,仁民爱物,始置铁冶,教民鼓铸,是为德祖,即太祖之父也。①

这段契丹统治家族历史记忆的叙述主线,当是《皇子表》构筑肃祖、懿祖、玄祖、德祖至太祖契丹建国前"帝系"系统的理论基础,元朝史官所谓"皇族"群体及其所编《皇族表》即源于此,②后世学者便据此考证横帐的最大范围。不过,这一先祖谱系实际是经过契丹统治者多番改造才最终定型的。③

我们注意到《辽史》中有两条关键材料:第一条是《兴宗纪》重熙二十一年(1052)七月壬子条云:"追尊太祖之祖为简献皇帝,庙号玄祖,祖妣为简献皇后;太祖之考为宣简皇帝,庙号德祖,妣为宣简皇后。追封太祖伯父夷离堇岩木为蜀国王,于越释鲁为隋国王。"④此中一是将玄祖和德祖纳入辽朝帝统,二是树立岩木和释鲁在家族史谱系中的地位。《辽史·萧韩家奴传》记此事始末:

---

① 《辽史》卷二《太祖纪下》,第 1 册,第 26 页。
② 《辽史》卷六六《皇族表》序文即称:"终辽之世,其出于横帐、五院、六院之间者,大憝固有,元勋实多。不表见之,莫知源委。作《皇族表》。"(第 4 册,第 1121 页)
③ 参见苗润博:《契丹建国前史发覆——政治体视野下北族王朝的历史记忆》,《历史研究》2020 年第 3 期。
④ 《辽史》卷二〇《兴宗纪三》,第 1 册,第 278 页。

（重熙）十三年春,上疏曰:"臣闻先世遥辇可汗洼之后,国祚中绝;自夷离堇雅里立阻午,大位始定。然上世俗朴,未有尊称。臣以为三皇礼文未备,正与遥辇氏同。后世之君以礼乐治天下,而崇本追远之义兴焉。近者唐高祖创立先庙,尊四世为帝。昔我太祖代遥辇即位,乃制文字,修礼法,建天皇帝名号,制宫室以示威服,兴利除害,混一海内。厥后累圣相承,自夷离堇湖烈以下,大号未加,天皇帝之考夷离堇的鲁犹以名呼。臣以为宜依唐典,追崇四祖为皇帝,则陛下弘业有光,坠典复举矣。"疏奏,帝纳之,始行追册玄、德二祖之礼。①

已有学者指出,重熙十三年萧韩家奴等人编修《遥辇可汗至重熙以来事迹》,曾对契丹建国以前历史进行过大幅度的改写和塑造。② 萧韩家奴奏请"追崇四祖为皇帝"和给先祖加大号无疑是最直接的体现,而实践结果是,追册玄祖和德祖以及岩木和释鲁封王。

第二条是《天祚皇帝纪》乾统三年（1103）十一月乙巳条云:"谒太祖庙,追尊太祖之高祖曰昭烈皇帝,庙号肃祖,妣曰昭烈皇后;曾祖曰庄敬皇帝,庙号懿祖,妣曰庄敬皇后。"③与《辽史·太祖纪赞》叙述相合。此虽为汉式礼制,但辽朝中晚期这两次追尊祖先庙号仍具有标志意义:首先是王朝帝系从太祖向上扩展至德祖、玄祖,其次是三父房作为统治家族的权威地位最先确立起来,最后一步是将肃祖、懿祖两代及其子孙纳入家族统绪。④

由此表明,有辽一代的"皇族"概念是相对的,在不同时期所指对象应有所区别,亦非恒定的范围。《通鉴考异》引赵至忠《虏庭杂记》曰:"阿保基变家为国之后,始以王族号为横帐,姓世里没里,以汉语译之,谓之耶律氏。"⑤余靖《契丹官仪》谓"常衮司掌庶姓耶律氏,其宗室为横

---

① 《辽史》卷一〇三《萧韩家奴传》,第 5 册,第 1597 页。
② 参见〔日〕吉本道雅:《遼史世表疏证》,爱新觉罗乌拉熙春、吉本道雅:《新出契丹史料の研究》,第 34—36 页。苗润博:《被改写的政治时间:再论契丹开国年代问题》,《文史哲》2019 年第 6 期。
③ 《辽史》卷二七《天祚皇帝纪一》,第 1 册,第 358 页。
④ 参见孔维京:《辽代"七庙"与皇家宗庙祭祀考论》,《史学月刊》2021 年第 6 期。
⑤ 司马光著、胡三省音注:《资治通鉴》卷二六九,后梁均王贞明二年十二月条《考异》,中华书局,1956 年,第 8809 页。

帐,庶姓为摇辇",①可知"横帐"与宗室同义。以上帝系及皇族的变化线索提示我们,"横帐"亦非一项固定不变的制度。

据此再检讨二院皇族(五院部、六院部)与横帐的关系。《辽史·道宗纪》清宁九年七月壬戌条谓"耶律良密告重元变,命籍横帐夷离堇房",根据《皇子表》懿祖第二子帖剌"六院司,呼为夷离堇房"的记载,②刘浦江推断横帐也包括二院皇族。③后来王善军、乌拉熙春、④都兴智、林鹄等学者均论证此说成立,似成定论。兹将该观点所据史料辨析如下。

第一条,咸雍二年(1066)《曷鲁墓园经幢记》云:"大横帐故曷鲁,次孙阿里牙、阿边、霍哩钵郎君。"⑤王善军认为:"按世系关系,耶律曷鲁应属六院皇族,但由于总领腹心部,常居太祖左右,亦被称为'大横帐'。"⑥意谓此人即《辽史》卷七三传主耶律曷鲁,"迭剌部人。祖匣马葛"。⑦都兴智亦从此说,谓"曷鲁是耶律羽之长兄,六院皇族蒲古只之裔,辽太祖的再从兄弟"。实际上,石刻"大横帐故曷鲁"与匣马葛系"曷鲁"名字虽相同,但绝非一人。首先,孙阿里牙等当为已故的祖父曷鲁立经幢,从创立经幢的时间咸雍二年按代际推算,顶多能向上推六十年,那么曷鲁最早活在圣宗统和间(983—1012年),而《辽史·耶律曷鲁传》称曷鲁去世的时间为神册三年(918),两位"曷鲁"的生活年代相差悬殊。其次,横帐曷鲁墓园在今内蒙古赤峰市巴林左旗,而耶律羽之墓位于今内蒙古赤峰市阿鲁科尔沁旗,若两地均为各自家族墓地之所在,则相隔甚远。

第二条,《萧袍鲁墓志》称:"夫人耶律氏,横帐故前节度使曷芦不之

---

① 余靖:《武溪集》卷一八《契丹官仪》,《北京图书馆古籍珍本丛刊》,影印明成化九年刻本,书目文献出版社,1998年,第85册,第175页下栏。
② 《辽史》卷六四《皇子表》,第4册,第1064—1065页。
③ 刘浦江:《辽朝"横帐"考——兼论契丹部族制度》,氏著《松漠之间——辽金契丹女真史研究》,第66页。
④ 爱新觉罗·乌拉熙春《契丹横帐考——兼论帐、宫、院之关系》第四节曾引天庆四年(1114)汉文、契丹大字《耶律习涅墓志》论证横帐还可以指二院皇族(氏著《辽金史与契丹、女真文》,第6页),修订稿已删此条证据及相关论述。(氏著《爱新觉罗·乌拉熙春女真契丹学研究》,第309—311页)
⑤ 向南:《辽代石刻文编》,河北教育出版社,1995年,第328页。
⑥ 王善军:《辽朝横帐新考》,《历史研究》2003年第2期。
⑦ 《辽史》卷七三《耶律曷鲁传》,第5册,第1345页。

女,早亡。"①都兴智据相关考证指出,萧袍鲁岳父"曷芦不"即《辽史·何鲁不附传》的"何鲁不",耶律吼之子,何鲁不"六院部夷离堇蒲古只之后"。②此说比较牵强,其中人物活动年代存有漏洞。据墓志载,萧袍鲁"大安五年(1089)正月二十三日,启手足于行帐,享年七十有二"。③根据卒年和年龄推知,萧袍鲁生于1017年,然而从《何鲁不附传》看,何鲁不"晚年为本族敌史",乾亨间(979—983年)卒,④若有女,等到袍鲁成年时则早已步入高年,此事于常理不合。以上两条皆以同名者而下论断,其实无法成立。

第三条,《辽史·地理志》头下军州条云:"顺州。本辽队县地。横帐南王府俘掠燕、蓟、顺州之民,建城居之。"⑤都兴智认为"这是二院皇族称横帐的又一例证"。⑥据考证,顺州大概是太宗时期攻略燕地期间为安置俘获人口创建的。⑦"横帐南王府"应是头下主的身份,意指横帐中担任南院大王者,恐非表示"横帐""二院南王府"两者间具有隶属关系。

总之,通过以上三条史料其实难以坐实二院(五院、六院)隶属于横帐。那么,《辽史》清宁九年七月壬戌条"命籍横帐夷离堇房"又该如何解释?按《皇子表》帖刺"六院司,呼为夷离堇房",裹古直"六院司,呼为舍利房",⑧粗读文义,"夷离堇房""舍利房"看似是归属于六院司的这两个家族集团的专有称谓,其实不然。我们有幸可以借助契丹小字石刻资料解开这个疑团。

大康八年(1082)《耶律兀里本墓志》志盖和第1行均叙述墓主出身:⑨

---

① 向南:《辽代石刻文编》,第425页。
② 《辽史》卷七七《耶律吼传附何鲁不传》,第5册,第1388页。
③ 向南:《辽代石刻文编》,第424页。
④ 《辽史》卷七七《何鲁不附传》,第5册,第1389页。
⑤ 《辽史》卷三七《地理志一》,第2册,第508页。
⑥ 都兴智:《也说"横帐"》,《民族研究》2009年第6期。参见爱新觉罗·乌拉熙春:《沤思涅烈家族与东丹国世选制》,氏著《爱新觉罗乌拉熙春女真契丹学研究》,第243页。
⑦ 参见刘浦江:《辽朝的头下制度与头下军州》,原刊《中国史研究》2000年第3期;收入氏著《松漠之间——辽金契丹女真史研究》,第84页。余蔚:《中国行政区划通史·辽金卷》,复旦大学出版社,2012年,第105页。
⑧ 《辽史》卷六四《皇子表》,第4册,第1064—1065页。
⑨ 录文和释文见刘凤翥:《契丹文字研究类编》,中华书局,2014年,第3册,第761页。

六	院	部	蒲古只	夷离堇	族系之	兀里本

寿昌五年(1099)《耶律奴墓志》第 2 行作者自题:①

六	院	谐领	于越	族系之	司	家	奴

寿昌六年《耶律弘用墓志》第 32 行署作者为:

六	院	谐领	于越	族系	六	父房之	陈	团	奴

乾统元年《耶律(韩)迪烈墓志》(第 1 行)、乾统二年《耶律迪里姑墓志》(第 1 行)的作者均为陈团奴,题署的出身、族系与《耶律弘用墓志》相同。②

乾统二年《耶律副署墓志》第 1 行记述墓主兀没的族系:③

六	院	谐领	于越	族系之	孟	父房之	兀没	副	署

天庆五年《故耶律氏铭石》第 3 行介绍墓主达得娘子的父亲:④

六	院	谐领	于越	族系之	耶律	撒懒	大	王之	第五	子

以上兀里本、司家奴、陈团奴、兀没及耶律撒懒都出身于六院部。他们称呼先祖的全名和官称,大安八年《耶律迪烈墓志》(此人即撒懒)第 7 行作谐领·蒲古只夷离堇,《耶律副署墓志》第 4 行作谐领

---

① 录文和释文见刘凤翥:《契丹文字研究类编》,第 3 册,第 827 页。
② 录文和释文见刘凤翥:《契丹文字研究类编》,第 3 册,第 852、860、917 页。
③ 录文和释文见刘凤翥:《契丹文字研究类编》,第 3 册,第 903 页。
④ 录文和释文见刘凤翥:《契丹文字研究类编》,第 3 册,第 982 页。

⚔️ 只夲(谐领·蒲古只于越),①此人即《皇子表》"痕得·帖刺"之子。②六院部后人在具体追述同一先祖时,称谓稍有不同,如《耶律兀里本墓志》称用 ⚔️ 几 (蒲古只夷离堇),《耶律迪烈墓志》第 4 行亦谓墓主系 ⚔️ 几 出 几 (蒲古只夷离堇族系之人);③前引《耶律奴墓志》《耶律弘用墓志》《耶律副署墓志》《故耶律氏铭石》均作 ⚔️ 只夲 (谐领于越)。《皇子表》言,"六院司,呼为夷离堇房",《辽史》本传大多谓"六院部蒲古只夷离堇之后",这与前一种"夷离堇"用法相同;《辽史·耶律尢者传》称"于越蒲古只之后",④则与契丹小字石刻中较常见的后一种称谓——"于越"者相同。

寿昌六年《耶律弘用墓志》第 1 行称墓主:

灰	灵化	伏里夾有	灵为有	曲夲有	火大
六	院	裏古直	舍利之	族系的	维里(弘用)

第 3 行又云:⑤

灰	灵化	伏里夾有	灵为有	曲夲有	久平伏	余丰	出志	曲夲	西灵
六	院	裏古直	舍利之	族系的	兀古邻	采	访	族系	承祧

弘用本辽圣宗之孙,因过继给兀古邻承祧,所以一改原来横帐的身份,自称六院部人。⑥《皇子表》裏古直"六院司,呼为舍利房",《辽史·耶律斜涅赤传》"六院部舍利裏古直之族",⑦其对译契丹小字 灰 灵化 伏里夾 灵为有 曲夲有。

综上可知,二院部子孙叙述先祖蒲古只和裏古直时,名字与其官称并用,⑧这种现象在契丹小字石刻中颇为常见,并且从蒲古只用例来看,

---

① 录文和释文见刘凤翥:《契丹文字研究类编》,第 3 册,第 784、903—904 页。
② 参见爱新觉罗·乌拉熙春:《匣马葛考》,原刊《立命館文學》第 582 号,2004 年 1 月,第 57—66 页;收入氏著《辽金史与契丹、女真文》,第 39—48 页。
③ 录文和释文见刘凤翥:《契丹文字研究类编》,第 3 册,第 783 页。
④ 《辽史》卷一〇〇《耶律尢者传》,第 5 册,第 1575 页。
⑤ 录文和释文见刘凤翥:《契丹文字研究类编》,第 3 册,第 843 页。
⑥ 参见刘凤翥、清格勒:《契丹小字〈宋魏国妃墓志铭〉和〈耶律弘用墓志铭〉考释》,原刊《文史》2003 年第 4 辑;收入刘凤翥《契丹文字研究类编》,第 1 册,第 257—267 页。
⑦ 《辽史》卷七三《耶律斜涅赤传》,第 5 册,第 1350 页。
⑧ 《辽史·皇子表》谓裏古直官职"舍利"(第 4 册第 1065 页)。该词契丹小字写作 灵为夾。

"于越"或"夷离堇"两者经常混用,与▨(帐或房)并非构成一种固定搭配。由此揭示出,契丹小字墓志所见▨▨和▨▨▨两种结构,用汉语表示作"蒲古只+夷离堇+房"和"裹古直+舍利+房",《辽史》中即记作蒲古只和裹古直的官称+房的形式,说明《皇子表》所谓"夷离堇房""舍利房"只是针对此二人官职而言,而非六院司这两支房族的特定称谓。据此,清宁九年七月壬戌条"横帐夷离堇房",复原拟作 ▨ ▨ ▨ ▨ ▨,"房"即▨的汉译,意谓横帐中担任过夷离堇的某人的族帐。

关于横帐三父房中以官称+族帐的类似用法,兹举三例:

第一,咸雍八年《耶律仁先墓志》第 1 行作者自署:①

▨	▨	▨	▨	▨	▨	▨	▨
横	帐	仲	父房之	老衮	王之	族系之	特每

此名▨,亦见于《耶律奴墓志》第 5 行▨▨▨(老衮燕王)。此人系仲父房耶律奴的第四代祖,曾封燕王,②或即《耶律仁先墓志》中的"老衮王"。

第二,乾统元年《耶律(韩)迪烈墓志》第 1 行叙述墓主的家族:③

▨	▨	▨	▨	▨	▨	▨	▨
横	帐	秦	王之	族系之	空宁	迪烈	太保之

"秦王"即韩匡嗣。韩氏家族改隶横帐后,凡墓志均采用上述写法。

第三,《耶律迪里姑墓志》第 1 行载墓主迪里姑出身情况:④

▨	▨	▨	▨	▨	▨	▨	▨
横	帐	孟	父房之	蜀	国	王之	族系之

---

① 录文和释文见刘凤翥:《契丹文字研究类编》,第 3 册,第 693 页。▨的录文原有缺损,《耶律仁先墓志》拓本作▨,据此补入。
② 刘凤翥:《契丹小字〈耶律奴墓志铭〉再考释》,刘凤翥:《契丹文字研究类编》,第 1 册,第 177—182 页。
③ 录文和释文见刘凤翥:《契丹文字研究类编》,第 3 册,第 860 页。
④ 录文和释文见刘凤翥:《契丹文字研究类编》,第 3 册,第 917 页。

重熙二十一年，岩木追封"蜀国王"，墓志同时叙述其孟父房与王号。特每、迪烈、迪里姑皆属横帐，叙及出身时皆采用横帐房次+王号+族系的形式，据此分析，《辽史·道宗纪》清宁九年七月壬戌条，"横帐+夷离堇+房"也应是这种结构。总之，以此条史料论证六院帖剌后裔与横帐具有隶属关系的说服力比较弱。

笔者对目前支撑二院横帐说的四条史料逐一辨析，认为均存在疑点。都兴智等据《辽史·道宗纪》清宁九年七月壬戌条和咸雍二年《曷鲁墓园经幢记》推断"将二院皇族纳入横帐的时间应在兴宗执政时或道宗前期。二院皇族统称为横帐后，横帐即等同皇族"的结论，显然缺乏坚实的根据。① 如此，二院在有辽一代政治地位的变化，及其与皇族关系有必要需要重新检讨。

纵观辽朝统治者对二院部的政策，阿保机自即位以后，因迭剌部强大难制，便多方试图遏制。② 据《辽史·耶律曷鲁传》记载说：

> 初，曷鲁病革，太祖临视，问所欲言。曷鲁曰："陛下圣德宽仁，群生咸遂，帝业隆兴。臣既蒙宠遇，虽瞑目无憾。惟析迭剌部议未决，愿亟行之。"③

天赞元年十月，"分迭剌部为二院：斜涅赤为北院夷离堇，绾思为南院夷离堇。"④太宗进一步采取离散部众的措施。首先，会同二年（939）十月丁未，"上以乌古部水草肥美，诏北、南院徙三石烈户居之"。⑤ 根据《辽史·营卫志》记载，五院部四石烈中的瓯昆、乙习本以及六院部四石烈中的斡纳阿剌于是年徙居乌古部。⑥ 其次，会同三年八月丙辰，"诏以于谐里河、胪朐河之近地，给赐南院欧堇突吕、乙斯勃、北院温纳何剌三石烈人为农田"。⑦ "欧堇突吕""乙斯勃"即五院瓯昆、乙习本，"温纳何

---

① 都兴智：《也说"横帐"》，《民族研究》2009年第6期。参见爱新觉罗·乌拉熙春：《沤思涅烈家族与东丹国世选制》，氏著《爱新觉罗乌拉熙春女真契丹学研究》，第243页。
② 参见何天明：《辽太祖析分迭剌部探讨》，《内蒙古社会科学》1999年第1期。
③ 《辽史》卷七三《耶律曷鲁传》，第5册，第1348页。
④ 《辽史》卷二《太祖纪下》，第1册，第20页。
⑤ 《辽史》卷四《太宗纪下》，第52页。
⑥ 《辽史》卷三三《营卫志下·部族下》，第2册，第436页。
⑦ 《辽史》卷四《太宗纪下》，第1册，第52页。

剌"即六院斡纳阿剌,《辽史·营卫志》称将诸石烈"益以海勒水之地为农田",①实即二次迁徙。

此外,会同元年曾对此二部进行机构改革,"更夷离堇为大王"。最大的动作,当数调整二院的驻牧地,《辽史·营卫志》记,五院部"部隶北府,以镇南境。大王及都监春夏居五院部之侧,秋冬居羊门甸";六院部"隶北府,以镇南境。其大王及都监春夏居泰德泉之北,秋冬居独卢金"。② 从驻牧的三个营地推测,二院已经迁离原祖州故地。"以镇南境"一语,余靖《契丹官仪》所载"北王府、南王府,分掌契丹兵,在云州、归化州之北"可佐证。③ 综上可见,迭刺部首先被拆分为二,二院部原本总辖八个石烈,其中有三支迁徙至北地,反复更换驻地,其余部众则驻守南境。

以上这些措施,旨在削弱和调离针对新兴皇权的反叛力量。据《皇子表》载,五院先祖洽昚"迭刺部夷离堇";六院先祖帖剌"九任迭刺部夷离堇",无疑代表着部族的传统势力,辽初多番肢解迭刺部表明了统治者对二院部的真实态度——防范与压制。

到辽朝中期以后情况有所变化。重熙十三年,萧韩家奴上疏建言"追崇四祖为皇帝"。重熙二十一年七月,追尊玄祖和德祖。乾统三年十一月,"谒太祖庙,追尊太祖之高祖曰昭烈皇帝,庙号肃祖,妣曰昭烈皇后;曾祖曰庄敬皇帝,庙号懿祖,妣曰庄敬皇后"。④ 由此最终形成《辽史·太祖纪》卷末所述辽朝先祖帝统:肃祖→懿祖→玄祖→德祖→太祖。⑤ 这样肃祖系五院洽昚、六院葛剌、洽礼和懿祖系六院帖剌、裏古直的宗室身份得到官方确认。这种政治地位的变化在契丹小字墓志叙述中有明确反映:

大安八年《耶律迪烈墓志》第4、5行叙述六院部迪烈·撒懒的先

---

① 《辽史》卷三三《营卫志下·部族下》,第2册,第436页。
② 《辽史》卷三三《营卫志下·部族下》,第2册,第436页。
③ 余靖:《武溪集》卷一八《契丹官仪》,《北京图书馆古籍珍本丛刊》,影印明成化九年刻本,第85册,第175页上栏。参见〔日〕岛田正郎:《大契丹国:辽代社会史研究》,何天明译,内蒙古人民出版社,2006年,第54—57页。
④ 《辽史》卷二七《天祚皇帝纪一》,第1册,第358页。
⑤ 《辽史》卷二《太祖纪下》,第1册,第26页。

祖说：①

巫化冇	公冇为	天化牟	父矢伏	丹才	化几	……	父	主	王雨
第八	代之	祖宗	痕德	帖剌	夷离堇	……	天	皇	帝之

生	父	业务	伞伞	主	王雨	小冇	才		
祖	父	玄	祖	皇	帝之	胞	兄		

迪烈·撒懒追述先祖最早者到"痕德·帖剌"。据《皇子表》，此人排行第二，于玄祖为兄。

天庆五年《故耶律氏铭石》第 4、5 行载墓主达得娘子家族世次云：②

天化牟	父父	伞伞	主	王	……	主	王冇	
祖宗	懿	祖	皇	帝	……	（懿祖）皇	帝之	

又及	丹为	父矢伏	丹为	化几				
长	子	痕德	帖剌	夷离堇				

以上两位墓主迪烈·撒懒与达得为父女关系，③墓志作者均为耶律固。此二人共同追述痕德·帖剌为先祖，但达得墓志记载中新出现了更早的一代"懿祖"，乃源自乾统三年的官方追尊。

值得注意的是，尽管契丹小字墓志中对懿祖庙号有明确记述，但乾统三年前后二院部人叙述族帐身份时并没有任何变化，前引大康八年《耶律兀里本墓志》的墓主兀里本，大安八年《耶律迪烈墓志》的墓主迪烈，寿昌五年《耶律奴墓志》的作者司家奴、乾统元年《耶律（韩）迪烈墓志》及乾统二年《耶律迪里姑墓志》的作者陈团奴，乾统二年《耶律副署墓志》的墓主兀没，都是直接称"六院部蒲古只后裔"，而《故耶律氏铭石》墓主达得叙述先祖身份、天庆四年《萧敌鲁墓志》第 25 行记墓主敌鲁姊妹

---

① 录文和释文见刘凤翥：《契丹文字研究类编》，第 3 册，第 783 页。
② 录文和释文见刘凤翥：《契丹文字研究类编》，第 3 册，第 983 页。
③ 参见爱新觉罗·乌拉熙春：《〈耶律迪烈墓志铭〉与〈故耶律氏铭石〉所载墓主人世系考——兼论契丹人的"名"与"字"》，原刊《立命館文學》第 580 号，2003 年 6 月，第 1—16 页；收入氏著《辽金史与契丹、女真文》，第 69—84 页。

十一　横帐制度与耶律氏皇族结构　375

[契丹文字](乙辛隐)所嫁之族系、①金大定十五年(1175)《萧居士墓志》第 1 行作者[契丹文字]出身及第 4 行墓主篯里宁祖先联姻家族,仍署作[契丹文字],②这与乾统三年追封前墓志对于族系的叙述并无二致,并没有体现出二院发生变化。有辽一代,玄祖子孙族帐确有所调整,但迭剌部内部"五院""六院"与"横帐"三大家族集团势力并立或长期如此,至少根据目前各类材料中难以说明二院与横帐具有隶属关系。

五、契丹文石刻所见"横帐"与皇族集团

我们从史料传抄的角度讨论了《百官志》北面皇族帐官条与《皇子表》的文献关系,认为"横帐"最初缘起于阿保机御帐与遥辇九帐、皇族帐的驻扎位置。但问题是,《辽史·耶律颇德附传》有一条非常明确的记载,称横帐包括三父房:

> 会同初,改迭剌部夷离堇为大王,即拜颇德,既而加采访使。
> 旧制,肃祖以下宗室称院,德祖宗室号三父房,称横帐,百官子弟及籍没人称著帐。耶律斜的言,横帐班列,不可与北、南院并。太宗诏在廷议,皆曰然,乃诏横帐班列居上。颇德奏曰:"臣伏见官制,北、南院大王品在惕隐上。今横帐始图爵位之高,愿与北、南院参行;兹又耻与同列。夫横帐与诸族皆臣也,班列奚以异?"帝乃谕百官曰:"朕所不知,卿等不宜面从。"诏仍旧制。其强直不挠如此。③

此文最早涉及横帐的具体范围。"三父房"之名,正与玄祖三子的"孟父房""仲父房""季父房"契合。职此之故,葛华廷认为"德祖"应为"玄祖"之误,④刘浦江辨析说,三父房分别是德祖的兄长和儿子,故可以将

---

① 康鹏:《契丹小字〈萧敌鲁副使墓志铭〉考释》,刘宁主编:《辽金历史与考古》第 4 辑,辽宁教育出版社,2013 年,第 261—292 页。
② 录文和释文见刘凤翥《契丹文字研究类编》,第 3 册,第 1029、1030 页。
③ 《辽史》卷七三《耶律颇德附传》,第 5 册,第 1351—1352 页。
④ 葛华廷:《辽代"横帐"浅考》,《北方文物》2000 年第 4 期。

"德祖族属""德祖宗室"理解为德祖之兄弟子侄。① 以上观点确实可以理顺诸条史料的关系,继而论证辽初"横帐三父房"成立。

然而笔者却持谨慎态度,关键问题是如何理解此处所谓的"旧制"。此源于自太宗朝讨论横帐与二院班列是否平等问题,若单从上下文看,此事接续会同年间事,相对而言的"旧制"之年代似指辽初。不过学者们注意到,《辽史·国语解》有一条关于"横帐"的释义:"德祖族属号三父房,称横帐,宗室之尤贵者。"② 乌拉熙春指出,《国语解》该条抄自《耶律颇德附传》。③ 值得注意的是,《国语解》"横帐"下为"著帐"条,有"凡世官之家泊诸色人,因事籍没者为著帐户,官有著帐郎君"的解释。④ 据考证,《国语解》基本上是按照《辽史》纪、志、表、传的顺序编排,诸词条取资耶律俨《皇朝实录》和陈大任《辽史》。⑤ 经对比不难发现,"横帐""著帐"这两条应出自同一卷之前后位置,然而"横帐"及其释义并不在与《耶律颇德附传》对应的《国语解》之"列传·诸功臣传"中,而是在"景宗圣宗纪"下。康鹏对《国语解》逐条核查,兹将相关条文列为表一:⑥

表一 《辽史·国语解》史文检索表

《国语解》景宗圣宗纪条	参考来源
飞龙使,掌马官,亦为导骑	卷八《景宗纪上》:(应历十九年二月)己巳,穆宗遇弑,帝率飞龙使女里、侍中萧思温、南院枢密使高勋率甲骑千人驰赴

---

① 刘浦江:《辽朝"横帐"考——兼论契丹部族制度》,氏著《松漠之间——辽金契丹女真史研究》,第63页。
② 《辽史》卷一一六《国语解》景宗圣宗纪条,第5册,第1695页。
③ 爱新觉罗·乌拉熙春:《契丹横帐考——兼论帐、宫、院之关系》,氏著《辽金史与契丹、女真文》,第2—3页。
④ 《辽史》卷一一六《国语解》景宗圣宗纪条,第5册,第1695页。
⑤ 参见冯家昇:《〈辽史〉源流考》,氏著《冯家昇论著辑粹》,中华书局,1987年,第147—148页。刘浦江:《从〈辽史国语解〉到〈钦定辽史语解〉——契丹语言资料的源流》,原刊余太山主编:《欧亚学刊》第4辑,中华书局,2004年6月,第145—164页;收入氏著《松漠之间——辽金契丹女真史研究》,第177—205页。
⑥ 康鹏:《修订本〈辽史·国语解〉点校长编》,2013年1月(未刊)。

十一　横帐制度与耶律氏皇族结构　377

（续表）

《国语解》景宗圣宗纪条	参考来源
横帐，德祖族属号三父房，称横帐，宗室之尤贵者	卷一〇《圣宗纪一》：（统和元年正月壬午）赵妃及公主胡骨典、奚王筹宁、宰相安宁、北大王普奴宁、惕隐屈烈、吴王稍、宁王只没与横帐、国舅、契丹、汉官等并进助山陵费
著帐，凡世官之家洎诸色人，因事籍没者为著帐户，官有著帐郎君	
杓窊印，杓窊，鸷鸟总称，以为印纽，取疾速之义。凡调发军马则用之，与金鱼符、银牌略同	卷一一《圣宗纪二》：（统和四年三月丙申）诏遣使赐枢密使斜轸密旨及彰国军节度使杓窊印以趣征讨
国舅帐剋，官制有大国舅帐，此则本帐下掌兵之官	卷一三《圣宗纪四》：（统和十二年八月）戊子，以国舅帐剋萧徒骨为夷离毕
拜奥礼，凡纳后，即族中选尊者一人当奥而坐，以主其礼，为之"奥姑"。送后者拜而致敬，故云拜奥礼	卷一三《圣宗纪四》：（统和十二年九月）壬戌，行拜奥礼
拜山礼，祀木叶山之仪	卷一五《圣宗纪六》：（开泰元年三月）乙酉，诏卜日行拜山、大射柳之礼，命北宰相、驸马、兰陵郡王萧宁，枢密使、司空邢抱质督有司具仪物
敌稳，诸帐下官。亦作常衮，盖字音相近也	卷一五《圣宗纪六》：（开泰元年四月）辛酉，以前孟父房敌稳萧佛奴为左夷离毕
万役陷河冶，地名。本汉土垠县，有银矿。太祖募民立寨以专采炼，故名陷河冶	卷一五《圣宗纪六》：（开泰元年七月丙子）进士康文昭、张素臣、郎玄达坐论知贡举裴玄感、邢祥私曲，秘书省正字李万上书，辞涉怨讪，皆杖而徙之，万役陷河冶
合苏衮，女直别部名，又作曷苏馆	卷一五《圣宗纪六》：（开泰四年四月）丙辰，曷苏馆部请括女直王殊只你户旧无籍者，会其丁入赋役，从之

（续表）

《国语解》景宗圣宗纪条	参考来源
执手礼，将帅有克敌功，上亲执手慰劳；若将在军，则遣人代行执手礼。优遇之意	卷一五《圣宗纪六》：（开泰四年四月丙辰）枢密使贯宁奏大破八部迪烈得，诏侍御撒剌奖谕，代行执手之礼
阿札割只，官名。位在枢密使下，盖墩官也	卷一五《圣宗纪六》：（开泰五年三月）丙寅，以前北院大王耶律敬温为阿扎割只
四捷军，辽以宋降者分立二部：一曰四捷军，一曰归圣军	卷一六《圣宗纪七》：（开泰八年）三月己未，以契丹弘义宫使赫石为兴圣宫都部署，前遥恩抬部节度使控骨里积庆宫都部署，左祗候郎君耶律罕四捷军都监
	卷一二《圣宗纪三》：（统和六年十月）庚午，以宋降军分置七指挥，号归圣军
山金司，以阴山产金，置冶采炼，故以名司；后改统军司	卷一七《圣宗纪八》：（太平七年五月）西南路招讨司奏阴山中产金银，请置冶，从之

《国语解》"景宗圣宗纪"条与《辽史》的《景宗纪》《圣宗纪》对比的结果是：13个词条中的12条相互参证，并且按次序编排，唯有"著帐"条不见于今本《辽史》本纪，盖属旧史之文。

据此可知，《国语解》"横帐""著帐"条原本系《圣宗纪》中的内容。《耶律颇德附传》中的人物对话涉及"横帐""北、南院"，因谓"诏仍旧制"，盖史官误读，遂将《国语解》的这两条整合移置于此传中作为注解。细绎文义，时人所指"旧制"实为耶律颇德所奏"臣伏见官制，北、南院大王品在惕隐上"云云，拟行新制则是耶律斜所言"横帐班列，不可与北、南院并"及太宗"乃诏横帐班列居上"，实与横帐定义无关。此外，与《国语解》"著帐"条比较，《耶律颇德附传》所载旧制"百官子弟及籍没人称著帐"明显有误，①乃元人抄撮史料不慎所致。总之，《耶律颇德附

---

① 《辽史》卷七三校勘记七，第5册，第1354页。

传》所载"旧制,肃祖以下宗室称院,德祖宗室号三父房,称横帐"恐非传文原有文字,极有可能是金元时期重新纂修《辽史》时补充进去的,乃史官对辽中后期横帐制度的理解。①

有史料表明,最迟到圣宗时期,孟、仲、季三房已经编入横帐序列。据《辽史·圣宗纪》记载,统和二十三年十一月丁巳:"诏大丞相耶律德昌出宫籍,属于横帐。"②《辽史·营卫志》和《耶律隆运传》明确说耶律隆运(德昌)"隶横帐季父房"。③ 另开泰八年(1019)十月癸巳有诏云:"横帐三房不得与卑小帐族为婚;凡嫁娶,必奏而后行。"④可见从这时起辽朝开始强调玄祖、德祖及其子孙族帐特殊,限定联姻等一事表明其地位非凡。

综上所述,我们通过发掘《辽史》两次追尊先祖庙号这条线索,指出辽朝帝系建构与皇族、横帐关系密切。重熙二十一年七月正式确认玄祖及其三父房的宗庙地位,直到乾统三年十一月才将肃祖、懿祖纳入礼制意义上的统绪,然其二院子孙是否隶籍横帐仍成悬疑。根据这一脉络,不妨重审契丹文石刻所见"横帐"及其意涵。

目前出土的契丹大小字墓志时间上皆属于辽代中后期,主要集中在重熙二十一年尊奉玄祖以后,此时横帐三父房制度其实已经固定。刘凤翥、张少珊《契丹文字中的"横帐"》一文对此问题已有全面论述,⑤下文谨结合上文考证结论及相关释读成果略做检讨。首先需要介绍一下有关契丹文"横帐"一词的释读情况。

---

① 类似例子还有:《辽史》卷八五《萧塔列葛传》云:萧塔列葛,"八世祖只鲁,遥辇氏时尝为虞人。唐安禄山来攻,只鲁战于黑山之阳,败之。以功为北府宰相,世预其选"。(第5册第1451页)根据《辽史》卷六三《世表》引"耶律俨《纪》"云太祖四代祖耨里思为迭剌部夷离堇,遣将只里姑、括里,大败范阳安禄山于潢水"(第4册第1058页),"只鲁"即"只里姑",传文"八世祖只鲁"至"败之"与《世表》相同,出自旧史。又卷一《太祖纪》太祖四年(910)七月戊子条载"以后兄萧敌鲁为北府宰相。后族为相自此始"(第1册第4页),可知唐时契丹部尚未设立北府宰相,"以功为北府宰相,世预其选"恐非只鲁授官,是为解释下文重熙十九年塔列葛"以世选为北府宰相",疑系史官私自添加。
② 《辽史》卷一四《圣宗纪五》,第1册,第176页。
③ 《辽史》卷三一《营卫志上·宫卫》文忠王府条,第2册,第418页。卷八二《耶律隆运传》,第5册,第1422页。
④ 《辽史》卷一六《圣宗纪七》,第1册,第209页。
⑤ 刘凤翥、张少珊:《契丹文字中的"横帐"》,澳门书法篆刻协会编:《千年绝学:契丹文字碑拓精品展》,2019年5月,第191—203页。

即实指出,乾统五年《许王墓志》第 1 行 ☒ ☒ 应译为"皇族"。①寿昌五年《耶律奴墓志》第 1 行和第 4、5 行记载墓主出身时说:

☒	☒	☒	☒	☒	☒	☒	☒
可汗之	横帐	族系	兄	弟之	仲	父房之	人

墓志最初发表的释文如上。② 刘浦江指出 ☒ ☒ 直译是"可汗之帐",疑即横帐的简称。③ 乌拉熙春直接将中间词 ☒ 释义为"横"。④ 契丹小字 ☒ ☒ 与契丹大字 ☒ ☒ 相同,本义为"兄弟",刘凤翥认为该词与 ☒ 组合后,均可释为"横帐"。⑤ 将辽朝文献初步梳理和对比,我们意识到契丹文石刻对耶律氏家族层级结构的叙述是一个相对独立的系统,远比汉文文献具有更丰富的内涵。

契丹先祖传说及帝系是一个持续构建的历史过程,所谓"皇族"集团的构造同样也是复杂、多元、层累而不断变化的。寿昌二年《大辽大横帐耶律公墓志铭》即云:"国姓耶律氏有三大横帐:一大父,二仲父,三小父。小父者,德祖皇帝而太祖大圣天皇帝之父也。其子孙世为天子,出于其帐者号贵族。"⑥墓主耶律弘礼,景宗曾孙、宗熙之子,强调本帐太祖直系的尊贵地位,明显有别于大父(孟父房)和仲父(仲父房)两帐,与《国语解》"横帐"条同义。再检咸雍八年《耶律仁先墓志》,其中有"远祖曰仲父述剌·实鲁于越,即第二横帐"的表述。⑦ 乾统七年《梁国太妃墓志》云:"出横帐第二族,乃玄祖皇帝之次男隋国王之后胤。"⑧两墓志所言"第二"即仲父房。综上可见,三父房的政治地位和权威明显不同。

---

① 即实:《契丹小字解读拾零》,《东北地方史研究》1986 年第 4 期。
② 石金民、于泽民:《契丹小字〈耶律奴墓志铭〉考释》,《民族语文》2001 年第 2 期。
③ 刘浦江:《辽朝"横帐"考——兼论契丹部族制度》,氏著《松漠之间——辽金契丹女真史研究》,第 61—62 页。
④ 爱新觉罗·乌拉熙春:《契丹横帐考——兼论帐、宫、院之关系》,氏著《辽金史与契丹、女真文》,第 2 页。
⑤ 刘凤翥:《契丹小字〈耶律奴墓志铭〉再考释》,刘凤翥:《契丹文字研究类编》,第 1 册,第 177—178 页。《耶律奴墓志铭》录文和释文参见《契丹文字研究类编》,第 3 册,第 827—828 页。
⑥ 万雄飞、司伟伟:《辽代耶律弘礼墓志考释》,《考古》2018 年第 6 期。
⑦ 向南:《辽代石刻文编》,第 352 页。
⑧ 该墓志录文见刘凤翥:《契丹文字研究类编》,第 3 册,第 958 页。

十一　横帐制度与耶律氏皇族结构　381

这一点从契丹建国前后孟父岩木和仲父释鲁的政治活动及其在家族史所处地位的对比中当可见出分晓。《皇子表》载岩木"三为迭剌部夷离堇",然而履历平庸,止记其"语音如钟"这项特长。而释鲁则是耶律氏家族崛起事业过程中的关键人物,"先遥辇氏可汗岁贡于突厥,至释鲁为于越,始免。教民种树桑麻"。① 《辽史·仪卫志·国服》总结太祖仲父述澜(释鲁)功绩时云:"有辽王业之隆,其亦肇迹于此乎?"② 阿保机帝业奠基初期,"时伯父当国,疑辄咨焉"。《辽史·太祖纪赞》对其功业是这么评定的:"德祖之弟述澜,北征于厥、室韦,南略易、定、奚、霫,始兴板筑,置城邑,教民种桑麻,习织组,已有广土众民之志。而太祖受可汗之禅,遂建国。"③ 从汉文文献可知横帐内部尊贵有别,契丹小字资料又向我们披露了其中的这一细节。

首先是最核心层,数太祖系无疑。目前出土的皇帝和皇后哀册及直系子孙墓志,一般称 ▨▨,以此作为辽朝帝系集团固有的身份标志。重熙二十二年《耶律宗教墓志》第 3 行载墓主世次:④

生	羊	▨	▨	▨	几用	▨	主	王	▨
祖	父	耶律宗室之		第五	汗	景	宗	皇	帝 ?

景宗为契丹第五任皇帝,此处用 ▨(汗)来表示。又,清宁元年《兴宗哀册》第 2 行、大康二年《仁懿哀册》第 4 行中,亦见 ▨▨ 这一词组。⑤ 即实释其义为"耶律宗室";⑥ 因 ▨ 与 ▨ 两字相通,王弘力解读作"捺钵"。⑦

▨ 的具体用例见清宁元年《兴宗哀册》第 2 行,叙述兴宗崩于行帐:⑧

---

① 《辽史》卷六四《皇子表》,第 4 册,第 1065—1066 页。
② 《辽史》卷五六《仪卫志二》,第 3 册,第 1007 页。
③ 《辽史》卷二《太祖纪下》,第 1 册,第 26—27 页。
④ 录文和释文见刘凤翥:《契丹文字研究类编》,第 3 册,第 1029 页。
⑤ 录文和释文见刘凤翥:《契丹文字研究类编》,第 3 册,第 673、733 页。
⑥ 即实:《从 ▨▨ 说起》,《内蒙古大学学报(哲学社会科学版)》1988 年第 4 期。
⑦ 王弘力:《契丹小字宫殿解》,《内蒙古大学学报(哲学社会科学版)》1990 年第 1 期。
⑧ 录文见刘凤翥:《契丹文字研究类编》,第 3 册,第 672 页。

父	主	王		小	十		崩
重熙	皇帝		捺钵之	南	西		

乌拉熙春综合解释说,□既用于表示"家",亦用于表示"捺钵",两者并无语义上的矛盾。因为契丹乃游牧民族,其"家"的概念就是所居住的移动帐幕。① 由此可见,□□作为太祖家族的专有称谓,比较契合《辽史·百官志》北面诸帐官条"御帐"和《皇子表》太祖诸子条"横帐"的含义。

其次是后来纳入"横帐"的三父房,上引《耶律奴墓志》□□□即是"可汗的横帐"之义。又,乾统五年《许王墓志》第1行叙述墓主族系时说:②

可汗之	横帐	家族	季父房

墓主耶律斡特剌,是太祖之弟许国王寅底石的六世孙。③ 契丹文石刻通常以□、□、□表示孟父、仲父、季父三父房,如大安十年《耶律智先墓志》第5、6行详细叙述这种家族血缘关系及三父族帐分属时云:④

玄	祖之	儿子	三人	大者	蜀	国	王	敌辇	第二	隋	国
杰王	述澜	第三	德	祖	皇帝	太祖		天皇帝之		御	
父	今	可汗之横帐	族系之	三	父房			三	父房之		

---

① 爱新觉罗·乌拉熙春:《辽金史札记》,氏著《辽金史与契丹、女真文》,第92页。
② 录文和释文见刘凤翥:《契丹文字研究类编》,第3册,第927页。
③ 参见王弘力:《契丹小字墓志研究》,《民族语文》1986年第4期。
④ 录文和释文见刘凤翥:《契丹文字研究类编》,第3册,第800—801页。

孟 父 蜀 国 王 之 子 …… 仲 父 隋 国 王 之 子

墓志所述内容与《辽史·兴宗纪》重熙二十一年七月壬子条及《皇子表》玄祖栏所记一致，⚫︎⚫︎⚫︎（三父房）亦即总称。咸雍八年的《耶律仁先墓志》也有相同记载，如第4行谓玄祖三子⚫︎⚫︎⚫︎（三父房之兄弟）和⚫︎⚫︎⚫︎⚫︎⚫︎（三父房之兄弟皆可汗之子）。① 据此可知，墓志中反复出现的⚫︎⚫︎⚫︎确切应指玄祖族系，这符合重熙二十一年官方确立的先祖帝系。

值得注意的一个现象是，统和二十三年，耶律隆运（韩德让）虽隶籍横帐季父房，但该家族叙述出身时却与《许王墓志》耶律斡特剌及其他季父房有明显不同。如咸雍四年《萧图古辞墓志》第4行追述墓主先人的姻亲关系时提到：②

横帐（兄弟）之 季父房之　秦王之　族系之普你　大　汉　招　讨之

"普你·大汉"即韩德威。大康二年后的《韩高十墓志》第1行载墓主高十的家族时亦谓：

横帐（兄弟）之　季　父房之　秦　王之　族系之

该墓志第2行作者耶律固亦为横帐季父房，其自署身份却有所不同：③

可汗　横帐　族系　季父房之　不鲁宁　太　师之　孙

⚫︎⚫︎⚫︎与汉文文献"横帐季父房"相通，可认为这是一种简写形式。不过对比同一方墓志中对于"横帐"的记述，韩氏家族叙及季父房出身时与耶律固的写法不同，不书⚫︎⚫︎⚫︎这个词组，结合《辽史·耶律

---

① 录文和释文见刘凤翥：《契丹文字研究类编》，第3册，第694页。
② 录文和释文见刘凤翥：《契丹文字研究类编》，第3册，第687页。
③ 录文和释文见刘凤翥：《契丹文字研究类编》，第3册，第740页。

隆运传》所述"隶横帐季父房后"可知,[①]这或许是他们并非源自可汗血缘家族的缘故。这样,也可为上文考证 䀏𠮷 ⿰甶⿱八ㄨ 是指称玄祖的结论提供佐证。

最后是将二院与横帐共同地域集团——迭剌部整合为同源共祖的统一家族。据统计,源于迭剌部的六院蒲古只族系(大康八年《耶律兀里本墓志》第 3 行、大安八年《耶律迪烈墓志》第 4 行、乾统二年《耶律副署墓志》第 3 行)以及横帐仲父房(大安十年《耶律智先墓志》第 5 行)和孟父房(乾统二年《耶律迪里姑墓志》第 1 行)的墓主地望在契丹文中均有出现:

𢨋	仌	仒	小刂	伏余	䀏𠮷	⿰⿱又化⿱㐅火	又化	⿱㐅为夫𠮷
金		迭刺	部		霞瀨益	石烈	耶律	弥里	郎君之

这段文字见于《辽史・太祖纪》所载"迭剌部霞瀨益石烈乡耶律弥里"。[②]《辽史・地理志》祖州条谓:"本辽右八部世没里地。……以高祖昭烈皇帝、曾祖庄敬皇帝、祖考简献皇帝、皇考宣简皇帝所生之地,故名。"[③]四帝分别为肃祖、懿祖、玄祖、德祖,此当系后世子孙对其发源地的历史记忆以及共同地缘的认同。前文列举辽初离析迭剌部的各种措施,五院、六院之具体划分实际上是以洽昚和帖剌及其传统势力为主。据《皇子表》载,洽昚担任过迭剌部夷离堇,"有德行。分五石烈为七,六爪为十一";帖剌"九任迭剌部夷离堇",其余葛剌、洽礼、裹古直早卒或无功绩者一并归属六院。[④] 由此分化出辽代二百年耶律氏的五院、六院与横帐三大家族势力,乾统三年十一月通过追尊肃祖和懿祖,正式实现同源"共祖",建构出一个统一的政治集团。

---

① 《辽史》卷八二《耶律隆运传》,第 5 册,第 1422 页。
② 此段契丹小字取自《耶律迪烈墓志》,其余四方墓志内容略同。以上墓志录文见刘凤翥:《契丹文字研究类编》,第 3 册,第 761、783、800、903、917 页。释文及研究成果参见爱新觉罗・乌拉熙春:《契丹文墓誌より見た辽史》,京都:松香堂书店,2006 年 11 月,第 5—14 页。爱新觉罗・乌拉熙春:《匣马葛考》,《辽金史与契丹、女真文》,第 39—48 页。
③ 《辽史》卷三七《地理志一》,第 2 册,第 500 页。
④ 《辽史》卷六四《皇子表》,第 4 册,第 1064—1065 页。

综上所述,我们从《辽史》及相关资料中勾勒出辽朝先祖帝系建构的主线,据此推测皇族范围与横帐变化之轨迹。再结合契丹小字墓志关于先祖的叙述,可以隐约看到契丹王朝政治集团的改造过程,最初从太祖帝系扩及玄祖,直到最后将此前拆解的二院部整合其中,进而塑造形成以整个迭剌部为核心的统治家族。循着这一思路研究横帐问题,或许能够有所推进。

十二　契丹国舅帐与审密氏集团

契丹萧氏后族与耶律氏皇族构成辽朝两大政治群体，"番法，王族惟与后族通婚"，①世代联姻，其汉式姓氏全部冠以"萧"姓，内部结构实则纷繁复杂，有关族帐分野、家族世系以及由此引发的政治斗争等系列问题，一直以来都是学界关注的焦点，②但由于史料有限，总是争议不断。③本文以质疑"国舅别部"真实性为缘起，从概念生成史的角度，辨析《辽史》相关记载，并结合契丹文字解读成果，重审国舅帐的整体构成情况。

一、"国舅别部"杜撰说

《辽史·外戚表》（简称《外戚表》）序文载：

> 契丹外戚，其先曰二审密氏：曰拔里，曰乙室已。至辽太祖，娶述律氏。述律，本回鹘糯思之后。大同元年，太宗自汴将还，留外戚小汉为汴州节度使，赐姓名曰萧翰，以从中国之俗，由是拔里、乙室已、述律三族皆为萧姓。拔里二房，曰大父、少父；乙室已亦二房，曰大翁、小翁；世宗以舅氏塔列葛为国舅别部。

此文系元朝史官所撰，概括"辽外戚之始末"，其中之一有"国舅别部"，

---

① 题叶隆礼撰：《契丹国志》卷二三《族姓原始》，贾敬颜、林荣贵点校，中华书局，2014年，第247页。
② 主要成果参见〔日〕橘口兼夫：《遼代の國舅帳について》，《史學雜誌》第50编2、3号，1939年2、3月。冯永谦：《辽史外戚表补证》，《社会科学辑刊》1979年第3、4期。蔡美彪：《试说辽耶律氏萧氏之由来》，《历史研究》1993年第5期。蔡美彪：《辽代后族与辽季后妃三案》，《历史研究》1994年第2期。〔日〕武田和哉：《遼朝の蕭氏と國舅族の構造》，《立命館文學》第537号，1994年12月，第257—284页。〔日〕爱新觉罗·乌拉熙春、吉本道雅：《新出契丹史料の研究》第二章《國舅夷離畢帳》，京都：松香堂书店，2012年，第183—242页。都兴智：《辽代外戚的族帐房次问题再探讨》，刘宁、齐伟主编：《辽金史历史与考古》第11辑，科学出版社，2020年，第81—82页。
③ 参见孙伟祥：《辽朝后族研究综述》，《黑龙江民族丛刊》2018年第3期。

始创于世宗时期。《外戚表》正文最末列"国舅别部,不知世次",下面共有两支家族:第一个是"北府宰相只鲁",及其"八世孙,世选北府宰相塔列葛";第二个是所谓只鲁"七世孙台哂"。① 历来学者从信这一记载。值得注意的是,《辽史》载有两位萧塔列(剌)葛,卷八五设《萧塔列葛传》、卷九〇作《萧塔剌葛传》。蔡美彪撰文指出,两人虽同名而时代不同,并且出身各异,前者"五院部人",后者乃"六院部人"。② 陈述对《外戚表》"国舅别部"世系进行补注,指出第一个"塔列葛"即卷八五传主,第二个"七世孙台哂"下增补"塔剌葛。北府宰相。字陶哂",此即卷九〇有传者。③ 乌拉熙春同样根据《外戚表》考证两塔列(剌)葛属同一家族,具有亲缘关系,"五院部人"为"六院部人"误记。④

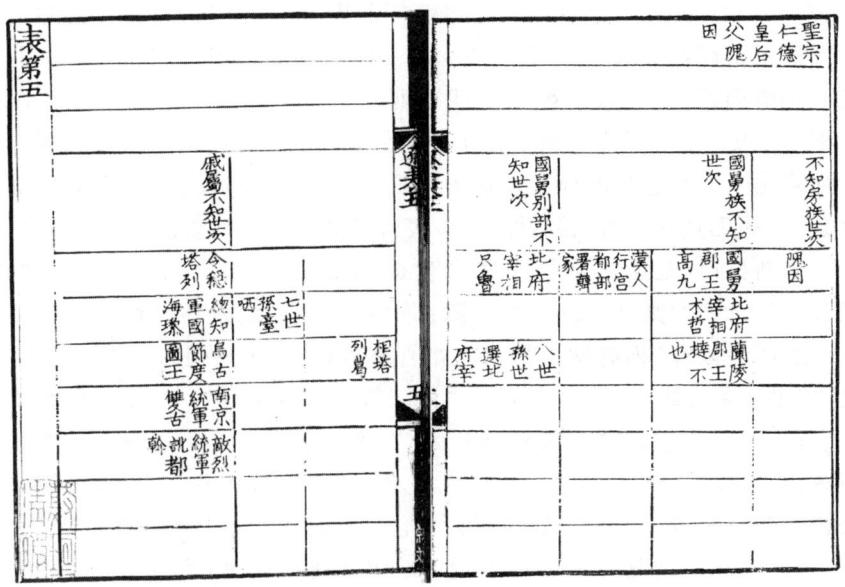

图一 明初覆刻本《辽史》(上海图书馆藏)

---

① 《辽史》卷六七《外戚表》,点校本二十四史修订本,中华书局,2017 年,第 4 册,第 1135、1142 页。

② 蔡美彪:《辽史两萧塔列葛传辨析》,原刊南开大学历史系编:《中国史论集》,天津古籍出版社,1994 年,第 191—197 页;收入氏著《辽金元史考索》,中华书局,2012 年,第 77—82 页。

③ 陈述:《辽史补注》卷六七《外戚表》,中华书局,2018 年,第 8 册,第 2698—2699、2707—2708 页。

④ 〔日〕爱新觉罗·乌拉熙春、吉本道雅:《新出契丹史料の研究》第二章《國舅夷離畢帳》,第 187—192、241 页。

何谓"国舅别部"？杨若薇将《外戚表》、两塔列(剌)葛传文与《辽史·世宗纪》天禄元年(947)八月壬午"尊母萧氏为皇太后，以太后族剌只撒古鲁为国舅帐，立详稳以总焉"①的记载联系到一起，并置于当时政治背景下考察，解释说：世宗即位后为扩充自己势力将其母系——耶律倍妻族的萧氏正式立为国舅，以此对抗太祖淳钦皇后述律氏控制下的国舅二帐，故称这支新力量为"国舅别部"。②蔡美彪梳理剌只撒古鲁氏谱系的结果是：一世台哂、二世为柔贞皇后之父、三世塔剌葛。③以上观点被后来学者广泛接受。

不过，据苗润博揭示，《外戚表》实系元朝史官拼凑而成，表中有关国舅别部的记载抄自相关列传：因卷八五"塔列葛"(字雄隐)与卷九〇"塔剌葛"(字陶哂)名字相近，且均曾任北府宰相，误二者为一人，并将两人世系杂糅在一起。这样一来，本来与国舅别部毫无关系的"世选北府宰相塔列葛"及其八世祖只鲁就被列入了国舅别部谱系；而本为"国舅别部敞史"的塔剌葛反倒不见于《外戚表》；还将塔剌葛叔祖台哂列为塔列葛先祖只鲁之七世孙。元朝史官据此编纂出《外戚表》的国舅别部世系。④因无独立史料来源，那么，该表所定义的帐房概念必须谨慎对待。

重新检讨《辽史》，在历史概念生成的视角下考量，"国舅别部"的缘起及其真实性则须重新考量。除《外戚表》上述记载外，《辽史·百官志·北面诸帐官》列有两大国舅族帐管理机构：大国舅司，"掌国舅乙室已、拔里二帐之事"；"国舅别部"，"世宗置。官制未详"。⑤林鹄全面核查《辽史·百官志》史文，最终结论是："《百官志》北南部分均为元史臣新撰，其主体系杂抄辽末耶律俨《皇朝实录》及金陈大任《辽史》纪传部分相关条目所成。"⑥具体而言，《百官志》国舅别部条与《外戚表》序文"世宗以舅氏塔列葛为国舅别部"同义，均采据《辽史》卷九〇《萧塔剌葛传》传文无疑。《辽史·萧塔剌葛传》原文作：

---

① 《辽史》卷五《世宗纪》，第1册，第72页。
② 杨若薇：《释"辽内四部族"》，原刊《民族研究》1987年第2期；收入氏著《契丹王朝政治军事制度研究》，中国社会科学出版社，1991年，第76—77页。
③ 蔡美彪：《辽史外戚表新编》，原刊《社会科学战线》1994年第2期；收入氏著《辽金元史考索》，第144—145页。
④ 苗润博：《契丹国舅别部世系再检讨》，《史学月刊》2014年第4期。
⑤ 《辽史》卷四五《百官志一》，第3册，第801—803页。
⑥ 林鹄：《辽史百官志考订》，中华书局，2015年，第2页。

萧塔剌葛,字陶哂,六院部人。素刚直。太祖时,坐叔祖台哂谋杀于越释鲁,没入弘义宫。世宗即位,以舅氏故,出其籍,补国舅别部敞史。①

"台哂谋杀于越释鲁"详见于同书《逆臣传·耶律滑哥》"与克萧台哂等共害其父,归咎台哂,滑哥获免"云云。② 又《辽史·营卫志》著帐郎君条亦载此事云:"初,遥辇痕德堇可汗以蒲古只等三族害于越释鲁,籍没家属入瓦里。淳钦皇后宥之,以为著帐郎君。世宗悉免。"③《辽史·百官志》将这条改编作"北面著帐官",条目下文字内容稍显丰富,其中"淳钦皇后宥之,以为著帐郎君"作"应天皇太后知国政,析出之,以为著帐郎君、娘子,每加矜恤"。④ 诸条记载表明,述律氏将台哂等及其族人由瓦里改隶到奉祀太祖的弘义宫(算斡鲁朵)。

细绎史文,可以确认《营卫志》"世宗悉免"和《萧塔剌葛传》所言"出其籍"乃是出弘义宫宫籍,世宗不过是改变台哂家族宫分人的身份;同时授予塔剌葛官职——担任"国舅别部敞史"。此中"敞史"一名,会同元年(938)十一月,太宗推行蕃部改革,曾提到"国舅帐郎君官为敞史",⑤可见"国舅别部"亦设此职。关于"国舅别部"具体所指,《萧塔剌葛传》其实只字未提,至少不是《外戚表》序文"世宗以舅氏塔列葛为国舅别部"表述之义,这显然是元朝史官未审其文义,从中总结失当所致。该表正文"国舅别部"的"七世孙台哂"亦据《萧塔剌葛传》而来,实则与序文的编纂思路一致。

《辽史》的《外戚表》《百官志》所载"国舅别部"同出一源无疑。《辽史》还有一条相关记载,即《营卫志·部族》总结出"辽内四部族":"遥辇九帐族。横帐三父房族。国舅帐拔里、乙室己族。国舅别部。"⑥这一条史文同样没有独立的史料来源。苗润博指出,以上四部族乃元人继补旧史《部族志》之作,并不是辽代的概念和实际部族制度。⑦ 总之,《辽史》志、表凡涉及"国舅别部"者,其实全部出自元末史官对辽代

---

① 《辽史》卷九〇《萧塔剌葛传》,第 5 册,第 1496 页。
② 《辽史》卷一一二《逆臣传上·耶律滑哥》,第 5 册,第 1653 页。
③ 《辽史》卷三一《营卫志上》,第 2 册,第 419 页。
④ 《辽史》卷四五《百官志一》,第 3 册,第 790—791 页。
⑤ 《辽史》卷四《太宗纪下》,第 1 册,第 49 页。
⑥ 《辽史》卷三三《营卫志下·部族下》,第 2 册,第 435—436 页。
⑦ 苗润博:《〈辽史〉探源》,中华书局,2020 年,第 154—158 页。

后族帐房的理解,根本源自《萧塔剌葛传》,原始史文的意思非常明确,是世宗给塔剌葛授官,并非为其家族新立一个"国舅帐"。

仍需要解释一点疑问是,世宗初年确有一次萧氏族帐调整,不过非但与萧塔剌葛无关,而且也不是指所谓"国舅别部"。按《辽史·世宗纪》天禄元年八月壬午云:

> 尊母萧氏为皇太后,以太后族剌只撒古鲁为国舅帐,立详稳以总焉。①

罗继祖《辽史校勘记》判断《外戚表》国舅别部"只鲁"疑即"剌只撒古鲁"之省文。② 陈述校勘《辽史》时采纳此说,③这部点校本因长期作为通行本,影响颇大,然实难成立。萧塔剌葛是世宗"舅氏",其家族于《辽史》中并不可考。世宗之父耶律倍,有妻大氏、高氏及两个萧氏,《辽史》本传云:"重熙二十年,增谥文献钦义皇帝,庙号义宗,及谥二后曰端顺,曰柔贞。"④这两位太后家族皆可算作世宗舅族,"剌只撒古鲁"只见于此,他应出自世宗母柔贞皇后萧氏家族,端顺皇后情况不明。其实,我们很难判断塔剌葛到底属于哪一支后族。如此一来,所谓"国舅别部"与《辽史·世宗纪》"国舅帐"尚无证据实现勘同。⑤

综上所论,笔者提出,"国舅别部"很有可能是元人根据《萧塔剌葛传》"补国舅别部敞史"之文杜撰出来的。实际上,原始语境中的"国舅别部"恐非一个严格意义上的族帐概念,盖即相对于述律后家族以外的其他萧氏部族而言,如重熙九年(1040)十二月庚寅"以北大王府布猥帐郎君自言先世与国联姻,许置敞史,命本帐萧胡睹为之"⑥就属于这种情况,不宜视作一支独立特定的帐族。

二、契丹小字ᠯᠥ释疑及其特殊意义

契丹文字研究者在探讨国舅帐问题过程中曾注意到一条关键线

---

① 《辽史》卷五《世宗纪》,第 1 册,第 72 页。
② 罗继祖:《辽史校勘记》,上海人民出版社,1958 年,第 15 页。
③ 《辽史》卷五《世宗纪》校勘记一,中华书局,1974 年,第 1 册,第 67 页。
④ 《辽史》卷七二《宗室传·义宗倍》,第 5 册,第 1335 页。该书卷二〇《兴宗纪三》系此事于重熙二十一年十一月壬寅条。(第 1 册第 279 页)
⑤ 苗润博:《契丹国舅别部世系再检讨》,《史学月刊》2014 年第 4 期。
⑥ 《辽史》卷一八《兴宗纪一》,第 1 册,第 251 页。

索:契丹小字石刻所见 𘬚𘭔 𘬚𘭔。即实根据《外戚表》及其他《辽史》记载释义作"国舅别部",后一词 𘬚𘭔 词义确凿无疑,遂推测 𘬚𘭔 是国舅帐概念。① 他还认为, 𘬚𘭔 是国舅别部之简写形式。② 乌拉熙春最初接受这一观点,将 𘬚𘭔 音值构拟为 bu-d,本义"别部"。③ 后来改释成"外戚"。④ 刘凤翥指出, 𘬚𘭔 释义"别部"并不成立,而是与"萧"氏有关,⑤ 一般用来修饰述律后系的国舅家族。⑥ 以下根据前人研究基础,以 𘬚𘭔 (□+国舅)为突破口,结合辽代汉文文献,钩沉国舅帐的主线和核心力量。

(一) 忽没里系:萧閤

咸雍八年(1072)《耶律仁先墓志》第 62 行记述耶律仁先长女的婚姻情况:⑦

又	国及	又勺	𘬚𘭔	力志出来为	才条伏	业关化	圣	凡而	丹力关	丹力
长	骨欲	迷己	□	国舅之	胡覩董	匹里		太师之		孙

业而力本	令开	凡亦关	又平小伏
蒲打里	将军于		嫁

咸雍五年《萧閤妻耶律骨欲迷己墓志》墓主是"前燕王、尚父、于越、晋王仁先之处子",⑧ 与《耶律仁先墓志》上文亦正相合。蒲打里汉名萧閤,

---

① 即实:《〈铭石〉琐解》,氏著《谜林问径——契丹小字解读新程》,辽宁民族出版社,1996 年,第 194—195 页。
② 即实:《〈永讷墓志〉释读》,氏著《谜田耕耘——契丹小字解读续》,辽宁民族出版社,2012 年,第 105 页。
③ 〔日〕爱新觉罗·乌拉熙春:《高九大王世系考》,氏著《辽金史与契丹、女真文》,京都:京都大学东亚历史文化研究会,2004 年 7 月,第 58 页。
④ 〔日〕爱新觉罗·乌拉熙春、吉本道雅:《新出契丹史料の研究》第二章《國舅夷離畢帳》,第 184 页。
⑤ 刘凤翥、丛艳双、于志新、娜仁高娃:《契丹小字〈耶律慈特·兀里本墓志铭〉考释》,《燕京学报》新 20 期,北京大学出版社,2006 年 5 月,第 257 页。
⑥ 万雄飞、韩世明、刘凤翥:《契丹小字〈梁国王墓志铭〉考释》,载刘凤翥:《契丹文字研究类编》,中华书局,2014 年,第 1 册,第 240 页。
⑦ 该墓志录文见刘凤翥:《契丹文字研究类编》,第 3 册,第 726 页。
⑧ 盖之庸:《内蒙古辽代石刻文研究(增订本)》,内蒙古大学出版社,2007 年,第 319 页。

本人墓志云"皇曾祖讳继远"。① "继远",《辽史》作"继先"②,是忽没里之孙。

(二)忽没里系:萧敌鲁

天庆四年(1114)契丹小字《萧敌鲁副使墓志》第2行介绍墓主身份:③

| □ | 国舅之 | 小名 | 敌鲁 | 第二名 | 阿鲁盌 |

据考证,墓主阿鲁盌的五世祖 ⿰生伏 午仓(驼宁·挞凛)、六世祖 聚(尤鲁列),尤鲁列为忽没里之侄,萧敌鲁属于这一家族。④

(三)阿古只系:萧太山

寿昌元年(1095)《萧太山与永清公主墓志》第1行记述萧太山:

| □ | 国舅 | 小 | 翁帐 | 欧懒 | 太 | 山之 | 将军 |

该墓志第3行追述萧太山的先祖事迹云⑤:

天 皇帝之 时 解里 郎君之子 敌辇 敌鲁宰相 月椀 翁帐

子 撒本 阿古只

----

① 盖之庸:《内蒙古辽代石刻文研究(增订本)》,第329页。参见刘凤翥:《契丹小字〈耶律仁先墓志铭〉再考释》,刘凤翥:《契丹文字研究类编》,第1册,第107页。
② 《辽史》卷七八校勘记四,第5册,第1400页。
③ 康鹏:《契丹小字〈萧敌鲁副使墓志铭〉考释》,刘宁主编:《辽金历史与考古》第4辑,辽宁教育出版社,2013年,第285页。
④ 参见康鹏:《萧挞凛家族世系考》,《新亚洲论坛》第4辑,首尔:首尔出版社,2011年8月,第373—383页。〔日〕爱新觉罗·乌拉熙春、吉本道雅:《新出契丹史料の研究》第二章《國舅夷離畢帳》,第204—234页。
⑤ 该墓志录文见刘凤翥:《契丹文字研究类编》,第3册,第811页。

据解读,萧太山第七代祖全名[契丹字](婆故·月椀),其子为[契丹字](撒本·阿古只)。① 此人即《辽史·阿古只传》传主,阿古只是淳钦皇后的同母弟。②

(四) 阿古只系:阿姆哈娘子

寿昌六年《耶律弘用墓志》第12—13 行详细叙述墓主弘用妻子的身世:③

[契]	[契]	[契]	[契]	[契]	[契]	[契]	[契]	[契]	[契]
妻	子	阿姆哈	娘子	□	国舅	小翁帐	仪	天	皇
太	后之	第三	弟	六温	高九	大王之	少	子	
时时里	敌烈	太	师	横帐之		楚哥	夫人	二人	之女

经学者考释,阿姆哈的祖父六温·高九,汉名萧孝诚,"仪天"指钦哀皇后,此系重熙元年所上尊号。④ 据记载,仪天皇太后小字耨斤,"阿古只五世孙"。⑤

(五) 阿古只系:萧朮哲

乾统七年(1107)《梁国王墓志》第 1 行记述墓主[契丹字](朮里哲·石鲁隐)身份:⑥

---

① 参见袁海波、刘凤翥:《契丹小字〈萧大山和永清公主墓志〉考释》,《文史》2005 年第 1 辑。按,该墓志最初发表误作"萧大山",后更正作"萧太山"。
② 参见〔日〕爱新觉罗·乌拉熙春、吉本道雅:《新出契丹史料の研究》第二章《國舅夷離畢帳》,第 215—216 页。
③ 该墓志录文见刘凤翥:《契丹文字研究类编》,第 3 册,第 846 页。
④ 刘凤翥、清格勒:《契丹小字〈宋魏国妃墓志铭〉和〈耶律弘用墓志铭〉考释》,《文史》2003 年第 4 辑。〔日〕爱新觉罗·乌拉熙春:《高九大王世系考》,氏著《辽金史与契丹、女真文》,第 49—59 页。
⑤ 《辽史》卷七一《后妃传·圣宗钦哀皇后萧氏》,第 5 册,第 1324 页。
⑥ 该墓志录文见刘凤翥:《契丹文字研究类编》,第 3 册,第 947 页。

研究指出,墓主梁国王即《辽史》所载萧尤哲。① 《辽史·萧尤哲传》称传主"孝穆弟高九之子",②此"高九"即萧孝诚。

根据近年来的契丹文字解读成果,我们从《耶律仁先墓志》《萧敌鲁副使墓志》《萧太山与永清公主墓志》《耶律弘用墓志》《梁国王墓志》中找到了五个 ᠊᠊ 的具体用例及与其相对应的家族关系:前二人萧闟(蒲打里)、萧敌鲁均属忽没里后裔,后三者萧太山、阿姆哈、萧尤哲皆出自阿古只家族。忽没里、阿古只二位,都是淳钦皇后述律氏的兄弟,异父同母。值得注意的是,从目前出土的墓志看,凡世系可考者, ᠊᠊ 只用于表示这两支家族子孙身份,而有时还省略不书。兹举三例:

第一,天庆五年《故耶律氏铭石》第 17 行称墓主达得娘子共有四个姐妹,长者 ᠊᠊(时时里)的婚姻情况:③

大安八年(1092)《耶律迪烈墓志》也提到了这位时时里,其相公,第 30 行作 ᠊᠊ ᠊᠊(国舅图古辞详稳)。④ 同样案例,又如《故耶律氏铭石》第 18 行叙述墓主第三个姐姐 ᠊᠊(度突里)的婚配:⑤

《耶律迪烈墓志》仍是只作 ᠊᠊ ᠊᠊(国舅讹详稳)。⑥ 通过考证,耶律

---

① 万雄飞、韩世明、刘凤翥:《契丹小字〈梁国王墓志铭〉考释》,《燕京学报》新 25 期,北京大学出版社,2008 年 11 月,第 124 页。
② 《辽史》卷九一《萧尤哲传》,第 5 册,第 1501 页。
③ 该墓志录文见刘凤翥:《契丹文字研究类编》,第 3 册,第 986 页。
④ 该墓志录文见刘凤翥:《契丹文字研究类编》,第 3 册,第 794 页。
⑤ 该墓志录文见刘凤翥:《契丹文字研究类编》,第 3 册,第 987 页。
⑥ 该墓志录文见刘凤翥:《契丹文字研究类编》,第 3 册,第 795 页。

迪烈与达得是父女关系,两方墓志具有重合内容,① 然而《耶律迪烈墓志》表示时时里、度突里所嫁国舅家族时均无剣夯。

第二,上文引《耶律弘用墓志》阿姆哈父名"时时里",祖父六温·高九的出身为剣夯 力击出夵 卅欠 艾有(□国舅小翁帐之)。乾统十年汉文《宋魏国妃萧氏墓志》载墓主的先世,亦称"祖名六温,小名高九,兰陵郡王。父名时时里,小名迪烈",表明宋魏国妃与阿姆哈为亲姐妹。② 契丹小字《宋魏国妃萧氏墓志》第 4 行叙述个人情况:③

伞夵	炎炏	几火	业关	关礼	炙夵夈弖	佃令几	几夵有	力击出夵	卅欠	艾有	几
宋	魏	国	妃	讳		讹都婉		国之舅		小翁帐之	人

与《耶律弘用墓志》相比,该处表示讹都婉的家族未使用剣夯一词。

第三,前文提到《梁国王墓志》萧尤哲出身于剣夯 力击出夵 卅欠 艾有(□国舅小翁帐之)。大安十年《耶律智先墓志》第 12 行记载墓主智先姊妹的婚姻:④

夯化弖	伏行夈伇	舟炏伞火	力击出夵	卅欠	艾有	尺用夈者	弓刼夅	刼礼夵示	尺平夵伇
第四个	涅睦滚	别胥	国舅	小	翁帐	石鲁隐	尤里哲	宰相	嫁

汉文《耶律智先墓志》记作"涅睦别胥,适国舅述烈者宰相"。⑤ "述烈者"对译弓刼(尤里哲),此人即梁国王萧尤哲,名字省译"里"。⑥ 墓志此处亦无剣夯。

综上比较,我们有一大发现,不同墓志对于同一个国舅帐人物出身的记述采用剣夯 力击出夵和力击出夵两种方式,这说明即便省书剣夯仍不影响原义。

---

① 〔日〕爱新觉罗·乌拉熙春:《〈耶律迪烈墓志铭〉与〈故耶律氏铭石〉所载墓主人世系考——兼论契丹人的"名"与"字"》,原刊《立命館文學》第 580 号,2003 年 6 月;收入氏著《辽金史与契丹、女真文》,第 71—72 页。
② 刘凤翥、清格勒:《契丹小字〈宋魏国妃墓志铭〉和〈耶律弘用墓志铭〉考释》,《文史》2003 年第 4 辑。
③ 该墓志录文见刘凤翥:《契丹文字研究类编》,第 3 册,第 974 页。
④ 该墓志录文见刘凤翥:《契丹文字研究类编》,第 3 册,第 803 页。
⑤ 该墓志录文见刘凤翥:《契丹文字研究类编》,第 3 册,第 810 页。
⑥ 刘凤翥:《契丹小字〈耶律智先墓志铭〉再考释》,刘凤翥:《契丹文字研究类编》,第 1 册,第 160 页。

从而揭示,⚌⚌显然不能构成特定专有的国舅帐称谓,不过⚌⚌作为一个修饰词汇用于忽没里和阿古只两大族系,却具有特殊意义。汉文石刻中的"大国舅"一词,恰好与此密切相关。① 兹将相关记载梳理如下。

首先,咸雍四年《萧知行墓志》题作"大辽国舅、故防御使萧公墓志铭",正文谓"公之皇考任大国舅、兰陵王讳孝诚"。② 重熙十四年《萧和妻秦国太妃耶律氏墓志》记述萧和子五人,第三为"孝诚,大国舅、兼侍中、兰陵郡王、赠忠简王"。③ 此处"大国舅",前引契丹小字《耶律弘用墓志》的六温·高九帐族⚌⚌正与之对应。另外一例,寿昌元年汉文《永清公主墓志》称墓主:"适大国舅帐王五驸马男左千牛卫将军太山,讳彦弼,字良辅为偶。"④契丹小字《萧太山与永清公主墓志》第1行叙述萧太山出自⚌⚌ ⚌⚌,知"大国舅帐"对译此文。论及缘由,咸雍九年《萧德恭墓志》叙述德恭家世:"次兄兴宗朝驸马都尉、知大国舅、龙虎军上将军讳德良","祖翁大丞相、齐国王讳孝穆",尤其以"世有女三作中宫之后"引以为荣,即圣宗钦哀皇后、兴宗仁懿皇后、道宗宣懿皇后均出自这个家族。⑤ 以上诸人皆阿古只后代子嗣,故称"大国舅"。

其次,大康七年(1082)《萧勃特本墓志》载墓主出身,"其先本大国舅帐,曾祖讳(继)远,圣宗朝驸马都尉,尚秦晋国长公主",及"考讳阊"。⑥ 萧阊墓志已经出土,志文亦称"公乃大国舅之英胄也"。⑦ 前引契丹小字《耶律仁先墓志》提到阊(蒲打里),出身⚌⚌ ⚌⚌,其义当指"大国舅",据此证明忽没里系也符合这一条件。

综合契丹小字、汉文石刻和前人多种考释成果,得以探明:⚌⚌ ⚌⚌和"大国舅"不是特定的族帐概念,但具有明显的政治意涵和特别的身份象征,其指称对象并非一般萧氏,而应是有着固定的范围,专门针对

---

① 〔日〕爱新觉罗·乌拉熙春、吉本道雅:《新出契丹史料の研究》第二章《國舅夷離畢帳》,第186—187页。
② 向南、张国庆、李宇峰辑注:《辽代石刻文续编》,辽宁人民出版社,2010年,第124页。
③ 向南、张国庆、李宇峰辑注:《辽代石刻文续编》,第91页。
④ 该墓志拓片见刘凤翥:《契丹文字研究类编》,第4册,第1153页。
⑤ 向南、张国庆、李宇峰辑注:《辽代石刻文续编》,第153、155页。
⑥ 盖之庸:《内蒙古辽代石刻文研究(增订本)》,第349页。
⑦ 盖之庸:《内蒙古辽代石刻文研究(增订本)》,第329页。

淳钦皇后的两个兄弟忽没里和阿古只两大支系。这样便可梳理出有辽一代国舅帐的最明确、最核心的一条主线，从而为下文讨论后族集团组成情况奠定了基础。

三、辽代国舅帐体系的构建

关于辽代后族集团的各家族分支，学界历来对元修《外戚表》深信不疑，其中元朝史官总结出"国舅五帐"，是一种非常典型的说法。《辽史·百官志》记载："南宰相府。掌佐理军国之大政，国舅五帐世预其选。"①点校者指出，"本书纪传及辽代石刻所见，北府宰相多出国舅五帐，南府宰相多出皇族四帐"。疑南宰相府条与"北宰相府。掌佐理军国之大政，皇族四帐世预其选"互舛。②今考《辽史·太祖纪》，太祖四年（910）七月戊子条云："以后兄萧敌鲁为北府宰相。后族为相自此始。"③《百官志》盖据此条编纂。结合《外戚表》序文，可见"五帐"指"拔里二房，曰大父、少父""乙室已亦二房，曰大翁、小翁"和"国舅别部"。

《辽史·后妃传序》记载：

> 辽因突厥，称皇后曰"可敦"，国语谓之"膩俚蹇"，尊称曰"耨斡麽"，盖以配后土而母之云。太祖称帝，尊祖母曰太皇太后，母曰皇太后，嫔曰皇后。等以徽称，加以美号，质于隋、唐，文于故俗。后族唯乙室、拔里氏，而世任其国事。太祖慕汉高皇帝，故耶律兼称刘氏；以乙室、拔里比萧相国，遂为萧氏。

下文又云："耶律俨、陈大任《辽史·后妃传》，大同小异，酌取其当著于篇。"④从中探知，元修《后妃传》采据旧史，这篇序文亦非元人原创。书末《国语解》"列传"有"可敦""忒里蹇""耨斡么"三条及"乙室、拔里，国舅帐二族名"条，⑤专门对史文释义，内容全部与《后妃传序》相吻合。

---

① 《辽史》卷四五《百官志一》，第 3 册，第 778 页。
② 《辽史》卷四五《百官志一》校勘记五，第 3 册，第 809 页。
③ 《辽史》卷一《太祖纪上》，第 1 册，第 4 页。
④ 《辽史》卷七一《后妃传》，第 5 册，第 1318 页。
⑤ 《辽史》卷一一六《国语解》，第 5 册，第 1705 页。

经考证,《国语解》基本上是按照《辽史》纪、志、表、传的顺序编排,诸词条取资耶律俨、陈大任二书旧文。① 从《后妃传序》和《国语解》重合内容断定,"乙室""拔里"云云应出自旧本《辽史》。我们已对"国舅别部"的概念提出质疑,认为"国舅五帐"乃出于元人的总结,实际上,元修《辽史》记述中惟有"拔里"和"乙室己"真实可信,这为解决整个国舅帐分支清除了一道障碍。

可惜《辽史》"拔里""乙室己"止存其名,未提及具体族帐,故学界有多种猜测,尚未有定论。② 幸运的是,现在有条件从契丹文石刻中加以探索。目前有大量证据表明,⿰(大国舅)称作拔里氏。③

首先,阿古只族。按《萧太山与永清公主墓志》第2行追述萧太山第七代祖⿰(婆故·月椀),④大定十五年(1175)《尚食局使萧公墓志》志盖题作⿰(拔里公),该墓主⿰(篋里宁)的第五代祖宗就是上文提到的萧太山将军。⑤ 从《耶律弘用墓志》和《梁国王墓志》所见萧孝诚(六温·高九)具体为⿰;大康二年《仁懿哀册》第5行记萧孝穆、⑥天德二年(1150)《萧仲恭墓志》第5行载萧孝友、⑦两人帐房均与萧孝诚相同,他们父亲都是阿古只孙——萧和,属"国舅少父房"。

其次,忽没里系。《萧太山与永清公主墓志》第3行介绍先祖:⑧

---

① 参见冯家昇:《〈辽史〉源流考》,氏著《冯家昇论著辑粹》,中华书局,1987年,第147—148页。刘浦江:《从〈辽史国语解〉到〈钦定辽史语解〉——契丹语言资料的源流》,原刊余太山主编:《欧亚学刊》第4辑,中华书局,2004年6月;收入氏著《松漠之间——辽金契丹女真史研究》,第177—205页。

② 参见孙伟祥:《辽朝后族研究综述》,《黑龙江民族丛刊》2018年第3期。

③ 参见〔日〕爱新觉罗·乌拉熙春、吉本道雅:《新出契丹史料の研究》第二章《國舅夷離畢帳》,第203页。

④ 该墓志录文见刘凤翥:《契丹文字研究类编》,第3册,第811页。

⑤ 郭添刚、崔嵩、王义、刘凤翥:《契丹小字金代〈萧居士墓志铭〉考释》,《文史》2009年第1辑。按,《尚食局使萧公墓志》即《萧居士墓志》。

⑥ 刘凤翥:《契丹小字〈仁懿皇后哀册〉考释》,刘凤翥:《契丹文字研究类编》,第1册,第111页。

⑦ 刘凤翥:《契丹小字〈萧仲恭墓志铭〉再考释》,刘凤翥:《契丹文字研究类编》,第1册,第281页。

⑧ 该墓志录文见刘凤翥:《契丹文字研究类编》,第3册,第811页。

父	皇帝	非朱	圣用	又为共和	舟为	今用与	今用父	刊化父
天	皇帝之时		解里郎君之		子	敌辇	敌鲁	宰相

此⿸⿸⿸今用与 今用父（敌辇·敌鲁）与《辽史·萧敌鲁传》传主同为一人,①其父 圣用（解里），墓志第 2 行全称 舟为 圣用，译作拔里解里，忽没里即其子。②

根据以上结论，可以重新检讨《辽史》相关记载。《外戚表序》谓"拔里二房,曰大父、少父"，从阿古只系属拔里少父房来推测，另外一分支忽没里应当为大父房,③契丹小字石刻一般写作 出吉 又反 艾和。④ 一个很关键的问题是，拔里氏中的"大父""少父"是如何划分出来的？按《辽史·太宗纪》天显十年(929)四月丙戌云:"皇太后父族及母前夫之族二帐并为国舅，以萧缅思为尚父领之。"⑤冯永谦指出，皇太后述律氏父糯思,"父族"指阿古只系,"母前夫之族"为萧敌鲁及其弟忽没里系。⑥ 天庆二年《萧义墓志》追述墓主祖先云:"其先迪烈宁，太祖姑表弟，应天皇后之长兄也。佐佑风云，赞翊日月。初置北相，首居其位。"⑦应天皇后即述律氏,"北相"确切指北府宰相，上文提到首任者为萧敌鲁。⑧ 他的契丹语全名 今用与 今用父，第二名 今用 作"敌辇"或"迪烈宁"。墓志称迪烈宁"太祖姑表弟"，这与《辽史·萧敌鲁传》敌鲁"母为德祖女弟"相合,⑨说明敌鲁于述律后为异父长兄。⑩ 他们原属两个不同来源的部

---

① 《辽史》卷七三《萧敌鲁传》，第 5 册，第 1349 页。
② 参见〔日〕爱新觉罗·乌拉熙春、吉本道雅:《新出契丹史料の研究》第二章《國舅夷離畢帳》，第 175—177 页。
③ 参见魏奎阁:《辽承天皇太后房族世次考》，李品清主编:《阜新辽金史研究》第 3 辑，阜新市辽金元契丹女真蒙古研究会、阜新市历史考古研究会编印，1997 年，第 213—216 页。〔日〕爱新觉罗·乌拉熙春、吉本道雅:《新出契丹史料の研究》第二章《國舅夷離畢帳》，第 203 页。
④ 参见王弘力:《契丹小字墓志研究》，《民族语文》1986 年第 4 期。刘凤翥等:《契丹小字解读五探》，《汉学研究》13 卷第 2 期，1995 年 12 月，第 326—327 页。
⑤ 《辽史》卷三《太宗纪上》，第 1 册，第 39 页。
⑥ 冯永谦:《辽史外戚表补证》，《社会科学辑刊》1979 年第 3 期。
⑦ 向南:《辽代石刻文编》，河北教育出版社，1995 年，第 623 页。
⑧ 《辽史》卷一《太祖纪上》，第 1 册，第 4 页。
⑨ 《辽史》卷七三《萧敌鲁传》，第 5 册，第 1349 页。
⑩ 参见向南:《辽代石刻文编》，第 625 页注释 3。〔日〕爱新觉罗·乌拉熙春、吉本道雅:《新出契丹史料の研究》第二章《國舅夷離畢帳》，第 176—177 页。

落,故分别两帐,至此时因述律氏皇太后的身份而合并确立为"国舅",也就是统一成拔里氏,由述律后之兄缅思掌管,①然内部仍按序齿分作"大""少"两房②。据此亦知,《外戚表序》"拔里、乙室己、述律三族"之说有误,③拔里与述律实乃同一家族,国舅帐中并不存在独立的述律氏。

在确定拔里二房之后,接下来需要追问的是,"乙室己亦二房,曰大翁、小翁",是指哪个国舅帐分支?在契丹小字墓志中,乾统二年《耶律副署墓志》第24行 󰀀 󰀀 󰀀 󰀀 󰀀 󰀀(乙室己国舅少父房孔文详稳)、第26行 󰀀 󰀀 󰀀 󰀀 󰀀 󰀀(乙室己国舅大父房陶宁详稳),④能够证明《辽史》"乙室己亦二房"的记载真实存在。不过目前关于乙室己族帐具体世系的案例很少,具体指向尚未坐实。有迹可循者:《辽史·百官志》国舅本族小将军条云"兴宗重熙五年,枢密院奏,国舅乙室己小翁帐敞史,准大横帐泊国舅二父帐,改为将军";⑤《兴宗纪》重熙五年正月甲申条有相同记载,⑥说明两者均源自旧史本纪是条。

通过前人考证,我们确认"国舅二父帐"当指拔里二房大父忽没里系、小父阿古只系,由此可见,乙室己"小翁""大翁"是与之并立的国舅帐。根据《国语解》"乙室、拔里,国舅帐二族名"这条记载,细检《辽史》,全书记载明确设立国舅帐共有两处:除《太宗纪》天显十年四月丙戌条外,还有《世宗纪》天禄元年八月壬午"尊母萧氏为皇太后,以太后族剌只撒古鲁为国舅帐,立详稳以总焉",⑦乙室己或源于此,不过这一假说需要日后新出土材料加以检验。

四、从"审密氏"概念看萧氏后族的整合历程

厘清国舅帐的基本线索后,最后谈一下"审密氏"问题。《辽史》具体条文所见国舅帐乃趋于将非血缘关系的各个分支整合为同一个政治

---

① 康鹏:《契丹小字"地皇后"考》,《西北师大学报(社会科学版)》2016年第5期。
② 〔日〕橘口兼夫:《遼代の國舅帳について》,《史學雜誌》第50编2、3号,1939年2、3月。
③ 《辽史》卷六七《外戚表》,第4册,第1135页。
④ 该墓志录文见刘凤翥:《契丹文字研究类编》,第3册,第910、911页。
⑤ 《辽史》卷四五《百官志一》,第3册,第802页。
⑥ 《辽史》卷一八《兴宗纪一》,第1册,第245页。
⑦ 《辽史》卷五《世宗纪》,第1册,第72页。

集团,然而这种情况却与《外戚表序》所载"契丹外戚,其先曰二审密氏:曰拔里,曰乙室已"族帐最初同源说龃龉不合。向南、杨若薇解释《外戚表》表文说:拔里、乙室已这两个氏族可能是来源于同一血缘系统,原本统称"审密"。汉人音译为"孙",疑兴起于武则天时期的契丹首领孙万荣即姓"审密"。① 蔡美彪赞同"孙"即"审密"译音说,认为拔里氏当为孙部的后裔,而"萧"则是辽代的新译法。② 以上关于"审密"来源问题及目前学界的论述有很大漏洞。

所谓"其先曰二审密氏",据《辽史·营卫志·部族》载遥辇阻午可汗二十部胪列"耶律七部""审密五部""八部",详情如下:

> 涅里相阻午可汗,分三耶律为七,二审密为五,并前八部为二十部。三耶律:一曰大贺,二曰遥辇,三曰世里,即皇族也。二审密:一曰乙室已,二曰拔里,即国舅也。其分部皆未详。③

《辽史·兵卫志序》也有耶律雅里(涅里)"析三耶律氏为七,二审密氏为五,凡二十部"④的相同记载。研究指出,"遥辇阻午可汗二十部"并非契丹早期部族设置,而是后世史官杜撰的,其中的"二审密为五"是指拔里二帐、乙室已二帐和国舅别部,是元人对契丹国舅帐的一种理解。⑤

从《辽史》中见到的实际情况是,有辽一代,外戚萧氏经历多番调整。⑥ 第一次,天显十年四月,"皇太后父族及母前夫之族二帐并为国舅",确立拔里氏大父房和少父房;第二次,天禄元年八月,世宗"以太后族刺只撒古鲁为国舅帐",新增加一支力量;⑦第三次,开泰三年(1014)

---

① 向南、杨若薇:《论契丹族的婚姻制度》,《历史研究》1980年第5期。
② 蔡美彪:《试说辽耶律氏萧氏之由来》,氏著《辽金元史考索》,第66—71页。
③ 《辽史》卷三二《营卫志中·部族上》,第2册,第430—431页。
④ 《辽史》卷三四《兵卫志上》,第2册,第449页。
⑤ 肖爱民:《"分三耶律为七,二审密为五"辨析——契丹遥辇氏阻午可汗二十部研究之二》,《内蒙古社会科学(汉文版)》2005年第2期。苗润博:《契丹建国以前部落发展史再探——〈辽史·营卫志〉"部族上"批判》,《中国边疆史地研究》2022年第1期。
⑥ 参见〔日〕橋口兼夫:《遼代の國舅帳について》,《史學雜誌》第50编2、3号,1939年2、3月。
⑦ 《辽史·圣宗纪》太平八年(1028)十二月丁亥条云:"两国舅及南、北王府乃国之贵族。"(第1册第229页)此处"两国舅"指向不明。

六月,"合拔里、乙室二国舅为一帐,以乙室夷离毕萧敌烈为详稳以总之"。①通过这几步举措,国舅帐的总体发展趋势是,从逐个分支到最后统合为一体。据此推断,作为整个国舅帐的"审密"显然是辽开泰以后才构建形成的政治集团概念,恐非契丹早期部族的原始状态。

具体理由,我们可从契丹早期史中探寻。以拔里氏为例,"皇太后父族及母前夫之族二帐"这两个家族的起源完全不同:《辽史·后妃传》记述律氏:"其先回鹘人糯思,生魏宁舍利,魏宁生慎思梅里,慎思生婆姑梅里,婆姑娶匀德恝王女,生后于契丹右大部。婆姑名月椀,仕遥辇氏为阿扎割只。"②《辽史·地理志》仪坤州条也有相关记载,"本契丹右大部地。应天皇后建州。回鹘糯思居之,至四世孙容我梅里,生应天皇后述律氏,适太祖"。其辖广义县,"本回鹘部牧地"。③说明述律"父族"家族发源于回鹘系统。而"母前夫之族",《辽史·萧敌鲁传》则云:"五世祖曰胡母里,遥辇氏时尝使唐,唐留之幽州。一夕,折关遁归国,由是世为决狱官。"④胡母里当属契丹旧人。对比可见,遥辇时期,这两个家族的先祖糯思和胡母里大概活动年代相当,毫无血缘关系,何谈由同一个审密氏分化而来。

笔者注意到,《辽史·国语解·帝纪》解释"耶律氏""萧氏"两姓由来,"有言以汉字书者曰耶律、萧,以契丹字书者曰移刺、石抹,则亦无可考矣"。⑤此文所言不虚。契丹小字石刻所见 ᠊᠊᠊、᠊᠊᠊,音义为"耶律""审密",然"移刺""石抹"乃是金代译音。⑥据《金史·金国语解》姓氏条记载,"石抹曰萧""移刺曰刘"。⑦研究表明,金章宗明昌年间(1190—1196年)曾下令将"审密"统一改成"石抹",后来契丹人凡萧姓

---

① 《辽史》卷一五《圣宗纪六》,第 1 册,第 191 页。关于国舅帐发展变化,另参见《辽史》卷四五《百官志一》大国舅司条,第 3 册,第 801 页。
② 《辽史》卷七一《后妃传》,第 5 册,第 1319 页。
③ 《辽史》卷三七《地理志一》,第 2 册,第 505 页。
④ 《辽史》卷七三《萧敌鲁传》,第 5 册,第 1349 页。
⑤ 《辽史》卷一一六《国语解》,第 5 册,第 1690 页。
⑥ 刘凤翥:《契丹小字解读再探》,《考古学报》1983 年第 2 期。2009 年,北京市房山区顾册村发现一块契丹小字墓志残盖,记墓主身份为"审密氏"。参金适:《北京地区首现契丹文字石刻》,《东北史地》2011 年第 5 期。
⑦ 《金史》卷一三五附《金国语解》,中华书局,1975 年,第 8 册,第 2896 页。

一律采用这个新译音。① 陈大任《辽史》修成于泰和七年(1207)十二月,②由此推测《辽史·国语解》之语据此而来。从"审密"改成"石抹"以及金人沿袭使用这条线索看,陈大任《辽史》接受了辽圣宗开泰以后统合后族姓氏的概念,然而元末修史时史官以此反推整体审密氏下各国舅帐构成及其分支部分,结果将该起源追溯至契丹早期。

以上旨在离析元代人的史观和辽代史料之区别,据此蠡测,"国舅别部"有可能是元末纂修《辽史》时人为制造的国舅帐概念,以往学者受制于元人叙事框架而走向误区。在此提示,探讨国舅帐和后族政治问题时须谨慎,对相关记载有效区分,所谓"其先曰二审密氏"未必能够成立。上文从《辽史》和契丹文石刻中再出发,在前人研究基础上,考索出辽代国舅帐发展主线:历朝帝后选拔以述律后两兄弟"忽没里"和"阿古只"两系为主体(参表一),后来合并为拔里氏,这家势力最大,世宗新立剌只撒古鲁为"国舅帐",到后来出现"乙室己",开泰三年将拔里和乙室己整合为一体,通过多番政治改造,最终称作"审密氏",既而以萧氏为外衣塑造成一个后族集团。

表一 辽朝皇后出身表

皇帝	皇后	皇后父亲	家族
太祖	淳钦皇后	月椀	淳钦后父族
太宗	靖安皇后	萧室鲁(月椀子)	淳钦后父族
世宗	甄皇后	不详	不详(汉人)
	怀节皇后	萧阿古只(月椀子)	淳钦后父族
穆宗	萧皇后	萧知璠	不详
景宗	睿智皇后	萧思温	淳钦后母前夫之族

① 〔日〕吉野正史:《"耶律·萧"と"移刺·石抹"の間:〈金史〉本紀における契丹·奚人の姓の記述に関する考察》,《東方學》第127辑,2014年,第83—99页。中文译本见同氏:《"耶律、萧"与"移刺、石抹"之间——〈金史〉本纪中契丹与奚人汉姓表记之问题》,载〔日〕平田茂树、余蔚主编:《史料与场域——辽宋金元史的文献拓展与空间体验》,上海人民出版社,2021年,第204—222页。

② 《金史》卷一二《章宗纪四》,第1册,第282页。

（续表）

皇帝	皇后	皇后父亲	家族
圣宗	萧皇后（后废）	不详	不详
	仁德皇后	萧隗因	淳钦后母前夫之族
	钦哀皇后	萧和（阿古只后人）	淳钦后父族
兴宗	萧皇后（降为贵妃）	萧匹里	淳钦后母前夫之族
	仁懿皇后	萧孝穆（阿古只后人）	淳钦后父族
道宗	懿德皇后	萧孝惠（阿古只后人）	淳钦后父族
	萧皇后（降为惠妃）	萧德温（阿古只后人）	淳钦后父族
天祚帝	萧皇后	萧槁刺	淳钦后母前夫之族？

注：本表采自康鹏《辽道宗朝懿德后案钩沉》（黄正建主编：《隋唐辽宋金元史论丛》第5辑，上海古籍出版社，2015年，第140页）；主要根据《辽史·后妃传》制成（第5册，第1319—1327页）。

十三 《祖宗实录》编纂与完颜家族谱系建构

《金史·世纪》(简称《世纪》)记载始祖、德帝、安帝、献祖、昭祖、景祖、世祖、肃宗、穆宗、康宗十位完颜部首领的创业事迹。20世纪20年代,日本学者池内宏发表长文《金史世紀の研究》,指出始祖函普至昭祖石鲁的五代世系完全是捏造的,而景祖以后当为信史。① 后来三上次男、松浦茂、辛更儒、古松崇志深入论证。② 最明显特征是,《世纪》昭祖到景祖的叙事内容突然由虚变实,尤其是景祖"辽太平元年辛酉岁生""卒于家年五十四"等信息已然明确、具体。这个关节点前后文本的整合、改编的过程,以及历史叙述背后潜藏的政治因素,仍然需要深入考证。本节以《世纪》为中心钩沉其所据祖本《祖宗实录》原本的文献面目,据此分析完颜家族谱系的建构过程。

一、《祖宗实录》之初貌

元修《世纪》根据金熙宗皇统元年(1141)十二月记述始祖至康宗

---

① 〔日〕池内宏:《金史世紀の研究》,《満鮮地理歴史研究報告》第11册,東京帝國大學文學部,1926年9月,第177—313页。
② 〔日〕三上次男:《金室完顔家の始祖説話について》,《史学雑誌》第52编11号,1941年;收入氏著《金代政治社會の研究》,《金史研究(三)》,東京:中央公論美術出版,1973年,第17—42页。〔日〕松浦茂:《金代女眞氏族の構成について—『金史』百官志にみえる封号の規定をめぐって》,《東洋史研究》第36卷第4号,1978年3月,第509—546页;邢玉林中译本,载《民族史译文集》第10集,中国社会科学院民族研究所历史研究室资料组编印,1981年,第69—95页。辛更儒:《金初的祖庙和十帝传说》,《文史知识》2007年第2期。〔日〕古松崇志:《女真開国伝説の形成—〈金史〉世紀の研究》,載氏著《ユーラシア東方の多極共存時代—大モンゴル以前》,名古屋:名古屋大学出版会,2024年,第460—484页。

十帝的《祖宗实录》(亦名《先朝实录》,三卷)改编。① 需要指出的是,《世纪》并不是这部实录的唯一文本,《金史》卷六三《后妃传》、卷六五和卷六六《始祖以下诸子传》(简称《诸子传》)、卷六七《石显传》至卷六八《冶诃传》、卷七〇《撒改传》《习不失传》等列传的史料来源均与它有关。正史列传之取材,一般本诸实录附传,当如元人苏天爵《修功臣列传》所言"近代作为实录,大抵类乎编年,又于诸臣薨卒之下,复为传以系之"。② 然而,《祖宗实录》的体例与太祖以后诸帝实录相比,却非常特殊,以上诸传并非采摭实录中的个人附传。

不妨先从《金史·后妃传》(简称《后妃传》)入手讨论。该传列十位帝后:始祖明懿皇后、德帝思皇后、安帝节皇后、献祖恭靖皇后、昭祖威顺皇后、景祖昭肃皇后、世祖翼简皇后、肃宗靖宣皇后、穆宗贞惠皇后及康宗敬僖皇后。③ 其中思、节、恭靖仅述"不知何部人",贞惠"乌古论氏"、敬僖"唐括氏",此外无任何事迹,仅载天会十五年(1137)的追谥。其余五者载有具体纪事,并且有明确的来源线索可循。

首先,明懿皇后"完颜部人。年六十余嫁始祖"。④《世纪·始祖》:"并许归六十之妇。始祖乃以青牛为聘礼而纳之,并得其赀产。后生二男,长曰乌鲁,次曰斡鲁,一女曰注思板,遂为完颜部人。"记载比较详细,⑤正好与《后妃传》相合。

其次,昭肃皇后唐括氏的内容最为丰富,亦有与《世纪》等相质证的史文。例如,"景祖饮食过人,时人名之'活罗',解在《景祖纪》",⑥此事详见《世纪·景祖》;"辽使同斡来伐五国蒲聂部,景祖使后与劾孙为质于拔乙门,而与同斡袭取之,辽主以景祖为节度使",⑦对比《世纪·景

---

① 参见〔日〕藤枝晃:《金朝の實錄》,《東洋史研究》10卷2号,1948年5月,第80—92页。与《世纪》关系最为密切的是,记载始祖以下十帝及其三兄弟世系的《金史·宗室表》,传统观点认为它取材于金源谱牒。实际上,该表以皇帝诸子传序文为蓝本辅之列传正文补充成篇,并无独立的史料来源。(陈晓伟:《〈金史·宗室表〉再探》,《民族研究》2021年第1期)
② 苏天爵:《滋溪文稿》卷二六,陈高华、孟繁清点校,中华书局,2012年,第444页。
③ 《金史》卷六三《后妃传上》,中华书局,1975年,第5册,第1497—1501页。
④ 《金史》卷六三《后妃传上》,第5册,第1499页。
⑤ 《金史》卷一《世纪》,第1册,第2—3页。
⑥ 《金史》卷六三《后妃传上》,第5册,第1500页。
⑦ 《金史》卷六三《后妃传上》,第5册,第1500页。

祖》"于是景祖阳与拔乙门为好,而以妻子为质"①云云,可知景祖的扣押之子为"劾孙";"后往邑屯村"至"桓赧赧、散达怒乃解",②并见《桓赧、散达传》;"世祖已退乌春兵,与桓赧战于北隘甸",亦载于《世纪·世祖》③和《桓赧、散达传》;④其他叙述昭肃个人出身及品质的内容,则为该本传独有之文。

再次,翼简皇后挐懒氏"大安元年癸酉岁卒"。⑤《金史》点校者指出,辽道宗大安九年癸酉,"'元'疑是'九'字之误"。⑥ 按《世纪·世祖》所载"师还,寝疾,遂笃。元娶挐懒氏哭不止,世祖曰:'汝勿哭,汝惟后我一岁耳。'……辽大安八年五月十五日卒。……明年,挐懒氏卒"⑦云云,是《后妃传》编写挐懒氏卒年之根据,确认"明年"即大安九年。

最后,靖宣皇后蒲察氏的事迹如下:"太祖将举兵,入告于后。后曰:'汝邦家之长,见可则行。吾老矣,无贻我忧,汝亦必不至是。'太祖奉觞为寿,即奉后出门,酹酒祷天。后命太祖正坐,号令诸将。自是太祖每出师还,辄率诸将上谒,献所俘获。"⑧与《金史·太祖纪》"乃入见宣靖皇后,告以伐辽事。后曰:'汝嗣父兄立邦家,见可则行。吾老矣,无贻我忧,汝必不至是也。'太祖感泣,奉觞为寿。即奉后率诸将出门,举觞东向,以辽人荒肆,不归阿疎,并己用兵之意,祷于皇天后土。酹毕,后命太祖正坐,与僚属会酒,号令诸部"⑨一段相同。

以上史文对比表明,《后妃传》与《世纪》相重合的内容最多,《金史·桓赧、散达传》和《金史·太祖纪》亦见雷同史文。诸条重合史料到底是什么关系?其实,我们能从《金史》卷六五(图一)、卷六六这两篇《始祖以下诸子传》(简称《诸子传》)中探知一二。

---

① 《金史》卷一《世纪》,第 1 册,第 5 页。
② 《金史》卷六三《后妃传上》,第 5 册,第 1500 页。
③ 《金史》卷一《世纪》,第 1 册,第 9 页。
④ 《金史》卷六七《桓赧、散达传》,第 5 册,1574—1577 页。
⑤ 《金史》卷六三《后妃传上》,第 5 册,第 1501 页。
⑥ 《金史》卷六三《后妃传上》校勘记三,第 5 册,第 1516 页。
⑦ 《金史》卷一《世纪》,第 1 册,第 10 页。
⑧ 《金史》卷六三《后妃传上》,第 5 册,第 1501 页。
⑨ 《金史》卷二《太祖纪》,第 1 册,第 23—24 页。

《诸子传》诸帝下列有一份提纲,叙述后妃及诸子嫡庶长幼情况:

> 始祖明懿皇后生德帝乌鲁,季曰斡鲁,女曰注思版,皆福寿之语也。
>
> 德帝思皇后生安帝,季曰辈鲁。
>
> 安帝节皇后生献祖,次曰信德,次曰谢库德,次曰谢夷保,次曰谢里忽。
>
> 献祖恭靖皇后生昭祖,次曰朴都,次曰阿保寒,次曰敌酷,次曰敌古乃,次曰撒里堇,次曰撒葛周。
>
> 昭祖威顺皇后生景祖,次曰乌古出。次室达胡末,乌萨扎部人,生跋黑、仆里黑、斡里安。次室高丽人,生胡失答。
>
> 景祖昭肃皇后生韩国公劾者,次世祖,次沂国公劾孙,次肃宗,次穆宗。次室注思灰,契丹人,生代国公劾真保。次室温迪痕氏,名敌本,生虞国公麻颇、隋国公阿离合懑、郑国公谩都诃。
>
> 世祖翼简皇后生康宗,次太祖,次魏王斡带,次太宗,次辽王斜也。次室徒单氏生卫王斡赛,次鲁王斡者。次室仆散氏生汉王乌故乃。次室术虎氏生鲁王阇母。次室术虎氏生沂王查剌。次室乌古论氏生郓王昂。①
>
> 康宗敬僖皇后生楚王谋良虎。次室温都氏生昭武大将军同刮苗。次室仆散氏坐事早死,生龙虎卫上将军隈可。②

其中可考者:始祖诸子条,《世纪·始祖》云"后生二男,长曰乌鲁,次曰斡鲁,一女曰注思板,遂为完颜部人";③景祖诸子条,《世纪·世祖》亦载"景祖九子,元配唐括氏生劾者,次世祖,次劾孙,次肃宗,次穆宗"。④从《诸子传》《世纪》这两例相同内容证明,它们均取资《祖宗实录》。⑤

---

① 《金史》卷六五《始祖以下诸子传上》,第 5 册,第 1537—1554 页。
② 《金史》卷六六《始祖以下诸子传下》,第 5 册,第 1561 页。按《诸子传》由卷六五接续卷六六,中间缺载穆宗诸子提纲。
③ 《金史》卷一《世纪》,第 1 册,第 2—3 页。
④ 《金史》卷一《世纪》,第 1 册,第 6—7 页。
⑤ 参见陈晓伟:《〈金史·宗室表〉再探》,《民族研究》2021 年第 1 期。

十三 《祖宗实录》编纂与完颜家族谱系建构 409

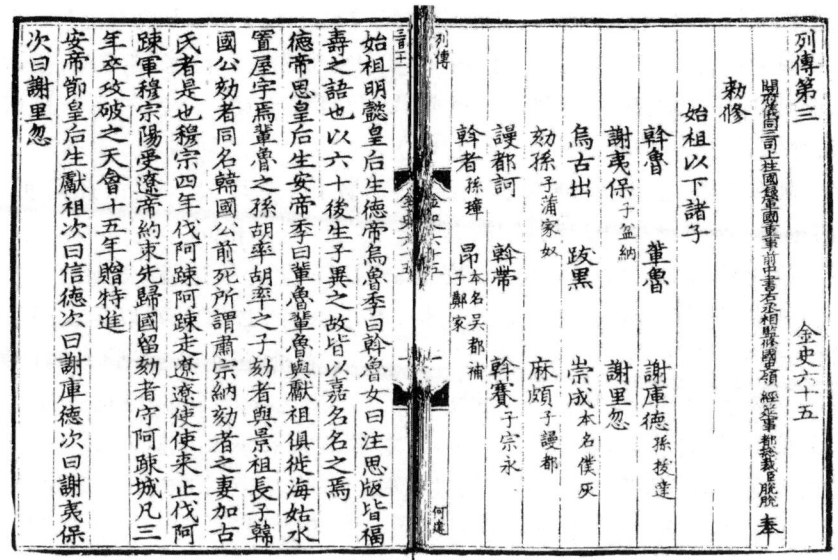

图一 百衲本《金史》（影印至正五年刻本）

以上结论可根据《诸子传》的具体史文进一步论证。经笔者逐条梳理，大致划分为五种类型：

第一种，《诸子传》与《世纪》文字内容高度雷同。例如，安帝子谢里忽条，与《世纪·昭祖》"昭祖欲稍立条教"至"昭祖乃得免"同。① 昭祖跋黑条叙述诸事迹，其中"世祖初立，跋黑果有异志，诱桓赧、散达、乌春、窝谋罕离间部属，使贰于世祖"及"童谣"的记载，②《世纪·世祖》云"跋黑遂诱桓赧、散达、乌春、窝谋罕为乱，及间诸部使贰于世祖。世祖犹欲抚慰之，语在跋黑、桓赧等传中"③等即指此文。

第二种，《诸子传》与《世纪》内容大体契合，亦可参证或详略并见。德帝季子辈鲁条"辈鲁与献祖俱徙海姑水，置屋宇焉"，④《世纪·献祖》"献祖乃徙居海古水，耕垦树艺，始筑室，有栋宇之制"⑤与此相印证。辈鲁曾孙劾者，"穆宗四年伐阿疎。阿疎走辽。辽使使来止伐阿疎军。

---

① 《金史》卷一《世纪》，第 1 册，第 3—4 页。
② 《金史》卷六五《始祖以下诸子传上》，第 5 册，第 1542 页。
③ 《金史》卷一《世纪》，第 1 册，第 7 页。
④ 《金史》卷六五《始祖以下诸子传上》，第 5 册，第 1538 页。
⑤ 《金史》卷一《世纪》，第 1 册，第 3 页。

穆宗阳受辽帝约束,先归国,留劾者守阿疎城。凡三年,卒攻破之",①此文详见《世纪·穆宗》穆宗三年丙子(1096)条"穆宗自将伐阿疎,撒改以偏师攻钝恩城,拔之。阿疎初闻来伐,乃自诉于辽。遂留劾者守阿疎城,穆宗乃还",以及七年庚辰(1100)条"劾者尚守阿疎城,毛睹禄来降。阿疎犹在辽,辽使使来罢兵"至"居数日,破其城"。② 由此可见,《诸子传》所载孙劾守阿疎城与《世纪·穆宗》内容相同。

第三种,仅见于《诸子传》。安帝子谢库德之孙拔达,谢夷保之子盆纳,"皆佐世祖有功";谢里忽,"国俗,有被杀者,必使巫觋以诅祝杀之者";昭祖子乌古出,"初,昭祖久无子,有巫者能道神语,甚验,乃往祷焉";景祖子麻颇、世祖子斡者的赠官等。③ 以上条文,《世纪》均不载。

第四种,许多内容与《诸子传》传主本人关系不大。谢库德条原本记述拔达、盆纳功绩,然附带叙及世祖时期佐命功臣:"准德、束里保者,皆加古部人。申乃因、丑阿皆驼满部人。富者粘没罕,完颜部人。阿库德、白达皆雅达澜水完颜部勃堇。此七人者,当携离之际,能一心竭力辅戴者也。达纪、胡苏皆术甲部勃堇。胜昆、主保皆术虎部人。阿库德,温迪痕部人。此五人者,又其次者也";下文"世祖初年,跋黑为变,乌春盛强,使人召阿库德、白达"至"世祖破桓赧、散达,主保死焉",④则详见于《世纪·世祖》。此外,"胡论加古部胜昆勃堇、蝉春水乌延部富者郭赦,畏乌春强,请世祖兵出其间,以为重也",⑤这在《乌春传》中有详细记载,文字大致相仿;⑥"婆多吐水裴满部斡不勃堇附于世祖,桓赧焚之。斡不卒,世祖厚抚其家。因并录之,以见立国之艰难云",⑦《桓赧、散达传》与此文相同。以上史文见于《诸子传》,当是史官从世祖纪事中顺手移录所致。

第五种,与上述诸子纪事之史料零散的特点有所不同,世祖二子斡带、斡赛事迹,乃至"乌古出之子习不失,自有传",景祖"劾者、阿离合懑

---

① 《金史》卷六五《始祖以下诸子传上》,第 5 册,第 1538 页。
② 《金史》卷一《世纪》,第 1 册,第 13、14 页。
③ 《金史》卷六五《始祖以下诸子传上》,第 5 册,第 1538、1540、1541、1544、1548 页。
④ 《金史》卷六五《始祖以下诸子传上》,第 5 册,第 1538—1539 页。
⑤ 《金史》卷六五《始祖以下诸子传上》,第 5 册,第 1539 页。
⑥ 《金史》卷六七《乌春传》,第 5 册,第 1577—1580 页。
⑦ 《金史》卷六五《始祖以下诸子传上》,第 5 册,第 1539 页。

别有传",①已经独立成篇,看似初具本传规模。其一,斡带条,"年二十余"至"二涅囊虎路、二蠢出路寇盗,斡带尽平之",②则与《世纪·穆宗》相合;康宗二年甲申(1104)"苏滨水诸部不听命,康宗使斡带等往治其事",③亦即《世纪·康宗》是年条内容;"太祖还,昼寐于来流水傍,梦斡带之场圃火,禾尽焚,不可扑灭,觉而深念之,以为忧",④并见于本书《金史·五行志》。⑤ 其二,斡赛条,穆宗初"执纳根涅之母及其妻子而归",⑥《金史·钝恩传》"父纳根涅,世为其部勃堇"⑦履历与此相同;康宗二年甲申,"斡带治苏滨水诸部,斡赛、斡鲁佐之,定诸部而还",及"高丽杀行人阿聒、胜昆,而筑九城于曷懒甸。斡赛将内外兵,劾古活你苗、蒲察狄古乃佐之",⑧分属《世纪·康宗》康宗二年甲申、四年丙戌两条内容。其三,乌古出条的内容,与《金史·习不失传》叙述其父"昭祖久无继嗣,与威顺皇后徒单氏祷于巫"及"欲害景祖,徒单氏自以为事,而景祖乃得免"重复;⑨《金史·习不失传》记述传主征讨桓赧、散达、乌春诸事,又同于《世纪·世祖》《肃宗》。其四,所谓劾者"别有传",并非独立成篇,其实附丽于其子《金史·撒改传》中,亦即篇首"及诸子长,国俗当异宫居,而命劾者与世祖同邸"的内容,⑩乃与《世纪·世祖》相合;其余"穆宗自将,期阿疎城下会军"至"而阿疎亡入于辽,终不敢归,留可、诈都、坞塔、钝恩皆降",可与《世纪·穆宗》印证。⑪

综上,我们对《诸子传》史料探源的结果是,传文与《世纪》相合内容居多,甚至文字雷同,亦有同乌春、桓赧、散达、钝恩等传相重复的内容,其实这与《后妃传》情况极其相似。这些人物列传的一大特点是,传主生卒年不详,叙述履历不够完备,仅有片段事迹,即便单独立传者,不

---

① 《金史》卷六五《始祖以下诸子传上》,第5册,第1541、1543页。
② 《金史》卷六五《始祖以下诸子传上》,第5册,第1546页。
③ 《金史》卷六五《始祖以下诸子传上》,第5册,第1546页。
④ 《金史》卷六五《始祖以下诸子传上》,第5册,第1546页。
⑤ 《金史》卷二三《五行志》,第2册,第534页。
⑥ 《金史》卷六五《始祖以下诸子传上》,第5册,第1547页。
⑦ 《金史》卷六七《钝恩传》,第5册,第1583页。
⑧ 《金史》卷六七《钝恩传》,第5册,第1583页。
⑨ 《金史》卷七〇《习不失传》,第5册,第1617页。
⑩ 《金史》卷七〇《撒改传》,第5册,第1613页。
⑪ 《金史》卷七〇《撒改传》,第5册,第1613—1614页。

过是由于《世纪》原书提及较多而已,故内容相对丰富。从而初步揭示,《诸子传》乃杂抄而成。值得注意的是,《世纪·世祖》有时提到"语在跋黑、桓赧等传中"及"语在《乌春传》",①意谓此略而彼详,这一线索与《诸子传》和乌春等传有重合史文可以印证,由此表明诸篇构成一源多流的文献关系。

此外,《世纪》所见石显、桓赧、散达、乌春、腊醅、麻产、钝恩、留可、阿疎及欢都等均有传,仅次于《诸子传》之后。循上文思路,检讨《金史·石显传》,"孩懒水乌林荅部人","昭祖没于逼刺纪村,部人以枢归,至孩懒水"及"众推景祖为诸部长,白山、耶悔、统门、耶懒、土骨论、五国皆从服","遂遣婆诸刊及前后所献罪人皆还之"等,②实与《世纪·昭祖》《景祖》《世祖》雷同,其余条目内容也大体与《世纪》诸帝本纪相合。对比其他人本传的结果,同样是与《世纪》相一致,不仅内容吻合,还有与《后妃传》《诸子传》印证者。总之,同源迹象明显。

最典型一例,《金史·冶诃传》谓:

> 冶诃系出景祖,居神隐水完颜部,为其部勃堇。与同部人把里勃堇,斡泯水蒲察部胡都化勃堇、厮都勃堇,泰神忒保水完颜部安团勃堇,统门水温迪痕部活里盖勃堇,俱来归,金之为国,自此益大。③

此"俱来归"一语突兀,具体所指时间语焉不详。检《世纪·景祖》,"既为节度使,有官属,纪纲渐立矣"至"曷懒水有率众降者,录其岁月姓名,即遣去,俾复其故。人以此益信服之"中间有一段文字:

> 生女直旧无铁,邻国有以甲胄来鬻者,倾赀厚贾以与贸易,亦令昆弟族人皆售之。得铁既多,因之以修弓矢,备器械,兵势稍振,前后愿附者众。斡泯水蒲察部、泰神忒保水完颜部、统门水温迪痕部、神隐水完颜部,皆相继来附。④

此处叙述女真诸部纷纷归附景祖,《金史·冶诃传》的记载完全相同。可知《金史·冶诃传》应系节取《世纪》之所据史文。

---

① 《金史》卷一《世纪》,第 1 册,第 7 页。
② 《金史》卷六七《石显传》,第 5 册,第 1573—1574 页。
③ 《金史》卷六八《冶诃传》,第 5 册,第 1595 页。
④ 《金史》卷一《世纪》,第 1 册,第 5—6 页。

结合《诸子传》再进行分析,景祖子谩都诃条载其"屡从征伐,天会二年为阿舍勃极烈,参议国政,明年薨",①可见其纪事下限,《金史·太宗纪》载天会二年正月庚戌"以谩都诃为阿舍勃极烈,参议国政",三年三月乙亥"阿舍勃极烈谩都诃薨",②《太宗纪》据实录,这两条有抄录《太宗实录》之嫌。景祖第八子阿离合懑,《金史》卷七三单独有传,传文"腊醅、麻产起兵据暮棱水"及"窝谋罕弃城遁去"与《世纪·世祖》相合;"从撒改讨平留可""太祖擒萧海里,使阿离合懑献馘于辽"即《世纪·穆宗》穆宗三年丙子、九年壬午(1102)两条内容;太祖谋伐辽及劝进、收国元年(1115)太祖即位"阿离合懑与宗翰以耕具九为献""顷之,为国论乙室勃极烈",与《金史·太祖纪》太祖二年(1114)十一月、收国元年正月壬申、九月癸巳三条吻合,③表明此乃抄自《太祖实录》诸条;"与斜葛同修本朝谱牒"等及天辅三年(1119)卒,④盖改编自实录中的阿离合懑附传。这表明,诸传都应该抄撮实录相应条文而成。

另外,我们可以借助《金史·五行志》和《金史·太祖纪》解释诸传与《世纪》的文献关系。根据《诸子传》的太祖"梦斡带之场圃火"⑤并见于《金史·五行志》这条线索,兹将相关内容列为表一:

表一 《金史·五行志》史文检索表

《五行志》	参考史文
初,金之兴,平定诸部,屡有祯异,故世祖每与敌战,尝以梦寐卜其胜负。乌春兵至苏速海甸,世祖曰:"予凤昔有异梦,不可亲战,若左军有力战者当克。"既而与肃宗等击之,敌大败。	世祖与遇于苏素海甸。世祖曰:"予昔有异梦,今不可亲战。若左军中有力战者,则大功成矣。"命肃宗及斜列、辞不失与之战。肃宗下马,名呼世祖,复自呼其名而言曰:"若天助我当为众部长,则今日之事神祇监之。"语毕再拜。遂炷火束缊。顷之,大风自后起,火益炽。是时八月,并青草皆焚之,烟焰涨天。我军随烟冲击,大败之(《金史》卷一《世纪·肃宗》)

---

① 《金史》卷六五《始祖以下诸子传上》,第 5 册,第 1545 页。
② 《金史》卷三《太宗纪》,第 1 册,第 49、52 页。
③ 《金史》卷二《太祖纪》,第 1 册,第 26、28 页。
④ 《金史》卷七三《阿离合懑传》,第 5 册,第 1671—1672 页。
⑤ 《金史》卷六五《始祖以下诸子传上》,第 5 册,第 1546 页。

（续表）

《五行志》	参考史文
太祖之生也，常有五色云气若二千斛囷廪之状，屡见东方。辽司天孔致和曰："其下当生异人，建非常之事，天以象告，非人力所能为也。"	辽道宗时有五色云气屡出东方，大若二千斛囷仓之状，司天孔致和窃谓人曰："其下当生异人，建非常之事。天以象告，非人力所能为也。"（《金史》卷二《太祖纪》）
温都部跋忒畔，穆宗遣太祖讨之，入辞，奏曰："昨夕见赤祥，往必克。"遂与跋忒战，杀之。	初，温都部跋忒杀唐括部跋葛，穆宗命太祖伐之。太祖入辞，谓穆宗曰："昨夕见赤祥，此行必克敌。"遂行。是岁大雪，寒甚。与乌古论部兵沿土温水过末邻乡，追及跋忒于阿斯温山北泺之间，杀之（《金史》卷二《太祖纪》）
穆宗攻阿疎，日辰巳间，忽暴雨昏曀，雷电环阿疎所居，是夕有巨火声如雷，坠阿疎城中，遂攻下之①	穆宗略阿茶桧水，益募军，至阿疎城。是日辰巳间，忽暴雨，晦曀，雷电下阿疎所居，既又有大光，声如雷，坠阿疎城中。识者以谓破亡之征（《金史》卷六七《阿疎传》）
太祖尝往宁江，梦斡带之禾场焚，顷刻而尽。觉而大戚，即驰还，斡带已寝疾，翌日不起。	太祖还，昼寐于来流水傍，梦斡带之场圃火，禾尽焚，不可扑灭，觉而深念之，以为忧。是时，斡带已寝疾，太祖至，闻之，过家门不下马，径至斡带所问疾。未几薨，年三十四。太祖每哭之恸，谓人曰："予强与之偕行，未必死也。"（《金史》卷六五《诸子传·斡带》）
斡塞伐高丽，太祖卧而得梦，亟起曰："今日捷音必至。"乃为具于球场以待。有二獐渡水而至，获之，太祖曰："此休征也。"言未既，捷书至，众大异之。	康宗以为然，乃使斡塞将兵伐之，大破高丽兵。六月，高丽率众来战，斡塞败之，进围其城。七月，高丽复请和，康宗曰："事若酌中，则与之和。"高丽许归亡人之民，罢九城之戍，复所侵故地，遂与之和（《金史》卷一三五《外国传下·高丽》）

---

① 点校本原误作"穆宗攻阿疎日，辰巳间"，今据《金史·阿疎传》改正。

（续表）

《五行志》	参考史文
他日军宁江，驻高阜，撒改仰见太祖体如乔松，所乘马如冈阜之大，太祖亦视撒改人马异常，撒改因白所见，太祖喜曰："此吉兆也。"即举酒酹之曰："异日成功，当识此地。"师次唐括带斡甲之地，诸军介而立，有光起于人足及戈矛上，明日，至札只水，光复如初	

《金史·五行志》七条史文均有据可查：第一条世祖异梦见于《世纪·肃宗》；第二条太祖诞生伴有五色云气，第三条讨跋忒太祖见赤祥，皆与《金史·太祖纪》相同，还可确认后者出自《世纪·穆宗》穆宗三年丙子条"使太祖率师伐跋忒"；第四条穆宗攻阿疎忽暴雨昏曀，与《金史·阿疎传》相合，此条即《世纪·穆宗》穆宗三年丙子"纥石烈部阿疎、毛睹禄阻兵为难，穆宗自将伐阿疎"事；①第五条与《诸子传·斡带》所载太祖梦斡带之禾场焚，《世纪·康宗》康宗二年甲申条"斡带进至北琴海，攻拔泓忒城，乃还"②相合；第六条斡塞伐高丽，太祖卧而得梦，《外国传下·高丽》亦同，此即《世纪·康宗》康宗四年丙戌（1106）条内容。总之，以上内容的文献源头与《世纪》密切相关。

根据最后一条可窥测元修《金史·五行志》的史料来源，《金史·太祖纪》太祖二年九月条云"太祖进军宁江州"，③不载"撒改仰见太祖体如乔松"事。据大定二十五年（1185）《大金得胜陀颂碑》记载：

> 臣谨按《实录》及《睿德神功碑》：太祖率军渡涞流水，命诸路军毕会。太祖先据高阜，国相撒改与众仰望，圣质如乔松之高，所乘赭白马亦如冈阜之大。太祖顾视撒改等人马亦悉异常。太祖曰："此殆吉祥，天地协吾军胜敌之验也。诸君观此，正当勠力同心，若大事克成，复会于此，当酹而名之。"④

---

① 《金史》卷一《世纪》，第1册，第13页。
② 《金史》卷一《世纪》，第1册，第16页。
③ 《金史》卷二《太祖纪》，第1册，第24页。
④ 载光绪《吉林通志》卷一二〇《金石志》，第1页b。

《金史·五行志》与此文相同,该条应出自《太祖实录》。据此推测,其他六条与《世纪》重合的五行记录,同样摘录自《祖宗实录》。

承上表《金史·五行志》第三条所见《太祖纪》与《世纪·穆宗》同源这一思路,逐条核检《太祖纪》阿骨打"太祖袭位为都勃极烈"以前纪事:"世祖与腊醅、麻产战于野鹊水,世祖被四创",①与《世纪·世祖》《金史·乌春传》相同;窝谋罕围城,"壮士太峪乘骏马持枪出城,驰刺太祖。太祖不及备,舅氏活腊胡驰出其间,击太峪,枪折,刺中其马。太峪仅得免"②云云,《世纪·世祖》"窝谋罕请于辽,愿和解。既与和,复来袭,乃进军围之。窝谋罕弃城遁去"③记载此事,《金史·乌春传》描述细节说:"太峪驰马援枪,将及太祖,活腊胡击断其枪,太祖乃得免。"④据此可知,"仅得免"者不是太峪,实为太祖,⑤《金史·太祖纪》抄录史文失当;世祖寝疾,执太祖手谓穆宗曰"乌雅束柔善,惟此子足了契丹事",⑥此条与《世纪·世祖》的文字相同;太祖亲获麻产,献馘于辽"辽命太祖为详稳,仍命穆宗、辞不失、欢都皆为详稳",⑦与《金史》卷七〇《习不失传》文字相合,《世纪·肃宗》记此事谓太祖"既获麻产,杀之,献馘于辽";⑧伐泥厖古部跋黑、播立开、留可、萧海里及康宗七年"岁不登,民多流莩,强者转而为盗"⑨等,分别见于《世纪》肃宗二年癸酉(1093)、穆宗三年丙子、九年壬午(1102)、康宗七年己丑(1109)四条。通过这种文本比较,我们证实《太祖纪》与《世纪》有着共同的文本源头。《金史》本纪编纂一大特点是,其所叙诸帝即位前的主干履历多从前朝实录中摘取。据统计,元修《金史·太宗纪》《熙宗纪》《海陵纪》《世宗纪》《章宗纪》均不同程度地采摭《太祖实录》《太宗实录》《熙宗实录》《海陵实录》《世宗实录》中的相关记载。根据这种模式,推知《太

---

① 《金史》卷二《太祖纪》,第1册,第19页。
② 《金史》卷二《太祖纪》,第1册,第20页。
③ 《金史》卷一《世纪》,第1册,第10页。
④ 《金史》卷六七《乌春传》,第5册,第1580页。
⑤ 参见邱靖嘉:《〈金史〉纂修考》,中华书局,2017年,第292页。
⑥ 《金史》卷二《太祖纪》,第1册,第20页。
⑦ 《金史》卷二《太祖纪》,第1册,第20页。
⑧ 《金史》卷一《世纪》,第1册,第12页。
⑨ 《金史》卷二《太祖纪》,第1册,第22页。

祖纪》有些记载当取自《祖宗实录》。

根据以上分析,这里可以对《金史》的《后妃传》《诸子传》《太祖纪》《五行志》及石显诸传与《世纪》相重合的史料关系做出一个较为合理的解释:元朝史官编修《金史》时,首先将《祖宗实录》改编成卷首《世纪》,这是最重头的篇章和叙述主线;虽然名曰"实录",由于金初修史制度草创,记注系统尚未建立,《祖宗实录》中并无人物附传,元朝史官乃从书中摘抄出始祖以下十帝后妃及诸子内容,编成《金史》各列传;与祖先创业有关的那些人物,如"石显"等全部为最初反叛然后降服者,辅助世祖的功臣中欢都、冶诃独立成篇,其余他人记载较少,附录于《诸子传》中;《太祖纪》《五行志》中的太祖继承都孛极烈位以前诸条目亦据实录改编。据此,通过多流互证而探知诸篇同出一源,实即皆以《祖宗实录》十帝本纪为蓝本修成。

二、从"祖宗遗事"到"实录":十帝谱系的生成史

笔者以《世纪》为主线钩沉《金史》中《祖宗实录》的内容,将多种文本整合,从而复原出每篇本纪的基本结构:帝纪个人履历+创立制度、征服诸部之功业+附录诸子提纲(含后妃、诸子嫡庶及其事迹)。其中最主干的内容当数十帝世次。在文献考源的基础上,借此厘清《祖宗实录》的整体面貌,这样可对女真祖先传说及世系构造进行文本分析。

《世纪》、洪皓《松漠记闻》、《高丽史》和苗耀《神麓记》均记载完颜始祖传说。诸版本总体反映出世系不断延伸,最终从原始流传的三兄弟"始祖"这支故事中发展出十帝传说。《松漠记闻》云:

> 女真酋长乃新罗人,号完颜氏。"完颜",犹汉言王也。女真以其练事,后随以首领让之。兄弟三人:一为熟女真酋长,号万户,其一适他国。完颜年六十余,女真妻之以女,亦六十余。生二子,其长即胡来也。自此传三人,至杨哥太师,无子,以其姪阿骨打之弟谥曰文烈者为子,其后杨哥生子闵辣,乃令文烈归宗。①

---

① 洪皓:《松漠记闻》卷上,阳山顾氏文房本,第 2 页 a。

学者指出,这个版本最接近金室祖先传说的原型,而《世纪》晚出,有意延长世系。① 作者洪皓于天会七年羁留金地,皇统二年归宋,书中所载女真社会内容极有可能从完颜希尹等处访得,颇为可信。②

据《世纪》记载:

> 金之始祖讳函普,初从高丽来,年已六十余矣。兄阿古乃好佛,留高丽不肯从,曰:"后世子孙必有能相聚者,吾不能去也。"独与弟保活里俱。始祖居完颜部仆幹水之涯,保活里居耶懒。其后胡十门以曷苏馆归太祖,自言其祖兄弟三人相别而去,盖自谓阿古乃之后。③

函普、阿古乃、保活里三人称兄弟,与洪皓书所载版本一致,而细节有所深化。熟女真酋长对应曷苏馆部阿古乃,"适他国"者是指保活里。据《金史·胡十门传》记述缘起,"始祖兄阿古乃留高丽中,胡十门自言如此,盖自谓阿古乃之后云"。④《世纪》三兄弟传说盖取资于此。《金史·石土门传》还提到:"直离海,始祖弟保活里四世孙,虽同宗属,不相通问久矣。"⑤按胡十门、石土门分别卒于天辅二年、七年,⑥皇统八年《太祖实录》中应附录有两人小传,应是元朝史官将两传所载传说和金初归附认同之史文移植到《世纪》中。⑦ 以上记载表明,阿骨打立国前后,女真社会一直流传着始祖三兄弟传说。

那么,金初统治者是如何从旧有传说基础上改编出新的十帝谱牒(核心内容即《金史·诸子传》提纲)的呢?学界对此问题有所触及,仍

---

① 参见〔日〕池内宏:《金史世纪の研究》,《满鲜地理历史研究报告》第11册,东京帝國大學文學部,第189—200页。
② 参见辛更儒:《金初的祖庙和十帝传说》,《文史知识》2007年第2期。
③ 《金史》卷一《世纪》,第1册,第2页。
④ 《金史》卷六六《胡十门传》,第5册,第1561页。
⑤ 《金史》卷七〇《石土门传》,第5册,第1621页。
⑥ 《金史·石土门传》云"继闻黄龙府叛,与睿宗讨平之,睿宗(宗辅)赐以奴婢五百人,师还,赏赉良渥。至是卒,年六十一"(第5册第1622页),《太祖纪》天辅六年十二月甲午"黄龙府叛,宗辅讨平之"(第1册第39页)相合,据此推知石土门的亡故时间。
⑦ 参见陈晓伟:《〈金史·宗室表〉再探》,《民族研究》2021年第1期。

需要进一步深化。① 这得从《祖宗实录》编纂谈起。据《金史·勖传》记载：

> 女直既未有文字，亦未尝有记录，故祖宗事皆不载。宗翰好访问女直老人，多得祖宗遗事。太宗初即位，复进士举，而韩昉辈皆在朝廷，文学之士稍拔擢用之。天会六年，诏书求访祖宗遗事，以备国史，命勖与耶律迪越掌之。勖等采掇遗言旧事，自始祖以下十帝，综为三卷。凡部族，既曰某部，复曰某水之某，又曰某乡某村，以别识之。凡与契丹往来及征伐诸部，其间诈谋诡计，一无所隐。事有详有略，咸得其实……
>
> 皇统元年，撰定熙宗尊号册文。上召勖饮于便殿，以玉带赐之。所撰《祖宗实录》成，凡三卷，进入，上焚香立受之，赏赉有差。②

此文叙述从"祖宗遗事"到"祖宗实录"的成书经过，中间环节值得发掘。据载，天会六年六月己未"诏求祖宗遗事"，③意谓官方决定编纂祖先谱牒。直到天会十四年八月月丙辰"追尊九代祖以下曰皇帝、皇后"，④从一并颁布的《奉上祖宗谥号》中透露出此时十帝故事基本成型。

兹将《金史·礼志·上尊谥》所载册文与《世纪》叙事内容比对（见表二）：⑤

---

① 〔日〕池内宏：《金史世纪の研究》，《满鲜地理历史研究报告》第 11 册，東京帝國大學文學部，第 177—313 頁。〔日〕松浦茂：《金代女眞氏族の構成について—『金史』百官志にみえる封号の規定をめぐって》，《東洋史研究》第 36 卷第 4 号，1978 年 3 月，第 509—546 頁。韩世明：《金完颜始祖史事探颐》，《吉林大学社会科学学报》1993 年第 3 期。辛更儒：《金初的祖庙和十帝传说》，《文史知识》2007 年第 2 期。罗继岩、辛时代：《金朝始祖函普研究》，《社会科学战线》2015 年第 12 期。邱靖嘉：《说"完颜"——关于女真族的历史记忆与姓氏辨说》，刘迎胜、姚大力主编：《清华元史》第 6 辑，商务印书馆，2020 年，第 42—74 页。〔日〕古松崇志：《女真開国伝説の形成—〈金史〉世纪の研究》，载氏著《ユーラシア東方の多極共存時代—大モンゴル以前》，第 460—484 頁。
② 《金史》卷六六《勖传》，第 5 册，第 1558—1559 页。
③ 《金史》卷三《太宗纪》，第 1 册，第 59 页。
④ 《金史》卷四《熙宗纪》，第 1 册，第 71 页。
⑤ 《金史》卷三二《礼志五》，第 3 册，第 773—775 页。

表二 追尊九代祖册文与史文事迹对照表

十帝	《金史·礼志·上尊谥》	《世纪》
始祖	伏惟皇九代祖,廓君人之量,挺御世之姿,虞舜生冯,迁于负夏,太王避狄,邑此岐山,圣姥来归,天原肇发	金之始祖讳函普,初从高丽来,年已六十余矣。……并许归六十之妇。始祖乃以青牛为聘礼而纳之,并得其赀产
德皇帝 安皇帝	皇八代祖、皇七代祖,承家袭庆,裕后垂芳,不求赫赫之名,终大振振之族	
献祖	皇六代祖,徙居得吉,播种是勤,去暴露获栋宇之安,释负载兴车舆之利	献祖乃徙居海古水,耕垦树艺,始筑室,有栋宇之制,人呼其地为纳葛里
昭祖	皇五代祖字菫,雄姿迈世,美略济时,成百里日辟之功,戎车既饰;著五教在宽之训,人纪肇修	昭祖稍以条教为治,部落浸强。辽以惕隐官之。诸部犹以旧俗,不肯用条教
景祖	皇高祖太师,质自天成,德为民望,兼精骑射,往无不摧,始置官师,归者盖众	辽主召见于寝殿,燕赐加等,以为生女直部族节度使。辽人呼节度使为太师,金人称"都太师"者自此始……既为节度使,有官属,纪纲渐立矣。生女直旧无铁,邻国有以甲胄来鬻者,倾赀厚贾以与贸易,亦令昆弟族人皆售之。得铁既多,因之以修弓矢,备器械,兵势稍振,前后愿附者众。斡泯水蒲察部、泰神忒保水完颜部、统门水温迪痕部、神隐水完颜部,皆相继来附
世祖	皇曾祖太师,威棱震远,机警绝人,雅善运筹,未尝衿甲,临敌愈奋,应变若神	世祖天性严重,有智识,一见必识,暂闻不忘。……袭位之初,内外溃叛,缔交为寇。世祖乃因败为功,变弱为强。既破桓赧、散达、乌春、窝谋罕,基业自此大矣

（续表）

十帝	《金史·礼志·上尊谥》	《世纪》
肃宗	皇曾叔祖太师，道宣知言，智穷博识，始构经营之力，卒成奄宅之勋①	肃宗自幼机敏善辩。当其兄时，身居国相，尽心匡辅。是时，叔父跋黑有异志，及桓赧、散达、乌春、窝谋罕、石显父子、腊醅、麻产作难，用兵之际，肃宗屡当一面。尤能知辽人国政人情。凡有辽事，一切委之肃宗专心焉
穆宗	皇曾叔祖太师，机独运心，公无私物，四方耸动，诸部归怀，德威两隆，风俗大定	初，诸部各有信牌，穆宗用太祖议，擅置牌号者置于法，自是号令乃一，民听不疑矣。自景祖以来，两世四主，志业相因，卒定离析，一切治以本部法令，东南至于乙离骨、曷懒、耶懒、土骨论，东北至于五国、主隈、秃答，金盖盛于此
康宗	皇伯祖太师，友于尽爱，国尔惟忠，谋必罔愆，举无不济	

《金史》的这篇《奉上祖宗谥号》全文亦见于《大金集礼》。《大金集礼》有小注云："《熙宗实录》云施之罔极。丙辰，奉上。"②按是月丙申朔，丙辰为二十二日，与同书所记"二十一日奉上"相差一日，而与《金史》"丙辰奉上九代祖妣尊谥庙号"③正相合，可见此文与《金史·熙宗纪》"追尊九代祖以下曰皇帝、皇后"④当为一条整体史料，应该出自《熙宗实录》天会十四年八月丙辰条。

表二所列追封十帝的册文尽管多为赞颂文饰辞藻，表述内容仍与《世纪》印证：采用避地典故比拟始祖由高丽至完颜部的故事；献祖

---

① 此条史文原脱，今据《大金集礼》卷三《追加谥号上·天会十四年奉上祖宗谥号》补。（佚名编：《大金集礼》，任文彪点校，浙江大学出版社，2019年，第45页）

② 佚名编：《大金集礼》卷三《追加谥号上·天会十四年奉上祖宗谥号》，任文彪点校，第46页。

③ 《金史》卷三二《礼志五》，第3册，第775页。

④ 《金史》卷四《熙宗纪》，第1册，第71页。

"徙居得吉"等,指迁移海古水从事耕种定居生活;"著五教",与昭祖树立条教制度吻合;景祖"始置官师",亦即"有官属,纪纲渐立矣",以致诸部相继归附;康宗"友于尽爱",当指传位给其弟阿骨打。《奉上祖宗谥号》中的十帝及其皇后的庙号尊谥,均见于《世纪》和《后妃传》。

综上可知,阿离合懑最先发起"与斜葛同修本朝谱牒"及所叙"部族世次"和"积年旧事"等系列访求、编辑口述工作,①复经宗翰"好访问女直老人,多得祖宗遗事",是为编纂祖先历史之草创。天会六年至十四年间,勖等人负责整理出"始祖以下十帝"事迹,共三卷。② 从而确立起家族谱系,然后按传统实录体例稍加编次(《世纪·肃宗》《穆宗》《康宗》按编年体诸条系事),此乃皇统元年勖撰《祖宗实录》最终进呈本。③

更引人关注的是,熙宗推行汉地制度,在太庙中确立供奉祭祀十位神主的同时,"仍请以始祖景元皇帝、景祖惠桓皇帝、世祖圣肃皇帝、太祖武元皇帝、太宗文烈皇帝为永永不祧之庙"。④ 此当效仿传统的天子宗庙制度,太师宗盘等上议中明确提到:"臣等窃考书传所载,有天下者皆立七庙,三昭向明,三穆向北,太祖东向。有虞、夏后皆祖颛顼,殷之玄王,周之后稷,禘所自出,推以配天。功大者建万世而不祧,亲尽者至四庙而迭毁。"⑤也就是说,函普为始祖,不祧者则为景祖、世祖、太祖、太宗,其重要意义不言而喻,这样一来,历史记忆时期只树立景祖的宗庙位置,足见其在家族创业史中具有举足轻重的位置。

以"景祖"作为关节点,通过比较,从各种叙事文本间的罅隙入手,无疑有助于揭橥十帝传说文本的形成脉络。《松漠记闻》叙述从始祖传至穆宗杨哥,中间最核心的承袭者乃胡来。按"胡来"即《世纪》景祖绰号"活罗"。⑥ 这里有一条证据:《松漠记闻》另载有一则与《世纪》内容相同的天会十四年追册十帝记录,其中云"高祖太师名胡来,追谥惠桓

---

① 《金史》卷七三《阿离合懑传》,第5册,第1672页。
② 《金史》卷六六《勖传》,第5册,第1558页。
③ 参见邱靖嘉:《〈金史〉纂修考》,第27—30页。
④ 佚名编:《大金集礼》卷三《追加谥号上·天会十四年奉上祖宗谥号》,任文彪点校,第46页。
⑤ 佚名编:《大金集礼》卷三《追加谥号上·天会十四年奉上祖宗谥号》,任文彪点校,第44页。
⑥ 参见辛更儒:《金初的祖庙和十帝传说》,《文史知识》2007年第2期。

皇帝，号景祖"。① 由此可见，《松漠记闻》较为原始的传说版本虽同样称始祖有二子，不过其长子乃景祖，而不是《金史》所谓德帝乌鲁。《高丽史·睿宗世家》乙未十年（1115）正月阿骨打称皇帝条追述金人祖先：

> 或曰昔我平州僧今俊遁入女真，居阿之古村，是谓金之先。或曰平州僧金幸之子克守，初入女真阿之古村，娶女真女。生子曰古乙太师，古乙生活罗太师。活罗多子，长曰劾里钵，季曰盈歌。盈歌最雄杰，得众心。盈歌死，劾里钵长子乌雅束嗣位，乌雅束卒，弟阿骨打立。②

高丽社会流传平州僧俊徙居金地后娶女真女子的传说，叙事情节与《松漠记闻》高度相似，但中间已多出一代"古乙太师"，即始祖之子，活罗（景祖）之父。

《松漠记闻》《高丽史》所载世系尽管稍有分歧，但关于活罗及其子孙内容扎实。苗耀《神麓记》所传版本与以上两种传说仍可发明。《三朝北盟会编》卷一八引《神麓记》：

> 女真始祖掯浦出自新罗，奔至阿触胡，无所归，遂依完颜，因而氏焉。……
>
> 生讹辣鲁，继其父业，讹辣鲁生伴海，伴海生随阇，自幼习射采生，长而善骑射猎，教人烧炭炼铁，刳木为器，制造舟车，种植五谷，建造屋宇，稍有上古之风。犹是邻近每有不平皆诣所请，遂号孛堇，臣伏契丹。生三子，长曰兀列，次曰失侣，幼曰乌热，为孛堇。生货攞，比之五祖，迥然超群，由是契丹拜为宁江军节度使，呼曰太师。生五子，长曰劾阇（乃粘罕祖），次劾姑逊，次劾里孛，次蒲辣叔，次杨割太师。劾里孛生长子兀啰束，第二子兀古达，乃太祖大圣武元皇帝。③

---

① 洪皓：《松漠记闻》卷上，第 2 页 a—b。"惠"字下原作"犯钦宗庙讳"，按钦宗名桓。今据《大金集礼》卷三《追加谥号上·天会十四年奉上祖宗谥号》复原。

② 〔朝鲜〕郑麟趾：《高丽史》卷一四《睿宗世家三》，首尔：亚细亚文化社，影印延世大学藏本，1972 年，上册，第 277 页上下栏。

③ 徐梦莘：《三朝北盟会编》卷一八引《神麓记》，上海古籍出版社，影印许涵度刻本，2008 年第 2 版，上册，第 127 页上下栏。今据明钞本《三朝北盟会编》校改。（《中华再造善本》，影印明钞本，国家图书馆出版社，2013 年）

一个非常明显的文本差别是,《神麓记》与《世纪》记述始祖起源故地迥然有别,《世纪》称函普最初"居完颜部仆幹水之涯",直到献祖才"定居于安出虎水之侧",①《神麓记》则谓掯浦"奔至阿觸胡",先祖复杂的迁徙经历由此不复存在。《神麓记》这种叙述非常契合世宗时期对金源故地的历史认同,金中叶统治者或许通过改造始祖传说,试图从根本上证明以完颜部落为统治核心的女真王朝最初就发源于按出虎水。②《神麓记》载金世宗即位事,推测其成书时间应在大定以后,书中的这个传说版本较《世纪》更为晚出。

今将《神麓记》《世纪》《松漠记闻》及《高丽史》所叙世系整理为表三:

表三　完颜氏世系异同表

第一代	第二代	第三代	第四代	第五代	第六代	第七代	第八代	资料出处
掯浦	讹辣鲁	伴海	随阔	兀列 失侣 乌热	货攞	劾阁 劾姑逊 劾里孛 蒲辣叔 **杨割**	兀啰束 兀古达	《神麓记》
函普	乌鲁	跋海	绥可 信德 谢库德 谢夷保 谢里忽	**石鲁** 朴都 阿保寒敌酷 敌古乃 撒里莾 撒葛周	**活罗** 乌古出跋黑 仆里黑 幹里安 胡失答	劾者 **世祖**劾里钵 劾孙 **肃宗**颇剌淑 **穆宗**盈歌 劾真保 麻颇	乌雅束 **阿骨打**	《世纪》

第一代				第二代	第三代	第四代	资料出处
女真 酋长				胡来	杨哥	闵辣 **阿骨打**	《松漠记闻》

第一代			第二代	第三代	第四代	第五代	资料出处
平州僧			古乙	活罗	劾里钵 **盈歌**	乌雅束 **阿骨打**	《高丽史》

注:表中帝系的名字采用加粗字体。本表内容参〔日〕池内宏:《金史世紀の研究》,《满鲜地理歴史研究报告》第11册,第193—200页。

---

① 《金史》卷一《世纪》,第1册,第2、3页。
② 陈晓伟:《国号"金源"说:论女真政治文化观的嬗变》,《中国史研究》2023年第4期。

从表三可见，《神麓记》始祖以后诸帝世系与《世纪》同样为八代，并且掯浦/函普、讹辣鲁/乌鲁、佯海/跋海、随阔/绥可、失侣/石鲁、货攞/活罗及第七代、第八代人名皆相对应一致，整体历史脉络是一样的，说明母题版本相同。具体文本细节差异在于，《神麓记》掯浦到失侣与《世纪》函普到石鲁的叙事主线虽然一致，然而第五代以前的子孙支系分歧甚大，等到第六代货攞（活罗）及第七代、第八代亦正相合，最后面这部分内容正好与《松漠记闻》《高丽史》"活罗""盈歌""阿骨打"家族关系吻合。据此推测，三代世系到八代谱系中，最不稳定者当属金初建构部分，随着时代政治需要而不断调整，发生变化。

　　《祖宗实录》虚构献祖、昭祖故事，不免遗留些蛛丝马迹，在此提供两方面旁证。第一，《世纪·献祖》叙述女真社会生活习俗说"黑水旧俗无室庐，负山水坎地，梁木其上，覆以土，夏则出随水草以居，冬则入处其中，迁徙不常。献祖乃徙居海古水，耕垦树艺，始筑室，有栋宇之制"，①以及该卷《昭祖》"生女直无书契，无约束，不可检制"②的记载，明显抄自《新唐书·黑水靺鞨传》所附臣属高丽的白山部史文。③ 恐非元人私自添加，而是实录编纂者搬引黑水靺鞨旧俗，无非想彰显二帝对女真文明的贡献，以此论证其存在的历史意义。其次，《神麓记》强调"生货攞，比之五祖，迥然超群，由是契丹拜为宁江军节度使，呼曰太师"，《世纪·景祖》也明确指出"自始祖至此，已六世矣。景祖稍役属诸部，自白山、耶悔、统门、耶懒、土骨论之属，以至五国之长，皆听命""以为生女真部族节度使。辽人呼节度使为太师，金人称'都太师'者自此始"。④ 两书将景祖描述为最先统领生女真诸部落的英雄人物，⑤并且特别强调谱系传承的一个转折点为"五祖"或"六世"，似乎别有寓意，意谓"景祖"是统治家族历史记忆的新起点。如此，《松漠记闻》"胡来"与"女真酋长"的父子关系乃与上述说法暗合。

---

① 《金史》卷一《世纪》，第 1 册，第 3 页。
② 《金史》卷一《世纪》，第 1 册，第 3 页。
③ 《新唐书》卷二一九《黑水靺鞨传》，中华书局，1975 年，第 20 册，第 6178 页。参见〔日〕池内宏：《金史世紀の研究》，《滿鮮地理歷史研究報告》第 11 册，第 185 页。
④ 《金史》卷一《世纪》，第 1 册，第 4—5 页。
⑤ 参见〔日〕三田村泰助：《金の景祖について》，《東方学》第 54 辑，1977 年 7 月，第 1—15 页。

综上所述,我们以《祖宗实录》史源与编纂为考察对象,从《金史》中揭示其基本内容及篇章结构,从而厘清十帝谱牒的基本面目。《世纪》《神麓记》《松漠记闻》《高丽史》的比较结果,表明始祖投奔完颜部落是共同一致的记忆文本,景祖及子孙叙事同样也是相当稳定的内容,具有"信史"意义,而这中间环节的内容却迥异,此中文本罅隙与矛盾正反映出祖先谱系叠加生成的脉络。

三、祖先传说与统治权力的核心起源

完颜家族的祖先叙事,一个是三兄弟故事,一个是始祖以下十帝传说,两者密切相关,其实具有各自不同的政治意义。据分析,石土门、胡十门等攀附之举,与女真建国前后诸部落间的政治军事同盟关系密切。[①] 其中,耶懒部(约今俄罗斯滨海边疆区塔乌黑河流域)和曷苏馆部(约在辽宁省辽阳迤南)与完颜部联盟至为关键,增强了阿骨打集团的军事实力。

女真建国创业初期,阿骨打不断地与周边部落结成军事联盟,辅之以族群同源的政治宣传。在这一特定背景下,祖先三兄弟传说被金初统治者发掘再利用。[②] 十帝传说及谱系,则是针对统治家族的建构结果。前揭文载始祖、景祖、世祖、太祖、太宗"为永永不祧之庙"。其意义在于,在金朝官方钦定的家族谱系中塑造阿骨打一支的统治地位,证明统治权力的合法性。天会十四年熙宗追尊祖宗一事中,上十帝谥号反映的正是《世纪》《神麓记》祖先整体谱系,而独尊不祧五庙中的"始祖""景祖",则与《松漠记闻》女真酋长与胡来传承关系相映成趣,此举既达到延长先祖世系的目的,又突出统治家族发展史中英雄人物的特殊地位。

[①] 参见〔日〕三上次男:《金室完颜家の始祖説話について》,《史学雑誌》52编11号,1941年;收入氏著《金代政治社會の研究》,《金史研究(三)》,東京:中央公論美術出版,1973年,第17—28页。〔日〕古松崇志:《女真開国伝説の形成—〈金史〉世紀の研究》,载氏著《ユーラシア東方の多極共存時代—大モンゴル以前》,第460—484页。

[②] 参见陈晓伟:《〈金史·宗室表〉再探》,《民族研究》2021年第1期。〔日〕古松崇志:《女真開国伝説の形成—〈金史〉世紀の研究》,载氏著《ユーラシア東方の多極共存時代—大モンゴル以前》,第460—484页。

十三 《祖宗实录》编纂与完颜家族谱系建构　427

　　以上文献各传说版本无不是以景祖、世祖、太祖为主线的三代世系展开叙事,同时也构成金初统治家族的政治权力格局。这是因为,景祖三子世祖、肃宗、穆宗及世祖三子康宗、太祖、太宗先后担任部族首领或王朝君主,采用兄终弟及的继承模式,他们的子孙自然也握有国家大权。谨以天会十四年熙宗朝政治为断限,景祖诸子:长子劾者,子撒改,孙宗翰、宗宪;劾者第三子斡鲁。劾孙子蒲家奴(昱)。第八子阿离合懑。幼子谩都诃。世祖诸子:第五子杲、第十一子阇母、幼子昂。穆宗诸子:第五子勖、昌(挞懒)。康宗长子宗雄。太祖和太宗诸子的重要地位自不待言。这些人占据绝对的权力中心,垄断枢要职位勃极烈。①

　　根据张棣《金国记·世系篇》记载:

　　　　杨割长子阿骨打生四子:宗幹,亮之父;宗浚,亶之父;宗辅,褎之父。宗弼即兀术。杨割次子吴乞买生五子:宗庆、宗信、宗仪皆为亶所杀,宗元、宗直为亮所杀。杨割少子思改亡,生三子:宗本即粘罕、次宗秀、次宗宪。金之谱系尽是焉,余同姓名,虽亲戚,非本宗。

　　张棣所记金初谱系尽管与金朝文献有较大出入,但李心传经过对比各种文献记载后评价说"世谱甚详"。② 这份名单至少反映所谓"本宗"的主体面目,金初认可景祖以下至阿骨打及吴乞买一系,其余则属"亲戚"。祖先叙事的基础主要是由现实政治决定的,《松漠记闻》较短的世系文本显然是金初政治及家族权力的真实投射。而《世纪》十帝传说中,从统治集团核心力量景祖一系中插进去的从始祖到昭祖中间五代,从《诸子传》所载谱牒来看,尽管造成世系绵长,所谓后裔在金初可见者却寥寥数人,多是辅佐世祖、太祖创业的功臣。

　　具体如下:德帝子辈鲁曾孙劾者,穆宗时留守阿疎城;谢库德孙拔达,谢夷保子盆纳"皆佐世祖有功","欢都、冶诃及劾者、拔达、盆纳五人者,不离左右,亲若手足,元勋之最著者也"。③ 其中冶诃"系出景祖"攀附迹象比较明显,上文指出《金史·冶诃传》"居神隐水完颜部,为其部

---

① 参见程妮娜:《金代政治制度研究》,吉林大学出版社,1999年,第25—33页。邱靖嘉:《"元谋叛辽十弟兄"与金初皇位继承——兼论勃极烈辅政群体之构成》,《学术研究》2021年第11期。
② 李心传:《建炎以来系年要录》卷一三〇,绍兴九年秋七月己卯,胡坤点校,中华书局,2013年,第6册,第2439页。
③ 《金史》卷六五《始祖以下诸子传上》,第5册,第1538页。

勃堇"即指《世纪·景祖》"神隐水完颜部,皆相继来附",共同改编自《祖宗实录》。从《金史》所见,并未叙冶诃世系,他与按出虎水完颜景祖一系无血缘关系。不过这些人与胡十门、石土门不同,仍属于宗室成员,享受礼遇。根据取用汉语名讳情况判断,安帝六代孙"杲",昭祖五世孙"襄",①及杲子"宗安",②人名派字分别与世祖子辈从"日"字及孙辈从"宗"字同行,名字之取用无疑是宗室身份的最显著特征。《金史·熙宗纪》皇统四年正月甲寅云:"诏以去年宋币赐始祖以下宗室"亦可证明。③ 因曾建有功业,金初遂将他们编入统治集团,然整体势力并不显著。如此,统治集团内部的权力界限泾渭分明。

对于理解这种以祖孙三代为核心叙述家族起源以及追加先祖世系的做法,契丹统治家族谱系的构建过程具有参考价值。《辽史·太祖纪》卷末赞语记载始祖奇首可汗以下历史:

> 辽之先,出自炎帝,世为审吉国,其可知者盖自奇首云。奇首生都庵山,徙潢河之滨。传至雅里,始立制度,置官属,刻木为契,穴地为牢。让阻午而不肯自立。雅里生毗牒。毗牒生颏领。颏领生耨里思,大度寡欲,令不严而人化,是为肃祖。肃祖生萨剌德,尝与黄室韦挑战,矢贯数札,是为懿祖。懿祖生匀德实,始教民稼穑,善畜牧,国以殷富,是为玄祖。玄祖生撒剌的,仁民爱物,始置铁冶,教民鼓铸,是为德祖,即太祖之父也。④

这段契丹王朝历史记忆的核心材料,经过多番改造才最终定型。⑤ 肃祖、懿祖、玄祖、德祖契丹统治家族祖先帝系经过两次官方追封,首先将玄祖、德祖、太祖作为统治核心的权威地位树立起来,即所谓横帐三父房,天会十四年八月"定始祖、景祖、世祖、太祖、太宗庙皆不祧"⑥举动与之颇相似;然后再向上延长加入肃祖、懿祖两代的五院、六院皇族。

---

① 《金史》卷九四《襄传》,第 6 册,第 2085 页。
② 《金史》卷八四《杲传》,第 6 册,第 1877、1879 页。
③ 《金史》卷四《熙宗纪》,第 1 册,第 80 页。
④ 《辽史》卷二《太祖纪下》,点校本二十四史修订本,中华书局,2017 年,第 1 册,第 26 页。
⑤ 苗润博:《契丹建国前史发覆——政治体视野下北族王朝的历史记忆》,《历史研究》2020 年第 3 期。
⑥ 《金史》卷四《熙宗纪》,第 1 册,第 71 页。

然而集团内部结构却纷繁复杂,具体表现为以世次远近作为契丹社会帐分地位高低的划分标准,五院、六院与横帐虽同为"皇族",但这两个群体的政治地位却有很大差异。《辽史·耶律颇德附传》记载:"旧制,肃祖以下宗室称院,德祖宗室号三父房,称横帐。"①《国语解》景宗、圣宗纪条亦云:"横帐,德祖族属号三父房,称横帐,宗室之尤贵者。"②"院"是指肃祖长子洽昚子孙所在的五院,叔子葛剌、季子洽礼及懿祖之族的六院。"横帐"才是掌握国家统治权力的核心家族。③

契丹耶律氏谱系构成是横帐+二院皇族的模式,最终塑造出以整个迭剌部为核心的统治家族。根据金初对完颜统治家族谱系叠加、改造的基本脉络,结合契丹案例,共同揭示出以三代作为基点向上延伸世系的家族集团构建模式和权力起源。金朝宗室起源与先祖传说具有不可分割的政治联系。

以上通过考察《祖宗实录》,将各种传说文本诸层剥离,逐步摸清完颜统治家族谱系的基本框架。首先,最核心的是,以活罗—盈歌(杨哥)—阿骨打为坐标追述始祖函普,这是一个较原始的版本,随着金初政治军事形势的变化,家族认同以及笼络功臣的现实需要,统治家族范围随之扩大,遂把世系向上扩展,结果编成八代十帝谱牒,作为官方宣布的定本,据此塑造出金朝的宗室集团。其次,在更大范围内,女真社会一直流传三兄弟传说,到金初则成为统治家族完颜部与耶懒水、曷苏馆两部联盟的"历史根据",进而试图凝聚一个新的女真民族共同体。以上两个层次均出自金朝官修文献本身的记述,乃是金朝统治者构建历史的结果。

---

① 《辽史》卷七三《耶律颇德附传》,第5册,第1351页。
② 《辽史》卷一一六《国语解》,第5册,第1695页。
③ 参见刘浦江:《辽朝"横帐"考——兼论契丹部族制度》,原刊《北大史学》第8辑,北京大学出版社,2001年12月;收入氏著《松漠之间——辽金契丹女真史研究》,中华书局,2008年,第54—72页。都兴智:《也说"横帐"》,《民族研究》2009年第6期。陈晓伟:《辽朝横帐新论》,《史学月刊》2022年第2期。

十四　金修《太祖实录》及开国史知识的传播

据《金史·太祖纪》记载,阿骨打于 1115 年建元"收国",国号"大金",1117 年改元天辅。刘浦江《关于金朝开国史的真实性质疑》(简称"刘文")对此质疑,认为《金史·太祖纪》所据底本《太祖实录》伪造开国史,金代首个年号"收国"是人为杜撰的,基本结论是:"完颜阿骨打于公元 1114 年起兵以后,可能在 1117 年或 1118 年建立了国家,国号是'女真',年号为'天辅',1122 年改国号为'大金'。"①此文发表以后,便引发热烈讨论,迄今为止的专题成果不下十余种。总体分成两类观点:李秀莲、苗润博、邱靖嘉等发挥此说,②在论证细节和文献探源方面有很大推进,但仍未能彻底坐实;而更多学者坚持《金史·太祖纪》记载确凿无疑,反驳刘文,③然而尚未从根本上廓清此问题。

这桩公案的主要焦点在于:第一,阿骨打创建帝制多出自杨朴之谋无疑,元修《金史》为何很少提及?第二,金初纂修实录有无缘饰阿骨打创业之初曾请求契丹封册的这段经历,所谓杜撰"收国"年号的动机是

---

① 刘浦江:《关于金朝开国史的真实性质疑》,原刊《历史研究》1998 年第 6 期;收入氏著《辽金史论》,辽宁大学出版社,1999 年,第 1—22 页。
② 李秀莲:《阿骨打称都勃极烈与金朝开国史之真伪研究》,《史学月刊》2008 年第 6 期。苗润博:《〈辽史·天祚皇帝纪〉史源新说》,原刊包伟民、刘后滨主编《唐宋历史评论》第 7 辑,社会科学文献出版社,2020 年,第 75—106 页;苗润博:《〈辽史〉探源》,中华书局,2020 年,第 67—106 页。邱靖嘉:《改写与重塑:再论金朝开国年代及其相关问题》,《文史哲》2022 年第 2 期。邱靖嘉、李京泽:《关于金太祖的一则佚史——兼论金朝修史的改纂问题》,《中华文史论丛》2021 年第 4 期。
③ 董四礼:《也谈金初建国及国号年号》,《史学集刊》2008 年第 6 期。〔日〕爱新觉罗·乌拉熙春:《金朝开国史岂容窜改——石刻铭文证实"收国"年号的存在》,载氏著《爱新觉罗乌拉熙春女真契丹学研究》,京都:松香堂书店,2009 年,第 13—24 页。辛时代:《金朝建国时间考辨》,刘宁、齐伟主编:《辽金史论集》第 15 辑,科学出版社,2017 年,第 107—127 页。程尼娜:《〈金史〉"篡改开国史"辨》,《史学集刊》2022 年第 1 期。

否真实存在？第三，关于"天辅"建元时间，宋朝文献记作 1118 年，比《金史》迟后一年，背后的原因是什么？这三个问题悬而未决。这里以挖掘金初国史叙事为主线，从金代开国史知识传播的脉络中对此再做检讨。

一、宣和四年女真建号"大金"说辨析

刘文的质疑，缘起于绍兴七年（1137）吕颐浩撰《上边事善后十策》。其载，"政和年间，内侍童贯奉使大辽，得赵良嗣于卢沟河，听其狂计，遣使由海道至女真国通好"的一条小注云，"女真于宣和四年方建国号大金"。① 刘文根据吕颐浩的宰相身份和曾身陷金营的特殊阅历，确认这一记载可靠，提出宣和四年（1122）始建号"大金"的观点。董四礼怀疑该条注文是后人窜入的，原奏章中当无注文。② 在此需要稍作辨析。上引《上边事善后十策》出自《忠穆集》，今存《四库全书》本，笔者检乾隆时期翰林院钞《四库全书》底本，确认该书与上述定本小注相同。③ 另外，吕颐洁《吕忠穆公奏议》和永乐大典本《逢辰记》的吕颐浩简历中也载有这份奏议，均保留这条小注。④ 从文献版本流传线索看，该注文应出自吕颐浩之手。即便如此，吕颐浩记载的这种说法仍然难以成立。

第一，《三朝北盟会编》（简称《会编》）卷四载，宣和二年七月十八日，"金人差女真斯剌、习鲁充回使，渤海高随、大迪乌副之，持其国书来许燕地"。金人国书云："七月□日，大金皇帝谨致书于大宋皇帝阙下。"九月二十日，宋人"马政持国书及事目随习鲁等前去报聘"。其所携宋朝国书抬头写作"九月□日大宋皇帝谨致书于大金皇帝阙下"；在具体解释国书内容的"事目"中，称"枢密院奉圣旨已差马政同来使赍国书往

---

① 吕颐浩：《忠穆集》卷二《奏议·上边事善后十策·论彼此形势》，影印文渊阁《四库全书》，台北：台湾商务印书馆，1986 年，集部第 1131 册，第 268 页下栏。
② 董四礼：《也谈金初建国及国号年号》，《史学集刊》2008 年第 6 期。
③ 吕颐浩：《忠穆集》卷二《奏议·上边事善后十策·论彼此形势》，国家图书馆藏清翰林院钞本（典藏号 05877），第 3 页 a。
④ 吕颐浩：《吕忠穆公奏议》卷二《论彼此形势》，嘉靖十九年（1540）刻本，第 3 页 b。佚名编：《逢辰记》（不分卷），乾隆四十二年（1777）孔继涵钞本，第 47 页 a。

大金国",正文称"大金皇帝"。① 该件宋朝国书亦见于《宋大诏令集》,题作《报聘大金国书》,内容相同。② 此次遣使有金代文献为证,如《大金弔伐录》卷上《与宋主书》记,天辅四年六月庚午,"遣宋使赵良嗣等回,以所获上京(注:今临黄府是也)同知苏守吉与宋,且约夹攻,取燕、西二京地,如约议。十二月丁卯朔,宋使马政复来请燕地,命如前约"。③ 宣和二年即天辅四年,说明此时已经行用"大金"国号。

第二,至元二十四年(1287),高丽李承休所编《帝王韵纪》叙述金朝与高丽关系"结为兄弟通信使"时,注文提到:"臣尝为式目执事,阅都监文书,偶得金国诏书二通。其序皆云'大金国皇帝寄书于高丽国皇帝'云云,此结兄弟之订也。"④该诏书的颁布时间可考。据《高丽史》记载,睿宗十二年(1117年,金天辅元年)三月癸丑,金主阿骨打派遣阿只等寄书曰:"兄大女真金国皇帝致书于弟高丽国王'自我祖考介在一方,谓契丹为大国,高丽为父母之邦,小心事之。……惟王许我和亲,结为兄弟,以成世世无穷之好。'"⑤睿宗十四年(1119)八月丁丑,高丽"遣中书主事曹舜举聘于金,其书有'况彼源发乎吾土'之语。金主拒不受"。⑥ 从金丽关系发展态势看,天辅之初,阿骨打还攀附高丽为母邦,欲与高丽王俣结盟,随着对辽朝军事节节胜利,实力大增,到二年十二月态度发生转变,否定兄弟之约,而以上国的姿态"诏谕高丽国王"。⑦ 据此判断,李承休经眼的"金国诏书二通"应发生在此期间,"寄书"用

---

① 徐梦莘:《三朝北盟会编》卷四,上海古籍出版社,影印许涵度刻本,2008年第2版,第27页上下栏、第28页上下栏。
② 佚名编:《宋大诏令集》卷二二八《政事八十一·四裔一》,中华书局,1962年,第881页。
③ 佚名编:《大金弔伐录》卷上《与宋主书》,《四部丛刊三编》本,第1页b。
④〔高丽〕李承休:《帝王韵纪》卷上,汉城:朝鲜古典刊行会,影印本,1939年,第15页a。
⑤〔朝鲜〕郑麟趾:《高丽史》卷一四《睿宗世家三》,首尔:亚细亚文化社,影印延世大学藏本,1972年,上册,第287页上下栏。
⑥〔朝鲜〕郑麟趾:《高丽史》卷一四《睿宗世家三》,上册,第292页下栏。
⑦ 此条见《金史》卷一三五《外国传下·高丽》,中华书局,1975年,第8册,第2884页。参见陈俊达:《从"强狄"到"正统":史籍所见高丽君臣心中的金朝形象》,张伯伟编:《域外汉籍研究集刊》第18辑,中华书局,2019年,第155—169页。

辞及内容同于丽史,则"大女真金国"准确作"大金国",①最早见于天辅元年。

以上多件金朝外交国书证实,"大金"称号出现时间早于宣和四年。据此表明,吕颐浩言"女真于宣和四年方建国号大金"并不可信。②

二、杨朴及其献策事实出自《太祖实录》

刘文提出这样一个现象:"《辽史》及若干宋代文献都一致指出这样一个事实:完颜阿骨打称帝建国是采纳铁州渤海人杨朴的建议的结果。……然而令人奇怪的是,对于杨朴这样一位重要人物,《金史》却几乎不予记载,仅在《耨盌温敦思忠传》中提到一句,而对他建议阿骨打称帝建国等等关键活动都只字不提。"由此认为,杨朴不见载于《金史》"恐怕不在元朝史臣,而是金朝实录和国史有意隐讳的结果。因为杨朴建请阿骨打称帝建国的史实与金朝官方杜撰的开国史是相互矛盾的"。③ 这是循着"女真于宣和四年方建国号大金"的思路做出的又一论断,然而却存在着很大漏洞。

其实解决悬疑的一把关键钥匙恰恰就是,《金史·耨盌温敦思忠传》(简称《思忠传》)所载杨朴事及该列传的来源。传有文云:

> 天辅三年六月,辽大册使太傅习泥烈以册玺至上京一舍,先取册文副录阅视,文不称兄,不称大金,称东怀国。太祖不受,使宗翰、宗雄、宗幹、希尹商定册文义指,杨朴润色,胡十荅、阿撒、高庆裔译契丹字,使赞谋与习泥烈偕行。赞谋至辽,见辽人再撰册文,复不尽如本国旨意,欲见辽主自陈,阍者止之。赞谋不顾,直入。阍者相与搏撠,折其信牌。辽人惧,遽遣赞谋归。太祖再遣赞谋如

---

① 笔者曾利用《高丽史》这条材料论证金初存在"大女真·大金"双国号制度,然根据李承休书所引"金国诏书"抬头作"大金国",上述观点有失严谨,特此更正。参见陈晓伟:《再论"大蒙古国"国号的创建年代问题》,《中华文史论丛》2016 年第 1 期。

② 邱靖嘉:《改写与重塑:再论金朝开国年代及其相关问题》(《文史哲》2022 年第 2 期)指出,宋金国书中能见到宣和四年之前已有"大金"国号的证据,进而推测吕颐浩所谓"女真于宣和四年方建国号大金",可能本是指金朝正式罢废出于本族称谓的"女真"国号,改行"大金"单一制国号,因吕颐浩等宋人不了解这一缘由,故误以为女真人自此始建号"大金"。

③ 刘浦江:《关于金朝开国史的真实性质疑》,氏著《辽金史论》,第 13—14 页。

辽。辽人前后十三遣使,和议终不可成。太祖自将,遂克临潢。①

这段记载反映了金初阿骨打与契丹议和的实情,论者无异议。刘文推测说,"这篇列传的史料来源可能不是金朝的官方文献(或许出自神道碑、墓志铭之类)",以佐证金初国史讳言杨朴之说。② 实际上,结合《金史》整体纂修情况,则能够判断《思忠传》的史料来源。

据分析,元修《金史》以金实录为底本修成,列传编纂主要有三类模式:第一,史官通检诸帝实录,于诸臣薨卒年条下将附传单独摘出,大致按时间编排;另外根据专题分门别类,部分作成正史类传(如《世戚传》《逆臣传》《文艺传》等)。第二,拟定人物列传的同时,元人还从实录中分条检出与传主有关的史文,再与其现有小传糅合为一体。第三,对于那些无附传且事迹较多者,同样也是拼合诸条史料,根据时间次序,最后整合出新的篇什。③《思忠传》属于第二类模式,即以实录所附专题小传为主,同时兼采实录所见诸条关于"思忠"的纪事。理由如下:

其一,《思忠传》主体史料本诸实录附传无疑。④ 据传文载"正隆六年,思忠薨,年七十三。海陵深悼惜之,亲临奠,赙赠加等,赐金辂头车,使者监护,给道路费",⑤此与《金史·海陵纪》正隆六年(1161)五月庚辰"太师、尚书令耨盌温都思忠薨"条若合符契,⑥说明《海陵实录》此条下附丽思忠小传。

其二,元人纂修《思忠传》时不仅吸收原附传的内容,还抄撮实录中涉及"思忠"的条文。传文提到:

(思忠)为行台尚书左丞。是时,赞谟为行台参知政事,思忠黩货无厌,赞谟鄙之,两人由是交恶。海陵杀左丞相秉德于行台。赞谟妻,秉德乳母也。思忠因构赞谟,杀之。⑦

---

① 《金史》卷八四《耨盌温敦思忠传》,第 6 册,第 1881 页。
② 刘浦江:《关于金朝开国史的真实性质疑》,氏著《辽金史论》,第 17 页。
③ 陈晓伟:《〈金史〉列传探源》,《汉学研究》第 40 卷第 2 期,2022 年第 6 月,第 53—62 页。
④ 参见邱靖嘉:《〈金史〉纂修考》,中华书局,2017 年,第 192 页。
⑤ 《金史》卷八四《耨盌温敦思忠传》,第 6 册,第 1883 页。
⑥ 《金史》卷五《海陵纪》,第 1 册,第 114 页。
⑦ 《金史》卷八四《耨盌温敦思忠传》,第 6 册,第 1881—1882 页。

我们找到《金史·逆臣传·秉德》也有相同的记载：

> 海陵遣使就行台杀秉德，并杀前行台参知政事乌林答赞谋。赞谋妻，秉德乳母也。初，赞谋与前行台左丞温敦思忠同在行台，思忠黩货无厌，赞谋薄之，由是有隙，故思忠乘是并诬赞谋及其子，杀之。赞谋不肯跪受刑，行刑者立而缢杀之。海陵以赞谋家财奴婢尽赐思忠。①

"赞谋"即"赞谟"，或同名异译，或字形相近导致歧异。《逆臣传·秉德》与《思忠传》雷同，仅详略稍微有差。从两传均有"赞谟（谋）妻，秉德乳母也"这条注释性细节判断，它们应该出自同一处。《金史·海陵纪》记载，天德二年（1150）四月戊午，"遣使杀领行台尚书省事秉德"。②此处虽未提及"赞谟（谋）"，但此人与秉德一起被杀，③据此推测《思忠传》的上述材料采撷《海陵实录》天德二年四月戊午条。

综上，我们厘清了《思忠传》取材的两种方式，均本自实录无疑。这样就很容易解释《思忠传》所载"杨朴"事迹的来源问题了。根据传文提供的线索，列为表一：

表一　《思忠传》《太祖纪》史文对照表

《思忠传》	《太祖纪》
自收国元年正月，辽人遣僧家奴来，使者三往反，议不决	（收国元年正月丙子）辽使僧家奴来议和，国书斥上名，且使为属国
辽主自将，至驼门，大败，归	十一月，辽主闻取黄龙府，大惧，自将七十万至驼门
复遣使议和	（天辅二年）四月辛巳，辽使以国书来
太祖使胡突衮往，书曰："若不从此，胡突衮但使人送至界上，或如赛刺杀之，惟所欲者。"	五月丙申，命胡突衮如辽

---

① 《金史》卷一三二《逆臣传·秉德》，第 8 册，第 2819 页。
② 《金史》卷五《海陵纪》，第 1 册，第 94 页。
③ 参见周峰：《金代前期重臣乌林答赞谟探赜》，《内蒙古大学学报（人文社会科学版）》2002 年第 6 期。

(续表)

《思忠传》	《太祖纪》
天辅三年六月,辽大册使太傅习泥烈以册玺至上京一舍,先取册文副录阅视,文不称兄,不称大金,称东怀国	(三年)六月辛卯,辽遣太傅习泥烈等奉册玺来,上摘册文不合者数事复之
辽人前后十三遣使,和议终不可成。太祖自将,遂克临潢	(四年)四月乙未,上自将伐辽。……(五月)壬子,至上京

以上《思忠传》六条史文与《金史·太祖纪》收国元年正月丙子、十一月、天辅二年四月辛巳、五月丙申、三年六月辛卯、四年四月乙未及五月壬子等条内容亦正相合,①差别仅在于有些条目传详而纪略。《思忠传》为求内容连贯,删除相关条文较细节的日期,从而整合出一则有关辽金议和封册的叙事,这很符合纪传体正史的编纂特点。在这条史源脉络下重审关于"杨朴"的这段史料:传、纪时间皆系于天辅三年六月,内容完全一致,纪中"不合者数事"即指传中的"文不称兄,不称大金,称东怀国"等;纪中"复之"乃概述本次决策结果,《思忠传》则详述"太祖不受"至"使赞谋与习泥烈偕行"的始末及后续交涉事宜。结合上文对《思忠传》编纂模式的分析结果和《金史》整体史源构成情况,可知这段涉及金初封册博弈的内容出自《太祖实录》天辅三年六月辛卯条当无疑问。此实录撰成于熙宗皇统八年(1148)八月。

也就是说,《思忠传》"使宗翰、宗雄、宗幹、希尹商定册文义指,杨朴润色,胡十答、阿撒、高庆裔译契丹字"乃出自金实录原始内容。由此表明,《太祖实录》不仅没有隐讳杨朴其人其事,②而且对阿骨打曾经请求契丹封册的历史同样也是直书不曲。

---

① 《金史》卷二《太祖纪》,第 1 册,第 26—34 页。
② 天辅二年,知枢密院内相杨朴建议"册命正后妃之位";三年,杨朴建言"所合定朝仪、建典章,上下尊卑粗有定序";五年,知枢密院内相杨朴权知行营留守事,五月,阿骨打用杨朴议,"始合祭天地于南北郊及禘享太庙"。(题宇文懋昭撰:《大金国志校证》卷一《太祖武元皇帝上》、卷二《太祖武元皇帝下》,崔文印校证,中华书局,1896 年(2011 年重印),上册,第 17、24 页)

三、《太祖实录》关于金代开国史之原貌和真实态度

刘文指出,关于辽金议和情况的记载,"《辽史·天祚皇帝纪》对双方在册封问题上的讨价还价直言不讳,而《金史·太祖纪》却只记载双方互遣使节的情况,不提议和的内容",认为造成明显区别的根本原因是,《金史》所本官修实录有意隐讳,篡改开国史。① 这显然没有考虑到《辽史》《金史》相关史料构成关系及其渊源。

上文指出,《金史》的《思忠传》与《太祖纪》天辅三年六月辛卯条同源自《太祖实录》。笔者还注意到,《辽史·天祚皇帝纪》同年天庆九年(1119)七月也有相同记载:"金复遣乌林答赞谟来,责册文无'兄事'之语,不言'大金'而云'东怀'。"②同书《属国表》天庆九年七月条内容亦同③,这种迹象表明,以上诸条具有同源关系。整体而言,元修《辽史》主要以辽末耶律俨《皇朝实录》和金陈大任《辽史》为底本修成。唐长孺考察《辽史·天祚皇帝纪》的史料来源,指出天庆(1111—1120)以后辽代文献缺失严重,陈大任《辽史》曾以金《太祖实录》增补,元末沿袭之,同时从《契丹国志》及《亡辽录》中抄撮史文。④ 苗润博在此基础上有着详细论证。⑤ 这里即在这一史源脉络下钩沉"金实录"之原貌,尝试揭示金初国史叙事策略及其意义。

金初阿骨打与契丹议和的内容集中于《辽史》卷二八《天祚皇帝纪二》⑥和《属国表》天庆五年正月至十年三月,⑦经过逐条对比,它们与《金史·太祖纪》收国元年正月至天辅四年三月相对应史料的关系相当密切。⑧(见表二)

---

① 刘浦江:《关于金朝开国史的真实性质疑》,氏著《辽金史论》,第 16—17 页。
② 《辽史》卷二八《天祚皇帝纪二》,点校本二十四史修订本,中华书局,2017 年,第 1 册,第 378 页。
③ 《辽史》卷七〇《属国表》,第 4 册,第 1303—1304 页。
④ 唐长孺:《辽史天祚纪证释》,原刊国立师范学院史地学会编:《史地教育特刊》1942 年 10 月;收入氏著《山居存稿》,中华书局,2011 年,第 468—486 页。
⑤ 苗润博:《〈辽史〉探源》,第 79—86 页。
⑥ 《辽史》卷二八《天祚皇帝纪二》,第 1 册,第 371—379 页。
⑦ 《辽史》卷七〇《属国表》,第 4 册,第 1298—1305 页。
⑧ 《金史》卷二《太祖纪》,第 1 册,第 26—33 页。

表二 《辽史》《金史》史文关系表

《辽史·天祚皇帝纪》	《辽史·属国表》	《金史·太祖纪》
（天庆五年正月）下诏亲征，遣僧家奴持书纳和，斥阿骨打名。阿骨打遣赛剌复书，若归叛人阿疎，迁黄龙府于别地，然后议之	（天庆五年正月）遣僧家奴持书约和，斥女直国主名。女直国主遣塞剌复书，若归叛人阿疎，迁黄龙府于别地，然后图之	（收国元年正月丙子）辽使僧家奴来议和，国书斥上名，且使为属国
（三月）遣耶律张家奴等六人赍书使女直，斥其主名，冀以速降	（三月）遣耶律张家奴、蒲苏、阿息保、聂葛、纥石保、得里底等赍书使女直国，斥其名，冀以速降	四月，辽耶律张奴以国书来。上以书辞慢侮，留其五人，独遣张奴回报，书亦如之
（五月）张家奴等以阿骨打书来，复遣之往	（五月）张家奴等以女直国主书来，复遣张家奴以往	
（六月）壬子，张家奴等还，阿骨打复书，亦斥名谕之使降	（六月）张家奴等还，女直国主复书，亦指其名，谕之使降	六月己亥朔，辽耶律张奴复以国书来，犹斥上名。上亦斥辽主以复之，且谕之使降
（六月）是月，遣萧辞剌使女直，以书辞不屈见留	（六月）遣萧辞剌使女直国，以书辞不屈，见留	（七月）甲戌，辽使辞剌以书来，留之不遣
（九月己巳）辞剌还，女直复遣赛剌以书来报：若归我叛人阿疎等，即当班师	（九月）女直国主遣塞剌以书来报，若归我叛人阿疎，即当班师	（九月）遣辞剌还，遂班师
（八年正月）丁亥，遣耶律奴哥等使金议和	（八年正月）遣耶律奴哥等使金国，复议和好	（天辅二年）二月癸丑朔，辽使耶律奴哥等来议和
二月，耶律奴哥还自金，金主复书曰："能以兄事朕，岁贡方物，归我上、中京、兴中府三路州县，以亲王、公主、驸马、大臣子孙为质，还我行人及元给信符，并宋、夏、高丽往复书诏、表牒，则可以如约。"	（二月）耶律奴哥还，金主复书，大略言：如以兄事朕，岁贡方物，归上、中京、兴中府三路州县，以亲王、公主、驸马、大臣子孙为质，及还我行人与元给信牌，并宋、夏、高丽往复书诏、表牒，可以如约	

（续表）

《辽史·天祚皇帝纪》	《辽史·属国表》	《金史·太祖纪》
		三月壬辰,辽使耶律奴哥以国书来
三月甲午,复遣奴哥使金	(三月)复遣奴哥使金国	四月辛巳,辽使以国书来
五月壬午朔,奴哥以书来,约不逾此月见报。戊戌,复遣奴哥使金,要以酌中之议	(五月)奴哥以书来,约不逾此月见报。复遣奴哥使金国,要以酌中之议	
(五月)金主遣胡突衮与奴哥持书,报如前约	(五月)金主遣胡突衮与奴哥持书来,大略如前所约	五月丙申,命胡突衮如辽
		(七月癸未)胡突衮还自辽
六月丁卯,遣奴哥等赍宋、夏、高丽书诏、表牒至金	(六月)遣胡突衮赍三国书诏、表牒,复使金国	耶律奴哥复以国书来
(七月)金复遣胡突衮来,免取质子及上京、兴中府所属州郡,裁减岁币之数,"如能以兄事朕,册用汉仪,可以如约"	(七月)金朝复遣胡突衮以书来,免所取质,及上京、兴中府所属州郡,裁减岁币之数;如能以兄事朕,册用汉仪,可以如约	丙申,胡突衮如辽
		八月,胡突衮还自辽
八月庚午,遣奴哥、突迭使金,议册礼	(八月)奴哥、突迭复使金朝,议册礼	耶律奴哥、突迭复以国书来
九月,突迭见留,遣奴哥还,谓之曰:"言如不从,勿复遣使。"	(九月)突迭见留,奴哥还。金主复书,谓如不能从,勿复遣使	
闰月丙寅,遣奴哥复使金	(闰九月)遣奴哥复使金朝	(闰九月庚戌)辽耶律奴哥以国书来
十二月甲申,议定册礼,遣奴哥使金	(十二月)以议定册礼,遣奴哥使于金	(十二月甲辰)耶律奴哥以国书来

（续表）

《辽史·天祚皇帝纪》	《辽史·属国表》	《金史·太祖纪》
九年春正月,金遣乌林答赞谟持书来迎册	（九年正月）金遣乌林答赞谟持书来迎册礼	
三月丁未朔,遣知右夷离毕事萧习泥烈等册金主为东怀国皇帝	（三月）遣知右夷离毕事萧习泥烈、大理寺提点杨勉等册金主为东怀国皇帝	
己酉,乌林答赞谟、奴哥等先以书报		（天辅三年）三月,耶律奴哥以国书来
（七月）金复遣乌林答赞谟来,责册文无"兄事"之语,不言"大金"而云"东怀"	（七月）金复遣乌林答赞谟持书来,责册文无兄事之语,不言"大金",而云"东怀",及乖体式。如依前书所定,然后可从	六月辛卯,辽遣太傅习泥烈等奉册玺来,上摘册文不合者数事复之
（九月）复遣习泥烈、杨立忠先持册藁使金	（九月）复遣萧习泥烈、杨近忠先持册藁使于金	十一月,习泥烈等复以国书来
（十月）是月,遣使送乌林答赞谟持书以还	（十二月）遣使送赞谟以还	
（十年二月）金复遣乌林答赞谟持书及册文副本以来,仍责乞兵于高丽	（十年二月）金复遣赞谟以书并撰到册文副本以来,仍责乞兵于高丽	
（三月庚申）以金人所定"大圣"二字,与先世称号同,复遣习泥烈往议。金主怒,遂绝之	（三月）以金朝所定册草内"大圣"二字与先世称号相同,复遣习泥烈持书议之	（天辅四年三月辛酉）辽习泥烈以国书来

以往研究者以《辽史·天祚皇帝纪》《金史·太祖纪》为样本并参酌《辽史·属国表》加以比较,主要根据史文文字和相关表述,已有明确答案。因这里涉及金代开国史这一重大争议问题,故须深入论证《辽史》成书时对金《太祖实录》的具体改编情况。笔者细分为三种情况:

十四　金修《太祖实录》及开国史知识的传播　441

首先,《辽史》《金史》关于议和双方遣使内容基本契合,彼此间隔一个合理的时间差,而其他涉及辽金战事的史料系年则趋于一致。如,《辽史·天祚皇帝纪》天庆八年正月庚寅:"保安军节度使张崇以双州二百户降金。"①《辽史·属国表》天庆八年正月记此事,②《金史·太祖纪》天辅二年正月庚寅"辽双州节度使张崇降"③的记载亦同。两书干支均为"庚寅"。又如,《辽史·天祚皇帝纪》天庆九年七月"杨询卿、罗子韦率众降金",④《金史·太祖纪》天辅三年七月辛亥"辽人杨询卿、罗子韦各率众来降,命各以所部为谋克"⑤的内容相同。再如,《辽史·天祚皇帝纪》保大三年(1123)正月庚辰:"宜、锦、乾、显、成、川、豪、懿等州相继皆降,上京卢彦伦叛,杀契丹人。"二月乙酉:"兴中府降金。来州归德军节度使田颢、权隰州刺史杜师回、权迁州刺史高永昌、权润州刺史张成,皆籍所管户降金。"癸巳:"兴中、宜州复城守。"⑥《金史·太祖纪》天辅七年正月庚辰、二月乙酉、癸巳三条皆与之一一相合。⑦ 以上都是两史取材同种文献的有力证据。

其次,颇能说明问题的是,《辽史·天祚皇帝纪》《金史·太祖纪》相合的内容,还与《金史》他处记载具有密切关联。最典型的案例,当数《金史·太祖纪》收国元年正月丙子、天辅二年四月辛巳、天辅二年五月丙申、天辅三年六月辛卯诸条,既与《辽史·天祚皇帝纪》吻合,又与《思忠传》互证(参表一、表二)。这样的例子还有很多:第一条,两史本纪载张崇降金,《金史·斡鲁古传》也提到"辽双州节度使张崇降,斡鲁古以便宜命复其职,仍令世袭",降金经历较为具体。⑧ 第二条,《辽史·天祚皇帝纪》天庆五年十一月条云:"遣驸马萧特末、林牙萧察剌等将骑兵五万、步卒四十万,亲军七十万至驼门。"⑨《金史·太祖纪》收国元年十

---

① 《辽史》卷二八《天祚皇帝纪二》,第 1 册,第 376—377 页。
② 《辽史》卷七〇《属国表》,第 4 册,第 1302 页。
③ 《金史》卷二《太祖纪》,第 1 册,第 30 页。
④ 《辽史》卷二八《天祚皇帝纪二》,第 1 册,第 378 页。
⑤ 《金史》卷二《太祖纪》,第 1 册,第 33 页。
⑥ 《辽史》卷二九《天祚皇帝纪三》,第 1 册,第 388 页。
⑦ 《金史》卷二《太祖纪》,第 1 册,第 39—40 页。
⑧ 《金史》卷七一《斡鲁古传》,第 5 册,第 1637 页。
⑨ 《辽史》卷二八《天祚皇帝纪二》,第 1 册,第 373 页。按"亲军"上原为顿号,今改作逗号。参见苗润博:《〈辽史〉探源》,第 86 页。

一月条,①以及《思忠传》"辽主自将,至驼门,大败,归"②的记载相同。《金史·宗雄传》也谓"及辽帝以七十万众至驼门",同时还记载诸将和宗雄对话及"追及辽帝于护步答冈"等详细内容。③ 第三条,《辽史·天祚皇帝纪》天庆八年闰九月丙寅条云:"遣奴哥复使金,而萧宝、讹里等十五人各率户降于金。"④"萧宝、讹里等",在《属国表》中记为"萧宝、讹里野、特末、霍石、韩庆和、王伯龙等",⑤人名较详;《金史·太祖纪》天辅二年闰九月庚戌条云,"以降将霍石、韩庆和为千户。九百奚部萧宝、乙辛,北部讹里野,汉人王六儿、王伯龙,契丹特末、高从祐等,各率众来降"。⑥ 两史仅干支歧异,内容则相同。《金史·兵志》云:"尝用辽人讹里野以北部百三十户为一谋克,汉人王六儿以诸州汉人六十五户为一谋克,王伯龙及高从祐等并领所部为一猛安。"⑦同样引据此事,但较他处记载更为细致。要之,辽、金二史均以《太祖实录》为本,《金史》志、列传根据体例要求各取所需,整合其中,故出现与《辽史》《金史》本纪相类似的内容。

最后,《辽史》搬引金《太祖实录》时虽有些加工,但远不够精细,若细绎史文,便会露出抄袭的马脚。如《天祚皇帝纪》天庆八年九月曰:"突迭见留,遣奴哥还,谓之曰:'言如不从,勿复遣使。'"⑧置于《辽史·天祚皇帝纪》的语境中,这句话的主语理当为天祚帝,"谓之曰"即为其言语。然据《属国表》天庆八年九月"金主复书,谓如不能从,勿复遣使"⑨的记载,知本纪九月条乃是阿骨打之语,非天祚帝。

通过《辽史·天祚皇帝纪》《属国表》与《金史·太祖纪》的比较,我们钩稽出《太祖实录》更为丰富的内容,廓清了原书的基本面目和记史方式。总体而言,元修《金史》节取的内容较为简略,但可以肯定《太祖

---

① 《金史》卷二《太祖纪》,第1册,第28页。
② 《金史》卷八四《耨盌温敦思忠传》,第6册,第1881页。
③ 《金史》卷七三《宗雄传》,第5册,第1679页。
④ 《辽史》卷二八《天祚皇帝纪二》,第1册,第378页。
⑤ 《辽史》卷七〇《属国表》,第4册,第1302—1303页。
⑥ 《金史》卷二《太祖纪》,第1册,第32页。
⑦ 《金史》卷四四《兵志》,第3册,第993页。
⑧ 《辽史》卷二八《天祚皇帝纪二》,第1册,第377页。
⑨ 《辽史》卷七〇《属国表》,第4册,第1301—1302页。

实录》原始文献中载有诏书内容,叙述辽金议和诸多细节。

第一,《金史·太祖纪》收国元年九月谓"克黄龙府,遣辞剌还,遂班师",但紧接下文却又说,"至江,径渡如前。丁丑,至自黄龙府"。① 前后文义抵牾。对照《辽史·天祚皇帝纪》天庆五年九月己巳"辞剌还,女直复遣赛剌以书来报:若归我叛人阿疎等,即当班师"②等内容,知上述"遂班师"语同"即当班师",本属金主报书中设定的谈判条件,并非实际发生情况,说明《金史》抄取金人国书有失。

第二,尽管元末编纂《金史》时几乎将实录原有的双方议和书诏等删削殆尽,不过《思忠传》中仍留有痕迹,如谓:"太祖使胡突衮往,书曰:'若不从此,胡突衮但使人送至界上,或如赛剌杀之,惟所欲者。'"③通过《金史·太祖纪》天辅二年五月丙申"命胡突衮如辽"④这条记载,我们确定传文"书曰"就是《太祖实录》的原始内容。此外,《思忠传》提到"使者三往反,议不决""辽人前后十三遣使,和议终不可成",⑤据《辽史·天祚皇帝纪》《金史·太祖纪》所见议和内容(见表二),证明其所言不虚,应是元人对实录记载遣使次数的概括。

综合辽、金二史便可复原《太祖实录》载有双方整个谈判始末和真实立场,据此大致分为三个阶段:第一阶段,辽金互相指斥,谴责对方失仪。收国元年至天辅初,契丹最初派遣僧家奴"斥阿骨打名",希望通过劝降,将女真作为"属国"看待,结果遭到阿骨打的强力回击。随后阿骨打在军事上不断进取,攻破契丹战略要地黄龙府,复经驼门之战,大败辽军主力。第二阶段,金方以军事成果当谈判筹码,试图与辽朝建立平等外交关系。从《辽史·天祚皇帝纪》天庆八年二月条所记金主复书内容看,⑥阿骨打向天祚帝提出四项条件——"以兄事朕"、割地献岁币、遣送质子、转交宋等国文移,此举动是想彻底改变原来的藩属关系。辽方很难接受这样苛刻的条件,"要以酌中之议",经过反复协商,金人做

---

① 《金史》卷二《太祖纪》,第1册,第28页。
② 《辽史》卷二八《天祚皇帝纪二》,第1册,第372页。
③ 《金史》卷八四《耨盌温敦思忠传》,第6册,第1881页。
④ 《金史》卷二《太祖纪》,第1册,第31页。
⑤ 《金史》卷八四《耨盌温敦思忠传》,第6册,第1881页。
⑥ 《辽史》卷二八《天祚皇帝纪二》,第1册,第377页。

出让步,结果是:女真"免取质子及上京、兴中府所属州郡,裁减岁币之数",契丹"遣奴哥等赍宋、夏、高丽书诏、表牒至金",拟举行汉式册礼,正式确立"以兄事朕"的关系。① 第三阶段,因名分之争,结果导致双方议和破裂。引发争端的导火索是,天辅三年六月,辽遣萧习泥烈等册金主为东怀国皇帝,阿骨打"摘册文不合者数事复之",② 具体细节见于《思忠传》。最终仍未达到金方的政治诉求,这样从"边打边谈"的状态彻底走向决裂。

以上共同源自《太祖实录》的这些议和内容,非但不与宋方文献龃龉,反而可以互相印证。按《契丹国志·天祚皇帝》(《契丹国志》简称《国志》)天庆八年八月条云:

> 阿骨打遣人诣天祚求封册,其事有十:徽号大圣大明皇帝,一也;国号大金,二也;玉辂,三也;衮冕,四也;玉刻御前之宝,五也;以弟兄通问,六也;生辰、正旦遣使,七也;岁输银绢二十五万匹两,分南宋岁赐之半,八也;割辽东、长春两路,九也;送还女真阿鹘产、赵三大王,十也。③

《辽史·天祚皇帝纪》天庆八年二月条记载金主复书:"能以兄事朕,岁贡方物,归我上、中京、兴中府三路州县,以亲王、公主、驸马、大臣子孙为质,还我行人及元给信符,并宋、夏、高丽往复书诏、表牒,则可以如约。"④ 这与上引《国志》第六、八、九、十项基本相合。另外,《辽史》天庆十年三月庚申条谓"以金人所定'大圣'二字"⑤ 云云,《国志》内容之第一项"徽号大圣大明皇帝"即指此事,其余"玉辂""衮冕""御前之宝"是与封立阿骨打为帝相配套的仪仗。

《国志》下文叙述了辽方的决策细节:

---

① 《辽史》卷二八《天祚皇帝纪二》,第1册,第377页。按阿骨打生于咸雍四年(1068),天祚帝延禧生于大康元年(1075)。

② 《金史》卷二《太祖纪》,第1册,第33页。

③ 题叶隆礼:《契丹国志》卷一〇《天祚皇帝上》,贾敬颜、林荣贵点校,中华书局,2014年,第126—127页。此段记载亦载于徐梦莘《三朝北盟会编》卷三(第22页上下栏)。两书均采自史愿《亡辽录》,详见邱靖嘉:《改写与重塑:再论金朝开国年代及其相关问题》,《文史哲》2022年第2期。

④ 《辽史》卷二八《天祚皇帝纪二》,第1册,第377页。

⑤ 《辽史》卷二八《天祚皇帝纪二》,第1册,第379页。

> 天祚付群臣等议。萧奉先大喜,以为自此无患,差静江军节度使萧习泥烈、翰林学士杨勉充封册使、副,归州观察使张孝伟、太常少卿王甫充通问使、副,卫尉少卿刘浞充管押礼物官,将作少监杨立忠充读册使,备天子衮冕、玉册、金印、车辂、法驾之属,册立阿骨打为东怀国至圣至明皇帝。①

检《辽史·属国表》天庆九年三月"遣知右夷离毕事萧习泥烈、大理寺提点杨勉等册金主为东怀国皇帝",②《金史·太祖纪》天辅三年六月辛卯"辽遣太傅习泥烈等奉册玺来",③两书均与《国志》上文吻合。《国志》还提到:"所有徽号,缘犯祖号,改为至圣至明,余悉从之。"④这在《辽史》《金史》中也有线索。据《金史·太祖纪》记载,收国二年十二月庚申,"上尊号曰大圣皇帝",⑤天辅二年请求契丹封册获得合法性。《辽史·天祚皇帝纪》天庆十年三月庚申云:"以金人所定'大圣'二字,与先世称号同,复遣习泥烈往议。"⑥"先世称号"指辽太祖阿保机神册元年(916)的尊号"大圣大明",阿骨打尊号因采"大圣"二字,遭到辽方拒绝,遂改作"至圣至明"。⑦ 此外,《国志》中的"杨朴以仪物不全用天子之制,又东怀国乃小邦怀其德之义,仍无册为兄之文","杨朴等面折以为非是。阿骨打大怒,叱出使、副,欲腰斩之,粘罕诸人为谢乃解,尚人笞百余",及次年三月"止遣萧习泥烈、杨立忠回,云:'册文骂我,我都不晓'"等,⑧也能够与《思忠传》印证。

洪皓《松漠记闻》叙述阿骨打兴兵始末——"用其五百甲攻破宁江州"及"天祚乃发蕃汉五十万亲征"云云,提及议和过程:

> 女真乘胜入黄龙府五十余州,浸逼中京(小注:中京,古白霫城),天祚惧,遣使立阿骨打为国王。骨打留之,遣人邀请十事,欲

---

① 题叶隆礼:《契丹国志》卷一〇《天祚皇帝上》,贾敬颜、林荣贵点校,第127页。此段记载亦载于《三朝北盟会编》卷三(第22页下栏—23页上栏)。
② 《辽史》卷七〇《属国表》,第4册,第1303—1304页。
③ 《金史》卷二《太祖纪》,第1册,第33页。
④ 题叶隆礼:《契丹国志》卷一〇《天祚皇帝上》,贾敬颜、林荣贵点校,第127页。
⑤ 《金史》卷二《太祖纪》,第1册,第30页。
⑥ 《辽史》卷二八《天祚皇帝纪二》,第1册,第379页。
⑦ 题叶隆礼:《契丹国志》卷一〇《天祚皇帝上》,贾敬颜、林荣贵点校,第127页。
⑧ 题叶隆礼:《契丹国志》卷一〇《天祚皇帝上》,贾敬颜、林荣贵点校,第127—128页。

册帝、为兄弟国及尚主,使数往反。天祚不得已欲帝之,而他请益坚。天祚怒曰:"小夷乃欲偶吾女邪!"囚其使,不报。①

"立阿骨打为国王"指天祚帝承认女真建国,而"欲册帝"旨在建立与辽平等关系,此诸事与《国志》互证。天辅三年(宋宣和元年)六月,宋方遣呼庆等至阿骨打军前议盟,十二月返程,临行阿骨打谈及册立之事:

> 辽主前日遣使来,欲册吾为东怀国者,盖我家未与尔家通好时,常遣使人求辽主,令册吾为帝,取其卤簿。使人未归,汝家始通好,后既诺汝家,而辽主使人册吾为东怀国,立我为至圣至明皇帝。吾怒其礼仪不备,又念与汝家已通好,遂鞭其来使,不受法驾等,乃本国守两家之约,不谓贵朝如此见侮,汝可速归为我言其所以。②

这段话为天辅三年册封始末做了注脚。据此可知,金人草创政权,采纳杨朴建议,无非想获得与辽宋对等的大国地位,通过由辽方正式册立为帝,确立政权的法统;由于宋朝同时示好笼络,金方不再接受辽朝封册的"东怀国"和"至圣至明"的封号。此事真真切切出自阿骨打之口。

我们比较《国志》等书关于议和之事的记载与共同改编于"金实录"的《辽史》《金史》并不矛盾:同一件纪事,前书称天庆八年"使人自十月发行,冬十二月至金国",③"金实录"系谓辽人出使的时段在次年三月至六月。两者除具体行期相差半年外,其余多数内容互相发明。由此观之,《太祖实录》原书中对金初阿骨打新建政权和创制尊号寄希望于契丹承认的诸细节一一记述,丝毫不加隐讳。《辽史》《金史》虽同时编纂,但分属不同史馆,乃由不同纂修官负责,④故而对材料的取舍标准不一,当处理《太祖实录》时,《辽史》详细而《金史》简约。《金史》虽经元人大幅度删削,幸而仍留有蛛丝马迹,除《思忠传》那大段文字外,

---

① 洪皓:《松漠记闻》卷上,阳山顾氏文房本,第 10 页 a-b。
② 杨仲良:《通鉴长编纪事本末》卷一四二《徽宗皇帝·金盟上》,赵铁寒主编:《宋史资料萃编》第 2 辑,台北:文海出版社,影印广雅书局本,1967 年,第 8 册,第 4291—4292 页。
③ 题叶隆礼:《契丹国志》卷一〇《天祚皇帝上》,贾敬颜、林荣贵点校,第 127 页。
④ 参见邱靖嘉:《〈金史〉纂修考》,第 136—147 页。

《金史·宗雄传》也提到"及与辽议和,书诏契丹、汉字,宗雄与宗翰、希尹主其事",①恰好可补证同书《思忠传》"杨朴润色"等内容,言明金初曾与契丹议和并采用双语撰写诏书。另外,《金史·太祖纪》记载,天辅四年五月壬子,阿骨打至上京,诏官民曰:"今尔国和好之事,反覆见欺,朕不欲天下生灵久罹涂炭,遂决策进讨。"②意指多次求封,最终未达成满意的结果。

总之,从多重文献中考证,金初纂修的《太祖实录》非但没有隐没杨朴及其献策,反倒直书求封册事。既然金初修史时并不忌讳与契丹交往诸事,那么伪造开国史的动机便不复存在,刘文提出的质疑则缺乏有力证据。

四、金源纪年谱系在宋元时代的认知与传播

关于金代建元之始,各类文献中存在"收国""天辅"的分歧,最早关注者是清末学者施国祁。③ 刘文根据宋朝文献记载最早的"天辅"年代否定《金史》"收国"的真实性,同时指出"天辅"确立的时间也有分歧,《国志》等书说是1118年,《金史》则为1117年。苗润博又提出新证:认为《辽史·属国表》天庆七年(1117)十二月"是岁,女直国主即皇帝位,建元天辅,国号金"条,④"源自于辽金旧史的原本记载","即元人所据《皇朝实录》文本的本纪部分","依托这条关键材料,我们有望对前人未能定案的金朝开国史真实性问题作出更为明确的判断"。⑤ 这是受刘文影响提出的新证据。

破解《辽史·属国表》这条材料之来源,不妨从与其同源的《辽史·天祚皇帝纪》天庆七年条入手。该文作:"是岁,女直阿骨打用铁州杨朴策,即皇帝位,建元天辅,国号金。杨朴又言,自古英雄开国或受

---

① 《金史》卷七三《宗雄传》,第5册,第1680页。
② 《金史》卷二《太祖纪》,第1册,第34页。
③ 施国祁:《吉贝居杂记》,罗振玉校补:《雪堂丛刻》,北京图书馆出版社,2000年,第1册,第707—708页。
④ 《辽史》卷七〇《属国表》,第4册,第1301页。
⑤ 苗润博:《〈辽史〉探源》,第90—91页。

禅,必先求大国封册,遂遣使议和,以求封册。"①对比两文可见,《辽史·属国表》遵循自身体例将"女直阿骨打"简单地改作"女直国主",其余内容不出本纪。试问,这条材料果真来自旧本《辽史》吗?这需要了解《辽史》底本耶律俨《皇朝实录》和陈大任《辽史》关于天祚朝史料的基本面目与特征。

已有研究指出,《辽史·历象志》闰考、朔考凡注"耶律俨"和"陈大任"者,乃采自旧史本纪史文中的闰、朔。② 兹将《辽史》之《历象志》、本纪有关天祚一朝闰朔的史料对比列为表三:

表三 《辽史·天祚皇帝纪》与《历象志》闰朔关系表

年 份	《天祚皇帝纪》	《历象志》
乾统二年	**闰**月庚申,策贤良。壬申,降惠妃为庶人	六月闰:俨、大任
九年	正月丙午**朔**,如鸭子河	正月丙午朔:大任
十年	**闰**月辛亥,谒怀陵。己未,谒祖陵。壬戌,皇太叔和鲁斡薨	七月闰:俨、大任
天庆二年	正月己未朔,如鸭子河	正月己未朔:俨、大任
		四月丁亥朔:俨、大任
三年	**闰**四月,李弘以左道聚众为乱,支解,分示五京	四月闰:俨、大任
四年		十月壬寅朔:俨、大任
五年	六月己亥**朔**,清暑特礼岭 九月丁卯**朔**,女直军陷黄龙府	六月己亥朔:俨、大任; 九月丁卯朔:俨、大任
六年	**闰**月己亥,遣萧韩家奴、张琳讨之。戊午,贵德州守将耶律余睹以广州渤海叛附永昌,我师击败之	正月闰:俨、大任

---

① 《辽史》卷二八《天祚皇帝纪二》,第 1 册,第 376 页。
② 邱靖嘉:《〈辽史·历象志〉溯源——兼评晚清以来传统历谱的系统性缺陷》,《中华文史论丛》2012 年第 4 期。苗润博:《〈辽史〉探源》,第 38—43 页。

（续表）

年 份	《天祚皇帝纪》	《历象志》
七年	十月乙卯朔，至中京	十月乙卯朔：俨、大任
八年	五月壬午朔，奴哥以书来，约不逾此月见报 闰月丙寅，遣奴哥复使金，而萧宝、讹里等十五人各率户降于金	五月壬午朔：俨 九月闰：俨、大任
九年	三月丁未朔，遣知右夷离毕事萧习泥烈等册金主为东怀国皇帝。 十月甲戌朔，耶律陈图奴等二十余人谋反，伏诛	三月丁未朔：俨、大任 十月甲戌朔：大任
保大元年	正月丁酉朔，改元，肆赦	正月丁酉朔：俨、大任
二年	二月庚寅朔，日有食之，既 七月丁巳朔，敌烈部皮室叛，乌古部节度使耶律棠古讨平之，加太子太保	二月庚寅朔：俨、大任 七月丁巳朔：俨、大任
三年	二月乙酉朔，兴中府降金 四月甲申朔，以知北院枢密使萧僧孝奴为诸道大都督	正月己未朔：俨、大任 四月丁亥朔：俨、大任 五月癸丑朔：大任
四年		三月闰：俨、大任

据表三，将《辽史》的《天祚皇帝纪》和《历象志》闰考、朔考合而观之，①本纪除天庆二年四月丁亥朔、四年十月壬寅朔、保大三年五月癸丑朔、四年闰三月阙载外，其他各条皆有记录。据此编纂规律推测，本纪闰、朔条附带的史文应属耶律俨或陈大任旧史。这些内容的一大特色是，绝大多数纪事以契丹本朝政事为本，恐怕只有在辽朝日常的记史制度条件下才能做到如此细致，总体符合《辽史》诸帝本纪的共同特征，这与后来大量摘编自"金实录"、《亡辽录》等书的史文内容、纪事风格迥

---

① 《辽史》卷四三《历象志中·闰考》，第 2 册，第 641—644 页。卷四四《历象志下》，第 2 册，第 751—758 页。

然有别。

据此再审《辽史·属国表》《天祚皇帝纪》天庆七年条"建元天辅"之特点，其源自耶律俨《皇朝实录》的说法颇为可疑。今检《契丹国志·天祚皇帝》天庆八年条有云：

> 是时有杨朴者，辽东铁州人也，本渤海大族，登进士第，累官校书郎。先是高永昌叛时，降女真，颇用事，劝阿骨打称皇帝，改元天辅，以王为姓，以旻为名，以其国产金，号大金。又陈说阿骨打曰："自古英雄开国受禅，先求大国封册。"①

《裔夷谋夏录》（简称《谋夏录》)、②《三朝北盟会编》③也有相同记载，应共同出自史愿《亡辽录》。④《太平宝训政事纪年》重和元年（辽天庆八年，1118）条"是岁，契丹复以燕王为元帅，所招怨军叛掠干州，燕王与女真战，兵败。女真乘胜攻陷数州"下记录："初，契丹秘书监杨朴亡命女真，至是，劝阿骨打僭号，国号大金，改元天辅。"⑤显而易见，前引《辽史·天祚皇帝纪》天庆七年"建元天辅"条的内容与上文大致相同。

与以上情况类似者，还有《辽史·天祚皇帝纪》天庆九年秋七月条，云：

> 金复遣乌林答赞谟来，责册文无"兄事"之语，不言"大金"而云"东怀"，乃"小邦怀其德"之义；及册文有"渠材"二字，语涉轻侮；若"遥芬"、"多戬"等语，皆非善意，殊乖体式。如依前书所定，然后可从。⑥

这段史文来源颇为庞杂。根据《辽史·属国表》天庆九年七月"金复遣乌林答赞谟持书来，责册文无兄事之语，不言'大金'，而云'东怀'，及

---

① 题叶隆礼：《契丹国志》卷一〇《天祚皇帝上》，贾敬颜、林荣贵点校，第126页。
② 题刘忠恕：《裔夷谋夏录》卷一，黄宝华整理，上海师范大学古籍整理研究所编：《全宋笔记》第5编，大象出版社，2012年，第1册，第85页。
③ 徐梦莘：《三朝北盟会编》卷三，上册，第22页上下栏。
④ 参见苗润博：《有关〈裔夷谋夏录〉诸问题的新考索》，《文史》2016年第2辑。苗润博：《〈辽史〉探源》，第90页。邱靖嘉：《改写与重塑：再论金朝开国年代及其相关问题》，《文史哲》2022年第2期。
⑤ 佚名编：《太平宝训政事纪年》卷四《徽宗皇帝》，台湾公藏抄本，原书无页码。
⑥ 《辽史》卷二八《天祚皇帝纪二》，第1册，第378页。

乖体式。如依前书所定,然后可从"①条,结合《金史·太祖纪》天辅三年六月辛卯条②和《思忠传》"文不称兄,不称大金,称东怀国"③云云,我们断定《辽史·天祚皇帝纪》抄取了"金实录"中的内容;而中间文字"小邦"至"皆非善意"则与《国志》④《谋夏录》⑤《会编》⑥等雷同,此即元人糅合进的《亡辽录》文字。

据统计,《辽史·天祚皇帝纪》天庆二年二月丁酉、九月己未、三年三月、四年七月、十月壬寅、五年八月丙寅、九月己巳、乙巳、六年正月丙寅、七年八月丙寅、九月、保大元年正月丁酉、二年正月乙亥、三月癸酉、六月、四年五月、六月等各个条目大篇幅乃至整段与《契丹国志》相同,实取自《亡辽录》,或将两书文字杂糅其中。⑦ 在这种编纂模式下,将《辽史》与《国志》等书相比,其关于天辅纪元等文字并无特殊之处,同样取资《亡辽录》,而非耶律俨旧史。

这样的话,不妨把论证思路重新扳回到《亡辽录》的叙事脉络中,谨以取自《亡辽录》的《国志》为例,天庆八年秋"至是女真悉取之,据辽东、长春两路"附录的"是时有杨朴者"等文字,更像是追叙时的总结。细绎史文,我们就能找到其中的些许破绽。据《亡辽录》系统文献记载,"以王为姓,以旻为名"出自杨朴之策,然苗耀《神麓记》则谓"侍中韩企先训名曰旻"。⑧ 从杨朴"渤海大族"和"先是高永昌叛时,降女真"这段经历看,他应于收国二年五月投奔阿骨打。⑨《金史·太祖纪》收国二年十二月庚申,"上尊号曰大圣皇帝,改明年为天辅元年",⑩直到天辅二年末至三年初始议封册之事符合叙事逻辑。由此构成杨朴倡议下的

---

① 《辽史》卷七〇《属国表》,第 4 册,第 1303—1304 页。
② 《金史》卷二《太祖纪》,第 1 册,第 33 页。
③ 《金史》卷八四《耨盌温敦思忠传》,第 6 册,第 1881 页。
④ 题叶隆礼:《契丹国志》卷一〇《天祚皇帝上》,贾敬颜、林荣贵点校,第 127 页。
⑤ 题刘忠恕:《裔夷谋夏录》卷一,黄宝华整理,《全宋笔记》第 5 编,第 1 册,第 87 页。
⑥ 徐梦莘:《三朝北盟会编》卷三,上册,第 22 页下栏。
⑦ 参见冯家昇:《〈辽史〉源流考》,氏著《冯家昇论著辑粹》,中华书局,1987 年,第 125—130 页。苗润博:《〈辽史〉探源》,第 70—79、93—106 页。
⑧ 徐梦莘:《三朝北盟会编》卷一八引《神麓记》,上册,第 127 页下栏。
⑨ 关于高永昌叛乱及挫败时间,参见《金史》卷二《太祖纪》,第 1 册,第 29 页。
⑩ 《金史》卷二《太祖纪》,第 1 册,第 30 页。

一系列政治举措。皇统三年的《时立爱墓志》中有"天辅七年岁癸卯"①的记载,据此知天辅元年为丁酉无疑,即1117年。这表明,《亡辽录》所见"天辅"恐非标准纪年,乃是以此时封册为缘起向上追述,同时将"大金"建号及取义、阿骨打训名等全部算在杨朴头上,这些记载是辽金之际史愿辈当时在个人阅历范围内了解到的金代开国知识。

那么,我们又如何解释共同抄自《亡辽录》的《国志》等书关于《辽史》天辅建元材料系年却相差一年? 这个问题应置于整个宋元时代对金源纪年谱系认知、传播、整合的脉络中加以考察。

《谋夏录》天庆八年"女真遂据辽东及长春两路"与《国志》内容相同,叙及天辅起元时写作"是岁"。② 以这种纪事模式为典型代表,宋代文献系统据此形成1118年建元说,这在南宋知识领域占据主流地位;③吕颐浩所言1122年说,除《东都事略》外,④则非常少见。两者共同反映出,此时宋人对于金地"收国"这个年号相当陌生。不仅是宋人,就连天辅六年之后纳入金朝版图的燕地百姓对此也是毫不知情。很典型的例子是,河北固安于沿村(金时燕京涿州固安县)宝严寺塔基地宫中曾出土一件天眷元年(1138)三月的石函,题记作"大金国天辅十年、天会十五年至天眷元年"。⑤ (图一)"天会十五年"正确,然天辅仅行用七年,此处却谓十年。⑥ 这个看似错误的记述中透露出这样的信息:燕人以当年天眷元年为基点向上追述金代纪年,隐约意识到这个新朝的建元时间应比"天辅七年"时间更长,显然是将收国算在内了。

---

① 河北省文化局文物工作队:《河北新城县北场村金时立爱和时丰墓发掘记》,《考古》1962年第12期。

② 题刘忠恕:《裔夷谋夏录》卷一,黄宝华整理,《全宋笔记》第5编,第1册,第85页。

③ 刘浦江:《关于金朝开国史的真实性质疑》,氏著《辽金史论》,第8—10页。邱靖嘉:《改写与重塑:再论金朝开国年代及其相关问题》,《文史哲》2022年第2期。

④ 王称《东都事略》卷一二四《附录二·契丹二》载,"萧后遂即位,改建福元年为德兴元年",即宣和四年。此下又记,"会女真已破云中府,扣居庸关,势已盛,改号大金国"。(南宋四川眉山程舍人宅刊本,第3页)

⑤ 河北省文物研究所等:《河北固安于沿村金宝严寺塔基地宫出土文物》,《文物》1993年第4期。

⑥ 刘文认为,"天辅十年"当作"天辅七年","十"系笔误。(刘浦江:《关于金朝开国史的真实性质疑》,氏著《辽金史论》,第22页)

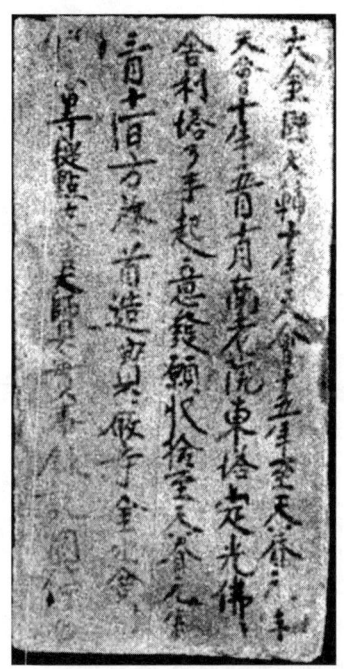

图一　宝严寺塔基地宫石函题记

到了后来,关于"天辅"的旧有认知遇到挑战。据范成大《揽辔录》载:

> 最可笑者,虏本无年号,自阿骨打始有"天辅"之称,今四十八年矣。小本历通具百二十岁,相属某年生,而四十八岁以前,虏无年号,乃撰造以足之。重熙四年,清宁、咸雍、太康、大安各十年,盛昌六年,乾通十年、大(天)庆四年,收国二年,以接于天辅。①

范成大于乾道六年(金大定十年,1170)使金,从金地看到民间小本历。该历纪年的金代部分以收国为起元,正好上承天庆四年,下接天辅元年。不过,范成大坚持阿骨打"天辅"建元的固有观念,仍认为此前"虏无年号"。② 岳珂解释此事说:"此年号皆辽故名,女真世奉辽正朔,又灭辽而代之,以其纪年为历,固其所也,岂范未之见耶?"③ 意谓"收国"

---

① 徐梦莘:《三朝北盟会编》卷二四五引《揽辔录》,下册,第 1761 页下栏。
② 参见邱靖嘉:《改写与重塑:再论金朝开国年代及其相关问题》,《文史哲》2022 年第 2 期。
③ 岳珂:《愧郯录》卷九《虏年号》,朗润点校,中华书局,2016 年,第 122—123 页。

或属辽末年号。这种认识还体现在王应麟《玉海》之中。该书《律历·历代年号》收录一套较完整的金代纪年谱系——"收国"至"天兴",惟阙"兴定",①其下均记注相对应的金帝名讳,只有"收国"小注云"金虏,或曰契丹",②也对这个年号的归属表示犹豫。从两个案例反映出,新的金代纪年知识输入到宋地,人们开始接触到"收国",但仍不知是何政权的年号。

至晁公迈《历代纪年》一书叙述"大金"历史时,相关认识已彻底改观:

> 太祖大圣武元皇帝,姓完颜(注:犹汉言王也),名旻,初名阿骨打,国名女真,灭契丹,僭称皇帝,以其国产金,改国号大金,建元收国(注:本朝徽宗政和五年乙未),又改天辅(注:徽宗政和七年丁酉。又云重和元年戊戌,天祚天庆七年),在位六年(注:宣和四年壬寅死)。③

此段文字关于"天辅"改元时间有丁酉(1117)、戊戌(1118)两种记载。值得注意的是,新增补"收国",首次将乙未(1115)算作建国纪元的起点。这套金代开国知识系统,尽管沿用《亡辽录》旧说,兼采天辅建元,然叙述主线已与金官修《太祖实录》保持一致。此外,该书《最历代年号》部分还胪列了"收国""天辅""天会""天眷"及刘豫"阜昌"五个年号,也是一个新动向。④晁公迈自序写于绍兴七年(金天会十五年,1137),⑤且《最历代年号》"绍兴"条注作"今上",⑥但并不表示业已成书。据晁子绮跋文记载,晁公迈的稿本"国史诸书不尽见,故勘覆未详,

---

① 王应麟:《玉海》卷一三《律历·历代年号》,合璧本,京都:中文出版社,1977年,第1册,第274页上栏—291页下栏。
② 王应麟:《玉海》卷一三《律历·历代年号》,第1册,第290页上栏。
③ 晁公迈:《历代纪年》卷一〇《夷狄·大金》,《续修四库全书》,上海古籍出版社,2002年,第826册,第209页上栏。参见程尼娜:《〈金史〉"篡改开国史"辨》,《史学集刊》2022年第1期。
④ 晁公迈:《历代纪年》卷一〇《最历代年号》,《续修四库全书》,第826册,第213页上栏—216页上栏。
⑤ 晁氏《历代纪年》今存卷二至一〇。该书自序撰写时间,见陈振孙:《直斋书录解题》卷四《编年类》历代纪年条,徐小蛮、顾美华点校,上海古籍出版社,2015年,上册,第117页。
⑥ 晁公迈:《历代纪年》卷一〇《最历代年号》,《续修四库全书》,第826册,第211页下栏。

尚多阙略",子绮抄录后誊清,总共历经近四十年,"与外弟范信伯校定缮写",直到淳熙二年(1175)以后才正式付梓。① 书中关于金代开国的内容显然是晁子绮辈增补而成,这标志着宋人形成了一种全新的知识体系。

当然,宋人金史水平的逐步突破离不开金源本土文献外传,从而带动知识传播范围的扩大。金代官方纪年知识以金地为中心向周边传播,最有说服力的一个证据是:徐梦莘《三朝北盟会编》已经搜集到《金国太祖实录》,引作"以辽天庆五年建国"云云,此即乙未年。② 又,《三朝北盟会编》引苗耀《神麓记》称:"太祖契丹咸雍四年岁在戊申生,自辽国天庆三年甲午岁年四十七于宁江府拜天,册立、改元、称帝号,侍中韩企先训名曰旻,改收国三年为天辅元年,共在位九年。"③邱靖嘉等认为,"册立、改元、称帝号"当系于甲午岁(1114年),与《太祖实录》记载不同,《神麓记》提供了在金朝开国史叙述定型之前出现的一种改篡建国年代方案。④ 其实,以上内容宜视为作者对金初阿骨打履历及创立各项制度的整体综述,而非精准落实到具体年代的逐条记史,甲午岁不过是叙述起点,故云"自",而"册立""改元""称帝号"及"训名曰旻"皆系天辅元年前系列事。通检《神麓记》佚文,从最晚的一条金世宗即位改元事推测,《神麓记》应成书于大定以后,⑤其主体脉络仍与《金史》叙述基本一致,惟"甲午"实为天庆四年,此作"三年",误。这些都证明了各类金史知识流传到南宋之事实。

不可忽视的另外一条线索,是金代开国历史的域外传播路径。进入中西大交流的蒙元时代,14世纪初,波斯史家拉施特编纂《中国史》时记述说:"主儿扯君主:共9人,历时109年。太祖完颜,8年;太宗文

---

① 晁公迈:《历代纪年》附录,《续修四库全书》,第826册,第216页上下栏。
② 徐梦莘:《三朝北盟会编》卷一八,上册,第128页上栏。
③ 徐梦莘:《三朝北盟会编》卷一八引《神麓记》,上册,第127页下栏。"改收国三年为天辅元年",诸抄本作"改收国三年天辅六年",文义不通,此"六"当作"元"。
④ 邱靖嘉认为,"册立改元称帝号"当系于甲午岁,《神麓记》提供了在金朝开国史叙述定型之前早先出现的一种改篡建国年代方案。既然阿骨打称帝、建元收国的时间节点可由史臣随意设定,那么这更加证明《金史》有关女真开国的系统记载都是出于金人的杜撰和建构,绝不是真实的历史。(邱靖嘉、李京泽:《关于金太祖的一则佚史——兼论金朝修史的改篡问题》,《中华文史论丛》2021年第4期)
⑤ 参见傅朗云:《评苗耀〈神麓记〉的史料价值》,《北方文物》1987年第4期。

烈（皇帝），12 年。"①作者对女真政权的叙述过于粗陋，以致将其国祚少算了 10 年，实为 119 年，不过对于太祖阿骨打在位时间 8 年计算则无疑问，即收国二年加上天辅六年。因地域之近，朝鲜半岛有条件更早获得金史知识，并且较为权威。至元二十四年三月，高丽李承休编写的名著《帝王韵纪》"金祖名旻姓完颜，因败辽军初得志"一句，注云："太祖虎（武）元帝以辽天庆四年甲午败辽军于鸭江，其明年乙未，群臣□□即皇帝位，以是年为元年。"②作者于至元十年抵达元大都朝谒忽必烈，以上金史知识或系此行访得。成书于 15 世纪中期的《高丽史·睿宗世家》睿宗十年乙未（1115）正月条云："是月，生女真完颜阿骨打称皇帝，更名旻，国号金。"③该书《年表》上国栏乙未条列"金太祖收国元年"。④ 这样，东西世界与南宋疆域的知识传播殊途同归，最终都以金代官方叙述为准。

以上我们钩稽出金代开国史从北向南、由西到东的多条传播轨迹，这反映了人们知识体系的变化过程。南宋编年体史书以 1118 年建元天辅说为主。到元人编史时，对金史开国年代的起点已有所措意，与前人的认识明显不同。曾先之所编《古今历代十八史略》就很典型，篇首《历代甲子纪年》所载金朝信息：戊戌年（1118）"金太祖天辅"，甲午年（即金天兴三年，1234）"金自太祖天辅至是百十七年亡"。在此前的乙未年（1115）又记，"金太祖完颜旻起"。⑤ 虽不记"收国"年号，但仍指出此年的意义。元代文献多依据金代实录系统，如大德七年（1303）所编《太乙统宗宝鉴》卷一六载："政和五年乙未，辽与女真交攻，大败。女真起，改元收国元年，号金国。"⑥成书时间早于《金史》、至正四年（1344）刊刻的《佛祖历代通载》，叙述历代帝王即位、改元、崩殂等。⑦ 该书卷

---

① 王一丹：《波斯拉施特〈史集·中国史〉研究与文本翻译》，昆仑出版社，2006 年，第 177 页。
② 〔高丽〕李承休：《帝王韵纪》卷上，第 14 页 b。
③ 〔朝鲜〕郑麟趾：《高丽史》卷一四《睿宗世家三》，上册，第 277 页上栏。
④ 〔朝鲜〕郑麟趾：《高丽史》卷八六《年表》，中册，第 892 页上栏。
⑤ 曾先之编：《古今历代十八史略》卷首《历代甲子纪年》，勤德书堂刻本，第 14 页 a-b。
⑥ 题晓山老人：《太乙统宗宝鉴》卷一六，国家图书馆藏明钞本（典藏号 11075），原书无页码。
⑦ 杨志飞：《国图藏元至正七年本〈佛祖历代通载〉发微》，《文献》2018 年第 1 期。

一九乙未条亦云:"金太祖阿骨打正月一日即位,改年收国。"①又,至元二年二月,王磐等采摭金实录编撰《大定治绩》,亦谓"金有天下,凡九帝,共一百二十年",②即从收国元年算起,迄于天兴三年。

不妨在这一知识背景之下,重新审视《辽史·天祚皇帝纪》《属国表》天庆七年(1117)"建元天辅"这条材料,元末史臣修史兼采《亡辽录》,其实非全然机械抄书,遇到"天辅"纪年与金方叙述体系发生分歧时,尽管保留下有关杨朴这段文字以做补充,却将系年调整,提前一年。更早的《会编》也有一个类似案例,其书卷三云:"吴乞买等皆推尊杨朴之言,上阿骨打尊号为皇帝,国号大金……改元收国。"③据考证,此文取《亡辽录》,不过作者徐梦莘将原书的"天辅"年号改为"收国"。④ 以上改动明显是与金《太祖实录》相符合的。这种做法已然超越史源和文本层面,是宋元以来金代开国知识不断更新产生的结果。

刘文的意义在于,从宋代文献中发掘出有关金代建号年代与《金史》歧异的记载,从而联系到金初撰修国史的背景,提出《太祖实录》存在篡改阿骨打建国历程的嫌疑,由此引发学界对女真统治者如何叙述本朝开国史这个议题的深入反思。但这必须结合《金史》《辽史》编纂及取材方能澄清疑惑。首先,将《辽史·天祚皇帝纪》《属国表》与《金史·太祖纪》综合比较,我们钩稽出金《太祖实录》所载阿骨打创业史之原貌和真实态度,揭明金人对杨朴献策请求契丹册封事并不忌讳,亦记述了女真与契丹交往的诸多细节。皇统八年《太祖实录》由完颜勖主持完成,他先于皇统二年编纂《祖宗实录》,明确表示:"凡与契丹往来及征伐诸部,其间诈谋诡计,一无所隐。"⑤在同一史学背景下,这两部实录叙述女真与契丹交往历史的态度不会有太大差异。其次,元末同时纂修辽、金二史,因由不同纂修官负责,对金《太祖实录》内容的取舍程度不一,《辽史》详细而《金史》简约。《金史·太祖纪》虽改编于实录,但大

---

① 释念常:《佛祖历代通载》卷一九,《中华再造善本》,影印至正七年刻本,国家图书馆出版社,2015年,第4页b。
② 苏天爵编:《国朝文类》卷三二《大定治绩序》,《四部丛刊》本,第10页b。
③ 徐梦莘:《三朝北盟会编》卷三,上册,第22页上栏。
④ 邱靖嘉:《改写与重塑:再论金朝开国年代及其相关问题》,《文史哲》2022年第2期。
⑤ 《金史》卷六六《完颜勖传》,第5册,第1558页。

幅度删削材料,所谓"隐讳"开国史实际是由元朝史官造成的假象。

经考证,《亡辽录》《太祖实录》有些内容共同反映了金初阿骨打曾求契丹册封的历史过程,其中金代建元及年号的分歧,可以从史书的形成背景中理解。两者本是民间私撰、官修文献两套不同的记史体系,很多内容有所参差,乃是编者的政治立场、社会环境、信息获取渠道、史学修养、撰史意图等多方面差异所致,并不能构成非此即彼的关系。若找不到金初篡改历史的动机和有力证据,我们大可不必以《亡辽录》为叙事标准来质疑金初《太祖实录》伪造阿骨打创业史。需要解释的是,《辽史》天辅建元材料抄自《亡辽录》,然系年却与同源文献相差一年。从知识流传角度审视,源于《亡辽录》的天辅起元说,代表着当时南宋史学领域对女真政治史的掌握程度。该书作为金代开国史的渊薮,在相当长的一段时间内具有持续的影响力,随着信息的传播、扩散,人们的金史认识水平日渐完善,"收国"建元和金源纪年谱系也就被接受了。

综上,金代开国史知识体系可厘为三个文献层次:一是本朝史之纂修及官方立场,二是南宋他者的历史叙事,三是元代正史纂修者的编纂取材方式。不过各层次文献在流传过程中并不是那么泾渭分明,而是形成相互交错的知识脉络。宋金时期,以"天辅""收国"为代表的金代开国史分为南、北两种叙述模式;到元代,形成关于金史流传的多条路径,最主要的是金代官修历史走向民间,而末年修史时,原来的民间知识又进入正史体系,最终形成较为复杂的金代开国史传播轨迹。

十五 国号"金源"说
——女真政治文化观之演变

金朝国号问题历来备受关注。根据记载,"大金"国号之缘起及其含义主要有三种说法流行于宋金时代,分别为金源说、大金优胜镔铁说、金德尚白说。学界通行的观点是,"大金"国号源于女真完颜部世代生息的按出虎水(今黑龙江省境内阿什河),①故以"金源氏"指称女真政权。但也有不同意见,李秀莲根据史料的原始性提出,《金史·太祖纪》"惟金不变不坏"国号说最为合理。②陈学霖从"大金"国号释义变更的视角分析,认为这反映了两个不同时期的女真族文化与政治认同,"大金"名号源自完颜部兴起之地,金初代表的是女真传统,而随着汉化程度逐步加深,该国号作为女真本位的象征,便逐渐与时代需要脱节。直到章宗时期,议者将"大金"国号强解为五德终始说的"金德",明显表明女真人在汉文化的冲击下,积极寻找更鲜明的政治旗帜与文化认同。③陈氏将国号意涵之转变置于整个金代政治文化演变的背景中纵向考察,研究思路无疑值得借鉴。

这里重新解读相关文献,以《金史·地理志》(简称《地理志》)上京路条"金源"国号说为缘起,深入考察金世宗时期女真文化复兴运动,从完颜氏祖先函普传说最初居地前后变化中,探寻女真文化本位观念经历转型之轨迹,最终结论与以往迥然不同。

---

① 参见赵翼:《廿二史劄记校证》卷二九《元建国号始用文义》,王树民校证,中华书局,2013年第2版,第670页。金毓黻:《东北通史》,重庆:年代出版社,1943年,上编,第365—370页。〔日〕鸟居龙藏:《金上京城及其文化》,《燕京学报》第35期,1948年12月,第164页。刘浦江:《关于金朝开国史的真实性质疑》,原刊《历史研究》1998年第6期;收入氏著《辽金史论》,辽宁大学出版社,1999年,第1—22页。
② 李秀莲:《大金国号考释》,《黑河学院学报》2015年第5期。
③ 陈学霖:《"大金"国号之起源及其释义》,原刊《辽金契丹女真史研究》1985年第2期;收入氏著《金宋史论丛》,香港中文大学出版社,2003年,第1—25页。

一、从《金史·地理志》上京路条谈起

以往学界讨论大金国号取义问题,一般着眼于哪种说法更具有合理性,遂采取非此即彼的选择性论证模式,最终结果是多采信"金源"说,而坚决摈弃他说。① 其实,我们应该关注承载诸说文献的材料来源及知识传播过程,分析金朝政治家对于大金国号释义与理解的时代变化,从而发掘其背后所体现的政治文化特征。

先从被认为是记述金朝国号最权威的《地理志》上京路条检讨(图一)。从整体文献编纂角度分析,该条史料的来源存在着诸多疑点。兹引述如下:

> 上京路,即海古之地,金之旧土也。国言"金"曰"按出虎",以按出虎水源于此,故名金源,建国之号盖取诸此。国初称为内地,天眷元年号上京。海陵贞祐二年迁都于燕,削上京之号,止称会宁府,称为国中者以违制论。大定十三年七月,复为上京。其山有长白、青岭、马纪岭、完都鲁,水有按出虎水、混同江、来流河、宋瓦江、鸭子河。府一,领节镇四,防御一,县六,镇一。旧有会平州,天会二年筑,契丹之周特城也,后废。②

这段内容叙述金上京路地理沿革和山川概况。很早就有学者注意到"旧有会平州"明显有误,景方昶指出:"所谓上京正指辽上京临潢府而言,《地理志》于临潢府下明言国初因辽旧名为上京可证,《习古乃传》且明言契丹周特城,更为属临潢府之确证,而地志乃以会平州属之会宁府,舛误甚矣。"③鸟居龙藏的观点相同,并解释说:"于其地暂筑新城以处辽之降人。"④《金史》纂修者明显是将《太宗纪》天会二年(1124)四月戊午条"以实古乃所筑上京新城名会平州"⑤和《习古乃传》"习古乃筑

---

① 参见张甫白:《关于按出虎、会宁和上京几个名称之我见》,《北方文物》1993 年第 3 期。刘浦江:《关于金朝开国史的真实性质疑》,氏著《辽金史论》,第 18—21 页。
② 《金史》卷二四《地理志上》,中华书局,1975 年,第 2 册,第 550 页。
③ 景方昶:《东北舆地释略》卷二《金史上京路属地释略》会平州条,《辽海丛书》,辽沈书社,1985 年,第 2 册,第 1007 页上下栏。
④ 〔日〕鸟居龙藏:《金上京城及其文化》,《燕京学报》第 35 期,1948 年 12 月,第 137 页。
⑤ 《金史》卷三《太宗纪》,第 1 册,第 50 页。

新城于契丹周特城，诏置会平州”①的记载整合到金上京条下，这是因为元朝史官对金上京和辽上京常常混淆不清的缘故。②

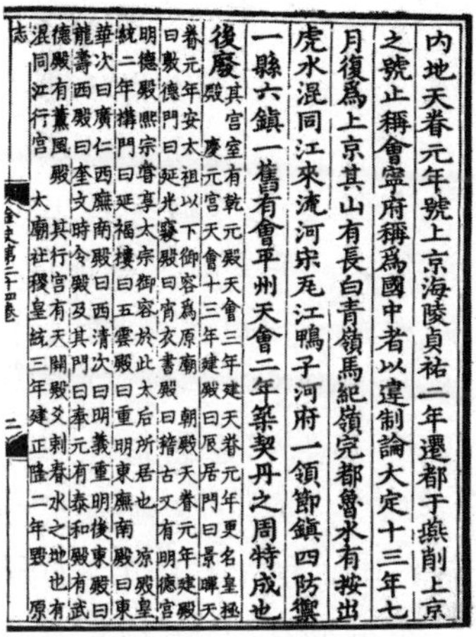

内地天眷元年號上京海陵貞祐二年遷都于燕削上京
之號止稱會寧府稱爲國中者以違制論大定十三年七
月復爲上京其山有長白青嶺馬紀嶺完都魯水有按出
虎水混同江來流河宋瓦江鴨子河府一領節鎮四防禦
一縣六鎮一舊有會平州天會二年築契丹之周特城也
後廢其宮室有乾元殿天會三年建天眷元年更名皇極殿慶元宮天會十三年建殿曰辰居門曰景暉天眷元年安太祖以下御容爲原廟朝殿天眷元年建殿曰敷德門曰延光寢殿曰宵衣書殿曰稽古又有明德宮明德殿熙宗嘗享太宗御容於此太后所居也凉殿皇統二年構門曰延福樓曰五雲殿曰重明東廡南殿曰東華次曰廣仁西廡南殿曰西清次曰明義重明後東殿曰龍壽西殿曰奎文時令殿及其門曰奉元有泰和殿有武德殿有薰風殿　其行宮有天開殿爻剌春水之地也有混同江行宮　太廟社稷皇統三年建正隆二年毀原

志　金史第二十四卷　二

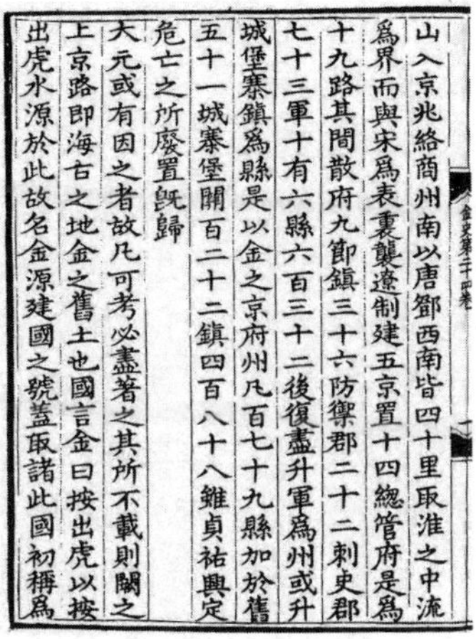

山入京兆絡商州南以唐鄧西南皆四十里取淮之中流
爲界而與宋爲表裏襲遼制建五京置十四總管府是爲
十九路其間散府九節鎮三十六防禦郡二十二刺史郡
七十三軍十有六縣六百三十二後復盡升軍爲州或升
城堡寨鎮爲縣是以金之京府州凡百七十九縣加於舊
五十一城寨堡關百二十二鎮四百八十八雖貞祐興定
危亡之所廢置既歸
大元或有因之者故凡可考必盡著之其所不載則闕之
上京路即海古之地金之舊土也國言金曰按出虎以按
出虎水源於此故名金源建國之號蓋取諸此國初稱爲

金史第二十四卷　一

图一　至正五年刻本《金史》（采自《中华再造善本》）

以上仅为其中之一案例，而《地理志》该条“海陵贞祐二年迁都于燕，削上京之号，止称会宁府”的漏洞更大。今复核至正初刻本《金史》即作“贞祐二年”。点校者指出，“贞祐二年”为“贞元元年”之误，据此校改正文。③ 这是非常明显的史实讹误。纂修者所据者，见于《金史·宣宗纪》贞祐二年（1214）五月乙亥条“上决意南迁，诏告国内”，④将海陵贞元迁都燕京与宣宗贞祐南迁汴京两件事混为一谈。上述两处讹误表明，《地理志》上京路条恐非金人原作，当出自元人之手。

最明确的一条证据是，“宋瓦江”一名于金朝文献无征，乃元时对混同江的称呼。⑤ 如，元代官修政书《六条政类》谓“咸平府至宋瓦江立站”，⑥此系至元二十七年（1290）八月二十八日提议创设；《元史·五行志》皇庆元年（1312）六月云“大宁、水达达路雨，宋瓦江溢，民避居亦母

---

① 《金史》卷七二《习古乃传》，第5册，第1666页。

② 参见刘浦江：《金朝初叶的国都问题——从部族体制向帝制王朝转型中的特殊政治生态》，《中国社会科学》2013年第3期。

③ 《金史》卷二四《地理志上》校勘记一，第2册，第578—579页。

④ 《金史》卷一四《宣宗纪上》，第2册，第304页。

⑤ 李健才：《松花江名称的演变》，《学习与探索》1982年第2期。

⑥ 解缙等：《永乐大典》卷一九四二三“勘”字韵“站”字目引《六条政类》，中华书局，1986年，第8册，第7257页下栏。

儿乞岭",①《元史·文宗纪》至顺元年(1330)九月丁未称"黑龙、宋瓦二江",②《元史·食货志·岁课》至元十一年作"宋阿江"。③《大元大一统志》开元路长白山条明确记载"混同江,今呼为宋瓦江",混同江条亦曰"俗呼宋瓦江"。④ 结果造成同一条河流的金名"混同江"与元名"宋瓦江"一并出现。

《地理志》上京路这条序文作为元朝史官概述,不仅破绽百出,而且主干内容也能从《金史》他处找到源头,并不是一手文献。具体内容详见于:《世纪》"献祖乃徙居海古水";⑤《食货志·户口》"天辅六年,既定山西诸州,以上京为内地,则移其民实之";⑥《熙宗纪》天眷元年(1138)八月己卯"以京师为上京,府曰会宁,旧上京为北京";⑦《世宗纪》大定十三年(1173)七月庚子"复以会宁府为上京";⑧《地理志》上京路会宁府条"会宁,倚,与府同时置。有长白山、青岭、马纪岭、勃野淀、绿野淀。有按出虎河,又书作'阿术浒'。有混同江、涞流河"。⑨ 经对比可知,《地理志》上京路条是元人拼凑成篇的,其所载"国言'金'曰'按出虎',以按出虎水源于此,故名金源,建国之号盖取诸此"的来源十分可疑。我们注意到,《大金国志·金国初兴本末》也有类似表述:"以其国产金及有金水源,故称大金。"⑩那么,《地理志》这条记载是如何形成的?

按《契丹国志》天庆八年(1118)条叙述女真开国事迹提及"大金"国号:

> 是时有杨朴者,辽东铁州人也,本渤海大族,登进士第,累官校书郎。先是高永昌叛时,降女真,颇用事,劝阿骨打称皇帝,改元天

---

① 《元史》卷五〇《五行志一》,中华书局,1976年,第4册,第1054页。
② 《元史》卷三四《文宗纪三》,第3册,第767页。
③ 《元史》卷九四《食货志二·岁课》,第8册,第2380页。
④ 孛兰肹等:《元一统志》卷二,赵万里校辑,中华书局,1966年,上册,第219—220页。
⑤ 《金史》卷一《世纪》,第1册,第3页。
⑥ 《金史》卷四六《食货志一》,第4册,第1032页。
⑦ 《金史》卷四《熙宗纪》,第1册,第73页。
⑧ 《金史》卷七《世宗纪中》,第1册,第159页。
⑨ 《金史》卷二四《地理志上》,第2册,第551页。
⑩ 题宇文懋昭:《大金国志校证》卷首《金国初兴本末》,崔文印校证,中华书局,1986年(2011年重印),上册,第3页。

辅,以王为姓,以旻为名,以其国产金,号大金。①

这段文字亦见于《裔夷谋夏录》,谓"阿骨打用杨朴策称皇帝,改元天辅,以王为姓,以旻为名,国号大金,以其国产金故也"。② 据苗润博考证,今题刘忠恕《裔夷谋夏录》的作者实为汪藻,成书于绍兴九年(1139),这部书与《契丹国志》有大段文字雷同,共同源出于绍兴初年史愿的《亡辽录》(亦名《北辽遗事》)。③ 据此,上述"以其国产金号大金"之文亦源自于史愿书。这种说法到后来流传越来越广,李心传《建炎以来朝野杂记》乙集卷一九女真南徙条、《东都事略》卷一二五《金国传》、陈均《九朝编年备要》卷二八及佚名《宋史全文》卷一四等书皆因袭之,从而形成宋朝文献系统中的"大金"国号来源说,由于文献种类繁多且传播渠道广泛,其影响力当然也是最大的。

另一种关于金朝国号来源的记载。《三朝北盟会编》卷三云:"吴乞买等皆推尊杨朴之言,上阿骨打尊号为皇帝,国号大金。"④其下有条小注云:

> 以本土名阿禄阻为国号。阿禄阻,女真语"金"也。以其水产金而名之,故曰"大金",犹辽人以辽水名国也。⑤

该文未注明引据文献。有学者指出,《三朝北盟会编》卷三整篇叙述女真兴起始末,是作者根据各种有关记载对女真历史的一个综述。⑥ 其中杨朴献策等事与上文引《契丹国志》卷一〇、《裔夷谋夏录》卷一记载同源,亦即史愿《亡辽录》,然而不取该书"以其国产金号大金"之文,由此可见,注文"阿禄阻"及其释义内容显然出自其他文献。

---

① 题叶隆礼:《契丹国志》卷一〇《天祚皇帝上》,贾敬颜、林荣贵点校,中华书局,2014年修订本,第126页。
② 题刘忠恕:《裔夷谋夏录》卷一,黄宝华整理,上海师范大学古籍整理研究所编:《全宋笔记》第5编,大象出版社,2012年,第1册,第85页。
③ 苗润博:《有关〈裔夷谋夏录〉诸问题的新考索》,《文史》2016年第2辑。
④ 徐梦莘:《三朝北盟会编》卷三,上海古籍出版社,影印许涵度刻本,2008年第2版,上册,第22页上栏。
⑤ 按此段文字许涵度刻本原作正文,今据明钞本《三朝北盟会编》。《中华再造善本》,影印明钞本,国家图书馆出版社,2013年,卷三第12页a。
⑥ 参见刘浦江:《关于金朝开国史的真实性质疑》,氏著《辽金史论》,第6—7页。邱靖嘉:《女真史料的深翻与检讨——〈三朝北盟会编〉卷三研读记》,《中华文史论丛》2019年第2期。

今见《建炎以来系年要录》卷一建炎元年(1127)正月条有相同文字,并且注明引自张汇《金房节要》,①据此可以明确《三朝北盟会编》所载"阿禄阻"云云之最初来源。根据晁公武《郡斋读书志》记载,《金房节要》一卷,"陷房人所上也。记金人初内侮,止绍兴十年,共十六年事,颇详实"。② 张汇《金房节要》亦称《金国节要》(记作"三卷"),陈振孙《直斋书录解题》叙述作者履历,"宣和中随父官保州,陷金十五年,至绍兴十年归朝"。③ 从张汇归宋时间来判断,《金房节要》关于金朝历史的材料至迟于天眷三年已经形成。由此看来,大金取义"阿禄阻水生金"与"以其国产金"的含义近似,成书时间相近,均出自归宋降人之手,但属于不同来源渠道的两种文献。

上文考证主要是为厘清《地理志》上京路条记载文献传抄线索。关于国号释义问题,《地理志》"按出虎"即《金房节要》"阿禄阻",这两则记载相合。前辈学者研究金朝国号问题已触及上述诸条史料,不过一贯思路乃是以《地理志》为本,再利用源于《金房节要》"以其水产金而名之"和《亡辽录》"以其国产金号大金"两条记载加以证明。④ 李秀莲指出:"按出虎水、金源、大金国号的关系多是撰史者的推测之言,'金源'一词背后的历史很复杂,辽朝以'金甸子为金原县',亦写作'金源县'。清乾隆帝曾说'金源即满洲也'。'金源'究为族名,抑或地名很难确定,在此基础上推测大金国得名,立论欠缺且不充分。"⑤即已意识到《地理志》的说法存在疑点,但尚未揭示其症结所在。笔者则以追溯"大金"国号诸说的史料来源为线索,揭橥《地理志》上京路条乃元人概述,据此提出:绍兴初年史愿《亡辽录》及十年归朝人张汇《金房节要》所载时人叙述以及宋朝文献间的金朝开国史知识之传递,最后到元修《金史·地理志》是杂糅诸家记载而成的"金源"国号说。总之,最终目的是破除这条记载来源于金代官修文献的可能性。

---

① 李心传:《建炎以来系年要录》卷一,建炎元年正月,胡坤点校,中华书局,2013年,第1册,第2页。
② 晁公武:《郡斋读书志校证》卷七《伪史类》,孙猛校证,上海古籍出版社,1990年,第286页。
③ 陈振孙:《直斋书录解题》卷五《伪史类》,徐小蛮、顾美华点校,上海古籍出版社,2015年,第141页。
④ 参见刘浦江:《关于金朝开国史的真实性质疑》,氏著《辽金史论》,第19—21页。
⑤ 李秀莲:《大金国号考释》,《黑河学院学报》2015年第5期。

最大的疑问是,《地理志》上京路条"故名金源"的依据是什么？我们找到,张棣《金虏图经》云:"金虏有国之初,都上京,府曰会宁,地名金源。"下文列总管十五处有会宁府,小注亦云:"地名金源。"①研究表明,《金史·地理志》整个政区地理框架照搬明昌年间成书的《金虏图经》系统,关于上京会宁府名"金源"也是如此。②"金源"语义虽可以根据"以按出虎水源于此"推知,其实它们分别来自两种不同时期的文献系统,并非同出一源。将"金源"置于有金一代政治文化发展脉络中考察,其实并不是那么简单。下文结合金朝政治史分析"金源"名号在整个时代中的产生、运用和阐释。

二、金世宗对会宁故地的塑造与政治宣传

上文指出,《地理志》上京路条是元人拼缀成篇的,③其所载国号取义肯定不代表金代官方立场。实际上,女真统治者自有一套建国理论和国号解释体系。

据《金史·太祖纪》记载,收国元年(1115)正月壬申朔,阿骨打即皇帝位:"上曰:'辽以宾铁为号,取其坚也。宾铁虽坚,终亦变坏,惟金不变不坏。金之色白,完颜部色尚白。'于是国号大金。"④《太祖纪》取资《太祖实录》。《三朝北盟会编》卷一八收录相关佚文:

> 《金国太祖实录》曰：……以辽天庆五年建国,曰:"辽以镔铁为国号,镔铁虽坚刚,终有销坏,惟金一色,最为真宝,自今本国可号大金。"⑤

---

① 徐梦莘:《三朝北盟会编》卷二四四引《金虏图经》,下册,第 1750 页下栏、1755 页下栏。
② 参见陈晓伟:《〈金史·地理志〉文献系统与金源政区地理再认识》,《中国历史研究院集刊》2023 年第 1 辑。
③ 元修《辽史》卷三七《地理志一》上京道条同样如此。贾敬颜指出:"作者把金上京误作辽上京了。极为明显,涞流河、曲江、按出河都是金上京左右的著名河流,鸭子河、他鲁河也与辽上京无干。另外,如辋子河、阴凉河等都在中京大定府的辖境之内,同样不该罗置于此。总之,这是一项杂凑的材料。"(贾敬颜:《东北古代民族古代地理丛考》之十四《〈辽志〉的一段误文》,中国社会科学出版社、新西兰霍兰德出版有限公司,1993 年,第 44 页)
④ 《金史》卷二《太祖纪》,第 1 册,第 26 页。
⑤ 徐梦莘:《三朝北盟会编》卷一八,上册,第 128 页上栏。

李心传《建炎以来系年要录》卷一亦引《金太祖实录》,内容与上文相同。① 据《金史·熙宗纪》皇统八年(1148)八月戊戌条云:"宗弼进《太祖实录》。"②《金史·完颜勖传》亦载此事,称是年"奏上《太祖实录》二十卷"。③《金太祖实录》佚文"惟金一色"及《金史·太祖纪》"惟金不变不坏",正如元初王磐(号鹿庵)解释说"契丹以其国产镔铁,乃为国号,故女真称金以胜之",④明显流露出女真人与辽朝抗争的意图。例如,《大金集礼·太祖皇帝即位仪》载收国二年十二月皇弟吴乞买率百官宗族奏请上尊号云:"自辽主失道,奉天伐罪,数摧大敌,克定诸路。功德之隆,亘古未有。"⑤意在阐释金灭辽的合法性和正义性,宣称天命所在。由此可见,《金太祖实录》的记载就是在这种阐释辽金鼎革必然性的情境下诞生的。

尽管有学者怀疑金初有篡改金朝开国史的动机,并指出《太祖实录》对"大金"国号的阐释并不可信,⑥但我们必须承认,这是经过金熙宗钦定而唯一得到官方认可的国号含义之表述,无疑代表着金初统治者的政治抉择。这是官方首次对本朝国号问题表明态度。

值得注意的是,《金史·太祖纪》叙述大金国号缘由"金之色白,完颜部色尚白"一语,《三朝北盟会编》和《建炎以来系年要录》引《金太祖实录》皆不记载。我们有幸在贞祐二年金朝廷臣讨论德运奏议中看到:"圣朝太祖圣训,完颜部色尚白,白即金之正色,自今本国可号大金。"以及黄裳奏云"当收国改元之初,谓凡物之不变无如金者,且完颜部色尚白,则金之正色,自今本国可号大金"。⑦ 还有,贞祐四年二月张行信奏言:"况国初太祖有训,因完颜部多尚白,又取金之不变,乃以大金为国号。"⑧这三段文字表述与《金史·太祖纪》同义,同源关系明显,均取官

---

① 李心传:《建炎以来系年要录》卷一,建炎元年正月,胡坤点校,第1册,第2页。
② 《金史》卷四《熙宗纪》,第1册,第84页。
③ 《金史》卷六六《完颜勖传》,第5册,第1559页。
④ 王恽:《玉堂嘉话》卷三,杨晓春点校,中华书局,2006年,第88页。
⑤ 佚名:《大金集礼》卷一《帝号上》,任文彪点校,浙江大学出版社,2019年,第1页。
⑥ 刘浦江:《关于金朝开国史的真实性质疑》,氏著《辽金史论》,第1—22页。
⑦ 佚名:《大金德运图说》(不分卷),影印文渊阁《四库全书》,台北:台湾商务印书馆,1986年,史部第648册,《省判》,第312页下栏—313页上栏;《应奉翰林文字黄裳议》,第316页下栏。
⑧ 《金史》卷一〇七《张行信传》,第7册,第2367页。

修《太祖实录》作为论述根据。以上所述,可归纳为金德尚白说。这是由于大金国号能与白色扯上关系,进而附会为金德,乃是章、宣时期李愈等人出于宣传五德终始说的现实需要。① 由此可知,金朝中晚期的政治家再次引申"大金"之意涵,并加以发挥阐释。

以上便是金优胜于镔铁说、金德尚白说在金朝官修文献系统中的传播轨迹,以及在金朝政治史中的真正地位。然而相对复杂的问题是,贞祐二年二月《右拾遗田庭芳议》提到:"盖闻本朝肇迹之方多出金宝。"②根据《亡辽录》和《金虏节要》,可知所谓"肇迹之方"指按出虎(阿禄阻),"多出金宝",明显是依据河水生金的说法而来的。可见金代政治家已经触及此说。在金朝官方叙述中,"金源"一词及政治文化概念存在于主流话语体系之中的真实性绝无可疑,③然而阿禄阻国号说却始终未能被官修文献所采纳。怎么解释这种看似矛盾的历史现象呢?

想要破解这一疑团,须从"金源"概念的最初来源谈起。据《地理志》对"金源"的释义,此指国家兴王之地上京会宁府腹地。通过检讨金朝文献,我们发现一个饶有趣味的现象,金初并无一例称用"金源"者,这个词最早始见于《金史·按答海传》"封金源郡王"的记载:

> 天眷二年,袭父猛安。除大宗正丞,以猛安让兄子唤端,加武定军节度使,奉朝请。改侍卫亲军都指挥使,封金源郡王,进封谭王,迁同判大宗正事,别授世袭猛安。④

有学者误认为按答海册封金源郡王发生在天眷二年。⑤ 实际上,根据正史列传编纂体例,传文叙事系年大多不拘细节,时间跨度很长,天眷二年非封爵时间。复检《按答海传》记述金源郡王之由来云:海陵时,"诏给平州官田三百顷,屋三百间,宗州官田一百顷。进金源郡王,致仕"⑥。根据宗州天德三年(1151)由来州更名事⑦,再结合本传下文"海陵将迁

---

① 陈学霖:《"大金"国号之起源及其释义》,氏著《金宋史论丛》,第 14—15 页。
② 佚名编:《大金德运图说》(不分卷),影印文渊阁《四库全书》,史部第 648 册,第 320 页下栏。
③ 参见王可宾:《释金源文化》,《史学集刊》2001 年第 4 期。
④ 《金史》卷七三《按答海传》,第 5 册,第 1683 页。
⑤ 参见孙红梅:《金代郡王封号研究》,《社会科学辑刊》2014 年第 2 期。
⑥ 《金史》卷七三《按答海传》,第 5 册,第 1683—1684 页。
⑦ 《金史》卷二四《地理志上》,第 2 册,第 559 页。

中都",可知按苔海于海陵天德时期册封金源郡王。

据统计,目前史料所见金代共有十八位郡王封爵"金源"。① 根据《金史·礼志》"功臣配享"条载大定八年图画功臣于太祖庙,②以及《金史·习室传》载大定十一年"求当时群臣勋业最著者"图像于衍庆宫,共同列有撒改、斡鲁、娄室、习不失、希尹、银术哥、完颜忠、撒离喝等,③此八人皆称金源郡王,分别于正隆二年(1157)降封和大定三年追封,以及大定十一年纥石烈志宁在世时进封。④ 此外,宗雄、石土门、勗三人同样在正隆二年降封金源郡王。据此看来,"金源"一词最有可能缘起于海陵时期,广泛用于世宗初期,但与女真郡望制度的正式形成仍有些差距。

此外,这里还有线索能够佐证上述金初无"金源"郡望的论断。其一,《金史·世戚传》叙述石家奴履历云:"天眷间,授侍中、驸马都尉。再以都统定边部,熙宗赐御书嘉奖之。封兰陵郡王。"石家奴,蒲察部人,"世居案出虎水","太祖以女妻之"。⑤ 其身份为"世戚"。其二,《金史·熙宗纪》皇统元年正月己巳云:"封平章政事昂为漆水郡王。"⑥据本传介绍,完颜昂是世祖劾里钵最幼子,与阿骨打为异母兄弟。⑦ 从石家奴封兰陵郡王和昂封漆水郡王可以看出,金初将故居在所谓"金源"按出虎水地区的女真外戚与宗室相对举,是在模仿契丹萧氏兰陵和耶律氏漆水的郡望制度,自己尚未有所发明。

根据史料记载,女真郡望封爵制度初步确立于大定七年二月。⑧《大金集礼·公主》有明文规定:

大定七年二月二日,敕旨:"今后封郡王及宗室女封公主者,只

---

① 参见孙红梅:《金代郡王封号研究》,《社会科学辑刊》2014年第2期。
② 《金史》卷三一《礼志四》,第3册,第762页。
③ 《金史》卷七〇《习室传》,第5册,第1624页。
④ 《金史》卷八七《纥石烈志宁传》,第6册,第1934页。
⑤ 《金史》卷一二〇《世戚传·石家奴》,第8册,第2614页。
⑥ 《金史》卷四《熙宗纪》,第1册,第76页。
⑦ 《金史》卷六五《完颜昂传》,第5册,第1553页。
⑧ 日本学者松浦茂根据金代石刻统计女真人封金源号者,最早出现在大定二十三年。([日]松浦茂:《金代女真氏族の構成について—〈金史〉百官志にみえる封号の規定をめぐって》,《東洋史研究》第36卷第4号,1978年3月,第509—546页。邢玉林译为中文《金代女真氏族的构成》,载《民族史译文集》第10集,中国社会科学院民族研究所历史研究室资料组编印,1981年,第69—95页。)

于郡名内封,拣十个好名内用。"……十三日,奏定下项:"郡名:金源、广平、平原、南阳、常山、太原、平阳、东平、安定、延安。"①

《金史·百官志》将这道诏令内容改作"封王之郡号十"条,首列金源郡。该志下文所载"白号之姓""黑号之姓"表明女真郡望最终定制。②可惜这项制度的具体颁布时间不详。

元初姚燧撰《布色君神道碑》中存在一条关键的线索。该碑文称:

> 金有天下,诸部各以居地为姓。章庙病其书以华言,为文不同,敕有司定著而一之。凡百姓,金源郡三十有六,广平郡三十,皆白书;陇西郡二十有八,彭城郡十有六,皆黑书。其等而别者甚严。布色氏于金源次居五,其素为华望之家,不言可喻。③

姚燧《牧庵集》是四库馆臣从《永乐大典》中辑佚出来的,碑文中的女真语人名均已遭清人改译。细检《金史·仆散忠义传》,其所载世系恰好与姚燧碑文"巴尔图"至"布展"印证,④则可确证"布色"改译自仆散氏。又《布色君神道碑》记载"布色氏于金源次居五",而《金史·百官志》"白号之姓"金源郡中第五位即列"仆散"。以上讨论的白号姓、黑号姓之分类与郡望匹配,实际创立年代及缘起,上文明确说"章庙病其书以华言,为文不同,敕有司定著而一之"。陈述指出,《金史·章宗纪》明昌二年(1191)十一月丙午云"制诸女直人不得以姓氏译为汉字",⑤盖即厘定郡望事。⑥

综上所述,金初应无"金源"之号以及据此生成相应的地望观念,海陵时期开始将该名作为郡王号封册给宗室、贵族,至大定七年颁布诏令纳为一项政治制度,明昌初年形成定制。

"金源"指称会宁府,这种政治观念何时成熟?关于具体史文出处,《金史·地理志》上京路条尽管明确提到,可惜史料来源庞杂;所幸张棣

---

① 佚名编:《大金集礼》卷九《公主》,任文彪点校,第155页。
② 《金史》卷五五《百官志一》,第4册,第1229—1230页。
③ 姚燧:《牧庵集》卷一七《南京兵马使赠正议大夫上轻车都尉陈留郡侯布色君神道碑》,查洪德编辑点校:《姚燧集》,人民文学出版社,2011年,第275—276页。
④ 《金史》卷八七《仆散忠义传》,第6册,第1935页。
⑤ 《金史》卷九《章宗纪一》,第2册,第219页。
⑥ 参见陈述:《金史氏族表叙例》,氏著《金史拾补五种》,科学出版社,1960年,第4页。

《金虏图经》有迹可循,其书称"会宁地名金源"。孙建权指出,张棣书记事下限应在明昌三年(1192),故推断张棣实际是绍熙中(1190—1194年)的归明人。书中集中记载海陵、世宗两朝史事。① 而此期间最值得关注的重大历史事件,要数海陵推行汉化政策迁都燕京,由此引发金世宗恢复女真旧俗运动,即通过各种途径和政治实践来凝聚女真民族的本土文化认同,②以"金源"为核心的祖源会宁和国家兴王根据地的民族本位意识由此形成。

这场女真文化复兴运动过程中最重要且产生持久影响的行动,就是利用会宁地区附近的名山河流大做文章,从意识形态层面大肆进行包装。《地理志》记述会宁府地理山川云:"有长白山、青岭、马纪岭、勃野淀、绿野淀。有按出虎河,又书作'阿术浒'。有混同江、涞流河。有得胜陀,国言忽土皑葛蛮,太祖誓师之地也。"③经过金世宗一番精心改造,其中长白山、混同江和得胜陀组成了会宁一带最引人注目的三道政治景观。

首先,长白山一直是女真人及东北民族心目中的"神山"。洪皓《松漠记闻》记载如下:"长白山,在冷山东南千余里,盖白衣观音所居。其山禽兽皆白,人不敢入,恐秽其间,以致蛇虺之害。"④这反映了辽末金初人们对白衣观音的佛教信仰,与金源发祥等政治象征没有任何瓜葛。直到大定四年六月,金世宗采纳中原礼制,"初定祭五岳四渎礼"。⑤ 与此举相对应而树立了女真本土山神,大定十二年二月拟封册长白山,十二月,封山神为"兴国灵应王",理由是:"今来长白山在兴王之地,比之轻余诸州镇山,更合尊崇。拟别议封爵,仍修建庙宇。"⑥大定十四年六月,长白山祭祀神庙"建毕正殿三间"⑦;大定十五年三月,奏定册文云:

---

① 孙建权:《关于张棣〈金虏图经〉的几个问题》,《文献》2013年第2期。
② 参见姚从吾:《金世宗对于中原汉化与女真旧俗的态度》,氏著《东北史论丛》,台北:正中书局,1959年,下册,第118—174页。徐秉愉:《金世宗时期女真民族的危机——金世宗女真政策的背景》,《汉学研究》第19卷2期,2001年12月。
③ 《金史》卷二四《地理志上》,第2册,第551页。
④ 洪皓:《松漠记闻》卷下,阳山顾氏文房本,第5页a。
⑤ 《金史》卷六《世宗纪上》,第1册,第134页。
⑥ 佚名编:《大金集礼》卷三五《长白山·封册礼》,任文彪点校,第339页。"轻"于整句文义不通,疑误。
⑦ 佚名编:《大金集礼》卷三五《长白山·杂录》,任文彪点校,第343页。金代长白山神庙遗址位于吉林省安图县二道白河镇西北4公里处的丘陵南坡上,建筑选址经过精心考量,核心建筑群中轴线向南的延长线正对长白山主峰。(参见吉林省文物考古研究所、吉林大学边疆考古研究中心:《吉林安图县金代长白山神庙遗址》,《考古》2018年第7期)

"故肇基王迹,有若岐阳。望秩山川,于稽虞典。厥惟长白,载我金德,仰止其高,实惟我旧邦之镇。混同流光,源所从出。"①据此可见,长白山在构建金源文化中的意义重大,同时承载了五德终始说的"金德"。②其尚白一说则借助《松漠记闻》"盖白衣观音所居,其山禽兽皆白"传说进行演绎,③地位自然非同一般,故金朝统治者认为"长白山神在镇渎之上"。④(见图二)

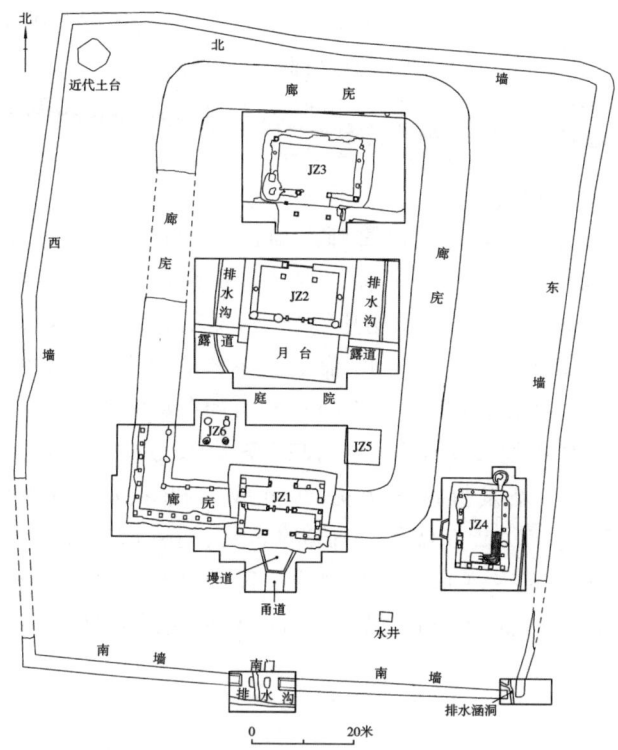

图二 长白山神庙遗址平面图(采自《吉林安图县金代长白山神庙遗址》)

---

① 《金史》卷三五《礼志八》长白山条,第3册,第820页。
② 参见邱靖嘉:《金代的长白山封祀——兼论金朝山川祭祀体系的二元特征》,《民族研究》2019年第3期。
③ 赵秉文《长白山行》亦有此说法:"长白山雄天北极,白衣仙人常出没。"(《滏水集》卷五,马振君整理:《赵秉文集》,黑龙江大学出版社,2014年,第104页)贞祐二年,右拾遗田庭芳奏议曰:"本地又有长白山,其中是物自生而白,此为金德是其物色之奇应之者。"(佚名编:《大金德运图说》,影印文渊阁《四库全书》,史部648册,第320页下栏)
④ 佚名编:《大金集礼》卷三七《杂祠庙》保陵公条,任文彪点校,第363页。

其次，混同江原本即一条民族学地图中的族群界线，契丹时期，其南北两岸大致分割为熟女真和生女真，金初阿骨打建立政权统一整个东北地区后，混同江变成境内大河。大定二十五年四月十三日，由于发源于长白山，金世宗于是将封册混同江纳入日程，有司奏请："混同江，太祖征辽，策马引军径渡，盖江神灵应之事。"①此处援引太祖渡江征辽故事，《金史·太祖纪》收国元年八月戊戌"上亲征黄龙府，次混同江"条记载此事，天眷初还为此改黄龙府名曰"济州"，军号"利涉"，"盖以太祖涉济故也"。② 大定时进一步发挥这则神异故事，二十六年七月，册封混同江神为"兴国应圣公"。③ 该册文不仅将渡河一事写入其中，而且还称："矧兹江源出于长白，经营帝乡，实相兴运。"④从而把混同江与金朝创业史紧密相连。

最后，《地理志》提到太祖誓师之地曰"得胜陀"，这与大定二十六年册封混同江神的缘由同出一辙。吉林省扶余市石碑崴子屯今存大定二十五年《大金得胜陀颂碑》及其故址，碑文引据《太祖实录》和《睿德神功碑》云："太祖率军渡涞流水，命诸路军毕会。"⑤此事见于根据实录修成的《金史·太祖纪》康宗二年（1114）九月"太祖进军宁江州"条⑥和《金史·五行志》"他日军宁江，驻高阜"条。⑦ 大定二十四年，金世宗驻跸上京时，打算重新发掘这段历史，据此线索找寻到所谓的誓师故地，次年七月便以追思"武元缔构之难"的名义，树立起一座高达3.2米的纪念碑及其奉祀庙宇，⑧这样就从物质层面确立开国创业史和王朝肇迹的地理坐标。顺带提及一下，混同江封册兴国应圣公碑文和《大金得胜

---

① 佚名编：《大金集礼》卷三七《杂祠庙》应圣公条，任文彪点校，第364页。
② 《金史》卷二《太祖纪》，第1册，第27—28页。
③ 佚名编：《大金集礼》卷三七《杂祠庙》应圣公条，任文彪点校，第365页。
④ 《金史》卷三五《礼志八》混同江条，第3册，第821页。
⑤ 罗福颐辑：《满洲金石志外编》，《石刻史料新编》第1辑，台北：新文丰出版公司，1977年，第23册，第17298页下栏。
⑥ 《金史》卷二《太祖纪》，第1册，第24页。
⑦ 《金史》卷二三《五行志》，第2册，第534页。
⑧ 参见张博泉：《〈大金得胜陀颂碑〉研究》，氏著《女真新论》，吉林文史出版社，1993年，第194—211页。李蒿岩：《从金世宗东巡谈大金得胜陀颂碑的相关问题》，《辽金契丹女真史研究》1985年第2期。

十五　国号"金源"说——女真政治文化观之演变　473

陀颂碑》均采以女真文和汉文两种文字书写,①其所传递出的政治信息耐人寻味。

最为明确的政治信号是,金世宗多次强调"会宁乃国家兴王之地"(见大定二年十二月诏书、②十三年三月乙卯与宰臣对语③)。与之配合的实际行动有,大定十三年七月恢复会宁府的"上京"旧号,由此重振其政治影响力,提升它在女真民族心目中的地位。若想把会宁完全塑造成"金源"为象征的王朝起源地,最有力的武器便是有一条按出虎水发源于此,④这是因为"按出虎"女真语本义即为"金"。大定二十四年六月辛酉,金世宗"幸按出虎水临漪亭"。⑤ 此亭为笼鹰之所,⑥代表着女真传统的游猎习俗。这条河也成为"金源"的典型象征。

从女真社会发展态势看,在海陵以降的汉化浪潮下,女真故俗日渐沦落,⑦其中大量女真人移居汉地带来的负面效果之一,便是对祖宗故事及其创业历史的淡漠。鉴于此,大定十一年,"世宗思太祖、太宗创业艰难,求当时群臣勋业最著者,图像于衍庆宫",表彰斜也等二十一位开国功臣,用以树立典范。⑧ 据《金史·世宗纪》记载,大定二十五年九月甲申:"次辽水,召见百二十岁女直老人,能道太祖开创事,上嘉叹,赐食,并赐帛。"二十六年六月己巳:"上谓右丞相原王曰:'尔尝读《太祖实录》乎？太祖征麻产,袭之,至泥淖马不能进,太祖舍马而步,欢都射中麻产,遂擒之。创业之难如此,可不思乎。"⑨其意图旨在唤醒女真人

---

① 佚名编:《大金集礼》卷三七《杂祠庙》应圣公条,任文彪点校,第364页。道尔吉、和希格:《女真文〈大金得胜陀颂〉碑校勘释读》,《内蒙古大学学报(哲学社会科学版)》1984年第4期。
② 《金史》卷三三《礼志六》原庙条,第3册,第787页。
③ 《金史》卷七《世宗纪中》,第1册,第158页。
④ 《契丹国志》卷一〇《天祚皇帝上》记载,"(女真)退保长白山之阿虎火。阿虎火者,女真所居之地,以河为名也"。此处"虎"原作"木",点校者已校改。"阿虎火"即"按出虎"。(第115、128页)
⑤ 《金史》卷八《世宗纪下》,第1册,第187页。
⑥ 《金史》卷二四《地理志上》,第2册,第551页。
⑦ 参见姚从吾:《金世宗对于中原汉化与女真旧俗的态度》,氏著《东北史论丛》,下册,第118—174页。徐秉愉:《金世宗时期女真民族的危机——金世宗女真政策的背景》,《汉学研究》第19卷2期,2001年12月。
⑧ 《金史》卷七〇《习室传》,第5册,第1624页。
⑨ 《金史》卷八《世宗纪下》,第1册,第190、193页。

对金初历史的记忆。从这个大背景中不难理解,努力想有一番作为的政治家金世宗是多么地想把已经失去政治中心地位的会宁腹地塑造成为国家起源象征与女真原生文化的发祥地。

综上所述,根据现有材料,金初的女真人无所谓郡望观念,至少尚未见有传世文献称"金源"者,自从海陵和世宗时期开始出现册封"金源郡王"之举,直至大定七年二月才正式确立为一项国家政治制度,明昌初"金源"郡望最终定型。除前引《金史·地理志》和《金虏图经》外,金朝文献定义会宁为金源者,目前所见材料多与金世宗活动密切相关。如王寂《辽东行部志》有云"公(高无忌)大定丙午为尚书右司郎中,扈从之金源";① 明昌元年《王元德墓志铭》称"世宗幸金源";② 大安元年(1209)《鲁国大长公主墓志铭》载大定二十六年"世宗还自金源",③ 从会宁府返回中都。以上记载与大定二十四至二十六年金世宗巡幸有关,"金源"是经过官方舆论宣传而成为地名指称会宁府的。

金世宗采取封册长白山神、混同江神、创建大金得胜陀颂碑等相互联动的政治营造,意图将其与太祖开国创业史及金朝国运紧密联系到一起。确实不枉费这番苦心,实践证明,上述种种举措取得了预想的效果。谨以长白山为例,章、宣时期,当政治家们谈及这座山与金源关系时,赵秉文《广平郡王完颜公碑》铭曰"维长白山,肇发金源",④ 又《谒北岳》云"长白发金源"。⑤ 贞祐二年二月,张行信奏议曰:"本朝始祖已肇迹于东气,王于长白,祚衍于金源,奕世载德,遂集大统。"穆颜乌登(抹撚兀典)等人提到,"长白山素系国家福幸之地"。⑥ 甚至连元修《金史·高丽传》序文都认为,"盖长白山,金国之起焉"。⑦ 这显然代表着金元时期人们的普遍印象,后世谓"金源氏"指称女真政权的源头在此。

我们重审《金史·地理志》"以按出虎水源于此,故名金源,建国之

---

① 贾敬颜:《五代宋金元人边疆行记十三种疏证稿》,中华书局,2004年,第290页。
② 陈学霖:《金循吏王元德墓志铭考释》,刘凤翥、华祖根、卢勋编:《中国民族史研究》第4辑,改革出版社,1992年,第95页。
③ 拓本见梅宁华主编:《北京辽金史迹图志(下)》,北京燕山出版社,2004年,第220页。
④ 赵秉文:《滏水集》卷一二,马振君整理:《赵秉文集》,第304—305页。
⑤ 赵秉文:《滏水集》卷六,马振君整理:《赵秉文集》,第139页。
⑥ 佚名编:《大金德运图说》(不分卷),影印文渊阁《四库全书》,史部第648册,第319页上栏、320页上下栏。穆颜乌登,系清人改译,原文应为"抹撚兀典"。
⑦ 《金史》卷一三五《高丽传》,第8册,第2881页。

号盖取诸此"的记载,这段史料是撮合不同时段文献而成,在历史被塑造的背景下复经元人杂糅诸说,既而形成国号"金源"说。在此提醒读者要谨防技术造成的陷阱。不妨试想,若上述"金源"义即"按出虎水"等文字同出一个整体史源,经过金世宗大力倡导的"金源文化"至章宗朝已经根深蒂固,金臣怎么会仍奉行《太祖实录》国号"惟金一色"或"惟金不变不坏"的说法,甚至竟有谏院官员道出"盖闻本朝肇迹之方多出金宝"之语而不涉国号问题,岂不是对本朝政治史孤陋寡闻?

现总结如下:以"金源"为典型象征符号的女真王朝起源概念,经过一个相当持久的政治文化建设过程,是金世宗通过树立各种政治景观和巡幸上京会宁府重拾女真故俗等一系列举措逐渐塑造起来的。

三、"奔至阿触胡":完颜家族起源记忆及其改造

"金源"作为金中期政治家在复兴传统的政治运动中构建出来的女真文化本位观,其实并不存在于金初官方的历史叙述之中。这一论断成立与否的关键在于,需要探明金初期对王朝起源问题的认识,这样才能全面揭示"按出虎水"及由此引申出的"金源"在女真统治者观念中的真实地位和政治意义。

《金史·世纪》详细叙述完颜家族的祖先历史:

> 金之始祖讳函普,初从高丽来,年已六十余矣。……始祖至完颜部,居久之,其部人尝杀它族之人,由是两族交恶,哄斗不能解。完颜部人谓始祖曰:"若能为部人解此怨,使两族不相杀,部有贤女,年六十而未嫁,当以相配,仍为同部。"始祖曰:"诺。"乃自往谕之曰:"杀一人而斗不解,损伤益多。曷若止诛首乱者一人,部内以物纳偿汝,可以无斗而且获利焉。"怨家从之。乃为约曰:"凡有杀伤人者,征其家人口一、马十偶、牸牛十、黄金六两,与所杀伤之家,即两解,不得私斗。"曰:"谨如约。"女直之俗,杀人偿马牛三十自此始。即备偿如约,部众信服之,谢以青牛一,并许归六十之妇。始祖乃以青牛为聘礼而纳之,并得其赀产。后生二男,长曰乌鲁,次曰斡鲁,一女曰注思板,遂为完颜部人。①

---

① 《金史》卷一《世纪》,第1册,第2—3页。

《金史·后妃传》有记载称"始祖明懿皇后,完颜部人,年六十余嫁始祖";①《金史·始祖以下诸子》亦有提及,②都与《金史·世纪》之文相合,皆改编自皇统元年《祖宗实录》。又,贞祐四年,张行信曾曰:"按《始祖实录》止称自高丽而来。"③研究指出,《世纪》"函普初从高丽来"记载出于虚构。④ 以历史史实辨证传说内容真伪的方法固然可取,其实从故事文本生成的脉络中将祖先记忆结合金初政治研究才更有意义。下文拟对完颜氏家族起源问题再做一番探讨,以回应国号"金源"说。

《祖宗实录》所载函普来自高丽的说法,《松漠记闻》记载与此相印证,有云:"女真酋长乃新罗人,号完颜氏。"⑤这里以历史旧名"新罗"指称高丽。作者洪皓羁留会宁时通过访求女真贵族得知该传说。始祖避地女真完颜部云云,这在金朝官方文献中也多有表达。天会十四年八月庚戌,太师宗磐等臣僚上奏议曰:"伏惟皇九代祖,廓君人之量,挺御世之姿。虞舜生冯,迁于负夏。太王避狄,邑此岐山。圣姥来归,天原肇发。"⑥可见金人将始祖肇兴于完颜部的故事与舜徙居负夏及太王避狄比拟,"圣姥"指函普迎娶的花甲老妪。皇统五年闰十一月七日增上祖宗尊谥亦云:"始祖景元皇帝避地他邦,聿来上国,始以圣意断讼,邦人尊服,至今为法。"⑦此与《金史·世纪》旨意相合,"他邦"指完颜部,函普奔至该部制定约法,调节争斗,部众咸服。

无论是金朝官修实录还是宋朝文献所载女真口述史,对于始祖来源问题皆无异辞,这种祖先历史叙述,被金初统治者认可并大力宣传。其中《太祖睿德神功碑》叙述祖先源于高丽即为典型案例。据金初燕山进士文惟简《虏廷事实》"姓氏"条记载:

> 女真部族,种类不同。有夹谷、赤盏、温熟、驰满、纳合、徒丹、乌古论、乌林巷(应作"答")、纥石烈等数十姓,各以其先世所居地

---

① 《金史》卷六三《后妃传上》,第 5 册,第 1499 页。
② 《金史》卷六五《始祖以下诸子传》,第 5 册,第 1537 页。
③ 《金史》卷一〇七《张行信传》,第 7 册,第 2367 页。
④ 参见〔日〕池内宏:《金史世纪の研究》,《满鲜地理历史研究报告》第 11 册,东京帝國大學文學部,1926 年 9 月,第 177—313 页;收入《满鲜史研究》中世第 1 册,荻原星文館刊,1943 年,第 325—459 页。
⑤ 洪皓:《松漠记闻》卷上,第 2 页 a。
⑥ 《金史》卷三二《礼志五》上尊谥条,第 3 册,第 774 页。
⑦ 佚名编:《大金集礼》卷三《追加谥号上》,任文彪点校,第 54—55 页。

名为列。惟完颜一姓,则有异焉,盖其远祖,因避罪自高丽而至女真。后立《神功圣德碑》于燕城之西,参知政事韩昉作文,翰林承旨宇文虚中书,翰林待制吴激篆额,其碑自序"出于高丽"云。①

此谓女真诸部落中惟独完颜氏"远祖",是"因避罪自高丽而至",②并引用《神功圣德碑》自序"出于高丽"作为证据。这通碑刻景观,无疑表明金初官方最权威的关于始祖发源地问题的态度。据《金史·太祖纪》记载说,阿骨打死后,"立《开天启祚睿德神功之碑》于燕京城南尝所驻跸之地",③可惜没有写明立碑时间。今考《金史·文艺传·韩昉》云:"昉虽贵,读书未尝去手,善属文,最长于诏册,作《太祖睿德神功碑》,当世称之。"④上文记述称,碑文撰者韩昉结衔题作"参知政事",其授官时间为皇统元年四月。⑤《金史·宇文虚中传》"皇统二年宋人请和"的上文"书《太祖睿德神功碑》,进阶金紫光禄大夫",⑥而篆额者吴激卒于皇统二年。⑦据此考证,《神功圣德碑》当于皇统元年四月至岁尾间完成。此外,皇统八年八月进呈的《金太祖实录》今存佚文亦云:"其先寓止为完颜部人,后因以为氏。"⑧"寓止"一语乃强调祖先是从外地迁徙来的,据此可与《太祖睿德神功碑》的记载相印证。

另外,高丽一方对完颜氏家族发源问题也有着很丰富的记述。据《高丽史》载,公元1109年六月,女真遣裹弗等抵达高丽,奏报曰:"昔我太师盈歌尝言:'我祖宗出自大邦,至于子孙义合归附。'今太师乌雅束亦以大邦为父母之国。"⑨"大邦"是女真对高丽的尊称。直到阿骨打时期仍叙及旧事,天辅元年(1117)三月,他派遣阿只等寄书曰:"兄大女真

---

① 涵芬楼百卷本《说郛》卷八,陶宗仪等编:《说郛三种》,上海古籍出版社,2012年,第1册,第172页下栏。
② 皮锡瑞指出,《房廷事实》《松漠记闻》二说相合。参见《皮锡瑞日记》,光绪二十五年七月初九日,吴仰湘编:《皮锡瑞全集》,中华书局,2015年,第10册,第1108页。
③ 《金史》卷二《太祖纪》,第1册,第42页。
④ 《金史》卷一二五《文艺传上》,第8册,第2715页。
⑤ 《金史》卷四《熙宗纪》,第1册,第77页。
⑥ 《金史》卷七九《宇文虚中传》,第6册,第1792页。
⑦ 《金史》卷一二五《文艺传上》,第8册,第2718页。
⑧ 《三朝北盟会编》卷一八引《金太祖实录》,《中华再造善本》,影印明钞本,国家图书馆出版社,2013年,第6页a。
⑨ 〔朝鲜〕郑麟趾:《高丽史》卷一三《睿宗世家二》,首尔:亚细亚文化社,影印延世大学藏本,1972年,上册,第262页上下栏。

金国皇帝致书于弟高丽国王。自我祖考介在一方,谓契丹为大国,高丽为父母之邦,小心事之。"①天德二年高丽《尹彦颐墓志铭》曰:"女真本我朝人子孙,故为臣仆,相次朝天,近境之人,皆属我朝户籍久矣。"②至元二十四年(1287)三月,高丽李承休编著《帝王韵纪》"金祖名旻姓完颜"条还提到:"故应谓我父母乡。"引金人诗云:"燕地神仙窟,三韩父母乡。"按语说"盖不忘本也"。作者于至元十年抵达元大都朝谒忽必烈,此行采访到这两句在燕地流行的诗文,即以历史旧名"三韩"来指称高丽。并引国书所见阿骨打与高丽王俣"结为兄弟通信使"。③既而佐证金朝文献的始祖传说。

高丽始终保持着对女真的优势,虽然后来双方势力对比发生变化,直到主从地位彻底翻转,④都仍然坚持原来的传说。总之,《金史·世纪》函普传说所见"初从高丽来",代表着完颜氏的家族记忆和祖先意识,是金初统治者的政治意向和文化抉择。完颜部始祖函普及祖先起源,并非会宁府的金源故地。

然而苗耀《神麓记》所叙内容则发生微妙改变:

> 女真始祖掯浦出自新罗,奔至阿触胡,无所归,遂依完颜,因而氏焉。六十未娶。是时酋豪以强凌弱,无有制度,掯浦劈木为剋,如文契约,教人举债生息,勤于耕种者遂致巨富。若遇盗窃鸡豚狗马者,以桎梏拘贼,用柳条笞挞外,赔偿七倍,法令严峻,果断不私,由是远近皆伏,号为神明。有邻寨鼻察异酋长,姓结徒姑丹,小名圣者货,有室女年四十余尚未婚,遂以牛马财用农作之具,嫁之于掯浦。后女真众酋结盟,推为首领。⑤

将《神麓记》与《金史·世纪》所载始祖故事比对,可知迎娶贤女情节略有分歧,掯浦(函普)从高丽奔至完颜部,树立条教教化部众,相传八代至阿骨打称帝,均一一相合,总体说明出自同一母题。最大歧异在于,

---

① 〔朝鲜〕郑麟趾:《高丽史》卷一四《睿宗世家三》,上册,第287页上栏。
② 〔韩〕金龙善编著:《高丽墓志铭集成》,春川:翰林大学校,1993年,第112页。此条史料从陈俊达《从"强狄"到"正统":史籍所见高丽君臣心中的金朝形象》一文中获得线索。
③ 〔高丽〕李承休:《帝王韵纪》卷上,汉城:朝鲜古典刊行会,影印本,1939年,第29页。
④ 参见陈俊达:《从"强狄"到"正统":史籍所见高丽君臣心中的金朝形象》,张伯伟编:《域外汉籍研究集刊》第18辑,中华书局,2019年,第155—169页。
⑤ 徐梦莘:《三朝北盟会编》卷一八引《神麓记》,第127页上栏。

《金史·世纪》"始祖居完颜部仆幹水之涯",直到四世孙献祖绥可始"定居于安出虎水之侧";①《神麓记》则直接云揩浦(函普)"奔至阿触胡(按出虎)",此中献祖随阔(绥可)迁徙经历不复存在。也就是说,这支家族的迁徙路径大大缩短,祖居按出虎水的历史则被"提前"。这个问题曾让我困惑不已,尽管有很多学者都利用过这条材料,但始终没做出相应解释。

从《金史·世纪》所述祖先传说中可见,金初统治者对完颜部落最初发源地"仆幹水之涯"记忆的历史过于遥远,后来不再提及,或已经遗忘。这条河流仅此一见,故其所在具体地理位置难以考证。② 最为明确的迁徙记载始见于献祖经历:

> 献祖,讳绥可。黑水旧俗无室庐,负山水坎地,梁木其上,覆以土,夏则出随水草以居,冬则入处其中,迁徙不常。献祖乃徙居海古水,耕垦树艺,始筑室,有栋宇之制,人呼其地为纳葛里。"纳葛里"者,汉语居室也。自此遂定居于安出虎水之侧矣。③

此言"黑水旧俗"至"迁徙不常"等语,全部抄自《新唐书·黑水靺鞨传》。④ 按《金史·始祖以下诸子传》"德帝思皇后生安帝,季曰辈鲁。辈鲁与献祖俱徙海姑水,置屋宇焉"与上文"徙居海古水"相同。⑤ 皇统五年闰十月《增上祖宗尊谥》云:"献祖定昭皇帝始立室家,渐成都邑,鸠民化俗,悉本纯俭。"⑥《金史·乐志》载宗庙乐歌中的献祖《大昭之曲》,作"惟圣兴邦,经始之初。鸠民化俗,还定攸居"。⑦ 以上皆称颂献祖定居海古水之功。据《金史·完颜兀不喝传》记载:"会宁府海姑寨人。"⑧ 兀不喝卒于大定五年,说明此时"海古"之名仍相沿不废,《地理志》上京路条故云"即海古之地,金之旧土也"。⑨ 从完颜家族迁徙历程看,海

---

① 《金史》卷一《世纪》,第 2、3 页。
② 参见李秀莲:《女真完颜家族的崛起》,《哈尔滨学院学报》2018 年第 3 期。
③ 《金史》卷一《世纪》,第 1 册,第 3 页。
④ 《新唐书》卷二一九《黑水靺鞨传》,中华书局,1975 年,第 20 册,第 6178 页。
⑤ 《金史》卷六五《始祖以下诸子传》,第 5 册,第 1538 页。
⑥ 佚名编:《大金集礼》卷三《追加谥号上》,任文彪点校,第 55 页。
⑦ 《金史》卷四〇《乐志下》,第 3 册,第 900 页。
⑧ 《金史》卷九〇《完颜兀不喝传》,第 6 册,第 1998 页。
⑨ 《金史》卷二四《地理志上》,第 2 册,第 550 页。

古水较按出虎水更早作为定居地,理当具有纪念意义。

"海古水"与"按出虎水"并非一地。揆诸《金史·世纪》上文文义,"自此遂定居于安出虎水之侧矣"一句略显突兀,明显与上下语境有所割裂。笔者注意到,《金史·始祖以下诸子传》赞语曰:"金诸宗室,自始祖至康宗凡八世。献祖徙居海姑水纳葛里村,再徙安出虎水。世祖称海姑兄弟,盖指其所居也。"①有证据表明,《金史》的《始祖以下诸子传》与《世纪》同源,均改编自《祖宗实录》,上述赞语或据此写成。根据这条线索,揭示出献祖经过二次迁徙方至按出虎水的一段经历。

显而易见,《神麓记》捎浦"奔至阿触胡"的叙述中暗含深意。可惜《神麓记》创作时间及其作者苗耀身份均不详。通检现存《神麓记》佚文,从最晚的一条金世宗即位改元纪事推测,《神麓记》应成书于大定年间以后。②《金史·世纪》以《祖宗实录》为蓝本修成,主要材料是靠收集氏族成员的口头传说记述下来的。③ 据记载,天会六年六月己未,"诏求祖宗遗事"。④ 最初由宗翰草创,皇统元年十二月,"左丞勖进先朝《实录》三卷,上焚香立受之"⑤。具体成书过程详见《金史·完颜勖传》:"勖等采摭遗言旧事,自始祖以下十帝,综为三卷。"⑥始祖事迹即载于此书。对比可知,后来成书的《神麓记》"捎浦"传说文本关键之处已与皇统元年《祖宗实录》有很大不同,明显是经过篡改后的面貌,其谓"奔至阿触胡"很符合金世宗时期对金源的历史想象,或许通过改造始祖传说,试图从根本上证明以函普起源的完颜部落作为核心集团的女真政权最初就发源于按出虎水。

这种改纂结果在后来文献中有所体现。按《高丽史·睿宗世家》睿宗十年(1115)正月"生女真完颜阿骨打称皇帝"条追述家族起源云:"或曰昔我平州僧今俊遁入女真,居阿之古村,是谓金之先。或曰平州僧金幸之子克守,初入女真阿之古村,娶女真女。"⑦这份来自高丽的故

---

① 《金史》卷六六《始祖以下诸子传》,第5册,第1570页。
② 参见傅朗云:《评苗耀〈神麓记〉的史料价值》,《北方文物》1987年第4期。
③ 参见王明荪:《金修国史及金史源流》,《书目季刊》第22卷第1期,1988年6月。韩世明:《金完颜始祖史事探赜》,《吉林大学社会科学学报》1993年第3期。
④ 《金史》卷三《太宗纪》,第1册,第59页。
⑤ 《金史》卷四《熙宗纪》,第1册,第78页。
⑥ 《金史》卷六六《完颜勖传》,第5册,第1558页。
⑦ 〔朝鲜〕郑麟趾:《高丽史》卷一四《睿宗世家三》,上册,第277页上下栏。

事文本中,"阿之古"即"按出虎",既而佐证金朝文献的始祖传说。元代戚辅之撰《辽东志略》女真条曰:"本完颜氏,始居按出虎水。"①《元史·地理志》开元路条称:"金鼻祖之部落也。初号女真,后避辽兴宗讳,改曰女直。太祖乌古打既灭辽,即上京设都,海陵迁都于燕,改为会宁府。"②洪武十七年(1384)《大明清类天文分野之书》卷二四开元路条内容相同,③即同源于元初所编《大元大一统志》。④ 以上记载,恰好体现了后世史书接受女真政权起源按出虎水的历史认知。

由此可知,按出虎水与完颜部起源并非具有天然联系,在金初的历史记忆中,它其实是献祖时甚至更晚才开始出现的栖息之地。⑤

以上主要围绕"金源"概念生成史展开分析,通过梳理大金国号缘起及史料传播路径,指出金《太祖实录》《亡辽录》及《金虏节要》分属不同类型的文献层次,原本为彼此独立的历史记载,元末编造《金史·地理志》时,史官概述上京路地理,遂将《金虏节要》"以本土阿禄阻为国号"和《金虏图经》"会宁地名金源"等材料捏合为一条,由此杂糅产生所谓"金源"国号说。在破解元朝史官的历史预设之后,我们考察有金一代的政治文化特征,则可以发现经历转型之轨迹。

第一阶段,《太祖实录》所载"惟金一色,最为真宝",意谓大金优胜镔铁,旨在阐释阿骨打灭辽的合法性和正当性,这是金初统治者构建女真开国史的重要一环。就统治集团家族起源而言,从《金史·世纪》"初从高丽来"叙述中足可见完颜氏家族的历史记忆之选择。金初统治者的立场十分明确,家族记忆与国号取义的历史叙述是两条独立的线索。

第二阶段,金初本无"金源"郡望观念,金世宗在文化复兴运动中极力构建女真文化本位观,将昔日上京会宁府作为宣传噱头,建造各种政治景观,而境内按出虎水恰好寓意"金源",由于开国都城建于此地,正

---

① 涵芬楼百卷本《说郛》卷九七,陶宗仪等编:《说郛三种》,第2册,第1317页上栏。
② 《元史》卷五九《地理志二》,第5册,第1399—1400页。
③ 刘基:《大明清类天文分野之书》卷二四,《四库全书存目丛书》,齐鲁书社,1997年,子部第60册,第757页上栏。
④ 参见韩道英:《〈大明清类天文分野之书〉考释与历代"星野"变迁》,暨南大学硕士学位论文,2008年5月,第10—16页。
⑤ 参见李秀莲:《大金国号考释》,《黑河学院学报》2015年第5期。

符合这种政治需求。其中,《金史·世纪》最初所载"始祖居完颜部仆幹水之涯",献祖绥可开始"定居于安出虎水之侧",曾有着复杂的多次迁徙的记忆,但到大定时期成书的《神麓记》则称掯浦"奔至阿触胡",这样就改造成了以完颜部落为首的女真政权原本就发源于按出虎水。通过一系列政治举措,以"金源"为典型象征符号的女真王朝起源观逐渐确立起来,针对的是金中期历经汉化浪潮的全体女真民族。

总之,"金源"不是一个天然概念,"金源"即会宁府地更不是纯粹的地理称谓。

十六　塑造天命:《元太祖实录》纂修所见元初史观

成吉思汗史事及其编纂,并不是一个新问题。20世纪以来,学界以《元朝秘史》(简称《秘史》)为对象,探讨与《史集》《圣武亲征录》(简称《亲征录》)及《元史·太祖纪》(简称《太祖纪》)的史料渊源,①不过关注焦点集中在早期蒙古史,对丙寅年(1206)②以后征服金、宋的研究相对薄弱。③ 这里将展拓文献视野,立足于13世纪蒙古史料的传承脉络,以《太祖纪》为突破口,破解《元太祖实录》(简称《太祖实录》)编纂难题,厘清复杂多元的文献层次和不同的史料系统,揭示成吉思汗历史叙事的文献分野与主题观念。

一、从金末元初文献中发现的初步线索

《太祖纪》据元成宗大德七年(1303)十月修成的太祖、太宗、定宗、

---

① 参见 Igor de Rachewiltz, *The Secret History of the Mongols: A Mongolian Epic Chronicle of the Thirteenth Century*, Leiden, Boston: Brill, 2004, pp. XXV-LXX. Paul Pelliot et Louis Hambis, *Histoire des Campagnes de Gengis Khan: Cheng-wou Ts'in-Tcheng Lou*, Traduit et Annoté, Leiden, E. J. Brill, 1951, pp. XI-XXVII. 余大钧:《记载元太祖事迹的蒙、汉、波斯文史料及其相互关系》,北京大学历史学系编:《北大史学》第12辑,北京大学出版社,2007年,第446—449页。亦邻真:《莫那察山与〈金册〉》,亦邻真著,乌云毕力格、乌兰主编:《般若至宝:亦邻真教授学术论文集》,上海古籍出版社,2019年,第345—349页。刘迎胜:《陈桱〈通鉴续编〉引文与早期蒙古史料系谱》,刘迎胜、姚大力主编:《清华元史》第4辑,商务印书馆,2018年,第3—15页。此外,本文所引纪、志、传等,若无特别说明,均出自《元史》。

② 有关《元史》中大蒙古国时期的纪年方式,前四汗本纪多为即位起讫加干支纪年的复合方式(如太祖元年丙寅),列传则采用干支纪年。本文在纪与传及其他文献对比时统一采取干支纪年(如丙寅),单独处理本纪则只列具体年份。

③ 参见余大钧:《〈元史·太祖纪〉所记蒙金战事笺证稿》,陈述主编:《辽金史论集》第2辑,书目文献出版社,1987年,第329—373页。

睿宗、宪宗五朝实录中《太祖实录》改编。《世祖纪》中只有四处明确提到《太祖实录》的编纂进度：中统三年（1262）八月戊申，"敕王鹗集廷臣商榷史事，鹗等乞以先朝事迹录付史馆"；中统四年四月戊寅，"王鹗请延访太祖事迹付史馆"；至元二十三年（1286）十二月戊午，翰林承旨撒里蛮言，"国史院纂修太祖累朝实录，请以畏吾字翻译，俟奏读然后纂定"，从之；至元二十五年二月庚申，"司徒撒里蛮等进读《祖宗实录》"。① 关于具体细节，张帆提出，元廷最初编修太祖诸帝实录时曾搜集野史、询访口头材料，②可惜置而未论。值得注意的是，《太祖纪》不仅与《金史·宣宗纪》《金史·哀宗纪》存在相似内容，还可以在《金史》相关人物列传中得到印证。元初编纂国史时，王恽《论收访野史事状》提到"近又闻国史院于亡金实录内采择肇造事迹"。③ 由此可知，太祖等实录有关金蒙交往的史料抄撮"金实录"。循上述线索，通过逐一核实《太祖纪》，可以发现《元史》平金功臣列传与本纪构成同源关系，数《元史·木华黎传》（简称《木华黎传》）最为典型（见表一）。

表一 《太祖纪》与《木华黎传》史文对比表

《太祖纪》	《木华黎传》
（元年丙寅）会金降俘等具言金主璟肆行暴虐，帝乃定议致讨，然未敢轻动也	金之降者，皆言其主璟杀戮宗亲，荒淫日恣。帝曰："朕出师有名矣。"
（六年辛未）九月，拔德兴府	辛未，从伐金，薄宣德，遂克德兴
（八年癸酉秋）复命木华黎攻密州，屠之。史天倪、萧勃迭率众来降，木华黎承制并以为万户	（癸酉）因分兵攻下益都、滨、棣诸城，遂次霸州，史天倪、萧勃迭率众来降，并奏为万户
（九年甲戌）冬十月，木华黎征辽东，高州卢琮、金朴等降。锦州张鲸杀其节度使，自立为临海王，遣使来降	（甲戌）命统诸军征辽东，次高州，卢琮、金朴以城降……锦州张鲸聚众十余万，杀节度使，称临海郡王，至是来降

---

① 《元史》卷五《世祖纪二》，中华书局，1976年，第1册，第86、92页。卷一四《世祖纪十一》，第2册，第294页。卷一五《世祖纪十二》，第2册，第308—309页。
② 张帆：《元代实录材料的来源》，《史学史研究》1988年第4期。
③ 王恽：《秋涧先生大全集》卷八四《论收访野史事状》，《元人文集珍本丛刊》，第2册，台北：新文丰出版公司，1985年，第403页。

（续表）

《太祖纪》	《木华黎传》
（十年乙亥）二月，木华黎攻北京，金元帅寅答虎、乌古伦以城降，以寅答虎为留守，吾也而权兵马都元帅镇之	（乙亥）进攻北京，金守将银青率众二十万拒花道逆战，败之，斩首八万余级。城中食尽，契丹军斩关来降，进军逼之，其下杀银青，推寅答虎为帅，遂举城降……奏寅答虎留守北京，以吾也而权兵马都元帅镇之
兴中府元帅石天应来降，以天应为兴中府尹	未几，吏民杀兀里卜，推土豪石天应为帅，举城降，奏为兴中尹、兵马都提控
（四月）诏张鲸总北京十提控兵从南征。鲸谋叛伏诛。鲸弟致遂据锦州，僭号汉兴皇帝，改元兴龙	诏木华黎以鲸总北京十提控兵，从掇忽阑南征未附州郡。木华黎密察鲸有反侧意，请以萧也先监其军。至平州，鲸称疾逗留，复谋遁去，监军萧也先执送行在，诛之。鲸弟致愤其兄被诛，据锦州叛，略平、滦、瑞、利、义、懿、广宁等州。木华黎率蒙古不花等军数万讨之，州郡多杀致所署长吏降
秋七月，红罗山寨主杜秀降，以秀为锦州节度使	进逼红罗山，主将杜秀降，奏为锦州节度使
（十一年丙子春）张致陷兴中府，木华黎讨平之	丙子，（张）致陷兴中府。七月，进兵临兴中……围守月余，致愤将校不戮力，杀败将二十余人。高益惧，缚致出降，伏诛
（十二年丁丑）秋八月，以木华黎为太师，封国王，将蒙古、乣、汉诸军南征，拔遂城、蠡州。冬，克大名府，遂东定益都、淄、登、莱、潍、密等州	丁丑八月，诏封太师、国王、都行省承制行事，赐誓券、黄金印曰："子孙传国，世世不绝。"分弘吉刺、亦乞烈思、兀鲁兀、忙兀等十军，及吾也而契丹、蕃、汉等军，并属麾下……遂自燕南攻遂城及蠡州诸城，拔之。冬，破大名府，遂东定益都、淄、登、莱、潍、密等州
（十三年戊寅）木华黎自西京入河东，克太原、平阳及忻、代、泽、潞、汾、霍等州	戊寅，自西京由太和岭入河东，攻太原、忻、代、泽、潞、汾、霍等州，悉降之。遂徇平阳，金守臣弃城遁

（续表）

《太祖纪》	《木华黎传》
（十四年己卯）秋，木华黎克岢岚、吉、隰等州，进攻绛州，拔其城，屠之	己卯，以萧特末儿等出云、朔，<u>攻降岢岚火山军</u>。以谷里夹打为元帅达鲁花赤，<u>攻拔石、隰州，击绛州，克之</u>
（十五年庚辰）秋，木华黎徇地至真定，武仙出降	庚辰，<u>复由燕徇赵，至满城</u>。<u>武仙举真定来降</u>
冬，金邢州节度使武贵降	兵至洺阳，<u>金邢州节度使武贵迎降</u>
（十六年辛巳春）金东平行省事忙古弃城遁，严实入守之	辛巳四月，东平粮尽，<u>金行省忙古奔汴</u>，梭鲁忽秃邀击之，斩七千余级，忙古引数百骑遁去。实入城，建行省，抚其民
夏六月，宋涟水忠义统辖石珪率众来降，以珪为济、兖、单三州总管	<u>五月，还军野狐岭</u>。<u>宋涟水忠义统辖石珪来降，以为济、兖、单三州都总管</u>
十一月，宋京东安抚使张琳以京东诸郡来降，以琳为沧、景、滨、棣等州行都元帅	<u>京东安抚使张琳皆来降，以琳行山东东路益都、沧、景、滨、棣等州都元帅府事</u>
（十七年壬午秋）金平阳公胡天祚以青龙堡降	（壬午）薄青龙堡，<u>金平阳公胡天祚拒守</u>，裨将蒲察定住、监军王和开壁降，迁天祚于平阳
冬十月，金河中府来附，以石天应为兵马都元帅守之	冬十月，复由云中历太和寨，入葭州，金将王公佐遁，<u>以石天应权行台兵马都元帅</u>
十八年癸未春三月，太师国王木华黎薨	（癸未三月）薨，年五十四

注：标注下划线内容系《木华黎传》与《太祖纪》雷同者

《木华黎传》按照丙寅、辛未、壬申、癸酉、甲戌、乙亥、丙子、丁丑、戊寅、己卯、庚辰、辛巳、壬午、癸未分条系事，①除壬申条外，其余各条中均存在与《太祖纪》重合的内容。这种文字雷同并非偶然，除《木华黎传》外，《元史》诸传内容与《太祖纪》关系密切者，按时间排序：卷一四九《郭宝玉传》与庚午年春条；卷一二〇《察罕传》与辛未年二月条；卷一

---

① 《元史》卷一一九《木华黎传》，第10册，第2930—2936页。

六六《石抹狗狗传》与辛未年冬条;卷一五〇《石抹明安传》与壬申年正月、乙亥年正月及三月条;卷一四九《耶律留哥传》与壬申年正月、乙亥年十一月条;卷一四七《史天倪传》与乙亥年七月及八月、庚辰年秋、甲申年夏、乙酉年二月条;卷一四七《史天祥传》与乙亥年十一月、丁丑年夏条;卷一四七《张柔传》与戊寅年八月、己卯年春、丙戌年十二月条;卷一四八《严实传》与庚辰年秋条;卷一四八《董俊传》与庚辰年条;①卷一四六《耶律楚材传》与甲申年条;卷一五五《史天泽传》与乙酉年六月条;卷一一九《孛鲁附传》与丙戌年九月条。② 以上诸传与纪文字同样相仿,也存在同源迹象。这有两种可能:一是《太祖实录》旧文如此,元初史官业已编定;二是洪武初年纂修《元史》时,为扩充篇幅,从功臣列传中摘抄进《太祖纪》。因此,有必要厘清其中的传抄关系。

可以明确的是,现存《亲征录》《史集·成吉思汗纪》等与《太祖纪》分别代表《太祖实录》从初创到定稿各编纂阶段的面貌,时间由远及近,具有层层传递的关系。若有彼此契合者,应属《太祖实录》最原始的内容。尽管《元史》纪、传雷同内容极少见于《亲征录》等书,但仍有迹可循。

其一,《石抹明安传》壬申年(1212)条载金将纥石烈九斤应援事:

> 岁壬申,太祖率师攻破金之抚州,将遂南向,金主命招讨纥石烈九斤来援,时明安在其麾下,九斤谓之曰:"汝尝使北方,素识蒙古国主,其往临阵,问以举兵之由,不然即诟之。"明安初如所教,俄策马来降,帝命缚以俟战毕问之。既败金兵,召明安诘之曰:"尔何以置我而后降也?"对曰:"臣素有归志,向为九斤所使,恐其见疑,故如所言。不尔,何由瞻奉天颜?"帝善其言,释之。③

《太祖纪》壬申年正月条很简略。④ 而《亲征录》《史集·成吉思汗纪》则

---

① 罗玮《元明善〈寿国董忠烈公传〉考——兼论董文用对元朝〈太祖实录〉纂修的影响》(《中国史研究》2019年第3期)指出《董俊传》与《太祖纪》庚辰年条相同,认为董俊之子文用为彰显其父功德,将此条添入《太祖实录》。
② 《元史》卷一《太祖纪》,第1册,第13—24页。
③ 《元史》卷一五〇《石抹明安传》,第12册,第3556页。
④ 《元史》卷一《太祖纪》,第1册,第16页。

详细记述明安归降太祖的经过及两人对答之语,①与《石抹明安传》记载相同。

其二,《木华黎传》丁丑年(1217)八月云:

> 诏封太师、国王、都行省承制行事,赐誓券、黄金印曰:"子孙传国,世世不绝。"分弘吉剌、亦乞烈思、兀鲁兀、忙兀等十军,及吾也而契丹、蕃、汉等军,并属麾下。且谕曰:"太行之北,朕自经略,太行以南,卿其勉之。"赐大驾所建九斿大旗,仍谕诸将曰:"木华黎建此旗以出号令,如朕亲临也。"乃建行省于云、燕,以图中原。遂自燕南攻遂城及蠡州诸城,拔之。②

《太祖纪》是年八月条记载相对简略,③《亲征录》和《史集·成吉思汗纪》所记非常具体,④后二者与《木华黎传》基本吻合。

将《亲征录》《史集》与《石抹明安传》《木华黎传》比较,可以证实两传与《太祖纪》相同的壬申条、丁丑八月条的确出自《太祖实录》。这两个典型案例,说明纪、传各条相合内容属于实录旧文。

既然《太祖纪》底本为《太祖实录》且旧本《元史》木华黎等平金诸将本传又与实录具有同源史文,那么这些人物列传的蓝本是什么?根据传统修史制度,在实录中,于品阶较高臣工的亡故日期下附录小传(如金代三品官员附传)。元代情况则不同,实录不附功臣列传,也就是说,木华黎等人传记不载于太祖等实录。一般认为,明初编纂《元史》列传,所用史料主要采自苏天爵《元朝名臣事略》(简称《事略》)《经世大典·治典》臣事门及人物碑传。⑤然而,这些文献形成时间较晚,多在元中叶以后。木华黎等平金功臣传记能够被《太祖实录》采撷,说明最晚

---

① 佚名:《圣武亲征录(新校本)》,贾敬颜校注,陈晓伟整理,中华书局,2020年,第217—218页。〔波斯〕拉施特主编:《史集》第1卷第2分册,余大钧、周建奇译,商务印书馆,2009年,第252—253页。
② 《元史》卷一一九《木华黎传》,第10册,第2932页。
③ 《元史》卷一《太祖纪》,第1册,第19页。
④ 佚名:《圣武亲征录(新校本)》,贾敬颜校注,陈晓伟整理,第272页。〔波斯〕拉施特主编:《史集》第1卷第2分册,第268—269页。
⑤ 参见邱树森:《关于〈元史〉修撰的几个问题》,《元史及北方民族史研究集刊》第11期,1987年,第55—63页。陈高华:《〈元史〉纂修考》,原刊《历史研究》1990年第4期;收入氏著《陈高华文集》,上海辞书出版社,2005年,第469—490页。

十六　塑造天命：《元太祖实录》纂修所见元初史观　489

应在元前期大德七年已成型。显然，传统观点并不能解释这些列传的史源问题。

以史文见于《太祖实录》最多的《木华黎传》为例，有些学者认为《木华黎传》采自元永贞《东平王世家》（简称《世家》）。① 这一观点的漏洞在于，钱大昕曾见过此书，并记：卷首载延祐四年（1317）九月初四日"元永贞所撰《东平王世家》三卷进上"；《世家》的纪事下限——第三卷载"东平忠简王兀都台、大司徒、太常礼仪使拜住事"。② 按拜住（木华黎六世孙）于延祐二年授太常礼仪院使。③ 很明显，大德七年编成《太祖实录》时，《世家》尚未成书，遑论供史官采纳。将《木华黎传》与苏天爵《事略·太师鲁国忠武王》引《世家》逐条比对，不仅出入较大，并且本传记述相同事件的内容远超《世家》。

张匡衍所撰《行录》为破解这一难题提供了重要线索。该书已亡佚，但《事略·太师鲁国忠武王》有所引用，共计八条佚文。④ 其中，第二、三、五、七条属独家记载，其余四条与《元史》传、纪所见"木华黎"相关。具体情况如下：第一条"金人以山后诸郡不可守"至"金主知不能敌遂迁河南"200余字，不见于《世家》，远比《木华黎传》翔实，且多与《太祖纪》相合（见表二）。第四条"益都张琳遣其弟赍方物来降"至"改蒨县为元州"，与《木华黎传》《太祖纪》相同，而《世家》所记颇为简略。第六条"王率兵回云中"至"秋毫无犯"，第八条"天应闻中条山贼侯七、侯八欲夜攻袭其城"至"故城陷，天应遇害"，这两条仅见于《木华黎传》，《世家》则无。此外，《太祖纪》八年秋"木华黎攻密州，屠之"、十七年春木华黎"攻凤翔不下"两条不见于《木华黎传》。⑤（见表二）

---

① 参见王慎荣主编：《元史探源》，吉林文史出版社，1991年，第161页。余大钧：《〈元史·太祖纪〉所记蒙金战事笺证稿》，陈述主编：《辽金史论集》第2辑，第346页。
② 钱大昕：《十驾斋养新录》卷一三《东平王世家》，陈文和主编：《嘉定钱大昕全集（增订本）》，凤凰出版社，2016年，第7册，第357—358页。
③ 《元史》卷一三六《拜住传》，第11册，第3300页。
④ 苏天爵辑撰：《元朝名臣事略》卷一《太师鲁国忠武王》，姚景安点校，中华书局，1996年，第3—8页。
⑤ 《元史》卷一《太祖纪》，第1册，第17、22页。

表二　张匡衍《行录》与《太祖纪》对比表

《行录》	《太祖纪》
是时,太祖经略山后诸州,皆平,自紫荆关领兵大入,攻涿州,州兵殊死战,昼夜急攻四十余日,拔之。又分兵自南而北,取居庸关。遂纵兵大掠,自涿以南大河以北,烟尘相望,金鼓震天,神州赤县十陷八九,中夏之民大为骚动	(八年癸酉七月)帝出紫荆关,败金师于五回岭,拔涿、易二州
甲戌二月,太祖敛兵围中都,金主大惧,献公主请和。太祖许纳之,又进金银缯帛各万余两匹	(九年甲戌三月)金主遂遣使求和,奉卫绍王女岐国公主及金帛、童男女五百、马三千以献
兵临霸州,史天倪、萧勃迭率众来降,王奏之,各统万户	(八年癸酉秋)史天倪、萧勃迭率众来降,木华黎承制并以为万户
太祖北还。其岁夏五月,金主知不能敌,遂迁河南	(九年甲戌)夏五月,金主迁汴

　　针对诸书相关文本异同的情况,目前较为合理的解释是:《行录》作为以《世家》为主干编成的《事略·太师鲁国忠武王》的补充材料,详细记述了木华黎功绩,其内容更为原始且精细,至元时期纂修《太祖实录》时有可能采撷其中的文字。《行录》成书时间及作者张匡衍虽已无考,但仍能就此探知:在纂修《太祖实录》前,这类功臣传记资料已初具规模。可资参考者,如《太祖纪》《元史·严实传》同载太祖十五年严实授"金紫光禄大夫、行尚书省事",[1]元好问撰《东平行台严公神道碑》相关内容与二者相同。[2] 又如,《太祖纪》《元史·耶律楚材传》均记述太祖十九年驻跸铁门关时,"角端见",[3]同于宋子贞作《中书令耶律公神道碑》。[4]
　　至元时,五朝实录的编纂工作已经展开。王恽《论收访野史事状》

---

[1]　《元史》卷一《太祖纪》,第 1 册,第 20—21 页。卷一四八《严实传》,第 12 册,第 3505 页。

[2]　元好问:《遗山先生文集》卷二六《东平行台严公神道碑》,姚奠中主编、李正民增订:《元好问全集(增订本)》,山西古籍出版社,2004 年,第 548 页。

[3]　《元史》卷一《太祖纪》,第 1 册,第 23 页。卷一四六《耶律楚材传》,第 11 册,第 3456 页。

[4]　耶律楚材:《湛然居士文集》"附录",谢方点校,中华书局,1986 年,第 325 页。

言:"合无榜示中外,不以诸色等人,有曾扈从征进,凡有记忆事实,许所在条件,或口为陈说,及转相传闻,事无巨细,可以投献者,官给赏有差。"①值得注意的是,至元十三年六月戊寅,"诏作《平金》、《平宋录》,及诸国臣服传记"。②据此推知,元初编纂征国史时,有关征伐事的内容除来自中统二年张柔进献国史馆的"金实录"外,③也摘录了征集到的开国功臣传记,继而以张匡衍《行录》为主,杂取他将事迹,再通过汇编《平金录》等文献,最后糅进《太祖实录》。④据此,我们对《太祖实录》文献来源及构成情况有了初步认识。

二、《太祖实录》与宋朝国史中"鞑靼"史料

上文仅破解《太祖实录》文献源头之一端。元初史官取材金实录无疑,然吊诡的是,《太祖纪》十八年十月"金主珣殂,子守绪立",⑤《金史·哀宗纪》则谓宣宗珣崩于十二月,⑥此等大事两书记载却互有歧异。钱大昕发现这一问题,⑦《元史》点校者据《金史》判断《元史》所载时间有误,⑧知其然而未深究其所以然。现有一条线索,《大金国志·宣宗皇帝》元光二年(1223)十月云"帝崩",⑨与《元史》同。《太祖纪》十年秋"取城邑凡八百六十有二"条⑩,也与《大金国志》有关。余大钧指出,该城邑数字实系金全国州县总数,当时蒙古军仅获得辽西、河北等地,未及全境,此条谬误。⑪检《大金国志·京府州军》叙金朝地理总况:"京

---

① 王恽:《秋涧先生大全集》卷八四《论收访野史事状》,《元人文集珍本丛刊》,第2册,第403页。
② 《元史》卷九《世祖纪六》,第1册,第183页。
③ 《元史》卷一四七《张柔传》,第11册,第3476页。
④ 关于《平金录》与《太祖实录》关系承蒙张帆教授赐教,谨致谢忱。
⑤ 《元史》卷一《太祖纪》,第1册,第23页。
⑥ 《金史》卷一七《哀宗纪上》,中华书局,1975年,第2册,第373页。
⑦ 钱大昕:《廿二史考异》卷八六《元史一·太祖纪》,方诗铭、周殿杰点校,上海古籍出版社,2004年,第1204页。
⑧ 《元史》卷一,校勘记二十一,第1册,第28页。
⑨ 题宇文懋昭:《大金国志校证》卷二五《宣宗皇帝下》,崔文印校证,中华书局,1986年(2011年重印),下册,第351页。
⑩ 《元史》卷一《太祖纪》,第1册,第19页。
⑪ 余大钧:《〈元史·太祖纪〉所记蒙金战事笺证稿》,陈述主编:《辽金史论集》第2辑,第352页。

府州军一百七十九处,城寨堡关一百二十二处,县六百八十三处,镇四百八十八处,添税务一百八十二处。"①"京府州军""县"两项合计正好为 862 处,《太祖纪》与此相同,恐非巧合。

最为棘手的一条是,《太祖纪》二十二年七月己丑记太祖崩:

> 临崩谓左右曰:"金精兵在潼关,南据连山,北限大河,难以遽破。若假道于宋,宋、金世仇,必能许我,则下兵唐、邓,直捣大梁。金急,必征兵潼关。然以数万之众,千里赴援,人马疲弊,虽至弗能战,破之必矣。"言讫而崩。②

太祖这份遗言是讨论蒙古灭金战略的关键史料,以前很少有人追究其来源,最近才有学者关注。其实,《大金国志·义宗皇帝》正大五年(1228)条将此内容题作《大行遗诏》,③颇为翔实。《大金国志》是一部杂抄宋朝文献的民间书坊作品,太祖临崩遗言见于此书,表明在宋元时代已经流传。④ 进一步可知,大德元年,曾先之编通史性著作《古今历代十八史略》金宣宗条"岁戊子太祖皇帝晏驾"也载有"遗诏",⑤董鼎编《史纂通要后集》叙述女真历史多与《大金国志》重合,也提到该诏书。⑥ 从诸书传承脉络和宋末元初坊间流传程度推测,该"遗诏"最初恐非源自蒙元自己的官修文献。

根据《大金国志》等成书背景,可将《太祖实录》部分内容的取材来源指向宋方。典型例证是,《太祖纪》九年三月"金主遂遣使求和,奉卫绍王女岐国公主及金帛、童男女五百、马三千以献,仍遣其丞相完颜福兴送帝出居庸"。⑦《金史·宣宗纪》贞祐二年(1214)三月庚寅条记此事,⑧但描述不同,其史料亦有别。值得注意的是,李心传《鞑靼款塞》

---

① 题宇文懋昭:《大金国志校证》卷三八《京府州军》,下册,第 543 页。
② 《元史》卷一《太祖纪》,第 1 册,第 25 页。
③ 题宇文懋昭:《大金国志校证》卷二六《义宗皇帝》,下册,第 361 页。
④ 参见温海清:《成吉思汗灭金"遗言"问题及相关史事新论——文献、文本与历史》,《史林》2021 年第 3 期。
⑤ 曾先之编:《古今历代十八史略》卷下,大德元年(1297)刊本,第 49 页 b。
⑥ 董鼎编:《史纂通要后集》卷三《金》,国家图书馆藏元刻本(典藏号10559),第 10 页 b。
⑦ 《元史》卷一《太祖纪》,第 1 册,第 17 页。
⑧ 《金史》卷一四《宣宗纪上》,第 2 册,第 304 页。

作"从公主童男女各五百,彩绣衣三千件,御马三千匹,金银珠玉等甚众",①与《太祖纪》若合符契。这一线索很有价值,已有学者据此条怀疑《太祖实录》曾参考南宋稗史杂记,②可惜没有探明文献源流。

在将《太祖纪》与宋朝文献比较前,尚须解决两大问题:一是,钩沉《太祖实录》的内容。可将《亲征录》《史集》《秘史》及抄录蒙元实录的陈桱《通鉴续编》(简称《续编》)等反映《太祖实录》不同阶段特征但具有共同渊源的文献,与《太祖纪》比勘,以确定属于实录的原始文字,进而与宋朝文献质证。二是,若《太祖实录》采纳宋方史料的观点成立,就需要考证其取材的具体对象是什么,又是如何进入蒙元官修文献系统的。只有厘清整体文献脉络,才能圆满解释《太祖纪》与宋朝文献的关系,乃至其与《大金国志》等书的雷同现象。其中环节颇为复杂,试论如下。

证据一:金主允济谋害铁木真(弑没贞)。《太祖纪》五年条云:

> 初,帝贡岁币于金,金主使卫王允济受贡于净州。帝见允济不为礼……金使还言,允济益怒,欲俟帝再入贡,就进场害之。帝知之,遂与金绝,益严兵为备。③

《续编》是年十二月条注文"蒙古太祖皇帝怨金主之尝欲害己也,数以兵侵掠金西北之境,其势渐盛",④与《太祖纪》相合,均系改编自《太祖实录》。⑤ 李心传《女真南徙》亦载"允济被命往靖州,受黑鞑靼进奉,见其王弑没贞桀傲不逊,恐为边患,欲归白璟除之",及大安三年(1211)三月"鞑靼入贡,允济遣重兵分屯山后,欲就进场袭杀之,然后引兵深入",⑥将《太祖纪》《续编》与李心传记载比较,所述金蒙交恶相同。

---

① 李心传:《建炎以来朝野杂记》乙集卷一九《鞑靼款塞》,徐规点校,中华书局,2000年,第850页。
② 余大钧:《〈元史·太祖纪〉所记蒙金战事笺证稿》,陈述主编:《辽金史论集》第2辑,第343—344页。张晓慧:《元代蒙古人族群记忆的建构与书写》,北京大学博士学位论文,2019年,第90页。
③ 《元史》卷一《太祖纪》,第1册,第15页。
④ 陈桱:《通鉴续编》卷一九,国家图书馆藏至正陈道曾校正,元刻明递修本,第91页b。
⑤ 参见曹金成:《史事与史源:〈通鉴续编〉中的蒙元王朝》,社会科学文献出版社,2020年,第56—59页。
⑥ 李心传:《建炎以来朝野杂记》乙集卷一九《女真南徙》,第842页。

证据二:蒙古兵围紫荆关破涿易。《太祖纪》八年七月条云:

> 帝进至怀来。及金行省完颜纲、元帅高琪战,败之,追至北口。金兵保居庸,诏可忒、薄刹守之。遂趋涿鹿。金西京留守忽沙虎遁去。帝出紫荆关,败金师于五回岭,拔涿、易二州。契丹讹鲁不儿等献北口,遮别遂取居庸,与可忒、薄刹会。①

《亲征录》癸酉年条、《史集·成吉思汗纪》同。②《女真南徙》写作:

> 鞑兵至紫荆关,距燕京二百里,执中欲诱其兵南至涿、易,乃聚兵击之。鞑靼破涿、易,至皂河之西,欲渡桥,执中方病足,乘车督战,鞑兵大败。翌日再战,执中疮甚,不能出,遣左监军高乞以纥军五千拒之……高乞出战,自夕至晓,忽北风大作,吹石扬沙,不能举目。鞑靼乘风纵火,驰击之,高乞军大溃。③

"执中"即忽沙虎,五回岭位于易州,《太祖纪》与《女真南徙》叙述战事时间、地点、人物及整体过程一致,文字则有较大差异。据《续编》太祖八年十月条小注云:

> 太祖皇帝兵至怀来镇,金元帅右监军术虎高琪拒之,败绩,僵尸四十余里。蒙古乘胜至古北口,太祖皇帝留可忒、薄察等帅军守之,而自以众趋居庸关,金人坚拒之,太祖皇帝不得入。乃命哲别帅兵趋紫荆口,距中都二百里,胡沙虎欲诱之,南至涿、易聚兵击之。及蒙古兵至,金戍卒奔溃。可忒、薄察以兵会太祖皇帝。攻破涿、易,至皂河之内,欲渡高桥,胡沙虎方病足,乘车督战,蒙古兵大败。翌日,再战,胡沙虎创甚,不能出。④

《续编》源自《太祖实录》,以上文字不仅与《太祖纪》契合,且所载高琪(高乞)拒守败绩及"中都二百里",又同于李心传书,进一步说明《女真南徙》与《太祖实录》具有文献渊源。

证据三:蒙古军分兵三路伐金。《太祖纪》详记八年秋"分兵三

---

① 《元史》卷一《太祖纪》,第1册,第16页。
② 佚名:《圣武亲征录(新校本)》,贾敬颜校注、陈晓伟整理,第226—227页。〔波斯〕拉施特主编:《史集》第1卷第2分册,第254—255页。
③ 李心传:《建炎以来朝野杂记》乙集卷一九《女真南徙》,第844页。
④ 陈桱:《通鉴续编》卷二〇,第5页a—b。

道":皇子术赤等右军"循太行而南",皇弟哈撒儿等为左军"遵海而东",太祖与皇子拖雷为中军"取雄、霸等郡",最后"三道兵还,合屯大口",九年三月"驻跸中都北郊"。①《亲征录》癸酉年条、《史集·成吉思汗纪》相同。②《鞑靼款塞》载此事:

  (癸酉)遂犯燕京,其秋,允济弑死。忒没贞遂留撒没喝围守燕京,自将所降杨伯遇、刘伯林汉军四十六都统同鞑靼大军分为三路,攻取河北、河东、山东诸郡邑……(甲戌)二月,鞑靼复还燕京,燕京粮乏,军民饿死者十四、五。③

此亦谓"鞑靼大军分为三路"。《续编》癸酉年十二月整条内容与《太祖纪》等书相合,而前句"太祖皇帝留怯台及哈台次燕城之外,分所降杨伯遇、刘(伯)林汉军四十六都统,并达旦兵为三道",与《鞑靼款塞》相似。此处之"达旦"乃沿袭宋人称谓。如《续编》甲戌年二月条引述高琪言"达旦人马罢病",④《亲征录》甲戌年条高琪语相同,但措辞改作"闻彼人马疲病",⑤乃因叙述立场发生转变。从"达旦"称谓前后变化,亦可见《太祖实录》脱胎于宋朝文献的痕迹。

  证据四:蒙古兵与糺军合围中都。《太祖纪》九年六月云:"金糺军斫答等杀其主帅,率众来降。诏三摸合、石抹明安与斫答等围中都。帝避暑鱼儿泺。"⑥《续编》是年七月条叙述始末,谓承晖闻糺军变:

  以兵阻卢沟,斫答击败之,军势既张,遣使乞降于蒙古。太祖皇帝方怒金之南迁,遂遣明安援斫答。斫答合其兵以围燕京。⑦

《亲征录》甲戌年条、《史集·成吉思汗纪》与此相同。⑧《鞑靼款塞》亦载,是年五月"金主珣迁都汴京,鞑人闻之,怒曰:'既和而迁,是有疑心

---

① 《元史》卷一《太祖纪》,第1册,第17页。
② 佚名:《圣武亲征录(新校本)》,贾敬颜校注,陈晓伟整理,第231—232页。〔波斯〕拉施特主编:《史集》第1卷第2分册,第255—256页。
③ 李心传:《建炎以来朝野杂记》乙集卷一九《鞑靼款塞》,第850页。
④ 陈桱:《通鉴续编》卷二〇,第5页b—第6页b。
⑤ 佚名:《圣武亲征录(新校本)》,贾敬颜校注,陈晓伟整理,第239页。
⑥ 《元史》卷一《太祖纪》,第1册,第17—18页。
⑦ 陈桱:《通鉴续编》卷二〇,第7页b—第8页a。
⑧ 佚名:《圣武亲征录(新校本)》,贾敬颜校注,陈晓伟整理,第242页。〔波斯〕拉施特主编:《史集》第1卷第2分册,第258页。

而不释憾,特以讲和为款我之计耳。'秋八月,复引兵攻中原州县。冬,燕京之乣军畔,与鞑靼共围燕京"。① 诸书所载大体一致,均谓金宣宗南迁引发元太祖不满,迁都途中遭遇乣军叛乱,这支武力与蒙古合兵围攻中都。

证据五:蒙金交兵旋风寨。《太祖纪》载十年三月金将李英援中都,败于霸州。②《亲征录》所记较详:"金主以点检庆寿、元帅李英运粮,分道还救中都,人赍粮三斗,英自负以励众。庆寿至涿州旋风寨,李英至霸州青戈,皆为我军所获。"③《金史·宣宗纪》贞祐三年二月壬辰条、《金史·李英传》亦记此事,但不载具体作战地点"旋风寨""青戈"等。④《鞑靼款塞》载"惟真定之兵四万,合保、涿援兵一万,至旋风寨与鞑兵战,凡二日,粮绝而败",⑤恰好与《亲征录》印证。由此推测,《太祖实录》当兼采金、宋代文献。

证据六:元太祖命金宣宗去帝号。《太祖纪》十年七月条"红罗山寨主杜秀降""史天倪南征"与《木华黎传》《史天倪传》同源,而中间一段"遣乙职里往谕金主以河北、山东未下诸城来献,及去帝号为河南王,当为罢兵。不从",⑥则与宋朝记载有关。《鞑靼款塞》载,鞑靼撒没喝"遣人告金主曰:'汝欲议和,可去帝号称臣,当封汝为王。'而金之群臣亦不从",⑦《太祖纪》与此条相合,仅多出"河南王"封号。

证据七:蒙古军克潼关拔汝州。《太祖纪》十一年条曰:"秋,撒里知兀䚟三摸合拔都鲁率师由西夏趋关中,遂越潼关,获金西安军节度使尼庞古蒲鲁虎,拔汝州等郡,抵汴京而还。"⑧蒲鲁虎与《金史·宣宗纪》贞祐四年十月己未条、《忠义传·尼庞古蒲鲁虎》吻合,⑨取资《金宣宗实录》。《太祖纪》后一句简略,《亲征录》甚详:

---

① 李心传:《建炎以来朝野杂记》乙集卷一九《鞑靼款塞》,第851页。
② 《元史》卷一《太祖纪》,第1册,第18页。
③ 佚名:《圣武亲征录(新校本)》,贾敬颜校注,陈晓伟整理,第252页。
④ 《金史》卷一四《宣宗纪上》,第2册,第306页。卷一〇一《李英传》,第7册,第2236页。
⑤ 李心传:《建炎以来朝野杂记》乙集卷一九《鞑靼款塞》,第851页。
⑥ 《元史》卷一《太祖纪》,第1册,第18页。
⑦ 李心传:《建炎以来朝野杂记》乙集卷一九《鞑靼款塞》,第852页。
⑧ 《元史》卷一《太祖纪》,第1册,第19页。
⑨ 《金史》卷一四《宣宗纪上》,第2册,第320页。卷一二二《忠义传二·尼庞古蒲鲁虎》,第8册,第2674页。

> 上驻军鱼儿泺,命三木合拔都率蒙古军万骑,由西夏抵京兆,出潼关,破嵩、汝等郡,直趋汴梁,至杏花营,大掠河南,回至陕州,适河冰合,遂渡而北。①

《史集·成吉思汗纪》所记相同。②《鞑靼款塞》谓是年:

> 秋,鞑兵自河东渡河攻潼关,不能下,乃由嵩山小路趋汝州,遇山涧,辄以铁枪相锁,连接为桥以渡。于是潼关失守。金主急召花帽军于山东。十月,鞑兵至杏花营,距汴京二十里,花帽军击败之。鞑兵复取潼关,自三门、析津乘河冰合,布灰,引兵而渡,自是不复出。③

《亲征录》"杏花营""冰合""渡而北"及《史集》内容,与《鞑靼款塞》细节雷同,应系文献同源之故。

综上,《太祖纪》五年"就进场害之"、九年三月金人奉"金帛、童男女五百、马三千以献"、十年七月"去帝号"、十一年秋"拔汝州等郡",其中部分内容在《亲征录》《史集》中有详细记载,均与李心传《鞑靼款塞》《女真南徙》相关内容相仿,这是《太祖实录》取资宋代文献的直接证据。其余诸条,与李心传书亦有契合之处。由此可见,《太祖实录》对蒙金战争的记述,除直接采取"金实录"、平金诸臣传记改编为独立条目外,还有部分内容是以宋方文献为主体架构,然后杂糅少量蒙古诸将事迹,或融合"金实录"相关条目,进而合出一条缜密的叙述线索,以全面记载太祖创业之历史。

仍需追问的是:李心传书虽然很系统,元初修史也有条件加以利用,但内容迄于嘉定八年(1215),而《太祖纪》是年后仍载有与金、宋交往诸事,说明两书尽管有重合内容,但并非直接传抄关系,而是有共同源头。由此,不妨结合《鞑靼款塞》来追查其与《太祖实录》所采撷的共同文献。自王国维以来,《鞑靼款塞》的史料价值备受重视,可惜其材料来源问题尚未解决。该篇从"鞑靼之先"到铁木真(贰没贞)征金时代,对蒙古起源的记载杂抄诸史,主干内容是南宋以来的历史。正文"方金

---

① 佚名:《圣武亲征录(新校本)》,贾敬颜校注,陈晓伟整理,第261页。
② 〔波斯〕拉施特主编:《史集》第1卷第2分册,第263—264页。
③ 李心传:《建炎以来朝野杂记》乙集卷一九《鞑靼款塞》,第851页。

人盛时"至"其秋允济弑死"注云"详见《女真南徙》事中",①意谓《鞑靼款塞》《女真南徙》互相关照,史料编撰模式一致,综合分析有助于厘清整部资料的来龙去脉。

一条关键线索是《女真南徙》题注"金国五世八君本末",②其内容亦见于马端临《文献通考·四裔考·女真》,篇末云"自晟至守绪凡八世而亡,其事迹具见国史"。③《宋史·外国传》序言也提到"前宋旧史有《女直传》",④"旧史"与马端临所记契合,那么可将女真史料的来源方向锁定在宋朝国史范围。⑤《太祖实录》、李心传书的雷同现象,说明元初史官与李氏一样参考过宋朝国史的"鞑靼"史料。

要之,《太祖实录》以1206年分界,之后的部分记述征服金、宋事迹,其不仅取资《金实录》,还采摭南宋国史,史文的纪年体系也更为系统化和精细化,符合汉地史学传统。这部分内容与之前的草原创业史相衔接,一同呈现成吉思汗建业的完整历程。

三、耶律铸与五朝实录的编纂

元初编纂《太祖实录》之时,金、宋两大官修文献系统如何与原已编纂完成的草原史料整合为一体,具体出自何人之手?这需要从五朝实录的纂修背景中寻求答案。

据《宋史·艺文志》著录,"《宁宗实录》四百九十九册""《理宗实录初稿》一百九十册""《理宗日历》二百九十二册""又《日历》一百八十册"。⑥ 至元十三年,元兵破临安,"乃得宋史及诸注记五千余册,归之国史院",⑦即包括上述资料,为五朝实录采据与宋宁、理两朝有关的"鞑靼"史料提供了条件。元初纂修五朝实录的主导者乃耶律铸,他自

---

① 李心传:《建炎以来朝野杂记》乙集卷一九《鞑靼款塞》,第848—850页。
② 李心传:《建炎以来朝野杂记》乙集卷一九《女真南徙》,第839页。
③ 马端临:《文献通考》卷三二七《四裔考·女真》,上海师范大学古籍研究所、华东师范大学古籍研究所点校,中华书局,2011年,第14册,第9010页。
④ 《宋史》卷四八五《外国传一》,中华书局,1977年,第40册,第13982页。
⑤ 李心传:《建炎以来朝野杂记》乙集序,第481页。
⑥ 《宋史》卷二〇三《艺文志二》,第29册,第5091页。
⑦ 《元史》卷一五六《董文炳传》,第12册,第3672页。

十六 塑造天命:《元太祖实录》纂修所见元初史观 499

至元十三年六月监修国史,直至至元二十年罢职。① 《双溪醉隐集》如实地记录了其供职史馆的工作经历。

耶律铸《双溪醉隐集》现存六卷,系清乾隆时期辑录自《永乐大典》,尽管篇帙不多,史学史方面的价值却不容忽视。该文集的特点是,很多诗前有序文,一些诗句下有较长注文。其中《述实录》序文言:"修《征蜀实录》,每以二鼓为期方息。中夜闻笛,既觉,缅想实录事迹,亦如梦寐。怆然无以为怀,述此写之。"诗中小注作"方入蜀,使告云顶之捷","攻钓鱼山"。② 据《宪宗纪》八年(1258)二月"帝自将伐宋,由西蜀以入","进攻云顶山,守将姚某等以众相继来降",九年七月癸亥"帝崩于钓鱼山"的记载,③知耶律铸当时正在修《宪宗实录》。下文就以《述实录》为中心加以论证。

第一,《述实录》序文记录纂修工作细节,正文以蒙宋关系为话题,小注记述双方交往始末:"辛巳年,宋主宁宗遣国信使苟梦玉通好乞和。太祖皇帝许之,敕宣差噶哈护送还其国。"④《凯歌凯乐词九首》序文明确交代其来源:

> 昔我太祖皇帝出师问罪西域。辛巳岁夏,驻跸铁门关。宋主宁宗遣国信使苟梦玉通好乞和,太祖皇帝许之,敕宣差噶哈护送苟梦玉还其国……《宁宗实录》第四百六十一"都幹苟梦玉衔命使彼"。《宋四朝国史列传》第七十七《贾陟传》"苟梦玉使北还宋"。⑤

《太祖纪》十六年四月条写作"驻跸铁门关"和"宋遣苟梦玉来请和",⑥与耶律铸书中内容相合。

第二,《述实录》"世评青野食前言"的注文云:"辛卯冬,太祖(应作"宗"——引者注)皇帝南征女真,遣信使绰布干等使宋。青野原,宋沔

---

① 《元史》卷一四六《耶律楚材传附耶律铸传》,第11册,第3465页。
② 耶律铸:《双溪醉隐集》卷二《述实录》,影印文渊阁《四库全书》,台北:台湾商务印书馆,1986年,集部第1199册,第399—400页。
③ 《元史》卷三《宪宗纪》,第1册,第51、54页。
④ 耶律铸:《双溪醉隐集》卷二《述实录》,影印文渊阁《四库全书》,集部第1199册,第399页。
⑤ 耶律铸:《双溪醉隐集》卷二《凯歌凯乐词九首》,影印文渊阁《四库全书》,集部第1199册,第383页。
⑥ 《元史》卷一《太祖纪》,第1册,第21页。

州统制张宣诱苏巴尔罕杀之。"①《凯歌凯乐词九首》注明出处云:

> 《理宗实录》第八十三:"绍定四年辛卯,北使苏巴尔罕来,以假道合兵为辞。青野原,沔州统制张宣诱苏巴尔罕杀之。"《理宗日历》第三百九十五:"十月二十一日,沔州统制张宣诱苏巴尔罕,使曹万户剿杀。"《理宗日历》第百五十一:"宝庆三年,丁亥正月十一日辛酉,姚翀朝辞进对,次奏通好北朝事。上曰:'以我朝与北朝本无纤隙,不必言和,只去通好足矣'。"②

"绰布干""苏巴尔罕"已遭四库馆臣改译,据保留《四库全书》底本原貌的吴长元抄翰林院录副本,原作"速不罕""挪不罕",实为一人。③《太宗纪》三年(1231)五月云"遣挪不罕使宋假道,宋杀之",④知《太宗实录》此条改编自《理宗实录》。

第三,《凯歌凯乐词九首》有一大段注文,比《述实录》多出若干细节:

> 辛卯冬,我太祖(应作"宗"——引者注)皇帝南征女真,诏睿宗皇帝,遣信使绰布干等使宋,宋人杀之。睿宗皇帝谓诸王大臣曰:"彼自食言弃好,辄害我使。今日之事,曲直有归,可下令诸军分攻城堡关隘。"由是,长驱入汉中。此其伐宋之端也。⑤

《睿宗传》谓,是年"遣挪不罕诣宋假道,且约合兵。宋杀使者,拖雷大怒曰:'彼昔遣苟梦玉来通好,遽自食言背盟乎!'乃分兵攻宋诸城堡,长驱入汉中,进袭四川,陷阆州,过南部而还",⑥与耶律铸诗注近乎一致。而《睿宗传》据五朝实录中的《睿宗实录》编成,《凯歌凯乐词九首》注文正是耶律铸曾从事编纂该实录工作的体现。

---

① 耶律铸:《双溪醉隐集》卷二《述实录》,影印文渊阁《四库全书》,集部第 1199 册,第 399 页。
② 耶律铸:《双溪醉隐集》卷二《凯歌凯乐词九首》,影印文渊阁《四库全书》,集部第 1199 册,第 383—384 页。
③ 耶律铸:《双溪醉隐集》卷二《凯歌凯乐词九首》,国家图书馆藏吴长元钞本(典藏号 08509),第 1 页。
④ 《元史》卷二《太宗纪》,第 1 册,第 31 页。
⑤ 耶律铸:《双溪醉隐集》卷二《凯歌凯乐词九首》,影印文渊阁《四库全书》,集部第 1199 册,第 383 页。
⑥ 《元史》卷一一五《睿宗传》,第 10 册,第 2886 页。

《述实录》序文、《凯歌凯乐词九首》注文是耶律铸在纂修五朝实录时保留下来的，自然与《元史》帝纪内容一致。耶律铸言明引据《宁宗实录》等宋朝国史，不仅指明元初编纂实录的取材范围，还能佐证《太祖实录》与李心传书共同所见"鞑靼"史料，乃耶律铸辈取自《宁宗实录》并参酌日历逐条摘录，进而厘清宋朝国史编入蒙元五朝实录的详细过程。前揭王恽《论收访野史事状》提到"近又闻国史院于亡金实录内采择肇造事迹"。笔者考证，元初编纂实录时，便从国史馆所藏"金实录"中抄撮金蒙交往史料。不仅有《金史》《元史》相同史文为证，且《双溪醉隐集》各诗小注征引多条"金实录"中有关金海陵王、章宗、宣宗的史料。由此可见，金、宋国史乃构成修纂五朝实录的基础资料。

兹将《双溪醉隐集》与《太祖纪》相契合的典型案例举证如下：

第一，卷二《战扼狐》序文作："我太祖皇帝未始轻出无名之师，太祖皇帝伯父锡巴哈汗为女真之所害，南伐中原，此其辞也。前战扼狐岭下，敌之精锐尽于是役。"①据吴长元钞翰林院录副本，该处"锡巴哈汗"原作"咸补海可汗"。②《太祖纪》元年条、《史集·成吉思汗圣训》同。③由此可知，上引序文当属《太祖实录》的内容。

关于野（扼）狐岭之役，还可结合《亲征录》《续编》等考证。《亲征录》辛未年条最详：

> 上之将发抚州也，金人以招讨九斤、监军万奴等，领大军力备于野狐岭，又以参政忽沙率军为后继……遂与九斤战，大败之，其人马蹂躏，死者不可胜计。因胜彼，复破忽沙军于会合堡，金人精锐，尽殁于此。④

最后一句话与《战扼狐》相同。该诗歌颂太祖首战告捷："问罪下中原，先有扼狐捷。勍敌四十万，一何争勇决。"⑤金军具体兵力及战况，亦见

---

① 耶律铸：《双溪醉隐集》卷二《战扼狐》，影印文渊阁《四库全书》，集部第1199册，第403—404页。
② 耶律铸：《双溪醉隐集》卷二《战扼狐》，国家图书馆藏吴长元钞本，第37页a。
③ 《元史》卷一《太祖纪》，第1册，第13页。〔波斯〕拉施特主编：《史集》第1卷第2分册，第393页。
④ 佚名：《圣武亲征录（新校本）》，贾敬颜校注，陈晓伟整理，第217—218页。
⑤ 耶律铸：《双溪醉隐集》卷二《战扼狐》，影印文渊阁《四库全书》，集部第1199册，第404页。

《续编》辛未年闰九月"时金招讨使完颜九斤、监军完颜万奴等率兵号四十万,驻于岭下","太祖皇帝遂与九斤等战,金师大败,死者不可胜计"。① 据上述二书,可知耶律铸《战抠狐》亦与《太祖实录》有关。

第二,卷二《密谷行》序文记述蒙古大败金兵:

> 闻圣朝太祖皇帝围守西京,东海遂命添寿将诸路兵八十余万,号称百万,援之。仍赐手诏曰:"今悉国力,当清北方。"次密谷口。时太祖皇帝亲率大军,先以前骑三千尝之,大军继至,未鼓,敌溃,全军覆没。②

《太祖纪》七年秋条作"围西京。金元帅左都监奥屯襄率师来援,帝遣兵诱至密谷口逆击之,尽殪。复攻西京,帝中流矢,遂撤围"。③ "添寿"即奥屯襄,《密谷行》与此表述一致。《金史·奥屯襄传》"崇庆改元,为元帅左都监,救西京,至墨谷口,一军尽殪,襄仅以身免,坐是除名",④与上述两书相合,"密谷口""墨谷口"系字形相近歧异。《金史·宣宗纪》贞祐三年正月乙亥条"北京军乱,杀宣抚使奥屯襄",⑤按实录附传的惯例,说明《宣宗实录》此条下有奥屯襄传。⑥ 耶律铸《密谷行》序文正是抄取实录小传而形成。

第三,卷四《侍宴万安阁》题注"和林城万安宫之阁名也",正文"醍醐兜率黄金殿"注"太宗皇帝尝号万安宫为莲宫";⑦卷二《取和林》注:"和林城,苾伽可汗之故地也。岁乙未,圣朝太宗皇帝城此,起万安宫。城西北七十里有苾伽可汗宫城遗址。"⑧上述两条见《太宗纪》乙未年"城和林,作万安宫";《地理志》和宁路条注文同。⑨《续编》乙未年二月

---

① 陈桱:《通鉴续编》卷二〇,第2页a。
② 耶律铸:《双溪醉隐集》卷二《密谷行》,影印文渊阁《四库全书》,集部第1199册,第400页。
③ 《元史》卷一《太祖纪》,第1册,第16页。
④ 《金史》卷一〇三《奥屯襄传》,第7册,第2275—2276页。
⑤ 《金史》卷一四《宣宗纪上》,第2册,第306页。
⑥ 参见陈晓伟:《金〈宣宗实录〉考——再议王鹗〈金史稿〉为元修〈金史〉底本说》,《文史》2022年第2期。
⑦ 耶律铸:《双溪醉隐集》卷四《侍宴万安阁》,影印文渊阁《四库全书》,集部第1199册,第441页。
⑧ 耶律铸:《双溪醉隐集》卷二《取和林》,影印文渊阁《四库全书》,集部第1199册,第386页。
⑨ 《元史》卷二《太宗纪》,第1册,第34页。卷五八《地理志一》,第5册,第1382页。

"蒙古城和林"条云:"和林本唐回鹘毗伽可汗故城,蒙古以为会同之所,至是城之,周回五里许,正殿曰万安。"① 两书所述均属《太宗实录》内容,耶律铸两诗注文与之印证。

第四,卷四《战三封》序文作:

太宗皇帝马渡大河,睿宗皇帝马渡汉江,与金人大战于三封之原。会雪蔽天,金人大溃也。豁然雪霁,月色如昼,一袭殆尽。因志其事云。②

卷一《雪赋》提到"睿宗皇帝壬辰春正月,乘雪大败女真于三封"。③ 两处所述均为三封山大战。《太宗纪》壬辰年正月庚寅"拖雷渡汉江",丁酉"又雪。次新郑。是日,拖雷及金师战于钧州之三峰,大败之,获金将蒲阿"。《睿宗传》壬辰年春谓:"天大雨雪,金人僵冻无人色,几不能军,拖雷即欲击之,诸将请俟太宗至破之未晚……遂奋击于三峰山,大破之,追奔数十里,流血被道,资仗委积,金之精锐尽于此矣。余众迸走睢州,伏兵起,又败之。合达走钧州,仅遗数百骑。蒲阿走汴,至望京桥,复禽获之。"④ 纪、传互补,可见《太宗实录》和《睿宗实录》均出自耶律铸之手。据此可见,耶律铸《战三封》《雪赋》与实录主要内容一致。

由此可将耶律铸《双溪醉隐集》进行全面解读:《战扼狐》《密谷行》《凯歌凯乐词九首》与《太祖纪》丙寅、辛未、壬申、辛巳年条相合;《凯歌凯乐词九首》《侍宴万安阁》《取和林》与《太宗纪》辛卯、乙未年条印证;《雪赋》《战三封》《凯歌凯乐词九首》并见于《睿宗传》;最为直接的证据当数《述实录》,乃耶律铸纂修《宪宗实录》时所作。据此可知,元初翰林国史院的史官采撷群书,不仅涉及草原文献,同时兼采金、宋实录,还搜访征集诸名将传记及扈从者口述,最后熔炼为一炉,编就五朝实录,写成了祖宗创业史。

---

① 陈桱:《通鉴续编》卷二二,第 6 页 b—7 页 a。
② 耶律铸:《双溪醉隐集》卷四《战三封》,影印文渊阁《四库全书》,集部第 1199 册,第 441 页。
③ 耶律铸:《双溪醉隐集》卷一《雪赋》,影印文渊阁《四库全书》,集部第 1199 册,第 379 页。
④ 《元史》卷二《太宗纪》,第 1 册,第 31 页。卷一一五《睿宗传》,第 10 册,第 2887 页。

四、1206年以后成吉思汗历史叙述中的天命主题

《太祖实录》以丙寅年称汗为节点,在此之前根据蒙古语文献《秘史》改译而成,之后叙述南征金、宋政权则大量吸收金、宋两朝史料,并与传统汉地史学产生联系,具有中国传统政治叙事特征,如此便形成成吉思汗历史叙述之文献分野。

在传统政治思想视野下审视成吉思汗1206年以后的历史,必然牵涉蒙元取代金、宋后的统治合法性问题。从中统四年王鹗延访太祖事迹,转经耶律铸之手,到大德七年正式进呈《实录》,历时40余年,绝不是把那些芜杂的材料简单地编次了事。换言之,具有共同祖本的《亲征录》《史集》及《续编》中的蒙古史料与《太祖纪》纪事、系年参差,孰是孰非倒属次要问题,关键在于《太祖实录》从草创到定稿,逐步打上华夏政治文化的烙印,主题突出"天命"。其主要表现有二:论证征伐诸国的正义性,为蒙元创业史制造符瑞。

首先,为成吉思汗征金编织正当理由,复仇是绝佳的借口。前引耶律铸《战扼狐》云:"我太祖皇帝未始轻出无名之师,太祖皇帝伯父锡巴哈(咸补海)汗为女真之所害,南伐中原,此其辞也。"这本是出自草原文献系统的一段尘年旧事,《秘史》第53节和《史集·成吉思汗列祖纪》记述草原诸部斗争,俺巴孩(即咸补海)被擒送金朝,后被处死。① 耶律铸将此事重新发掘,称"帝始议伐金。初,金杀帝宗亲咸补海罕,帝欲复仇",②为出兵制造缘由,还把《木华黎传》丙寅年条"金之降者,皆言其主璟杀戮宗亲,荒淫日恣。帝曰:'朕出师有名矣'",一并改置到《太祖实录》中,③这显然是至元时期改编、加工史料而成的。

耶律铸对蒙宋战争缘起的编写也采取类似模式,宣称宋方挑起事端。前揭《睿宗传》记"遣搠不罕诣宋假道,且约合兵。宋杀使者,拖雷大怒"云云,耶律铸《凯歌凯乐词九首》和《述实录》保留这段文字的实录底稿,视此事为伐宋起因。此处其实改编自宋《理宗实录》,并参证

---

① 佚名:《元朝秘史(校勘本)》,乌兰校勘,中华书局,2012年,第17页。〔波斯〕拉施特主编:《史集》第1卷第2分册,第29页。

② 《元史》卷一《太祖纪》,第1册,第13页。

③ 《元史》卷一一九《木华黎传》,第10册,第2930页。

《蜀边事略》和《理宗日历》。原始档案叙述,搠不罕名为使节实为攻伐,魏了翁《应诏封事》也记述当时搠不罕贪婪及蒙古兵的蛮横残暴。①《凯歌凯乐词九首》却说"寻食其言,敢杀信使,孰曲孰直明矣",彻底改变原始文献的叙事立场,为搠不罕被杀申辩,并将此事定义为"伐宋之端也"。②

接下来便是舆论宣传和政治缘饰,蒙古对金朝的政治、军事胜利被投降的亡金旧臣解释为天道运数,以印证种种预言。郭宝玉"通天文","岁庚午,童谣曰:'摇摇罟罟至,河南拜阙氏。'既而太白经天,宝玉叹曰:'北军南,汴梁即降,天改姓矣。'"③耶律铸也极力论证"庚午"年的特殊意义,主要利用金大安元年"黄河清"大做文章。其实,此事源自金方记载。《金史·五行志》记述该年"徐、邳界黄河清五百余里,几二年,以其事诏中外",④原本为金帝卫绍王"特试宏词《黄河清颂》"为之庆贺。⑤ 耶律铸披阅"金实录",并对相关记载发挥阐释。《取和林》注文解释说:

> 金大安元年,河清上下数百里。次年庚午,我太祖皇帝经略中原。《易乾凿度》曰:"圣人受命,瑞应先见于河,河水清。"《坤灵图》曰:"圣人受命,瑞必先于河。河清之征,太祖皇帝受命之符也。""德水"见《史记》。唐《凯乐歌辞》:"千年德水清。"⑥

同书《述实录》有相同注释;《龙和宫赋》"曰惟德之是辅"句下小注再次提到:"圣朝太祖皇帝大安元年已兴问罪之师,二年庚午寻取中原。河清之征,定我皇祖受命之符也。"⑦由此可见,耶律铸从旧史中检出大安

---

① 魏了翁:《鹤山先生大全集》卷一八《应诏封事》,《四部丛刊》本,第 14 页。
② 耶律铸:《双溪醉隐集》卷二《凯歌凯乐词九首》、卷二《述实录》,影印文渊阁《四库全书》,集部第 1199 册,第 384、399 页。
③ 《元史》卷一四九《郭宝玉传》,第 12 册,第 3520—3521 页。"摇摇罟罟至,河南拜阙氏",点校本原作"摇摇罟罟,至河南,拜阙氏",今据文义修改。
④ 《金史》卷二三《五行志》,第 2 册,第 540 页。
⑤ 耶律铸:《双溪醉隐集》卷一《龙和宫赋》,影印文渊阁《四库全书》,集部第 1199 册,第 371 页。《金史》卷一三《卫绍王纪》,第 1 册,第 291 页。
⑥ 耶律铸:《双溪醉隐集》卷二《取和林》,影印文渊阁《四库全书》,集部第 1199 册,第 386 页。
⑦ 耶律铸:《双溪醉隐集》卷二《述实录》、卷一《龙和宫赋》,影印文渊阁《四库全书》,集部第 1199 册,第 399、371 页。

元年黄河清的记载,从而搬引经典将此祥瑞与金元鼎革联系起来。

正是秉持这种"天命"观,《太祖纪》庚午年条将太祖从昔日臣服者描述成举兵讨伐无道君主之角色:

> 初,帝贡岁币于金,金主使卫王允济受贡于净州。帝见允济不为礼。允济归,欲请兵攻之。会金主璟殂,允济嗣位,有诏至国,传言当拜受。帝问金使曰:"新君为谁?"金使曰:"卫王也。"帝遽南面唾曰:"我谓中原皇帝是天上人做,此等庸懦亦为之耶,何以拜为!"即乘马北去。金使还言,允济益怒,欲俟帝再入贡,就进场害之。帝知之,遂与金绝,益严兵为备。①

"帝遽南面唾曰"无从考证,不过允济谋杀铁木真(忒没贞)的原始史料有据可查,李心传《女真南徙》作:

> 璟之在位也,允济被命往靖州,受黑鞑靼进奉,见其王忒没贞桀傲不逊,恐为边患,欲归白璟除之,会璟病卒。大安三年(辛未年)春三月,鞑靼入贡,允济遣重兵分屯山后,欲就进场袭杀之,然后引兵深入。②

对比可知,《太祖实录》"会金主璟殂"至"允济益怒"文中掺进一段成吉思汗自述,表达对金朝新君人选的不屑一顾,以彰显其雄心。耶律铸将原本载于宋史的辛未年事,改置到前一年庚午年条下,恐非简单地调整史料系年,而是为与其屡屡强调的"河清之征"建立联系,彰显天命之伐。

太祖应河清遂有庚午年"寻取中原",《太祖纪》于是写作"遂与金绝,益严兵为备",由此构成一整套庚午叙事,通过修《太祖实录》杜撰一连串天命符瑞。论及思想根源,无疑受到其父耶律楚材的深刻影响。

众所周知,耶律楚材制造甲申年"角端",以体现太祖仁德。耶律铸遂将此条材料编入实录,见《太祖纪》十九年条。③ 影响最大的当是太

---

① 《元史》卷一《太祖纪》,第1册,第15页。
② 李心传:《建炎以来朝野杂记》乙集卷一九《女真南徙》,第842页。
③ 《元史》卷一《太祖纪》,第1册,第23页。参见王頲:《"角端"与成吉思汗西征班师》,《史林》2004年第6期。

祖十七年耶律楚材创制《庚午元历》。以往论者多关注该历法的技术成就，①并未深入发掘其背后的政治动机。耶律楚材新创历法的意图十分明确——"有国家者，律历之书莫不先也"，欲为新朝树立正朔，革故鼎新。其历法取名"庚午"的原因是：

> 今演记穷元，得积年二千二十七万五千二百七十岁命庚辰。臣愚以为中元岁在庚午，天启宸衷，决志南伐，辛未之春，天兵南渡，不五年而天下略定，此天授也，非人力所能及也。故上元庚午岁天正十一月壬戌朔，夜半冬至，时加子正，日月合璧，五星联珠，同会虚宿五度，以应我皇帝陛下受命之符也。②

"上元"乃传统历法中的核心要义，需集合日月运行时间和五大行星会聚等因素，演算出一个最理想的历元。③ 甲子年是最常见的选择，金大定二十年（1180）赵知微重修《大明历》演纪即如此，④耶律楚材却一改传统，推定为"庚午"，称曾出现"日月合璧、五星联珠"七曜齐聚的奇观，旨在论证"中元岁在庚午，天启宸衷，决志南伐"，应征太祖"受命之符"。耶律楚材精通天文历算，自有家学渊源，其历算为政治服务的思想可追溯至其父耶律履。大定十五年，耶律履"乃取金国受命之始年，撰《乙未元历》"。⑤ "乙未"是阿骨打起元之收国元年（1115），故设置为纪元之始。耶律楚材效仿此法，视上元"庚午"为元太祖受命之年。⑥ 耶律铸黄河清瑞应说与耶律楚材思想主张一脉相承，均是利用五行天象为当权者论证王朝天授论。

这部历法暗藏的玄机不止于此。刘晓将《庚午元历》与赵知微重修《大明历》全面比较，指出推算方法和基础数据大致相同，文字也无多大

---

① 参见孙小淳：《从"里差"看地球、地理经度概念之传入中国》，《自然科学史研究》1998年第4期。刘晓：《耶律楚材评传》，南京大学出版社，2001年，第343—354页。
② 耶律楚材：《湛然居士文集》卷八《进征西庚午元历表》，第186页。
③ 参见曲安京：《中国数理天文学》，科学出版社，2008年，第54—57页。
④ 《金史》卷二一《历志上》，第2册，第442页。
⑤ 元好问：《尚书右丞耶律公神道碑》，姚奠中主编、李正民增订：《元好问全集（增订本）》，第583—589页。
⑥ 参见郭津嵩：《撒马尔干的中国历法：耶律楚材的"西征庚午元历"及其"里差"法考辨》，《中华文史论丛》2021年第1期。

区别。① 然而,细微改动之处却彰显深义。《元史·历志》收录《庚午元历》,"步晷漏术"数值如下:

> 冬至永安晷影常数,一丈二尺八寸三分。夏至永安晷影常数,一尺五寸六分。②

《金史·历志》载赵知微重修《大明历》"步晷漏第四"作:

> 冬至地中晷影常数:一丈二尺八寸三分。夏至地中晷影常数:一尺五寸六分。③

这两部历法冬至和夏至的晷影常数相同,所记观测地点却不同,耶律楚材将重修《大明历》"地中"改为"永安"(燕京)。地中是天文测量的理想地点,属中国古代宇宙结构论的重要组成部分,④政治寓意为天下之中,往往成为论说政治合法性的重要概念。参考宋《纪元历》《统元历》《会元历》晷影常数,⑤重修《大明历》的"地中"是传统观测地岳台(位于金开封府祥符县),而非燕京。

元好问《续夷坚志》测影条引《吕氏碣石录》:"中都冬至一丈五尺七寸六分,夏至二尺二寸六分;昼六十一刻,夜三十九刻。"⑥对比燕京与岳台的晷影长度,可见两地数值悬殊。耶律楚材这一改动,显然是把政治意图摆在首位,与他宣扬的庚午天命蒙古代金定鼎燕京不无关系。⑦或因自太祖十二年木华黎经略燕云已久,燕京成为蒙古统治中原的根据地,具有政治中心意义。即如马祖常对此举的阐发:"昔我太祖皇帝,受命造邦,金人孙于汴,太祖即以全燕开大藩府,制临中夏,维时已有定都之志矣。"⑧

---

① 刘晓:《耶律楚材评传》,第350—351页。
② 《元史》卷五六《历志五》,第5册,第1284—1285页。
③ 《金史》卷二一《历志上》,第2册,第460页。
④ 参见关增建:《中国天文学史上的地中概念》,《自然科学史研究》2000年第3期。
⑤ 《宋史》卷七九《律历志十二》,第6册,第1862页。卷八三《律历志十六》,第6册,第1981页。
⑥ 元好问:《续夷坚志》卷三,姚奠中主编,李正民增订:《元好问全集(增订本)》,第1180—1181页。
⑦ 此观点承蒙邱靖嘉赐教,谨致谢忱。
⑧ 马祖常:《马石田文集》卷一〇《大兴府学孔子庙碑》,《元人文集珍本丛刊》,第6册,第631页。参《元史》卷一一九《木华黎传》,第10册,第2932页。

十六 塑造天命:《元太祖实录》纂修所见元初史观 509

关于金元易代的意义,耶律楚材在诗中多有表达。① 通观整体政治语境,重新审视《庚午元历》,从制作祥瑞到改订历法,再到天下之中的"转移",耶律楚材的一系列举措是在引导草原君主向华夏传统政治文化靠拢。耶律铸全面继承这套思想遗产,从《太祖纪》各种破绽中便可以体现。上文提到,《太祖纪》乙亥年"取城邑凡八百六十有二"照搬《大金国志》所传金"京府州军县"总数,显然与事实不符。② 追究原因,恐怕与耶律楚材有关,《进征西庚午元历表》提到:"辛未之春,天兵南渡,不五年而天下略定,此天授也。"③从辛未到乙亥正好五年,"天下略定"指太祖征金功业,《太祖纪》"取城邑"之数恰好与此暗合。

耶律楚材所叙上元庚午十一月壬戌朔"日月合璧,五星联珠",同样被耶律铸引申发挥。《太祖纪》谓二十一年:

> 冬十一月庚申,帝攻灵州,夏遣嵬名令公来援。丙寅,帝渡河击夏师,败之。丁丑,五星聚见于西南。驻跸盐州川。④

《续编》太祖二十年谓"十一月取灵州,进次于盐州川"。⑤ 尚无"五星聚"的记载。对比可见,这条记录可能是后来增补的。《金史·天文志》正大三年十一月癸酉云"五星并见于西南",⑥与《太祖纪》文辞一致,系年、月份相同,惟干支歧异。据考证,《金史·天文志》系元末史官据金国史中逐条摘录。⑦《金史·哀宗纪》同年十一月曰:"丙子,夏以兵事方殷来报,各停使聘。大元兵征西夏,平中兴府。"⑧哀宗无实录,纪、志作为整体一源史料,共同取资金官修日历。在原始记载中,癸酉五星聚在先,丙子蒙古平中兴府在后。耶律铸为将太祖征西夏与"五星并见于

---

① 参见刘晓:《耶律楚材评传》,第212—219页。
② 据《元史》卷一五〇《石抹明安传》记载,壬申至乙亥间,明安曰:"金有天下一十七路,今我所得,惟云中东西两路而已。"(第12册,第3556页)此系太祖七年以后事,当为蒙古实际占领金领土的情况。
③ 耶律楚材:《湛然居士文集》卷八《进征西庚午元历表》,第186页。
④ 《元史》卷一《太祖纪》,第1册,第24页。
⑤ 陈桱:《通鉴续编》卷二一,第4页b。
⑥ 《金史》卷二〇《天文志·月五星凌犯及星变》,第2册,第435页。
⑦ 参见陈晓伟:《〈金史〉源流、纂修及校勘问题的检讨与反思》,《中国历史研究院集刊》2021年第2辑。
⑧ 《金史》卷一七《哀宗纪上》,第2册,第378页。

西南"建立联系,①妄自调整五星会聚的时间,改作丙子"大元兵征西夏,平中兴府",次日即丁丑发生天象。

为什么要加入这条记录？五星会聚作为传统中国星占学上的最吉天象,是一种稀缺的政治资源。据科技史学者验证统计,五星会聚在历史上实际发生次数绝少,多数记录可能是为印证天命说而虚构的祥瑞。② 正大三年这次当然不可尽信。然而,《太祖纪》二十二年（金正大四年）六月记载："帝谓群臣曰：'朕自去冬五星聚时,已尝许不杀掠,遽忘下诏耶。今可布告中外,令彼行人亦知朕意。'"③据前文分析,该天象非大蒙古国时期扈从征西夏的司天官观测而得,而是耶律铸辈从哀宗日历中抄进《太祖实录》的,实与太祖无涉,其谓群臣云云,大概也是杜撰。笔者推测耶律铸编写这条天象征应的原因,可能与太祖灭西夏的屠城事件有关。据《秘史》第268节和《史集·成吉思汗纪》记述,太祖自知病危,下旨把夏主和都城百姓全部杀掉。④《续编》太祖二十二年六月"蒙古太祖皇帝灭夏以夏主睍归"小注亦云,"太祖皇帝尽克夏城邑,其民穿凿土石以避锋镝,免者百无一二,白骨蔽野",⑤与兴庆屠城之说契合。可《元史》并不载,似乎讳言此事,而且还与《秘史》等书之相左。《元史·察罕传》称："夏主坚守中兴,帝遣察罕入城,谕以祸福。众方议降,会帝崩,诸将擒夏主杀之,复议屠中兴,察罕力谏止之,驰入,安集遗民。"⑥在蒙古的征服战争中,亡金旧儒一直强调"止杀"。在此背景下,《太祖实录》编纂者似乎有意遮蔽屠城一事,干脆在定稿删削之,替换成"临崩遗言",并于二十一年十一月丁丑条"驻跸盐州川"植入五星相聚,以消解滥杀的负面印象。如此将"不杀掠"复经成吉思汗之口

---

① 温海清《成吉思汗灭金"遗言"问题及相关史事新论——文献、文本与历史》(《史林》2021年第3期)已指出《金史·天文志》与《太祖纪》具有因袭关系,认为耶律楚材得自金末司天台提点张居中之手。

② 参见黄一农:《中国星占学上最吉的天象——"五星会聚"》,《制天命而用星占、术数与中国古代社会》,四川人民出版社,2018年,第41—58页。张培瑜:《五星合聚与历史记载》,《人文杂志》1991年第5期。

③ 《元史》卷一《太祖纪》,第1册,第24页。

④ 佚名:《元朝秘史（校勘本）》,乌兰校勘,第378—379页。〔波斯〕拉施特主编:《史集》第1卷第2分册,第351—352页。

⑤ 陈桱:《通鉴续编》卷二一,第10页b。

⑥ 《元史》卷一二〇《察罕传》,第10册,第2956页。

说出,制造出仁主圣君的形象,符合汉地儒士的道德标准。

在成吉思汗时代,《庚午元历》并未被采纳,耶律楚材精心推演的那套天命授受理论在当时也没有引起蒙古人的兴趣。但在编纂《太祖实录》时,耶律铸把握住机会,延续其父的政治思想,利用黄河清重新阐发庚午受命之说,将其深刻渗透到历史叙事中。耶律氏父子制造的一连串祥瑞符号,尽管隐晦,但仍能从《太祖纪》中找到蛛丝马迹。

以上重新探讨了成吉思汗历史编纂问题,以《太祖实录》纂修为主线,将史料来源、编纂过程及撰史者思想、历史观念等一系列线索贯穿起来。通过钩沉《太祖实录》史源,可以证明多元文献系统经过大力整合:1206 年以前内容属于草原史学阶段作品,核心意图是塑造成吉思汗的光辉形象及确立其家族具有天然统治地位;[1]之后的内容叙述成吉思汗走出漠北而统一金、宋的历史,其史学观念也发生明显转变——凸显天命观,这一现象背后隐藏着华夏政治文化叙事思维的影响。

【附识】

拙文发表后,学界对相关问题又有深入研究,见董汝洋《〈元史·木华黎传〉纂修初探》(《史林》2025 年第 1 期)、张斌《〈双溪醉隐集〉引金、蒙、宋实录述略》(陈广恩主编:《历史文献与传统文化》第 27 辑,商务印书馆,2022 年 12 月)。

---

[1] 参见亦邻真:《〈元朝秘史〉及其复原》,亦邻真著,乌云毕力格、乌兰主编:《般若至宝:亦邻真教授学术论文集》,第 315—344 页。

本书各章节相关论文初次发表情况

1) 《金〈宣宗实录〉考——再议王鹗〈金史稿〉为元修〈金史〉底本说》,《文史》2022年第2辑。
2) 《〈金史〉本纪与〈国史〉关系再探——苏天爵"金亦尝为国史"辨说》,《内蒙古师范大学学报(哲学社会科学版)》2021年第4期。
3) 《〈金史·地理志〉文献系统与金源政区地理再认识》,《中国历史研究院集刊》(2023年第1辑)总第7辑,社会科学文献出版社,2023年。
4) 《〈金史〉列传探源》,《汉学研究》第40卷第2期,2022年6月。
5) 《〈元史·太祖纪〉与"金史"关系初探》,《文史哲》2024年第4期。
6) 《辽代"南北面官制"再认识》,《历史研究》2024年第4期。
7) 《试探辽朝佛庆二重体制说》,《世界宗教研究》2022年第9期。
8) 《契丹"二税户"问题发覆》,《史林》2023年第1期。
9) 《〈辽史〉复文再探——以〈杨晳传〉和〈杨绩传〉为例》,《中国史研究》2012年第2期。
10) 《〈金史·宗室表〉再探》,《民族研究》2021年第1期。
11) 《辽朝横帐新论》,《史学月刊》2022年第2期。
12) 《契丹国舅帐与审密氏集团》,叶炜主编:《唐研究》第29卷,北京大学出版社,2024年。
13) 《祖宗实录编纂与完颜家族谱系建构——以〈金史·世纪〉为主线》,《复旦学报》2023年第2期。
14) 《金初国史叙事与开国史知识的传播——关于收国、天辅建元问题》,《史学月刊》2023年第10期。
15) 《国号"金源"说:论女真政治文化观的嬗变》,《中国史研究》2023年第4期。
16) 《〈元太祖实录〉纂修所见元初史观》,《历史研究》2022年第6期。

参 考 文 献

一 基本古籍

(1) 魏收:《魏书》,中华书局点校本,1974年。

(2) 欧阳修:《新唐书》,中华书局点校本,1975年。

(3) 薛居正:《旧五代史》,点校本二十四史修订本,中华书局,2015年。

(4) 欧阳修:《新五代史》,点校本二十四史修订本,中华书局,2015年。

(5) 脱脱:《宋史》,中华书局点校本,1977年。

(6) 脱脱:《辽史》,中华书局点校本,1974年;中华书局点校本二十四史修订本,2017年。

(7) 脱脱:《金史》,中华书局点校本,1975年;中华书局点校本二十四史修订本,2020年。《中华再造善本》,影印至正五年(1345)刻本,北京图书馆出版社,2005年。

(8) 宋濂等:《元史》,中华书局点校本,1976年。

(9) 〔朝鲜〕郑麟趾:《高丽史》,首尔:亚细亚文化社,影印延世大学藏本,1972年。

(10) 郝经:《续后汉书》,黎传纪、易平校点,齐鲁书社,2000年。

(11) 题叶隆礼:《契丹国志》,贾敬颜、林荣贵点校,中华书局,2014年。

(12) 题宇文懋昭:《大金国志校证》,崔文印校证,中华书局,1986年(2011年重印)。

(13) 曾先之编:《古今历代十八史略》,大德元年(1297)刊本。

(14) 董鼎编:《史纂通要后集》,国家图书馆藏元刻本(典藏号10559)。

(15) 佚名:《圣武亲征录(新校本)》,贾敬颜校注、陈晓伟整理,中华书局,2020年。

(16) 佚名:《元朝秘史(校勘本)》,乌兰校勘,中华书局,2012年。

(17) 〔波斯〕拉施特主编:《史集》,余大钧、周建奇译,商务印书馆,2009年。

(18) 徐梦莘:《三朝北盟会编》,上海古籍出版社,影印许涵度刻本,2008年第2版;《中华再造善本》,影印明钞本,国家图书馆出版社,2013年。

(19) 题刘忠恕:《裔夷谋夏录》,黄宝华整理,上海师范大学古籍整理研究所编:《全宋笔记》第5编,大象出版社,2012年。

(20) 司马光著、胡三省音注:《资治通鉴》,中华书局点校本,1956年。

(21) 李焘:《续资治通鉴长编》,上海师范大学古籍整理研究所、华东师范大学古籍整理研究所点校,中华书局,2004年第2版。
(22) 李心传:《建炎以来系年要录》,胡坤点校,中华书局,2013年。
(23) 李埴:《皇宋十朝纲要》,《宋史资料萃编》第1辑,台北:文海出版社,影印本,1980年。
(24) 王称:《东都事略》,南宋四川眉山程舍人宅刊本。
(25) 佚名:《宋史全文》,汪圣铎点校,中华书局,2016年。
(26) 杨仲良:《通鉴长编纪事本末》,赵铁寒主编:《宋史资料萃编》第2辑,台北:文海出版社,影印广雅书局本,1967年。
(27) 陈均:《皇朝编年纲目备要》,许沛藻、金圆、顾吉辰、孙菊园点校,中华书局,2006年。
(28) 陈桱:《通鉴续编》,国家图书馆藏至正陈道曾校正本。
(29) 佚名编:《宋大诏令集》,中华书局,1962年。
(30) 佚名编:《大金吊伐录》,《四部丛刊三编》本。
(31) 佚名编:《大金德运图说》,影印文渊阁《四库全书》,台北:台湾商务印书馆,1986年。
(32) 佚名编:《大金集礼》,任文彪点校,浙江大学出版社,2019年。
(33) 徐松辑:《宋会要辑稿》,中华书局,影印本,1957年。
(34) 佚名编:《太平宝训政事纪年》,台湾"央图"藏抄本,索书号202.251 01877。
(35) 陈骙:《南宋馆阁续录》,张富祥点校,中华书局,1998年。
(36) 晁公迈:《历代纪年》,《续修四库全书》,上海古籍出版社,2002年。
(37) 马端临:《文献通考》,上海师范大学古籍研究所、华东师范大学古籍研究所点校,中华书局,2011年。
(38) 赵世延、虞集等:《经世大典辑校》,周少川、魏训田、谢辉辑校,中华书局,2020年。
(39) 王士点、商企翁编:《秘书监志》,高荣盛点校,浙江古籍出版社,1992年。
(40) 佚名编:《通制条格校注》,方龄贵校注,中华书局,2001年。
(41) 潘昂霄:《苍崖先生金石例》,至正五年(1345)刻本。
(42) 〔高丽〕李承休:《帝王韵纪》,汉城:朝鲜古典刊行会影印本,1939年。
(43) 释德辉编:《敕修百丈清规》,嘉靖三十九年(1560)刻本。
(44) 洪皓:《松漠记闻》,阳山顾氏文房本。
(45) 王寂:《辽东行部志注释》,张博泉注释,黑龙江人民出版社,1984年。
(46) 刘祁:《归潜志》,崔文印点校,中华书局,1983年。
(47) 王鹗:《汝南遗事》,《中国野史集成》,影印《畿辅丛书》本,巴蜀书社,1993年。
(48) 李心传:《建炎以来朝野杂记》,徐规点校,中华书局,2000年。

（49）赞宁：《大宋僧史略校注》，富世平校注，中华书局，2015 年。
（50）释念常：《佛祖历代通载》，《中华再造善本》，影印至正七年（1347）刻本，国家图书馆出版社，2015 年。
（51）元好问编：《中州集》，萧和陶点校，华东师范大学出版社，2014 年。
（52）苏天爵辑：《元朝名臣事略》，姚景安点校，中华书局，1996 年。
（53）乐史：《太平寰宇记》，王文楚等点校，中华书局，2007 年。
（54）王存：《元丰九域志》，王文楚、魏嵩山点校，中华书局，1984 年。
（55）孛兰肹等：《元一统志》，赵万里校辑，中华书局，1966 年。
（56）海达儿等口授：《天文书》，洪武十六年（1383）内府刻本。
（57）刘基编：《大明清类天文分野之书》，《四库全书存目丛书》，齐鲁书社，1997 年，影印南京图书馆藏洪武刻本；国家图书馆藏洪武刻本（典藏号 16446）、北京大学图书馆藏洪武刻本（典藏号 NC/3020/7）。
（58）顾祖禹：《读史方舆纪要》，贺次君、施和金点校，中华书局，2005 年。
（59）至顺《镇江志》，江苏古籍出版社，1990 年。
（60）至正《昆山郡志》，《宛委别藏》本。
（61）于钦：《齐乘校释（修订本）》，刘敦厚等校释，中华书局，2018 年。
（62）熊梦祥原著：《析津志辑佚》，北京图书馆善本组辑，北京古籍出版社，1983 年。
（63）于敏中等：《钦定日下旧闻考》，北京古籍出版社，1981 年。
（64）成化《山西通志》，成化十年（1474）刻本，北图甲库旧藏。
（65）天启《东安县志》，天启五年（1625）刻本。
（66）康熙《东安县志》，王文琳等辑：《安次县旧志四种合刊》，民国二十五年（1936）铅印本。
（67）乾隆《东安县志》，乾隆十四年（1749）刻本。
（68）道光《承德府志》，道光十一年（1831）刻本。
（69）光绪《良乡志》，光绪十五年（1889）刻本。
（70）民国《良乡志》，民国十三年（1924）铅印本。
（71）民国《平阳县志》，民国十四年（1925）刻本。
（72）段成式：《酉阳杂俎校笺》，许逸民校笺，中华书局，2015 年。
（73）陈襄：《神宗皇帝即位使辽语录》，《辽海丛书》，辽沈书社，1985 年。
（74）陆游：《老学庵笔记》，中华书局，1979 年。
（75）岳珂：《愧郯录》，朗润点校，中华书局，2016 年。
（76）范成大：《揽辔录》，孔凡礼点校：《范成大笔记六种》，中华书局，2002 年。
（77）〔法〕鲁不鲁乞：《鲁不鲁乞东游记》，〔英〕道森编：《出使蒙古记》，吕浦译、周良霄注本，中国社会科学出版社，1983 年。

（78）洪迈：《容斋随笔》，孔凡礼点校，中华书局，2005年。
（79）周密：《癸辛杂识》，吴企明点校，中华书局，1988年。
（80）王恽：《玉堂嘉话》，杨晓春点校，中华书局，2006年。
（81）王恽：《中堂事记》，顾宏义、李文整理标校：《金元日记丛编》，上海书店出版社，2013年。
（82）李翀：《日闻录》，《守山阁丛书》本。
（83）赵与旹：《宾退录》，齐治平校点，上海古籍出版社，1983年。
（84）俞正燮：《癸巳类稿》，道光十三年（1833）求日益斋刻本。
（85）晁公武：《郡斋读书志校证》，孙猛校证，上海古籍出版社，1990年。
（86）陈振孙：《直斋书录解题》，徐小蛮、顾美华点校，上海古籍出版社，2015年。
（87）永瑢等：《四库全书总目》，中华书局，1965年。
（88）题晓山老人：《太乙统宗宝鉴》，国家图书馆藏明钞本（典藏号11075）。
（89）王应麟编：《玉海》，京都：中文出版社，1977年。
（90）陈元靓编：《岁时广记》，许逸民点校，中华书局，2020年。
（91）曾慥编：《类说》，天启六年（1626）刻本。
（92）陈元靓编：《重编群书类要事林广记》，〔日〕长泽规矩也编：《和刻本类书集成》第1辑，上海古籍出版社，1990年。
（93）陶宗仪等编：《说郛三种》，上海古籍出版社，2012年。
（94）解缙等：《永乐大典》，中华书局，1986年。
（95）余靖：《武溪集》，《北京图书馆古籍珍本丛刊》，影印明成化九年（1473）刻本，书目文献出版社，1998年。
（96）洪皓：《鄱阳集》，影印文渊阁《四库全书》，台北：台湾商务印书馆，1986年。
（97）魏了翁：《鹤山先生大全集》，《四部丛刊》本。
（98）吕颐浩：《忠穆集》，影印文渊阁《四库全书》，台北：台湾商务印书馆，1986年；国家图书馆藏清翰林院钞本，典藏号05877。
（99）吕颐浩：《吕忠穆公奏议》，嘉靖十九年（1540）刻本。
（100）赵秉文：《滏水集》，马振君整理：《赵秉文集》，黑龙江大学出版社，2014年。
（101）李俊民：《庄靖先生遗集》，《九金人集》，台北：成文出版社，1967年。
（102）元好问：《元好问全集（增订本）》，姚奠中主编、李正民增订，山西古籍出版社，2004年。
（103）耶律楚材：《湛然居士文集》，谢方点校，中华书局，1986年。
（104）耶律铸：《双溪醉隐集》，影印文渊阁《四库全书》，台北：台湾商务印书馆，1986年；国家图书馆藏吴长元钞本（典藏号08509）。
（105）刘因：《刘文靖公文集》，成化十五年（1479）蜀藩刻本。
（106）姚燧：《牧庵集》，查洪德编辑点校：《姚燧集》，人民文学出版社，2011年。

（107）王恽：《秋涧先生大全文集》，《元人文集珍本丛刊》，台北：新文丰出版公司，1985年。

（108）程钜夫：《雪楼集》，《元代珍本文集汇刊》，台北：国立中央图书馆印行，1970年。

（109）马祖常：《石田先生文集》，后至元五年（1339）扬州路儒学刻本；《元人文集珍本丛刊》，台北：新文丰出版公司，1985年。

（110）袁桷：《清容居士集》，《四部丛刊》本。

（111）傅若金：《傅与砺文集》，《北京图书馆古籍珍本丛刊》，书目文献出版社，1991年。

（112）黄溍：《金华黄先生文集》，《中华再造善本》，影印至正十五年（1355）刻本，北京图书馆出版社，2005年。

（113）虞集：《道园学古录》，《四部丛刊》本。

（114）刘仁本：《羽庭集》，影印文渊阁《四库全书》，台北：台湾商务印书馆，1986年。

（115）危素：《危太朴文集》，《元人文集珍本丛刊》，台北：新文丰出版公司，1985年。

（116）柯九思：《丹邱生集》，光绪三十四年（1908）柯逢时刻本。

（117）苏天爵：《滋溪文稿》，陈高华、孟繁清点校，中华书局，2012年。

（118）欧阳玄：《圭斋文集》，《四部丛刊》本。

（119）〔高丽〕李承休：《动安居士集》，首尔：景仁文化社，1996年。

（120）〔高丽〕义天编：《圆宗文类》，〔日〕吉津宜英、柴崎照和整理，《驹澤大學佛教學部研究紀要》第56号，1998年3月。

（121）张金吾编纂：《金文最》，中华书局，1990年。

（122）苏天爵编：《国朝文类》，《四部丛刊》本。

（123）程敏政编：《皇明文衡》，嘉靖七年（1528）宗文堂刻本。

二 出土文献

(1) 樊文卿辑录：《畿辅碑目》，民国二十四年（1935）铅印本。

(2) 向南编：《辽代石刻文编》，河北教育出版社，1995年。

(3) 向南、张国庆、李宇峰辑注：《辽代石刻文续编》，辽宁人民出版社，2010年。

(4) 刘凤翥：《契丹文字研究类编》，中华书局，2014年。

(5) 北京图书馆金石组：《房山石经题记汇编》，书目文献出版社，1987年。

(6) 中国佛教协会、中国佛教图书文物馆：《房山石经（辽金刻经）》，华夏出版社，2000年。

(7) 梅宁华主编：《北京辽金史迹图志（下）》，北京燕山出版社，2004年。

(8) 罗福颐辑：《满洲金石志外编》，《石刻史料新编》第1辑，台北：新文丰出版公司，1977年。

(9) 万雄飞、司伟伟：《辽代耶律弘礼墓志考释》，《考古》2018 年第 6 期。

(10) 杨卫东：《梁颖墓志铭考释》，《文史》2011 年第 1 辑。

(11) 胡娟、海勇：《辽〈耶律善庆墓志〉考释》，刘宁主编：《辽金历史与考古》第 9 辑，科学出版社，2018 年。

(12) 辽宁省文物考古研究所、朝阳北塔博物馆编：《朝阳北塔：考古发掘与维修工程报告》，文物出版社，2007 年。

(13) 河北省文物研究所等：《河北固安于沿村金宝严寺塔基地宫出土文物》，《文物》1993 年第 4 期。

(14) 河北省文化局文物工作队：《河北新城县北场村金时立爱和时丰墓发掘记》，《考古》1962 年第 12 期。

(15) 吉林省文物考古研究所、吉林大学边疆考古研究中心：《吉林安图县金代长白山神庙遗址》，《考古》2018 年第 7 期。

(16) 〔韩〕金龙善编著：《高丽墓志铭集成》，春川：翰林大学校，1993 年。

三 研究论著

(1) 阿尔丁夫：《"圣人南面而听天下"中的"南"实指今天的东》，《内蒙古大学艺术学院学报》2015 年第 2 期。

(2) 包世轩：《元大护国仁王寺旧址及相关问题考察——兼证高梁河寺就是西镇国寺》，氏著《北京佛教史地考》，金城出版社，2014 年。

(3) 曹流：《〈亡辽录〉辑释与研究》，巴蜀书社，2022 年。

(4) 曹金成：《史事与史源：〈通鉴续编〉中的蒙元王朝》，社会科学文献出版社，2020 年。

(5) 陈爽：《漫说史源调查》，《文献》2020 年第 3 期。

(6) 陈述：《辽史补注》，中华书局，2018 年。

(7) 陈述：《金史拾补五种》，科学出版社，1960 年。

(8) 陈述：《契丹社会经济史稿》，生活·读书·新知三联书店，1963 年。

(9) 陈述：《契丹舍利横帐考释》，《燕京学报》新 8 期，北京大学出版社，2000 年 5 月。

(10) 陈得芝：《读高丽李承休〈宾王录〉——域外元史史料札记之一》，《中华文史论丛》2008 年第 2 期。

(11) 陈高华：《〈元史〉纂修考》，《历史研究》1990 年第 4 期。

(12) 陈高华：《陈高华文集》，上海辞书出版社，2005 年。

(13) 陈俊达：《从"强狄"到"正统"：史籍所见高丽君臣心中的金朝形象》，张伯伟编：《域外汉籍研究集刊》第 18 辑，中华书局，2019 年。

(14) 陈晓伟：《〈金史〉丛考》，中华书局，2022 年。

(15) 陈晓伟：《〈金史〉源流、纂修及校勘问题的检讨与反思》，《中国历史研究院集刊》2021年第2辑。

(16) 陈晓伟：《金末纂集〈卫王事迹〉考》，《史学史研究》2022年第1期。

(17) 陈晓伟：《〈金史·食货志〉修纂考》，《黑龙江社会科学》2022年第4期。

(18) 陈学霖：《金宋史论丛》，香港中文大学出版社，2003年。

(19) 陈学霖：《元好问〈壬辰杂编〉探赜》，《晋阳学刊》1990年第5期。

(20) 陈学霖：《"大金"国号之起源及其释义》，《辽金契丹女真史研究》1985年第2期。

(21) 陈学霖：《金循吏王元德墓志铭考释》，刘凤翥、华祖根、卢勋编：《中国民族史研究》第4辑，改革出版社，1992年。

(22) 陈衍德：《试论辽朝的赋税制度》，《中国社会经济史研究》1994年第3期。

(23) 蔡崇榜：《宋代修史制度研究》，台北：文津出版社，1993年。

(24) 蔡美彪：《蕃汉并行的辽朝官制》，《文史知识》1986年第9期。

(25) 蔡美彪：《试说辽耶律氏萧氏之由来》，《历史研究》1993年第5期。

(26) 蔡美彪：《辽代后族与辽季后妃三案》，《历史研究》1994年第2期。

(27) 蔡美彪：《辽史外戚表新编》，《社会科学战线》1994年第2期。

(28) 蔡美彪：《辽金元史考索》，中华书局，2012年。

(29) 程妮娜：《金代政治制度研究》，吉林大学出版社，1999年。

(30) 程妮娜：《古代中国东北民族地区建置史》，中华书局，2011年。

(31) 程妮娜：《〈遗山文集〉与史学》，《史学集刊》1992年第2期。

(32) 程妮娜等：《点校本金史修订前言》，点校本二十四史修订本《金史》，中华书局，2020年。

(33) 程尼娜：《〈金史〉"篡改开国史"辨》，《史学集刊》2022年第1期。

(34) 道尔吉、和希格：《女真文〈大金得胜陀颂〉碑校勘释读》，《内蒙古大学学报（哲学社会科学版）》1984年第4期。

(35) 董四礼：《也谈金初建国及国号年号》，《史学集刊》2008年第6期。

(36) 都兴智：《辽金史研究》，人民出版社，2004年。

(37) 都兴智：《也说"横帐"》，《民族研究》2009年第6期。

(38) 都兴智：《关于金始祖函普的几个问题——族属、迁徙、婚姻及兄弟后裔》，《黑龙江社会科学》2017年第4期。

(39) 都兴智：《辽代外戚的族帐房次问题再探讨》，刘宁、齐伟主编：《辽金史历史与考古》第11辑，科学出版社，2020年。

(40) 方龄贵：《元史丛考》，民族出版社，2004年。

(41) 方龄贵：《〈元史〉纂修杂考》，张寄谦编：《素馨集：纪念邵循正先生学术论文集》，北京大学出版社，1993年。

(42) 冯家昇:《辽史证误三种》,中华书局,1959 年。
(43) 冯家昇:《冯家昇论著辑粹》,中华书局,1987 年。
(44) 冯金忠:《幽州镇与唐代后期人口流动——以宗教活动为中心》,《青岛大学师范学院学报》2007 年第 1 期。
(45) 冯永谦:《辽史外戚表补证》,《社会科学辑刊》1979 年第 3、4 期。
(46) 傅林:《论契丹语中"汉儿(汉人)"的对应词的来源》,刘宁主编:《辽金历史与考古》第 4 辑,辽宁教育出版社,2013 年。
(47) 傅朗云:《评苗耀〈神麓记〉的史料价值》,《北方文物》1987 年第 4 期。
(48) 傅乐焕:《辽史丛考》,中华书局,1984 年。
(49) 高宇:《〈契丹国志〉研究》,北京大学博士学位论文,2012 年 6 月。
(50) 盖之庸:《内蒙古辽代石刻文研究(增订本)》,内蒙古大学出版社,2007 年。
(51) 葛华廷:《辽代"横帐"浅考》,《北方文物》2000 年第 4 期。
(52) 顾寅森:《元大护国仁王寺名称、地址考略》,刘迎胜主编:《元史及民族与边疆研究集刊》第 23 辑,上海古籍出版社,2011 年。
(53) 关树东:《辽朝州县制度中的"道""路"问题探研》,《中国史研究》2003 年第 2 期。
(54) 关增建:《中国天文学史上的地中概念》,《自然科学史研究》2000 年第 3 期。
(55) 郭锡良:《汉字古音手册(增订本)》,商务印书馆,2010 年。
(56) 郭添刚、崔嵩、王义、刘凤翥:《契丹小字金代〈萧居士墓志铭〉考释》,《文史》2009 年第 1 辑。
(57) 韩道英:《〈大明清类天文分野之书〉考释与历代星野变迁》,暨南大学硕士学位论文,2008 年 5 月。
(58) 韩光辉、魏丹、何文林:《〈金史·地理志〉城市行政建制疏漏及补正研究》,《地理学报》2012 年第 10 期。
(59) 韩世明:《金完颜始祖史事探赜》,《吉林大学社会科学学报》1993 年第 3 期。
(60) 何天明:《辽代政权机构史稿》,内蒙古大学出版社,2004 年。
(61) 何天明:《辽太祖析分迭剌部探讨》,《内蒙古社会科学》1999 年第 1 期。
(62) 胡传志:《〈中州集〉的编纂过程和编纂体例》,《山西大学学报(哲学社会科学版)》1994 年第 2 期。
(63) 黄一农:《制天命而用星占、术数与中国古代社会》,四川人民出版社,2018 年。
(64) 黄纬中:《略论辽金的避讳》,《史学汇刊》第 26 期,2010 年 12 月。
(65) 贾敬颜:《五代宋金元人边疆行记十三种疏证稿》,中华书局,2004 年。
(66) 贾敬颜:《东北古代民族古代地理丛考》,中国社会科学出版社、新西兰霍兰德出版有限公司,1993 年。

（67）贾敬颜:《金代的"驱"及其相关的几种人户》,《社会科学辑刊》1987 年第 5 期。
（68）嵇璜等:《续文献通考》,商务印书馆,1936 年。
（69）即实:《契丹小字解读拾零》,《东北地方史研究》1986 年第 4 期。
（70）即实:《从 ᠬ ᠭᠨ 说起》,《内蒙古大学学报(哲学社会科学版)》1988 年第 4 期。
（71）即实:《谜林问径——契丹小字解读新程》,辽宁民族出版社,1996 年。
（72）即实:《谜田耕耘——契丹小字解读续》,辽宁民族出版社,2012 年。
（73）蒋松岩:《辽金二税户及其演变》,《北方论丛》1981 年第 2 期。
（74）金适:《北京地区首现契丹文字石刻》,《东北史地》2011 年第 5 期。
（75）金毓黻:《东北通史》,重庆:年代出版社,1943 年。
（76）景方昶:《东北舆地释略》,《辽海丛书》,辽沈书社,1985 年。
（77）景新强:《施宜生通敌事件辨正——一个史源学的考察》,《西北大学学报(哲学社会科学版)》2007 年第 3 期。
（78）康鹏:《辽代五京体制研究》,中国社会科学出版社,2023 年。
（79）康鹏:《萧挞凛家族世系考》,《新亚洲论坛》第 4 辑,首尔:首尔出版社,2011 年 8 月。
（80）康鹏:《契丹小字〈萧敌鲁副使墓志铭〉考释》,刘宁主编:《辽金历史与考古》第 4 辑,辽宁教育出版社,2013 年。
（81）康鹏:《修订本〈辽史·国语解〉点校长编》,2013 年 1 月,未刊。
（82）康鹏:《辽道宗朝懿德后案钩沉》,黄正建主编:《隋唐辽宋金元史论丛》第 5 辑,上海古籍出版社,2015 年。
（83）康鹏:《契丹小字"地皇后"考》,《西北师大学报(社会科学版)》2016 年第 5 期。
（84）邝又铭:《辽史兵卫志"御帐亲军""大首领部族军"两事目考源辨误》,《北京大学学报》1956 年第 2 期。
（85）李健才:《松花江名称的演变》,《学习与探索》1982 年第 2 期。
（86）李嵩岩:《从金世宗东巡谈大金得胜陀颂碑的相关问题》,《辽金契丹女真史研究》1985 年第 2 期。
（87）李锡厚:《论辽朝的政治体制》,《历史研究》1988 年第 3 期。
（88）李锡厚:《临潢集》,河北大学出版社,2001 年。
（89）李秀莲:《阿骨打称都勃极烈与金朝开国史之真伪研究》,《史学月刊》2008 年第 6 期。
（90）李秀莲:《大金国号考释》,《黑河学院学报》2015 年第 5 期。
（91）李秀莲:《女真完颜家族的崛起》,《哈尔滨学院学报》2018 年第 3 期。

(92) 李逸友:《契丹"东向拜日"考辨》,契丹考古学术会议筹备组编,1983年6月,油印本。
(93) 李玉君:《金代宗室研究》,科学出版社,2016年。
(94) 林鹄:《辽史百官志考订》,中华书局,2015年。
(95) 林鹄:《南望:辽前期政治史》,生活·读书·新知三联书店,2018年。
(96) 林鹄:《斡鲁朵横帐补说——兼论辽朝部族制度》,姚大力、刘迎胜主编:《清华元史》第2辑,商务印书馆,2013年。
(97) 林鹄:《辽世宗、枢密院与政事省》,《中国史研究》2014年第2期。
(98) 林荣贵:《从房山石经题记论辽代选相任使之沿革》,陈述主编:《辽金史论集》第1辑,上海古籍出版社,1987年。
(99) 林荣贵:《辽朝的佛庆制问题及北疆与中原的佛教关系》,景爱主编:《陈述先生纪念集》,内蒙古教育出版社,1995年。
(100) 刘晓:《耶律铸夫妇墓志札记》,纪宗安、汤开建主编:《暨南史学》第3辑,暨南大学出版社,2004年。
(101) 刘晓:《耶律楚材评传》,南京大学出版社,2001年。
(102) 刘凤翥等:《契丹小字解读五探》,《汉学研究》13卷第2期,1995年12月。
(103) 刘凤翥、清格勒:《契丹小字〈宋魏国妃墓志铭〉和〈耶律弘用墓志铭〉考释》,《文史》2003年第4辑。
(104) 刘凤翥、丛艳双、于志新、娜仁高娃:《契丹小字〈耶律慈特·兀里本墓志铭〉考释》,《燕京学报》新20期,北京大学出版社,2006年5月。
(105) 刘凤翥、张少珊:《契丹文字中的"横帐"》,澳门:澳门书法篆刻协会编:《千年绝学:契丹文字碑拓精品展》,2019年5月。
(106) 刘浦江:《辽金史论》,辽宁大学出版社,1999年。
(107) 刘浦江:《松漠之间——辽金契丹女真史研究》,中华书局,2008年。
(108) 刘浦江、康鹏编:《契丹小字词汇索引》,中华书局,2014年。
(109) 刘浦江:《再论〈大金国志〉的真伪——兼评〈大金国志〉校证》,《文献》1990年第3期。
(110) 刘浦江:《书〈金史·施宜生传〉后》,《文史》第35辑,中华书局,1992年6月。
(111) 刘浦江:《金代户籍制度刍论》,《民族研究》1995年第3期。
(112) 刘浦江:《关于金朝开国史的真实性质疑》,《历史研究》1998年第6期。
(113) 刘浦江:《辽朝的头下制度与头下军州》,《中国史研究》2000年第3期。
(114) 刘浦江:《辽朝"横帐"考——兼论契丹部族制度》,北京大学历史学系编:《北大史学》第8辑,北京大学出版社,2001年。
(115) 刘浦江:《从〈辽史国语解〉到〈钦定辽史语解〉——契丹语言资料的源流》,余太山主编:《欧亚学刊》第4辑,中华书局,2004年6月。

(116) 刘浦江:《金朝初叶的国都问题——从部族体制向帝制王朝转型中的特殊政治生态》,《中国社会科学》2013 年第 3 期。

(117) 刘迎胜:《从北平王到北安王——那木罕二三题》,刘迎胜主编:《元史及民族与边疆研究集刊》第 21 辑,上海古籍出版社,2009 年。

(118) 刘迎胜:《陈桱〈通鉴续编〉引文与早期蒙古史料系谱》,刘迎胜、姚大力主编:《清华元史》第 4 辑,商务印书馆,2018 年。

(119) 罗新:《民族起源的想像与再想像——以嘎仙洞的两次发现为中心》,《文史》2013 年第 2 辑。

(120) 罗新:《王化与山险——中古边裔论集》,北京大学出版社,2019 年。

(121) 罗继岩、辛时代:《金朝始祖函普研究》,《社会科学战线》2015 年第 12 期。

(122) 罗继祖:《辽史校勘记》,上海人民出版社,1958 年。

(123) 罗继祖:《辽代经济状况及其赋税制度简述》,《历史教学》1962 年第 10 期。

(124) 马晓林:《金元汪古马氏家族先世史的书写与认同》,《文史》2018 年第 4 辑。

(125) 苗润博:《记忆·遗忘·书写:基于史料批判的契丹早期史研究》,北京大学博士学位论文,2018 年 6 月。

(126) 苗润博:《〈辽史〉探源》,中华书局,2020 年。

(127) 苗润博:《契丹国舅别部世系再检讨》,《史学月刊》2014 年第 4 期。

(128) 苗润博:《有关〈裔夷谋夏录〉诸问题的新考索》,《文史》2016 年第 2 辑。

(129) 苗润博:《〈说郛〉本王易〈燕北录〉名实问题发覆》,《文史》2017 年第 3 期。

(130) 苗润博:《契丹建国前史发覆——政治体视野下北族王朝的历史记忆》,《历史研究》2020 年第 3 期。

(131) 苗润博:《契丹建国以前部落发展史再探——〈辽史·营卫志〉"部族上"批判》,《中国边疆史地研究》2022 年第 1 期。

(132) 那顺达来:《蒙古地区区位方向及其对清代文献记载的影响》,《内蒙古大学学报(哲学社会科学版)》2009 年第 3 期。

(133) 聂溦萌整理:《历史是如何写成的》,连载于《澎湃新闻》2019 年 12 月 24、25、26 日。

(134) 潘晟:《宋代地理学的观念、体系与知识兴趣》,商务印书馆,2014 年。

(135) 庞蔚:《〈大元大一统志〉佚文研究》,暨南大学硕士学位论文,2006 年 5 月。

(136) 皮锡瑞:《皮锡瑞日记》,吴仰湘编:《皮锡瑞全集》,中华书局,2015 年。

(137) 齐子通:《宋代县望等级的划分标准探析》,《历史地理研究》2021 年第 2 期。

(138) 钱大昕:《廿二史考异》,方诗铭、周殿杰点校,上海古籍出版社,2004 年。

(139) 钱大昕:《嘉定钱大昕全集(增订本)》,陈文和主编,凤凰出版社,2016 年。

(140) 邱靖嘉:《〈金史〉纂修考》,中华书局,2017 年。

（141）邱靖嘉：《〈辽史·历象志〉溯源——兼评晚清以来传统历谱的系统性缺陷》，《中华文史论丛》2012年第4期。

（142）邱靖嘉：《"超越北南"：从中枢体制看辽代官制的特性》，《历史研究》2022年第3期。

（143）邱靖嘉：《女真史料的深翻与检讨——〈三朝北盟会编〉卷三研读记》，《中华文史论丛》2019年第2期。

（144）邱靖嘉：《辽道宗"寿隆"年号探源——金代避讳之新证》，《中华文史论丛》2014年第4期。

（145）邱靖嘉：《晓山老人〈太乙统宗宝鉴〉所见金朝史料辑考》，《文史》2016年第2辑。

（146）邱靖嘉：《王鹗修金史及其〈金史稿〉探赜》，《史学史研究》2016年第4期。

（147）邱靖嘉：《金代的长白山封祀——兼论金朝山川祭祀体系的二元特征》，《民族研究》2019年第3期。

（148）邱靖嘉：《说"完颜"——关于女真族的历史记忆与姓氏辨说》，刘迎胜、姚大力主编：《清华元史》第6辑，商务印书馆，2020年。

（149）邱靖嘉：《"元谋叛辽十弟兄"与金初皇位继承——兼论勃极烈辅政群体之构成》，《学术研究》2021年第11期。

（150）邱靖嘉、李京泽：《关于金太祖的一则佚史——兼论金朝修史的改纂问题》，《中华文史论丛》2021年第4期。

（151）邱靖嘉：《改写与重塑：再论金朝开国年代及其相关问题》，《文史哲》2022年第2期。

（152）曲安京：《中国数理天文学》，科学出版社，2008年。

（153）任爱君：《应当重新认识契丹辽朝的"一国二制"——兼谈其南北兼制的政治体制的确立》，《昭乌达蒙族师专学报（汉文哲学社会科学版）》1992年第2期。

（154）宋卿：《中华书局点校本〈金史·宗室表〉考证》，《北方文物》2015年第3期。

（155）宋德金：《辽朝的"因俗而治"与中国社会》，《传统文化与现代化》1998年第2期。

（156）孙昊：《辽代女真族群与社会研究》，兰州大学出版社，2014年。

（157）孙大坤：《〈辽史·百官志〉研究》，吉林大学博士学位论文，2020年6月。

（158）孙红梅：《金代汉制封爵研究》，吉林大学博士学位论文，2014年6月。

（159）孙红梅：《金代郡王封号研究》，《社会科学辑刊》2014年第2期。

（160）孙红梅：《金代封国之号与国号王爵类型》，《史学月刊》2015年第5期。

（161）孙建权：《关于张棣〈金房图经〉的几个问题》，《文献》2013年第2期。

(162) 孙建权:《〈大金国志·京府州军〉记事系年辨正》,《东北史地》2014 年第 3 期。

(163) 孙伟祥:《辽朝后族研究综述》,《黑龙江民族丛刊》2018 年第 3 期。

(164) 孙小淳:《从"里差"看地球、地理经度概念之传入中国》,《自然科学史研究》1998 年第 4 期。

(165) 施国祁:《金史详校》,陈晓伟点校,中华书局,2021 年。

(166) 施国祁:《吉贝居杂记》,罗振玉校补:《雪堂丛刻》,北京图书馆出版社,2000 年。

(167) 石金民、于泽民:《契丹小字〈耶律奴墓志铭〉考释》,《民族语文》2001 年第 2 期。

(168) 谭其骧:《长水集》,人民出版社,1987 年。

(169) 谭其骧主编:《中国历史地图集》第六册《宋辽金时期》,中国地图出版社,1982 年。

(170) 谭其骧:《金代路制考》,《中国历史地理论丛》第 1 辑,陕西人民出版社,1980 年。

(171) 唐雯:《盖棺论未定:唐代官员身后的形象制作》,《复旦学报》2012 年第 1 期。

(172) 唐长孺:《山居存稿》,中华书局,2011 年。

(173) 唐长孺:《山居存稿三编》,中华书局,2011 年。

(174) 唐长孺:《辽史中汉名的考订》,《正言报》1941 年 6 月 19 日第 1 张第 4 版。

(175) 唐长孺:《辽史天祚纪证释》,国立师范学院史地学会编:《史地教育特刊》1942 年 10 月。

(176) 佟家江:《关于辽金二税户》,《内蒙古大学学报(哲学社会科学版)》1984 年第 1 期。

(177) 仝建平:《〈新编事文类聚舆地要览〉考析》,《西夏研究》2018 年第 2 期。

(178) 王力:《汉语音韵》,中华书局,1980 年。

(179) 万雄飞、韩世明、刘凤翥:《契丹小字〈梁国王墓志铭〉考释》,《燕京学报》新 25 期,北京大学出版社,2008 年 11 月。

(180) 王颋:《完颜金行政地理》,香港天马出版有限公司,2005 年。

(181) 王颋:《〈元史·地理志〉资料探源》,《历史地理》第 8 辑,上海人民出版社,1990 年。

(182) 王颋:《"角端"与成吉思汗西征班师》,《史林》2004 年第 6 期。

(183) 王岩:《〈金史·哀宗纪〉探源》,余太山、李锦绣主编:《欧亚学刊》新 12 辑,商务印书馆,2023 年。

（184）王成名：《辽代枢密院及其官员群体研究》，吉林大学博士学位论文，2018年6月。
（185）王德忠：《论辽朝"因俗而治"统治政策形成的历史条件》，《求是学刊》1999年第5期。
（186）王弘力：《契丹小字宫殿解》，《内蒙古大学学报（哲学社会科学版）》1990年第1期。
（187）王弘力：《契丹小字墓志研究》，《民族语文》1986年第4期。
（188）王继光：《有关〈金史〉成书的几个问题》，《社会科学》（今名《甘肃社会科学》）1981年第2期。
（189）王可宾：《释金源文化》，《史学集刊》2001年第4期。
（190）王明荪：《金修国史及金史源流》，《书目季刊》第22卷1期，1988年6月。
（191）王善军：《辽朝横帐新考》，《历史研究》2003年第2期。
（192）王慎荣主编：《元史探源》，吉林文史出版社，1991年。
（193）王滔韬：《辽朝南面宰相制度研究》，《社会科学辑刊》2002年第4期。
（194）王晓清：《〈续夷坚志〉辑补》，《古籍整理研究学刊》1993年第6期。
（195）王一丹：《波斯拉施特〈史集·中国史〉研究与文本翻译》，昆仑出版社，2006年。
（196）王曾瑜：《辽朝官员的实职和虚衔初探》，《文史》第34辑，中华书局，1992年5月。
（197）王曾瑜：《金朝户口分类制度和阶级结构》，《历史研究》1993年第6期。
（198）温海清：《成吉思汗灭金"遗言"问题及相关史事新论——文献、文本与历史》，《史林》2021年第3期。
（199）魏奎阁：《辽承天皇太后房族世次考》，李品清主编：《阜新辽金史研究》第3辑，阜新市辽金元契丹女真蒙古研究会、阜新市历史考古研究会编印，1997年。
（200）吴凤霞：《辽金元史学研究》，中国社会科学出版社，2009年。
（201）吴凤霞：《苏天爵与辽宋金元史编纂》，《内蒙古民族大学学报（社会科学版）》2019年第6期。
（202）吴志坚：《"游皇城"事考——对元代一个演剧场合的考察》，刘迎胜主编：《元史及民族与边疆研究集刊》第25辑，上海古籍出版社，2013年。
（203）肖爱民：《"分三耶律为七，二审密为五"辨析——契丹遥辇氏阻午可汗二十部研究之二》，《内蒙古社会科学（汉文版）》2005年第2期。
（204）辛更儒：《金初的祖庙和十帝传说》，《文史知识》2007年第2期。
（205）辛时代：《金朝建国时间考辨》，刘宁、齐伟主编：《辽金史论集》第15辑，科学出版社，2017年。

(206) 向南、杨若薇：《论契丹族的婚姻制度》，《历史研究》1980年第5期。

(207) 徐秉愉：《金世宗时期女真民族的危机——金世宗女真政策的背景》，《汉学研究》第19卷2期，2001年12月。

(208) 姚从吾：《金世宗对于中原汉化与女真旧俗的态度》，氏著《东北史论丛》，台北：正中书局，1959年。

(209) 杨军：《耶律俨〈皇朝实录〉与〈辽史〉》，《史学史研究》2011年第3期。

(210) 杨瑞：《〈金史·五行志〉探源——兼论中古以降正史〈五行志〉书写传统之转变》，包伟民、刘后滨主编：《唐宋历史评论》第12辑，社会科学文献出版社，2023年。

(211) 杨若薇：《释"辽内四部族"》，《民族研究》1987年第2期。

(212) 杨若薇：《契丹王朝政治军事制度研究》，中国社会科学出版社，1991年。

(213) 杨若薇：《辽代斡鲁朵所在地探讨——兼谈所谓"横帐"》，《北京大学学报》1985年第5期。

(214) 杨志飞：《国图藏元至正七年本〈佛祖历代通载〉发微》，《文献》2018年第1期。

(215) 姚大力：《北方民族史十论》，广西师范大学出版社，2007年。

(216) 亦邻真：《莫那察山与金册》，沈卫荣主编：《西域历史语言研究集刊》第2辑，科学出版社，2009年。

(217) 亦邻真：《般若至宝：亦邻真教授学术论文集》，乌云毕力格、乌兰主编，上海古籍出版社，2019年。

(218) 尹德蓉：《论辽代"一国两制"双轨行政制度》，《江汉论坛》1998年第9期。

(219) 尤李：《佛教对辽朝社会的影响管窥》，《商丘师范学院学报》2007年第5期。

(220) 尤李：《论唐幽州佛俗对辽代佛教的影响》，《兰州学刊》2011年第1期。

(221) 余蔚：《中国行政区划通史·辽金卷》，复旦大学出版社，2012年。

(222) 余蔚：《辽代斡鲁朵管理体制研究》，《历史研究》2015年第1期。

(223) 余大钧：《记载元太祖事迹的蒙、汉、波斯文史料及其相互关系》，北京大学历史学系编：《北大史学》第12辑，北京大学出版社，2007年。

(224) 余大钧：《〈元史·太祖纪〉所记蒙金战事笺证稿》，陈述主编：《辽金史论集》第2辑，书目文献出版社，1987年。

(225) 余元盦：《〈大元大一统志〉卷次之推测》，西北民族文化研究室编辑部：《西北民族文化研究丛刊》第1辑，1949年5月。

(226) 袁海波、刘凤翥：《契丹小字〈萧大山和永清公主墓志〉考释》，《文史》2005年第1辑。

(227) 曾震宇：《〈大金国志〉研究》，香港大学硕士学位论文，2002年7月。

（228）张帆:《金朝路制再探讨——兼论其在元朝的演变》,《燕京学报》新 12 期,北京大学出版社,2002 年 5 月。

（229）张帆:《元代实录材料的来源》,《史学史研究》1988 年第 4 期。

（230）张弓:《汉唐佛寺文化史》,中国社会科学出版社,1997 年。

（231）张良:《〈金史·地理志〉抉原》,《历史地理研究》2021 年第 4 期。

（232）张良:《跋苏天爵〈三史质疑〉》,《北京大学中国古文献研究中心集刊》第 20 辑,北京大学出版社,2020 年。

（233）张博泉:《辽金"二税户"研究》,《历史研究》1983 年第 2 期。

（234）张博泉:《关于辽代枢密院的几个问题》,《黑龙江文物丛刊》1984 年第 1 期。

（235）张博泉、程妮娜、武玉环:《〈中州集〉与〈金史〉》,陈述主编:《辽金史论集》第 3 辑,书目文献出版社,1987 年。

（236）张博泉、武玉环:《金代的人口与户籍》,《学习与探索》1989 年第 2 期。

（237）张博泉:《〈大金得胜陀颂碑〉研究》,氏著《女真新论》,吉林文史出版社,1993 年。

（238）张甫白:《关于按出虎、会宁和上京几个名称之我见》,《北方文物》1993 年第 3 期。

（239）张培瑜:《五星合聚与历史记载》,《人文杂志》1991 年第 5 期。

（240）张晓慧:《元代蒙古人族群记忆的建构与书写》,北京大学博士学位论文,2019 年 6 月。

（241）赵翼:《廿二史劄记校证(订补本)》,王树民校证,中华书局,2001 年。

（242）赵宇:《辽朝侍卫亲军体制新探——兼析〈辽史·百官志〉"黄龙府侍卫亲军"诸问题》,姜锡东主编:《宋史研究论丛》第 17 辑,河北大学出版社,2015 年。

（243）赵葆寓、赵光远:《〈海陵庶人实录〉的得失及其对〈金史〉的影响》,《北方文物》1985 年第 2 期。

（244）赵梅春:《王鹗与元代金史撰述》,《史学集刊》2011 年 6 期。

（245）朱希祖:《金曷苏馆路考》,《地学杂志》1932 年第 1 期。

（246）周峰:《金代前期重臣乌林答赞谟探赜》,《内蒙古大学学报(人文社会科学版)》2002 年第 6 期。

（247）周立志:《论宋金交聘的运作流程——以宋之才〈使金贺生辰还复命表〉为中心的考察》,《东北史地》2015 年第 2 期。

（248）周立志:《〈事林广记·江北郡县〉与金朝行政区划研究》,刘宁、齐伟主编:《辽金史论集》第 15 辑,科学出版社,2017 年。

（249）〔法〕伯希和:《卡尔梅克史评注》,耿昇译,中华书局,1994 年。

(250)〔韩〕李龙范:《辽金佛教之二重体制与汉族文化》,张曼涛主编:《中国佛教史专集》第五《宋辽金元篇(下)》,台北:大乘文化出版社,1977年。

(251)〔日〕三上次男:《金代女真研究》,金启孮译,黑龙江人民出版社,1984年。

(252)〔日〕三上次男:《张棣的〈金国志〉就是金图经——〈大金国志〉与〈金志〉的关系》,曾贻芬译,《史学史研究》1983年第1期。

(253)〔日〕岛田正郎:《辽朝北面中央官制的特色》,载《辽金元史研究论集》,《大陆杂志史学丛书》第2辑第3册,大陆杂志社印行,1970年。

(254)〔日〕岛田正郎:《大契丹国:辽代社会史研究》,何天明译,内蒙古人民出版社,2006年。

(255)〔日〕外山军治:《金朝史研究》,李东源译,黑龙江朝鲜民族出版社,1988年。

(256)〔日〕爱新觉罗·乌拉熙春:《辽金史与契丹、女真文》,京都:京都大学东亚历史文化研究会,2004年7月。

(257) Chan Hok-Lam, The Compilation and Sources of the Chin-Shih, *Journal of Oriental Studies*, VOL. VI, 1961-1964, Numbers, 1 and 2.

(258) Igor de Rachewiltz, *The Secret History of the Mongols: A Mongolian Epic Chronicle of the Thirteenth Century*, Brill, Leiden, Boston, 2006.

(259) Karl A. Wittfogel and Fêng Chia-Shêng, *History of Chinese Society Liao* (907-1125), New York: The Macmillan Company, 1949.

(260) Paul. Pelliot et Louis. Hambis, *Histoire des Campagnes de Gengis Khan: Cheng-wou Ts'in-Tcheng Lou*, Traduit et Annoté, Leiden, E. J. Brill, 1951.

(261)〔日〕橋口兼夫:《遼代の國舅帳について》,《史學雜誌》第50編2、3号,1939年2、3月。

(262)〔日〕津田左右吉:《遼の制度の二重體系》,《滿鮮地理歷史研究報告》第5册,1918年12月。

(263)〔日〕津田左右吉:《津田左右吉全集》第12卷《滿鮮歷史地理研究二》,東京:岩波書店,1964年。

(264)〔日〕池内宏:《金史世紀の研究》,《滿鮮地理歷史研究報告》第11册,東京帝國大學文學部,1926年9月。

(265)〔日〕池内宏:《滿鮮史研究》中世第1册,荻原星文館刊,1943年。

(266)〔日〕三上次男:《金室完顏家の始祖說話について》,《史學雜誌》52編11号,1941年。

(267)〔日〕三上次男:《金代政治社會の研究》,《金史研究(二)》,東京:中央公論美術出版,1970年。

(268)〔日〕三上次男:《金代政治社會の研究》,《金史研究(三)》,東京:中央公論美術出版,1973年。

（269）〔日〕野上俊静：《"二税户"攷》，《大谷學報》22卷3号，1941年11月。
（270）〔日〕野上俊静：《辽金の佛教》，京都：平樂寺書店，1953年。
（271）〔日〕藤枝晃：《金朝の實録》，《東洋史研究》10卷2号，1948年5月。
（272）〔日〕鸟居龙藏：《金上京城及其文化》，《燕京学报》第35期，1948年12月。
（273）〔日〕三田村泰助：《金の景祖について》，《東方學》第54辑，1977年7月。
（274）〔日〕松浦茂：《金代女眞氏族の构成について—『金史』百官志にみえる封号の規定をめぐって》，《東洋史研究》第36卷第4号，1978年3月。
（275）〔日〕宇野伸浩：《モンゴル帝国のオルド》，《東方學》第76辑，1988年7月。
（276）〔日〕今井秀周：《二税户小考》，《東海女子短期大学紀要》18卷，1992年1月。
（277）〔日〕武田和哉：《契丹国（辽朝）の北・南院枢密使制度と南北二重官制について》，《立命館東洋史學》第24号，2001年7月。
（278）〔日〕武田和哉：《辽朝の蕭姓と國舅族の構造》，《立命館文學》第537号，1994年12月。
（279）〔日〕乙坂智子：《元大都の游皇城——『与民同楽』の都市祭典》，今谷明编：《王權と都》，京都：市思文閣出版，2008年。
（280）〔日〕爱新觉罗・乌拉熙春：《契丹文墓誌より見た辽史》，京都：松香堂書店，2006年11月。
（281）〔日〕爱新觉罗・乌拉熙春：《爱新觉罗乌拉熙春女真契丹学研究》，京都：松香堂書店，2009年。
（282）〔日〕爱新觉罗・乌拉熙春、吉本道雅：《新出契丹史料の研究》，京都：松香堂書店，2012年。
（283）〔日〕吉野正史：《"耶律・蕭"と"移剌・石抹"の間：〈金史〉本纪における契丹・奚人の姓の记述に關する考察》，《东方學》第127辑，2014年。
（284）〔日〕古松崇志：《脩端〈辯辽宋金正统〉をめぐって——元代における〈辽史〉〈金史〉〈宋史〉三史编纂の過程》，《東方學報》（京都）第75册，2003年3月。
（285）〔日〕古松崇志：《女真開国伝説の形成—〈金史〉世纪の研究》，古松崇志：《ユーラシア東方の多極共存时代—大モンゴル以前》，名古屋：名古屋大学出版会，2024年。
（286）吴英喆：《契丹小字新発見资料釈読問題》，東京外国語大学アジア・アフリカ言語文化研究所，2012年。